根据财政部最新考试大纲编写

2015年

ACCOUNTING

全国会计专业技术资格考试

标准教材与专用题库

经济法基础

初级会计资格

■ 全国会计专业技术资格考试命题研究中心 编著

人民邮电出版社

北京

图书在版编目（CIP）数据

经济法基础 / 全国会计专业技术资格考试命题研究中心编著. -- 北京 : 人民邮电出版社, 2015.1
（全国会计专业技术资格考试标准教材与专用题库）
ISBN 978-7-115-37936-8

Ⅰ. ①经… Ⅱ. ①全… Ⅲ. ①经济法－中国－会计－资格考试－习题集 Ⅳ. ①D922.29-44

中国版本图书馆CIP数据核字(2014)第291036号

内容提要

本书以最新版全国会计专业技术资格统一考试大纲为依据，在多年研究初级会计职称“经济法基础”考试命题特点及解题方法的基础上编写而成。

本书“考纲分析与应试策略”板块在深入研究考试大纲和考试环境的基础上，总结、提炼了考试内容的重点及命题方式，为考生提供全面的复习和应试策略。第一章至第七章分别讲解了总论，劳动合同与社会保险法律制度，支付结算法律制度，增值税、消费税、营业税法律制度，企业所得税、个人所得税法律制度，其他税收法律制度，以及税收征收管理法律制度。每章均提供考情分析与学习建议，以及同步强化自测练习题。

本书配套光盘提供了“考试指南”、“考试大纲”、“同步练习”、“题型精练”、“历年真题”、“模拟考场”和“错题重做”等内容。“模拟考场”中的无纸化考试完全模拟真实无纸化考试环境，帮助考生熟悉考试环境和命题类型，掌握命题规律，提高解题技能。

本书适合全国各地报考会计专业技术资格考试“经济法基础”科目的考生使用，也可作为大中专院校会计专业的教学辅导书或相关培训班教材。

◆ 编　　著　全国会计专业技术资格考试命题研究中心
责任编辑　李　莎
责任印制　杨林杰
◆ 人民邮电出版社出版发行　　北京市丰台区成寿寺路 11 号
邮编　100164　　电子邮件　315@ptpress.com.cn
网址　http://www.ptpress.com.cn
大厂聚鑫印刷有限责任公司印刷
◆ 开本：880×1230　1/16
印张：23.5　　　　2015 年 1 月第 1 版
字数：891 千字　　　　2015 年 1 月河北第 1 次印刷

定价：49.80 元（附光盘）

读者服务热线：(010)81055410　印装质量热线：(010)81055316
反盗版热线：(010)81055315
广告经营许可证：京崇工商广字第 0021 号

本书编委会

前　言

组织编写本书的初衷

会计专业技术资格考试（又称“会计职称考试”）是全国性统一考试，每年举行一次，由国家统一组织、统一大纲、统一命题、统一合格标准。通过会计专业初级、中级资格考试合格者，颁发由国家人力资源和社会保障部印制的会计专业技术资格证书，证书全国范围有效。用人单位可根据工作需要和德才兼备的原则，从获得会计专业技术资格的会计人员中择优聘任。

“经济法基础”科目是全国会计专业技术资格考试（初级）两门考试科目之一，考查经济法和各种税法的基础法律制度。

由于参加该考试的考生大多利用业余时间学习，对于面广量大的知识点，难以抓住考试的重点与难点，加上缺少对考试环境的认识与了解，往往应考压力较大，而且历年考试通过率也较低。因此，为了配合各省（市）开展的会计专业技术资格考试，帮助广大考生在较短时间内掌握复习要点与复习方法，熟悉考试环境，提高应试能力，我们组织了一大批国内优秀的会计专业技术资格考试辅导培训及高校会计行业专家，在深入研究与剖析历年考题、总结多年考试辅导经验的基础上，以最新考试大纲为蓝本，以考试中的重点和难点为主线，采用“知识讲解＋考情分析＋例题剖析＋光盘题库”的学习模式，精心编写了本书。

本书能给考生带来的帮助

1. 紧扣考试大纲，明确复习要点，减少复习时间

本书以最新的考试大纲为依据，深入研究了近几年的考试真题，在全面覆盖和对应考试大纲各考点的基础上分章进行讲解，不仅有清晰的知识结构，而且准确地对各考点进行考情分析，归纳有效学习方法，帮助考生抓住复习重点，提高复习效率。

2. 详细讲解大量真题和例题，揭示命题思路，点拨应试技巧

在对各考点的讲解过程中结合不同类型的考试题型，配有丰富的历年考试真题和典型例题讲解，并同步给出答案和解析，考生不仅能通过题解巩固所学知识，而且能熟悉各种考试题型的解题思路与命题特点，提高应试能力。

3. 讲解浅显易懂，配有相关图示和举例，一看就懂

考虑到枯燥的文字不便于理解，同时部分考生接触会计行业的时间不长，会计专业知识相对薄弱，因而本书结合新手学习会计知识的特点，尽量做到语言描述清楚、浅显，并通过生动、形象的示意图、表格和贴近工作的实例等，让考生一看就懂。

4. 提供特色小栏目，掌握命题规律，提高应试技能

书中提供“专家课堂”、“考场点拨”和“知识链接”3 个特色小栏目。其中，“专家课堂”栏目主要总结学习方法和对重点的归纳；“考场点拨”栏目主要剖析各知识点的出题规律并给出应对策略；“知识链接”栏目主要对一些相关的法律、法规或相关概念作进一步说明。

5. 各章末提供自测练习题，考生可反复练习，提高解题能力

在各章最后，按该章考点所涉及的不同题型提供自测练习题。这些练习题是根据其对应考点在考试中的命题类型及方式精心设计的，其参考答案在本书附录中提供。考生通过自测练习题，不仅可以巩固所学知识点，还可进一步掌握考试重点，并能对其他类似考题做到举一反三。

6. **配套题库版光盘，无纸化实战演练，复习更高效**

本书配套光盘主要提供“同步练习”、“题型精练”、“模拟考场”等板块。其中，“模拟考场”板块完全模拟真实无纸化考试环境，能将考生“提前”带入考场。所有考题均是精心挑选的历年真题和专家编制的预测题，全部有参考答案及详细解析，能有效地帮助考生在模拟演练中熟悉答题思路，明确考查重点，突破复习难点。

○● 怎样使用本书

为了您更好地使用本书，建议阅读以下几点小提示。

- ◆ 充分了解考试要求，明确复习思路。建议考生先仔细阅读“考纲分析与应考策略”，充分了解考查的知识点，弄清考试重点，掌握复习方法，了解考试过程中应注意的问题及解题技巧。
- ◆ 抓住考试重点，有的放矢。不主张考生采用题海战术，因为并不是练习做得越多就越好，考试是随机抽题，考题的要求千变万化，但考查的重点与方式基本不变。因此，考生应注意对各种知识点进行归纳总结，并全面提高自己的记忆能力，这样在复习时才能抓住重点，掌握解题要领，以不变应万变。
- ◆ 将教材与配套光盘结合使用，更利于复习。建议考生将复习精力和大部分时间放在每章考试大纲中要求掌握和熟悉的考点上，然后通过配套光盘提供的模拟考试系统进行反复练习，不仅能熟悉考试环境，还能检测自己的掌握情况，以便结合教材中的讲解查漏补缺。

○● 作者团队

除了本书编委会成员外，参与本书资料收集整理、部分章节编写、校对、排版、光盘制作等工作的人员还有：熊春、肖庆、李秋菊、黄晓宇、蔡长兵、牟春花、张倩、李凤、蔡飓、张红玲、高志清、耿跃鹰、刘洋、丘青云、谢理洋、郭三霞、王春霞等。

在本书的编写与出版过程中，尽管编者精益求精，但由于水平有限，书中难免有错漏和不足之处，恳请广大读者批评指正。

最后，我们相信一分耕耘，一分收获，没有过不了的考试。衷心祝愿所有的考生顺利通过考试！

编 者

光盘使用说明

将光盘放入光驱中，光盘会自动开始运行，并进入演示主界面。若不能自动运行，可在“我的电脑”窗口中双击光盘盘符，或在光盘的根目录下双击 autorun.exe 文件图标。

在光盘演示主界面上方有 8 个按钮，单击某个按钮，将进入对应板块。下面分别介绍各个板块的功能。

1. “首页”板块

启动光盘后将默认进入“首页”板块，在其中将显示各个板块中题目数量、用户完成的题目数、用户做错的题目数以及学习进度等信息，如图 1 所示。

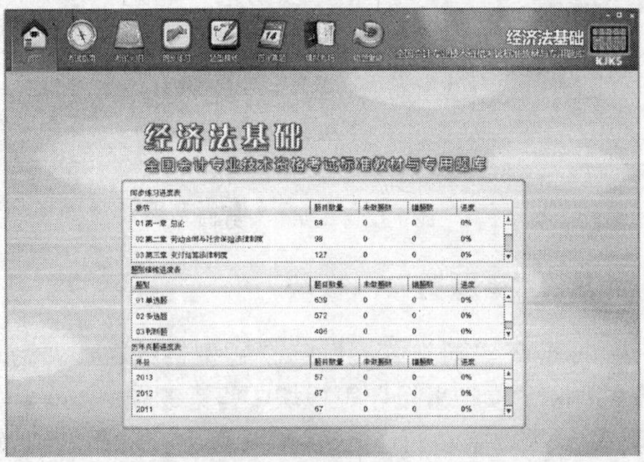

图 1 “首页”板块

2. “考试指南”板块

该板块主要介绍会计专业技术资格考试的考试情况，以及“经济法基础”科目的考纲分析、学习方法和应试技巧，单击左侧窗格中的按钮，即可查看相应内容，如图 2 所示。

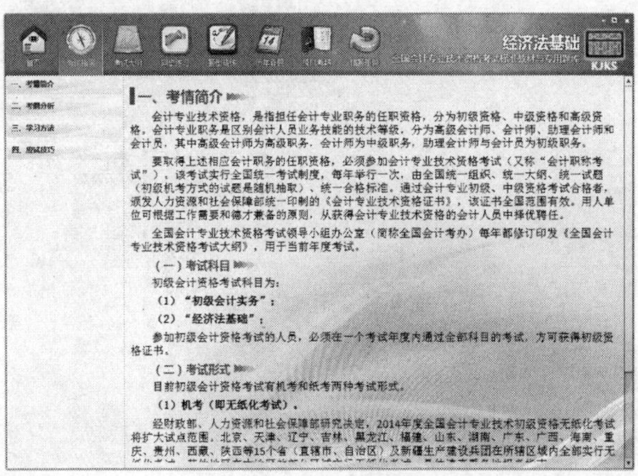

图 2 “考试指南”板块

3. “考试大纲”板块

该板块主要介绍“经济法基础”科目的考试大纲，单击左侧窗格中的各章节按钮即可查看该章的考试大纲内容，如图 3 所示。

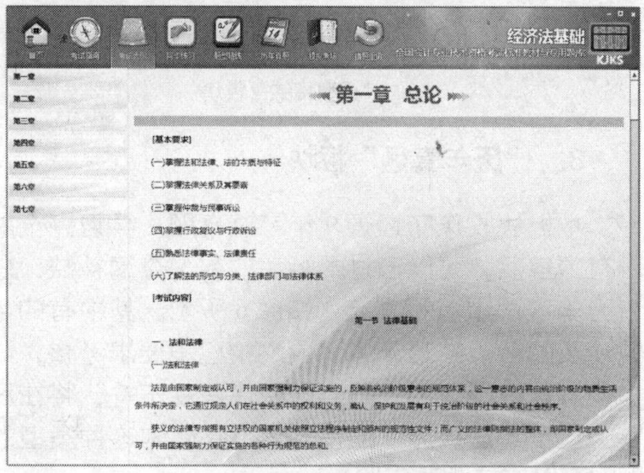

图 3 “考试大纲”板块

4. “同步练习”板块

本板块中所有习题与教材中每章末的同步过关自测练习一一对应，每道试题均可通过单击界面下方的“显示答案”按钮，查看答案和解题剖析，以便在练习的同时巩固知识点，如图 4 所示。

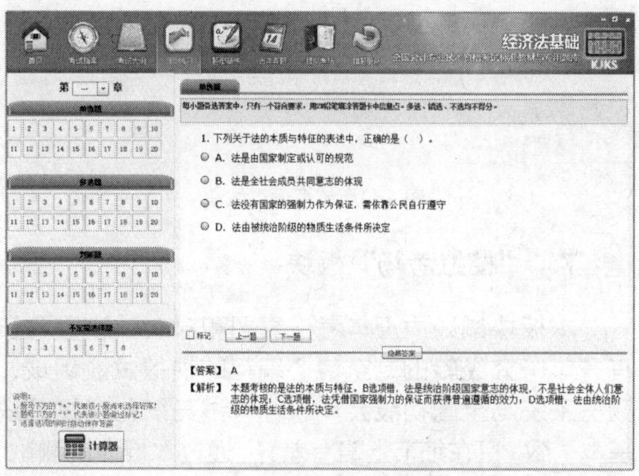

图 4 “同步练习”板块

5. “题型精练”板块

本板块将题库中的所有试题，按考试题型进行分类，便于针对自己不擅长的题型进行专项练习，提高应试能力，如图 5 所示。

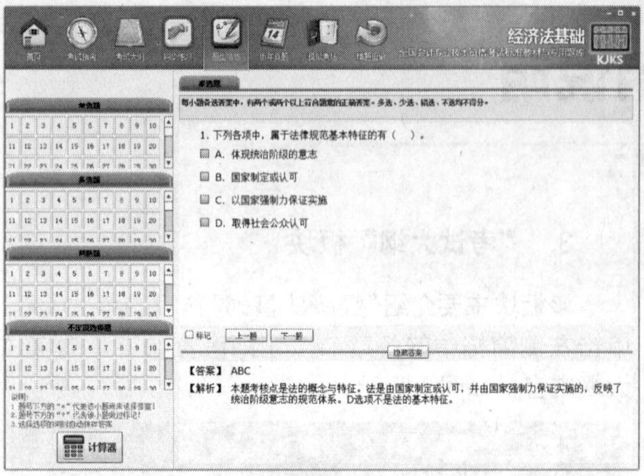

图 5 “题型精练”板块

6. “历年真题”板块

本板块收集了最近 9 年考试真题。学习完全书所有内容后，可以通过本板块的练习查漏补缺，总结历年考试重点和难点，如图 6 所示。其中有的考题涉及的考点在最新考试大纲中已不要求考核，或者该考点已经过时，与当前法律法规不符，将在题库中显示“已报废”的提示信息，碰到这种类型的题时可以直接跳过不做。

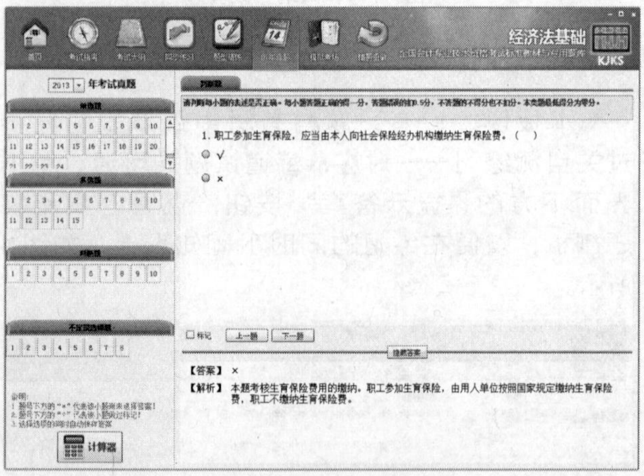

图 6 “历年真题”板块

7. “模拟考场”板块

本板块试题由历年考试真题和对会计职称考试有多年研究经验的专家精心编写的模拟试题组成，测试系统与全国初级会计职称考试无纸化考试系统基本一致，只在细节上略有差异。通过本板块的测试，考生不仅能够提前熟悉考试环境和命题类型，并能够检验自己的学习效果，如图 7 所示。

本板块提供的 30 套模拟试题根据正式考试时各考点出现的频率以及考查的方式等要点，在题库中进行精心挑选组合而成，有一定的指导意义，对应考有较好的帮助。

另外，通过单击左侧窗格中的“随机组卷”和“历年真题随机组卷”按钮，可以从整个题库或历年真题库中随机抽取题目，自动生成一套试卷来进行测试。

考试完成后，考试系统将自动判卷、自动评分，做错的题目可以即时查看参考答案和解析，从而有效提高学习效率。

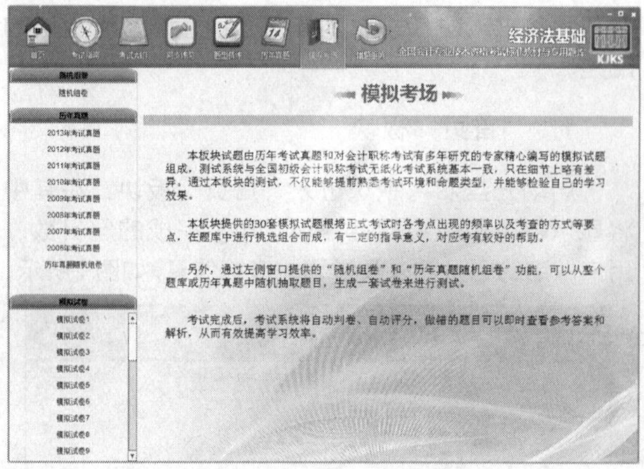

图 7 “自主组卷”界面

8. “错题重做”板块

凡是在“同步练习”、“题型精练”、“历年真题”和“模拟考场”等板块中答错的题目或在“模拟考场”板块中没有作答的题目，都会自动添加到“错题重做”板块中，考生可在其中反复练习这些题目，以便查漏补缺，如图 8 所示。

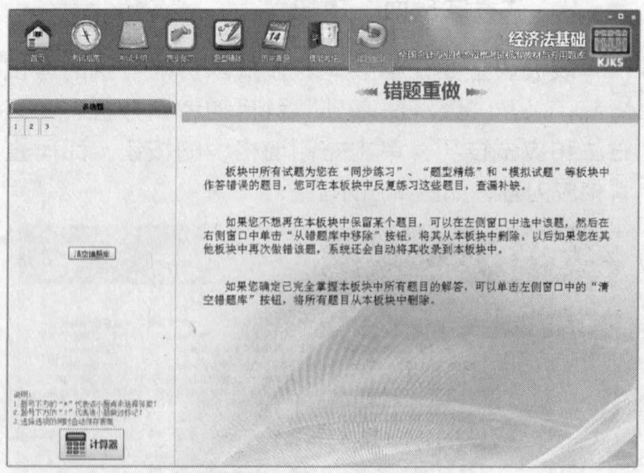

图 8 “错题重做”板块

目　录

考纲分析与应试策略

第一章　总论

第二章　劳动合同与社会保险法律制度

第三章　支付结算法律制度

第四章 增值税、消费税、营业税法律制度

第五章 企业所得税、个人所得税法律制度

第六章 其他税收法律制度

第七章 税收征收管理法律制度

考纲分析与应试策略

一、考情简介

会计专业技术资格，是指担任会计专业职务的任职资格，分为初级资格、中级资格和高级资格。会计专业职务是区别会计人员业务技能的技术等级，分为高级会计师、会计师、助理会计师和会计员，其中高级会计师为高级职务，会计师为中级职务，助理会计师与会计员为初级职务。

要取得上述相应会计职务的任职资格，必须参加会计专业技术资格考试（又称“会计职称考试”），该考试实行全国统一考试制度，每年考试一次，由全国统一组织、统一大纲、统一试题（初级机考方式试题是随机抽取的），统一合格标准。通过会计专业初级、中级资格考试合格者，颁发人力资源和社会保障部统一印制的会计专业技术资格证书，该证书全国范围有效；通过会计高级资格考试合格者，还须由本人申请，单位推荐，经所在单位、省直主管部门、地市财政部门或基层职称评委会进行考核评议，并提出考核推荐材料，报省、自治区、直辖市财政部门会计专业高级职务评审委员会评审通过，才能获得高级会计师资格。用人单位可根据工作需要和德才兼备的原则，从获得会计专业技术资格的会计人员中择优聘任。

全国会计专业技术资格考试领导小组办公室（简称全国会计考办）每年都将修订印发全国会计专业技术资格考试大纲，用于当前年度考试。

（一）考试科目

初级会计资格考试科目为：

（1）初级会计实务；

（2）经济法基础。

参加初级会计资格考试的人员，必须在一个考试年度内通过全部科目的考试，方可获得初级资格证书。

（二）考试形式

2015年初级会计资格考试全面进行无纸化考试。财政部会计资格评价中心按照各省确定的考试时间和批次，统一通过网络在每一批次考试前的规定时间内发题，由地方接收并组织考试；每场考试结束后，各地及时上传数据。由此可以看出，各批次的无纸化考试试卷不可能完全一样。

（三）考试题型

2015年初级会计资格考试的题型包括单选题、多选题、判断题和不定项选择题四种题型，要求考生作出选择、判断即可，答题过程中并不需要书写汉字。

（四）考试时间

2015年初级资格考试定于2015年5月16~20日分批次举行，考生的准考证上会明确指出具体的考试时间，因此请考前仔细查看。

初级资格“初级会计实务”科目的考试时间为2小时，“经济法基础”科目的考试时间为1.5小时，两个科目考试时间共计3.5小时；两个科目连续考试，分别计算考试成绩。

注意：本着对考试负责的态度，建议考生密切关注当年考试的正式通知，了解最新的考试题型、题量和相关考试政策。

二、考纲分析

“经济法基础”科目考试大纲规定的考试内容为如下七个部分（考试大纲详细内容可参见本书配套光盘）。

第一章 总论

第二章 劳动合同与社会保险法律制度

第三章 支付结算法律制度

第四章 增值税、消费税、营业税法律制度

第五章 企业所得税、个人所得税法律制度

第六章 其他税收法律制度

第七章 税收征收管理法律制度

（一）重点难点分析

在考试大纲要求的七章内容中，第二章、第

三章、第四章和第五章为考试重点，近年的考试大部分的分值都在这几章中，其他章节的分值相对较小。各章考核要点与题型如表1所示。

表1 各章考核要点与题型

章节	考核要点	主要考试题型	复习重视度
第一章	本章所占分值为试卷的10%左右，考核要点主要集中在“经济纠纷的解决途径”一节中，包括仲裁、民事诉讼、行政诉讼、行政复议等。另外，法的本质与特征、法律关系、法的分类和法律责任也是较热门的考点。题目难度普遍较低，只要掌握了书中要求的相关内容，一般就能够轻松应付	单选题 多选题 判断题	★★★
第二章	本章所占分值为试卷的14%左右，是考试的重点章节之一，特别是试用期、医疗期、竞业限制期限和经济补偿等知识，近几年都在不定项选择题中出现。对于劳动合同的类型以及劳动合同的订立、解除和终止等内容，也应引起足够重视	单选题 多选题 判断题 不定项选择题	★★★★★
第三章	本章所占分值为试卷的22%左右，占据非常重要的位置，其中最重要且难度最大的考点是票据的权利、责任，票据行为、票据追索以及汇票、本票和支票的使用等内容，往往会以综合题的方式出现在不定项选择题中。另外，银行结算账户的管理以及银行卡的使用也是近几年越来越热门的考点	单选题 多选题 判断题 不定项选择题	★★★★★
第四章	本章所占分值为试卷的16%左右，热门考点在新增的增值税和做了重大调整的营业税知识上，出现在不定项选择题中的几率非常高，涉及许多计算公式，是难度较大的考点	单选题 多选题 判断题 不定项选择题	★★★★★
第五章	本章所占分值为试卷的15%左右，新增了企业所得税的内容，难度与第四章相似，不仅在单选题、多选题和判断题中会出现，在不定项选择题中出现的几率也非常高，考生应引起足够的重视	单选题 多选题 判断题 不定项选择题	★★★★★
第六章	本章所占分值为试卷的12%左右，新考试大纲对本章做了重大调整，新增了关税、船舶吨税、车辆购置税、耕地占用税和烟叶税等税种，使得本章讲解的税种数量变为了14种之多，一般出现在单选题、多选题或判断题中，也不排除在不定项选择题中出现的可能。热门考点主要集中在各税种的纳税人、征税范围、计税依据、应纳税额的计算以及税收优惠等内容上	单选题 多选题 判断题 不定项选择题	★★★★
第七章	本章所占分值为试卷的11%左右，热门考点集中在税务管理，账簿、凭证管理，发票管理和税款征收上，以单选题、多选题和判断题的形式出现为主，也有可能会涉及到不定项选择题，是不应该忽视的内容	单选题 多选题 判断题 不定项选择题	★★★★

（二）内容结构分析

从内容结构上来说，《经济法基础》一书主要包括经济法和税法两大部分的内容，其中前三章为经济法的内容，后四章为税法的内容，具体结构如下。

（1）总论包括法律基础、经济纠纷的解决途径和法律责任，即第一章的内容。

（2）劳动合同与社会保险法律制度包括劳动合同法律制度和社会保险法律制度，即第二章的内容。

（3）支付结算法律制度包括支付结算概述，银行结算账户管理，银行卡，预付卡，结算方式，票据的一般规定，汇票、银行本票和支票，以及结算纪律与法律责任，即第三章的内容。

（4）税法部分主要包括增值税、消费税、营业税、企业所得税、个人所得税、关税、房产税、契税、土地增值税、城镇土地使用税、车船税、印花税、资源税、城市维护建设税、教育费附加、船舶吨税、车辆购置税、耕地占用税和烟叶税等税种的法律制度，即第四章至第六章的内容。

（5）税收征收管理法律制度主要包括税收征收管理法概述、税务管理、税款征收与税务检查、税务行政复议和税收法律责任等，即第七章的内容。

三、学习方法

掌握合理的学习方法，可以有效提高学习效率，节约学习时间。对于学习时间有限的考生来说，找到适合自己的学习方法尤其重要。没有一个学习方法适合于所有人，以下几点方法仅供参考，希望能对大家有所帮助。

（一）搜集信息，制订计划

会计专业技术资格考试是全国性考试，由全国统一组织、统一大纲、统一合格标准，考生在考前必须弄清楚以下问题。

（1）考试报名是哪天？现在离考试还有多少天？是否来得及学习应考？

（2）各科目考试内容（考试大纲）与往年相比有没有什么大变化？变化在哪里？

（3）本地考试是采用无纸化考试还是纸质试卷形式？相应形式有无变化？

（4）考试的题型有哪些？各类题型大致占多少分？

（5）有哪些考试资料是自己可以利用的？能否找到前几年的考试真题及标准答案？

这些信息，可以通过本地财政局官方网站或该考试指定报名网站了解，或通过往年（次）的考试真题来分析获取。

在此基础之上，可以制订一些切实可行的计划。有一定基础的考生，可以通看一遍教材，再根据以往经验，做一些往年真题和模拟试题，查漏补缺，重点针对自己薄弱的地方进行强化；没有什么基础的考生，最好能参加一个培训班进行学习，请有经验的老师为你把握各科重点，解析难点，分析考题，了解命题的思路，进行有计划、有针对性的学习。

（二）精读教材，系统学习

教材是考试大纲的具体体现，考试的命题范围、命题依据一般都不会超出教材，无论考试时试题怎么变化，所有的试题几乎都出自教材中不同的地方。因此，对教材进行反复通读、精读是学习的重要方法。

一般来说，在学习过程中，应该对教材进行3遍以上的通读：第一遍通读的目的是对教材体系有个系统的了解，找出复习的重点和难点，提出问题及疑点；第二遍应该是精读，即逐章阅读，理解有关知识点，强化重点，突破难点；第三遍快读，跳过已经掌握的内容，查漏补缺。

精读时，要认真做好笔记，各章节内容哪些只作为一般了解，哪些应该熟悉，哪些要重点掌握、熟练精通，通过精读应该了然于胸。

（三）归纳总结，注重实际

在学习过程中，不同的内容应采取不同的方法。

在通读教材以及进行习题练习的过程中，可以采用对比法、综合分析法等对相关知识点进行归纳总结，再对结论进行适当的记忆。

在学习过程中，尽量将教材中的理论与实际相结合，多做一些与具体实际相关的习题，特别是不定项选择题，注重提高实际操作的能力，这样一方面可以巩固所学的知识，另一方面可以为以后从事会计方面的工作打下坚实的基础。

（四）全真模拟，反复练习

学习过程中，适当做一些试题，可以检验自己的学习效果，查漏补缺，什么地方没有学习，什么地方掌握得还不好，什么地方不需要花更多的时间，都应该做到心中有数，以便合理调整复习时间和内容。

往年考试真题是最好的复习资料之一。通过做往年试题，可以尽快地掌握重要知识点，了解考试的出题点和侧重点，找到真正考试的感觉。历年试题的重复率较高，今年考过了，明年还可能会考。除此之外，适当做一些高质量的模拟题，也可有效提高学习效果。

本书在逐一讲解各考点的过程中，还以近3年的考试真题以及由相关专家编写的模拟题为例进行剖析，学习时可以详加揣摩。

练习试题时应注意以下几点。

（1）不提倡无休无止的题海战术，更不支持采取“背题”的方法。除了对往年真题进行练习外，可以使用本书配套光盘中的试题系统进行模拟练习，其中的试题大多来自于历年考试的真题以及由相关专家编写的质量比较高的模拟试题。

（2）练习做题时，给自己限定一个固定的时间，最好跟真实考试时间一致。限时做题，可以演练自己的答题速度，有利于在考场上充分发挥。

（3）对于做错的题目，不要仅限于知道正确答案，还应努力寻找原因：考点是什么？自己对这个考点是不是学习不够？怎样去着手解决此类问题？经常存在的误区是什么？找到原因后，采取合适的方法予以解决。

四、应试技巧

掌握一些从实践中总结出来的应试经验和技巧，可以在考试时充分发挥出自己的实际水平，从而取得较为理想的成绩。

（一）考前准备要充分

目前，初级会计资格考试已全面采用无纸化考试方式。无纸化考试直接在计算机上答题，并不需要具备较高的计算机水平。本书附带光盘中提供无纸化模拟练习系统，练习几遍后，真正考试时就可以轻松应对了。

考试时必须记得带上身份证、准考证，并事先找好考试场地的位置和往返路线。

（二）答题方法与技巧

不论什么考试，有一些答题方法和技巧都是值得了解并合理应用的。

1. 先易后难地做题

在无纸化系统下载试题之后、正式答题之前，我们可以浏览一遍试题，全面了解题量以及试题难度分布等，然后大致计划一下答题时间，即第一遍做题用多少时间，第二遍用多少时间，最后留多少时间来检查等。

一般来说，对一套试题，应采用“先易后难”的做题总原则，将考试过程分成做简单题、攻克难题、检查等三个步骤。

当阅读一道题时，如果不能第一时间看出该题的做法，或者即使能看出该题的做法，但是已经知道这道题在做的时候非常麻烦，需要的步骤多、时间长，就可以先不做该题，对该题做一下标记即跳过，即在无纸化考试系统中，用鼠标勾选试题下方的“标记”复选框，然后继续做下一题即可。

第一遍剩下的题目往往需要仔细分析和思考，有的题目还需要比较复杂的计算才能得出答案。如果在做题过程中陷于某道题上的时间稍长，无法进行下去，千万注意应暂时放弃该题。在做难题的过程中，还应注意对没有完成或暂时无法解决的题目做标识，否则后面自己就不知道还有哪些题目没有完成了。

在考试最后尽量安排时间来做检查工作，在检查的过程中，如果还存在似是而非的题，最好不要改变答案，因为往往第一感觉的正确性更大。

2. 看清题目，领会题目的考查意图

答题时，首先要看清题目要求，然后再寻求最佳答案。比如，单项选择题要求选择一个最佳答案，显然，除最佳答案之外，备选项中的某些答案也可能具有不同程度的正确性，只不过是不全面、不完整罢了，如果一看到一个自己觉得是正确的备选答案就立下决断，对其余的答案连看都不看一眼就放过去，很可能会丢掉不该丢掉的分。一道周密的单项选择题，所有的选择项都可能具有迷惑性，然而，事实上却只有一个是正确的答案。因此，建议一定要看清所有的选项，然后进行选择。

例如：

办理支付结算的主体是（　）。

A. 银行

B. 单位

C. 企业

D. 银行和个人

显然，D选项为正确答案，但A选项却有极大的迷惑性，它具有一定的正确性，但不完整，如果立下决断，对其余的答案连看都不看一眼就放过去，很可能会丢掉这一题的分数。

对于不定项选择题，更要字斟字酌，充分理解、领会题目的考查意图，不要盲目解题。

3. 不会做的题怎么办

复习准备得再充分，也可能会出现自己不会做的题目。碰到这种情况，首先不要惊慌失措，题目的难度对所有考生都是一样的，自己不会做，别人同样可能不会做。

实在无法确定答案的题目，先看清题目的评分要求，如未注明做错要倒扣分数，一定要猜测一个答案，因为答对的概率还有50%。

（三）各题型答题技巧

不同的题型有不同的答题技巧，掌握这些技巧可以有效提高考试的成绩，甚至考出高分。下面将针对《经济法基础》科目的题型（依据2013年考试）介绍相应的答题技巧。

1. 单项选择题（24题，36分）

顾名思义，单项选择题只有一个正确答案。相对于其他题型，单选题是最简单的一种题型，能否在单选题中拿到尽可能高的分数是能否顺利通过考

试的关键。

解答单项选择题时，以下技巧可供参考。

（1）运用排除法。

如果解题时不能一眼看出正确答案，应首先排除明显是荒诞、拙劣或不正确的答案。一般来说，对于选择题，尤其是单项选择题，题目与正确答案几乎都直接摘抄自指定教材或法规，其余的备选项需要命题者自己设计，即使是高明的命题专家，有时所出的备选项也有可能一眼就被看出是错误的答案。尽可能排除一些选择项，就可以提高选对答案的概率。

例如：

下列选项中，属于印花税纳税人的是（ ）。

A. 合同的双方当事人

B. 银行

C. 担保机构

D. 法院

印花税主要针对立合同人、立账簿人、立据人、领受人和使用人来征收。因此本题除A选项外，其他三个选项明显很拙劣。特别是银行和法院，一眼就能看出来是错误的，正确答案应该是A选项，合同的双方当事人为印花税纳税人。本题如果高明一些，其他三个选项可以分别改为合同的担保人、合同的证人以及合同的鉴定人，那么对印花税不了解的考生就很难解题了。因此，对于一些按常理推断就能排除的选项，善于使用排除法解题是很不错的一种技巧。

（2） 运用比较法。

比较法是指直接将各备选答案加以比较，并分析它们之间的不同点，集中考虑正确答案和错误答案的关键所在。

例如：

下列哪些行政机关，在对具体行政行为不服时，可向上一级主管部门申请行政复议？（ ）

A. 金融机关

B. 国税机关

C. 实行垂直领导的行政机关

D. 外汇管理机构

所有选项看似都是正确的，但由于是单选题，则只能选择一个选项，如果判断各选项都是正确的，那么选择A选项、B选项或D选项似乎都不完整，对比各个选项的内容来看，只有C选项能最完整的满足题意，因此选择C选项。

（3）运用猜测法。

如果在考试过程中，想尽方法都不能得出确定的答案，那也一定不要放弃，要充分利用所学知识去猜测答案。不选答案肯定不能得分，选了答案就有可能得分。在猜测之前，尽量先排除掉干扰答案，一般来说，排除的项目越多，猜测出正确答案的可能性就越大。

2. 多项选择题（15题，30分）

多项选择题每道题所涉及的考点较多，但在答题技巧方面与单项选择题基本一致，需要注意的有以下两点。

（1）多项选择题分值较高，每小题2分，但其评分标准一般是多选、少选、错选、不选均不得分，因此需要运用所掌握的知识推敲每一个答案，慎重选择。

（2）多项选择题至少有两个正确答案，因此在运用排除法时只要能够准确地排除掉两个选项，剩余两个选项就是正确答案。

3. 判断题（10题，10分）

判断题的评分标准是判断正确得1分，判断错误的扣0.5分，不答题的不得分也不扣分。当然，该类题最低得分为0分，不会影响到其他题型已经得到的分数。

对该类题型，需要准确地判断出题目的对错，做题时，尽量根据所掌握的知识对每个题目作出判断，不要因为怕倒扣分而缩手缩脚；当然，也不能根本不考虑扣分的评判标准，如果某道题实在没有把握，可以考虑放弃判断。

解答判断题，除了根据自己掌握的知识能直接判断的以外，掌握以下技巧，可以提高得分率。

（1）分清绝对和相对概念。

判断题通常不是以问题出现，而是以陈述句出现，要求考生判断一个事实的准确性，或判断两个或两个以上的事实、事件和概念之间关系的正确性。判断题中常常会有绝对概念或相对概念的词，表示绝对概念的词有“总是”、“绝不”等，表示相对概念的词有“通常”、“一般来说”、“多数情况下”等。了解这一点，将为确定正确答案提供帮助。

判断题中含有绝对概念的词，这道题很可能是错误的，如“单位、个人和银行办理支付结算，必须使用按税务机关规定统一印制的票据凭证和统一规定的结算凭证。”统计表明，大部分带有绝对概念词的问题，“对”的可能性小于“错”的可能性。当你对含有绝对概念词的问题没有把握作出判断时，想一想是否有什么理由来证明它是正确的，如果找不出任何理由，“错”就是最佳的答案。

判断题中含有相对概念的词，这道题很可能是正确的。如“由统筹地区统一确定适合当地职工负担的基本医疗保险个人缴费率，一般为本人工资收入的2%”和“未按规定期限缴纳车船税的，扣缴义务人在代收代缴税款时，可以一并代收代缴欠缴税款的滞纳金”等都含有相对概念。

（2）只要题目有一处错误，该题就可判断为错误的。

例如下面这道题：

纳税人应在规定的纳税期间内缴纳税款并办理纳税申报。若在该期间纳税人没有应纳税款的，则不用办理纳税申报。

本题包含两个问题：第一个问题是“纳税人应在规定的纳税期间内缴纳税款并办理纳税申报”，这是正确的；另一个是“若在该期间纳税人没有应纳税款的，则不用办理纳税申报”，按规定，即便没有应纳税款，纳税人也应办理纳税申报，这就和第二个问题不符合。如果这两个问题中有一个是错的，那么整个命题就是错的。本题答案应该是“×”，错就错在第二个问题。

（3）运用大概率事件。

解答判断题是指出其是正确还是错误的，因此即使自己对题目完全没有把握，也有50%的概率猜对答案。虽然是实行倒扣分的评分标准，那也可以运用大概率事件的原理来作出判断。

统计表明，在一份标准化的试卷中，判断题正确答案为“×”的概率占60%～80%，也就是说，一份有10道判断题的试卷，如果已经将其中的六七道题判断为“×”，则余下的没有十分把握的题就可以考虑判断为“√”了；反之，如果在前面已做的题中已经有3道题判断为“√”，余下的题目就要着重考虑判断为“×”的可能性。

这就是“运用大概率事件”的方法，但是运用该方法首先对该题目有个大概的判断，如果完全没有把握，在试题要倒扣分的前提下，倒不如不作任何判断。

（4）酌情猜测。

这种方法只能运用在判断错误不倒扣分数的地区。在这个前提下，哪怕没有足够的时间阅读题目，也一定要猜测一个答案，答对的概率是50%。

4. 不定项选择题（3题，24分）

不定项选择题主要都是考查考生分析问题和处理问题的能力，相对来说难度较大，涉及的概念和知识点较多，有时甚至会出现需要计算的内容。

不定项选择题有一个或一个以上符合题意的正确答案，其评分标准一般比较严苛，不选、错选、多选、少选均不得分，只有完全选择正确才能得分。而且基本上都是给定案例材料，再针对材料提出几个小问题，一般包括三大题若干小题，每小题2分。

在解答不定项选择题时，可以按照以下解题步骤进行。

第一步，先看题目要求解决的问题。

可先看题干后各小题要解决的问题是什么，这样在阅读题目或案例时就能有较强的针对性，容易抓住重点，提高答题效率。同时审题要认真，要抓住问题中的关键词，弄清问题要求分析的到底是什么。

第二步，认真阅读题目或案例。

带着问题阅读题目或案例背景材料，找出问题的本质是哪一大类，是劳动合同法律制度、社会保险法律制度、支付结算法律制度的问题，还是税法的问题，然后再具体到这些问题的具体项目，这是解题的关键，不能被具体细节问题所迷惑。

第三步，选择答案。

阅读背景材料和小题题目后，先花几分钟对问题进行系统分析和思考，套用解决问题所需运用的相关理论，确定答题思路和要点，然后再判断出答案。同时不定项选择题对知识掌握的全面性和准确性要求较高，除了通过分析和计算直接得到正确答案以外，灵活应用排除法和比较法可以有效提高答题的成功率。有的答案之间本身就相互矛盾，有的答案之间有一定的联系，适当分析答案之间的关系就可以成功排除一些备选答案。

第一章 总论

总论主要包括了法律基础、经济纠纷的解决途径和法律责任 3 个方面的内容。本章考点的理论知识很多，需要靠强行记忆的方式学习和复习各知识点。对于一些类似的考点，如仲裁、民事诉讼、行政复议、行政诉讼的特征、适用范围、基本原则等内容，可通过横向对比记忆的方式提高学习效率。

本章知识在考试中所占分值不低，近 3 年的平均分值在 12 分左右，一般有 8~9 道题，题型以选择题和判断题等客观题为主，近几年全部以客观题的形式进行命题。

▼本章考纲知识体系一览表

总论	一、法律基础	（1）法和法律（★★★） （2）法律关系（★★★） （3）法律事实（★★） （4）法的形式与分类（★） （5）法律部门与法律体系（★）
	二、经济纠纷的解决途径	（1）经济纠纷的概念与解决途径（★★★） （2）仲裁（★★★） （3）民事诉讼（★★★） （4）行政复议（★★★） （5）行政诉讼（★★★）
	三、法律责任	（1）法律责任的概念（★★） （2）法律责任的种类（★★）

第一节 法律基础

考情分析：本节内容的考试重点是法的概念、本质、特征，以及法律关系的概念和要素。近几年往往以单选题和多选题的形式对考生进行考查，题量为2~3题。

学习建议：着重复习法的本质、四大特征以及法律关系的三大要素，并对法律关系的两方面内容和法律行为的6种分类有一定程度的了解和熟悉。

一、法和法律

（一）法和法律的概念

1. 法的概念

法是由国家制定或认可，并由国家强制力保证实施的，反映统治阶级意志的规范体系。它通过规定人们在社会关系中的权力和义务，确认、保护和发展有利于统治阶级的社会关系和社会秩序。

2. 法律的概念

法律一词可从狭义和广义两个方面进行理解。

（1）狭义上法律的概念。法律指拥有立法权的国家机关依照立法程序制定和颁布的规范性文件。

（2）广义上法律的概念。法律指法的整体，其概念与法相同，即国家制定或认可，并由国家强制力保证实施的各种行为规范的总和。

> **知识链接**
>
> 法学上有时需要对法和法律的概念严加区分：法是一种特殊的规范体系，而法律指法的渊源之一或泛指法的表现形式。

（二）法的本质与特征

1. 法的本质

法的本质是统治阶级的国家意志的体现，它包括以下 3 层含义。

（1）法由统治阶级的物质生活条件所决定，是社会客观需要的反映。

（2）法体现的是统治阶级的整体意志和根本利益，不是统治阶级中每个成员个人意志的简单相加。

（3）法体现的不是一般的统治阶级意志，而是被奉为法律的统治阶级意志，即统治阶级的国家意志。

> **【案例 1-1】**有人认为，法既然是统治阶级意志的体现，那么统治阶级违法后也不会受到应有的法律制裁。请分析这种论点正确与否。
>
> **【案例解析】**要正确区分此论点正确与否，应该弄清法的本质。法的本质是统治阶级的国家意志的体现，法体现的是统治阶级的整体意志和根本利益，而不是统治阶级中每个成员个人意志的简单相加。因此，法对统治阶级的每个成员而言，也必须遵守，任何违法行为都是对统治阶级整体利益和根本利益的侵害。故上述论点是错误的。

2. 法的特征

法是一种特殊的行为规则和社会规范，它不仅具有行为规则和社会规范的一般共性，还具有以下 4 个方面的自身特征。

（1）法是经过国家制定或认可才得以形成的规范，具有国家意志性。

统治阶级的意志不能直接形成为法，它必须通过国家制定和认可，才能形成。制定和认可是国家创制法的两种方式，也是统治阶级把自己的意志变为国家意志的两条途径。另外，虽然法是通过国家制定和发布的，但并不是国家发布的任何文件都是法。要成为法，必须是国家发布的规范性文件，同时也是按照法定的职权和方式制定和发布的，有确定的表现形式。换句话说，法需要通过特定的国家机关、按照特定的方式、表现为特定的法律文件形式，才能成立。

（2）法凭借国家强制力的保证而获得普遍遵循的效力，具有强制性。

法是由国家强制力保障其实施的规范，其强制性是由国家提供和保证的，因此与一般社会规范的强制性不同。虽然其他社会规范也有一定的强制性，如道德依靠社会舆论的强制，习惯受到习惯势力的强制，但这些强制都不同于国家的强制。国家强制力以国家强制机构（如军队、警察、法庭、监狱）为后盾，和国家制裁相联系，表现为对违法者采取国家强制措施。因此，法是最具有强制力的规范。

（3）法是确定人们在社会关系中的权利和义务的行为规范，具有利导性。

法的主要内容是由规定权利、义务的条文构成的，它通过规定人们在社会关系中的权利和义务来分配利益，从而影响人们的动机和行为，进而影响社会关系，实现统治阶级的意志和要求、维持社会秩序。所以法具有利益导向性，简称利导性。

（4）法是明确而普遍适用的规范，具有规范性。

法具有明确的内容，能使人们预知自己或他人一定行为的法律后果。法具有普遍适用性，凡在国家权力管辖和法律调整的范围、期限内，对所有社会成员及其活动都普遍适用。

> **【例题·单选题】**下列关于法的本质与特征的表述中，不正确的是（　）。
>
> A. 法是由国家制定或认可的规范
>
> B. 法是社会成员共同意志的体现
>
> C. 法由统治阶级的物质生活条件所决定
>
> D. 法凭借国家强制力的保证获得普遍遵行的效力
>
> **【答案】**B
>
> **【解析】**本题综合考查了法的本质与特征。选项 B 错误，因为法只能是统治阶级的国家意志的体现，不是社会全体成员的共同意志的体现。
>
> **【例题·多选题】**下列各项中，属于法律规范基本特征的有（　）。
>
> A. 体现统治阶级的意志
>
> B. 国家制定或认可
>
> C. 以国家强制力保证实施
>
> D. 取得社会公众认可
>
> **【答案】**ABC
>
> **【解析】**本题的考查点是法的概念与特征。法是由国家制定或认可，并由国家强制力保证实施的，反映了统治阶级意志的规范体系。D 选项不是法的基本特征。

> **考场点拨**
>
> 一般而言，考试中对法和法律的概念都没有严加区分，也就是说，题目中的“属于法律规范基本特征”也就是“属于法的基本特征”，考生不能以为只学习了法的特征，而不知道法律或法律规范的特征。它们指的都是相同的对象。

二、法律关系

（一）法律关系的概念

法律关系是法律规范在调整人们的行为过程中所形成的一种特殊的社会关系，即法律上的权利与义务的关系。也可以说，法律关系是指被法律规范所调整的权利与义务关系。

社会关系是多种多样的，因而调整它的法律规范也是多种多样的，如图 1-1 所示即为调整不同社会关系对应的法律规范。

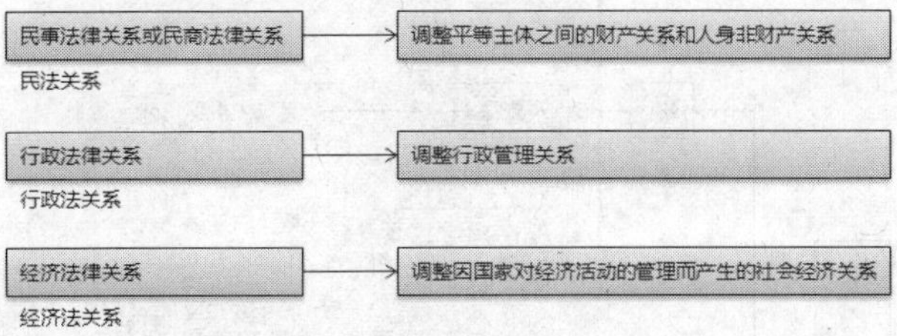

图 1-1 不同法律关系调整的不同社会关系

【例题·判断题】调整平等主体之间的财产关系和人身非财产关系而形成的法律关系，可称为民法关系和经济法关系（ ）。

【答案】×

【解析】本题考查的是法律关系的概念。不要因为题目中出现了“财产”一词，就错误地认为该法律关系是经济法关系。只有调整因国家对经济活动的管理而产生的社会经济关系，才能称为经济法关系。

（二）法律关系的要素

法律关系由法律关系的主体、法律关系的内容和法律关系的客体 3 个要素构成。缺少其中任何一个要素都不能构成法律关系。

1. 法律关系的主体

（1）法律关系主体的概念

法律关系的主体又称权利主体或义务主体，指参加法律关系，依法享有权利和承担义务的当事人。

法律关系主体的数目因法律关系的具体情况而定，但是任何一个法律关系至少要有两个主体，因为只有拥有两个主体，才能在它们之间形成以权利和义务为内容的法律关系。

（2）法律关系主体的种类

根据我国的法律规定，法律关系主体包括以下 4 种，如图 1-2 所示。

①公民（自然人）。公民是最常见的法律关系主体，可参加的法律关系很广泛。在我国，由公民组成的特定主体，如个体户、农户、合伙人等，也可参与某些特定的法律关系，如经济法律关系。

②机构和组织（法人）。这种法律关系主体主要包括三类：一是国家机关，包括国家权力机关、国家行政机关和国家司法机关；二是各种企业、事业组织；三是各政党和社会团体。这些机构和组织主体，在法学上可以笼统地称为法人。

③国家。在特殊情况下，国家可作为一个整体成为法律关系主体。如在国内，国家是国家财产所有权唯一和统一的主体；在国际法上，国家则是国际法关系的主体。

④外国人和外国社会组织。外国人、无国籍人士和外国社会组织，以我国有关法律以及我国与有关国家签订的条约为依据，也可成为我国某些法律关系的主体。

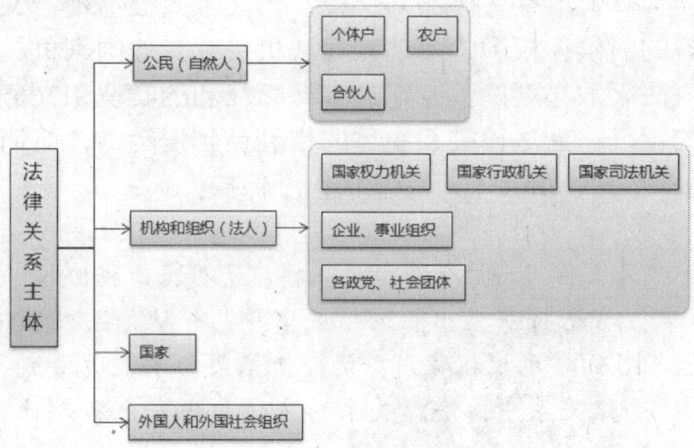

图 1-2 法律关系主体的种类

【2012 年真题·多选题】根据我国法律制度的规定，下列各项中，能够成为法律关系主体的有（ ）。

A. 自然人　　B. 商品

C. 法人　　D. 行为

【答案】AC

【解析】本题考查的是法律关系主体的种类。主要包括公民（自然人）、机构和组织（法人）……

2. 法律关系的内容

法律关系的内容是指法律关系主体所享有的权利和承担的义务。下面具体介绍两者的联系。

（1）法律权利。权利指法律关系主体依法享有的权益，表现为权利享有者依照法律规定具有的自主决定作出或不作出某种行为，要求他人作出或不作出某种行为的自由。其中，依法享有权利的主体称为权利主体。如公民（权利主体）依法享有“继承权”（法律权利），则其可作出接受继承或放弃继承的行为。

（2）法律义务。义务指法律关系主体依照法律规定所担负的必须作出某种行为或不得作出某种行为的负担或约束。其中，依法承担义务的主体称为义务主体。义务主体作出某种行为称为积极义务，如纳税；义务主体不作出某种行为称为消极义务，如不得损坏公共财物。

（3）法律权利与义务的关系。法律权利和义务作为构成法律关系内容的两个方面是密不可分的，共同处于法律这一统一体中。任何一方的权利都必须有另一方义务的存在；而任何一方的义务又都是为实现他方的权利而设定的。没有无义务的权利，也没有无权利的义务。

在大多数民商法律关系中，各方主体都既享有权利，又承担义务。如在买卖关系中，买方承担向卖方支付价款的义务，同时享有获得卖方出售物的权利；卖方享有获得买方价款的权利，同时承担向买方支付出售物品的义务。

有了国家法律作为保障，当义务人拒不履行义务的时候，权利人可请求司法机关或其他国家机关依法采取必要的强制措施来保障权利的实现和义务的履行；当法律关系主体的权利受到侵害时，可请求司法机关或其他国家机关给予保护。

【案例 1-2】张某与李某签订了房屋出租协议，李某承诺将房屋出租给张某1年，并从张某处获得15 000元出租费用。请分析张某与李某所形成的法律关系中，法律关系的主体和内容分别是什么？

【案例解析】法律关系的主体指参加法律关系，依法享有权利和承担义务的当事人，这里法律关系的主体是张某和李某，他们分别具有享有权利和承担义务的责任；在这一法律关系中，其内容主要有两项，分别是出租房屋和支付房屋出租费用。

3. 法律关系的客体

（1）法律关系客体的概念

法律关系的客体又称权利客体或义务客体，指法律关系主体的权利和义务所指向的对象。客体是确立权利与义务关系性质和具体内容的依据，也是确定权力与否行使和义务是否履行的客观标准。权利和义务只有通过客体才能得到体现和落实。没有客体，权利与义务就失去了依附的目标和载体，无所指向，也就不可能发生权利与义务了。

（2）法律关系客体的种类

法律关系客体的内容和范围是由法律规定的。能够作为法律关系客体的东西应当具备能为人类所控制并对人类有价值这一特征。只有这样的东西才适宜由法律调整，才能成为主体的权利义务指向和作用的对象。

在不同国家与不同历史时期，法律关系客体的具体内容及范围不同，并在不断发生着演变。如奴隶的人身在奴隶社会可以成为买卖关系的合法客体，但在现代社会已被杜绝；而原来在一般情况下不属于法律关系客体的，现在却属于法律关系中非常普遍而重要的客体，如纯净的饮用水、清洁的空气、不受噪声干扰的环境等。

法律关系的客体主要包括物、非物质财富、行为和人身等，如图1-3所示。

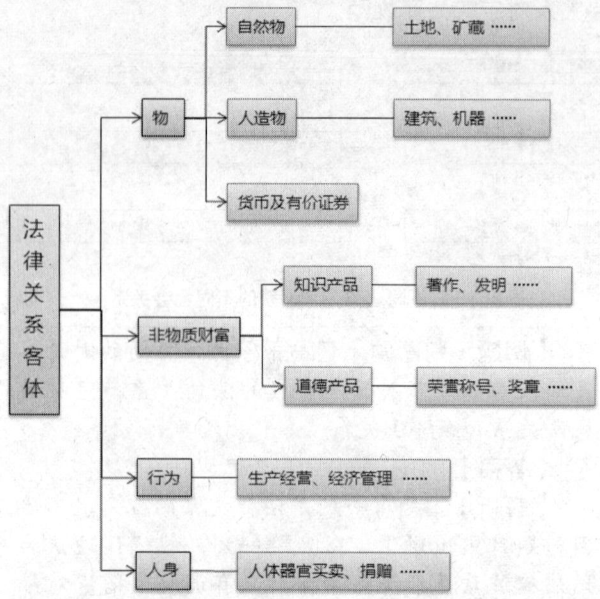

图 1-3 法律关系客体的种类

①物。法律意义上的物是指法律关系主体支配的、在生产上和生活上所需要的客观实体。物要成为法律关系客体，须具备以下条件：第一，得到法律认可；第二，应为人类所认识和控制；第三，能够给人们带来某种物质利益，具有经济价值；第四，具有独立性。至于哪些物可以成为法律关系客体，应由法律予以规定，但人类公共物或国家专有之物，文物或贵金属，军事设施、武器，危害人类之物不得进入国内商品流通领域，成为私人法律关系的客体。物可以是自然物，可以是人造物，也可以是货币或其他有价证券。如土地、矿产就是自然物；建筑、机器就是人造物。

②非物质财富。又称精神产品或精神财富，包括知识产品和道德产品。

知识产品即智力成果（或称为无体财产），指人们通过脑力劳动创造的能够带来经济价值的精神财富。如著作、设计、发明等，它们分别为著作权关系、商标权关系、发明权关系的客体。智力成果不是物，但通常由物质作为载体，如书籍、图册、等，就是常见的记录、承载智力成果的物质形式。

道德产品指人们在社会活动中取得的非物质化的道德价值，如荣誉称号、嘉奖表彰等。

③行为。能作为法律关系客体的行为是指法律关系主体为达到一定目的所进行的作为（积极行为）或不作为（消极行为），是人的有意识活动，如生产经营、经济管理等。

④人身。人身是由各个生理器官组成的生理整体（有机体），是人的物质形态，也是人的精神利益的物质体现。人体（部分或整体）成为法律关系的客体已被民法理论视为具有法律意义的特殊物而加

以保护，如器官捐赠、移植时用到的人身上的某个部分。

专家课堂

对于“人身”这一特殊客体，需要注意：①活人的整个身体不得视为法律上的“物”，法律禁止贩卖或拐卖人口，禁止买卖婚姻；②权利人对自己的人身不得进行违法或有伤风化的活动，不得滥用人身或自践人身和人格，如卖淫、自杀、自残；③对人身行使权利时必须依法进行，不得超出法律授权的界限，如有监护权的父母不得虐待未成年子女的人身。

【例题·多选题】在我国，下列可作为法律关系客体的有（　）。

A. 阳光　　B. 货币
C. 有价证券　　D. 商标权

【答案】BCD

【解析】本题考查的是法律关系客体的种类。A选项虽然是自然物，但不能被人们支配和控制，因此不能作为法律关系的客体。

考场点拨

考试中出现与法律关系要素相关的题目时，往往以选择或判断法律关系主体或客体的形式出现。遇到这种题目时，一定要看清题目要求的是判断主体还是客体，不要盲目丢分。

三、法律事实

任何法律关系的发生、变更和消灭，都要有法律事实的存在。

法律事实是指由法律规范所确定的，能够产生法律后果，即能够直接引起法律关系发生、变更或消灭的情况。

法律规范和法律主体只是法律关系产生的抽象的、一般的前提，并不能直接引起法律关系的变化。法律事实则是法律关系产生的具体条件，只有当法律规范规定的事实发生时，才会引起法律关系的发生、变更和消灭。法律事实是法律关系发生、变更和消灭的直接原因。

按照是否以当事人的意志为转移作标准，可以将法律事实划分为法律事件和法律行为两大类。

（一）法律事件

法律事件是不以当事人的主观意志为转移的能够引起法律关系发生、变更和消灭的法定情况或现象。

事件可以是自然现象，如地震、台风、洪水、森林大火等不因人的因素造成的自然灾害；也可以是某些社会现象，如爆发战争、重大政策的改变等，虽属人的行为引起，但其出现在特定法律关系中，不以当事人的意志为转移时也构成法律事实。

自然灾害可引起保险赔偿关系的发生或合同关系的解除；人的出生可引起抚养关系、户籍管理关系的发生；人的死亡可引起抚养关系、婚姻关系、劳动合同关系的消灭、继承关系的发生；重大社会变迁和社会革命可引起整个社会关系状况的全面变革，进而导致国家法律关系的变化。

由自然现象引起的事实又称绝对事件，由社会现象引起的事实又称相对事件。它们的出现都是不以人们（当事人）的意志为转移的，具有不可抗力的特征。

（二）法律行为

法律行为是指以法律关系主体意志为转移，能够引起法律后果，即引起法律关系发生、变更和消灭的人们有意识的活动。它是引起法律关系发生、变更和消灭的最普遍的法律事实。

法律行为是一个非常重要的法学概念，在法学理论中居于重要地位，根据不同的标准，可以对法律行为作不同的分类。

（1）合法行为与违法行为

根据行为是否符合法律规范的要求，即行为的法律性质，可将法律行为分为合法行为与违法行为：合法行为是指行为人所实施的具有一定的法律意义、与法律规范要求相符合的行为；违法行为是指行为人所实施的违反法律规范的要求、应受惩罚的行为。

（2）积极行为与消极行为

根据行为的表现形式不同，可将法律行为分为积极行为与消极行为：积极行为又称作为，是指以积极、主动作用于客体的形式表现的、具有法律意义的行为；消极行为又称不作为，指以消极的、抑制的形式表现的、具有法律意义的行为。

（3）意思表示行为与非表示行为

根据行为是否通过意思表示，可将法律行为分为意思表示行为和非表示行为：意思表示行为是指行为人基于意思表示而作出的具有法律意义的行为；非表示行为是指非经行为人意思表示而基于某种事实状态即具有法律效果的行为，如拾得遗失物、发现埋藏物等。

（4）单方行为与多方行为

根据主体意思表示的形式，可将法律行为分为单方行为和多方行为：单方行为是指由法律主体一方的意思表示即可成立的法律行为，如遗嘱、行政命令等；多方行为是指由两个或两个以上多方法律主体意思表示一致而成立的法律行为，如合同行为等。

（5）要式行为与非要式行为

根据行为是否需要特定形式或实质要件，可将法律行为分为要式行为和非要式行为：要式行为是指必须具备某种特定形式或程序才能成立的法律行为；非要式行为是指无需特定形式或程序即能成立的法律行为。

（6）自主行为与代理行为

根据主体实际参与行为的状态，可将法律行为分为自主行为和代理行为：自主行为是指法律主体在没有其他参与者的情况下以自己的名义独立从事的法律行为；代理行为是指法律主体根据法律授权或其他主体的委托而以被代理人的名义所从事的法律行为。

表 1-1 归纳了按各种不同标准分类的法律行为，以便复习时进行参考。

表 1-1 不同分类标准下对应的法律行为

分类标准	法律行为
是否符合法律规范的要求	合法行为、违法行为
表现形式	积极行为、消极行为
是否通过意思表示	意思表示行为、非表示行为
主体意思表示	单方行为、多方行为
是否需要特定形式或实质要件	要式行为、非要式行为
主体实际参与行为的状态	自主行为、代理行为

【案例 1-3】张某在领导授意下，向 A 公司开具了一张空头支票来获取商品。请分析张某及其领导的行为是否构成法律行为。

【案例解析】从是否符合法律规范的要求而言，张某及其领导的行为属于违法行为；从行为的表现形式而言，该行为又属于积极行为。

【2011 年真题·多选题】下列各项中，能引起法律关系发生、变更和消灭的事实有（　）。

A. 自然灾害　　B. 公民死亡

C. 签订合同　　D. 提起诉讼

【答案】ABCD

【解析】本题考查的是法律事实的内容。AB 选项属于法律事实中的法律事件；CD 选项属于法律事实中的法律行为。

四、法的形式与分类

（一）法的形式

法的形式主要是依据创制法的国家机关不同、创制方式不同而进行划分的。

1. 宪法

宪法是由国家最高权力机关——全国人民代表大会制定的，是国家的根本大法。宪法规定国家的基本制度和根本任务，具有最高的法律效力，也具有最为严格的制定和修改程序。

知识链接

我国现行宪法是 1982 年 12 月 4 日第五届全国人民代表大会第五次会议通过的《中华人民共和国宪法》，全国人民代表大会先后于 1988 年、1993 年、1999 年、2004 年以宪法修正案的形式对现行宪法作了修改和补充。

2. 法律

法律由全国人民代表大会及其常务委员会经一定立法程序制定颁布的规范性文件。法律通常规定和调整国家、社会和公民生活中某一方面带根本性的社会关系或基本问题。其法律效力和地位仅次于宪法，是制定其他规范性文件的依据。

法律分为基本法律和基本法律以外的法律两种。

（1）基本法律由全国人民代表大会制定和修改，在全国人民代表大会闭会期间，全国人民代表大会常务委员会也有权对其进行部分补充和修改，但不得同其基本原则相抵触。基本法律规定国家、社会和公民生活中具有重大意义的基本问题，如《中华人民共和国民事诉讼法》、《中华人民共和国刑法》等。

（2）基本法律以外的法律由全国人民代表大会常务委员会制定和修改，规定国家、社会和公民生活中某一方面的基本问题，其调整面相对较窄，内容较具体，如《中华人民共和国会计法》、《中华人民共和国公司法》、《中华人民共和国税收征收管理法》等。另外，全国人民代表大会及其常务委员会还有权就有关问题作出规范性决议或决定，它们与法律具有同等地位和效力。

3. 行政法规

行政法规是由国家最高行政机关——国务院在法定职权范围内为实施宪法和法律制定、发布的规范性文件，通常冠以条例、办法、规定等名称，如国务院令第 287 号发布的《企业财务会计报告条例》。行政法规的地位仅次于宪法和法律，高于地方性法规，它是一种重要的法的形式。

4. 地方性法规

省、自治区、直辖市的人大及其常务委员会在与宪法、法律和行政法规不相抵触的前提下，可根据本地区的具体情况和实际需要制定、发布规范性文件，即地方性法规。省、自治区人民政府所在地的市和经国务院批准的较大的市，以及某些经济特区市的人大及其常委会在宪法、法律和行政法规允许范围内制定的适用于本地方的规范性文件，也属于地方法规，如北京市人大常委会发布的《北京市城乡规划条例》、《北京市实施（中华人民共和国食品卫生法）办法》等。地方性法规效力不超出本行政区域范围，是地方司法的依据之一。

5. **自治法规**

民族自治地区（自治区、自治州、自治县）的人大有权依照当地民族政治、经济和文化的特点，制定自治条例和单行条例。

（1）自治条例是民族自治地方根据自治权制定的综合的规范性法律文件。

（2）单行条例是根据自治权制定的调整某一方面事项的规范性法律文件。

自治区的自治条例和单行条例，报省或自治区人大常委会批准后生效，并报全国人民代表大会常务委员会备案。自治条例和单行条例可作为名族自治地方的司法依据，如《内蒙古自治区鄂伦春自治旗自治条例》便是该自治区自治旗的司法依据。

6. **特别行政区的法**

特别行政区的法是指由全国人民代表大会制定的特别行政区基本法以及特别行政区依法制定并报全国人民代表大会常务委员会备案的、在该特别行政区内有效的规范性文件。1990 年 4 月 4 日，第七届全国人民代表大会第三次会议通过的《中华人民共和国香港特别行政区基本法》第八条规定："香港原有法律，即普通法、衡平法、条例、附属立法和习惯法，除同本法相抵触或经香港特别行政区的立法机关作出修改者外，予以保留。"

7. **规章**

规章是国务院各部委，省、自治区、直辖市人民政府，省、自治区人民政府所在地的市和国务院批准的较大的市以及某些经济特区市的人民政府，在其职权范围内依法制定、发布的规范性文件。行政规章分为部门规章和地方政府规章。

（1）部门规章是国务院所属部委根据法律和国务院行政法规、决定和命令，在本部门的权限范围内制定、发布的规范性文件，也称部委规章。国务院所属的具有行政职能的直属机构发布的具有行政职能的规范性文件，也属于部门规章的范围，如中华人民共和国财政部第 54 号发布的《金融企业国有资产转让管理办法》。部门规章的地位低于宪法、法律、行政法规，不得与它们相抵触。

（2）地方政府规章是有权制定地方性法规的地方人民政府根据法律、行政法规和地方性法规制定的规范性文件，如北京市人民政府令第 210 号公布的《北京市实施（中华人民共和国耕地占用税暂行条例）办法》。地方政府规章除不得与宪法、法律和行政法规相抵触外，还不得与上级和同级地方性法规相抵触。

知识链接

无论是部门规章还是地方政府规章，在法院审理行政案件时仅起参照作用，不起决定性作用。

8. **国际条约**

国际条约不属于国内法的范畴，但我国签订和加入的国际条约对于我国的国家机关、社会团体、企业、事业单位和公民也有约束力。因此，这些条约就其具有与国内法同样的约束力而言，也是我国法的形式之一，如《中华人民共和国和乌兰克关于民事和刑事司法协助的条约》，以及中国加入世界贸易组织所签订的一系列文件等。

表 1–2 将我国法的形式和分类进行了总结，并给出了对应的制定机关及效力，以便更好地进行对照复习。

表 1–2 法的形式、分类、制定机关及效力一览表

形式		制定机关	效力
宪法		全国人民代表大会	最高
法律		全国人民代表大会及其常务委员会	仅次于宪法
法规	行政法规	国务院	次于宪法和法律
	地方性法规	省级、自治区、直辖市的人大及其常务委员会	低于行政法规
	自治法规	民族自治地方（自治区、自治州、自治县）	
特别行政区的法		全国人民代表大会制定	
规章	部门规章	国务院各部委及直属机构	不得与上级和同级地方性法规相抵触
	地方政府规章	省级、较大市人民政府	
国际条约		国家之间	

【2011 年真题·单选题】下列法的形式中，由国家最高权力机关制定，规定国家基本制度和根本任务，具有最高法律效力，属于国家根本大法的是（　）。

A.《中华人民共和国宪法》

B.《中华人民共和国民法通则》

C.《中华人民共和国刑法》

D.《中华人民共和国物权法》

【答案】A

【解析】本题考查的是法的形式。宪法由国家最高权力机关——全国人民代表大会制定，是国家的根本大法。

【2012 年真题·单选题】下列法的形式中，由全国人民代表大会及其常务委员会经一定立法程序制定颁布的规范性文件是（　）。

A. 宪法　　B. 行政法规

C. 法律　　D. 行政规章

【答案】C

【解析】本题是对法的形式中法律内容的考查。法律是由全国人民代表大会及其常务委员会经一定立法程序制定颁布的。

（二）法的分类

对法进行分类，不仅有助于分析不同种类的法的不同个性，分清相互之间的界限，而且有助于从不同侧面了解法的各有关方面，帮助我们从整体上、大局上把握一般的法的概念。

1. 成文法和不成文法

根据法的创制方式和发布形式，可将法分为成文法和不成文法。

（1）成文法是指有权制定法律的国家机关，依照法定程序所制定的具有条文形式的规范性文件。

（2）不成文法是指国家机关认可的、不具有条文形式的习惯。不成文法也称为习惯法，有的观点认为判例法也是不成文法。

2. 根本法和普通法

根据法的内容、效力和制定程序可将法分为根本法和普通法。

（1）根本法就是宪法，它规定国家制度和社会制度的基本原则，具有最高的法律效力，是普通法立法的依据。它的制定和修改通常需要经过比普通法更为严格的程序。

（2）普通法泛指宪法以外的所有法律，它根据宪法确认的原则就某个方面或某些方面的问题作出具体规定，效力低于宪法。

3. 实体法和程序法

根据法的内容，可将法分为实体法和程序法。

（1）实体法是指从实际内容上规定主体的权利和义务的法律，如民法、刑法。

（2）程序法是指为了保障实体权利和义务的实现而制定的关于程序方面的法律，如刑事诉讼法、民事诉讼法、行政诉讼法。

4. 一般法和特别法

根据法的空间效力、时间效力或对人的效力，可将法分为一般法和特别法。

（1）一般法是指在一国领域内对全体居民和所有的社会组织普遍适用，而且在它被废除前始终有效的法律，如民法、刑法。

（2）特别法是指只在一国的特定地域内（如某个行政区域）或只对特定主体（如公职人员、军人）或在特定时期内（如战争时期）有效的法律。

5. 国际法和国内法

根据法的主体、调整对象和渊源可将法分为国际法和国内法。

（1）国际法的主体主要是国家，调整的对象主要是国家间的相互关系，它以国际条约和各国公认的国际惯例为主要渊源，以国家单独或集体的强制措施为实施保证。

（2）国内法的主体主要是该国的公民和社会组织，调整对象是一国内部的社会关系，它以制定国立法机关颁布的规范性文件为主要渊源，以该国的强制力为实施保证。

6. 公法和私法

根据法律运用的目的，可将法分为公法和私法。

（1）公法是以保护公众利益为目的的法律，如宪法、行政法、刑法和诉讼法等。

（2）私法是以保护私人利益为目的的法律，如民法和商法等。

表 1-3 归纳了按不同标准对法进行的各种分类，可参考复习。

表 1-3 不同标准分类下对应的法

分类标准	法
创制方式和发布形式	成文法、不成文法
法的内容、效力和制定程序	根本法、普通法
法的内容	实体法、程序法
法的空间效力、时间效力或对人的效力	一般法、特别法
法的主体、调整对象和渊源	国际法、国内法
法律运用的目的	公法、私法

【2011 年真题·单选题】下列对法所作的分类中，以法的创制方式和发布形式为依据进行分类的是（　）。

A. 成文法和不成文法

B. 根本法和普通法

C. 实体法和程序法

D. 一般法和特别法

【答案】A

【解析】本题考查的是关于法的分类。按创制方式和发布形式为标准，可将法分为成文法和不成文法。

五、法律部门与法律体系

（一）法律部门与法律体系的概念

法律部门又称部门法，是指根据一定的标准和原则所规定的同类法律规范的总称。

法律部门划分的标准主要涉及法律调整的对象和法律调节的方式两个方面。

（1）法律调整的对象，即法律调整的社会关系。如调整行政主体与行政相对人之间行政管理关系的法律规范的总和构成行政法部门。

（2）法律调节的方式，如民法和刑法，都调整财产关系和人身关系，但民法是以自行调节为主要方式，而刑法是以强制干预为主要调整方式，民法要求对损害予以财产赔偿，而刑法则对犯罪人处以严厉的人身惩罚。

专家课堂

法律部门的划分不是绝对的，可以有不同的标准，可以交叉、重合，没有对错之分，只要方便、合理就行。

一个国家现行的法律规范分类组合为若干法律部门，由这些法律部门组成的具有内在联系的、互相协调的统一整体即为法律体系。

（二）我国现行的法律部门与法律体系

我国现行法律体系可以划分为以下 7 个重要的法律部门，具体如图 1–4 所示。

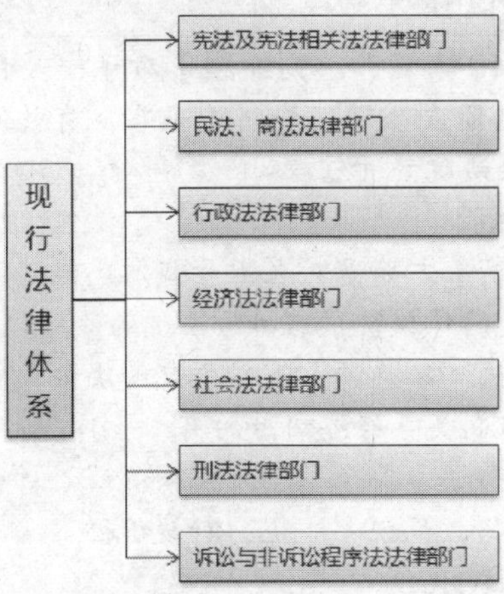

图 1–4 7 大法律部门

1. 宪法及宪法相关法法律部门

宪法是国家的根本大法，宪法相关法是与宪法相配套、直接保障宪法实施和国家政权运作等方面的法律规范的总和，主要包括 4 个方面的法律。

（1）有关国家机构的产生、组织、职权和基本工作制度的法律。

（2）有关民族区域自治制度、特别行政区制度、基层群众自治制度的法律。

（3）有关维护国家主权、领土完整和国家安全的法律。

（4）有关保障公民基本政治权利的法律。

2. 民法、商法法律部门

民法、商法是规范民事、商业活动的法律规范的总和，所调整的是自然人、法人和其他组织之间以平等地位发生的各种法律关系（称为横向关系）。

（1）民法调整的是公民与公民之间、法人与法人之间、公民与法人之间的财产关系以及人身关系。

（2）商法可以看做是民法中的一个特殊部分，是在民法基本原则的基础上适应现代商业活动的需要逐渐发展起来的，主要包括公司、破产、证券、期货、保险、票据、海商等方面的法律。

3. 行政法法律部门

行政法是规范国家行政管理活动的法律规范的总和，包括有关行政管理主体、行政行为、行政程序、行政监督以及国家公务员制度等方面的法律规范。

行政法调整的是行政机关与行政管理相对人（公民、法人和其他组织）之间因行政管理活动而发生的法律关系（称为纵向关系）。在这种管理与被管理的纵向法律管理中，行政机关与行政管理相对人的地位是不平等的，行政行为由行政机关单方面依法作出，不需要双方平等协商。

4. 经济法法律部门

经济法是调整国家从社会整体利益出发对市场经济活动实行干预、管理、调控所产生的社会经济关系的法律规范的总和。

经济法是在国家干预市场经济活动过程中逐渐发展起来的一个法律门类，一方面与行政法的联系很密切，另一方面又与民法、商法的联系很密切。往往在同一个经济法中包括两种不同性质的法律规范，既有调整纵向法律关系的，也有调整横向法律关系的，因而具有相对的独立性。

5. 社会法法律部门

社会法是调整有关劳动关系、社会保障和社会福利关系的法律规范的总和。社会法是在国家干预社会生活过程中逐渐发展起来的一个法律门类，所调整的是政府与社会之间、社会不同部门之间的法律关系。

6. 刑法法律部门

刑法是规范犯罪、刑事责任和刑事处罚的法律规范的总和。与其他法律门类相比，刑法具有以下两个显著特点。

（1）刑法所调整的社会关系最广泛；

（2）刑法的强制性最严厉。

7. 诉讼与非诉讼程序法法律部门

诉讼与非诉讼程序法是调整因诉讼活动和非诉讼活动而产生的社会关系的法律规范的总和。我国的诉讼制度分为刑事诉讼、民事诉讼、行政诉讼3种。解决经济纠纷，除通过诉讼“打官司”外，还可以通过仲裁这种非诉讼的途径。

【例题·多选题】下列各项中，属于我国现行法律体系的是（　）。

A. 民法、商法法律部门

B. 刑法法律部门

C. 社会法法律部门

D. 经济法法律部门

【答案】ABCD

【解析】本题考查的是法律体系的知识。除上述4个选项外，我国现行法律体系还包括宪法及宪法相关法法律部门、行政法法律部门和诉讼与非诉讼程序法法律部门。

第二节 经济纠纷的解决途径

考情分析：本节内容是本章的重点内容，近几年题量一直维持在5题左右。题型同样以客观题为主的形式出现，多选题和单选题居多。

学习建议：重点掌握仲裁、民事诉讼、行政复议和行政诉讼的概念、特征、基本原则、机构、裁决等知识，通过比较记忆的方法来有效提高学习效率。

一、经济纠纷的概念与解决途径

（一）经济纠纷的概念

经济纠纷指市场经济主体之间因经济权利和经济义务的矛盾而引起的权益争议，它包括平等主体之间涉及经济内容的纠纷和公民、法人或其他组织作为行政管理相对人与行政机关之间因行政管理所发生的涉及经济内容的纠纷。

市场经济主体在市场经济条件下，为实现各自的经济目标，必然要进行各种经济活动，因此会发生各种各样的经济权益争议，产生经济纠纷，如合同纠纷、纳税人与税务机关就纳税事务发生争议等。为了保护当事人的合法权益，维持社会经济秩序，必须利用有效手段及时解决这些纠纷。

（二）经济纠纷的解决途径

在我国，解决经济纠纷的途径和方式主要有仲裁、民事诉讼、行政复议、行政诉讼。

仲裁和民事诉讼都是针对横向关系经济纠纷的解决方式。作为平等民事主体的当事人之间发生的经济纠纷，只能采用仲裁或民事诉讼的方式解决。有效的仲裁协议可排除法院的管辖权，只有在没有仲裁协议、仲裁协议无效或当事人放弃仲裁协议的情况下，法院才可行使管辖权，这在法律上称为或裁或审原则。

行政复议与行政诉讼都是针对纵向关系经济纠纷的解决方式，都由行政管理相对人一方提出申请，并根据纠纷的性质选择合适的解决方式。当公民、法人或其他组织认为行政机关的具体行政行为侵犯其合法权益时，可采取申请行政复议或提起行政诉讼的方式解决纠纷。

根据法律的不同规定，纵向关系的经济纠纷采用的解决方式有以下几种情况。

（1）直接向法院起诉，或先申请行政复议，对行政复议决定不服时再起诉。

（2）只能先申请行政复议，对行政复议决定不服才能提起行政诉讼。

（3）只能通过行政复议的方式解决，由行政机关对纠纷作出最终裁决。

【2010年真题·判断题】对于平等民事主体当事人之间发生的经济纠纷而言，有效的仲裁协议可排除法院的管辖权。（　）

【答案】√

【解析】本题是对采用仲裁解决经济纠纷的考查。有效的仲裁协议可排除法院的管辖权。

【例题·多选题】下列争议解决方式中，适用于解决纵向关系经济纠纷的有（　）。

A. 仲裁　　B. 民事诉讼

C. 行政复议　　D. 行政诉讼

【答案】CD

【解析】本题考查的是各种经济纠纷的解决途径的特点。A、B选项适用于解决平等民事主体当事人之间的经济纠纷，即横向关系的经济纠纷。

二、仲裁

仲裁是由经济纠纷的各方当事人共同选定仲裁机构，对纠纷依法定程序作出具有约束力的裁决的活动。

（一）仲裁的特征

根据仲裁的概念可以总结出仲裁的 3 个要素或特征。

（1）以双方当事人自愿协商为基础。

（2）由双方当事人自愿选择的中立第三者，即仲裁机构进行裁判。仲裁机构是民间性的组织，不是国家的行政机关或司法机关，对经济纠纷案件没有强制管辖权。

（3）裁决对双方当事人都具有约束力。

> **知识链接**
>
> 1994 年 8 月 31 日第八届全国人民代表大会常务委员会第九次会议通过，1995 年 9 月 1 日起施行的《中华人民共和国仲裁法》（以下简称《仲裁法》）是仲裁活动进行的基本法律依据。

（二）仲裁的适用范围

根据《仲裁法》的规定，平等主体的公民、法人和其他组织之间发生的合同纠纷和其他财产权益纠纷，可以仲裁。

不能提请仲裁的纠纷包括：

（1）婚姻、收养、监护、抚养、继承纠纷。

（2）依法应当由行政机关处理的行政争议。

另外，不适用于《仲裁法》，不属于《仲裁法》所规定的仲裁范围，而由别的法律予以调整的仲裁包括：

（1）劳动争议的仲裁。

（2）农业集体经济组织内部的农业承包合同纠纷的仲裁。

（三）仲裁的基本原则

1. 自愿原则

当事人采用仲裁方式解决纠纷，应当双方自愿，达成仲裁协议。没有仲裁协议，一方申请仲裁的，仲裁委员会不予受理。

2. 依据事实和法律，公平合理地解决纠纷的原则

仲裁要坚持以事实为根据，以法律为准绳的原则，在法律没有规定或规定不完备的情况下，仲裁庭可按照公平合理的一般原则来解决纠纷。

3. 独立仲裁原则

仲裁机关不依附于任何机关而独立存在，仲裁依法独立进行，不受任何行政机关、社会团体和个人的干涉。

4. 一裁终局原则

仲裁实行一裁终局制度，即仲裁庭作出的仲裁裁决为终局裁决。裁决作出后，当事人就同一纠纷再申请仲裁或向人民法院起诉的，仲裁委员会或人民法院不予受理。

> **【例题·判断题】**仲裁裁决作出后，当事人如果不接受裁决内容，可再次申请仲裁或直接向法院起诉。（　）
>
> **【答案】**×
>
> **【解析】**本题考查的是仲裁裁决的基本原则。仲裁实行一裁终局制度，即仲裁庭作出的仲裁裁决为终局裁决，不能再次申请仲裁或向法院起诉。

（四）仲裁机构

仲裁机构主要指仲裁委员会，该委员会是有权对当事人提交的经济纠纷进行审理和裁决的机构。

1. 仲裁机构的设立

仲裁委员会可在直辖市和省、自治区人民政府所在地的市设立，也可根据需要在其他设区的市设立，不按行政区划层层设立。

2. 仲裁机构的性质

仲裁委员会独立于行政机关，与行政机关没有隶属关系。仲裁委员会之间也没有隶属关系。

3. 仲裁机构组成

仲裁委员会由主任 1 人、副主任 2~4 人和委员 7~11 人组成。仲裁委员会的主任、副主任和委员由法律、经济贸易专家和有实际工作经验的人员担任。仲裁委员会的组成人员中，法律、经济贸易专家不得少于 2/3。仲裁委员应当从公道正派且符合一定专业条件的人员中聘任仲裁员。

> **【例题·多选题】**下列关于仲裁委员会的表述中，正确的有（　）。
>
> A. 仲裁委员会是行政机关
>
> B. 仲裁委员会不按行政区划层层设立
>
> C. 仲裁委员会独立于行政机关
>
> D. 仲裁委员会之间没有隶属关系
>
> **【答案】**BCD
>
> **【解析】**本题考查的是仲裁委员会这一机构的特点。A 选项错误，仲裁委员会是独立于行政机关的机构。

（五）仲裁协议

1. 仲裁协议的概念

仲裁协议是指双方当事人自愿把他们之间可能

发生或已经发生的经济纠纷提交仲裁机构裁决的书面约定。

仲裁协议应当以书面形式订立，口头达成仲裁的意思表示无效。

2. 仲裁协议的内容

仲裁协议包括合同中订立的仲裁条款和以其他书面方式在纠纷发生前或纠纷发生后达成的请求仲裁的协议。

具体而言，仲裁协议应当具有下列内容。

（1）请求仲裁的意思表示。

（2）仲裁事项。

（3）选定的仲裁委员会。

仲裁协议对仲裁事项或仲裁委员会没有约定或约定不明确的，当事人可以补充协议；达不成补充协议的，仲裁协议无效。

3. 仲裁协议的效力

仲裁协议一经依法成立，即具有法律约束力。仲裁协议独立存在，合同的变更、解除、终止或无效，不影响仲裁协议的效力。

仲裁庭有权确认合同的效力。当事人对仲裁协议的效力有异议的，可请求仲裁委员会作出决定或请求人民法院裁定。一方请求仲裁委员会作出决定的，另一方请求人民法院作出裁定的，由人民法院裁定。当事人对仲裁协议效力有异议，应当在仲裁庭首次开庭前提出。

当事人达成仲裁协议，一方向人民法院起诉未声明有仲裁协议，人民法院受理后，另一方在首次开庭前提交仲裁协议的，人民法院应当驳回起诉，但仲裁无效的除外；另一方在首次开庭前未对人民法院受理该案提出异议的，视为放弃仲裁协议，人民法院应当继续审理。

【案例 1-4】甲、乙公司签订了 50 万元的买卖合同，并在合同中订立仲裁条款。后因买卖货物发生合同纠纷，甲向法庭提出诉讼。开庭审理时，乙提出双方签有仲裁协议，应通过仲裁方式解决。按照法律规定应该如何正确处理此案件？

【案例解析】甲、乙公司在签订买卖合同的时候，订立了仲裁协议。后发生纠纷，甲公司向法院起诉，但未声明有仲裁协议，法律受理后，乙公司在首次开庭前提交仲裁协议的，法院应当驳回起诉。因此正确的处理方案为：仲裁协议有效，法院驳回甲公司的起诉。

（六）仲裁裁决

1. 仲裁裁决规定

仲裁不实行级别管辖和地域管辖，仲裁委员会应当由当事人协议选定。仲裁庭可由 3 名仲裁员或一名仲裁员组成。

由 3 名仲裁员组成的，设首席仲裁员。当事人约定由 3 名仲裁员组成仲裁庭的，应当各自选定或各自委托仲裁委员会主任指定一名仲裁员，第三名仲裁员由当事人共同选定或共同委托仲裁委员会主任指定。第三名仲裁员是首席仲裁员。

当事人约定由一名仲裁员成立仲裁庭的，应当由当事人共同选定或共同委托仲裁委员会主任指定。

当事人没有在仲裁规则规定的期限内约定仲裁庭的组成方式或选定仲裁员的，由仲裁委员会主任指定。

仲裁庭组成后，仲裁委员会应当将仲裁庭的组成情况书面通知当事人。

2. 仲裁裁决采用回避制度

仲裁员有以下情形之一的，必须回避。当事人也有权提出回避申请。

（1）是本案当事人或当事人、代理人的近亲属。

（2）与本案有利害关系。

（3）与本案当事人、代理人有其他关系，可能影响公正仲裁的。

（4）私自会见当事人、代理人，或接受当事人、代理人的请客送礼的。

3. 仲裁裁决实行开庭和不公开方式

仲裁应当开庭审理。所谓开庭审理，是指在仲裁庭的主持下，在双方当事人和其他仲裁参与人的参加下，按照法定程序，对案件进行审理并作出裁决的方式。当事人协议不开庭的，仲裁庭可根据仲裁申请书、答辩书及其他材料作出裁决。

仲裁不公开进行。所谓不公开进行，是指仲裁庭在审理案件时不对社会公开，不允许群众旁听，也不允许新闻记者采访和报道。当事人协议公开的，可公开进行，但涉及国家秘密的除外。

4. 仲裁实行和解和调解制度

（1）当事人申请仲裁后可以自行和解。达成和解协议的，可申请仲裁庭根据和解协议作出裁决书，也可撤回仲裁申请。当事人达成和解协议，撤回仲裁申请后反悔的，可根据仲裁协议申请仲裁。

（2）仲裁庭在作出裁决前可先行调解。当事人自愿调解的，仲裁庭应当调解。调解不成的，应当及时作出裁决。调解达成协议的，仲裁庭应当制作调解书或根据协议的结果制作裁决书。调解书与裁决书具有同等法律效力。

调解书经双方当事人签收后，即发生法律效力。在调解书签收前当事人反悔的，仲裁庭应当及时作出裁决。

5. **仲裁裁决结果**

仲裁裁决应当按照多数仲裁员的意见作出，少数仲裁员的不同意见可记入笔录。仲裁庭不能形成多数意见时，裁决应当按照首席仲裁员的意见作出。裁决书自作出之日起发生法律效力。

图 1-5 将仲裁裁决的一些特点进行了归纳汇总。

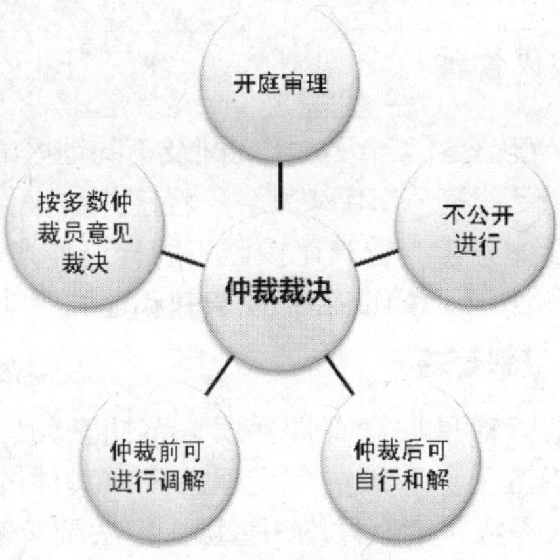

图 1-5 仲裁裁决的特点

【2011 年真题·多选题】下列关于仲裁审理的表述中，符合仲裁法律制度规定的有（　）。

A. 除当事人协议外，仲裁开庭进行

B. 仲裁员不实行回避制度

C. 当事人可以自行和解

D. 仲裁庭可以进行调解

【答案】ACD

【解析】本题考查的是仲裁裁决。B 选项中仲裁员如果与案件、案件当事人、代理人有一定关系时，必须回避，当事人也有权提出回避申请。

【2010 年真题·多选题】甲、乙因合同纠纷申请仲裁，仲裁庭对案件裁决未能形成一致意见，关于该案件仲裁裁决的下列表述中，符合法律规定的有（　）。

A. 应当按照多数仲裁员的意见作出裁决

B. 应当由仲裁庭达成一致意见作出裁决

C. 仲裁庭不能形成多数意见时，按照首席仲裁员的意见作出裁决

D. 仲裁庭不能形成一致意见时，提请仲裁委员会作出裁决

【答案】AC

【解析】本题考查的是如何达成仲裁裁决意见。仲裁裁决应当按照多数仲裁员的意见作出，少数仲裁员的不同意见可记入笔录。仲裁庭不能形成多数意见时，裁决应当按照首席仲裁员的意见作出。

三、民事诉讼

诉讼是指国家审判机关（即人民法院）按照法律规定，在当事人和其他诉讼参与人的参加下，依法解决讼争的活动。

平等主体当事人之间发生经济纠纷提起诉讼，适用《中华人民共和国民事诉讼法》（以下简称《民事诉讼法》）解决纷争。该法于 1991 年 4 月 9 日第七届全国人民代表大会第四次会议通过，2012 年 8 月 31 日第十一届全国人民代表大会常务委员会第二十八次会议第二次修正。《民事诉讼法》是民事诉讼活动进行的法律依据。

（一）民事诉讼的适用范围

公民之间、法人之间、其他组织之间及他们相互之间因财产关系和人身关系发生纠纷，可提起民事诉讼。

适用于《民事诉讼法》的案件有以下 5 类。

（1）因民法、婚姻法、收养法、继承法等调整的平等主体之间的财产关系和人身关系发生的民事案件，如合同纠纷、房产纠纷、侵害名誉权纠纷等案件。

（2）因经济法、劳动法调整的社会关系发生的争议，法律规定适用民事诉讼程序审理的案件，如企业破产案件、劳动合同纠纷案件等。

（3）适用特别程序审理的选民资格案件和宣告公民失踪、死亡等非讼案件。

（4）按照督促程序解决的债务案件。

（5）按照公示催告程序解决的宣告票据和有关事项无效的案件。

【2011 年真题·多选题】下列案件中，适用《民事诉讼法》的有（　）。

A. 公民名誉权纠纷案件

B. 企业与银行因票据纠纷提起诉讼的案件

C. 纳税人与税务机关因税收征纳争议提起诉讼的案件

D. 劳动者与用人单位因劳动合同纠纷提起诉讼的案件

【答案】ABD

【解析】本题考查的是适用民事诉讼的案件。C 选项适用《行政诉讼法》规定的案件。

（二）审判制度

1. **合议制度**

指由 3 名以上审判人员组成审判组织，代表法院行使审判权，对案件进行审理并作出裁判的制度。

合议制度是相对于独任制度而言的，后者是指由

一名审判员独立地对案件进行审理和裁判的制度。

法院审理第一审民事案件，除适用简易程序审理的民事案件由审判员一人独任审理外，一律由审判员、陪审员共同组成合议庭或由审判员组成合议庭。

法院审理第二审民事案件，由审判员组成合议庭。合议庭成员的数量应当是3人以上的单数。

2. 回避制度

指参与某案件民事诉讼活动的审判人员有下列情形之一的必须回避，当事人有权用口头或书面方式申请他们回避。

（1）案件的当事人或当事人、诉讼代理人的近亲属。

（2）与案件有利害关系。

（3）与案件当事人、诉讼代理人有其他关系、可能影响对案件公正审理的。

上述人员接受当事人、诉讼代理人请客送礼，或者违反规定会见当事人、诉讼代理人的，当事人有权要求他们回避（上述人员的行为应依法追究法律责任）。

3. 公开审判制度

指法院的审判活动依法向社会公开的制度。

法律规定，法院审理民事或行政案件，除涉及国家秘密、个人隐私或法律另有规定的以外，应当公开进行。

公开审理案件，应当在开庭前公告当事人姓名、案由和开庭时间、地点，以便群众旁听。公开审判包括审判过程公开和审判结果公开两项内容。不论案件是否公开审理，一律公开宣告判决。

4. 两审终审制度

指一个诉讼案件经过两级法院审判后即终结的制度。

根据《中华人民共和国人民法院组织法》的规定，我国法院分为四级：最高人民法院、高级人民法院、中级人民法院和基层人民法院。除最高人民法院外，其他各级法院都有自己的上一级法院。

按照两审终审制，一个案件经第一审法院审判后，当事人如果不服，有权在法定期限内向上一级法院提起上诉，由该上一级法院进行二审。二审法院的判决、裁定是终审的判决、裁定。

适用特别程序、督促程序、公示催告程序和企业法人破产还债程序审理的案件，实行一审终审。

对终审判决、裁定，当事人不得上诉。如果发现终审裁判确有错误，可以通过审判监督程序予以纠正。

【例题·单选题】下列关于民事诉讼的表述中，不符合法律制度规定的是（　）。

A. 民事诉讼采取两审终审制度

B. 民事诉讼采用合议庭裁决的合议制度

C. 当事人有权申请与民事诉讼案件有关系的人员回避

D. 民事诉讼采用不公开制度进行

【答案】D

【解析】本题考查的是民事诉讼的审判制度。D选项错误。法律规定，法院审理民事或行政案件，除涉及国家秘密、个人隐私或法律另有规定的以外，应当公开进行。

（三）诉讼管辖

诉讼管辖是指各级法院之间及不同地区的同级法院之间，受理第一审民事案件、经济纠纷案件的职权范围和具体分工。管辖可按照不同标准作多种分类，其中最重要、最常用的是级别管辖和地域管辖。

1. 级别管辖

级别管辖是根据案件性质、案情繁简、影响范围，来确定上、下级法院受理第一审案件的分工和权限。大多数民事案件均归基层人民法院管辖。

2. 地域管辖

各级法院的辖区和各级行政区划是一致的。地域管辖指按照地域标准（按照法院的辖区）和民事案件的隶属关系，确定同级法院之间受理第一审民事案件的分工和权限。

地域管辖又分为一般地域管辖、特殊地域管辖和专属管辖等。

（1）一般地域管辖

一般地域管辖是按照当事人所在地与法院辖区的隶属关系来确定案件管辖法院，也叫普通管辖。通常实行“原告就被告”原则，即由被告住所地法院管辖，但需注意以下几点。

①若被告住所地与经常居住地不一致，由经常居住地人民法院管辖。

②不在中华人民共和国领域内居住，或下落不明者，或宣告失踪的人，对这几类人提起的有关身份关系的诉讼，以及对被采取强制性教育措施或被监禁的人提起的诉讼，由原告住所地人民法院管辖。

③原告住所地与经常住居地不一致的，由原告经常居住地人民法院管辖。

（2）特殊地域管辖

特殊地域管辖是以诉讼标的所在地、法律事实所在地为标准确定管辖法院，也称特别管辖。

《民事诉讼法》规定了下列10种属于特殊地域管辖的诉讼。

①因合同纠纷提起的诉讼，由被告住所地或合同履行地法院管辖。合同或者其他财产权益纠纷的当事人可在书面协议中选择被告住所地、合同履行地、合

同签订地、原告住所地、标的物所在地等与争议有实际联系的地点的法院管辖，但不得违反《民事诉讼法》对级别管辖和专属管辖的规定。

②因保险合同纠纷提起的诉讼，由被告住所地或保险标的物所在地人民法院管辖。

③因票据纠纷提起的诉讼，由票据支付地或被告住所地人民法院管辖。

④因公司设立、确认股东资格、分配利润、解散等纠纷提起的诉讼，由公司住所地人民法院管辖。

⑤因铁路、公路、水上、航空运输和联合运输合同纠纷提起的诉讼，由运输始发地、目的地或被告住所地人民法院管辖。

⑥因侵权行为提起的诉讼，由侵权行为地（包括侵权行为实施地、侵权结果发生地）或被告住所地人民法院管辖。

⑦因铁路、公路、水上和航空事故请求损害赔偿提起的诉讼，由事故发生地或车辆、船舶最先到达地、航空器最先降落地或被告住所地人民法院管辖。

⑧因船舶碰撞或其他海事损害事故请求损害赔偿提起的诉讼，由碰撞发生地、碰撞船舶最先到达地、加害船舶被扣留地或被告住所地人民法院管辖。

⑨因海难救助费用提起的诉讼，由救助地或被救助船舶最先到达地人民法院管辖。

⑩ 因共同海损提起的诉讼，由船舶最先到达地、共同海损理算地或航程终止地的人民法院管辖。

（3）专属管辖

专属管辖指法律强制规定某类案件必须由特定的人民法院管辖，其他法院无权管辖，当事人也不得协议变更的管辖。

专属管辖主要适用于以下案件。

①因不动产纠纷提起的诉讼，由不动产所在地法院管辖。

②因港口作业发生纠纷提起的诉讼，由港口所在地法院管辖。

③因继承遗产纠纷提起的诉讼，由被继承人死亡时住所地或主要遗产所在地法院管辖。

（4）共同管辖和选择管辖

两个以上法院都有管辖权（共同管辖）的诉讼，原告可以向其中一个法院起诉（选择管辖）；原告向两个以上有管辖权的法院起诉的，由最先立案的法院管辖。

【案例 1-5】甲企业得知竞争对手乙企业在M地的营销策略将会进行重大调整，于是到乙企业设在N地的分部窃取乙企业内部机密文件，随之采取相应对策，给乙企业在M地的营销造成重大损失，乙企业经过调查掌握了甲企业的侵权证据，拟向法院提起诉讼。请分析乙企业可以选择提起诉讼的法院。

【案例解析】甲企业窃取乙企业内部机密文件的行为属于侵权行为。根据《民事诉讼法》的规定，因侵权行为提起的诉讼，由侵权行为地或被告住所地人民法院管辖。其中侵权行为地包括侵权行为实施地、侵权结果发生地。因此乙企业可以选择提起诉讼的法院有甲住所地法院、M地法院和N地法院。

【例题·多选题】根据我国有关法律的规定，因票据纠纷提起诉讼，享有诉讼管辖权的法院有（　）。

A. 原告住所地法院

B. 票据支付地法院

C. 被告住所地法院

D. 票据出票地法院

【答案】BC

【解析】本题考查的是诉讼管辖中地域管辖的知识点。根据《民事诉讼法》的规定，因票据纠纷提起的诉讼，由票据支付地或被告住所地法院管辖。

考场点拨

诉讼管辖是历年考试的重点，解答这类考题除了要熟悉各种管辖规定以外，首先应该正确判断出题目中引发诉讼的行为，这样才能针对该行为对应的管辖规定，成功解题。

（四）诉讼时效

1. 诉讼时效的概念

诉讼时效是指权利人在法定期间内不行使权利而失去诉讼保护的制度。诉讼时效期间则是指权利人请求法院或仲裁机关保护其民事权利的法定期间。

诉讼时效期间届满，权利人丧失的是胜诉权，即丧失依诉讼程序强制义务人履行义务的权利；权利人的实体权利并不消灭，债务人自愿履行的，不受诉讼时效限制。

规定诉讼时效的主要作用有以下几个方面。

（1）督促权利人及时行使权利。诉讼时效规定体现的是，如果权利人享有权利但不积极地行使，将产生权利消灭的法律后果。诉讼时效体现了法律保护勤勉者（积极行使权利者），不保护懒惰者的原则。

（2）维护既定的法律秩序的稳定。权利人长期不向义务人主张权利，就会使义务人认为权利人已放弃其请求权，从而形成一种稳定的社会秩序和法律秩序。如果在经过相当长的时间后，权利人才行使权利，就会导致已稳定的社会秩序遭到破坏，不利于法律秩序的稳定。

（3）有利于证据的收集和判断，并及时解决纠纷。如果权利人长期不行使权利，有些事实和证据可能因年代久远，难以查证。法律规定诉讼时效，使当事人和法院免受陈年旧账的困扰。

专家课堂

关于仲裁时效，法律有规定的，适用法律规定；法律没有规定的，适用诉讼时效的规定。

2. 诉讼时效期间的具体规定

不同的诉讼时效期间，对应不同的规定。

（1）普通诉讼时效期间

普通诉讼时效期间也称一般诉讼时效期间，指由民事普通法规定的具有普遍意义的诉讼时效期间。根据《中华人民共和国民法通则》的规定，除法律另有规定外，一般诉讼时效为2年。

（2）特别诉讼时效期间

特别诉讼时效期间也称特殊诉讼时效期间，指由民事普通法或特别法规定的，仅适用于特定民事法律关系的诉讼时效期间。

《中华人民共和国民法通则》规定，下列事项的诉讼时效期间为1年。

①身体受到伤害要求赔偿的。

②出售质量不合格的商品未声明的。

③延付或拒付租金的。

④寄存财物被丢失或者损毁的。

在《中华人民共和国民法通则》之外，《中华人民共和国合同法》、《中华人民共和国继承法》、《中华人民共和国海商法》、《中华人民共和国票据法》等也都规定了特殊的诉讼时效。

专家课堂

诉讼时效期间的判定是从权利人知道或应当知道权利被侵害时起开始计算。

（3）最长诉讼时效期间

从权利被侵害之日起超过20年的，法院不予保护。有特殊情况的，法院可延长诉讼时效期间。也就是说，对在20年内始终不知道或不应当知道自己权利受侵害的当事人，法律也不再予以诉讼保护。20年就是法律保护的最长期限，故也称绝对时效期间。

【2012年真题·单选题】根据民事法律制度的规定，对始终不知道自己权利受侵害的当事人，其最长诉讼时效期间是（　）。

A. 2年　　B. 5年

C. 20年　　D. 30年

【答案】C

【解析】本题考查的是民事诉讼的最长时效期间。诉讼时效期间均从权利人知道或应当知道权利被侵害时起计算，超过20年法院不予保护。

【案例1-6】王某租赁张某一套住房，租赁期间为2012年1月1日至12月31日，约定2012年6月30日之前支付房租，但王某一直未付房租，张某也未催要。根据民事诉讼法律制度关于诉讼时效的规定，试分析张某可以向法院提起诉讼，主张其民事权利的法定期间是什么时候。

【案例解析】延付或拒付租金的诉讼时效期间为1年，诉讼时效期间均从权利人知道或应当知道权力被侵害时计算。本案例中2012年6月30日对方未付租金，即为权利人知道或应当知道权力被侵害的日期，则诉讼时效期至2013年6月30日。

3. 诉讼时效期间的中止、中断和延长

（1）诉讼时效期间的中止

诉讼时效期间的中止是指在诉讼时效期间的最后6个月内，因不可抗力或其他障碍致使权利人不能行使请求权的，诉讼时效期间暂时停止计算。从中止时效的原因消除之日起，诉讼时效期间继续计算。

所谓其他障碍，主要包括权利被侵害的无民事行为能力人、限制民事行为能力人没有法定代理人，或法定代理人死亡、丧失代理权，或法定代理人本人丧失行为能力；也包括继承开始后继承人尚未确定或非因继承人的原因导致遗产管理人不明确，使继承人不能行使其继承权。

（2）诉讼时效期间的中断

诉讼时效期间的中断是指在诉讼时效期间，当事人提起诉讼、当事人一方提出要求或同意履行义务，而使已经经过的时效期间全部归于无效。从中断时起，诉讼时效期间重新计算。

（3）诉讼时效期间的延长

诉讼时效期间的延长是指在诉讼时效期间届满后，权利人基于某种正当理由要求法院根据具体情况延长时效期间，经法院审查确认后决定延长的制度。

【2010年真题·多选题】根据民事法律制度的规定，下列各项中，可导致诉讼时效中断的情形有（　）。

A. 当事人提起诉讼

B. 当事人一方提出要求

C. 当事人同意履行义务

D. 发生不可抗力致使权利人不能行使请求权

【答案】ABC

【解析】本题考查的是诉讼时效期间的中断知识。D选项是可能导致诉讼时效期间中止的情况。

【案例1-7】2011年10月30日，张某拒绝向李某支付到期租金，李某由于忙于工作一直未向张某主张权利。2012年6月20日，李某因出差遇险无法行使请求权的时间为25天。请分析李某请求人民法院保护其权利的诉讼时效期间是什么时候。

【案例解析】由于延付或拒付租金的诉讼时效期间为1年，因此原来的诉讼时效期间应为2011年10月31日至2012年10月30日。由于在诉讼时效期间的最后6个月内发生“出差遇险”这种不可抗力或其他障碍的情况，应中止诉讼时效的进行，诉讼时效期间将根据遇险后耽误的时间顺延25天，因此李某请求人民法院保护其权利的诉讼时效期间应是2011年10月31日至2012年11月24日。

（五）判决和执行

1. 判决

当事人不服法院第一审判决的，有权在判决书送达之日起15日内向上一级法院提起上诉。如果在上诉期限内当事人不上诉，第一审判决就是发生法律效力的判决。

第二审法院的判决，以及最高法院审判的第一审案件的判决都是终审的判决，也就是发生法律效力的判决。

2. 执行

当事人拒绝履行已发生法律效力的判决、裁定、调解书和其他应当履行的法律文书时，对方当事人可向人民法院的执行组织申请执行，执行组织将依照法定程序，强制义务人履行义务。

对于发生法律效力的判决、裁定，由第一审法院执行；对于调解书、仲裁机构的生效裁决、公证机关依法赋予强制执行效力的债权文书等，则由被执行人住所地或被执行的财产所在地法院执行。

执行措施是指法院依照法定程序，强制执行生效法律文书的方法和手段。我国现行《民事诉讼法》根据不同的执行对象规定了9种不同的执行措施。

①查询、扣押、冻结、划拨、变价被执行人的存款、债券、股票、基金份额等财产。

②扣留、提取被执行人的收入。

③查封、扣押、冻结、拍卖、变卖被执行人的财产。

④搜查被执行人的财产。

⑤强制被执行人交付法律文书指定的财物或票证。

⑥强制被执行人迁出房屋或退出土地。

⑦强制被执行人履行法律文书指定的行为。

⑧要求有关单位办理财产权证照转移手续。

⑨强制被执行人支付迟延履行期间债务利息及迟延履行金。

【2012年真题·多选题】关于民事诉讼与仲裁法律制度相关内容的下列表述中，正确的是（ ）。

A. 民事经济纠纷实行或裁或审制度

B. 民事诉讼与仲裁均实行回避制度

C. 民事诉讼实行两审终审制度，仲裁实行一裁终局制度

D. 民事诉讼实行公开审判制度，仲裁不公开进行

【答案】ABCD

【解析】本题是对民事诉讼和仲裁知识的综合考查，难度相对较高一些。A、B、C、D选项均为正确答案。

四、行政复议

行政复议是现代国家保护公民免受行政机关具体行政行为不法侵害的一种重要的法律制度，它是指国家行政机关在依照法律、法规的规定履行对社会的行政管理职责过程中，作为行政管理主体的行政机关一方，与作为行政管理相对人的公民、法人或其他组织一方，对于法律规定范围内的具体行政行为发生争议，由行政管理相对人向作出具体行政行为的行政机关的上一级行政机关或法律规定的其他行政机关提出申请，由该行政机关对引起争议的具体行政行为进行审查，并作出相应决定的一种行政监督活动。

1999年4月29日第九届全国人民代表大会常务委员会第九次会议通过的《中华人民共和国行政复议法》（以下简称《行政复议法》），和2007年5月23日国务院第177次常务会议通过的《中华人民共和国行政复议法实施条例》（国务院令第499号），是行政复议活动进行的基本法律依据。

（一）行政复议范围

公民、法人或其他组织认为行政机关的具体行政行为侵犯其合法权益，且符合《行政复议法》规定范围的，可申请行政复议。

1. 可以申请行政复议的事项

《行政复议法》规定，有下列情形之一的，公民、法人或其他组织可申请行政复议。

（1）对行政机关作出的警告、罚款、没收违法所得、没收非法财物、责令停产停业、暂扣或吊销许可证、暂扣或吊销执照、行政拘留等行政处罚决定不服的。

（2）对行政机关作出的限制人身自由或查封、扣押、冻结财产等行政强制措施决定不服的。

（3）对行政机关作出的有关许可证、执照、资质证、资格证等证书变更、中止、撤销的决定不服的。

（4）对行政机关作出的关于确认土地、矿藏、水流、森林、山岭、草原、荒地、滩涂、海域等自然资源的所有权或使用权的决定不服的。

（5）认为行政机关侵犯其合法的经营自主权的。

（6）认为行政机关变更或者废止农业承包合同，侵犯其合法权益的。

（7）认为行政机关违法集资、征收财物、摊派费用或违法要求履行其他义务的。

（8）认为符合法定条件，申请行政机关颁发许可证、执照、资质证、资格证等证书，或申请行政机关审批、登记有关事项，行政机关没有依法办理的。

（9）申请行政机关履行保护人身权利、财产权利、受教育权利的法定职责，行政机关没有依法履行的。

（10）申请行政机关依法发放抚恤金、社会保险金或最低生活保障费，行政机关未依法发放的。

（11）认为行政机关的其他具体行政行为侵犯其合法权益的。

公民、法人或其他组织认为行政机关的具体行政行为所依据的下列规定不合法，在对具体行政行为申请行政复议时，可以一并向行政复议机关提出对该规定的审查申请。

①国务院部门的规定。

②县级以上地方各级人民政府及其工作部门的规定。

③乡、镇人民政府的规定。

上述所列规定不含国务院部、委员会规章和地方人民政府规章。

2. 行政复议的排除事项

不能申请行政复议事项包括：

（1）不服行政机关作出的行政处分或其他人事处理决定，可依照有关法律、行政法规的规定提出申诉。

（2）不服行政机关对民事纠纷作出的调解或其他处理，可依法申请仲裁或向法院提起诉讼。

【例题·多选题】根据《行政复议法》的规定，下列各项中，属于行政复议范围的有（　）。

A. 公民对行政机关作出限制其人身自由的行政强制措施决定不服的

B. 企业对行政机关作出责令其停产停业的行政处罚决定不服的

C. 社会团体对行政机关作出其有关资质证书中止的决定不服的

D. 行政机关工作人员对本单位给予其行政处分的决定不服的

【答案】ABC

【解析】本题考查的是行政复议的范围。根据规定，行政人员不服行政机关作出的行政处分或者其他人事处理决定，不能申请行政复议。ABC选项都是属于行政复议的范围，均可以依规定提起行政复议。

（二）行政复议申请

公民、法人或其他组织认为具体行政行为侵犯其合法权益的，可自知道该具体行政行为之日起60日内提出行政复议申请，法律规定的申请期限超过60日的除外。因不可抗力或其他正当理由耽误法定申请期限的，申请期限自障碍消除之日起继续计算。

申请人申请行政复议，可书面申请，也可口头申请；口头申请的，行政复议机关应当当场记录申请人的基本情况、行政复议请求、申请行政复议的主要事实、理由和时间。

【例题·判断题】公民、法人或其他组织认为具体行政行为侵犯其合法权益的，必须在知道该具体行政行为之日起60日内提出行政复议申请，超过60日后无法申请行政复议。（　）

【答案】×

【解析】本题考查的是行政复议的申请有效时间。公民、法人或其他组织认为具体行政行为侵犯其合法权益的，可自知道该具体行政行为之日起60日内提出行政复议申请，法律规定的申请期限超过60日的除外。

（三）行政复议参加人和行政复议机关

行政复议参加人，是指具体参加行政复议活动全过程，以保护其合法权益不受非法侵害的人，主要包括申请人、被申请人和第三人，各参加人的定义如图1–6所示。

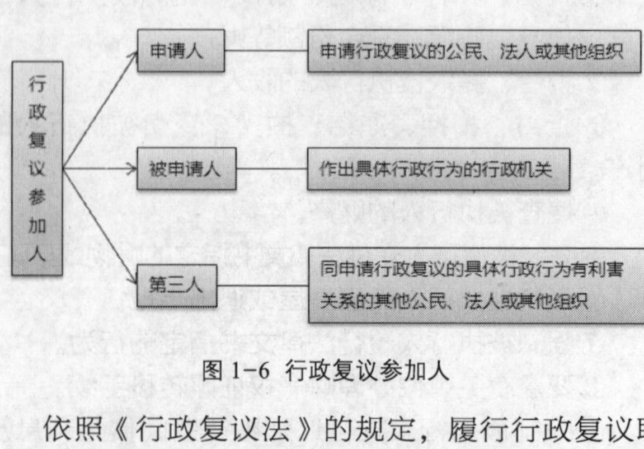

图1–6　行政复议参加人

依照《行政复议法》的规定，履行行政复议职责的行政机关是行政复议机关。行政复议机关负责法制工作的机构具体办理行政复议事项，称为行政复议机构。

申请行政复议时，根据被申请人的不同，可分为以下4种情况。

（1）对县级以上地方各级人民政府工作部门的具体行政行为不服的，由申请人选择，可向该部门的本级人民政府申请行政复议，也可向上一级主管部门申请行政复议。

（2）对海关、金融、国税、外汇管理等实行垂直领导的行政机关和国家安全机关的具体行政行为不服的，向上一级主管部门申请行政复议。

（3）对地方各级人民政府的具体行政行为不服的，向上一级人民政府申请行政复议。

（4）对国务院部门或省、自治区、直辖市人民政府的具体行政行为不服的，向作出该具体行政行为的国务院部门或者省、自治区、直辖市人民政府申请行政复议。

行政复议机关受理行政复议申请，不得向申请人收取任何费用。行政复议活动所需经费，应当列入本机关的行政经费，由本级财政予以保障。

行政复议期间具体行政行为不停止执行，但下列情形之一除外。

（1）被申请人认为需要停止执行的。

（2）行政复议机关认为需要停止执行的。

（3）申请人申请停止执行，行政复议机关认为其要求合理，决定停止执行的。

（4）法律规定停止执行的。

【2012年真题·判断题】行政复议期间被申请人认为具体行政行为需要停止执行的，具体行政行为可以停止执行。（ ）

【答案】√

【解析】本题考查的是行政复议期间行政行为是否停止执行。除指定情形以外，行政复议期间具体行政行为不停止执行。因此本题说法是正确的。

【2010年真题·判断题】行政复议机关受理行政复议申请，可以向申请人收取行政复议费用。（ ）

【答案】×

【解析】本题考查的是行政复议机关受理案件是否收取费用的内容。行政复议机关受理行政复议申请，不得向申请人收取任何费用。

（四）行政复议决定

1. 行政复议决定的形式和期限

行政复议原则上采取书面审查的方法，但是申请人提出要求或行政复议机关负责法制工作的机构认为有必要时，可向有关组织和人员调查情况，听取申请人、被申请人和第三人的意见。

书面方式是指行政复议机关根据书面材料查清案件事实并作出行政复议决定。书面审理的特点是排除当事人的言辞辩论，当事人以书面形式提出自己的申请意见和答辩意见，以书面形式提交和运用证据。

行政复议的举证责任，由被申请人承担。

行政复议机关应当自受理申请之日起60日内作出行政复议决定，但法律规定的行政复议期限少于60日的除外。

2. 行政复议决定的内容

行政复议机构应当对被申请人作出的具体行政行为进行审查，提出意见，经行政复议机关的负责人同意或集体讨论通过后，按照下列规定作出行政复议决定。

（1）具体行政行为认定事实清楚，证据确凿，适用依据正确，程序合法，内容适当的，决定维持。

（2）被申请人不履行法定职责的，决定其在一定期限内履行。

（3）具体行政行为有下列情形之一的，决定撤销、变更或确认该具体行政行为违法；决定撤销或确认该具体行政行为违法的，可以责令被申请人在一定期限内重新作出具体行政行为。

①主要事实不清、证据不足的。

②适用依据错误的。

③违反法定程序的。

④超越或滥用职权的。

⑤具体行政行为明显不当的。

被申请人不按照法律规定提出书面答复，提交当初作出具体行政行为的证据、依据和其他有关材料的，视为该具体行政行为没有证据、依据，决定撤销该具体行政行为。

行政复议机关责令被申请人重新作出具体行政行为的，被申请人不得以同一事实和理由作出与原具体行政行为相同或基本相同的具体行政行为。

行政复议机关作出行政复议决定，应当制作行政复议决定书，并加盖印章。行政复议决定书一经送达，即发生法律效力。

3. 行政复议决定的履行

被申请人应当履行行政复议决定，若不履行或无正当理由拖延履行行政复议决定，行政复议机关或有关上级行政机关应当责令其限期履行。

被申请人逾期不起诉又不履行行政复议决定的，或不履行最终裁决的行政复议决定的，按照下列规定分别处理。

（1）维持具体行政行为的行政复议决定，由作出具体行政行为的行政机关依法强制执行，或申请法院强制执行。

（2）变更具体行政行为的行政复议决定，由行政复议机关依法强制执行，或申请法院强制执行。

【2011年真题·多选题】根据行政复议法律制度的规定，被申请人的下列具体行为中，行政复议机关应当予以撤销、变更或者确认违法的有（　）。

A. 主要事实不清、证据不足的行政行为

B. 违反法定程序的行政行为

C. 超越或者滥用职权的行政行为

D. 适用依据错误的行政行为

【答案】ABCD

【解析】本题是对行政复议决定内容的考查。A、B、C、D选项均属于规定的决定撤销、变更或确认该具体行政行为违法的情况。

五、行政诉讼

行政诉讼是指公民、法人或其他组织认为行政机关或法律、法规授权的组织的行政行为侵犯其合法权益，依法向人民法院寻求司法保护，人民法院通过对被诉行政行为的合法性进行审查，在双方当事人和其他诉讼参与人的参与下，对该行政争议进行审理和裁判的司法活动。

1989年4月4日由第七届全国人民代表大会第二次会议通过，自1990年10月1日起施行的《中华人民共和国行政诉讼法》（以下简称《行政诉讼法》）是行政诉讼的法律依据。

在我国，行政诉讼与刑事诉讼、民事诉讼并称为三大诉讼，是国家诉讼制度的基本形式之一。

行政诉讼也是行政法制监督的一种特殊形式。

（一）行政诉讼的适用范围

公民、法人或其他组织认为行政机关和行政机关工作人员的具体行政行为侵犯其合法权益，有权向法院提起行政诉讼。

公民、法人或其他组织对下列具体行政行为不服的，可向人民法院提起行政诉讼。

（1）对拘留、罚款、吊销许可证和执照、责令停产停业、没收财物等行政处罚不服的。

（2）对限制人身自由或对财产的查封、扣押、冻结等行政强制措施不服的。

（3）认为行政机关侵犯法律规定的经营自主权的。

（4）认为符合法定条件申请行政机关颁发许可证和执照，行政机关拒绝颁发或不予答复的。

（5）申请行政机关履行保护人身权、财产权的法定职责，行政机关拒绝履行或不予答复的。

（6）认为行政机关没有依法发给抚恤金的。

（7）认为行政机关违法要求履行义务的。

（8）认为行政机关侵犯其他人身权、财产权的。

除此以外，法院可受理法律、法规规定可提起诉讼的其他行政案件。

公民、法人或其他组织对下列事项提起诉讼的，法院不予受理。

（1）国防、外交等国家行为。

（2）行政法规、规章或行政机关制定、发布的具有普遍约束力的决定、命令。

（3）行政机关对行政机关工作人员的奖惩、任免等决定。

（4）法律规定由行政机关最终裁决的具体行政行为。

（二）诉讼管辖

1. 级别管辖

基层人民法院管辖第一审行政案件。中级人民法院管辖下列第一审行政案件。

（1）确认发明专利权的案件、海关处理的案件。

（2）对国务院各部门或省、自治区、直辖市人民政府所作的具体行政行为提起诉讼的案件。

（3）本辖区内重大、复杂的案件。

2. 地域管辖

行政案件由最初作出具体行政行为的行政机关所在地人民法院管辖。经复议的案件，复议机关改变原具体行政行为的，也可由复议机关所在地人民法院管辖。

对限制人身自由的行政强制措施不服提起的诉讼，由被告所在地或原告所在地人民法院管辖。

因不动产提起的行政诉讼，由不动产所在地人民法院管辖。

（三）起诉和受理

对属于人民法院受案范围的行政案件，公民、法人或其他组织可先向上一级行政机关或法律、法规规定的行政机关申请复议，对复议不服的，再向人民法院提起诉讼；也可直接向人民法院提起诉讼。

法律、法规规定应当先向行政机关申请复议，对复议不服再向人民法院提起诉讼的，应依照法律、法规的规定起诉。

公民、法人或其他组织先申请行政复议，不服行政复议决定的，可以在收到复议决定书之日起15日内向人民法院提起诉讼。复议机关逾期不作决定的，申请人可在复议期满之日起15日内向人民法院提起诉讼。法律另有规定的除外。

公民、法人或其他组织直接向人民法院提起诉讼的，应当在知道作出具体行政行为之日起3个月内提出。法律另有规定的除外。

公民、法人或其他组织因不可抗力或其他特殊情况耽误法定期限的，在障碍消除后的10日内，可以申请延长期限，由人民法院决定。

人民法院接到起诉状，经审查，应当在7日内立案或作出裁定不予受理。原告对裁定不服的，可提起上诉。

【例题·单选题】李某对甲市A区国家税务局的某一具体行政行为不服，决定申请行政复议。根据《行政复议法》的规定，受理李某申请的行政复议机关应当是（　）。

A. A区人民政府

B. 甲市国家税务局

C. A区国家税务局

D. 甲市人民政府

【答案】B

【解析】本题考查的是行政诉讼的起诉机构。对金融、国税、外汇管理等实行垂直领导的行政机关和国家安全的具体行政行为不服的，向上一级主管部门申请行政复议。

（四）审理和判决

人民法院公开审理行政案件，但涉及国家秘密、个人隐私和法律另有规定的除外。

人民法院审理行政事件时，由审判员组成合议庭，或由审判员、陪审员组成合议庭。合议庭成员的人数，应当是3人以上的单数。

当事人认为审判人员、书记员、翻译员、鉴定人、勘验人与本案有利害关系或有其他关系可能影响公正审判，有权申请上述人员回避。上述人员认为自己与本案有利害关系或有其他关系，应当申请回避。

人民法院审理行政案件，不适用调解。审理行政案件，以法律和行政法规、当地的地方性法规为依据，参照国务院部委，根据法律和国务院的行政法规、决定、命令制定、发布的规章，省、自治区、直辖市和省、自治区的人民政府所在地的市以及经国务院批准的较大的市的人民政府根据法律和国务院的行政法规制定、发布的规章。

人民法院对行政案件宣告判决或裁定前，原告申请撤诉的，或被告改变其所作的具体行政行为，原告同意并申请撤诉的，是否准许，由人民法院裁定。

人民法院应当在立案之日起3个月内作出第一审判决。有特殊情况需要延长的，报经批准程序。

当事人不服人民法院第一审判决的，有权在判决书送达之日起15日内向上一级人民法院提起上诉。当事人不服人民法院第一审裁定的，有权在裁定书送达之日起10日内向上一级人民法院提起上诉。逾期不提起上诉的，人民法院的第一审判决或裁定发生法律效力。

人民法院对上诉案件，认为事实清楚的可实行书面审理。审理上诉案件时，应当在收到上诉状之日起2个月内作出终审判决。有特殊情况需要延长的，报经批准程序。

【2012年真题·判断题】人民法院审理行政案件，可以对当事人双方进行调解，促其达成调解协议。（　）

【答案】×

【解析】本题考查的是行政诉讼是否适用调解。人民法院审理行政案件不适用调解。

考场点拨

如果题目说的是人民法院审理行政赔偿诉讼案件，则此题应是正确的，因为行政赔偿诉讼可以调解。

（五）侵权赔偿

公民、法人或其他组织受到行政机关或行政机关工作人员作出的具体行政行为侵犯造成损害的，有权请求赔偿。

公民、法人或其他组织单独就损害赔偿提出请求，应当先由行政机关解决。对行政机关的处理不服，可向人民法院提起诉讼。

赔偿诉讼可以调解。

行政机关或行政机关工作人员作出的具体行政行为侵犯公民、法人或其他组织的合法权益造成损害的，由该行政机关或该行政机关工作人员所在的行政机关负责赔偿。行政机关赔偿损失后，应当责令有故意或重大过失的行政机关工作人员承担部分或全部赔偿费用。

【本节小结】本节主要介绍了4种经济纠纷的解决途径，包括仲裁、民事诉讼、行政复议和行政诉讼。各种解决途径又分别包含了大量知识，学习起来负担较重。下面将这些知识重新梳理到表1-4中，一方面可以进一步了解本节所讲到的内容，另一方面可充分通过对比记忆的方式来巩固相关知识。

表 1-4 各种经济纠纷解决途径的特点

事项	仲裁	民事诉讼	行政复议	行政诉讼
适用范围	平等主体的公民、法人和其他组织之间发生的合同纠纷和其他财产权益纠纷	公民之间、法人之间、其他组织之间及他们之间因财产关系和人身关系发生的纠纷	公民、法人或其他组织认为行政机关的具体行政行为过分、不当或行政机关应当作为而不作为的	公民、法人或其他组织认为行政机关的具体行政行为过分、不当或行政机关应当作为而不作为的
不适用范围	（1）关于婚姻、收养、监护、抚养、继承纠纷 （2）依法应由行政机关处理的行政争议 （3）劳动争议的仲裁 （4）农业集体经济组织内部的农业承包合同纠纷的仲裁		（1）不服行政机关作出的行政处分和其他人事处理决定的 （2）不服行政机关对民事纠纷作出的调解或其他处理	（1）国防、外交等国家行为 （2）行政法规、规章或行政机关制定、发布的具有普遍约束力的决定、命令 （3）行政机关对行政工作人员的奖惩、任免等决定 （4）法律规定由行政机关最终裁决的具体行政行为
申请时间（诉讼时效）		（1）知道或应当知道之日起，一般 2 年 （2）身体受到伤害要求赔偿，出售质量不合格的商品未声明，延付或拒付租金，寄存财物损毁或丢失，诉讼时效 1 年 （3）从权利被侵害之日起，最长诉讼时效为 20 年	自知道之日起 60 日内	向上一级行政机关申请复议不服时
申请方式	书面		书面或口头	
审判原则	一裁终局	两审终审		
是否实行级别管辖和地域管辖	不实行	实行		实行
审判方式	开庭和不公开	可不公开审理，但要公开判决	书面审查	公开审理
是否适用调解	适用	民事案件适用	不适用	不适用，但赔偿诉讼适用
申请回避人员	（1）是本案的当事人或当事人、代理人的近亲属 （2）与本案有利害关系 （3）与本案当事人、代理人有其他关系，可能影响公正仲裁的 （4）接受请客送礼的	审判人员、书记员、翻译人员、鉴定人、勘验人		审判人员、书记员、翻译人员、鉴定人、勘验人
申请回避方式		书面或口头		书面或口头
审理机构	仲裁委员会	法院	（1）对县级以上工作部门，可向本级人民政府或上级主管部门申请 （2）对垂直领导的机构，向上一级主管部门申请 （3）对地方人民政府，向上一级人民政府申请 （4）对省一级及国务院各部门，向本级部门申请	法院
审理机构构成	单数，主任 1 人，副主任 2~4 人和委员 7~11 人，法律、经贸专家不少于 2/3	（合议制度）一审可一人独审，也可组成合议庭，由审判员、陪审员构成或审判员构成，二审时由审判员构成	申请人、被申请人、第三人	由审判员组成或由审判员、陪审员组成合议庭
判决或受理	按多数仲裁员意见作出，不能形成多数意见时，按首席仲裁员意见作出	法院作出	（1）举证责任由被申请人承担 （2）自受理申请之日 60 日内作出复议决定，维持原决定 （3）被申请人限期履行责任 （4）决定撤销、变更或者确认该具体行政行为违法	先申请复议，不服，在收到行政复议决定书之日起 15 日内向法院提起诉讼；复议机关逾期不作出决定的，在期满之日起 15 日内向法院提起诉讼。法院接到诉状后，7 日内决定是否受理

续表

事项	仲裁	民事诉讼	行政复议	行政诉讼
判决（裁决）生效日期	调解书双方当事人签收后产生法律效力。裁决书自作出之日产生法律效力。和解书、调解书和裁决书三者具有同等的法律效力	判决书送达之日起 15 日内可上诉。第二审法院的判决是终审的判决	行政复议决定书一经送达即产生法律效力	立案之日起 3 个月内作出一审判决。对一审判决不服的，15 日内上诉；对一审裁定不服的，10 日内上诉。受理上诉案件，在收到上诉状之日起 2 个月内作出终审判决。侵权赔偿，先由行政机关解决，不服的提起诉讼
执行地	被执行人住所地或被执行的财产所在地法院执行	对于发生法律效力的判决、裁定，由第一审法院执行	维持原决定，由作出具体行政行为的行政机关执行或申请法院执行；变更原决定，由复议机关执行或申请法院强制执行	

第三节 法律责任

考情分析：本节内容的考查重点一般是要求考生判断某种责任所属的种类，题量在1题左右，题型以客观题出现。只要大致熟悉各种法律责任后，应付这类题目是非常轻松的。

学习建议：了解法律责任的概念，适当熟悉包括民事责任、行政责任和刑事责任在内的各种法律责任包含的不同形式。

一、法律责任的概念

法律责任是现实社会生活中和法律、法规中常用的法律术语。法律责任可从积极意义（正面）和消极意义（反面）正反两个方面来理解。

积极意义上的法律责任是指所有组织和个人都有遵循法律的义务，即将法律责任与法律义务等同，这也是广义的法律责任。现行立法所用的法律责任是一种消极意义上的法律责任，是指法律关系主体由于违反法定的义务而应承受的不利的法律后果，这就是狭义的法律责任。

狭义的法律责任是与违法行为和法律制裁紧密相连的，三者保持一定的因果关系。在违法行为与法律责任关系上，违法行为是因，法律责任是果；在法律责任与法律制裁关系上，法律责任是因，法律制裁是果。

违法行为是指一切违反现行法律要求的或超出现行法律所允许范围的危害社会的活动。对违法的理解也有广义和狭义之分，广义的违法包括一般违法和犯罪；狭义的违法是指违反刑法、构成犯罪之外的一般违法行为。

法律制裁是由特定国家机关对违法者依其所应负的法律责任而实施的强制性惩罚措施。法律制裁与法律责任有着密切的联系。法律制裁是承担法律责任的重要方式，法律责任是前提，法律制裁是结果或体现。法律制裁的目的，是强制责任主体承担否定的法律后果，惩罚违法者，恢复被侵害的权利和法律秩序。

法律制裁与法律责任又有明显的区别，有法律责任不等于受法律制裁。当责任人主动履行了其应承担的法律责任时，就不存在法律制裁，只有由特定国家机关凭借国家强制力追究违法者的法律责任时，才称为法律制裁。

违法行为、法律责任、法律制裁三者中，违法行为是首要因素，它是法律责任和法律制裁的原因和前提。

二、法律责任的种类

根据我国法律的有关规定，违反法律、法规应当承担的法律责任可分为民事责任、行政责任和刑事责任 3 种。

> **专家课堂**
>
> 在我国，也有人将民事责任和行政责任中的经济内容部分称为经济责任。

（一）民事责任

民事责任指由于民事违法、违约行为或根据法律规定所应承担的不利民事法律后果。

法律规定承担民事责任的形式有以下 10 种。

（1）停止侵害。这种责任形式适用于侵权行为正在进行或仍在延续中，受害人可依法要求侵害人立即停止其侵害行为。

（2）排除妨碍。不法行为人实施的侵害行为使受害人无法行使或不能正常行使自己的财产权利、人身权利的，受害人有权请求排除妨碍。

（3）消除危险。行为人的行为对他人人身和财产安全造成威胁，或存在着侵害他人人身或财产的可能，他人有权要求行为人采取有效措施消除危险。

（4）返还财产。不法行为人非法占有财产，权利人有权要求其返还。

（5）恢复原状。恢复权利被侵害前的原有状态。

（6）修理、重作、更换。将被损害的财产通过修理、重新制作或更换损坏的部分，使财产恢复到原有正常状态。

（7）赔偿损失。行为人因违反合同或侵权行为而给他人造成损害，应以其财产赔偿受害人所受的损失。

（8）支付违约金。行为人因违反合同规定的义务，而应按照合同的约定，向权利人支付一定数额的货币作为违约的惩罚。

（9）消除影响、恢复名誉。行为人因其侵害了公民或法人的人格、名誉而应承担的，在影响所及的范围内消除不良后果、将受害人的名誉恢复到未受侵害时的状态。

（10）赔礼道歉。违法行为人向受害人公开认错、表示歉意的责任形式。既可由加害人向受害人口头表示，也可由加害人以写道歉书的形式进行。

专家课堂

以上承担民事责任的方式，可单独适用，也可合并适用。人民法院审理民事案件，除适用上述责任方式外，还可予以训诫、责令具结悔过、收缴进行非法活动的财物和非法所得，并可依照法律规定处以罚款、拘留。

【2012年真题·多选题】根据民事法律制度的规定，下列各项中，属于民事责任形式的有（　）。

A. 返回财产

B. 没收非法财产

C. 赔偿损失

D. 罚款

【答案】AC

【解析】本题考查的是承担民事责任的形式。其中B、D选项属于行政责任。

（二）行政责任

行政责任指违反法律法规规定的单位和个人所应承受的由国家行政机关或国家授权单位对其依照行政程序所给予的制裁。

行政责任包括行政处罚和行政处分。

1. 行政处罚

行政主体对行政相对人违反行政法律规范尚未构成犯罪的行为所给予的法律制裁。

行政处罚分为人身自由罚（行政拘留）、行为罚（责令停产停业、吊销暂扣许可证和执照）、财产罚（罚款、没收财物）和声誉罚（警告）等多种形式。

根据《行政处罚法》的规定，行政处罚的具体种类有如下7种。

（1）警告。行政主体对违法者实施的一种书面形式的谴责和告诫。

（2）罚款。行政主体强制违法相对方承担金钱给付义务的处罚形式。

（3）没收违法所得、没收非法财物。行政主体实施的将行政违法行为人的违法收入、物品或其他非法占有的财物收归国家所有的处罚方式。

（4）责令停产停业。限制违法相对方从事生产、经营活动的处罚形式。一般常附有限期整顿的要求，如果受罚人在限期内纠正了违法行为，则可恢复生产、营业。

（5）暂扣或者吊销许可证、暂扣或吊销执照。禁止违法相对方从事某种特许权利或资格的处罚，行政主体依法收回或暂扣违法者已获得的从事某种活动的权利或资格的证书。吊销许可证、执照是对违法者从事某种活动或其享有的某种资格的彻底取消；而暂扣许可证和执照，则是中止行为人从事某项活动的资格，待行为人改正以后或经过一定期限后，再发还。

（6）行政拘留。对违反治安管理的人，依法在短期内限制其人身自由的处罚。

（7）法律、行政法规规定的其他行政处罚。

2. 行政处分

对违反法律规定的国家机关工作人员或被授权、委托的执法人员所实施的内部制裁措施。

根据《公务员法》，对违法违纪应当承担纪律责任的公务员给予的行政处分种类有警告、记过、记大过、降级、撤职、开除6类。

【2011年真题·单选题】下列各项中，属于行政责任的是（　）。

A. 停止侵害

B. 罚款

C. 返还财产

D. 支付违约金

【答案】B

【解析】本题考查的是法律责任的种类。ACD选项均属于民事责任。

（三）刑事责任

刑事责任指触犯刑法的犯罪人所应承受的由国家审判机关（法院）给予的制裁后果，即刑罚。

刑罚是法律责任中最严厉的责任形式。刑罚分为主刑和附加刑两类。

1. 主刑

对犯罪分子适用的主要刑罚方法，包括以下几种形式。

（1）管制。对犯罪分子不实行关押，但是限制其一定的自由，交由公安机关管束和监督的刑罚。期限为3个月以上2年以下。

（2）拘役。剥夺犯罪分子短期的人身自由的刑罚，由公安机关就近执行。期限为1个月以上6个月以下。

（3）有期徒刑。剥夺犯罪分子一定期限的人身自由，实行劳动改造的刑罚。期限为6个月以上15年以下。

（4）无期徒刑。剥夺犯罪分子终身自由，实行劳动改造的刑罚。

（5）死刑。剥夺犯罪分子生命的刑罚。

2. 附加刑

补充、辅助主刑适用的刑罚方法。附加刑可附加于主刑之后作为主刑的补充，同主刑一起适用，也可以独立适用。它包括以下4种形式。

（1）罚金。强制犯罪分子或犯罪的单位向国家缴纳一定数额金钱的刑罚。

（2）剥夺政治权利。剥夺犯罪分子参加国家管理和政治活动权利的刑罚。剥夺的具体政治权利是指选举权和被选举权；言论、出版、集会、结社、游行、示威自由的权利；担任国家机关职务的权利；担任国有公司、企业、事业单位和人民团体领导职务的权利。

（3）没收财产。没收犯罪分子个人所有财产的一部分或全部，强制无偿地收归国有的刑罚。

（4）驱逐出境。强迫犯罪的外国人离开中国国（边）境的刑罚。

3. 刑事责任判刑规定

（1）一人犯数罪的，除判处死刑和无期徒刑以外，应当在总和刑期以下、数刑中最高刑期以上，酌情决定执行的刑罚，但是管制期限最长不能超过3年，拘役期限最长不能超过1年。

（2）对于应当判处死刑的犯罪分子，如果不是必须立即执行的，可以判处死刑同时宣告缓期2年执行。

（3）有期徒刑总和刑期不满35年的，最多不能超过20年；总和刑期在35年以上的，最多不能超过25年。

（4）数罪中有判处附加刑的，附加刑仍须执行，其中附加刑种类相同的合并执行，种类不同的分别执行。

【2012年真题·单选题】根据刑事法律制度规定，下列各项属于拘役法定量刑期的是（　）。

A. 15天以下

B. 1个月以上6个月以下

C. 3个月以上2年以下

D. 6个月以上15年以下

【答案】B

【解析】本题考查的是刑事责任中拘役的定量刑期。拘役的期限为1个月以上6个月以下。

【本节小结】本节重点介绍了各种法律责任的种类和体现形式，学习或复习时只需熟悉各种法律责任包含的不同形式即可，包括民事责任、行政责任和刑事责任的各种形式，并学会区分和判断哪种形式属于哪种法律责任。下面将这些法律责任归纳到表1-5中，以便复习时更好地进行总结和熟悉。

表1-5 承担各种法律责任的主要形式

法律责任类别		承担责任的形式
民事责任		停止侵害，排除妨碍，消除危险，返还财产，恢复原状，修理、重作、更换，赔偿损失，支付违约金，消除影响、恢复名誉，赔礼道歉等
行政责任	行政处分	警告，记过，记大过，降级，降职，撤职，开除
	行政处罚	警告，罚款，没收违法所得、没收非法财物，责令停产停业，暂扣或吊销许可证、暂扣或吊销执照，行政拘留
刑事责任	主刑	管制，拘役，有期徒刑，无期徒刑，死刑
	附加刑	罚金，剥夺政治权利，没收财产，驱逐出境

第四节　同步强化自测练习

（一）单选题

1. 下列关于法的本质与特征的表述中，正确的是（　）。

A. 法是由国家制定或认可的规范

B. 法是全社会成员共同意志的体现

C. 法没有国家的强制力作为保证，需依靠公民自行遵守

D. 法由被统治阶级的物质生活条件所决定

2. 甲、乙双方签订一份商铺装修合同，由此形成的法律关系的客体是（ ）。

A. 被装修的房屋

B. 甲乙双方应当收付的款项

C. 乙方承揽的装修劳务行为

D. 甲乙双方承担的权利和义务

3. 下列各项中属于法律事件的是（ ）。

A. 公司破产　B. 偷税

C. 干旱　D. 订立合同

4. 下列各项中，属于法律事实中相对事件的是（ ）。

A. 地震　B. 爆发战争

C. 签订协议　D. 行政命令

5. 下列各项规范性文件中，属于地方性法规的是（ ）。

A. 四川省人民代表大会制定的《四川省注册会计师条例》

B. 国务院制定《城市居民最低生活保障条例》

C. 全国人民代表大会常务委员会制定的《中华人民共和国证券法》

D. 财政部发布的《会计从业资格管理办法》

6. 下列各项中，属于行政法规的是（ ）。

A. 全国人民代表大会常务委员会制定的《中华人民共和国会计法》

B. 国务院制定的《总会计师条例》

C. 北京市人大常委会制定的《北京市招标投标条例》

D. 财政部发布的《会计从业资格管理办法》

7. 下列法的形式中，由全国人民代表大会及其常务委员会经一定立法程序制定颁布，调整国家、社会和公民生活中基本社会关系的是（ ）。

A. 宪法　B. 法律

C. 行政法规　D. 行政规章

8. 在下列各项分类中，以法的内容、效力和制定程序为依据进行的分类是（ ）。

A. 成文法和不成文法

B. 实体法和程序法

C. 根本法和普通法

D. 一般法和特别法

9. 下列关于各项纠纷的表述中，适用《仲裁法》的是（ ）。

A. 黄某与陈某因解除收养关系而发生纠纷

B. 孙某与郑某因财产继承而发生纠纷

C. 甲公司与乙保险公司因保险标的理赔而发生纠纷

D. 某纳税人不服税务机关冻结其银行存款的行为而发生的争议

10. 仲裁裁决作出后，当事人就同一纠纷，不能再申请仲裁或向人民法院起诉。这体现仲裁的原则是（ ）。

A. 自愿原则

B. 一裁终局

C. 两审终审制

D. 仲裁组织依法独立行使仲裁权

11. 下列有关仲裁的表述中，不符合仲裁法律制度规定的是（ ）。

A. 申请仲裁的当事人必须有仲裁协议

B. 仲裁庭由 1 名或 3 名仲裁员组成

C. 调解书与裁决书具有同等法律效力

D. 仲裁均公开进行

12. 下列不属于民事诉讼审判制度的是（ ）。

A. 合议制度　B. 公开审判制度

C. 两审终审制度　D. 一审终局制度

13. 张某于 2012 年 4 月 15 日将小件包裹寄存 A 处保管。4 月 16 日该包裹被盗。4 月 17 日，张某得知包裹被盗。根据《民法通则》的规定，张某要求 A 处赔偿损失的诉讼时效期间届满日是（ ）。

A. 2012 年 10 月 17 日

B. 2012 年 4 月 17 日

C. 2013 年 4 月 16 日

D. 2013 年 4 月 17 日

14. 1992 年 5 月 10 日，孙某在回家的路上被人用木棍从背后击伤。经过长时间的访查，孙某于 2012 年 2 月 5 日掌握确凿证据证明将其打伤的是刘某。孙某要求刘某赔偿的诉讼时效届满日应为（ ）。

A. 1993 年 5 月 10 日

B. 2012 年 2 月 5 日

C. 2013 年 2 月 5 日

D. 不受法律保护

15. 根据《中华人民共和国民法通则》的有关规定，下列选项中不适用于特别诉讼时效期间的情形有（ ）。

A. 借款利息未支付

B. 出售质量不合格商品而未声明的

C. 身体受到伤害要求赔偿的

D. 寄存财物被丢失的

16. 因不动产纠纷提起的诉讼，有权管辖的人民法院是（ ）。

A. 合同签订地人民法院

B. 原告住所地人民法院

C. 被告住所地人民法院

D. 不动产所在地人民法院

17. 甲、乙在M地签订合同，将甲在N地的一栋房产出租给乙。后因乙未按期支付租金，双方发生争议。甲到乙住所地人民法院起诉后，又到N地人民法院起诉。N地人民法院于9月3日予以立案，乙住所地人民法院于9月5日予以立案。根据民事诉讼法律制度的规定，该案件的管辖法院应当是（　）。

A. 甲住所地人民法院

B. 乙住所地人民法院

C. M地人民法院

D. N地人民法院

18. 甲企业对乙地方税务局对其作出予以罚款的行政处罚行为不服，向丙法院提起行政诉讼。下列关于该案件审理过程的表述中，不符合法律规定的是（　）。

A. 丙法院组成合议庭负责对该案件进行审判

B. 丙法院对甲和乙进行了调解

C. 乙地方税务局决定停止执行行政处罚决定

D. 丙法院判决变更乙地方税务局的行政处罚决定

19. 根据《行政诉讼法》的规定，下列各项中，可以提起行政诉讼的有（　）。

A. 某直辖市部分市民认为市政府新颁布的《道路交通管理办法》侵犯了他们的合法权益

B. 某财政局工作人员刘某认为财政局对其作出的记过处分违法

C. 何某认为某公安局对其罚款的处罚决定违法

D. 某商场认为某工商局应当偿还所欠的购货款

20. 下列各项中，不属于行政处罚的是（　）。

A. 罚金　　B. 吊销许可证

C. 警告　　D. 没收违法所得

（二）多选题

1. 下列选项中，表述正确的有（　）。

A. 法是明确而普遍适用的规范

B. 法是全社会成员共同意志的体现

C. 法凭借国家强制力的保证而获得普遍遵行的效力

D. 法是确定人们在社会关系中的权利和义务的行为规范

2. 下列各项中，属于法的特征的有（　）。

A. 国家意志性　　B. 强制性

C. 利导性　　D. 规范性

3. 下列各项中，可以成为法律关系主体的有（　）。

A. 国有企业　　B. 集体企业

C. 合伙企业　　D. 个人独资企业

4. 下列权利义务中，属于法律关系内容的有（　）。

A. 服兵役　　B. 纳税义务

C. 经营管理权　　D. 经济管理行为

5. 下列各项客观事实中，属于法律行为的有（　）。

A. 某政府采购人与供货商订立了一份合同

B. 某沙漠三天没下雨

C. 某机关食堂修改了菜谱

D. 某公司委托运输的货物被偷盗

6. 根据行为的表现形式不同，可以将法律行为分为（　）。

A. 积极行为　　B. 消极行为

C. 要式的行为　　D. 非要式行为

7. 下列选项中，不属于我国法的主要形式的有（　）。

A. 判例　　B. 自治法规

C. 法律　　D. 裁定书

8. 对于仲裁机构的生效裁决，一方当事人不履行的，另一方当事人可以请求强制执行的人民法院是（　）。

A. 申请人住所地人民法院

B. 被执行人住所地人民法院

C. 仲裁委员会住所地人民法院

D. 被执行的财产所在地人民法院

9. 下列关于仲裁委员会的说法中，正确的有（　）。

A. 仲裁委员会由主任1人、副主任2~4人和委员7~11人组成

B. 仲裁委员会的主任、副主任和委员由法律、经济贸易专家和有实际工作经验的人员担任

C. 仲裁委员会的组成人员中，法律、经济贸易专家不得少于2/3

D. 裁委员会从公道正派且符合一定专业条件的人员中聘任仲裁员

10. 下列各项纠纷中，不适用《仲裁法》的是（　）。

A. 张某与李某因劳动关系而发生纠纷

B. 赵某与王某因财产继承而发生纠纷

C. 某运输公司与保险公司因保险标的的理赔而发生纠纷

D. 某农民与集体签订的土地承包合同纠纷

11. 根据《仲裁法》的规定，下列关于仲裁委员会的表述中，正确的有（　）。

A. 仲裁委员会是司法机关

B. 仲裁委员会不按行政区划层层设立

C. 仲裁委员会独立于行政机关

D. 仲裁委员会之间存在隶属关系

12. 下列属于民事诉讼审判制度的有（　）。

A. 两审终审制　B. 公开审判制度

C. 回避制度　D. 合议制度

13. 下列纠纷适用于《民事诉讼法》，可提起民事诉讼的是（　）。

A. 侵害名誉权纠纷

B. 企业破产案件

C. 劳动合同纠纷

D. 按照督促程序解决的债务案件

14. 甲公司与乙保险公司发生保险合同纠纷，根据《民事诉讼法》的规定，甲公司在起诉乙公司时，可以选择的人民法院有（　）。

A. 合同履行地人民法院

B. 合同标的物所在地人民法院

C. 被告住所地人民法院

D. 合同签订地人民法院

15. 根据规定，下列情形中，诉讼时效期间为1年的有（　）。

A. 寄存财物被丢失或损毁的

B. 延付或者拒付租金的

C. 货物买卖合同纠纷

D. 身体受到伤害要求赔偿的

16. 法院依照法定程序，强制执行生效法律文书的方法和手段，称为执行措施。下列属于我国现行《民事诉讼法》规定的执行措施的有（　）。

A. 查封、扣押、冻结、拍卖、变卖被执行人的财产

B. 要求有关单位办理财产权证照转移手续

C. 强制被执行人迁出房屋或者强制退出土地

D. 强制被执行人交付法律文书指定的财物或票证

17. 根据《行政复议法》的规定，下列各项中，属于行政复议范围的有（　）。

A. 公民对行政机关作出查封、扣押、冻结其财产的行政强制措施决定不服的

B. 企业对行政机关作出吊销其营业执照的行政处罚决定不服的

C. 社会团体对行政机关作出其有关资质证书中止的决定不服的

D. 行政机关工作人员对本单位给予其行政处分的决定不服的

18. 当事人认为行政机关的具体行政行为所依据的规定不合法，在对具体行政行为申请行政复议时，可以一并向行政复议机关提出对该规定的审查申请，其中包括（　）。

A. 国务院部门的规定

B. 县级人民政府的规定

C. 县级人民政府财政部门的规定

D. 乡镇人民政府的规定

19. 根据《行政诉讼法》的规定，下列各项中，第一审行政案件由中级人民法院管辖的有（　）。

A. 确认发明专利权的案件

B. 海关处理的案件

C. 对国务院各部门或者省级人民政府所作的具体行政行为提起诉讼的案件

D. 本辖区内重大、复杂的案件

20. 下列各项中，属于民事责任形式的有（　）。

A. 消除危险

B. 恢复原状

C. 赔礼道歉

D. 消除影响、恢复名誉

（三）判断题

1. 法具有普遍适用性，凡是在国家权力管辖和法律调整的范围、期限内，对所有社会成员及其活动都普遍适用。（　）

2. 任何法律关系至少要有一个主体。（　）

3. 甲、乙双方签订一份加工承揽合同，由甲为乙加工一批零部件，由此形成的经济法律关系客体就是甲方加工的零部件。（　）

4. 自治州、自治县的自治条例和单行条例，报全国人民代表大会常务委员会批准后生效。（　）

5. 最高法院所作的判决书也是一种规范性法律文件，属于法的形式。（　）

6. 行政法调整的是行政机关与行政管理的相对人之间因民事活动而发生的法律关系。（　）

7. 仲裁和民事诉讼是两种不同的争议解决方式。当事人发生争议只能在仲裁或民事诉讼两种方式中选择一种解决方式。（　）

8. 通过诉讼“打官司”是解决经济纠纷的唯一法律途径。（　）

9. 当事人对仲裁协议的效力有异议的，一方请求仲裁委员会作出决定，另一方请求人民法院作出裁定的，由仲裁委员会裁定。（　）

10. 当事人采用仲裁方式解决纠纷，应当双方自愿，达成仲裁协议。没有仲裁协议，一方申请仲裁的，仲裁委员会不予受理。（　）

11. 两企业签订了一份买卖合同，同时也签订了一份仲裁协议，后来因为该合同违反法律而被宣告无效。既然合同无效了，那么合同中的仲裁协议也因此无效。（　）

12. 仲裁庭在作出裁决前，可以先行调解。调解书与裁决书具有同等法律效力。（　）

13. 不论民事诉讼案件是否公开审理，一律公开宣告判决。（ ）

14. 因船舶碰撞或者其他海事损害事故请求损害赔偿提起的诉讼，由碰撞发生地、碰撞船舶最先到达地、加害船舶被扣留地或者被告住所地法院管辖。（ ）

15. 两个以上法院都有管辖权（共同管辖）的诉讼，原告可以向其中一个法院起诉；原告向两个以上有管辖权的法院起诉的，由原告选择受理的法院。（ ）

16. 2012年12月2日，王某从某商店购买了一件衣服，该商店工作人员明知衣服有质量问题，但未告知王某。2012年12月4日，王某发现了该羽绒服的质量问题，遂找到商店退换，但遭到拒绝。则王某主张权利的诉讼时效的期间为2012年12月2日至2013年12月1日。（ ）

17. 公民、法人或其他组织直接向人民法院提起诉讼的，应当在知道作出具体行政行为之日起6个月内提出。（ ）

18. 人民法院审理行政案件，可以对双方当事人进行调解。（ ）

19. 申请人申请行政复议，可以书面申请，也可以口头申请。（ ）

20. 行政复议机关受理行政复议申请，不得向申请人收取任何费用。（ ）

（四）不定项选择题

【资料一】 2000年，个体户李某与某镇政府签订了对1 000亩荒滩50年承包经营的合同，合同规定李某每年上交承包费10万元。2003年年底，镇政府要求李某每年上交承包费增加到30万元，否则终止承包合同，李某不同意。镇政府于2009年3月20日单方撤销了该承包合同；3月28日李某知道了这一事实，并于2010年5月22日向上级行政机关提出复议申请，5月27日上级机关发出受理通知，并向李某收取5 000元的复议费。李某收到通知后处于等待状态，7月10日李某尚未等到复议决定，便决定向法院提出起诉。

要求：根据上述资料，分析回答下列小题。

1. 该纠纷属于哪种经济纠纷解决途径的申请范围？（ ）

A. 仲裁　　B. 民事诉讼

C. 行政复议　　D. 行政诉讼

2. 以下日期中，符合李某申请行政复议的期限的有效日期的是（ ）。

A. 5月22日　　B. 5月24日

C. 5月28日　　D. 5月30日

3. 李某于7月10日向法院提起诉讼，法院反馈的结果是（ ）。

A. 予以受理

B. 不予受理

C. 予以受理但要等待行政复议的结果

D. 需合议后才能决定是否受理

4. 复议机关收取复议费的行为是（ ）。

A. 合法的

B. 合法的，但需要开具正规发票

C. 不合法的

D. 不合法的，复议费不能超过2 000元

【资料二】 宋某与黄某签订了一份房屋租赁合同，商定宋某租用黄某一套住房，时间从2010年9月1日至2011年8月31日。宋某先预付半年租金，满半年时（2011年3月1日）支付剩余租金，期满是否续租再进行协商。经履行法定程序后，宋某按期入住。2011年8月底，宋某在未支付其余租金，也未打招呼的情况下搬出黄某房屋，且不知去向。黄某从未向张某追要过其余租金。

要求：根据上述资料，分析回答下列小题。

1. 该纠纷适用以下哪种解决途径？（ ）

A. 仲裁　　B. 民事诉讼

C. 行政复议　　D. 行政诉讼

2. 黄某为有效保护自己的权益，应在以下哪个时期主张自己的权力？（ ）

A. 2010年9月2日至2011年9月1日

B. 2011年9月2日至2012年9月1日

C. 2011年8月31日至2012年8月30日

D. 2011年3月2日至2012年3月1日

3. 若黄某起诉宋某，根据民事诉讼法律制度的规定，该案件的管辖法院应当是（ ）。

A. 黄某目前居住地

B. 宋某目前居住地

C. 出租房屋所在地

D. 宋某老家所在地

4. 在诉讼时效期间的最后6个月内，因不可抗力或其他障碍致使权利人不能行使请求权的，诉讼时效期间计算适用的情形是（ ）。

A. 诉讼时效期间的计算不受影响，继续计算

B. 诉讼时效期间暂停计算，待障碍消除后继续计算

C. 已经过的诉讼时效期间归于无效，待障碍消除后重新计算

D. 权利人可请求法院延长诉讼时效期间

第二章 劳动合同与社会保险法律制度

劳动合同与社会保险法律制度虽然只包括了劳动合同法律制度和社会保险法律制度两个方面的内容，但本章涉及的知识点却很多。本章篇幅较长，需要记忆的重点和考点较多，且这些内容往往都与数字挂钩，学习和复习起来相对困难。考生可先认真学习本章的知识，再通过书中相关习题的练习与分析来巩固和记忆具体的内容，从而更有效地掌握本章内容。

在近 3 年的考试中，考查本章内容的试题为 9~10 道，且呈逐年上升的趋势，题型以客观题为主，2010 年也出现过不定项选择题。总分值为 14 分左右，这说明本章很重要。

▼本章考纲知识体系一览表

劳动合同与社会保险法律制度	一、劳动合同法律制度	（1）劳动关系与劳动合同（★） （2）劳动合同的订立（★★★） （3）劳动合同的主要内容（★★） （4）劳动合同的履行和变更（★★） （5）劳动合同的解除和终止（★★★） （6）集体合同与劳务派遣（★） （7）劳动争议的解决（★★） （8）违反劳动合同法的法律责任（★）
	二、社会保险法律制度	（1）社会保险的概念、种类与基本原则（★） （2）基本养老保险（★★） （3）基本医疗保险（★★） （4）工伤保险（★★） （5）失业保险（★★） （6）生育保险（★★） （7）社会保险费征缴（★） （8）社会保险基金管理运营（★） （9）违反社会保险法的法律责任（★）

第一节 劳动合同法律制度

考情分析：本节内容的考试重点是劳动合同的订立、解除、终止、解除与终止时的经济补偿等内容。近几年基本都是客观题，以单选题和多选题的形式出现，题量可能在6道题左右。

学习建议：着重掌握劳动合同的订立，无固定期限劳动合同，带薪年休假，劳动报酬，试用期，劳动合同的解除、终止，劳动合同解除和终止的经济补偿以及劳动仲裁的知识。

一、劳动关系与劳动合同

（一）劳动关系与劳动合同的概念

1. 劳动关系

劳动关系指劳动者与企业、个体经济组织、民办非企业单位、依法成立的会计师事务所、律师事务所等合伙组织和基金会等组织（以下称用人单位）依法签订劳动合同后，在劳动者与用人单位之间产生的法律关系。

2. 劳动合同

根据《中华人民共和国劳动法》（以下简称《劳动法》）第十六条规定，劳动合同是劳动者与用人单位之间确立劳动关系，明确双方权利和义务的协议。

【例题·判断题】劳动合同是用人单位与劳动者之间建立劳动关系并明确双方权利的协议。（ ）

【答案】×

【解析】本题考查的是劳动合同的概念。题目描述不完整，劳动合同不仅仅明确双方权利，同时也明确了双方的义务。

3. 劳动关系的特征

劳动关系不同于民事关系，它具有几个独特的特征，如图 2–1 所示。

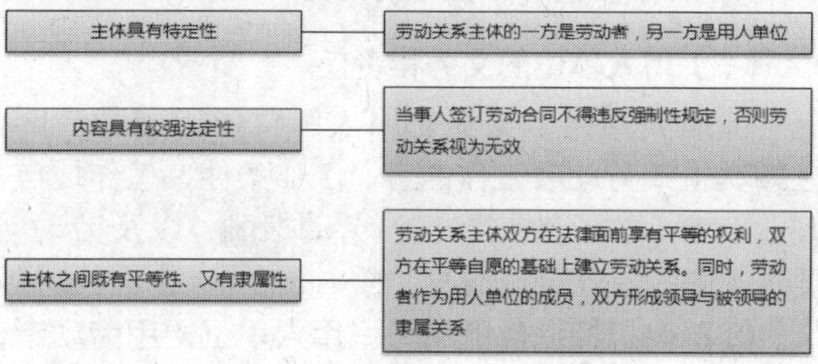

图 2–1 劳动关系的特征

【例题·多选题】下列选项中，属于劳动关系特征的是（　）。

A. 劳动关系的主体之间既有平等性、又有隶属性

B. 劳动关系的主体具有特定性

C. 劳动关系的主体不存在特定性

D. 劳动关系的内容具有较强的法定性

【答案】ABD

【解析】本题是对劳动关系特征这一知识点的考查。劳动关系的特征有以下三点：（1）主体具有特定性；（2）内容具有较强的法定性；（3）主体之间既有平等性、又有隶属性。

（二）劳动合同法的适用范围

2007 年 6 月 29 日第十届全国人民代表大会常务委员会第二十八次会议通过的《中华人民共和国劳动合同法》（以下简称《劳动合同法》），是规范劳动关系的重要法律制度。根据《劳动合同法》的有关规定，以下情况建立的劳动关系适用《劳动合同法》。

（1）我国境内的用人单位与劳动者建立劳动关系，订立、履行、变更、解除或终止劳动合同，适用《劳动合同法》。

（2）国家机关、事业单位、社会团体和与其建立劳动关系的劳动者，订立、履行、变更、解除或终止劳动合同，依照《劳动合同法》执行。

（3）事业单位与实行聘用制的工作人员订立、履行、变更、解除或终止劳动合同，未作规定的，同样依照《劳动合同法》有关规定执行；法律、行政法规或国务院另有规定的，则依照其规定执行。

【例题·多选题】下列选项中建立的劳动关系，适用《劳动合同法》的是（　）。

A. 订立劳动合同

B. 变更劳动合同

C. 解除劳动合同

D. 终止劳动合同

【答案】ABCD

【解析】本题考查的是适用《劳动合同法》的情形。我国境内的用人单位与劳动者建立劳动关系，订立、履行、变更、解除或终止劳动合同，适用《劳动合同法》。

二、劳动合同的订立

（一）劳动合同订立的原则

劳动合同的订立，是指劳动者和用人单位经过相互选择与平等协商，就合同中各项条款协商一致后，以书面形式确定双方的权利和义务，从而确立劳动关系的法律行为。

按照法律规定，订立劳动合同，需遵循 5 个原则，如图 2–2 所示。

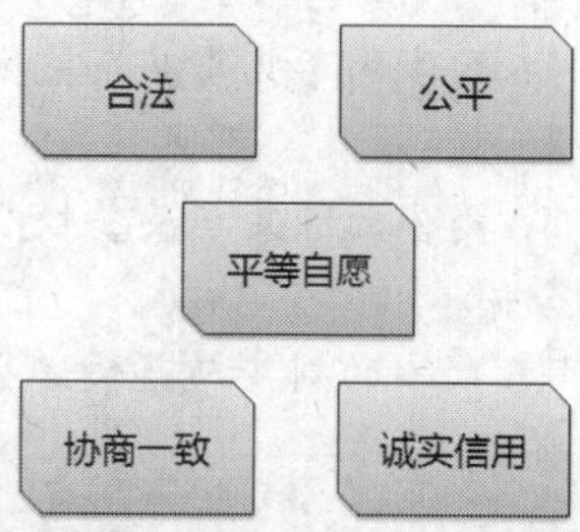

图 2–2 订立劳动合同的 5 个原则

【2011 年真题·多选题】下列各项中，属于劳动合同订立原则的有（　）。

A. 公平原则

B. 平等自愿原则

C. 协商一致原则

D. 诚实信用原则

【答案】ABCD

【解析】本题考查劳动合同订立的原则。除上述四个选项描述的原则外，还包括合法原则。

（二）劳动合同订立的主体

1. 劳动合同订立主体的资格要求

（1）劳动者需有劳动权利能力和行为能力

用人单位禁止招用未满 16 周岁的未成年人。文艺、体育和特种工艺单位招用未满 16 周岁的未成年人，必须依照国家有关规定履行审批手续，并保障其接受义务教育的权利。

（2）用人单位有用人权利能力和行为能力

合法的用人单位具有与劳动者订立劳动合同的用人权利。除此以外，用人单位在以下两种情况下也具有用人权利。

①用人单位设立的分支机构，依法取得营业执照或登记证书的，可作为用人单位来和劳动者订立劳动合同。

②未依法取得营业执照或登记证书的，受用人单位委托也可与劳动者订立劳动合同。

劳动者就业时，用人单位须严格按照以下规定用人。

①不能因民族、种族、性别、宗教信仰不同而受歧视。

②妇女享有与男子平等的就业权利。

③在录用职工时，除国家规定的不适合妇女的工种或岗位外，不得以性别为由拒绝录用妇女或提高对妇女的录用标准。

【例题·单选题】下列情形中，订立劳动合同的当事人具备主体合法性的是（　）。

A. 未满16周岁的王某与某化工厂签订的劳动合同

B. 未满16周岁的李某与某杂技团签订的劳动合同

C. 未满16周岁的陈某与某餐饮公司签订的劳动合同

D. 未满16周岁的刘某与某快递公司签订的劳动合同

【答案】B

【解析】本题主要是对劳动合同订立主体的资格要求这一知识进行的考查。体育、文艺、特种工艺单位依照国家有关规定履行审批手续，并在保障劳动者接受义务教育权利的前提下，可以招用未满16周岁的未成年人。

【例题·多选题】下列关于劳动者就业的描述，正确的是（　）。

A. 不同民族的劳动者享受不同的就业待遇

B. 妇女享有与男子平等的就业权利

C. 除国家规定的工种或岗位外，不得以性别为由拒绝录用妇女

D. 一般工种或岗位可以提高对妇女的录用标准

【答案】BC

【解析】本题考查的是用人单位录用劳动者需遵守的规定。A选项错误，劳动者就业时，不能因民族、种族、性别、宗教信仰不同而受歧视。D选项错误，只有国家规定的不适合妇女的工种或岗位，才可以提高对妇女的录用标准。

考场点拨

锻造、热处理、喷涂、钎焊、酸洗腐蚀、理化等特种加工和检验行业都属于特种工艺单位，上题中的杂技团属于文艺单位，遇到这类考题时需要考生具备分辨单位性质的基本能力。

2. 劳动合同订立主体的义务

（1）用人单位的义务和责任

①如实相告的义务。用人单位招用劳动者时，应如实告知劳动者工作内容、工作条件、工作地点、职业危害、安全生产状况、劳动报酬，以及劳动者要求了解的其他合理情况。

②不得扣押证件的义务。用人单位招用劳动者，不得扣押劳动者的居民身份证和其他证件，如若扣押，由劳动行政部门责令限期退还劳动者，并依照有关法规给予处罚。

专家课堂

“其他证件”包括居民户口簿、毕业证、学位证以及各种资格证、专业技能证书、职称评定证书等证件。

③不得收取财物，要求提供担保的义务。用人单位不得要求劳动者提供担保或以其他名义向劳动者收取财物。如若收取财物，由劳动行政部门责令限期退还劳动者本人，并以每人500元以上2 000元以下的标准对用人单位处以罚款；给劳动者造成损害的，应当承担赔偿责任。

专家课堂

“其他名义”一般指收取保证金、抵押金、培训费、服装费等形式。

（2）劳动者的义务

用人单位有权了解劳动者与劳动合同直接相关的基本情况，劳动者应当如实说明。

【2011年真题·判断题】用人单位招用劳动者，不得扣押劳动者的居民身份证和其他证件，不得要求劳动者提供担保或者以其他名义向劳动者收取财物。（　）

【答案】√

【解析】本题考查用人单位的义务和责任。用人单位招用劳动者，不得扣押劳动者的居民身份证和其他证件，不得要求劳动者提供担保或者以其他名义向劳动者收取财物。用人单位扣押劳动者居民身份证等证件的，由劳动行政部门责令限期退还劳动者本人，并依照有关法律规定给予处罚。

【案例 2-1】某快餐店招聘员工，在签订劳动合同时要求员工交 200 元制服押金，以便制作统一的工作制服，并表示在员工与公司结束劳动关系并将制服完好返还公司后，公司将该押金全额返还给员工。部分员工认为公司收取押金违反了法律规定，遂向劳动行政部门投诉。试分析劳动行政部门如何就此事作出行政处理。

【案例解析】该公司以提供制服的名义收取押金的做法违反了"用人单位不得以任何名义向劳动者收取财物"的规定，劳动行政部门可责令公司将该押金返还给员工，并可根据实际收取押金的员工人数按每人 500 元以上 2 000 元以下的标准对用人单位处以罚款。

（三）劳动关系建立的时间

用人单位自用工之日起即与劳动者建立劳动关系。

考场点拨

若考题中描述用人单位与劳动者是在用工前订立的劳动合同，劳动关系同样自用工之日起建立，考生不要被"用工前订立劳动合同"这种说法混淆。

劳动关系建立后，用人单位应当建立职工名册备查，职工名册至少应当包含如图 2–3 所示的 9 项内容。

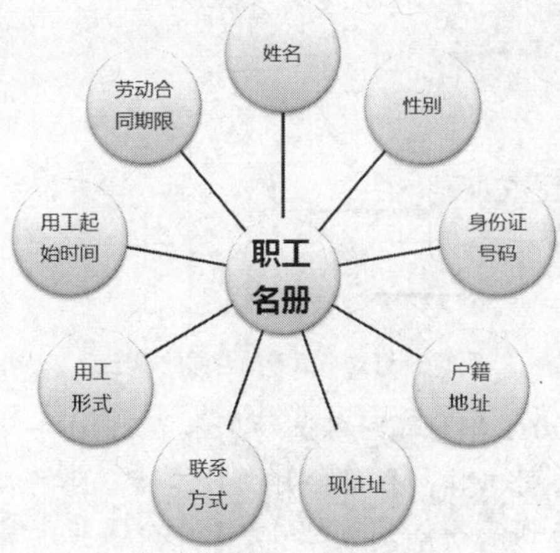

图 2–3 职工名册的内容

用人单位违反《劳动合同法》有关建立职工名册规定的，由劳动行政部门责令限期改正；逾期不改正的，由劳动行政部门处 2 000 元以上 2 万元以下的罚款。

【2012 年真题 · 单选题】郑某于 2012 年 6 月 15 日与甲公司签订劳动合同，约定试用期 1 个月。7 月 2 日郑某上班。郑某与甲公司建立劳动关系的时间是（ ）。

A. 2012 年 6 月 15 日
B. 2012 年 7 月 2 日
C. 2012 年 7 月 15 日
D. 2012 年 8 月 2 日

【答案】B

【解析】本题考查劳动关系建立的时间。用人单位应自用工之日起与劳动者建立劳动关系。

（四）劳动合同订立的形式

1. 书面形式

用人单位与劳动者建立劳动关系时，应当订立书面劳动合同。如果已建立劳动关系，但未同时订立书面劳动合同的，应当自用工之日起 1 个月内订立书面劳动合同。

为解决用人单位和劳动者虽已建立劳动关系，但却没有订立书面劳动合同的这种情况，《劳动合同法》有以下几方面严格规定。

（1）自用工之日起 1 个月内，经用人单位书面通知后，劳动者不与用人单位订立书面劳动合同，用人单位应当书面通知劳动者终止劳动关系，无须向劳动者支付经济补偿，但是应当依法向劳动者支付其实际工作时间的劳动报酬，如图 2–4 所示。

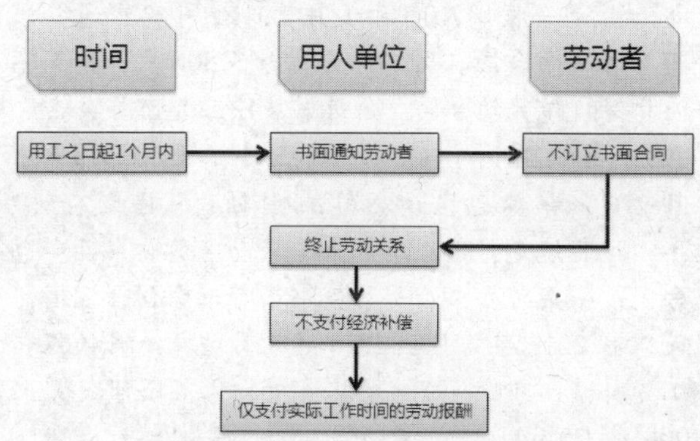

图 2–4 订立书面劳动合同的规定一

【例题 · 判断题】劳动者不与用人单位订立书面劳动合同，用人单位无须向劳动者支付经济补偿，也无须向劳动者支付其实际工作时间的劳动报酬。（ ）

【答案】×

【解析】本题考查的是劳动者不与用人单位订立书面劳动合同的知识点。经用人单位书面通知后，若劳动者不与用人单位订立书面劳动合同，用人单位无须向劳动者支付经济补偿，但是应依法向劳动者支付其实际工作时间的报酬。

（2）用人单位自用工之日起超过 1 个月不满 1 年未与劳动者订立书面劳动合同的，应当向劳动者每月支付两倍的工资，并与劳动者补订书面劳动合同。

专家课堂

用人单位向劳动者每月支付2倍工资的起算时间为用工之日起满1个月的次日，截止时间为补订书面劳动合同的前一日。

劳动者不与用人单位订立书面劳动合同的，用人单位应当书面通知劳动者终止劳动关系，并支付经济补偿，如图2–5所示。

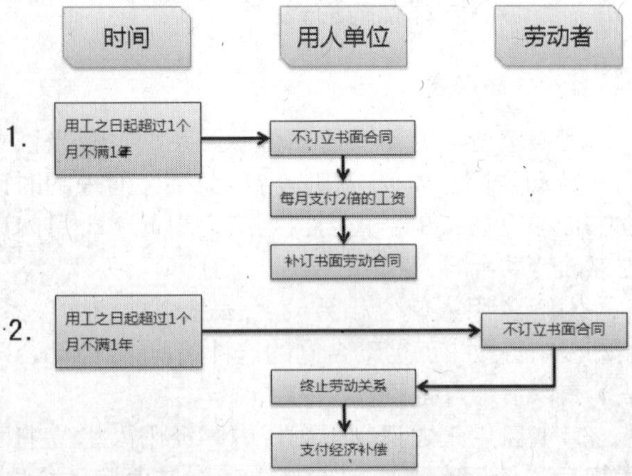

图2–5 订立书面劳动合同的规定二

【案例2–2】张某从2012年3月1日起为一家化妆品公司工作，工资每月5 000元，双方未订立书面劳动合同。2013年1月2日公司突然通知张某签订书面合同，薪水降为每月3 500元，张某不同意签订该劳动合同。分析该案件应如何解决。

【案例解析】自2012年3月1日至2013年1月2日，张某已在该公司工作满1个月且不到1年，按照规定，用人单位未与劳动者签订书面劳动合同，张某可要求公司补签书面劳动合同，同时可获得从2012年4月至2013年1月共9个月的双倍工资补偿，即除了正常的工资外，张某还可获得45 000元（5 000×9 = 45 000）的工资补偿。若张某不与用人单位订立劳动合同，用人单位应书面通知张某终止劳动关系，并支付相应的经济补偿。

（3）用人单位自用工之日起满1年未与劳动者订立书面劳动合同的，自用工之日起满1个月的次日至满1年的前一日应当向劳动者每月支付2倍的工资补偿，并视为自用工之日起满1年的当日已经与劳动者订立无固定期限劳动合同，应当立即与劳动者补订书面劳动合同，如图2–6所示。

【2012年真题·单选题】周某于2011年4月11日进入甲公司就职，经周某要求，公司于2012年4月11日才与其签订劳动合同。已知周某每月工资2 000元，已按时足额领取。甲公司应向周某支付工资补偿的金额是（　）元。

A. 0　B. 2 000　C. 22 000　D. 24 000

【答案】C

【解析】本题考查的是用人单位自用工之日起满1年时，未与劳动者订立书面劳动合同的知识点。用人单位自用工之日起满1年未与劳动者订立书面劳动合同的，自用工之日起满1个月的次日至满1年的前一日（共11个月）应当向劳动者每月支付2倍的工资，2 000×11=22 000，因此正确答案为C选项。

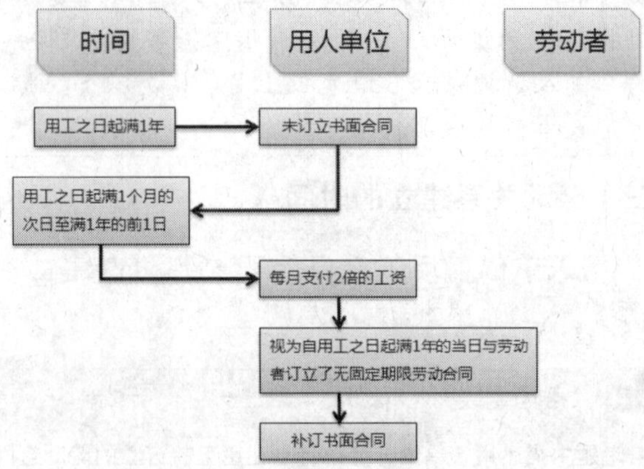

图2–6 订立书面劳动合同的规定三

（4）用人单位违反劳动合同法规定不与劳动者订立无固定期限劳动合同的，自应当订立无固定期限劳动合同之日起向劳动者每月支付2倍的工资，如图2–7所示。

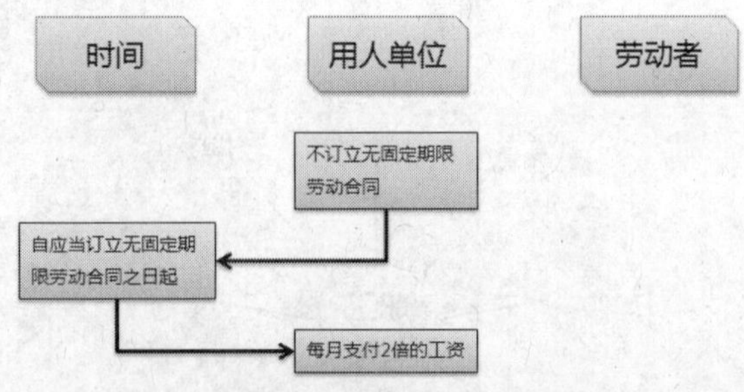

图2–7 订立书面劳动合同的规定四

【2011年真题·多选题】张某2010年8月进入甲公司工作，公司按月支付工资，至年底公司尚未与张某签订劳动合同，关于公司与张某之间劳动关系的下列表述中，正确的有（　）。

A. 公司与张某之间可视为不存在劳动关系

B. 公司与张某之间可视为已订立无固定期限劳动合同

C. 公司应与张某补订劳动合同，并支付工资补偿

D. 张某可与公司终止劳动关系。公司应支付经济补偿

【答案】CD

【解析】本题是综合考查劳动合同订立的知识点。用人单位自用工之日起超过1个月不满1年未与劳动者订立书面劳动合同的，应当向劳动者每月支付两倍的工资，并与劳动者补订书面劳动合同，因此C选项正确；劳动者不与用人单位订立书面劳动合同的，用人单位应当书面通知劳动者终止劳动关系，并支付经济补偿，因此D选项正确。

考场点拨

对于本题而言，B选项是较难选择的选项，很多考生往往会选择该选项。实际上该选项是错误的，原因在于：用人单位自用工之日起满1年未与劳动者订立书面劳动合同的，视为自用工之日起满1年的当日已经与劳动者订立无同定期限劳动合同。而本题给出的时间显然不满足自用工之日起满1年这个条件。

2. 口头形式

非全日制用工双方当事人可以订立口头协议。

知识链接

非全日制用工指以小时计酬为主，劳动者在同一用人单位一般平均每日工作时间不超过4小时，每周工作时间累计不超过24小时的用工形式。

非全日制用工形式在订立劳动合同时应遵循以下几方面的规定。

（1）可签订多个劳动合同

从事非全日制用工的劳动者可与一个或一个以上用人单位订立劳动合同，但是后订立的劳动合同不得影响先订立的劳动合同的履行。

（2）无试用期

非全日制用工双方当事人不得约定试用期。

（3）可随时终止用工

非全日制用工双方当事人任何一方都可随时通知对方终止用工。终止后，用人单位不向劳动者支付经济补偿。

（4）小时计酬标准不得低于最低小时工资标准

非全日制用工小时计酬标准不得低于用人单位所在地人民政府规定的最低小时工资标准。用人单位可以按小时、日或周为单位结算工资，但非全日制用工劳动报酬结算支付周期最长不得超过15日。

【2011年真题·单选题】根据劳动合同法律制度的规定，下列情形中，用人单位与劳动者可以不签订书面劳动合同的是（　）。

A. 试用期用工

B. 非全日制用工

C. 固定期限用工

D. 无固定期限用工

【答案】B

【解析】本题考查劳动合同订立的形式。非全日制用工双方当事人可以订立口头协议。

（五）劳动合同的效力

1. 劳动合同的生效与无效

劳动合同由用人单位与劳动者协商一致，并经用人单位与劳动者在劳动合同文本上签字或盖章生效。劳动合同文本由用人单位和劳动者各执一份。

因违反平等自愿、协商一致、诚实信用、公平等原则和法律、行政法规的强制性规定而使劳动合同全部或部分条款归于无效的劳动合同，即便订立也视为无效劳动合同。

具体而言，下列劳动合同无效或部分无效。

（1）以欺诈、胁迫的手段或乘人之危，使对方在违背真实意思的情况下订立或变更劳动合同的。

（2）用人单位免除自己的法定责任、排除劳动者权利的。

（3）违反法律、行政法规强制性规定的。

专家课堂

对劳动合同的无效或部分无效有争议的，由劳动争议仲裁机构或人民法院确认。

【例题·多选题】下列选项中，关于劳动合同生效与无效的说法，正确的是（　）。

A. 由用人单位与劳动者协商一致，并经用人单位与劳动者签字或盖章的劳动合同视为生效的劳动合同

B. 因违反平等自愿、协商一致、诚实信用、公平等原则订立的劳动合同视为无效劳动合同

C. 劳动合同已经订立，即便合同条款中用人单位免除了自己的法定责任、排除了劳动者的权利，此合同同样应视为生效的劳动合同

D. 以欺诈、胁迫的手段或乘人之危，使对方在违背真实意思的情况下订立或变更的劳动合同无效

【答案】ABD

【解析】本题考查劳动合同生效与无效的情况。C选项错误，用人单位免除自己的法定责任、排除劳动者权利的劳动合同应视为无效的劳动合同。

2. 无效劳动合同的法律后果

无效劳动合同的法律后果有以下几方面内容。

（1）无效劳动合同，从订立时起就没有法律约束力。

（2）劳动合同部分无效，且不影响其他部分效力的，其他部分仍然有效。

（3）劳动合同被确认无效，劳动者已付出劳动的，用人单位应当向劳动者支付劳动报酬。劳动报酬的数额，参照本单位相同或相近岗位劳动者的劳动报酬确定。

（4）劳动合同被确认无效，给对方造成损害的，有过错的一方应当承担赔偿责任。

三、劳动合同的主要内容

（一）劳动合同必备条款

劳动合同必备条款指劳动合同必须具备的内容。根据《劳动合同法》的规定，劳动合同应当具备 9 项条款，各条款的具体内容如图 2–8 所示。

劳动合同必备条款

1．用人单位的名称、住所和法定代表人或主要负责人
2．劳动者的姓名、住址和居民身份证或其他有效身份证件号码
3．劳动合同期限
4．工作内容和工作地点
5．工作时间和休息休假
6．劳动报酬
7．社会保险
8．劳动保护、劳动条件和职业危害防护
9．法律、法规规定应当纳入劳动合同的其他事项

图 2–8 劳动合同的必备条款

1. 用人单位的名称、住所和法定代表人或主要负责人

用人单位的名称、住所和法定代表人或主要负责人的内容包括如图 2–9 所示的内容。

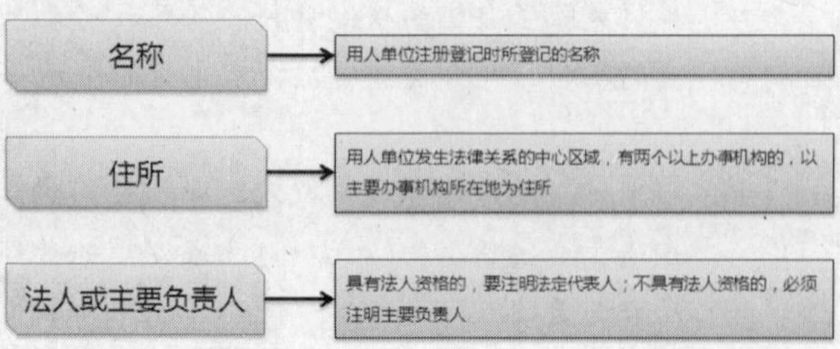

图 2–9 用人单位的名称、住所和法人或主要负责人的解释

2. 劳动者的姓名、住址和居民身份证或其他有效身份证件号码

（1）劳动者姓名。以户籍登记，即身份证上所载为准。

（2）劳动者住址。以户籍所在居住地为住址，若经常居住地与户籍所在地不一致，则以经常居住地为住址。

（3）居民身份证号码。以公安机关按照公民身份号码国家标准编制的身份证号码为准。

3. 劳动合同期限

按期限的不同，可将劳动合同分为固定期限劳动合同、无固定期限劳动合同和以完成一定工作任务为期限的劳动合同，其区别如表 2–1 所示。

表 2-1 不同期限劳动合同的区别

类别	区别
固定期限劳动合同	约定合同终止时间
无固定期限劳动合同	约定无确定终止时间
完成一定工作任务为期限的劳动合同	约定以某项工作任务的完成为期限

用人单位与劳动者协商一致，可选择订立固定期限劳动合同、无固定期限劳动合同或以完成一定工作任务为期限的劳动合同。

知识链接

无固定期限劳动合同是一种长期合同，但如果出现法律规定或合同约定的解除或终止条件时，劳动者和用人单位也可解除或终止无固定期限劳动合同。

有下列 3 种情形之一，劳动者提出或同意续订、订立劳动合同的，除劳动者提出订立固定期限劳动合同外，应当订立无固定期限劳动合同。

（1）劳动者在该用人单位连续工作满 10 年的。

（2）用人单位初次实行劳动合同制度或国有企业改制重新订立劳动合同时，劳动者在该用人单位连续工作满 10 年且距法定退休年龄不足 10 年的。

专家课堂

连续工作满 10 年的起始时间，应当自用人单位用工之日起计算，包括《劳动合同法》施行前的工作年限。劳动者非因本人原因从原用人单位被安排到新用人单位工作的，劳动者在原用人单位的工作年限合并计算为新用人单位的工作年限。原用人单位已经向劳动者支付经济补偿的，新用人单位在依法解除、终止劳动合同计算支付经济补偿的工作年限时，不再计算劳动者在原用人单位的工作年限。

（3）连续订立两次固定期限劳动合同，且劳动者没有下述情形，续订劳动合同的。

专家课堂

连续订立固定期限劳动合同的次数，应当自《劳动合同法》2008 年 1 月 1 日施行后续订固定期限劳动合同时开始计算。

①严重违反用人单位的规章制度的。

②严重失职，营私舞弊，给用人单位造成重大损害的。

③劳动者同时与其他用人单位建立劳动关系，对完成本单位的工作任务造成严重影响，或经用人单位提出后拒不改正的。

④以欺诈、胁迫的手段或乘人之危，使用人单位在违背真实意思的情况下订立或变更劳动合同，致使劳动合同无效的。

⑤被依法追究刑事责任的。

⑥劳动者患病或非因工负伤，在规定的医疗期满后不能从事原工作，也不能从事由用人单位另行安排的工作的。

⑦劳动者不能胜任工作，经过培训或调整工作岗位，仍不能胜任工作的。

考场点拨

除上述 3 种情形以外，需注意前面介绍的劳动合同的订立内容，其中用人单位自用工之日起满 1 年未与劳动者订立书面劳动合同的，同样视为自用工之日起满 1 年的当日已经与劳动者订立无固定期限劳动合同。这是考生往往容易忽略的考点。

【2011 年真题 · 多选题】根据劳动合同法律制度的规定，下列各项中，除劳动者提出订立固定期限劳动合同外，用人单位与劳动者应当订立无固定期限劳动合同的情形有（　）。

A. 劳动者在该用人单位连续工作满 10 年的

B. 连续订立 2 次固定期限劳动合同，继续续订的

C. 国有企业改制重新订立劳动合同，劳动者在该用人单位连续工作满 5 年且距法定退休年龄不足 15 年的

D. 用人单位初次实行劳动合同制度。劳动者在该用人单位连续工作满 10 年且距法定退休年龄不足 10 年的

【答案】AD

【解析】本题考查无固定期限劳动合同的订立。A、D 选项是正确的；B 选项描述得不够全面，此说法正确的前提是保证劳动者无严重违反用人单位的规章制度、被依法追究刑事责任等法定情形；C 选项错误，正确的应该是：国有企业改制重新订立劳动合同，劳动者在该用人单位连续工作满 10 年且距法定退休年龄不足 10 年的，应订立无固定期限劳动合同。

4. 工作内容和工作地点

（1）工作内容主要包括劳动者从事劳动的工种、岗位、劳动定额、产品质量标准的要求等，工作内容可以使劳动者判断其是否能够胜任该工作、是否愿意从事该工作。

（2）工作地点指劳动者可能从事工作的具体地理位置。工作地点一般会参考劳动者生活的居住地点，它们之间的距离，决定着劳动者上下班所需的时间，更会影响劳动者的生活，关系到劳动者的切身利益。

5. 工作时间和休息休假

（1）工作时间

工作时间通常指劳动者在一昼夜或一周内从事生产或工作的时间，即劳动者每天工作的时数或每周工作的天数。

目前我国实行的工时制度（即工作时间制度）主要有标准工时制、不定时工作制和综合计算工时制 3 种类型。

①标准工时制。标准工时制也称标准工作日，指国家法律统一规定的劳动者从事工作或劳动的时间。

我国实行劳动者每日工作 8 小时、每周工作 40 小时的标准工时制度。特殊企业可以不实行标准工时制度，但应保证劳动者每天工作不超过 8 小时，每周工作不超过 40 小时，每周至少休息 1 天。

用人单位由于生产经营需要，可以与工会和劳动者进行协商，协商一致后可延长工作时间，但一般每日不得超过 1 小时。确实因特殊原因需要延长工作时间的，在保障劳动者身体健康的条件下每日不得超过 3 小时，每月不得超过 36 小时。

知识链接

以下 3 种情形不受上述延长工作时间的限制：①对于发生自然灾害、事故或因其他原因，威胁劳动者生命健康和财产安全，需紧急处理的；②生产设备、交通运输线路、公共设施发生故障，影响生产和公众利益，必须及时抢修的；③法律、行政法规规定的其他情形。

②不定时工作制。不定时工作制也称无定时工作制、不定时工作日，指没有固定工作时间限制的工作制度，主要适用于一些因工作性质或工作条件不受标准工作时间限制的工作岗位。

③综合计算工时制。综合计算工时制也称综合计算工作日，指用人单位根据生产和工作的特点，以周、月、季、年等为周期，综合计算劳动者工作时间，但其平均日工作时间和平均周工作时间仍与法定标准工作时间基本相同的一种工时形式。

【例题·多选题】下列选项中，属于我国实行的工时制度的是（ ）。

A. 普通工时制

B. 标准工时制

C. 不定时工作制

D. 综合计算工时制

【答案】BCD

【解析】本题考查工作时间知识点中关于工时制度的内容。目前我国实行的工时制度主要有标准工时制、不定时工作制和综合计算工时制3种类型，A选项不在该范围。

（2）休息、休假

休息指劳动者任职期间，在国家规定的法定工作时间以外，无须履行劳动义务而自行支配的时间。这些时间包括工作日内的间歇时间、工作日之间的休息时间和公休假日。

知识链接

公休假日即周休息日，是职工工作满一个工作周以后的休息时间。

休假指劳动者无须履行劳动义务且一般有工资保障的法定休息时间。这些时间包括国家规定的法定假日和年休假等。

①法定假日。指由国家法律统一规定的用以开展纪念、庆祝活动的休息时间，包括春节、清明节、劳动节、端午节、中秋节、国庆节等。

②年休假。指职工工作满一定年限，每年可享受的保留工作岗位、带薪连续休息的时间。

（3）职工休息、休假权利

为保障职工带薪年休假的权利，《职工带薪年休假条例》规定了以下3方面内容。

①机关、团体、企业、事业单位、民办非企业单位、有雇工的个体工商户等单位的职工连续工作1年以上的，享受带薪年休假（以下简称年休假）。职工在年休假期间享受与正常工作期间相同的工资收入。

②职工累计工作已满1年不满10年的，年休假5天；已满10年不满20年的，年休假10天；已满20年的，年休假15天。国家法定休假日、休息日不记入年休假的假期 。

③年休假在一个年度内可集中安排，也可分段安排，一般不跨年度安排。单位因生产、工作特点确有必要跨年度安排职工年休假的，可跨一个年度安排。

同时，为了规范用人单位的正常工作，职工有下列情形之一时，不享受当年年休假。

①职工依法享受寒暑假，其休假天数多于年休假天数的。

②职工请事假累计20天以上且单位按照规定不扣工资的。

③累计工作满1年不满10年的职工，请病假累计2个月以上的。

④累计工作满10年不满20年的职工，请病假累计3个月以上的。

⑤累计工作满20年以上的职工，请病假累计4个月以上的。

【2010年真题·单选题】方某工作已满15年，2009年上半年在甲公司已休带薪年休假（以下简称年休假）5天；下半年调到乙公司工作，提出补休年休假的申请。乙公司对方某补休年休假申请符合法律规定的答复是（ ）。

A. 不可以补休年休假

B. 可补休5天年休假

C. 可补休10天年休假

D. 可补休15天年休假

【答案】B

【解析】本题是对年休假知识点的考查。根据规定，职工连续工作满12个月以上的，享受带薪年休假。另外，职工累计工作已满10年不满20年的，年休假10天；但是本题中劳动者上半年已经享受5天的年休假，所以下半年在新单位只享受5天的年休假。

【2012年真题·多选题】根据劳动合同法律制度的规定，下列情形中，职工不能享受当年年休假的有（ ）。

A. 依法享受寒暑假，其休假天数多于年休假天数的

B. 请事假累计20天以上，且单位按照规定不扣工资的

C. 累计工作满1年不满10年，请病假累计2个月以上的

D. 累计工作满20年以上，请病假累计满3个月的

【答案】ABC

【解析】D选项错误，应该是累计工作满20年以上的职工，请病假累计4个月以上的，不得享受当年带薪年休假。

6. 劳动报酬

（1）劳动报酬与支付

劳动报酬指用人单位根据劳动者劳动的数量和质量，以货币形式支付给劳动者的工资。

根据国家有关规定，支付给劳动者的工资需遵守以下规定。

①工资应当以法定货币支付，不得以实物及有价证券替代货币支付。

②工资必须在用人单位与劳动者约定的日期支付。

③如遇节假日或休息时，则应提前在最近的工作日支付。

④工资至少每月支付一次，实行周、日、小时工资制的可按周、日、小时支付工资。

⑤对完成一次性临时劳动或某项具体工作的劳动者，用人单位应按有关协议或合同规定在其完成劳动任务后便支付工资。

⑥劳动者在法定休假日和婚丧假期间以及依法参加社会活动期间，用人单位应当依法支付工资。

⑦在部分公民放假的节日期间（妇女节、青年节），对参加社会活动或单位组织庆祝活动和照常工作的职工，单位应支付工资报酬，但不支付加班工资。

⑧如果该节日恰逢星期六、星期日，单位安排职工加班工作，则应当依法支付休息日的加班工资。

用人单位在劳动者完成劳动定额或规定的工作任务后，根据实际需要安排劳动者在法定标准工作时间以外工作的，应按照下列标准支付高于劳动者正常工作时间工资的工资报酬。

①用人单位依法安排劳动者在日标准工作时间以外延长工作时间的，应按照不低于劳动合同规定的劳动者本人小时工资标准的150%支付劳动者工资。

②用人单位依法安排劳动者在休息日工作，不能安排补休的，按照不低于劳动合同规定的劳动者本人日或小时工资标准的200%支付劳动者工资。

③用人单位依法安排劳动者在法定休假日工作的，按照不低于劳动合同规定的劳动者本人日或小时工资标准的300%支付劳动者工资。

④实行计件工资的劳动者，在完成计件定额任务后，由用人单位安排延长工作时间的，根据上述原则，分别按照不低于其本人法定工作时间计件单价的150%、200%、300%支付其工资。

专家课堂

经劳动行政部门批准实行综合计算工时工作制的，其综合计算工作时间超过法定标准工作时间的部分，视为延长工作时间，按上述规定支付劳动者延长工作时间的工资。但实行不定时工时制度的劳动者，不执行上述规定。

用人单位安排加班不支付加班费的，由劳动行政部门责令限期支付加班费；逾期不支付的，责令用人单位按应付金额50%以上100%以下的标准向劳动者加付赔偿金。

【案例2-3】张某为按标准工时制上班的普通工人，其每日工资为120元。在国庆长假期间，用人单位根据工作需要，安排他在国庆长假期间加班4天，其中占用国庆节假期2天，占用周末休息日2天，且未安排补休。分析张某在加班期间能获得多少加班工资？用人单位如果不愿意支付这笔加班工资，张某该怎么办？

【案例解析】用人单位依法安排劳动者在法定休假日工作的，按照不低于劳动合同规定的劳动者本人日工资标准的300%支付劳动者工资；用人单位依法安排劳动者在休息日工作，不能安排补休的，按照不低于劳动合同规定的劳动者本人日工资标准的200%支付劳动者工资。因此张某在加班期间能获得的总工资为：120×3×2（占用2天国庆假期）+120×2×2（占用2天休息日）=1 200元，除去这4天的本人工资：120×4=480元，因此张某能获得的加班工资为：1 200−480=720元。若用人单位不支付这笔加班工资，张某可向劳动行政部门反映，由劳动行政部门责令用人单位限期支付加班费；逾期不支付的，责令用人单位按应付金额50%以上100%以下的标准向劳动者加付赔偿金。

【2012年真题·单选题】某企业实行标准工时制。2012年3月，为完成一批订单，企业安排全体职工每工作日延长工作时间2小时。关于企业向职工支付加班工资的下列计算标准中，正确的是（　）。

A. 不低于职工本人小时工资标准的100%

B. 不低于职工本人小时工资标准的150%

C. 不低于职工本人小时工资标准的200%

D. 不低于职工本人小时工资标准的300%

【答案】B

【解析】本题考查的是劳动者在法定标准工作时间外工作时的报酬。用人单位依法安排劳动者在日标准工作时间以外延长工作时间的，按照不低于劳动合同规定的劳动者本人小时工资标准的150%支付劳动者工资。

（2）最低工资制度

国家实行最低工资保障制度，以确保公平分配、保障劳动者及其家庭成员的最低生活，保障劳动力市场健康有序地运行。

最低工资的具体标准由各省、自治区、直辖市人民政府综合考虑本地区劳动者本人及平均赡养人口的最低生活费用、社会平均工资水平、劳动生产率、就业状况和地区之间经济发展水平的差异等因素规定，报国务院备案。

为确保最低工资保障制度的正确实行，国家作了以下几方面的规定。

①劳动合同履行地与用人单位注册地不一致的，有关劳动者的最低工资标准、劳动保护、劳动条件、职业危害防护和本地区上年度职工月平均工资标准等事项，按照劳动合同履行地的有关规定执行。

②用人单位注册地的有关标准高于劳动合同履行地的有关标准，且用人单位与劳动者约定按照用人单位注册地的有关规定执行的，从其约定。

③因劳动者本人原因给用人单位造成经济损失的，用人单位可按照劳动合同的约定要求其赔偿经济损失。经济损失的赔偿，可从劳动者本人的工资中扣除。但每月扣除的部分不得超过劳动者当月工资的20%。若扣除后的剩余工资部分低于当地月最低工资标准，则按最低工资标准支付。

④用人单位低于当地最低工资标准支付劳动者工资的，由劳动行政部门责令限期支付其差额部分；逾期不支付的，责令用人单位按应付金额50%以上100%以下的标准向劳动者加付赔偿金。

【2010年真题·单选题】工人李某在加工一批零件时因疏忽致使所加工产品全部报废，给工厂造成经济损失6 000元。工厂要求李某赔偿经济损失，从其每月工资中扣除，已知李某每月工资收入1 100元，当地月最低工资标准900元。该工厂可从李某每月工资中扣除的最高限额为（　）。

A. 500　　B. 220

C. 200　　D. 110

【答案】C

【解析】本题考查的是劳动报酬这一知识点。因劳动者本人原因给用人单位造成经济损失的，用人单位可按规定要求其赔偿经济损失。经济损失的赔偿，可从劳动者本人的工资中扣除。但每月扣除的部分不得超过劳动者当月工资的20%。若扣除后的剩余工资部分低于当地月最低工资标准，则按最低工资标准支付。因此，本题所述劳动者的月工资是1 100元，按规定最多扣除月工资的20%，即220元，但此时该劳动者的剩余工资就低于该地区最低工资标准900元，因此应按最低工资标准900元支付，这样一来，可以扣除的最高限额就应该是：1 100−900=200，即200元。

7. 社会保险

参加社会保险、缴纳社会保险费是用人单位与劳动者的法定义务，双方都必须履行。目前我国实行的社会保险包括基本养老保险、基本医疗保险、失业保险、工伤保险和生育保险5项。

【例题·判断题】我国实行的社会保险主要包括基本养老保险、基本医疗保险、失业保险、工伤保险、生育保险和住房公积金等内容（　）。

【答案】×

【解析】本题考查我国社会保险包含的项目。目前我国实行的社会保险包括基本养老保险、基本医疗保险、失业保险、工伤保险和生育保险5项，住房公积金不属于社会保险范畴。

8. 劳动保护、劳动条件和职业危害防护

劳动保护、劳动条件和职业危害防护，是劳动合同中保护劳动者身体健康和安全的重要条款，其内容如表2–2所示。

表2–2 劳动保护、劳动条件和职业危害防护

项目	内容
劳动保护	用人单位保护劳动者在工作过程中不受伤害的具体措施
劳动条件	用人单位为劳动者提供正常工作所必需的条件，包括劳动场所和劳动工具
职业危害防护	用人单位对工作过程中可能产生的影响劳动者身体健康的危害的防护措施

9. 法律、法规规定应当纳入劳动合同的其他事项

不同劳动关系订立的劳动合同应包含按照法律、法规规定的应当纳入劳动合同的各种事项。

用人单位提供的劳动合同文本，未载明《劳动合同法》规定的劳动合同必备条款或用人单位未将劳动合同文本交付劳动者的，由劳动行政部门责令改正；给劳动者造成损害的，应当承担赔偿责任。

（二）劳动合同约定条款

除劳动合同必备条款外，用人单位与劳动者还可在劳动合同中约定如图2–10所示的条款，但约定条款不能违反法律、行政法规的强制性规定，否则约定无效。

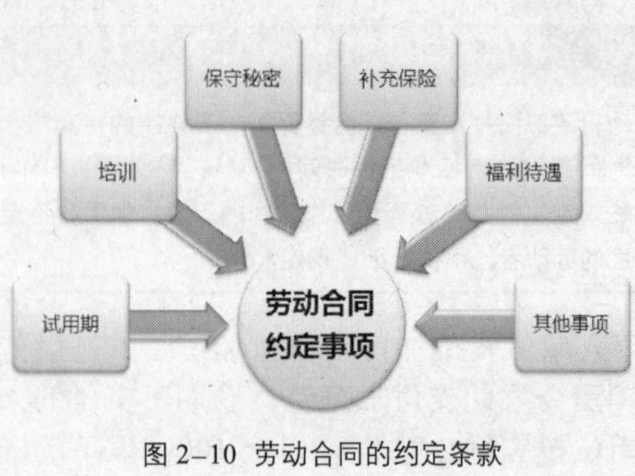

图2–10 劳动合同的约定条款

1. 试用期

试用期指劳动关系还处于非正式状态，用人单位对劳动者是否合格进行考核，劳动者对用人单位是否符合自己要求进行了解的期限。

在劳动合同中约定试用期，不仅可以使用人单位有时间考察劳动者是否与录用要求相一致，也能使劳动者考察用人单位的工作内容、劳动条件、劳动报酬等是否符合劳动合同的规定。

（1）试用期期限

试用期期限的约定不得超过法律的强制性规定。根据《劳动合同法》规定，试用期期限与劳动合同期限的关系如表2–3所示。

表2-3 试用期期限

劳动合同期限	对应的试用期期限
3个月以上且不满1年	不得超过1个月
1年以上且不满3年	不得超过2个月
3年以上固定期限和无固定期限	不得超过6个月

考场点拨

上表中的劳动合同期限，1年以上包括1年，3年以下不包括3年，3年以上包括3年。考试中遇到与该知识点相关考题时，一定要看清题目叙述的具体日期范围。

专家课堂

以完成一定工作任务为期限的劳动合同或劳动合同期限不满3个月的，不得约定试用期。

试用期包含在劳动合同期限内。劳动合同仅约定试用期的，试用期不成立，该期限为劳动合同期限。

同一用人单位与同一劳动者只能约定一次试用期。此规定的含义如下。

①在试用期内解除劳动合同，不管是用人单位解除还是劳动者解除，用人单位再次招用该劳动者时，不得再约定试用期。

②试用期结束后，不管是在劳动合同期限内，还是劳动合同续订，用人单位不得与该劳动者再约定试用期。

③劳动合同终止后一段时间又招用该劳动者的，对该劳动者用人单位不得再约定试用期。

知识链接

将试用期次数限制为一次，其目的是考虑到对劳动者的人品和基本技能，试用一次即可了解，以防止用人单位利用劳动合同变更、续订和再次招用等机会，多次与劳动者约定试用期，侵害劳动者的合法权益。

用人单位违反规定与劳动者约定试用期的，由劳动行政部门责令改正；违法约定的试用期已经履行的，由用人单位以劳动者试用期满月工资为标准，按已经履行的超过法定试用期的期间向劳动者支付赔偿金。

【2012年真题·多选题】某公司拟与张某签订为期3年的劳动合同，关于该合同试用期约定的下列方案中，符合法律制度的有（ ）。

A. 不约定试用期

B. 试用期1个月

C. 试用期3个月

D. 试用期6个月

【答案】ABCD

【解析】3年以上固定期限和无固定期限的劳动合同，试用期不得超过6个月，A、B、C、D选项都符合此规定。

【2011年真题·判断题】同一用人单位与同一劳动者只能约定一次试用期。（ ）

【答案】√

【解析】本题考查劳动合同约定条款中试用期的知识点。同一用人单位与同一劳动者只能约定一次试用期，将试用期的次数限制为一次以防止部分用人单位利用合同变更、续订等变动多次约定试用期侵害劳动者的合法权益。

（2）试用期工资

劳动者在试用期的工资不得低于本单位相同岗位最低档工资或劳动合同约定工资的80%，并不得低于用人单位所在地的最低工资标准。

专家课堂

劳动合同约定工资，指的是该劳动者与用人单位订立的劳动合同中约定的劳动者试用期满后的工资。

【案例2-4】某用人单位与李某签订了一份有效期为2年的劳动合同，规定月工资为2 200元，试用期为3个月，试用期工资为月工资的75%。分析此劳动合同是否有效。

【案例解析】此劳动合同中关于试用期期限和试用期工资的条款无效。按规定，劳动合同期限满1年以上但不满3年的，试用期期限不能超过2个月；同时劳动者在试用期的工资不得低于本单位相同岗位最低档工资或劳动合同约定工资的80%，并不得低于用人单位所在地的最低工资标准。

2. 服务期

服务期指劳动者因享受用人单位给予的特殊待遇而作出的关于劳动履行期限的承诺。

一般来讲，用人单位为劳动者提供专项培训费用，对其进行专业技术培训的，可与劳动者约定服务期。若劳动合同期满，但约定的服务期尚未到期时，劳动合同应当续延至服务期满。

（1）劳动者违反服务期的违约责任

劳动者违反服务期约定的，应当按照约定向用人单位支付违约金。违约金的数额不得超过用人单位提供的培训费用。对已经履行部分服务期限的，用人单位要求劳动者支付的违约金不得超过服务期尚未履行部分所应分摊的培训费用。

知识链接

培训费用包括用人单位为了对劳动者进行专业技术培训而支付的有凭证的培训费用、培训期间的差旅费用以及因培训产生的用于该劳动者的其他直接费用。

如果用人单位没有对劳动者培训出资，则无权要求劳动者按约定承担违约责任。若用人单位单方面声称已出资，但并不能提供相应的支付凭证，则因缺乏证据，也不能要求劳动者承担违约责任。

一般而言，只有劳动者在服务期内提出与用人单位解除劳动关系时，用人单位才可以要求其支付违约金。但如果劳动者因下列违纪等重大过错行为而被用人单位解除劳动关系的，用人单位仍有权要求其支付违约金。

①劳动者严重违反用人单位的规章制度的。

②劳动者严重失职，营私舞弊，给用人单位造成重大损失的。

③劳动者同时与其他用人单位建立劳动关系，对完成本单位的工作任务造成严重影响，或经用人单位提出，拒不改正的。

④劳动者以欺诈、胁迫的手段或乘人之危，使用人单位在违背真实意思的情况下订立或变更劳动合同的。

⑤劳动者被依法追究刑事责任的。

（2）劳动者解除劳动合同不属于违反服务期约定的情形

用人单位与劳动者约定服务期，劳动者依照下述情形的规定解除劳动合同的，不属于违反服务期约定，用人单位不得要求劳动者支付违约金。

①用人单位未按照劳动合同约定提供劳动保护或劳动条件的。

②用人单位未及时足额支付劳动报酬的。

③用人单位未依法为劳动者缴纳社会保险费的。

④用人单位的规章制度违反法律、法规的规定，损害劳动者权益的。

⑤用人单位以欺诈、胁迫的手段或乘人之危，使劳动者在违背真实意思的情况下订立或变更劳动合同的。

⑥用人单位在劳动合同中免除自己的法定责任、排除劳动者权利的。

⑦用人单位违反法律、行政法规强制性规定的。

⑧法律、行政法规规定劳动者可解除劳动合同的其他情形。

【案例2-5】某用人单位为其员工宋某支付了2万元的培训费，并约定服务期为4年。2年后，宋某以合同期满为由，不与该用人单位续签劳动合同，用人单位要求其支付违约金。分析宋某是否应该支付违约金。

【案例解析】宋某违反了服务期的约定，应支付违约金。违约金的数额不得超过用人单位提供的培训费用，对已经履行部分服务期限的，用人单位要求劳动者支付的违约金不得超过服务期尚未履行部分所应分摊的培训费用。根据案例描述，4年服务期分摊的培训费用应该为：20 000÷4=5 000元。由于已履行2年的服务期，因此宋某应支付的违约金为：20 000−5 000×2=10 000元。

3. 保守商业秘密和竞业限制

用人单位与劳动者可在劳动合同中约定保守用人单位的商业秘密和与知识产权相关的保密事项。

对负有保密义务的劳动者，用人单位可在劳动合同或保密协议中与劳动者约定竞业限制条款，在解除或终止劳动合同后，在竞业限制期限内按月给予劳动者经济补偿。劳动者违反竞业限制约定的，应当按照约定向用人单位支付违约金。劳动者违反劳动合同中约定的保密义务或者竞业限制，给用人单位造成损失的，应当承担赔偿责任。

知识链接

竞业限制又称竞业禁止，是对与权利人有特定关系的义务人的特定竞争行为的禁止，即便用人单位和劳动者的劳动关系解除或终止，劳动者的择业权也会在一定时期内被限制，同时对于给劳动者造成的损害，用人单位必须给予劳动者经济补偿。

竞业限制的人员限于用人单位的高级管理人员、高级技术人员和其他负有保密义务的人员。竞业限制的范围、地域、期限由用人单位与劳动者约定。竞业限制的约定不得违反法律、法规的规定，且劳动者在与用人单位解除或终止劳动合同后，从事同类业务的竞业限制期限不得超过2年。

【案例2-6】刘某原系A药物技术公司职工，双方于2011年2月24日签订《劳动合同书》，期限自当日至2014年2月24日。同日，双方签订《保密与同业禁止协议》，约定在劳动关系存续期间，刘某不得在其他同类或竞争性企业兼职，不得自行成立或参与其他企业与该公司的竞争。该协议未约定刘某在遵守上述约定义务的情况下可以享受的相关权利，刘某的工资中也不包含有竞业禁止补偿金。刘某于2013年1月19日离职，并作为股东成立了与A药物技术公司有竞争关系的B医药科技公司，A药物技术公司主张刘某严重违反了同业禁止的约定，要求刘某支付竞业禁止违约金30万元，向某地劳动争议仲裁委员会提出申诉。试分析A药物技术公司申诉的审理结果。

【案例解析】A药物技术公司与刘某签订的《保密与同业禁止协议》仅约定了刘某的义务，并未约定刘某在遵守上述约定义务的情况下可以享受的相关权利，且A药物技术公司未举证证明该公司于刘某在职期间向其支付的工资中包含有竞业禁止补偿金，该公司在刘某离职后也未向其支付竞业禁止补偿金。鉴此，该协议的内容显失公平，对刘某不具有约束力，仲裁委员会对此不予支持。

四、劳动合同的履行和变更

（一）劳动合同的履行

履行劳动合同指劳动合同生效后，双方当事人应按照合同约定完成各自承担的义务和实现各自享受的权利，实现订立合同目的的一种法律行为。

1. 用人单位与劳动者应当按照劳动合同的约定，全面履行各自的义务

（1）用人单位应当按照劳动合同约定和国家规定，向劳动者及时足额支付劳动报酬。

表2-4所示即为用人单位未按照合同约定履行义务时对应的不同情况。

表2-4 用人单位不履行义务的情况

具体情况	解决方案
拖欠或未足额支付劳动报酬	劳动者可依法向当地人民法院申请支付令，人民法院应依法发出支付令
未按照劳动合同的约定或国家规定及时足额支付劳动者劳动报酬	劳动行政部门责令限期支付
用人单位逾期不支付	按应付金额50%以上100%以下的标准向劳动者加付赔偿金

（2）用人单位应当严格执行劳动定额标准，不得强迫或变相强迫劳动者加班。用人单位安排加班的，应按国家规定向劳动者支付加班费。

（3）劳动者拒绝用人单位管理人员违章指挥、强令冒险作业的，不视为违反劳动合同。劳动者对危害生命安全和身体健康的劳动条件，有权对用人单位提出批评、检举和控告。

（4）用人单位变更名称、法定代表人、主要负责人或投资人等事项，不影响劳动合同的履行。

（5）用人单位发生合并或分立等情况，原劳动合同继续有效，劳动合同由承继其权利和义务的用人单位继续履行。

【例题·判断题】用人单位逾期不支付给劳动者合同约定的劳动报酬，按应付金额100%以上200%以下的标准向劳动者加付赔偿金。（　）

【答案】×

【解析】本题考查的是用人单位不履行劳动合同约定的义务。当用人单位逾期不支付给劳动者合同约定的劳动报酬，按应付金额50%以上100%以下的标准向劳动者加付赔偿金。

2. 用人单位应依法建立和完善劳动规章制度，保障劳动者享有劳动权利、履行劳动义务

用人单位制定的用于组织劳动过程并进行劳动管理的规则和制度的总称就是劳动规章制度。其作用与要求分别如下。

（1）劳动规章制度对劳动报酬、保险福利、工作时间、休息休假、劳动安全卫生、职工培训等涉及劳动者切身利益的事项有明确的规定。

（2）劳动规章制度是劳动合同的组成部分，对用人单位和劳动者均具有法律约束力。用人单位在制定、修改或决定直接涉及劳动者切身利益的规章制度时，应经职工代表大会或全体职工讨论，平等协商确定。

（3）用人单位的规章制度未经公示或未对劳动者告知，该规章制度对劳动者将不生效。

（4）直接涉及劳动者切身利益的规章制度如果违反法律、法规规定的，由劳动行政部门责令改正，并给予警告。若对劳动者造成损害的，用人单位应当承担赔偿责任。

【例题·单选题】下列选项中，关于用人单位建立的劳动规章制度的要求，错误的是（　）。

A. 劳动规章制度对用人单位和劳动者均具有法律约束力，但不是劳动合同的组成部分

B. 规章制度未经公示或未对劳动者告知，对劳动者不生效

C. 直接涉及劳动者切身利益的规章制度如果违法，由劳动行政部门责令改正，并给予警告

D. 劳动规章制度对劳动报酬、保险福利、工作时间、休息休假、劳动安全卫生、职工培训等涉及劳动者切身利益的事项有明确的规定

【答案】A

【解析】本题考查的是用人单位建立劳动规章制度的要求。A 选项错误，劳动规章制度应该是劳动合同的组成部分。

（二）劳动合同的变更

劳动合同的变更，是指在劳动合同已开始履行但未履行完成之前，双方当事人依照法律规定的条件和程序，对原合同的某些条款进行修改或补充的一种法律行为。

用人单位与劳动者协商一致，可变更劳动合同约定的内容。劳动合同的变更应当采用书面形式。

知识链接

变更劳动合同不是签订新的劳动合同，而是对原合同的内容进行修改、补充或废止。变更劳动合同也应当遵循平等自愿、协商一致的原则，不得违反法律、行政法规的规定。双方当事人未达成一致意见时，任何一方都不得擅自变更劳动合同。

【例题·判断题】用人单位发现劳动合同不合要求时，可变更合同内容，并书面通知劳动者。（　）

【答案】×

【解析】本题考查的是变更劳动合同的知识点。只有用人单位与劳动者协商一致，才能变更劳动合同约定的内容，且劳动合同的变更应当采用书面形式。

五、劳动合同的解除和终止

（一）劳动合同的解除

劳动合同的解除，是指当事人双方提前终止劳动合同的法律效力，解除双方权利义务关系的一种法律行为。

1. 协商解除

协商解除又称合意解除、意定解除，指双方当事人在完全自愿的基础上协商一致，提前终止劳动合同，并结束劳动关系。协商解除劳动合同没有规定实体、程序上的限定条件，只要用人单位和劳动者协商一致，就可以解除劳动合同。

协商解除劳动合同时，由用人单位提出解除劳动合同而与劳动者协商一致的，必须依法向劳动者支付经济补偿；由劳动者主动辞职而与用人单位协商一致解除劳动合同的，用人单位无须向劳动者支付经济补偿，如图 2-11 所示。

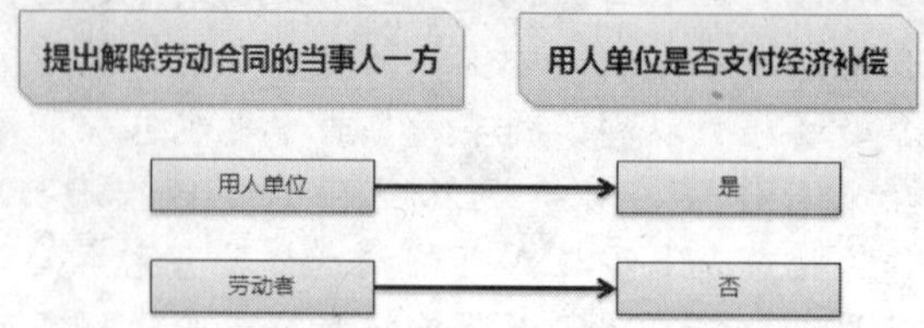

图 2-11　协商解除劳动合同是否支付经济补偿

【案例 2-7】2013 年 3 月，王某与甲公司签订了为期 3 年的劳动合同，工作半年时间后，王某感觉不能胜任其工作，公司也觉得王某的工作效率过低，几乎为公司带来不了任何利益。遂找到王某提出协商解除劳动合同的想法，经王某同意后，双方达成一致，顺利解除了劳动合同。分析此案例王某能否争取到其工作半年的劳动报酬。

【案例解析】根据《劳动合同法》的规定，用人单位与劳动者双方协商一致时，可以解除劳动合同，提前结束劳动关系。但如果提出协商解除劳动合同的一方是用人单位，则用人单位必须依法向劳动者支付一定的经济补偿。本案例中，王某有权向用人单位索要一定的经济补偿，当然也可以自愿放弃，但无法争取半年的劳动报酬。

2. 法定解除

法定解除指不需双方当事人协商一致，一方当事人即可单独决定解除劳动合同的行为。主动解除劳动合同的一方一般应负有主动通知对方的义务。

（1）劳动者单方面解除劳动合同

劳动者可单方面解除劳动合同的情形包括以下几个方面。

①劳动者在试用期内提前 3 日通知用人单位的。

②劳动者提前 30 日以书面形式通知用人单位的。

③用人单位未按照劳动合同约定提供劳动保护或劳动条件的。

④用人单位未及时足额支付劳动报酬的。

⑤用人单位未依法为劳动者缴纳社会保险费的。

⑥用人单位的规章制度违反法律、法规的规定，损害劳动者权益的。

⑦用人单位以欺诈、胁迫的手段或乘人之危，使劳动者在违背真实意思的情况下订立或变更劳动合同的。

⑧用人单位在劳动合同中免除自己的法定责任、排除劳动者权利的。

⑨用人单位违反法律、行政法规强制性规定的。

⑩用人单位以暴力、威胁或非法限制人身自由的手段强迫劳动者劳动的。

⑪用人单位违章指挥、强令冒险作业危及劳动者人身安全的。

⑫法律、行政法规规定劳动者可解除劳动合同的其他情形。

关于上述12种劳动者单方面解除劳动合同的情况，表2-5中归纳了对应的解除劳动合同后的规定。

表2-5 不同情形下劳动者解除劳动合同的规定

具体情况	规定对象	具体规定
第①～②项	劳动者	（1）不能获得经济补偿 （2）若没有履行通知用人单位的程序，则属于违法解除劳动合同，若对用人单位造成损失的，应承担赔偿责任
第③～⑨项	劳动者	随时通知用人单位解除劳动合同
第⑩～⑪项	用人单位	劳动者可立即解除劳动合同，不需事先告知用人单位
第③～⑫项	用人单位	向劳动者支付经济补偿

【案例2-8】张某与某公司签订了2年的劳动合同，试用期为1个月，当张某查看社保缴纳记录时，发现其试用期期间的社保费未缴纳，于是张某要求公司为其补缴该月的社保费，但公司以试用期为由，拒绝了张某的要求。分析张某可以采取哪些措施维护自己的权利。

【案例解析】用人单位有为劳动者参保的义务，只要建立了劳动关系，无论是否是试用期，都应该为劳动者缴纳社保费。对于此案例而言，张某可以随时通知公司解除劳动合同，并要求公司予以经济补偿和补缴社保费。

【2012年真题·多选题】根据劳动合同法律制度的规定，下列情形中，劳动者可以单方面与用人单位解除劳动合同的有（　）。

A. 用人单位未为劳动者缴纳社会保险费

B. 用人单位未及时足额支付劳动报酬

C. 用人单位未按照劳动合同约定提供劳动保护

D. 用人单位未按照劳动合同约定提供劳动条件

【答案】ABCD

【解析】本题考查的是劳动者单方面解除劳动合同的情形。A、B、C、D选项均属于劳动者可随时通知解除劳动合同的情形。

（2）用人单位单方面解除劳动合同

用人单位可单方面解除劳动合同的情形包括以下几个方面。

①劳动者在试用期间被证明不符合录用条件的。

②劳动者严重违反用人单位的规章制度的。

③劳动者严重失职，营私舞弊，给用人单位造成重大损害的。

④劳动者同时与其他用人单位建立劳动关系，对完成本单位的工作任务造成严重影响，或经用人单位提出，拒不改正的。

⑤劳动者以欺诈、胁迫的手段或乘人之危，使用人单位在违背真实意思的情况下订立或变更劳动合同的。

⑥劳动者被依法追究刑事责任的。

⑦劳动者患病或非因工负伤，在规定的医疗期满后不能从事原工作，也不能从事由用人单位另行安排的工作的。

⑧劳动者不能胜任工作，经过培训或调整工作岗位，仍不能胜任工作的。

⑨劳动合同订立时所依据的客观情况发生重大变化，致使劳动合同无法履行，经用人单位与劳动者协商，未能就变更劳动合同内容达成协议的。

⑩依照企业破产法规定进行重整的。

⑪生产经营发生严重困难的。

⑫企业转产、重大技术革新或经营方式调整，经变更劳动合同后，仍需裁减人员。

⑬其他因劳动合同订立时所依据的客观经济情况发生重大变化，致使劳动合同无法履行的。

关于上述13种用人单位单方面解除劳动合同的情况，表2-6中归纳了对应的解除劳动合同后的规定。

表2-6 不同情形下用人单位解除劳动合同的规定

具体情况	规定对象	具体规定
第①～⑥项	用人单位	可随时通知劳动者解除劳动关系，不需向劳动者支付经济补偿
第⑦～⑨项	用人单位	（1）提前30日以书面形式通知劳动者本人或额外支付劳动者1个月工资后，方可解除劳动合同 （2）用人单位选择额外支付劳动者1个月工资解除劳动合同的，其额外支付的工资应当按照该劳动者上1个月的工资标准确定
第⑦～⑬项	用人单位	向劳动者支付经济补偿
第⑩～⑬项	用人单位	需裁减人员20人以上或裁减不足20人但占企业职工总数10%以上的（即经济性裁员），应提前30日向工会或全体职工说明情况，听取工会或职工的意见后，裁减人员方案经向劳动行政部门报告，方可裁减人员

裁减人员或裁减人员后重新招聘时，用人单位应遵守以下规定。

①优先留用与本单位订立较长期限的固定期限劳动合同的。

②优先留用与本单位订立无固定期限劳动合同的。

③优先留用家庭无其他就业人员，有需要扶养的老人或未成年人的。

④裁减人员后，在6个月内重新招聘人员的，应当通知被裁减的人员，并在同等条件下优先聘用被裁减的人员。

【2012年真题·判断题】劳动者不能胜任工作岗位，用人单位应先经过培训或者调整工作岗位，仍不能胜任工作的，方可按程序与其解除劳动合同。(　)

【答案】√

【解析】本题考查的是用人单位单方面解除劳动合同的情形。劳动者不能胜任工作，经过培训或者调整工作岗位，仍不能胜任工作的，用人单位提前30日以书面形式通知劳动者本人或额外支付劳动者1个月工资后，可以解除合同。

【例题·多选题】某企业现有职工80人。下列情形中，属于经济性裁员的有(　)。

A. 因依照企业破产法规定进行重整，需要裁减人员25人

B. 因生产经营发生严重困难，需要裁减人员15人

C. 因企业转产，经变更劳动合同后，仍需裁减人员10人

D. 因经营方式调整，经变更劳动合同后，仍需要裁减人员7人

【答案】ABC

【解析】本题的考查点是经济性裁员。需要裁减人员20人以上或者裁减不足20人但占企业职工总数10%以上的，属于经济性裁员。D选项裁减不足20人也不足企业职工总数的10%。

(二)劳动合同的终止

1. 劳动合同终止的含义

劳动合同终止是指劳动合同关系自然失效，双方当事人不再履行各自的权利和义务，用人单位与劳动者之间形成的劳动关系自动归于消灭。

专家课堂

劳动合同终止一般不涉及用人单位与劳动者的意思表示，一旦出现了法定事实，通常就会导致双方劳动关系的消灭。

2. 劳动合同终止的情形

根据《劳动合同法》的规定，有下列情形之一的，劳动合同终止。

(1)劳动合同期满的。

(2)劳动者开始依法享受基本养老保险待遇的。

(3)劳动者达到法定退休年龄的。

(4)劳动者死亡，或被人民法院宣告死亡或宣告失踪的。

(5)用人单位被依法宣告破产的。

(6)用人单位被吊销营业执照、责令关闭、撤销或用人单位决定提前解散的。

(7)法律、行政法规规定的其他情形。

【2012年真题·多选题】根据劳动合同法律规定的规定，下列情形中，可导致劳动合同关系终止的有(　)。

A. 劳动合同期满

B. 劳动者达到法定退休年龄

C. 用人单位被依法宣告破产

D. 女职工在哺乳期

【答案】ABC

【解析】本题考查的是劳动合同终止的情形。D选项女职工在孕期、产期、哺乳期的，用人单位既不得解除劳动合同，也不得终止劳动合同，劳动合同应当续延至相应的情形消失时终止。

考场点拨

考题若要求考生选择符合劳动合同终止的情形时，只要选项不属于上述情形中的任意一种，均不作选择。考生注意不要将劳动合同的终止与解除混淆。

(三)对劳动合同解除和终止的限制性规定

通常在劳动合同期满后劳动合同就将自动终止，但根据《劳动合同法》的规定，劳动者有下列情形之一时，用人单位不得解除或终止劳动合同，且合同期限应延续至相应的情形消失时才能终止。

(1)从事接触职业病危害作业的劳动者未进行离岗前职业健康检查，或疑似职业病病人在诊断或医学观察期间的。

(2)在本单位患职业病或因工负伤并被确认丧失或部分丧失劳动能力的。

(3)患病或非因工负伤，在规定的医疗期内的。

(4)女职工在孕期、产期、哺乳期的。

（5）在本单位连续工作满15年，且距法定退休年龄不足5年的。

（6）法律、行政法规规定的其他情形。

【例题·多选题】下列情形中，不能解除或终止劳动合同的是（　）。

A. 劳动者达到法定退休年龄的

B. 在本单位患职业病或因工负伤并被确认丧失或部分丧失劳动能力的

C. 患病或非因工负伤，在规定的医疗期内的

D. 在本单位连续工作满15年，且距法定退休年龄不足5年的

【答案】BCD

【解析】本题考查的是不能解除和终止劳动合同的情形。A选项错误，该情形下劳动合同将终止。

（四）劳动合同解除和终止的经济补偿

《劳动合同法》规定，在劳动者无过错的情况下，用人单位与劳动者解除或终止劳动合同时，应给予劳动者经济上的补偿，又称经济补偿金。实行这一规定的目的是约束用人单位的解雇行为，稳定劳动关系，保护劳动者权益，防止一些用人单位与劳动者签订短期劳动合同，造成劳动关系不稳定等问题。

经济补偿金、违约金和赔偿金是3个不同的概念，具体区别如表2-7所示。

表2-7 经济补偿金、违约金和赔偿金的区别

对象	区别
经济补偿金	法定的，支付主体为用人单位，用于劳动关系的解除和终止时，在劳动者无过错的情况下支付给劳动者
违约金	约定的，支付主体为劳动者，用于劳动者违反服务期和竞业禁止约定的情况下支付给用人单位的违约赔偿
赔偿金	支付主体可以是用人单位，也可以是劳动者，用于当用人单位和劳动者由于自身过错给对方造成损害时支付的赔偿

【例题·单选题】关于经济补偿金、违约金和赔偿金的说法，正确的是（　）。

A. 违约金的支付主体可以是用人单位，也可以是劳动者

B. 经济补偿金的支付主体是用人单位，它是双方约定后由于自身过错给对方造成损害时支付的补偿

C. 赔偿金的支付主体只能是劳动者，用于劳动者支付给用人单位的赔偿

D. 经济补偿金的支付主体只能是用人单位

【答案】D

【解析】本题考查的是经济补偿金、违约金和赔偿金三者的区别。A选项错误，违约金的支付主体为劳动者；B选项错误，经济补偿金是法定的；C选项错误，赔偿金的支付主体可以是用人单位，也可以是劳动者。

1. 用人单位应当向劳动者支付经济补偿的情形

有下列情形之一时，用人单位应当向劳动者支付经济补偿金。

（1）由用人单位提出解除劳动合同并与劳动者协商一致而解除劳动合同的。

（2）劳动者符合随时通知解除和不需事先通知即可解除劳动合同规定情形而解除劳动合同的。

（3）用人单位符合提前30日以书面形式通知劳动者本人或额外支付劳动者1个月工资后，可解除劳动合同规定情形而解除劳动合同的。

（4）用人单位符合可裁减人员规定而解除劳动合同的。

（5）除用人单位维持或提高劳动合同约定条件续订劳动合同，劳动者不同意续订的情形外，劳动合同期满终止固定期限劳动合同的。

（6）以完成一定工作任务为期限的劳动合同因任务完成而终止的。

（7）用人单位被依法宣告破产而终止劳动合同的。

（8）用人单位被吊销营业执照、责令关闭、撤销或用人单位决定提前解散而终止劳动合同的。

（9）法律、行政法规规定的其他情形。

【案例2-9】2011年5月，张某与乙公司签订了为期3年的劳动合同。2013年5月，乙公司的负责人以张某不适合工作为由，要求与其解除劳动合同。在张某不同意的情形下，乙公司采取刁难张某正常工作的手段，迫使其主动提出解除劳动合同。张某被逼无奈，向乙公司提出由公司主动解除劳动合同，他本人同意签字。为避免支付经济补偿金，乙公司许诺让张某先写辞职报告，公司同样可以给予张某解除劳动合同的经济补偿。万般无奈之下，张某于2013年6月向乙公司递交了辞职报告，乙公司立即批准，但未给予经济补偿。之后张某向乙公司索要经济补偿金，但乙公司拿出张某的辞职报告，说明根据《劳动合同法》规定，劳动者主动辞职时，公司不用支付经济补偿金。分析在这种情形下，张某是否可以得到应有的经济补偿。

【案例解析】按规定，由用人单位提出解除劳

动合同并与劳动者协商一致而解除劳动合同的，用人单位应向劳动者支付经济补偿金。本案中，乙公司采取刁难和欺骗等手段，诱使张某主动提出辞职，目的在于规避法律规定，以避免支付经济补偿的责任。在这种情况下，只要张某能够提供证据，证明乙公司刁难和欺骗自己递交辞职报告的事实，则解除劳动合同的责任应由乙公司承担，该公司应向张某支付经济补偿金。

【例题·多选题】下列情形中，用人单位应当向劳动者支付经济补偿的是（ ）。

A. 用人单位被依法宣告破产而终止劳动合同的

B. 用人单位符合可裁减人员规定而解除劳动合同的

C. 由用人单位提出解除劳动合同并与劳动者协商一致而解除劳动合同的

D. 以完成一定工作任务为期限的劳动合同因任务完成而终止的

【答案】ABCD

【解析】本题考查的是用人单位应向劳动者支付经济补偿的情形。题目中的4个选项都正确。

2. 经济补偿的支付标准

经济补偿应根据劳动者在用人单位的工作年限和工资标准来计算具体金额，并以货币形式支付给劳动者。

支付经济补偿金的具体计算公式为：

经济补偿金＝劳动合同解除或终止前劳动者在本单位的工作年限×每工作一年应得的经济补偿

即：

经济补偿金＝工作年限×月工资

（1）关于补偿年限的计算标准

经济补偿按劳动者在本单位工作的年限计算，其标准如表2-8所示。

表2-8 不同工作年限对应的计算标准

工作年限	计算标准
每满1年	支付1个月工资
6个月以上不满1年	按1年计算，支付1个月工资
不满6个月	支付半个月工资

如果劳动者涉及用人单位的工作调动时，其工作年限需要注意以下两个问题。

①非本人原因从原用人单位被安排到新用人单位工作的，在原用人单位的工作年限应合并记入新用人单位的工作年限。

②原用人单位已支付经济补偿的，新用人单位在依法解除、终止劳动合同计算支付经济补偿的工作年限时，不再计算该劳动者在原用人单位的工作年限。

（2）关于补偿基数（月工资）的计算标准

①定义。月工资指劳动者在劳动合同解除或终止前12个月的平均工资。不满12个月的按实际工作月数计算平均工资。

②内容。月工资按劳动者应得工资计算，包括计时工资或计件工资以及奖金、津贴和补贴等货币性收入。

③低于标准。劳动者在劳动合同解除或终止前12个月的平均工资低于当地最低工资标准的，按当地最低工资标准计算。

此时的计算公式应为：

经济补偿金＝工作年限×月最低工资标准

④高于标准。劳动者月工资高于用人单位所在直辖市、设区的市级人民政府公布的本地区上年度职工月平均工资3倍的，经济补偿的标准按职工月平均工资3倍的数额支付，年限最高不超过12年。

此时的计算公式应为：

经济补偿金＝工作年限（最高不超过12年）×当地上年度职工月平均工资的3倍

【案例2-10】在某上市公司工作的廖某，其工作年限为16年，2012年公司因盈利不佳，符合可裁减人员规定而与其解除劳动合同，当时廖某的月工资为6 000元，当地职工月平均工资为2 500元，分析廖某可以得到的经济补偿金有多少？

【案例解析】廖某工资未超过当地月平均工资的3倍，所以其工作年限按16年计算，月工资按6 000元计算，其经济补偿金＝工作年限×月工资＝16×6 000=96 000元。

考场点拨

解答关于经济补偿金的考题时，一定要分析劳动者的月工资与当地职工平均月工资的对比情况，只要劳动者的月工资不低于当地职工平均月工资，或不高于当地职工月工资的3倍，经济补偿金就按该劳动者的月工资来计算。

【2012年真题·单选题】韩某在甲公司已工作10年，经甲公司与其协商同意解除劳动合同。已知韩某在劳动合同解除前12个月平均工资为7 000元，当地人民政府公布的本地区上年度职工平均工资为2 000元。甲公司应向韩某支付的经济补偿金额是（ ）元。

A. 20 000　　B. 24 000

C. 60 000　　D. 70 000

【答案】C

【解析】劳动者月工资高于用人单位所在直辖市、设区的市级人民政府公布的本地区上年度职工月平均工资3倍的，向其支付经济补偿的标准按职工月平均工资3倍的数额支付，向其支付经济补偿金的年限最高不超过12年；在本题中，甲公司应向韩某支付的经济补偿金=2 000×3×10=60 000（元）。

（3）《劳动合同法》实施前后补偿年限和基数的计算标准

《劳动合同法》施行之日已存在并延续的劳动合同，当其在《劳动合同法》施行后解除或终止时，经济补偿的计发办法分两段计算。

①符合《劳动合同法》规定应当支付经济补偿的，经济补偿年限应该自《劳动合同法》施行之日起计算。

②《劳动合同法》施行前按照当时有关规定，用人单位应当向劳动者支付经济补偿的，按当时有关规定执行。

图2-12即显示了经济补偿在这种情况下的计发办法。

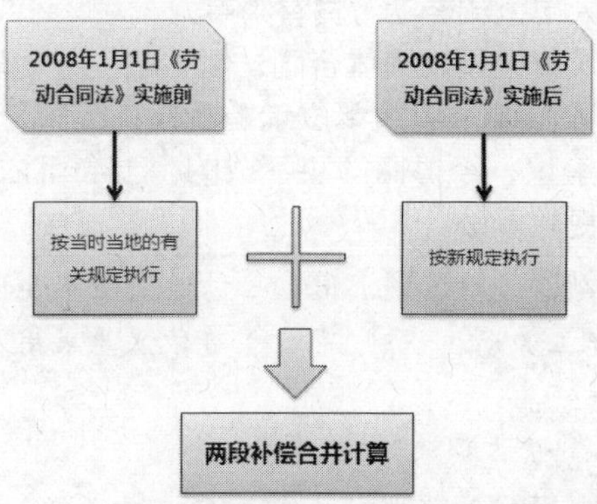

图2-12《劳动合同法》实施前后的经济补偿规定

另外，以下两种解除和终止劳动合同的情形，《劳动合同法》实施后的经济补偿的计算年限应自2008年1月1日起计算。

①对于解除劳动合同而需支付经济补偿的，用人单位未依法为劳动者缴纳社会保险的，劳动者有权解除劳动合同，用人单位应支付经济补偿。

②对于终止劳动合同需支付经济补偿的，劳动合同期满后，用人单位若不同意按照维持或高于原劳动合同约定条件，与劳动者续订劳动合同的，用人单位应当向劳动者支付经济补偿。

除上述两种情况外，在其他解除或终止劳动合同的情形下，经济补偿的计算年限都应自双方建立劳动关系时起计算，即应按工作年限计算。但需注意2008年1月1日前后的补偿基数略有不同，2008年1月1日以前，不满1年的，不区分是否满6个月，均按1年计算，向劳动者支付1个月工资的经济补偿。

【案例2-11】老陈于2002年8月6日入职甲公司，劳动合同每年一签。2007年8月6日，甲公司与老陈又签订了1年期限的劳动合同。2008年8月5日劳动合同期满，甲公司决定不再续订劳动合同。分析甲公司应如何支付经济补偿。

【案例解析】根据《劳动合同法》的规定，对于终止劳动合同需支付经济补偿的，劳动合同期满后，用人单位若不同意按照维持或高于原劳动合同约定条件，与劳动者续订劳动合同的，用人单位应当向劳动者支付经济补偿。这种情况下的经济补偿的计算年限应自2008年1月1日起计算，2008年1月1日之前的工作年限不适用该规定。因此，老陈2002年8月6日至2007年12月31日之间的工作年限用人单位不予支付经济补偿。老陈的劳动合同于2008年8月5日期满终止，超过6个月，根据《劳动合同法》的规定，用人单位需支付1个月工资标准的经济补偿。

（五）劳动合同解除和终止的法律后果

（1）劳动合同解除和终止后，用人单位和劳动者双方不再履行劳动合同，劳动关系消灭。

（2）劳动合同解除或终止的，用人单位应当在解除或终止劳动合同时出具解除或终止劳动合同的证明，并在15日内为劳动者办理档案和社会保险关系转移手续。

用人单位解除或终止劳动合同时，需遵守以下几方面的规定。

①用人单位出具的解除、终止劳动合同的证明，应写明劳动合同期限、解除或终止劳动合同的日期、工作岗位以及劳动者在本单位的工作年限。劳动者应按约定办理好工作交接。

②对已经解除或终止的劳动合同文本，用人单位至少应保存2年备查。

③用人单位未向劳动者出具解除或终止劳动合同的书面证明，由劳动行政部门责令改正；给劳动者造成损害的，应承担赔偿责任。

知识链接

劳动者依法解除或终止劳动合同，用人单位扣押劳动者档案或其他物品的，由劳动行政部门责令限期退还劳动者本人，并以每人500元以上2 000元以下的标准处以罚款；给劳动者造成损害的，应当承担赔偿责任。

（3）用人单位应当在解除或终止劳动合同时向劳动者支付经济补偿的，在办结工作交接时支付。

若用人单位未依照规定向劳动者支付经济补偿的，由劳动行政部门责令限期支付经济补偿，逾期不支付的，责令用人单位按应付金额50%以上100%以下的标准向劳动者加付赔偿金。

（4）用人单位违反规定解除或终止劳动合同，劳动者要求继续履行劳动合同的，用人单位应继续履行；劳动者不要求继续履行劳动合同或劳动合同不能继续履行的，用人单位应依照《劳动合同法》规定的经济补偿标准的2倍向劳动者支付赔偿金。用人单位支付赔偿金的，不再支付经济补偿。

专家课堂

用人单位支付给劳动者的赔偿金，其计算年限应自用工之日起开始计算。

（5）劳动者违反《劳动合同法》规定解除劳动合同，给用人单位造成损失的，应当承担赔偿责任。

【例题·判断题】劳动合同解除和终止后，用人单位和劳动者双方不再履行劳动合同，劳动关系消灭，用人单位可以销毁已经解除或终止的劳动合同文本。（　）

【答案】×

【解析】本题考查的是劳动合同解除和终止后用人单位应承担的法律后果。按规定，对已经解除或终止的劳动合同文本，用人单位至少应保存2年备查。

六、集体合同与劳务派遣

（一）集体合同

1. 集体合同的定义

集体合同是工会代表企业职工一方与企业签订的以劳动报酬、工作时间、休息休假、劳动安全卫生、保险福利等为主要内容的书面协议。

关于集体合同，还有以下几个方面需要注意。

（1）企业职工方可与用人单位就劳动安全卫生、女职工权益保护、工资调整机制等订立专项集体合同。

（2）县级以下区域，建筑业、采矿业、餐饮服务业等行业可由工会与企业方代表订立行业性集体合同，或订立区域性集体合同。

（3）尚未建立工会的用人单位，可由上级工会指导劳动者推举的代表与用人单位订立集体合同。

（4）集体合同草案应提交职工代表大会或全体职工讨论通过。集体合同订立后，应报送劳动行政部门；劳动行政部门自收到集体合同文本之日起15日内未提出异议的，集体合同即时生效。

【例题·多选题】按规定，县级以下区域，（　）行业可由工会与企业方代表订立行业性集体合同，或订立区域性集体合同。

A. 建筑业

B. 制造业

C. 采矿业

D. 餐饮服务业

【答案】ACD

【解析】本题考查的是集体合同的定义。县级以下区域，建筑业、采矿业、餐饮服务业等行业可由工会与企业方代表订立行业性集体合同，或订立区域性集体合同。

2. 集体合同的规定与约束力

集体合同中劳动报酬和劳动条件等标准不得低于当地人民政府规定的最低标准；用人单位与劳动者订立的劳动合同的劳动报酬和劳动条件等标准不得低于集体合同规定的标准。

依法订立的集体合同对用人单位和劳动者双方均具有约束力。

行业性、区域性集体合同对当地本行业、本区域的用人单位和劳动者具有约束力。

用人单位违反集体合同，侵犯职工劳动权益的，工会可依法要求用人单位承担责任；因履行集体合同发生争议，经协商解决不成的，工会可依法申请仲裁或提起诉讼。

【例题·单选题】用人单位违反集体合同，且侵犯职工劳动权益时，（　）可依法要求用人单位承担责任。

A. 劳动者

B. 劳动行政部门

C. 工会

D. 法院

【答案】C

【解析】本题考查的是集体合同的约束力。按规定，用人单位违反集体合同，侵犯职工劳动权益的，工会可依法要求用人单位承担责任；因履行集体合同发生争议，经协商解决不成的，工会可依法申请仲裁或提起诉讼。

（二）劳务派遣

1. 劳务派遣的定义

劳务派遣指由劳务派遣单位与劳动者订立劳动合同，与用工单位订立劳务派遣协议，由被派遣劳动者向用工单位给付劳务。劳务派遣关系是劳动力的雇佣和使用分离的关系，具体如图 2–13 所示。

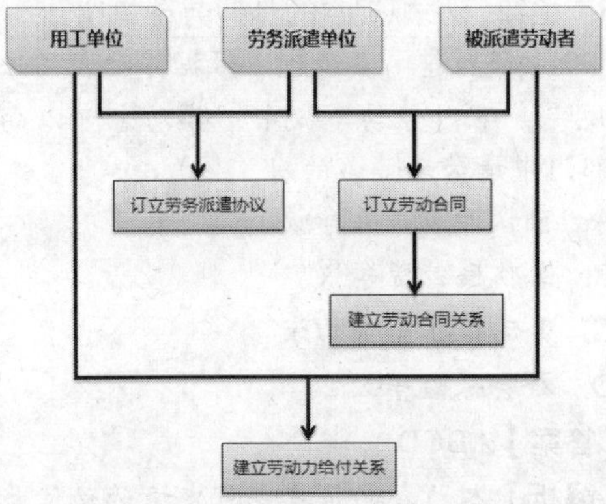

图 2–13 劳务派遣关系示意图

劳务派遣用工是我国企业劳动合同用工形式以外的补充形式，其只能在临时性、辅助性或替代性的工作岗位上实施，这类工作岗位的定义如表 2–9 所示。

表 2-9 临时性、辅助性和替代性工作岗位的定义

工作岗位	定义
临时性	存续时间不超过 6 个月的岗位
辅助性	为主营业务岗位提供服务的非主营业务岗位
替代性	用人单位的劳动者因脱产学习、休假等原因无法工作的一定期间内，由其他劳动者替代工作的岗位

【例题·判断题】劳务派遣，是指由劳务派遣单位与劳动者订立劳动合同，与用人单位订立劳务派遣协议，由被派遣劳动者向用人单位给付劳务的行为。(　)

【答案】×

【解析】本题考查的是劳务派遣的定义。劳务派遣指由劳务派遣单位与劳动者订立劳动合同，与用工单位订立劳务派遣协议，由被派遣劳动者向用工单位给付劳务。

考场点拨

接受以劳务派遣形式用工的单位是用工单位。考题若出现关于劳务派遣定义的题目，一定要注意区分题目中说的是“用工单位”还是“用人单位”。

2. 劳务派遣单位的责任与义务

劳务派遣单位是《劳动合同法》所称的用人单位，应当履行用人单位对劳动者的义务，具体如下。

（1）劳务派遣单位与被派遣劳动者订立的劳动合同，应包含劳动合同必备的条款，同时还应载明被派遣劳动者的用工单位以及派遣期限、工作岗位等情况。

（2）劳务派遣单位应与被派遣劳动者订立至少 2 年的固定期限劳动合同，并按月支付劳动报酬；若被派遣劳动者在一定期间无工作可做，劳务派遣单位应按照所在地人民政府规定的最低工资标准，向被派遣劳动者按月支付报酬。

（3）用人单位不得设立劳务派遣单位向本单位或所属单位派遣劳动者，不得将被派遣劳动者再派遣到其他用人单位。

（4）劳务派遣协议应约定派遣岗位和人员数量、派遣期限、劳动报酬和社会保险费的数额与支付方式以及违反协议的责任。

（5）劳务派遣单位应将劳务派遣协议的内容告知被派遣劳动者，不得克扣用工单位支付给被派遣劳动者的劳动报酬，不得向被派遣劳动者收取费用。

【例题·单选题】劳务派遣单位是《劳动合同法》所称的用人单位，应当履行用人单位对劳动者的义务。按规定，劳务派遣单位应与被派遣劳动者订立至少 2 年的固定期限劳动合同，并（　）支付劳动报酬。

A. 按项目　　B. 按月

C. 按日　　D. 按年

【答案】B

【解析】本题考查的是劳务派遣单位的责任和义务。劳务派遣单位应与被派遣劳动者订立至少 2 年的固定期限劳动合同，并按月支付劳动报酬。

3. 用工单位的义务

用工单位应根据工作岗位的实际需要与劳务派遣单位确定派遣期限，应严格控制劳务派遣用工数量，不得超过国务院劳动行政部门规定的其用工总量的一定比例。

除此以外，用工单位还应履行以下几方面的义务。

（1）执行国家劳动标准，提供相应劳动条件和劳动保护。

（2）告知被派遣劳动者的工作要求和劳动报酬。

（3）支付加班费、绩效奖金，提供与工作岗位相关的福利待遇。

（4）对在岗被派遣劳动者进行工作岗位培训。

（5）连续用工的，实行正常的工资调整机制。

（6）不得向被派遣劳动者收取费用。

【例题·多选题】下列选项中，属于用工单位义务的是（　）。

A. 连续用工的，实行正常的工资调整机制

B. 支付加班费、绩效奖金，提供与工作岗位相关的福利待遇

C. 告知被派遣劳动者的工作要求和劳动报酬

D. 不得向被派遣劳动者收取费用

【答案】ABCD

【解析】本题考查的是用工单位的义务。题目中的所有选项均是正确答案。

4. 被派遣劳动者的权利

被派遣劳动者享有与用工单位的劳动者同工同酬的权利。用工单位应按照同工同酬原则，对被派遣劳动者与本单位同类岗位的劳动者实行相同的劳动报酬分配办法。

专家课堂

用工单位如无同类岗位劳动者，则应参照其所在地相同或相近岗位劳动者的劳动报酬支付被派遣劳动者。

劳务派遣单位跨地区派遣劳动者的，被派遣劳动者享有的劳动报酬和劳动条件，按照用工单位所在地的标准执行。

被派遣劳动者有权在劳务派遣单位或用工单位依法参加或组织工会，维护自身的合法权益。

【例题·判断题】被派遣劳动者享有与用工单位的劳动者同工同酬的权利。（ ）

【答案】√

【解析】本题考查的是被派遣劳动者的权利。被派遣劳动者享有与用工单位的劳动者同工同酬的权利。用工单位应按同工同酬原则，对被派遣劳动者与本单位同类岗位的劳动者实行相同的劳动报酬分配办法。

七、劳动争议的解决

（一）劳动争议及解决方法

1. 劳动争议的概念

劳动争议指劳动者与用人单位因订立、履行、变更、解除或终止劳动合同时产生的争议，具体包括以下几个方面。

（1）因确认劳动关系产生的争议。

（2）因订立、履行、变更、解除和终止劳动合同产生的争议。

（3）因除名、辞退和辞职、离职产生的争议。

（4）因工作时间、休息休假、社会保险、福利、培训以及劳动保护产生的争议。

（5）因劳动报酬、工伤医疗费、经济补偿或赔偿金等产生的争议。

（6）法律、法规规定的其他劳动争议。

【2011年真题·多选题】根据劳动合同法律制度的规定，下列劳动争议中，劳动者可以向劳动仲裁部门申请劳动仲裁的有（ ）。

A. 确认劳动关系争议

B. 工伤医疗费争议

C. 劳动保护条件争议

D. 社会保险争议

【答案】ABCD

【解析】本题表面是考查可申请劳动仲裁的劳动争议，实际上考查的是劳动争议的范围。因为只要是劳动争议，都可申请仲裁。而劳动争议的范围主要指中华人民共和国境内的用人单位与劳动者发生的下列劳动争议：①因确认劳动关系发生的争议；②因订立、履行、变更、解除和终止劳动合同发生的争议；③因除名、辞退和辞职、离职发生的争议；④因工作时间、休息休假、社会保险、福利、培训以及劳动保护发生的争议；⑤因劳动报酬、工伤医疗费、经济补偿或者赔偿金等发生的争议；⑥法律、法规规定的其他劳动争议。

2. 劳动争议的解决原则、举证责任与解决方法

劳动争议的解决原则与举证责任分别如下。

（1）劳动争议的解决原则

解决劳动争议应根据事实，遵循合法、公正、及时、着重调解的原则，依法保护当事人的合法权益。

（2）劳动争议的举证责任

发生劳动争议，当事人对自己提出的主张有责任提供证据（即举证责任）。若与争议事项有关的证据属于用人单位掌握的，用人单位应提供该证据，否则应承担不利后果。

在法律没有具体规定，且按上述原则无法确定举证责任由谁承担的，仲裁庭可根据公平原则和诚实信用原则，综合当事人举证能力等因素确定举证责任的承担。

【例题·多选题】解决劳动争议应根据事实，遵循（ ）原则。

A. 合法

B. 公正

C. 着重调解

D. 及时

【答案】ABCD

【解析】本题考查的是劳动争议的解决原则。

发生劳动争议时，解决争议应根据事实，遵循合法、公正、及时、着重调解的原则，依法保护当事人的合法权益。

3. 劳动争议的解决方法

用人单位与劳动者发生劳动争议，劳动者可与用人单位协商，也可请工会或第三方共同与用人单位协商，达成和解协议；当事人不愿协商、协商不成或达成和解协议后不履行的，可向调解组织申请调解；不愿调解、调解不成或达成调解协议后不履行的，可向劳动争议仲裁委员会申请仲裁；对仲裁裁决不服的，可依法向人民法院提起诉讼或申请撤销仲裁裁决。

【例题·多选题】用人单位与劳动者发生劳动争议时，劳动者可以请（ ）与用人单位协商。

A. 职工代表

B. 工会

C. 第三方

D. 权威职工

【答案】BC

【解析】本题考查的是劳动争议的解决方法。当用人单位与劳动者发生劳动争议时，劳动者可与用人单位自行协商，也可请工会或第三方共同与用人单位协商，达成和解协议。

（二）劳动调解

1. 劳动争议调解组织

目前可受理劳动争议的调解组织主要有以下几种。

（1）企业劳动争议调解委员会。国家鼓励企业尤其是大型企业尽量设立调解委员会，以缓和劳资矛盾。

（2）依法设立的基层人民调解组织。

（3）在乡镇、街道设立的具有劳动争议调解职能的组织。

【例题·判断题】乡镇、街道设立的组织可调节劳动争议。（ ）

【答案】×

【解析】本题考查的是劳动争议调解组织的范围。在乡镇、街道设立的具有劳动争议调解职能的组织才能调解劳动争议。

2. 调解员

（1）企业劳动争议调解委员会的调解员

企业劳动争议调解委员会由职工代表和企业代表组成。职工代表由工会成员担任或由全体职工推举产生，企业代表由企业负责人指定。

企业劳动争议调解委员会主任由工会成员或双方推举的人员担任。

（2）劳动争议调解组织调解员的基本素质

劳动争议调解组织的调解员应当由公道正派、联系群众、热心调解工作，并具有一定法律知识、政策水平和文化水平的成年公民担任。

【例题·多选题】企业劳动争议调解委员会一般由（ ）组成。

A. 职工代表

B. 企业代表

C. 第三方

D. 劳动行政部门指派的人员

【答案】AB

【解析】本题考查的是企业的劳动争议调解委员会组成情况。企业劳动争议调解委员会由职工代表和企业代表组成。

3. 劳动调解程序

劳动争议调解程序主要分为提出申请、调解争议、达成协议、申请支付令以及申请仲裁等步骤，其中后两个步骤主要用于达成协议后不履行以及未达成协议时所采用的程序。下面分别介绍这些程序的具体内容。

（1）提出申请。当事人申请劳动争议调解可书面申请，也可口头申请。若是口头申请，劳动争议调解组织应当当场记录申请人基本情况、申请调解的争议事项、理由和时间等信息。

（2）调解争议。调解劳动争议时，劳动争议调解组织应充分听取双方当事人对事实和理由的陈述，耐心疏导，积极促使双方达成协议。

（3）达成协议。经调解达成协议的，应制作调解协议书。调解协议书由双方当事人签名或盖章，经调解员签名并加盖调解组织印章后生效。调解协议书对双方当事人均具有约束力，当事人应当履行。

（4）达成调解协议后，一方当事人在协议约定期限内不履行调解协议的，另一方当事人可依法申请仲裁。

（5）因拖欠“劳动报酬、工伤医疗费、经济补偿或赔偿金”事项达成调解协议，用人单位在协议约定期限内不履行的，劳动者可持调解协议书依法向人民法院申请支付令。

（6）自劳动争议调解组织收到调解申请之日起15日内未达成调解协议的，当事人可依法申请仲裁。

整个劳动调解程序的过程如图 2–14 所示。

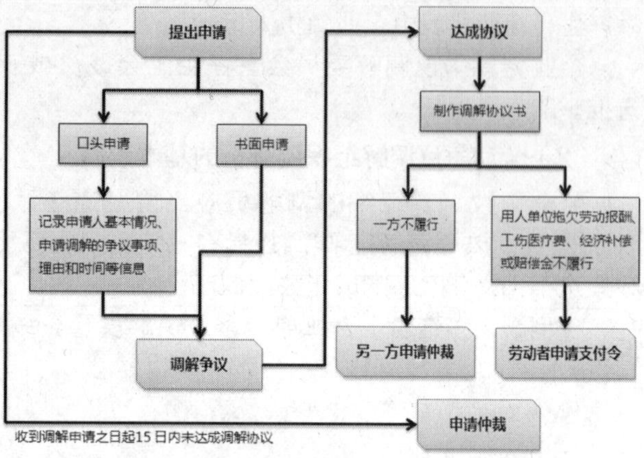

图 2–14 劳动调解程序的过程

【例题·多选题】关于劳动调解，下列说法正确的有（ ）。

A. 一方当事人在协议约定期限内不履行调解协议的，另一方当事人可依法申请仲裁

B. 当事人申请劳动争议调解可以书面申请，也可以口头申请

C. 调解协议书由双方当事人签名或者盖章，经调解员签名并加盖调解组织印章后生效

D. 自劳动争议调解组织收到调解申请之日起 15 日内未达成调解协议的，当事人可以依法申请仲裁

【答案】ABCD

【解析】本题考查的是劳动调解程序。当事人申请劳动争议调解可书面申请，也可口头申请。调解协议书对双方当事人均具有约束力，当事人应当履行。达成调解协议后，一方当事人在协议约定期限内不履行调解协议的，另一方当事人可依法申请仲裁。自劳动争议调解组织收到调解申请之日起 15 日内未达成调解协议的，当事人可依法申请仲裁。

（三）劳动仲裁

劳动仲裁指由劳动争议仲裁委员会对当事人申请仲裁的劳动争议居中公断与裁决。对劳动仲裁的掌握，可从以下 3 个方面进行理解。

（1）必经程序。劳动仲裁在我国是劳动争议当事人向人民法院提起诉讼的必经程序。

（2）劳动争议仲裁不收费，劳动争议仲裁委员会的经费由财政予以保障。

（3）劳动仲裁与仲裁不同，其依据的法律法规主要是《劳动争议调解仲裁法》和《劳动人事争议仲裁办案规则》；仲裁的法律依据是《仲裁法》。

1. 劳动仲裁参加人

劳动仲裁参加人主要包括当事人、当事人代表、第三人和代理人。

（1）当事人

不同情形的劳动争议决定了不同的当事人，具体如表 2–10 所示。

表 2–10 劳动仲裁当事人

劳动争议情形	当事人
劳动争议	劳动者和用人单位
劳务派遣争议	劳动者、劳务派遣单位和用工单位
个人承包争议	发包组织和个人承包经营者
发生争议后不能承担相关责任的用人单位	出资人、开办单位或主管部门作为共同当事人

【2012 年真题·判断题】劳动者与用人单位发生劳动争议申请仲裁时，用人单位被吊销营业执照或者决定提前解散、歇业，不能承担相关责任的，其出资人、开办单位或者主管部门应作为共同当事人。（ ）

【答案】√

【解析】本题考查的是劳动仲裁当事人。发生争议后不能承担相关责任的用人单位，出资人、开办单位或主管部门应作为共同当事人。

（2）当事人代表

发生争议的劳动者一方在 10 人以上，并有共同请求的，劳动者可以推举 3~5 名代表人参加仲裁活动。代表人参加仲裁的行为对其所代表的当事人发生效力，但代表人变更、放弃仲裁请求或承认对方当事人的仲裁请求进行和解，必须经被代表的当事人同意。

（3）第三人

第三人是指与劳动争议案件的处理结果有利害关系的人员，这类人员可申请参加仲裁活动或由劳动争议仲裁委员会通知其参加仲裁活动。

（4）代理人

代理是指受当事人委托参加仲裁活动的人员。委托他人参加仲裁活动的，应向劳动争议仲裁委员会提交有委托人签名或盖章的委托书，委托书应载明委托事项和权限。

表 2–11 列举了特殊情况的劳动者按国家法律、法规规定的代理人情况。

表 2-11 特殊情况下劳动者的代理人

劳动者	代理人
丧失或部分丧失民事行为能力	法定代理人
无法定代理人	劳动争议仲裁委员会为其指定代理人
死亡	近亲属或代理人

【例题·多选题】按规定，劳动仲裁中劳动者死亡的，其代理人应是（　）。

A. 仲裁委员会指定的代理人

B. 近亲属

C. 企业工会

D. 代理人

【答案】BD

【解析】本题考查的是特殊情况下劳动者的代理人。劳动者死亡的，由其近亲属或代理人参加仲裁活动。

2. 劳动仲裁机构

劳动仲裁机构是劳动争议仲裁委员会，该机构可从以下 3 个方面进行理解。

（1）省、自治区人民政府可决定在市、县设立劳动争议仲裁委员会；直辖市人民政府可决定在区、县设立劳动争议仲裁委员会。直辖市、设区的市也可设立一个或若干个劳动争议仲裁委员会。

（2）劳动争议仲裁委员会不按行政区域层层划分，应按照统筹规划、合理布局和适应实际需要的原则设立。

（3）劳动争议仲裁委员会由劳动行政部门代表、工会代表和企业方面代表组成，人员数量应为单数，且应设立仲裁员名册。

【例题·多选题】劳动仲裁机构是劳动争议仲裁委员会，劳动争议仲裁委员会的组成包括（　）。

A. 工会代表

B. 人民法院代表

C. 企业方面代表

D. 劳动行政部门代表

【答案】ACD

【解析】本题考查的是劳动仲裁机构，即劳动争议仲裁委员会。劳动争议仲裁委员会由劳动行政部门代表、工会代表和企业方面代表组成。

3. 劳动仲裁管辖

劳动争议由劳动合同履行地或用人单位所在地的劳动争议仲裁委员会管辖。若双方当事人分别向劳动合同履行地和用人单位所在地的劳动争议仲裁委员会申请仲裁的，则由劳动合同履行地的劳动争议仲裁委员会管辖。多个仲裁委员会都有管辖权的，由先受理的仲裁委员会管辖。

专家课堂

劳动合同履行地即劳动者实际工作场所地，用人单位所在地为用人单位注册、登记地。用人单位未经注册、登记的，则视出资人、开办单位或主管部门所在地为用人单位所在地。

需要注意的是，若劳动争议案件已经开始受理，但此时劳动合同履行地和用人单位所在地发生了变化，同样不改变劳动争议仲裁的管辖。

【例题·单选题】劳动争议由（　）或用人单位所在地的劳动争议仲裁委员会管辖。

A. 当事人所在地

B. 当事人居住地

C. 劳动合同履行地

D. 用人单位注册地

【答案】C

【解析】本题的考查点是劳动仲裁管辖。劳动争议由劳动合同履行地或用人单位所在地的劳动争议仲裁委员会管辖。

4. 劳动仲裁的申请时效

劳动争议申请仲裁的时效期间为 1 年。仲裁时效期间应从当事人知道或应当知道其权利被侵害之日起开始计算。

专家课堂

劳动关系存续期间因拖欠劳动报酬发生争议的，劳动者申请仲裁不受 1 年仲裁时效期间的限制；但是，劳动关系终止的，应当自劳动关系终止之日起 1 年内提出。

【2012 年真题·多选题】劳动者因用人单位拖欠劳动报酬发生劳动争议申请仲裁的，应当在仲裁时效期间内提出。关于该仲裁时效期间的下列表述中，正确的有（　）。

A. 从用人单位拖欠劳动报酬之日起 1 年

B. 从用人单位拖欠劳动报酬之日起 2 年

C. 劳动关系存续期间无仲裁时效期间限制

D. 劳动关系终止的自劳动关系终止之日起 1 年

【答案】CD

【解析】劳动关系存续期间因拖欠劳动报酬发生争议的，劳动者申请仲裁不受 1 年仲裁时效期间的限制；但劳动关系终止的，应自劳动关系终止之日起 1 年内提出。

5. 仲裁时效的中断

劳动仲裁时效因当事人一方向对方当事人主张权利；或向有关部门请求权利救济；或对方当事人同意履行义务而中断。从中断时起，仲裁时效期间重新计算。

专家课堂

一方向对方当事人主张权利是指一方当事人通过协商、申请调解等方式向对方当事人主张权利；向有关部门请求权利救济是指一方当事人通过向有关部门投诉，向仲裁委员会申请仲裁，向人民法院起诉或申请支付令等方式请求权利救济。

6. 仲裁时效的中止

因不可抗力或有其他正当理由，导致当事人不能在仲裁时效期间申请仲裁的，仲裁时效中止。从中止时效的原因消除之日起，仲裁时效期间继续计算。

专家课堂

其他正当理由主要包括无民事行为能力、限制民事行为能力、劳动者的法定代理人未确定等情况。

【例题·多选题】关于劳动争议申请仲裁的时效，下列说法正确的是（　）。

A. 劳动争议申请仲裁的时效期间为1年

B. 因拖欠劳动报酬劳动关系终止的，不受一年仲裁时效期间的限制

C. 劳动仲裁时效，因当事人一方向对方当事人主张权利，或者向有关部门请求权利救济，或者对方当事人同意履行义务而中断

D. 因不可抗力或者有其他正当理由，当事人不能在仲裁时效期间申请仲裁的，仲裁时效中止

【答案】ACD

【解析】本题的考查点是劳动仲裁申请时效。B选项中，劳动关系存续期间因拖欠劳动报酬发生争议的，劳动者申请仲裁不受1年仲裁时效期间的限制；但是，劳动关系终止的，应当自劳动关系终止之日起1年内提出。

7. 劳动仲裁的基本制度

（1）仲裁申请

申请人申请仲裁应提交书面仲裁申请，并按被申请人人数提交相应数量的副本。

仲裁申请书应载明下列事项。

①劳动者的姓名、性别、年龄、职业、工作单位和住所、用人单位的名称、住所和法定代表人或主要负责人的姓名、职务。

②仲裁请求以及该请求所依据的事实、理由。

③证据和证据来源、证人姓名和住所。

专家课堂

书写仲裁申请书确有困难的，可口头申请，由劳动争议仲裁委员会记入笔录，并告知对方当事人。

【例题·判断题】劳动仲裁的申请可以书面申请，也可以口头申请。（　）

【答案】√

【解析】本题考查的是仲裁申请。申请人申请仲裁应提交书面仲裁申请，并按被申请人人数提交相应数量的副本。书写仲裁申请书确有困难的，可口头申请，由劳动争议仲裁委员会记入笔录，并告知对方当事人。

（2）仲裁受理

仲裁受理应严格按照规定进行，具体的流程如图2–15所示。

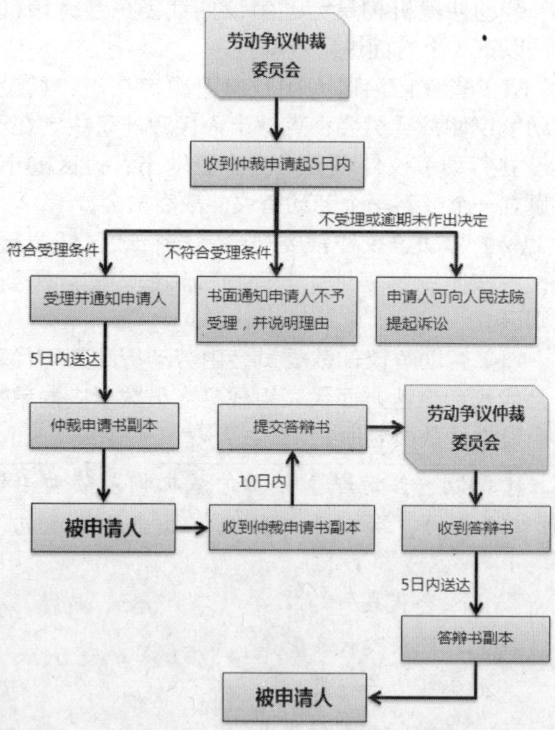

图2–15 仲裁受理过程

专家课堂

被申请人未提交答辩书的，不影响仲裁程序的进行。

（3）开庭和裁决

①公开仲裁。劳动争议仲裁公开进行，但当事人协议不公开进行或涉及国家秘密、商业秘密和个人隐私的除外。

②仲裁庭制。劳动争议案件的裁决实行仲裁庭制。仲裁庭由3名仲裁员组成，设首席仲裁员。简单劳动争议案件可由1名仲裁员独任仲裁。

③回避。仲裁员有如图2-16所示情形之一的，应当回避，当事人也有权以口头或书面方式提出回避申请。

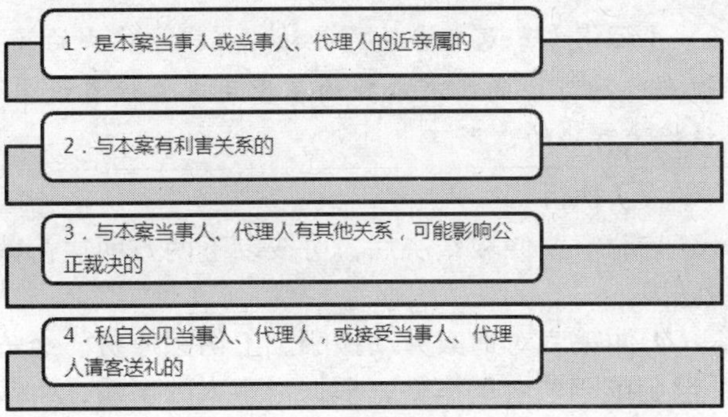

图2-16 仲裁需回避的情形

劳动争议仲裁委员会对回避申请应当及时作出决定，并以口头或书面方式通知当事人。仲裁员私自会见当事人、代理人，或接受当事人、代理人请客送礼的，或有索贿受贿、徇私舞弊、枉法裁决行为的，应依法承担法律责任，劳动争议仲裁委员会应将其解聘。

【例题·多选题】关于仲裁的开庭和裁决，下列说法正确的是（　）。

A. 劳动争议仲裁公开进行，但当事人协议不公开进行或涉及国家秘密、商业秘密和个人隐私的除外

B. 劳动争议案件的裁决实行仲裁庭制

C. 仲裁庭由3名仲裁员组成，设首席仲裁员。简单劳动争议案件可由1名仲裁员独任仲裁

D. 劳动争议仲裁实行回避制度

【答案】ABCD

【解析】本题考查的是劳动仲裁的开庭与裁决制度。题目中的所有选项均正确。

（4）开庭程序

劳动争议仲裁委员会在受理仲裁申请的开庭程序按以下流程进行。

①通知仲裁。劳动争议仲裁委员会应在受理仲裁申请之日起5日内将仲裁庭的组成情况书面通知当事人。仲裁庭应在开庭5日前，将开庭日期、地点书面通知双方当事人。当事人有正当理由的，可在开庭3日前请求延期开庭。是否延期，由劳动争议仲裁委员会决定。

②缺席或中途退庭。申请人收到书面通知，无正当理由拒不到庭或未经仲裁庭同意中途退庭的，视为撤回仲裁申请。被申请人收到书面通知，无正当理由拒不到庭或未经仲裁庭同意中途退庭的，可缺席裁决。

③陈述与答辩。开庭审理时，仲裁员应听取申请人的陈述和被申请人的答辩，主持庭审调查、质证和辩论、征询当事人最后意见，并进行调解。

④和解。当事人申请劳动争议仲裁后，可自行和解。达成和解协议的，可撤回仲裁申请，也可请求仲裁庭根据和解协议制作调解书。

⑤调解。仲裁庭在作出裁决前，应先行调解。调解达成协议的，仲裁庭应制作调解书。调解书应写明仲裁请求和当事人协议的结果。调解书由仲裁员签名，加盖劳动争议仲裁委员会印章，送达双方当事人。调解书经双方当事人签收后，发生法律效力。调解不成或调解书送达前，一方当事人反悔的，仲裁庭应及时作出裁决。

【例题·单选题】下列选项中，不属于劳动争议仲裁开庭程序的是（　）。

A. 劳动争议仲裁委员会应在受理仲裁申请之日起5日内将仲裁庭的组成情况书面通知当事人

B. 被申请人收到书面通知，无正当理由拒不到庭或未经仲裁庭同意中途退庭的，视为缺席裁决

C. 当事人申请劳动争议仲裁后，可自行和解

D. 仲裁庭在作出裁决前，应先行调解，调解达成协议的，仲裁庭应制作调解书

【答案】B

【解析】本题是对劳动争议仲裁开庭程序的考查。B选项错误，申请人收到书面通知，无正当理由拒不到庭或未经仲裁庭同意中途退庭的，视为撤回仲裁申请。被申请人收到书面通知，无正当理由拒不到庭或未经仲裁庭同意中途退庭的，可缺席裁决。

（5）裁决

劳动仲裁裁决应按照多数仲裁员的意见作出，少数仲裁员的不同意见应记入笔录。若仲裁庭不能形成多数意见，则裁决应按照首席仲裁员的意见作出。

裁决后的裁决书应载明仲裁请求、争议事实、裁决理由、裁决结果和裁决日期。裁决书由仲裁员签名，加盖劳动争议仲裁委员会印章。对裁决持不同意见的仲裁员，可签名，也可不签名。

下列劳动争议，除法律另有规定的以外，仲裁裁决为终局裁决，裁决书自作出之日起发生法律效力。

①追索劳动报酬、工伤医疗费、经济补偿或赔偿金，不超过当地月最低工资标准12个月金额的争议。

②因执行国家的劳动标准在工作时间、休息休假、社会保险等方面发生的争议。

当事人对上述终局裁决情形之外的其他劳动争议案件的仲裁裁决不服的，可自收到仲裁裁决书之日起15日内提起诉讼；期满不起诉的，裁决书发生法律效力。

【例题·单选题】对于不执行终局裁决的劳动争议案件，若当事人对裁决结果不服的，可自收到仲裁裁决书之日起（ ）日内提起诉讼。

A. 5

B. 10

C. 15

D. 20

【答案】C

【解析】本题考查的是仲裁裁决的知识点。按规定，当事人对不执行终局裁决的其他劳动争议案件的仲裁裁决不服的，可自收到仲裁裁决书之日起15日内提起诉讼；期满不起诉的，裁决书发生法律效力。

（6）撤销裁决

用人单位有证据证明“终局仲裁裁决”有下列情形之一的，可自收到仲裁裁决书之日起30日内向劳动争议仲裁委员会所在地的中级人民法院申请撤销裁决。

①适用法律、法规确有错误的。

②劳动争议仲裁委员会无管辖权的。

③违反法定程序的。

④裁决所根据的证据是伪造的。

⑤对方当事人隐瞒了足以影响公正裁决的证据的。

⑥仲裁员在仲裁该案时有索贿受贿、徇私舞弊、枉法裁决行为的。

人民法院经组成合议庭审查核实裁决有上述规定情形之一的，应裁定撤销。

【例题·多选题】下列选项中，用人单位有权申请撤销裁决的情形有（ ）。

A. 裁决所根据的证据是伪造的

B. 对方当事人隐瞒了足以影响公正裁决的证据的

C. 劳动争议仲裁委员会无管辖权的

D. 违反法定程序的

【答案】ABCD

【解析】本题考查的是劳动仲裁撤销裁决的知识点。题目中的所有选项均属于用人单位有权申请撤销裁决的情形。

（7）执行

劳动争议仲裁裁决后，可按以下两方面执行裁决结果。

①仲裁庭对追索劳动报酬、工伤医疗费、经济补偿金或赔偿金的案件，根据当事人的申请，可裁决先予执行，移送人民法院执行，劳动者申请先予执行的，可不提供担保。

专家课堂

仲裁庭裁决先予执行的，应符合以下条件：①当事人之间权利义务关系明确；②不先予执行将严重影响申请人的生活。

②当事人对发生法律效力的调解书、裁决书，应依照规定的期限履行。一方当事人逾期不履行的，另一方当事人可依照《民事诉讼法》的有关规定向人民法院申请执行。受理申请的人民法院应当依法执行。

【例题·判断题】当事人之间权利义务关系不明确时，仲裁庭裁决可先予执行。（ ）

【答案】×

【解析】本题是对仲裁裁决如何执行的考查。仲裁庭裁决先予执行的，应符合以下条件：（1）当事人之间权利义务关系明确；（2）不先予执行将严重影响申请人的生活。

为了更好地理解和记忆劳动仲裁与第一章介绍的经济仲裁之间的相同点与不同点，下面将二者的特点归纳到表2-12中以供参考。

表2-12 劳动仲裁与经济仲裁的对比

对比内容	劳动仲裁	经济仲裁
是否回避	是	是
是否公开	劳动争议仲裁公开进行，但当事人协议不公开进行或涉及国家秘密、商业秘密和个人隐私的除外	仲裁不公开进行。当事人协议公开的，可公开进行，但涉及国家秘密的除外
是否实行地域管辖	劳动争议由劳动合同履行地或用人单位所在地的劳动争议仲裁委员会管辖。若双方当事人分别向劳动合同履行地和用人单位所在地的劳动争议仲裁委员会申请仲裁的，则由劳动合同履行地的劳动争议仲裁委员会管辖	否

续表

对比内容	劳动仲裁	经济仲裁
是否自愿	劳动仲裁是劳动争议当事人向人民法院提起诉讼的必经程序	是
仲裁委员会是否按行政区域层层设立	否	否
是否可以自行和解	是	是
是否先行调解	应先行调解	可以先行调解
仲裁是否按多数仲裁员意见作出	是	是
仲裁庭不能形成多数意见时，是否应按首席仲裁员意见作出	是	是
对仲裁裁决不服，是否能提起民事诉讼	对规定情形的终局裁决不服，不能提起民事诉讼；对规定情形以外的裁决不服，可自收到仲裁裁决书之日起 15 日内提起民事诉讼	否

（四）劳动诉讼

1. 劳动诉讼申请范围

有以下情形之一可申请劳动诉讼。

（1）对劳动争议仲裁委员会不予受理或逾期未作出决定的，申请人可就该劳动争议事项向人民法院提起诉讼。

（2）劳动者对劳动争议的终局裁决不服的，可自收到仲裁裁决书之日起 15 日内向人民法院提起诉讼。

（3）当事人对终局裁决情形以外的其他劳动争议案件的仲裁裁决不服的，可自收到仲裁裁决书之日起 15 日内提起诉讼。

（4）终局裁决被人民法院裁定撤销的，当事人可自收到裁定书之日起 15 日内就该劳动争议事项向人民法院提起诉讼。

2. 劳动诉讼程序

劳动诉讼依照《民事诉讼法》的规定执行。

【例题·单选题】终局裁决被人民法院裁定撤销的，当事人可自收到裁定书之日起（　）日内就该劳动争议事项向人民法院提起诉讼。

A. 5　　B. 10

C. 15　　D. 20

【答案】C

【解析】本题考查的是劳动诉讼的申请范围。终局裁决被人民法院裁定撤销的，当事人可自收到裁定书之日起 15 日内就该劳动争议事项向人民法院提起诉讼。

八、违反《劳动合同法》的法律责任

（一）用人单位违反《劳动合同法》的法律责任

1. 用人单位规章制度违法的法律责任

用人单位规章制度违法时承担的法律责任如表 2–13 所示。

表 2–13 用人单位规章制度违法的责任

违法的规章制度	责任
涉及劳动者切身利益	责令改正，给予警告
	给劳动者造成损害的，承担赔偿责任
建立职工名册	责令限期改正
	逾期不改，处 2 000 元以上 2 万元以下罚款

【例题·判断题】用人单位建立职工名册违反规章制度的，劳动行政部门应责令其限期改正，逾期不改者，处 5 000 元以上 2 万元以下罚款。（　）

【答案】×

【解析】本题考查的是用人单位规章制度违法应承担的法律责任。用人单位建立职工名册违反规章制度的，劳动行政部门应责令其限期改正，逾期不改者，处2 000元以上2万元以下罚款。

2. 用人单位订立劳动合同违法的法律责任

用人单位订立劳动合同违法时承担的法律责任如表2-14所示。

表2-14 用人单位订立劳动合同违法的责任

订立劳动合同违法的情形	责任
劳动合同文本未载明劳动合同必备条款	责令改正，给劳动者造成损害的，应承担赔偿责任
未将劳动合同文本交付劳动者	
用工之日起超过1个月不满1年未与劳动者订立书面劳动合同	向劳动者每月支付2倍的工资
违反规定不与劳动者订立无固定期限劳动合同	自应当订立无固定期限劳动合同之日起向劳动者每月支付2倍的工资
违反规定与劳动者约定试用期	责令改正
违法约定的试用期已经履行的	以劳动者试用期满月工资为标准，按已履行的超过法定试用期期间向劳动者支付赔偿金
扣押劳动者居民身份证等证件	责令限期退还劳动者本人，并依照有关法律规定给予处罚
以担保或其他名义向劳动者收取财物	责令限期退还劳动者本人，并以每人500元以上2 000元以下的标准处以罚款；给劳动者造成损害的，应承担赔偿责任
劳动合同确认无效	承担赔偿责任

【例题·单选题】用人单位订立的劳动合同文本未载明劳动合同必备条款时，应承担以下哪种法律责任？（ ）

A. 责令改正，给劳动者造成损害的，应承担赔偿责任

B. 向劳动者每月支付2倍的工资

C. 自应当订立无固定期限劳动合同之日起向劳动者每月支付2倍的工资

D. 责令改正

【答案】A

【解析】本题考查的是用人单位订立劳动合同违法应承担的法律责任。用人单位订立的劳动合同文本未载明劳动合同必备条款时，劳动行政部门应责令其改正，给劳动者造成损害的，应承担赔偿责任。

3. 用人单位履行劳动合同违法的法律责任

用人单位履行劳动合同违法时承担的法律责任如表2-15所示。

表2-15 用人单位履行劳动合同违法的责任

履行劳动合同违法的情形	责任
以暴力、威胁或非法限制人身自由的手段强迫劳动	给予行政处罚；构成犯罪的，依法追究刑事责任；给劳动者造成损害的，承担赔偿责任
违章指挥或强令冒险作业危及劳动者人身安全	
侮辱、体罚、殴打、非法搜查或拘禁劳动者	
劳动条件恶劣、环境污染严重，给劳动者身心健康造成严重损害	
未按照劳动合同约定或国家规定及时足额支付劳动者报酬	责令限期支付劳动报酬、加班费；劳动报酬低于当地最低工资标准的，支付其差额部分；逾期不支付的，责令用人单位按应付金额50%以上100%以下的标准向劳动者加付赔偿金
低于当地最低工资标准支付劳动者工资	
安排加班不支付加班费	
应当向劳动者每月支付两倍的工资或应当向劳动者支付赔偿金而未支付	责令用人单位支付

【例题·多选题】下列选项中，（ ）需承担"责令限期支付劳动报酬、加班费；劳动报酬低于当地最低工资标准的，支付其差额部分；逾期不支付的，责令用人单位按应付金额50%以上100%以下的标准向劳动者加付赔偿金"的法律责任。

A. 未按照劳动合同约定或国家规定及时足额支付劳动者报酬

B. 安排加班不支付加班费

C. 违章指挥或强令冒险作业危及劳动者人身安全

D. 低于当地最低工资标准支付劳动者工资

【答案】ABD

【解析】本题考查的是用人单位履行劳动合同违法应承担的法律责任。用人单位未按照劳动合同约定或国家规定及时足额支付劳动者报酬；低于当地最低工资标准支付劳动者工资；安排加班不支付加班费都应承担"责令限期支付劳动报酬、加班费；劳动报酬低于当地最低工资标准的，支付其差额部分；逾期不支付的，责令用人单位按应付金额50%以上100%以下的标准向劳动者加付赔偿金"的法律责任。

4. 用人单位违法解除和终止劳动合同的法律责任

用人单位违法解除和终止劳动合同违法时承担的法律责任如表2-16所示。

表 2-16 用人单位解除和终止劳动合同违法的责任

解除和终止劳动合同违法的情形	责任
违反《劳动合同法》规定解除或终止劳动合同	依照规定的经济补偿标准的 2 倍向劳动者支付赔偿金
解除或终止劳动合同，未依照《劳动合同法》规定向劳动者支付经济补偿	责令限期支付经济补偿；逾期不支付的，责令用人单位按应付金额 50% 以上 100% 以下的标准向劳动者加付赔偿金
未向劳动者出具解除或终止劳动合同的书面证明	责令改正；给劳动者造成损害的，应当承担赔偿责任
劳动者依法解除或终止劳动合同，用人单位扣押劳动者档案或其他物品	责令限期退还劳动者，并以每人 500 元以上 2 000 元以下的标准处以罚款；给劳动者造成损害的，应当承担赔偿责任

【例题·判断题】用人单位未向劳动者出具解除或终止劳动合同的书面证明时，劳动行政部门应责令其改正；给劳动者造成损害的，用人单位应当承担赔偿责任。(　)

【答案】√

【解析】本题考查的是用人单位解除和终止劳动合同违法应承担的法律责任。按规定，用人单位若未向劳动者出具解除或终止劳动合同的书面证明，劳动行政部门应责令用人单位改正；若给劳动者造成损害，还需承担赔偿责任。

5. 其他法律责任

用人单位违反其他法律、法规的规定时承担的法律责任如表 2–17 所示。

表 2-17 用人单位违反其他法律、法规时的责任

违反其他法律、法规的情形	责任
招用与其他用人单位尚未解除或终止劳动合同的劳动者	给其他用人单位造成损失的，应当承担连带赔偿责任
违反《劳动合同法》有关劳务派遣规定	未经许可，擅自经营劳务派遣业务的，由劳动行政部门责令停止违法行为，没收违法所得，并处违法所得一倍以上五倍以下的罚款；没有违法所得的，可以处 50 000 元以下的罚款。劳务派遣单位、用工单位违反《劳动合同法》有关劳务派遣规定的，由劳动行政部门责令限期改正；逾期不改正的，以每人 5 000 元以上 10 000 元以下的标准处以罚款，对劳务派遣单位，吊销其劳务派遣业务经营许可证。用工单位给被派遣劳动者造成损害的，劳务派遣单位与用工单位承连带赔偿责任
不具备合法经营资格的用人单位	依法追究法律责任；劳动者已付出劳动的，该单位或其出资人应依照《劳动合同法》的有关规定向劳动者支付劳动报酬、经济补偿、赔偿金；给劳动者造成损害的，应当承担赔偿责任
个人承包经营违反《劳动合同法》规定招用劳动者	给劳动者造成损害的，发包的组织与个人承包经营者承担连带赔偿责任

【例题·多选题】关于用人单位违反法律应承担的责任，下列说法正确的是(　)。

A. 招用与其他用人单位尚未解除或终止劳动合同的劳动者，给其他用人单位造成损失的，用人单位应当承担连带赔偿责任

B. 个人承包经营违反《劳动合同法》规定招用劳动者，给劳动者造成损害的，发包的组织与个人承包经营者承担连带赔偿责任

C. 不具备合法经营资格的用人单位，依法追究法律责任

D. 违反《劳动合同法》有关劳务派遣规定，情节严重的，以每位被派遣劳动者 1000 元以上 5000 元以下的标准处以罚款，但不吊销营业执照

【答案】ABC

【解析】本题考查的是用人单位违反其他法律、法规应承担的责任。D 选项错误，违反《劳动合同法》有关劳务派遣规定，情节严重的，以每位被派遣劳动者 1 000 元以上 5 000 元以下的标准处以罚款，并由工商行政管理部门吊销营业执照。

(二) 劳动者违反《劳动合同法》的法律责任

劳动者违反《劳动合同法》时承担的法律责任如表 2–18 所示。

表 2-18 劳动者违反《劳动合同法》的责任

违反《劳动合同法》的情形	责任
劳动合同被确认无效	给用人单位造成损失的，有过错的劳动者应承担赔偿责任
违反《劳动合同法》规定解除劳动合同	给用人单位造成损失的，应当承担赔偿责任
违反劳动合同中约定的保密义务或竞业限制	向用人单位支付违约金。给用人单位造成损失的，应当承担赔偿责任
违反培训协议，未满服务期解除或终止劳动合同	用人单位与劳动者解除约定服务期的劳动合同，劳动者应向用人单位支付违约金
严重违纪	用人单位与劳动者解除约定服务期的劳动合同，劳动者应向用人单位支付违约金

【本节小结】本节内容较多，主要涉及了劳动关系与劳动合同、劳动合同的订立、劳动合同的主要内容、劳动合同的履行和变更、劳动合同的解除和终止、集体合同与劳务派遣、劳动争议的解决和违反《劳动合同法》的法律责任等知识。

对于劳动关系与劳动合同、集体合同与劳务派遣以及违反《劳动合同法》的法律责任这些知识，考生不必花过多的精力学习，而应该将重点放在劳动合同的订立、主要内容、履行和变更、解除和终止以及劳动争议的解决这些方面。掌握书中归纳的重点、计算方法和例题，并通过本章后面的练习题进一步加深对这些知识的理解与记忆。

第二节 社会保险法律制度

考情分析：本节内容是2013年教材完全新增的知识，因此考试中几乎肯定会出现这一节的考题。题型主要以客观题为主，题量估计在4题左右。

学习建议：熟悉养老保险、基本医疗保险、工伤保险、失业保险和生育保险的主要内容，重点复习养老保险和基本医疗保险的知识。

一、社会保险的概念、种类与基本原则

（一）社会保险的概念

社会保险指国家依法建立的，由国家、用人单位和个人共同筹集资金、建立基金，使个人在年老（退休）、患病、工伤（因工伤残或患职业病）、失业、生育等情况下获得物质帮助和补偿的一种社会保障制度。

社会保险计划由政府举办，该计划强制某一群体将其收入的一部分作为社会保险税（费）形成社会保险基金，目的在于满足一定条件的情况下，被保险人可从基金获得固定的收入或损失的补偿。社会保险计划是一种再分配制度，其目标是保证物质及劳动力的再生产和社会的稳定。

社会保险是依靠国家立法强制实行的社会化保险。所谓社会化保险，一是指资金来源的社会化，社会保险基金中既有用人单位和个人缴纳的保险费，也有国家财政给予的补助；二是指管理的社会化，国家设置专门机构，实行统一规划和管理，统一承担保险金的发放职能等。

（二）社会保险的种类

我国的社会保险项目主要有5项，统称为“五险”，分别是基本养老保险、基本医疗保险、工伤保险、失业保险和生育保险。

1. 基本养老保险

基本养老保险是针对公民老年风险，通过参保人缴费和政府补贴建立养老保险基金，向达到法定领取年龄的成员支付养老金，保障老年日常支出的社会保障项目。

基本养老保险是国家根据法律、法规的规定，强制建立和实施的一种社会保险制。在这一制度下，用人单位和劳动者需依法缴纳养老保险费，在劳动者达到国家规定的退休年龄或因其他原因而退出劳动岗位后，社会保险经办机构依法向其支付养老金等待遇，从而保障其基本生活。

2. 基本医疗保险

基本医疗保险是针对公民的医疗风险，通过参保人缴费和政府补贴建立医疗保险基金，为成员分担基本医疗费用，保障公民能享受基本医疗服务的社会保障项目。

建立基本医疗保险制度的目的是为补偿劳动者因疾病风险造成的经济损失，参保人员患病就诊发生医疗费用后，由医疗保险经办机构给予一定的经济补偿，以避免或减轻劳动者因患病、治疗等所带来的经济风险。

3. 工伤保险

工伤保险是针对公民的职业风险，通过雇主缴费和政府补贴建立工伤保险基金，向因工伤事故导致伤病、因工作环境导致职业病的成员，提供医疗服务、带薪休假；向伤残的成员及其供养的家庭成员提供伤残抚恤金的社会保障项目。

在这种保险制度下，劳动者在工作中或在规定的特殊情况下，遭受意外伤害或患职业病导致暂时或永久丧失劳动能力以及死亡时，劳动者或其遗属可以通过国家和社会获得物质帮助。

4. 失业保险

失业保险是指国家通过立法强制实行的，由社会集中建立基金，对因非本人原因失业而暂时中断生活来源的劳动者提供物质帮助，并提供就业培训和就业服务的制度。它是社会保障体系的重要组成部分，是社会保险的主要项目之一。

5. 生育保险

生育保险是国家通过立法，在怀孕和分娩的妇女劳动者暂时中断劳动时，由国家和社会提供医疗服务、生育津贴和产假，国家或社会对生育的职工给予必要的经济补偿和医疗保健的社会保险制度。

【例题·多选题】下列关于我国社会保险的描述，正确的选项是（　）。

A. 用人单位和劳动者需依法缴纳养老保险费

B. 建立基本医疗保险制度的目的是为补偿劳动者因疾病风险造成的经济损失

C. 工伤保险是针对公民的职业风险，通过雇主缴费和政府补贴建立工伤保险基金

D. 生育保险主要针对女性劳动者

【答案】ABCD

【解析】本题考查的是社会保险种类的知识点，题目中的所有选项均是正确描述。

（三）社会保险制度的基本原则

社会保险实行广覆盖、保基本、可持续和多层次原则。

1. 社会保险范围“广覆盖”

广覆盖原则体现了社会保险制度的公平性和全面性。社会保险基金按照保险类型确定资金来源，逐步实行社会统筹。用人单位和劳动者必须依法参加社会保险，缴纳社会保险费。具体目标是：医疗保险100%地覆盖全体公民，工伤保险覆盖全体在职劳动者（约占总人口的70%），生育保险覆盖全体育龄人口，失业保险覆盖全体在职劳动者，养老保险覆盖全体劳动者和老年居民。

2. 国家基本保险“保基本”和“可持续”

社会保险支付的两级目标分别是克服贫困和体面生活。国家基本保险制度的主要功能在于实现社会保障的一级目标，即克服贫困，实现生有所育、劳有所酬、病有所医、伤有所供、老有所养。为保障基本保险的可持续，必须坚持以支定收，社会保险水平应与社会经济发展水平和社会承受能力相适应。

3. 社会保险体系“多层次”

社会保险多层次，指责任主体和制度结构的多元化。基本保险保障的仅是劳动者的基本生活水平。为保障国民享有较高的生活水平，即“体面生活”，还必须建立多层次的保险制度。国家鼓励用人单位根据本单位实际情况为劳动者建立补充保险，同时也提倡劳动者个人进行储蓄型保险。

【例题·多选题】我国社会保险制度的基本原则是（　）。

A. 广覆盖　　B. 保基本

C. 可持续　　D. 多层次

【答案】ABCD

【解析】本题考查的是社会保险制度的基本原则。我国社会保险实行广覆盖、保基本、可持续和多层次原则。

二、基本养老保险

（一）基本养老保险的含义

基本养老保险是对达到法定退休年龄或因年老丧失劳动能力的老年人予以基本生活保障的社会保险制度。

养老保险是社会保险体系中最重要、实施最广泛的一项制度。

（二）基本养老保险的覆盖范围

1. 职工基本养老保险

根据不同的工作性质，职工基本养老保险的缴纳方式分为以下几种情况。

（1）职工基本养老保险费的征缴范围：国有企业、城镇集体企业、外商投资企业、城镇私营企业和其他城镇企业及其职工，实行企业化管理的事业单位及其职工。这是基本养老保险的主体部分。由用人单位和职工共同缴纳基本养老保险费。

专家课堂

本章除特别说明外，基本养老保险均指上述职工基本养老保险。

（2）无雇工的个体工商户、未在用人单位参加基本养老保险的非全日制从业人员以及其他灵活就业人员可参加基本养老保险，由个人缴纳基本养老保险费。

（3）公务员和参照公务员管理的工作人员养老保险的办法由国务院规定。

【例题·多选题】下列选项中，可以参加职工基本养老保险的是（　）。

A. 国有企业职工

B. 无雇工的个体工商户

C. 外商投资企业职工

D. 公务员

【答案】ABCD

【解析】本题考查的是职工基本养老保险的覆盖范围。按规定，国有企业、城镇集体企业、外商投资企业、城镇私营企业和其他城镇企业及其职工，实行企业化管理的事业单位及其职工。无雇工的个体工商户、未在用人单位参加基本养老保险的非全日制从业人员、其他灵活就业人员以及公务员都可参加职工基本养老保险。

【例题·判断题】职工的基本养老保险由用人单位和职工共同缴纳。（　）

【答案】√

【解析】本题考查的是职工基本养老保险的缴纳方式。我国职工的基本养老保险由用人单位和职工共同缴纳。

2. 新型农村社会养老保险

新型农村社会养老保险简称新农保，以保障农村居民年老时的基本生活为目的，实行个人缴费、集体补助和政府补贴相结合的筹资模式。

新型农村社会养老保险待遇由基础养老金和个

人账户养老金组成。参加新型农村社会养老保险的农村居民，符合国家规定条件的，按月领取新型农村社会养老保险待遇。

【例题·多选题】新型农村社会养老保险待遇由基（ ）组成。

A. 综合养老金

B. 基础养老金

C. 个人账户养老金

D. 政府养老金

【答案】BC

【解析】本题考查的是新型农村合作医疗社会养老保险待遇的组成。新型农村社会养老保险待遇由基础养老金和个人账户养老金组成。参加新型农村社会养老保险的农村居民，符合国家规定条件的，按月领取新型农村社会养老保险待遇。

3. 城镇居民社会养老保险

城镇居民社会养老保险简称城居保，是覆盖城镇户籍非从业人员的养老保险制度。

城镇居民社会养老保险的养老金待遇由基础养老金和个人账户养老金两部分构成。个人缴费、地方人民政府对参保人的缴费补贴及其他来源的缴费资助，全部计入个人账户。基础养老金由政府全额支付。个人账户养老金水平由账户储存额，也就是个人缴费和政府补贴总额来决定。

【例题·单选题】城镇居民社会养老保险的基础养老金由（ ）全额支付。

A. 个人

B. 政府

C. 缴费补贴

D. 养老金利息

【答案】B

【解析】本题考查的是城镇居民社会养老保险的缴费情况。城镇居民社会养老保险的养老金待遇由基础养老金和个人账户养老金两部分构成。个人缴费、地方人民政府对参保人的缴费补贴及其他来源的缴费资助，全部记入个人账户。基础养老金由政府全额支付。

（三）职工基本养老保险基金的组成和来源

基本养老保险基金由用人单位和个人缴费以及政府补贴等组成。基本养老保险实行社会统筹与个人账户相结合。基本养老金由统筹养老金和个人账户养老金组成。

知识链接

养老保险社会统筹指统收养老保险缴费和统支养老金，确保收支平衡的公共财务系统。

（1）用人单位应按照国家规定的本单位职工工资总额的比例缴纳基本养老保险费，记入基本养老保险统筹基金。

专家课堂

国有企业、事业单位职工参加基本养老保险前，视同缴费年限期间应当缴纳的基本养老保险费由政府承担。基本养老保险基金出现支付不足时，政府给予补贴。

（2）职工按照国家规定的本人工资的比例缴纳基本养老保险费，记入个人账户。个人账户不得提前支取，记账利率不得低于银行定期存款利率，免征利息税。其中个人账户记账利率的确定参考银行的居民定期存款利率、当地上一年度职工平均工资增长率和养老保险基金运营的实际收益来确定。

（3）个人跨统筹地区就业，其基本养老保险关系则随本人转移，缴费年限累计计算。达到法定退休年龄时，基本养老金分段计算、统一支付。

（4）无雇工的个体工商户、未在用人单位参加基本养老保险的非全日制从业人员以及其他灵活就业人员参加基本养老保险的，应当按照国家规定缴纳基本养老保险费，分别记入基本养老保险统筹基金和个人账户。

【例题·多选题】下列选项中，组成职工基本养老保险基金的是（ ）。

A. 用人单位缴费

B. 职工缴费

C. 政府补贴

D. 社会保险补贴

【答案】ABC

【解析】本题考查的是职工基本医疗保险基金的组成。基本养老保险基金由用人单位和个人缴费以及政府补贴等组成。基本养老保险实行社会统筹与个人账户相结合。基本养老金由统筹养老金和个人账户养老金组成。

【例题·单选题】关于职工基本医疗保险基金的来源，下列选项不正确的是（ ）。

A. 用人单位应按照国家规定的本单位职工工资总额的比例缴纳基本养老保险费

B. 职工按照国家规定的本人工资的比例缴纳基本养老保险费，记入个人账户

C. 个人跨统筹地区就业，其基本养老保险关

系不随本人转移

D. 无雇工的个体工商户应当按照国家规定缴纳基本养老保险费

【答案】C

【解析】本题考查的是职工基本医疗保险基金的来源。C选项错误，个人跨统筹地区就业，其基本养老保险关系则随本人转移，缴费年限累计计算。

（四）职工基本养老保险费的缴纳与计算

1. 单位缴费

用人单位按国家规定的本单位"职工工资总额"的比例缴纳基本养老保险费，并记入基本养老保险统筹基金。目前，企业缴费的比例一般不得超过企业工资总额的20%，具体比例由省、自治区、直辖市政府确定。

专家课堂

少数省、自治区、直辖市离退休人数较多、养老保险负担过重，确需超过企业工资总额20%的，需报人力资源和社会保障部、财政部审批。

2. 个人缴费

（1）缴费基数与比例

个人缴费的养老账户月存储额的计算公式如下。

个人养老账户月存储额＝本人月缴费工资 ×8%

其中本人月缴费工资即缴费基数，8%为缴费比例。

①缴费基数。缴费工资也称缴费工资基数，一般为职工本人上一年度月平均工资。月平均工资按照国家统计局规定列入工资总额统计的项目计算，包括工资、奖金、津贴、补贴等收入，不包括用人单位承担或支付给员工的社会保险费、劳动保护费、福利费、用人单位与员工解除劳动关系时支付的一次性补偿以及计划生育费用等其他不属于工资的费用。新招职工（包括研究生、大学生、大中专毕业生等）以起薪当月工资收入作为缴费工资基数；从第二年起，按上一年实发工资的月平均工资作为缴费工资基数。

②缴费比例。个人账户的规模统一由本人缴费工资的11%调整为8%，全部由个人缴费形成，单位缴费不再划入个人账户。

关于个人缴费的基数和比例，还应注意以下几点。

①本人月平均工资低于当地职工月平均工资60%的，按当地职工月平均工资的60%作为缴费基数。本人月平均工资高于当地职工月工资300%的，按当地职工月平均工资的300%作为缴费基数，超过部分不计入缴费工资基数，也不记入计发养老金的基数。

②个人缴费不计征个人所得税，在计算个人所得税的应税收入时，应当扣除个人缴纳的养老保险费。

③城镇个体工商户和灵活就业人员的缴费基数为当地上年度在岗职工平均工资，缴费比例为20%，其中8%记入个人账户。

【案例2-12】李某2012年的月平均工资为8 000元，当地统计局公布的职工月平均工资为2 500元。分析李某2013年每月应缴纳多少基本养老保险费。

【案例解析】由于李某2012年的月平均工资大于当地统计局公布的职工月平均工资的3倍，即8 000>7 500（2 500×3）。按规定，本人月平均工资高于当地职工月工资300%的，按当地职工月平均工资的300%作为缴费基数，超过部分不计入缴费工资基数，也不计入计发养老金的基数。因此李某2013年应缴纳的基本养老保险费为：2 500×3×8%=600元。

【例题·单选题】张某的月工资为1 000元，当地社会的月平均工资为1 700元，张某应缴纳的基本养老保险费是（　）元。

A. 106.2　　B. 79.5

C. 95.3　　D. 81.6

【答案】D

【解析】本题考查的是职工基本养老保险费的个人缴费计算方法。由于张某的月工资低于当地职工月工资的60%，即1 000<1 020（1 700 ×60%），则张某应按当地职工月平均工资的60%作为缴费基数，应缴纳的基本养老保险费为：1 700×60%×8%＝81.6（元）。

（2）个人账户累计储存额的计算

个人账户累计储存额的计算方法有"年度计算法"和"月积数计算法"两种方法。

①年度计算法。至本年年底止个人账户累计储存额在每个缴费年度结束以后按年度计算，以上年月平均工资为缴费工资基数记账时适用此方法。

其计算公式为：

至本年年底止个人账户累计储存额＝上年年底止个人账户累计储存额 ×（1+本年记账利率）+个人账户本年记账金额 ×（1+本年记账利率 ×1.083× 1/2）

其中：

个人账户本年记账金额＝本人月缴费工资

×8%×12

②月积数计算法。至本年年底止个人账户累计储存额在一个缴费年度内按月计算，以上月职工工资收入为缴费工资基数记账时适用此方法。

其计算公式为：

至本年年底止个人账户累计储存额 = 上年年底止个人账户累计储存额 ×（1+ 本年记账利率）+ 个人账户本年记账金额 + 本年记账额利息

其中：

本年记账额利息 = 本年记账月积数 × 本年记账利率 ×1/12

本年记账月积数 = ∑ [n 月份记账额 ×（12−n+1）]（n 为本年各记账月份，且 1 ≤ n ≤ 12）

【案例 2-13】王某 2011 年年底个人养老账户的累计存储额为 30 000 元，其 2011 年的月平均工资为 4 000 元，当地本年记账利率为 4%。试分别利用年度计算法和月积数计算法计算王某 2012 年年底的个人养老账户的累计存储额。

【案例解析】

（1）年度计算法。

年度计算法的计算公式为：

至本年年底止个人账户累计储存额 = 上年年底止个人账户累计储存额 ×（1+ 本年记账利率）+ 个人账户本年记账金额 ×（1+ 本年记账利率 ×1.083×1/2）

其中，

个人账户本年记账金额 = 本人月缴费工资 ×8%×12=4 000×8%×12=3 840 元。

此时，

至本年年底止个人账户累计储存额 =30 000×（1+4%）+3 840×（1+4%×1.083×1/2）=35 123.17 元。

（2）月积数计算法。

月积数计算法的计算公式为：

至本年年底止个人账户累计储存额 = 上年年底止个人账户累计储存额 ×（1+ 本年记账利率）+ 个人账户本年记账金额 + 本年记账额利息

其中，

本年记账额利息 = 本年记账月积数 × 本年记账利率 ×1/12

本年记账月积数 = ∑ [n 月份记账额 ×（12−n+1）]=（12+11+10+…+2+1）×8%×4 000=24 960 元。

因此，

本年记账额利息 =24 960×4%×1/12 = 83.2 元。

此时至本年年底止个人账户累计储存额 = 30 000×（1+4%）+3 840+83.2=35 123.2 元。

考场点拨

年度计算法和月积数计算法的计算结果有很细微的差距，因此在考试中解答这类题目时，一定要看清题目意思，根据题目指定的计算方法进行计算。如果题目没有明确具体的计算方法，则尽量选择自己较为熟悉的一种来解题。

3. 政府公共财政补贴

政府公共财政补贴只出现在以下两种情况。

（1）国有企业、事业单位职工参加基本养老保险前，视同缴费年限期间应当缴纳的基本养老保险费由政府承担。

（2）基本养老保险基金出现支付不足时，政府给予补贴。

（五）职工基本养老保险享受条件与待遇

1. 职工基本养老保险享受条件

（1）年龄条件：达到法定退休年龄

目前国家实行的法定企业职工退休年龄有以下几种。

①男年满 60 周岁。

②女工人年满 50 周岁，女干部年满 55 周岁。

③从事井下、高温、高空、特别繁重体力劳动或其他有害身体健康工作的，退休年龄男年满 55 周岁，女年满 45 周岁。

④因病或非因工致残，由医院证明并经劳动鉴定委员会确认完全丧失劳动能力的，退休年龄为男年满 50 周岁，女年满 45 周岁。

（2）缴费条件：累计缴费满 15 年

参加基本养老保险的个人，达到法定退休年龄时累计缴费满 15 年的，按月领取基本养老金。若累计缴费不足 15 年的，可缴费至满 15 年，按月领取基本养老金；也可转入新型农村社会养老保险或城镇居民社会养老保险，按国务院规定享受相应的养老保险待遇。

【例题·多选题】下列选项中，关于职工法定退休年龄说法正确的是（　）

A. 企业男性职工的退休年龄为 60 周岁

B. 企业女性职工的退休年龄为 50 周岁

C. 从事井下、高温等工作的男性职工的退休年龄为 55 周岁

D. 因病或非因工致残，由医院证明并经劳动鉴定委员会确认完全丧失劳动能力的，退休年龄为男年满 50 周岁，女年满 45 周岁

【答案】ACD

【解析】本题考查的是职工基本养老保险费享受的年龄条件。B选项错误，企业女性职工中，达到法定退休年龄的规定为：女工人年满50周岁，女干部年满55周岁。

【例题·判断题】参加基本养老保险的职工，若达到法定退休年龄时累计缴费仍不足15年，将无法按月领取基本养老金，只有重新缴费15年才能领取。(　)

【答案】×

【解析】本题考查的是职工基本养老保险费享受的缴费条件。参加基本养老保险的个人，达到法定退休年龄时累计缴费满15年的，按月领取基本养老金。若累计缴费不足15年的，可缴费至满15年，按月领取基本养老金。

2. 职工基本养老保险待遇

职工基本养老保险待遇包括基本养老金、丧葬补助金、遗属抚恤金以及病残津贴等。

（1）职工基本养老金

①职工基本养老金的支付方法。

对符合基本养老保险享受条件的人员，国家按月支付基本养老金。

基本养老金根据个人累计缴费年限、缴费工资、当地职工平均工资、个人账户金额、城镇人口平均预期寿命等因素确定。

国家建立基本养老金正常调整机制，根据职工平均工资增长、物价上涨情况，适时提高基本养老金保险待遇水平。职工退休以后年度调整增加的养老金，按职工退休时个人账户养老金和基础养老金各占基本养老金的比例，分别从个人账户储存金额和社会统筹基金中支付。

基本养老保险金的计发实行“新人新制度、老人老办法、中人逐步过渡”的原则（本书只对“新人新制度”予以介绍）。

专家课堂

新人指1998年7月1日后参加工作，2006年1月1日后达到法定退休年龄，并按国家规定办理退休手续，且缴费年限（含视同缴费年限）累计满15年的人员。

退休时的基础养老金月标准以当地上年度在岗职工月平均工资和本人指数化月平均缴费工资的平均值为基数，缴费每满1年发给1%。个人账户养老金月标准为个人账户储存额除以计发月数，计发月数根据职工退休时城镇人口平均预期寿命、本人退休年龄、利息等因素确定。表2–19归纳了个人账户养老金中退休年龄对应的计发月数。

表2-19 个人账户养老金计发月数表（部分）

退休年龄	计发月数	退休年龄	计发月数
46	212	56	164
47	208	57	158
48	204	58	152
49	199	59	145
50	195	60	139
51	190	61	132
52	185	62	125
53	180	63	117
54	175	64	109
55	170	65	101

基本养老金月标准计算公式如下：

基本养老金月标准＝基础养老金月标准＋个人账户养老金月标准

其中，

基础养老金月标准＝（当地上年度在岗职工月平均工资＋本人指数化月平均缴费工资）/2×1%×缴费年数

本人指数化月平均缴费工资＝当地上年度职工月平均工资×职工平均工资指数

职工平均工资指数＝$(X_0/C_1+X_1/C_2+X_2/C_3+\cdots+X_{n-1}/C_n)/N$

其中，X_0、X_1、X_2、…、X_{n-1}为职工退休当年、前1年、前2年、…、前$n-1$年的缴费工资；C_1、C_2、…、C_n为职工退休前1年、前2年、…、前n年的当地职工平均工资，N指职工退休前的缴费年限。不足一年的，按缴费月数除以12换算。

个人账户养老金月标准计算公式如下：

个人账户养老金月标准＝个人账户储存额/计发月数

②个人养老金账户年度余额记账。职工退休后，其个人账户缴费情况停止记录，个人账户在按月支付离退休金（含以后年度调整增加的部分）后的余额部分继续计息。

利息计算有两种方法。

方法一：年度计算法。退休人员个人账户余额生成的利息在每个支付年度结束后按年度计算，支付年度内各月支付的养老金数额相同时适用此方法。

年利息计算公式如下：

年利息＝（个人账户年初余额－当年支付养老金总额）×本年记账利率＋当年支付养老金总额×本年记账利率×1.083×1/2

个人账户年终余额 = 个人账户年初余额 - 当年支付养老金总额 + 年利息

方法二：月积数计算法。退休人员个人账户余额生成的利息在每个支付年度内按月计算，支付年度内各月支付的养老金数额不同时适用此方法。

年利息计算公式如下：

年利息 = 个人账户年初余额 × 本年记账利率 - 本年度支付月积数 × 本年记账利率 ×1/12

本年度支付月积数 = ∑ [n 月份支付额 ×（12-n+1）]（n 为本年度各支付月份，且 $1 \leqslant n \leqslant 12$）

（2）丧葬补助金和遗属抚恤金

参加基本养老保险的个人可按规定领取丧葬补助金和遗属抚恤金，具体应注意以下几个方面。

①参加基本养老保险的个人因病或非因工死亡的，其遗属可领取丧葬补助金和抚恤金，所需资金从基本养老保险基金中支付。

②如果个人死亡同时符合领取基本养老保险丧葬补助金、工伤保险丧葬补助金和失业保险丧葬补助金条件的，其遗属只能选择领取其中的一项。

③参加职工基本养老保险的个人死亡后，其个人账户中的余额可全部依法继承。

【例题·单选题】参加基本养老保险的个人如果死亡，且同时符合领取基本养老保险丧葬补助金、工伤保险丧葬补助金和失业保险丧葬补助金条件的，其遗属可领取（　）。

A. 只能领取基本养老保险丧葬补助金

B. 只能领取工伤保险丧葬补助金

C. 只能领取失业保险丧葬补助金

D. 任选以上 3 种补助金的其中一种领取

【答案】D

【解析】本题考查的丧葬补助金和遗属抚恤金的领取。按规定，参加基本养老保险的个人，如果个人死亡同时符合领取基本养老保险丧葬补助金、工伤保险丧葬补助金和失业保险丧葬补助金条件的，其遗属只能选择领取其中的一项。

（3）病残津贴

参加基本养老保险的个人，在未达到法定退休年龄时因病或非因工致残完全丧失劳动能力的，可以领取病残津贴。所需资金从基本养老保险基金中支付。

【例题·判断题】参加基本养老保险的个人，在未达到法定退休年龄时因病或非因工致残完全丧失劳动能力的，不能领取病残津贴。（　）

【答案】×

【解析】本题考查的是病残津贴的领取。参加基本养老保险的个人，在未达到法定退休年龄时因病或非因工致残完全丧失劳动能力的，可以领取病残津贴。所需资金从基本养老保险基金中支付。

【例题·多选题】下列选项中，属于职工基本养老保险待遇的有（　）。

A. 遗属抚恤金

B. 基本养老金

C. 丧葬补助金

D. 病残津贴

【答案】ABCD

【解析】本题考查的是职工基本养老保险费待遇的组成。职工基本养老保险待遇包括基本养老金、丧葬补助金、遗属抚恤金以及病残津贴等。

三、基本医疗保险

（一）基本医疗保险的含义

医疗保险是当人们生病或受到伤害后，由国家或社会提供医疗服务或经济补偿的一种社会保障制度。为分担疾病或受伤风险而提供的医疗保险，一般包括提供医疗服务（治疗疾病）和分担医疗成本（报销医疗费用）两个方面。

（二）基本医疗保险的覆盖范围

1. 职工基本医疗保险

职工应当参加职工基本医疗保险，由用人单位和职工按照国家规定共同缴纳基本医疗保险费。

职工基本医疗保险费的征缴范围：国有企业、城镇集体企业、外商投资企业、城镇私营企业和其他城镇企业及其职工，国家机关及其工作人员，事业单位及其职工，民办非企业单位及其职工，社会团体及其专职人员。

无雇工的个体工商户、未在用人单位参加基本医疗保险的非全日制从业人员以及其他灵活就业人员可参加职工基本医疗保险，由个人按照国家规定缴纳基本医疗保险费。

【例题·判断题】职工参加基本医疗保险的保险费通常由职工所在企业缴纳。（　）

【答案】×

【解析】本题考查的是职工基本医疗保险的知识。按规定，职工应当参加职工基本医疗保险，由用人单位和职工按照国家规定共同缴纳基本医疗保险费。

2. 新型农村合作医疗制度

新型农村合作医疗简称新农合，指由政府组织、引导、支持，农民自愿参加，个人、集体和政府多方筹资，以大病统筹为主的农民医疗互助共济制度。新型农村合作医疗制度采取个人缴费、集体扶持和政府资助的方式筹集资金。

3. 城镇居民基本医疗保险制度

城镇居民基本医疗保险实行个人缴费和政府补贴相结合。享受最低生活保障的人、丧失劳动能力的残疾人、低收入家庭 60 周岁以上的老年人和未成年人等所需个人缴费部分，由政府给予补贴。

【例题·单选题】城镇居民基本医疗保险制度规定，享受最低生活保障的人、丧失劳动能力的残疾人、低收入家庭（　）周岁以上的老年人和未成年人等所需个人缴费部分，由政府给予补贴。

A. 60　　B. 65

C. 70　　D. 75

【答案】A

【解析】本题是对城镇居民基本医疗保险制度的考查。享受最低生活保障的人、丧失劳动能力的残疾人、低收入家庭 60 周岁以上的老年人和未成年人等所需个人缴费部分，由政府给予补贴。

（三）职工基本医疗保险费的缴纳

基本医疗保险也像基本养老保险一样采用“统账结合”模式，即分别设立社会统筹基金和个人账户基金。基本医疗费用全部由用人单位和职工共同承担。

1. 单位缴费

由统筹地区统一确定适合当地经济发展水平的基本医疗保险单位缴费率，一般为职工工资总额的 6% 左右。

2. 基本医疗保险个人账户的资金来源

（1）个人缴费部分

由统筹地区统一确定适合当地职工负担水平的基本医疗保险个人缴费率，一般为本人工资收入的 2%。

（2）用人单位强制性缴费的划入部分

由统筹地区根据个人医疗账户的支付范围和职工年龄等因素确定用人单位所缴医疗保险费划入个人医疗账户的具体比例，一般为 30% 左右。

专家课堂

个人跨统筹地区就业的，其基本医疗保险关系随本人转移，缴费年限累计计算。

3. 退休人员基本医疗保险费的缴纳

参加职工基本医疗保险的个人，达到法定退休年龄时累计缴费达到国家规定年限的，退休后不再缴纳基本医疗保险费；未达到国家规定缴费年限的，可缴费至国家规定年限。

【案例 2-14】林某月工资为 4 000 元，分析其个人医疗保险账户每月的存储额应该是多少。

【案例解析】林某个人医疗保险账户每月的存储额应该由单位缴费和个人缴费之和。

其中单位每月缴费应该是：

4 000 × 6% × 30%=72

个人每月缴费应该是：

4 000 × 2%=80

因此林某个人医疗保险账户每月的储存额为：72+80=152 元。

（四）职工基本医疗费用的结算

1. 医疗费用结算的基本规定

参保人员在协议医疗机构发生的医疗费用，符合基本医疗保险药品目录、诊疗项目、医疗服务设施标准的，按国家规定从基本医疗保险基金中支付。参保人员的医疗费用应当由基本医疗保险基金支付的部分，由社会保险经办机构与医疗机构、药品经营单位直接结算。其中社会保险经办机构可根据管理服务的需要，与医疗机构、药品经营单位签订服务协议，规范医疗服务行为。

专家课堂

参保人员确需急诊、抢救的，可在非协议医疗机构就医；因抢救必须使用的药品可适当放宽范围。参保人员急诊、抢救的医疗服务具体管理办法由统筹地区根据当地实际情况制定。

【例题·单选题】参保人员在协议医疗机构发生的医疗费用，符合基本医疗保险药品目录、诊疗项目、医疗服务设施标准的，按国家规定从（　）中支付。

A. 个人医保账户

B. 基本医疗保险基金

C. 个人所在单位医保账户

D. 以上均不对

【答案】B

【解析】本题考查的是医疗费用结算的基本规定。参保人员在协议医疗机构发生的医疗费用，符合基本医疗保险药品目录、诊疗项目、医疗服务设施标准的，按国家规定从基本医疗保险基金中支付。

2. 享受基本医疗保险待遇的条件

按照规定，参保人员享受基本医疗保险待遇一般要符合以下条件。

（1）参保人员必须到基本医疗保险的定点医疗机构就医、购药或定点零售药店购买药品。

（2）参保人员在看病就医过程中所发生的医疗费用必须符合基本医疗保险药品目录、诊疗项目、医疗服务设施标准的范围和给付标准。

3. 起付标准与最高支付限额

起付标准又称起付线，一般为当地职工年平均工资的10%左右。最高支付限额又称封顶线，一般为当地职工年平均工资的6倍左右。支付比例一般为90%。具体到参考人员支付医疗费用时，应根据起付线和封顶线来遵守以下规定。

（1）参保人员符合基本医疗保险支付范围的医疗费用中，在社会医疗统筹基金起付标准以上与最高支付限额以下的费用部分，由社会医疗统筹基金按一定比例支付。

（2）参保人员符合基本医疗保险支付范围的医疗费用中，在社会医疗统筹基金起付标准以下的费用部分，由个人账户资金支付或个人自付。

（3）统筹基金起付线以上至封顶线以下的费用部分，个人也要承担一定比例的费用，一般为10%，可由个人账户支付也可自付。

（4）参保人员在封顶线以上的医疗费用部分，可通过单位补充医疗保险或参加商业保险等途径解决。

【案例2-15】郭某在医保定点医院做手术，总共花费的医疗费用为160 000元，其中规定医疗目录内的费用为140 000元，目录外的费用为20 000元。当地职工平均工资水平为1 900元/月。试分析郭某花费的所有医疗费用中，哪些可以从统筹账户中报销？哪些需要自付？

【案例解析】首先计算起付线和封顶线。

起付线：1 900×12×10%=2 280（元）；

封顶线：1 900×12×6=136 800（元）；

因此可报销的费用为：（136 800−2 280）×90%=121 068（元）；

自付的费用则为：160 000−121068=38 932（元）。

本案例也可通过另一种方法计算。

即，

自付部分的费用＝起付线以下部分＋起付线以上封顶线以下部分＋目录内封顶线以上部分＋目录外部分

起付线以下部分：2 280元；

起付线以上封顶线以下部分：（136 800−2 280）×10%=1 3452（元）；

目录内封顶线以上部分：140 000−136 800=3 200（元）；

目录外部分：160 000−140 000=20 000（元）；

所有自付部分的费用为：2 280+13 452+3 200+20 000=38 932（元）；

则可报销部分的费用为：160 000−38 932=121 068（元）。

（五）基本医疗保险基金不支付的医疗费用

下列医疗费用不纳入基本医疗保险基金支付范围。

（1）应当从工伤保险基金中支付的。

（2）应当由第三人负担的。

（3）应当由公共卫生负担的。

（4）在境外就医的。

专家课堂

医疗费用应当由第三人负担，第三人不支付或无法确定第三人的，由基本医疗保险基金先行支付，然后向第三人追偿。

【例题·多选题】下列不能通过基本医疗保险基金支付的医疗费用是（　）。

A. 应从工伤保险基金支付的费用

B. 应有第三人负担的费用

C. 境外就医的费用

D. 应由公共卫生负担的费用

【答案】ABCD

【解析】本题考查的是基本医疗保险基金不支付的医疗费用。下列医疗费用不纳入基本医疗保险基金支付范围：①应当从工伤保险基金中支付的；②应当由第三人负担的；③应当由公共卫生负担的；④在境外就医的。

（六）医疗期

医疗期是指企业职工因患病或非因工负伤停止工作治病休息不得解除劳动合同的时限。

1. 医疗期期间

企业职工进行医疗时，用人单位应根据该职工实际参加工作年限和在本单位的工作年限，给予3个月到24个月的医疗期，具体情况如表2-20所示。

表2-20 不同工作年限的医疗期期间

实际工作年限	本单位工作年限	医疗期期间
10年以下	5年以下	3个月
	5年以上	6个月
10年以上	5年以下	6个月
	5年以上，10年以下	9个月
	10年以上，15年以下	12个月
	15年以上，20年以下	18个月
	20年以上	24个月

2. 医疗期的计算方法

职工享受医疗期时，其对应的累计病休时间应按规定计算。假设某单位1名职工按其工作年限应享受3个月的医疗期，且该职工从2013年5月20日起第一次病休，则该职工的医疗期应在2013年5月20日至2013年11月19日6个月内的时间段确定。假设到2013年10月20日时，该职工已累计病休3个月，则视为医疗期满。若其在2013年10月21至11月19日之间再次病休，就无法享受医疗期待遇了。

医疗期的具体计算方法如表2-21所示。

表2-21 医疗期的计算方法

医疗期	累计病休时间
3个月	6个月
6个月	12个月
9个月	15个月
12个月	18个月
18个月	24个月
24个月	30个月

专家课堂

公休、假日和法定节日包括在病休期间内计算。对于某些患特殊疾病（如癌症、精神病、瘫痪等）的职工，在24个月内尚不能痊愈的，经企业和劳动主管部门批准，可适当延长医疗期。

3. 医疗期内的待遇

企业职工在医疗期内，其病假工资、疾病救济费和医疗待遇按照有关规定执行。

参保人员在医疗期内享受的具体待遇如下。

（1）病假工资或疾病救济费可低于当地最低工资标准支付，但最低不能低于最低工资标准的80%。

（2）医疗期内不得解除劳动合同。

（3）如医疗期内遇合同期满，则合同必须续延至医疗期满，职工在此期间仍然享受医疗期内待遇。

（4）对医疗期满尚未痊愈者，或医疗期满后，不能从事原工作，也不能从事用人单位另行安排的工作，被解除劳动合同的，用人单位需按经济补偿规定给予其经济补偿。

【案例2-16】2008年3月，高某被某企业录用，双方签订为期5年的劳动合同。2012年1月10日，高某患病住院，经诊断需住院1月。高某住院期间，其所在的用人单位停发高某全部工资，并以不能适应工作、不符合录用条件为由，解除其劳动合同。分析该单位的做法是否合法，高某是否可以要求用人单位收回解除劳动合同的决定，继续履行合同，并给予其病假待遇。

【案例解析】劳动者患病或负伤，在规定的医疗期内，用人单位不得解除劳动合同。本案中，用人单位在高某患病住院依规定应享有的医疗期内，即决定解除高某的劳动合同，属于违反规定的行为。用人单位解除劳动合同的决定无效，高某可以要求单位继续履行合同，补发病假工资。

四、工伤保险

（一）工伤保险的含义

1. 工伤保险的概念

工伤保险，是指劳动者在工作中或在规定的特殊情况下，遭受意外伤害或患职业病导致暂时或永久丧失劳动能力以及死亡时，劳动者或其遗属从国家和社会获得物质帮助的一种社会保险制度。

上述概念包含以下两层含义。

（1）工伤发生时劳动者本人可获得物质帮助。

（2）因工伤死亡时其劳动者遗属可获得物质帮助。

2. 工伤保险的作用

设立工伤保险制度的作用在于保障因工作遭受事故伤害或患职业病的职工获得医疗救治和经济补偿，促进工伤预防和职业康复，分散用人单位的工伤风险。

3. 工伤保险的特点

工伤保险具有以下特点。

（1）劳动者参加工伤保险不需缴纳保险费，完全由用人单位缴纳。

（2）医疗待遇比非因工负伤、患病的医疗待遇高。

（3）不但能保障劳动者的基本生活，还能根据其伤残程度为劳动者提供经济补偿、职业康复等待遇，对因工死亡的劳动者遗属也能提供基本的生活保障。

【例题·单选题】关于工伤保险的特点和作用，下列说法中错误的是（　）。

A. 工伤保险可以保障因工作遭受事故伤害或患职业病的劳动者获得医疗救治和经济补偿

B. 工伤保险可以在一定程度分散用人单位的工伤风险

C. 工伤保险的费用由劳动者和用人单位共同缴纳

D. 对因工死亡的劳动者遗属，工伤保险能提供基本的生活保障

【答案】C

【解析】本题考查的是工伤保险特点和作用。C 选项错误，劳动者参加工伤保险不需缴纳保险费，完全由用人单位缴纳。

（二）工伤保险费的缴纳和工伤保险基金

1. 工伤保险费的缴纳

职工应当参加工伤保险，由用人单位缴纳工伤保险费，职工不缴纳工伤保险费。

工伤保险费缴纳应遵守以下几方面规定。

（1）我国境内的用人单位应依照工伤保险条例的规定参加工伤保险，为本单位职工缴纳工伤保险费。

（2）企业、事业单位、社会团体、民办非企业单位、基金会、律师事务所、会计师事务所等组织的职工和个体工商户的雇工，按规定均有享受工伤保险待遇的权利。

（3）工伤保险费根据以支定收、收支平衡的原则来确定费率。其中国家会根据不同行业的工伤风险程度确定行业的差别费率，并根据使用工伤保险基金、工伤发生率等情况在每个行业内确定费率档次。

（4）社会保险经办机构根据用人单位使用工伤保险基金、工伤发生率和所属行业费率档次等情况，确定用人单位缴费费率。

（5）用人单位应按照本单位职工工资总额，根据社会保险经办机构确定的费率按时足额缴纳工伤保险费。

专家课堂

用人单位缴纳工伤保险费的数额 = 本单位职工工资总额 × 单位缴费费率。其中本单位工资总额指用人单位直接支付给全部职工的劳动报酬总额。

（6）对难以按照工资总额缴纳工伤保险费的行业，其缴纳工伤保险费的具体方式，由国务院社会保险行政部门规定。

2. 工伤保险基金

（1）组成。工伤保险基金由多个部分组成，具体如图 2–17 所示。

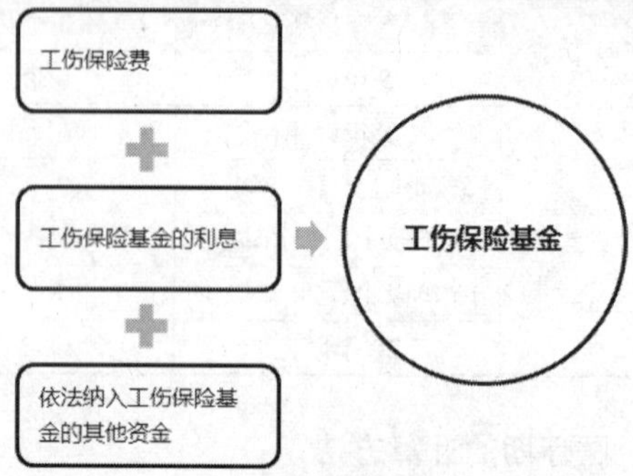

图 2–17　工伤保险基金的组成

（2）用途。工伤保险基金存入社会保障基金财政专户，用于规定的工伤保险待遇，劳动能力鉴定，工伤预防的宣传、培训等费用，以及法律、法规规定的用于工伤保险的其他费用的支付。

（3）储备金。工伤保险基金应当留有一定比例的储备金，用于统筹地区重大事故的工伤保险待遇支付；储备金不足支付的，由统筹地区的人民政府垫付。储备金占基金总额的具体比例和储备金的使用办法，由省、自治区、直辖市人民政府规定。

【例题·多选题】下列选项中，属于工伤保险基金的组成部分的是（　）。

A. 政府补贴

B. 工伤保险费

C. 工伤保险基金利息

D. 依法纳入工伤保险基金的其他资金

【答案】BCD

【解析】本题考查的是工伤保险基金的组成。组成工伤保险基金的是工伤保险费、工伤保险基金利息和依法纳入工伤保险基金的其他资金。

（三）工伤认定与劳动能力鉴定

1. 工伤认定

（1）应当认定为工伤的情形

职工有下列情形之一的，认定为工伤。

①在工作时间和工作场所内，因工作原因受到事故伤害的。

②工作时间前后在工作场所内，从事与工作有关的预备性或收尾性工作受到事故伤害的。

③在工作时间和工作场所内，因履行工作职责受到暴力等意外伤害的。

④患职业病的。

⑤因工外出期间，由于工作原因受到伤害或发生事故下落不明的。

⑥在上下班途中，受到非本人主要责任的交通事故或城市轨道交通、客运轮渡、火车事故伤害的。

⑦法律、行政法规规定应当认定为工伤的其他情形。

【例题·多选题】下列选项中，可以认定为工伤的情形是（　）。

A. 患职业病

B. 在工作时间和工作场所内，因工受伤

C. 因工外出期间，由工作原因受伤

D. 在上下班途中，受到非本人主要责任的交通事故

【答案】ABCD

【解析】本题考查的是认定工伤的情形。题目中的所有选项都符合工伤的条件。

（2）视同工伤的情形

职工有下列情形之一的，视同为工伤。

①在工作时间和工作岗位，突发疾病死亡或在48小时内经抢救无效死亡的。

②在抢险救灾等维护国家利益、公共利益活动中受到伤害的。

③原在军队服役，因战、因公负伤致残，已取得革命伤残军人证，到用人单位后旧伤复发的。

（3）不认定为工伤的情形

职工因下列情形之一导致本人在工作中伤亡的，不认定为工伤。

①故意犯罪。

②醉酒或吸毒。

③自残或自杀。

④法律、行政法规规定的其他情形。

【例题·单选题】下列选项中，不能被认定为工伤的情形是（　）。

A. 在工作时间和工作岗位，突发疾病死亡

B. 在工作时间和工作场所内自残或自杀

C. 在抢险救灾中受伤

D. 已取得革命伤残军人证，到用人单位后旧伤复发

【答案】B

【解析】本题考查的是不认定为工伤的情形。职工因下列情形之一导致本人在工作中伤亡的，不认定为工伤：①故意犯罪；②醉酒或吸毒；③自残或自杀；④法律、行政法规规定的其他情形。

2. 劳动能力鉴定

劳动能力鉴定指劳动功能障碍程度和生活自理障碍程度的等级鉴定。按规定，职工发生工伤时，经治疗伤情相对稳定后存在残疾、影响劳动能力的，应进行劳动能力鉴定。具体等级划分如图2-18所示。

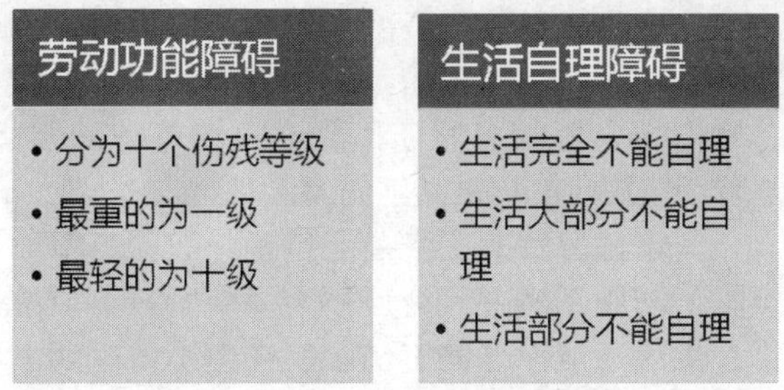

图2-18　劳动能力鉴定的等级划分

知识链接

自劳动能力鉴定结论作出之日起1年后，工伤职工或其近亲属、所在单位或经办机构认为伤残情况发生变化的，可申请劳动能力复查鉴定。

【例题·单选题】关于工伤导致的劳动能力鉴定中，不属于生活自理障碍程度等级鉴定的是（　）。

A. 生活基本不能自理

B. 生活部分不能自理

C. 生活大部分不能自理

D. 生活完全不能自理

【答案】A

【解析】本题考查的是生活自理障碍程度等级鉴定。按规定，生活自理障碍程度等级鉴定分为生活部分不能自理、生活大部分不能自理和生活完全不能自理三个等级。

（四）工伤保险待遇

职工因工作原因受到事故伤害或患职业病，且经工伤认定的，享受工伤保险待遇；其中经劳动能力鉴定丧失劳动能力的，享受伤残待遇。

1. 工伤医疗待遇

职工因工作遭受事故伤害或患职业病进行治疗，可享受工伤医疗待遇，包括以下几个方面。

（1）治疗工伤的医疗费用（诊疗费、药费、住院费）。治疗工伤所需费用符合工伤保险诊疗项目目

录、工伤保险药品目录、工伤保险住院服务标准的，从工伤保险基金支付。

（2）住院伙食补助费、交通食宿费。职工住院治疗工伤的伙食补助费，以及经医疗机构出具证明，报经办机构同意，工伤职工到统筹地区以外就医所需的交通、食宿费用按标准从工伤保险基金支付。

（3）康复性治疗费。工伤职工到签订服务协议的医疗机构进行工伤康复的费用，符合规定的，从工伤保险基金支付。

（4）辅助器具装配费。工伤职工因日常生活或就业需要，经劳动能力鉴定委员会确认，可安装假肢、矫形器、假眼、假牙和配置轮椅等辅助器具，所需费用按规定的标准从工伤保险基金支付。

（5）停工留薪期工资福利待遇。在停工留薪期内，职工的原工资福利待遇不变，由所在单位按月支付。生活不能自理的工伤职工在停工留薪期需要护理的，由所在单位负责。

专家课堂

停工留薪期，指职工因工作遭受事故伤害或患职业病需要暂停工作接受工伤医疗的期间。停工留薪期一般不超过 12 个月。伤情严重或情况特殊，经设区的市级劳动能力鉴定委员会确认，可适当延长，但延长不得超过 12 个月。

需要注意的是，工伤职工评定伤残等级后，停止享受停工留薪期待遇，按规定享受伤残待遇。工伤职工在停工留薪期满后仍需治疗的，继续享受工伤医疗待遇（治疗非工伤引发的疾病，不享受工伤医疗待遇，按基本医疗保险办法处理）。

【例题·判断题】在停工留薪期内，职工的原工资福利待遇不变，由所在单位按月支付。生活不能自理的工伤职工在停工留薪期需要护理的，由职工自己负责。（　）。

【答案】×

【解析】本题考查的是职工在停工留薪期间的工资福利待遇。在停工留薪期内，职工的原工资福利待遇不变，由所在单位按月支付。生活不能自理的工伤职工在停工留薪期需要护理的，由所在单位负责。

2. 伤残待遇

经劳动能力鉴定委员会鉴定，评定伤残等级的工伤职工，可享受以下几方面的伤残待遇。

（1）生活护理费。工伤职工已评定伤残等级并经劳动能力鉴定委员会确认需要生活护理的，从工伤保险基金按月支付生活护理费，具体标准如表 2–22 所示。

表 2–22　生活护理费的待遇标准

生活自理障碍等级划分	生活护理费待遇标准
生活完全不能自理	统筹地区上年度职工月平均工资的 50%
生活大部分不能自理	统筹地区上年度职工月平均工资的 40%
生活部分不能自理	统筹地区上年度职工月平均工资的 30%

（2）一次性伤残补助金。职工因工致残被鉴定为一级至十级伤残的，从工伤保险基金按伤残等级支付一次性伤残补助金，具体标准如表 2–23 所示。

表 2–23　一次性伤残补助金的待遇标准

伤残等级划分	一次性伤残补助金待遇标准
一级伤残	27 个月的本人工资
二级伤残	25 个月的本人工资
三级伤残	23 个月的本人工资
四级伤残	21 个月的本人工资
五级伤残	18 个月的本人工资
六级伤残	16 个月的本人工资
七级伤残	13 个月的本人工资
八级伤残	11 个月的本人工资
九级伤残	9 个月的本人工资
十级伤残	7 个月的本人工资

（3）伤残津贴。职工因工致残被鉴定为一级至四级伤残的，保留劳动关系，退出工作岗位，从工伤保险基金按月支付伤残津贴，具体标准如表 2–24 所示。

表 2–24　伤残津贴待遇标准（一至四级）

伤残等级划分	伤残津贴待遇标准
一级伤残	本人工资的 90%
二级伤残	本人工资的 85%
三级伤残	本人工资的 80%
四级伤残	本人工资的 75%

职工因工致残被鉴定为五级、六级伤残的，保留与用人单位的劳动关系，由用人单位安排适当工作。难以安排工作的，由用人单位按月发给伤残津贴，具体标准如表 2–25 所示。

表 2–25　伤残津贴待遇标准（五、六级）

伤残等级划分	伤残津贴待遇标准
五级伤残	本人工资的 70%
六级伤残	本人工资的 60%

专家课堂

伤残津贴实际金额低于当地最低工资标准的，由工伤保险基金补足差额。

（4）一次性工伤医疗补助金和一次性伤残就业补助金。五级、六级伤残，经工伤职工本人提出，可与用人单位解除或终止劳动关系；七级至十级伤残，劳动、聘用合同期满终止或职工本人提出解除劳动、聘用合同的，由工伤保险基金支付一次性工伤医疗补助金，由用人单位支付一次性伤残就业补助金。

【例题·多选题】工伤保险的伤残待遇包括（　）。

A. 生活护理费

B. 一次性伤残补助金

C. 伤残津贴

D. 一次性工伤医疗补助金和一次性伤残就业补助金

【答案】ABCD

【解析】本题考查的是工伤保险的伤残待遇。经劳动能力鉴定委员会鉴定，评定伤残等级的工伤职工，可享受以下几方面的伤残待遇：①生活护理费；②一次性伤残补助金；③伤残津贴；④一次性工伤医疗补助金和一次性伤残就业补助金。

3. 遗属待遇

职工因工死亡，或伤残职工在停工留薪期内因工伤导致死亡的，其近亲属享受从工伤保险基金领取丧葬补助金、供养亲属抚恤金和一次性工亡补助金的待遇。

（1）丧葬补助金。金额为6个月的统筹地区上年度职工月平均工资。

（2）供养亲属抚恤金。按职工本人工资的一定比例发放给由因工死亡职工生前提供主要生活来源、无劳动能力的亲属。标准为：工亡职工的配偶每月发给本人生前月工资的40%，其他亲属每月发给本人生前月工资的30%，孤寡老人或孤儿每人每月在上述基础上增加10%，但最终核定的各供养亲属的抚恤金之和不应高于工亡职工生前的工资。

（3）一次性工亡补助金。金额为上一年度全国城镇居民人均可支配收入的20倍。

专家课堂

一至四级伤残职工在停工留薪期满后死亡的，其近亲属可享受前两项遗属待遇，不享受一次性工亡补助金待遇。

（五）工伤保险费用支付途径

1. 由工伤保险基金支付的费用

按相关规定，应由工伤保险基金支付的费用有以下几项。

（1）治疗工伤的医疗费用和康复费用。

（2）住院伙食补助费。

（3）到统筹地区以外就医的交通食宿费。

（4）安装配置伤残辅助器具所需费用。

（5）生活不能自理的，经劳动能力鉴定委员会确认的生活护理费。

（6）一次性伤残补助金和一至四级伤残职工按月领取的伤残津贴。

（7）终止或解除劳动合同时，应当享受的一次性医疗补助金。

（8）因工死亡的，其遗属领取的丧葬补助金、供养亲属抚恤金和因工死亡补助金。

（9）劳动能力鉴定费。

2. 由用人单位支付的费用

由用人单位支付的费用有以下几项。

（1）治疗工伤期间的工资福利。

（2）五级、六级伤残职工按月领取的伤残津贴。

（3）终止或解除劳动合同时，应当享受的一次性伤残就业补助金。

【例题·单选题】职工因工死亡，或伤残职工在停工留薪期内因工伤导致死亡的，其近亲属可享受从工伤保险基金领取（　）的待遇。

A. 丧葬补助金

B. 供养亲属抚恤金

C. 一次性工亡补助金

D. 丧葬补助金、供养亲属抚恤金和一次性工亡补助金

【答案】D

【解析】本题考查的是职工因公死亡后其遗属可享受的待遇。按规定，职工因工死亡，或伤残职工在停工留薪期内因工伤导致死亡的，其近亲属享受从工伤保险基金领取丧葬补助金、供养亲属抚恤金和一次性工亡补助金的待遇。

（六）特别规定

1. 本人工资

工伤保险中所称的本人工资，指工伤职工因工作遭受事故伤害或患职业病前12个月平均月缴费工资。本人工资高于统筹地区职工平均工资300%的，按统筹地区职工平均工资的300%计算；低于统筹地区职工平均工资60%的，按统筹地区职工平均工

资的 60% 计算。

2. 停止享受工伤保险待遇

若工伤职工有下列情形之一时，停止享受工伤保险待遇。

（1）丧失享受待遇条件的。

（2）拒不接受劳动能力鉴定的。

（3）拒绝治疗的。

3. 退休职工的伤残津贴

因工致残享受伤残津贴的职工达到退休年龄并办理退休手续后，应停发伤残津贴，享受按国家有关规定的基本养老保险待遇。被鉴定为一级至四级伤残的职工，基本养老保险待遇低于伤残津贴的，由工伤保险基金补足差额。

4. 用人单位未缴纳工伤保险费

职工所在用人单位未依法缴纳工伤保险费，且发生工伤事故的，由用人单位自行支付工伤保险待遇。用人单位不支付的，从工伤保险基金中先行支付，由用人单位偿还。用人单位不偿还的，社会保险经办机构可追偿，具体支付与偿还的流程如图 2–19 所示。

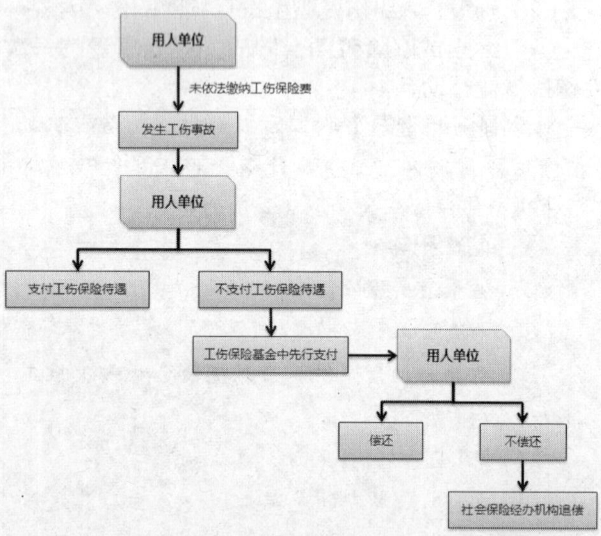

图 2–19 用人单位未缴纳工伤保险费的支付与偿还流程

5. 第三人造成的工伤

由第三人的原因造成的工伤，第三人不支付工伤医疗费用或无法确定第三人的，由工伤保险基金先行支付，之后有权向第三人追偿。

【案例 2-17】陈某与 A 公司签订了为期 2 年的劳动合同，2013 年 8 月合同期满后，双方未续订，但 A 公司继续安排陈某在原岗位工作，并向陈某支付相应的劳动报酬。2013 年 10 月 25 日，陈某在上班时不慎受伤，经当地劳动和社会保障局认定为八级伤残的工伤。A 公司以与陈某的劳动合同到期为理由，不支付陈某工伤待遇。分析陈某能否享受到工伤待遇。

【案例解析】本案例中，陈某与 A 公司的劳动合同已经到期且没有续订，但 A 公司既然安排陈某继续原来的工作，并向其支付相应的劳动报酬，则表明双方已构成事实上的劳动关系，同样受劳动法律保护。这样陈某在此期间发生工伤，根据劳动与社会保险法律制度的规定，只有当劳动合同期满或陈某本人提出解除劳动合同，双方劳动关系才可以解除或终止。在此期间，陈某应该享受工伤医疗待遇和伤残待遇。

五、失业保险

（一）失业保险的含义

失业保险是通过社会集中建立基金，保障因失业而暂时中断生活来源的劳动者的基本生活，并通过职业训练、职业介绍等措施为其重新就业创造条件的一种社会保险制度。

专家课堂

失业保险制度的功能主要有以下几点：①保障失业者基本生活；②促进失业者再就业；③合理配置劳动力。

（二）失业保险费的缴纳

1. 失业保险费的来源

社会保险法规定，职工应参加失业保险，由用人单位和职工按照国家规定共同缴纳失业保险费。这是失业保险基金的主要来源。此外还有失业保险基金的利息收入、财政补贴，以及依法纳入失业保险基金的其他资金，如滞纳金等。

2. 失业保险费的征缴范围

失业保险费的征缴范围有：国有企业、城镇集体企业、外商投资企业、城镇私营企业和其他城镇企业（统称城镇企业）及其职工，事业单位及其职工。

3. 失业保险费的缴费比例

根据《失业保险条例》的规定，城镇企事业单位按本单位工资总额的 2% 缴纳失业保险费，职工按其本人工资的 1% 缴纳失业保险费。

省、自治区、直辖市人民政府根据本行政区域失业人员数量和失业保险金数额，可适当调整本行政区域失业保险费的费率，但需报经国务院批准。

知识链接

职工跨统筹地区就业的，其失业保险关系随本人转移，缴费年限累计计算。

【例题·单选题】城镇企事业单位按本单位工资总额的（　）缴纳失业保险费，职工按其本人工资的（　）缴纳失业保险费。

A. 2% 5%　　B. 5% 1%

C. 2% 1%　　D. 5% 2%

【答案】C

【解析】本题考查的是失业保险费的缴费比例。根据《失业保险条例》的规定，城镇企事业单位按本单位工资总额的2%缴纳失业保险费，职工按其本人工资的1%缴纳失业保险费。

（三）失业保险待遇

1. 失业保险待遇的享受条件

具备下列条件的失业人员可以领取失业保险金。

（1）失业前用人单位和本人已缴纳失业保险费满1年的。

（2）非因本人意愿中断就业的。

（3）已经进行失业登记，并有求职要求的。

专家课堂

非因本人意愿中断就业的情形主要包括：劳动合同终止；用人单位解除劳动合同；被用人单位开除、除名和辞退；因用人单位过错由劳动者解除劳动合同；法律、法规、规章规定的其他情形。

【例题·多选题】下列选项中，有条件领取失业保险金的是（　）。

A. 用人单位解除劳动合同

B. 劳动者被用人单位开除

C. 劳动合同终止

D. 因用人单位过错由劳动者解除劳动合同

【答案】ABCD

【解析】本题考查的是失业保险待遇的享受条件。具备下列条件的失业人员可以领取失业保险金：（1）失业前用人单位和本人已缴纳失业保险费满1年的；（2）非因本人意愿中断就业的；（3）已经进行失业登记，并有求职要求的。其中非因本人意愿中断就业的情形主要包括：劳动合同终止；用人单位解除劳动合同；被用人单位开除、除名和辞退；因用人单位过错由劳动者解除劳动合同；法律、法规、规章规定的其他情形。

2. 失业保险金的领取期限

（1）失业保险金申请流程

用人单位应及时为失业人员出具解除或终止劳动关系的证明，将失业人员的名单自解除或终止劳动关系之日起15日内告知社会保险经办机构。失业人员应持本单位为其出具的解除或终止劳动关系的证明，到指定的公共就业服务机构办理失业登记。失业人员再凭失业登记证明和个人身份证明，到社会保险经办机构办理领取失业保险金的手续，整个流程如图2-20所示。

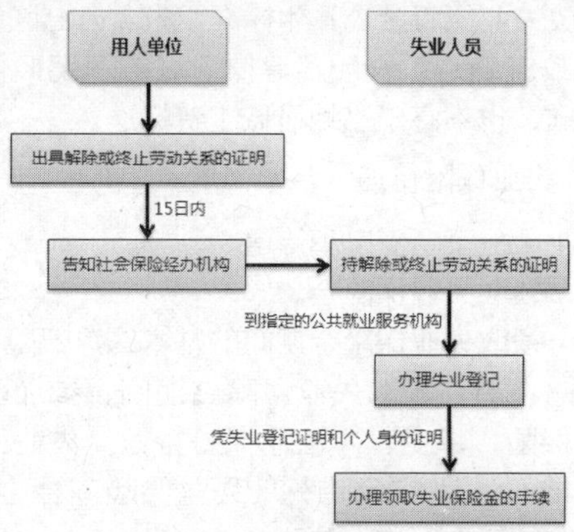

图2-20 失业保险金申请流程

（2）失业保险金领取期限

失业保险金领取期限自办理失业登记之日起计算，具体如表2-26所示。

表2-26 失业保险金领取期限

累计缴费期限	失业保险金领取期限
用人单位和本人累计缴费满1年不足5年	最长为12个月
用人单位和本人累计缴费满5年不足10年	最长为18个月
用人单位和本人累计缴费10年以上	最长为24个月

另外，关于失业保险金的领取期限，还需注意以下几种情况。

①重新就业后再次失业的，缴费时间重新计算，领取失业保险金的期限与前次失业应领取而尚未领取的失业保险金的期限合并计算，最长不超过24个月。

②失业人员因当期不符合失业保险金领取条件的，原有缴费时间予以保留，重新就业并参保的，缴费时间累计计算。

【案例2-18】张某于2010年进入甲公司，并于2010年4月20日与甲公司签订了为期3年的合同。2012年1月10日，由于张某严重违纪，被甲公司开除，解除了劳动合同。此后张某一直未找到工作，遂于2012年8月5日办理了失业保险。分析张某领取失业保险金的期限。

【案例解析】要得到张某领取失业保险金的期限，首先要知道张某与甲公司缴纳社会保险费的年限。根据本案例的日期可知，张某与甲公司工缴纳的社会保险费期限为2年3个月左右。根据规定，用人单位和本人累计缴费满1年不足5年的，可领取失业保险金的最长期限为12个月，且领取期限应从办理失业登记之日起计算。因此，张某可领取失业保险金的期限为：2012年8月5日至2013年8月4日。

3. 失业保险金的发放标准

发放失业保险金的具体标准由省、自治区、直辖市人民政府确定，一般不得低于城市居民最低生活保障标准，也不高于当地最低工资标准。

4. 失业保险待遇

失业保险可享受以下待遇。

（1）领取失业保险金。

（2）领取失业保险金期间的基本医疗保险费。

失业人员在领取失业保险金期间，参加职工基本医疗保险，享受基本医疗保险待遇。失业人员应当缴纳的基本医疗保险费从失业保险基金中支付，个人不缴纳基本医疗保险费。

（3）领取失业保险金期间的死亡补助。

失业人员在领取失业保险金期间死亡的，参照当地对在职职工死亡的规定，向其遗属发给一次性丧葬补助金和抚恤金。所需资金从失业保险基金中支付。

专家课堂

个人死亡同时符合领取基本养老保险丧葬补助金、工伤保险丧葬补助金和失业保险丧葬补助金条件的，其遗属只能选择领取其中的一项。

（4）职业介绍与职业培训补贴。

失业人员在领取失业保险金期间，可以且应当积极求职，接受职业介绍和职业培训。失业人员接受职业介绍、职业培训的补贴由失业保险基金按规定支付，补贴办法和标准由省、自治区、直辖市人民政府规定。

（5）国务院规定或批准的与失业保险有关的其他费用。

【例题·多选题】失业保险可享受的待遇有（　）。

A. 领取失业保险金

B. 领取失业保险金期间的基本医疗保险费

C. 领取失业保险金期间的死亡补助

D. 职业介绍与职业培训补贴

【答案】ABCD

【解析】本题考查的是失业保险可享受的待遇。失业保险可享受的待遇包括5个方面：①领取失业保险金；②领取失业保险金期间的基本医疗保险费；③领取失业保险金期间的死亡补助；④职业介绍与职业培训补贴；⑤国务院规定或批准的与失业保险有关的其他费用。

（四）停止领取失业保险金及其他失业保险待遇的情形

失业人员在领取失业保险金期间有下列情形之一的，停止领取失业保险金，同时停止享受其他失业保险待遇。

（1）重新就业的。

（2）应征服兵役的。

（3）移居境外的。

（4）享受基本养老保险待遇的。

（5）无正当理由，拒不接受当地人民政府指定部门或机构介绍的适当工作或提供的培训的。

【例题·多选题】下列选项中，将停止领取失业保险金的是（　）。

A. 重新就业

B. 应征服兵役

C. 享受基本养老保险待遇

D. 移居境外

【答案】ABCD

【解析】本题考查的是停止领取失业保险金的情形。停止领取失业保险金的情形有以下几种：①重新就业的；②应征服兵役的；③移居境外的；④享受基本养老保险待遇的；⑤无正当理由，拒不接受当地人民政府指定部门或机构介绍的适当工作或提供的培训的。

六、生育保险

（一）生育保险的含义

生育保险是国家通过立法，在怀孕和分娩的妇女劳动者暂时中断劳动时，由国家和社会提供医疗服务、生育津贴和产假的一种社会保险制度。

生育保险可以维护企业女职工的合法权益，保障她们在生育期间得到必要的经济补偿和医疗保健，均衡企业间生育保险费用的负担。

（二）生育保险费的缴纳

《中华人民共和国社会保险法》规定，用人单位应按照国家规定缴纳生育保险费，职工不缴纳生育保险费。

根据《企业职工生育保险试行办法》（劳部发[1994] 504号）的规定，生育保险根据“以支定收，收支基本平衡”的原则筹集资金，由企业按照其工资总额的一定比例向社会保险经办机构缴纳生育保险费，建立生育保险基金，该基金的构成如图2–21所示。

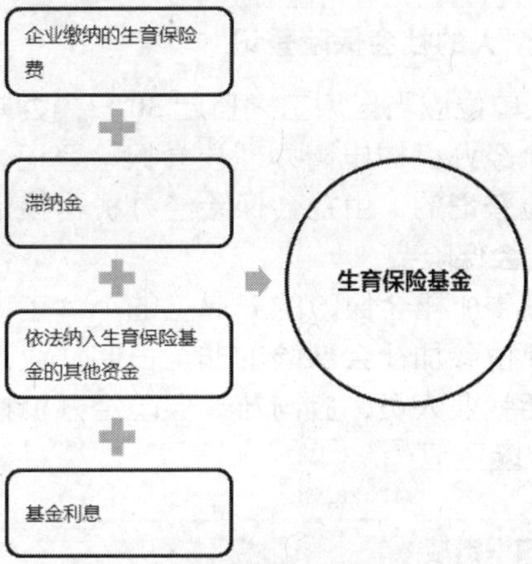

图2–21 生育保险基金的构成

专家课堂

生育保险费的提取比例由当地人民政府确定，最高不能超过工资总额的1%。企业缴纳的生育保险费列入管理费用。

【例题·单选题】下列选项中，不是构成生育保险基金的项目是（　）。

A. 政府补贴

B. 企业缴纳的生育保险费

C. 滞纳金

D. 基金利息

【答案】A

【解析】本题考查的是生育保险基金的构成。生育保险基金主要由企业缴纳的生育保险金、滞纳金、基金利息和依法纳入生育保险基金的其他资金构成。

（三）生育保险待遇

生育保险待遇包括生育医疗费用和生育津贴。

知识链接

用人单位已缴纳生育保险费的，其职工享受生育保险待遇，同时职工的未就业配偶也能按照国家规定享受生育医疗费用待遇，所需资金从生育保险基金中支付。

1. 生育医疗费用

生育医疗费用主要包括下列各项内容。

（1）生育的医疗费用。如生育的检查费、接生费、手术费、住院费和药费等。

专家课堂

超出规定的医疗服务费和药费（含自费药品和营养药品的药费）由职工个人负担。

（2）计划生育的医疗费用。如因实行计划生育需要，实施放置（取出）宫内节育器、流产术、引产术、绝育及复通手术以及由于计划生育引起的疾病的医疗费用。

（3）法律、法规规定的其他项目费用。

知识链接

女职工生育出院后，因生育引起疾病的医疗费，由生育保险基金支付；其他疾病的医疗费按医疗保险待遇的规定办理。女职工产假期满后，因病需休息治疗的，按有关病假待遇和医疗保险待遇规定办理。

2. 生育津贴

（1）概念。生育津贴也称带薪假期，指女职工因生育离开工作岗位期间支付的生活费用。《中华人民共和国社会保险法》规定，生育津贴按职工所在用人单位上年度职工月平均工资计发。

（2）计发方法。在实际操作中，生育津贴的计发方法有以下两种。

①参加生育保险社会统筹的企业。生育津贴由生育保险基金支付，津贴标准按职工所在用人单位上年度职工月平均工资计发，但生育津贴低于其产假工资的，由用人单位予以补足。

②非企业单位或尚未参加生育保险社会统筹单位。女职工休产假期间一般享受生育前的基本工资，由本单位支付。

（3）享受条件。职工有下列情形之一的，可按照国家规定享受生育津贴。

①女职工生育享受产假。

②享受计划生育手术休假。

③法律、法规规定的其他情形。

【例题·判断题】生育保险待遇主要包括生育保险基金和生育津贴。（　）

【答案】×

【解析】本题考查的是生育保险待遇。生育保险待遇包括生育医疗费用和生育津贴。

（四）生育保险基金不予支付的费用

下列因生育产生的费用，生育保险基金不予支付。

（1）违反国家或本统筹地区计划生育规定而发生的医疗费用。

（2）因医疗事故而发生的医疗费用。

（3）在非定点医疗机构检查、分娩而发生的医疗费用。

（4）按规定应当由职工个人负担的医疗费用。

（5）婴儿所发生的各项费用。

（6）超过定额、限额标准之外的各项费用。

（7）不具备卫生行政部门规定的剖宫产手术条件，但女职工个人要求实施剖宫产手术而超出自然分娩定额标准的医疗服务费用。

（8）实施人类辅助生殖术（如试管婴儿）所发生的医疗费用。

【例题·多选题】下列因生育所产生的费用，不能通过生育保险基金支付的是（ ）。

A. 婴儿所发生的各项费用

B. 因医疗事故而发生的医疗费用

C. 在定点医疗机构检查、分娩而发生的医疗费用

D. 超过定额、限额标准之外的各项费用

【答案】ABD

【解析】本题考查的是生育保险基金不予支付的费用。C选项错误，只有在非定点医疗机构检查、分娩而发生的医疗费用，才不能通过生育保险基金支付。

七、社会保险费征缴

（一）社会保险登记

1. 用人单位的社会保险登记

（1）申请社会保险登记。用人单位应自成立之日起30日内凭营业执照、登记证书或单位印章，向当地社会保险经办机构申请办理社会保险登记。社会保险经办机构应当自收到申请之日起15日内予以审核，发给社会保险登记证件。

（2）变更或注销社会保险登记。用人单位的社会保险登记事项发生变更或用人单位依法终止的，应当自变更或终止之日起30日内，到社会保险经办机构办理变更或注销社会保险登记。

【例题·单选题】按规定，用人单位应自成立之日起（ ）日内凭营业执照、登记证书或单位印章，向当地社会保险经办机构申请办理社会保险登记。

A. 15　　B. 20

C. 25　　D. 30

【答案】D

【解析】本题考查的是用人单位申请社会保险登记的期限。用人单位应自成立之日起30日内凭营业执照、登记证书或单位印章，向当地社会保险经办机构申请办理社会保险登记。社会保险经办机构应当自收到申请之日起15日内予以审核，发给社会保险登记证件。

2. 个人的社会保险登记

用人单位应当自用工之日起30日内为其职工向社会保险经办机构申请办理社会保险登记。未办理社会保险登记的，由社会保险经办机构核定其应当缴纳的社会保险费。

自愿参加社会保险的无雇工的个体工商户、未在用人单位参加社会保险的非全日制从业人员以及其他灵活就业人员，应向社会保险经办机构申请办理社会保险登记。

知识链接

个人社会保障号码由国家建立，统一为公民身份号码。

【例题·判断题】用人单位应当自用工之日起15日内为其职工向社会保险经办机构申请办理社会保险登记。（ ）

【答案】×

【解析】本题考查的是个人社会保险登记的期限。按规定，用人单位应当自用工之日起30日内为其职工向社会保险经办机构申请办理社会保险登记。

（二）社会保险费缴纳

1. 用人单位缴纳义务

用人单位缴纳社会保险费的义务主要体现在以下3个方面。

（1）用人单位缴纳义务。用人单位应当自行申报、按时足额缴纳社会保险费，非因不可抗力等法定事由不得缓缴、减免。

（2）职工缴纳义务。职工应当缴纳的社会保险费由用人单位代扣代缴，用人单位应当按月将缴纳社会保险费的明细情况告知本人。

（3）个人缴纳义务。无雇工的个体工商户、未在用人单位参加社会保险的非全日制从业人员以及其他灵活就业人员，可以直接向社会保险费征收机构缴纳社会保险费。

【例题·单选题】按规定，职工应当缴纳的社会保险费由用人单位代扣代缴，用人单位应当按（ ）将缴纳社会保险费的明细情况告知本人。

A. 日　　　　　　　　B. 月

C. 季　　　　　　　　D. 年

【答案】B

【解析】本题考查的是用人单位缴纳社会保险费的义务。对于职工缴纳社会保险费而言，职工应当缴纳的社会保险费由用人单位代扣代缴，用人单位则应按月将缴纳社会保险费的明细情况告知本人。

2. 社会保险经办机构征缴权利

社会保险经办机构即社会保险费征收机构。社会保险费征收机构应依法按时足额征收社会保险费，并将缴费情况定期告知用人单位和个人。

当用人单位未按规定申报应缴纳的社会保险费数额时，按该单位上月缴费额的 110% 确定应当缴纳数额；缴费单位补办申报手续后，由社会保险费征收机构按照规定结算。

当用人单位未按时足额缴纳社会保险费时，社会保险费征收机构可按如图 2-22 所示的流程执行征缴权利。

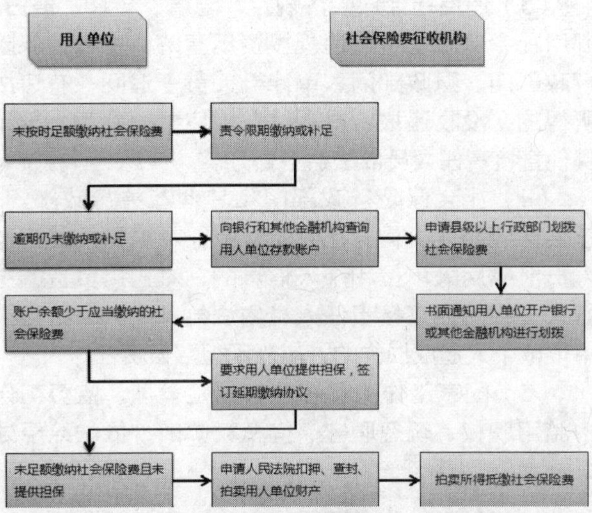

图 2-22 社会保险费征收机构征缴流程

【例题·单选题】社会保险费征收机构应依法按时足额征收社会保险费，若用人单位未按规定申报应缴纳的社会保险费数额时，社会保险费征收机构按该单位上月缴费额的（　）确定应当缴纳数额。

A. 100%　　　　　　B. 110%

C. 150%　　　　　　D. 200%

【答案】B

【解析】本题考查的是社会保险经办机构的征缴权利。当用人单位未按规定申报应缴纳的社会保险费数额时，社会保险费征收机构可按该单位上月缴费额的110%确定应当缴纳数额；缴费单位补办申报手续后，由社会保险费征收机构按照规定结算。

八、社会保险基金管理运营

各项社会保险基金按照社会保险险种分别建账，分账核算，执行国家统一的会计制度。社会保险基金专款专用，任何组织和个人不得侵占或挪用。

社会保险基金的具体管理运营需遵守以下规定。

（1）社会保险基金存入财政专户，通过预算实现收支平衡。

（2）社会保险基金按照统筹层次设立预算。

（3）社会保险基金预算按照社会保险项目分别编制。

（4）基本养老保险基金逐步实行全国统筹，其他社会保险基金逐步实行省级统筹。

（5）县级以上人民政府在社会保险基金出现支付不足时，给予补贴。

（6）社会保险经办机构应定期向社会公布参加社会保险情况以及社会保险基金的收入、支出、结余和收益情况。

（7）社会保险基金不得违规投资运营、不得用于平衡其他政府预算，不得用于兴建、改建办公场所和支付人员经费、运行费用、管理费用，或违反法律、行政法规规定挪作其他用途。

（8）社会保险经办机构的人员经费和经办社会保险发生的基本运行费用、管理费用，由同级财政按照国家规定予以保障。

【例题·判断题】社会保险基金专款专用，任何组织和个人不得侵占或挪用。（　）

【答案】√

【解析】本题考查的是社会保险基金的管理运营知识。各项社会保险基金按照社会保险险种分别建账，分账核算，执行国家统一的会计制度。社会保险基金专款专用，任何组织和个人不得侵占或挪用。

九、违反《社会保险法》的法律责任

（一）用人单位违反《社会保险法》的法律责任

（1）用人单位不办理社会保险登记的，由社会保险行政部门责令限期改正；逾期不改正的，对用人单位处应缴社会保险费数额 1 倍以上 3 倍以下的罚款，对其直接负责的主管人员和其他直接责任人员处 500 元以上 3 000 元以下的罚款。

（2）用人单位未按时足额缴纳社会保险费的，由社会保险费征收机构责令限期缴纳或补足，并自欠缴之日起，按日加收0.05%的滞纳金；逾期仍不缴纳的，由有关行政部门处欠缴数额1倍以上3倍以下的罚款。

（3）用人单位拒不出具终止或解除劳动关系证明的，由劳动行政部门责令改正；给劳动者造成损害的，应当承担赔偿责任。

【例题·单选题】用人单位不办理社会保险登记的，由社会保险行政部门责令限期改正；逾期不改正的，对用人单位处应缴社会保险费数额（　）罚款。

A. 1倍以上2倍以下

B. 1倍以上3倍以下

C. 1倍以上4倍以下

D. 1倍以上5倍以下

【答案】B

【解析】本题考查的是用人单位违反社会保险法应负的法律责任。用人单位不办理社会保险登记的，由社会保险行政部门责令限期改正；逾期不改正的，对用人单位处应缴社会保险费数额1倍以上3倍以下的罚款，对其直接负责的主管人员和其他直接责任人员处500元以上3 000元以下的罚款。

（二）骗保行为的法律责任

（1）以欺诈、伪造证明材料或其他手段骗取社会保险待遇的，由社会保险行政部门责令退回骗取的社会保险金，并处骗取金额2倍以上5倍以下的罚款。

（2）社会保险经办机构以及医疗机构、药品经营单位等社会保险服务机构以欺诈、伪造证明材料或其他手段骗取社会保险基金支出的，由社会保险行政部门责令退回骗取的社会保险金，处骗取金额2倍以上5倍以下的罚款；属于社会保险服务机构的，解除服务协议；直接负责的主管人员和其他直接责任人员有执业资格的，依法吊销其执业资格。

【案例2-19】某公司为减轻自身负担，伪造职工档案材料，为30名职工提前办理了退休手续。相关社保机构在审核资格时发现了该公司的违法行为，而截止到发现该公司违法时，其下的30名职工已经领取了1年的基本养老金，共计72万元。分析该公司应受到什么处罚。

【案例解析】该公司的行为属于骗保行为，因此将受到退回骗取的72万元社会保险金的处罚，同时处骗取金额2倍（144万元）以上5倍（360万元）以下的罚款。

（三）社会保险经办机构、社会保险费征收机构、社会保险服务机构等机构的法律责任

（1）社会保险经办机构及其工作人员有下列行为之一的，由社会保险行政部门责令改正；给社会保险基金、用人单位或个人造成损失的，依法承担赔偿责任；对直接负责的主管人员和其他直接责任人员依法给予处分。

①未履行社会保险法定职责的。

②未将社会保险基金存入财政专户的。

③克扣或拒不按时支付社会保险待遇的。

④丢失或篡改缴费记录、享受社会保险待遇记录等社会保险数据、个人权益记录的。

⑤有违反社会保险法律、法规的其他行为的。

（2）社会保险费征收机构擅自更改社会保险费缴费基数、费率，导致少收或多收社会保险费的，由有关行政部门责令其追缴应当缴纳的社会保险费或退还不应当缴纳的社会保险费；对直接负责的主管人员和其他直接责任人员依法给予处分。

（3）违反社会保险法规定，隐匿、转移、侵占、挪用社会保险基金或违规投资运营的，由社会保险行政部门、财政部门、审计机关责令追回；有违法所得的，没收违法所得；对直接负责的主管人员和其他直接责任人员依法给予处分。

（4）社会保险行政部门和其他有关行政部门、社会保险经办机构、社会保险费征收机构及其工作人员泄露用人单位和个人信息的，对直接负责的主管人员和其他直接责任人员依法给予处分；给用人单位或个人造成损失的，应当承担赔偿责任。

（5）国家工作人员在社会保险管理、监督工作中滥用职权、玩忽职守、徇私舞弊的，依法给予处分。

（6）违反社会保险法规定，构成犯罪的，依法追究刑事责任。

【例题·多选题】下列选项所述的情形中，社会保险经办机构及其工作人员将被责令改正的是（　）。

A. 未履行社会保险法定职责

B. 未将社会保险基金存入财政专户

C. 克扣或拒不按时支付社会保险待遇

D. 丢失或篡改缴费记录

【答案】ABCD

【解析】本题考查的是社会保险经办机构、社会保险费征收机构、社会保险服务机构等机构的法律责任。社会保险经办机构及其工作人员有下列行为之一的，由社会保险行政部门责令改正；给社会

保险基金、用人单位或个人造成损失的，依法承担赔偿责任；对直接负责的主管人员和其他直接责任人员依法给予处分：①未履行社会保险法定职责的；②未将社会保险基金存入财政专户的；③克扣或拒不按时支付社会保险待遇的；④丢失或篡改缴费记录、享受社会保险待遇记录等社会保险数据、个人权益记录的；⑤有违反社会保险法律、法规的其他行为的。

【本节小结】本节内容除“医疗期”相关知识以外，其余全是2013年新增的内容。主要介绍了社会保险中的5种具体的保险知识以及社会保险费征缴、社会保险基金管理运营和违反社会保险法的法律责任等内容。其中需要重点掌握基本养老保险和基本医疗保险，特别是缴费的计算方法和医疗期的内容。其次就是工伤保险的知识也应该熟悉，其他内容适当理解即可。

第三节　同步强化自测练习

（一）单选题

1. 下列各项中，不属于劳动合同订立原则的是（　）。

A. 公平原则　　B. 平等自愿原则

C. 协商一致原则　D. 服从原则

2. 某企业职工黄某2013年的月工资为9 000元，当地社会平均工资为2500元。则黄某每月应缴纳的基本养老保险费是（　）。

A. 720元　　B. 600元

C. 500元　　D. 120元

3. 甲公司招聘了5名服务人员，在签订劳动合同时要求该5名聘用人员每人缴纳500元的服装押金。劳动行政部门发现甲公司这一违法行为后对其进行了处罚，下列处罚措施中，不符合规定的是（　）。

A. 责令限期向5名劳动者每人退还收取的500元押金

B. 处以总额为2 000元的罚款

C. 处以总额为2 500元的罚款

D. 处以总额为10 000元的罚款

4. 根据《劳动合同法》的规定，除文艺、体育、特种工艺单位之外，订立劳动合同的劳动者需年满（　）周岁，有劳动权利能力和行为能力。

A. 15　　B. 16

C. 17　　D. 18

5. 下列属于劳动合同约定条款的是（　）。

A. 竞业限制　　B. 劳务报酬

C. 工作地点　　D. 休息休假

6. 小李于2013年3月20日开始到甲公司上班，试用3个月后，与该公司签订了劳动合同。小李与甲公司建立劳动关系的时间是（　）。

A. 2013年3月20日

B. 2013年4月20日

C. 2013年5月20日

D. 2013年6月20日

7. 2013年6月10日，甲公司通知面试者乙已被录取；6月15日，乙告知甲公司，决定到甲公司工作；6月20日，甲公司与乙签订劳动合同；8月1日，乙开始到甲公司工作。根据规定，甲公司与乙之间的劳动关系自（　）建立。

A. 2013年6月10日

B. 2013年6月15日

C. 2013年6月20日

D. 2013年8月1日

8. 2012年1月1日，王某与甲公司建立了劳动关系，但是，甲公司一直未与王某签订书面劳动合同。王某月工资为1500元，甲公司无拖欠工资等其他违法违规行为。截止到2013年2月1日，根据规定，王某可要求甲公司再支付（　）元工资。

A. 16 500　　B. 19 500

C. 33 000　　D. 36 000

9. 某企业员工刘某的月工资为5 000元，用人单位强制性缴费的划入比例为30%，则刘某个人医疗保险账户每月的储存额是（　）。

A. 190元　　B. 200元

C. 300元　　D. 400元

10. 根据劳动合同法律制度的规定，因特殊原因需要延长工作时间的，在保障劳动者身体健康的条件下延长工作时间，除有特殊情况外，每日不得超过（　）小时，每月不得超过（　）小时。

A. 1小时，36小时

B. 1小时，40小时

C. 3小时，36小时

D. 3小时，40小时

11. 某公司为员工徐某提供专项培训费用10万元，对其进行专业技术培训，双方约定服务期10年。工作满5年时，徐某辞职，则徐某应向该公司支付违约金（　）万元。

A. 0　　B. 2

C. 3　　D. 5

12. 根据劳动合同法律制度的规定，下列不属于我国法定假日的是（　）。

A. 清明节　　B. 劳动节

C. 中秋节　　D. 重阳节

13. 2013年1月10日，张某应聘到某餐厅工作；2013年3月10日，张某与某餐厅订立了劳动合同；2013年5月10日，张某在餐厅老板胁迫下修改了劳动合同，减少了一些劳动者权利；2013年7月10日，有关部门裁定张某与餐厅修改后的劳动合同无效。修改后的劳动合同没有法律约束力起算时间是（　）。

A. 2013年1月10日

B. 2013年3月10日

C. 2013年5月10日

D. 2013年7月10日

14. 根据劳动合同法律制度的规定，累计工作满20年以上的职工，请病假累计（　）个月以上的不享受当年的年休假。

A. 1个月　　B. 2个月

C. 3个月　　D. 4个月

15. 在某上市公司工作的陈某工作年限为16年，2013年公司因盈利不佳，符合可裁减人员规定而与陈某解除劳动合同，当时陈某月工资为6 400元，当地职工月平均工资为3 500元，陈某可以得到的经济补偿金为（　）元。

A. 76 800　　B. 102 400

C. 126 000　　D. 168 000

16. 根据劳动合同法律制度的规定，下列关于劳动报酬的表述中，不正确的是（　）。

A. 工资可以以法定货币支付，也可以以实物及有价证券替代货币支付

B. 劳动者在法定休假日和婚丧假期间及依法参加社会活动期间，用人单位应当依法支付工资

C. 在部分公民放假的节日期间（妇女节、青年节，非星期六、星期日），对参加社会活动或单位组织庆祝活动和照常工作的职工，单位应支付工资报酬，但不支付加班工资

D. 如果部分公民放假的节日期间（妇女节、青年节），恰逢星期六、星期日，单位安排职工加班工作，则应当依法支付休息日的加班工资

17. 如果劳动者对劳动争议的终局裁决不服，向人民法院提起诉讼的期限是（　）。

A. 自收到仲裁裁决书之日起5日内

B. 自收到仲裁裁决书之日起10日内

C. 自收到仲裁裁决书之日起15日内

D. 自收到仲裁裁决书之日起30日内

18. 刘某在正常完成自己工作的前提下，被公司安排在周六加班，且不能安排补休。根据劳动合同法律制度的规定，刘某可以要求公司按照不低于其日或小时工资标准的（　）支付工资。

A. 100%　　B. 150%

C. 200%　　D. 300%

19. 某企业实行标准工时制。2013年5月，为完成一批订单，企业安排全体职工每工作日延长工作时间2小时，关于企业向职工支付加班工资的下列计算标准中，正确的是（　）。

A. 不低于职工本人小时工资标准的100%

B. 不低于职工本人小时工资标准的150%

C. 不低于职工本人小时工资标准的200%

D. 不低于职工本人小时工资标准的300%

20. 于某作为甲公司的出纳，月工资3 000元，因其个人原因给公司造成损失10万元。已知当地月最低工资标准为2 500元。根据劳动合同法律制度的规定，下列表述中，不正确的是（　）。

A. 甲公司可按照劳动合同的约定要求于某赔偿经济损失

B. 甲公司经济损失的赔偿，可依法从于某的工资中扣除

C. 甲公司每月扣除的部分不得超过于某当月工资的20%

D. 甲公司扣除损失后最低可支付于某2 400元的工资

21. 劳动合同解除或者终止后，用人单位对该合同文本的保存年限至少为（　）。

A. 1年　　B. 2年

C. 3年　　D. 5年

22. 根据劳动合同法律制度的规定，下列对劳动仲裁当事人的表述中，不正确的是（　）。

A. 发生劳动争议的劳动者和用人单位为发生劳动争议仲裁案件的双方当事人

B. 劳务派遣单位或者用工单位与劳动者发生劳动争议的，用工单位作为当事人

C. 劳动者与个人承包经营者发生争议，依法向仲裁委员会申请仲裁的，应当将发包的组织和个人承包经营者作为当事人

D. 因履行集体合同发生的劳动争议，经协商不成的，工会可以依法申请仲裁；尚未建立工会的，由上级工会指导劳动者推举产生的代表依法申请仲裁

23. 下列关于劳动仲裁管辖的表述中，错误的是（　）。

A. 劳动争议仲裁委员会负责管辖本区域发生的劳动争议

B. 劳动争议的双方当事人分别向劳动合同履行地和用人单位所在地的劳动争议仲裁委员会申请仲裁的，由用人单位所在地的劳动争议仲裁委员会管辖

C. 劳动合同履行地为劳动者实际工作场所地，用人单位所在地为用人单位注册、登记地

D. 用人单位未经注册、登记的，其出资人、开办单位或主管部门所在地为用人单位所在地

24. 王某原系甲公司职工，因偷盗公司电缆，于2013年6月1日被甲公司开除。王某须继续求职。根据社会保险法律制度的规定，下列对此表述，不正确的是（　）。

A. 甲公司应当及时为王某出具解除劳动关系的证明

B. 甲公司应当自解除劳动关系之日起15日内告知社会保险经办机构

C. 王某应持甲公司为其出具的解除劳动关系的证明，及时到指定的公共就业服务机构办理失业登记

D. 失业保险金领取期限自甲公司解除劳动合同之日起计算

25. 用人单位拖欠或者未足额支付劳动报酬的，劳动者可以依法向当地人民法院申请（　）。

A. 法律援助

B. 支付令

C. 社会救济

D. 依法制裁用人单位

26. 1997年6月，张某大学毕业到甲公司工作；2000年8月，张某从甲公司辞职到乙公司工作；2005年3月，张某从乙公司辞职自行去澳大利亚深造；2008年3月，张某回国到丙公司工作；2011年7月，张某在丙公司因患病需要进行医疗时，可以享受的医疗期是（　）。

A. 3个月　　B. 6个月

C. 9个月　　D. 18个月

27. 根据社会保险法律制度的规定，下列关于生育保险的表述正确的是（　）。

A. 用人单位缴纳的生育保险费不得超过工资总额的0.5%

B. 用人单位缴纳的生育保险费不得超过工资总额的1%

C. 生育津贴按照当地最低工资标准计算

D. 生育津贴按照当地最低生活保障标准计算

28. 根据规定，职工累计工作已满10年不满20年的，年休假时间是（　）。

A. 5天　　B. 10天

C. 15天　　D. 20天

29. 根据社会保险法律制度的规定，下列表述，不正确的是（　）。

A. 用人单位应当自办理社会保险登记之日起30日内办理营业执照

B. 用人单位应当自用工之日起30日内为其职工向社会保险经办机构申请办理社会保险登记

C. 用人单位未办理社会保险登记的，由社会保险经办机构核定其应当缴纳的社会保险费

D. 用人单位的社会保险登记事项发生变更或者用人单位依法终止的，应当自变更或者终止之日起30日内，到社会保险经办机构办理变更或者注销社会保险登记

30. 劳动者依法解除或者终止劳动合同，用人单位扣押劳动者档案或者其他物品的，由劳动行政部门责令限期退还劳动者本人，并以每人（　）标准处以罚款；给劳动者造成损害的，应当承担赔偿责任。

A. 1 000元以上5 000元以下

B. 1 000元以上2 000元以下

C. 500元以上2 000元以下

D. 500元以上1 000元以下

31. 根据社会保险法律制度的规定，用人单位未按时足额缴纳社会保险费的，由社会保险费征收机构责令限期缴纳或者补足，并自欠缴之日起，按日加收（　）的滞纳金；逾期仍不缴纳的，由有关行政部门处欠缴数额（　）的罚款。

A. 0.05%，1倍以上3倍以下

B. 0.05%，2倍以上5倍以下

C. 1%，1倍以上3倍以下

D. 1%，2倍以上5倍以下

（二）多选题

1. 根据劳动合同法律制度的规定，下列组织与劳动者订立、履行、变更、解除或者终止劳动合同，适用劳动合同法规定的有（　）。

A. 中国境内的有限责任公司

B. 中国境内的合伙企业

C. 中国境内的外资企业

D. 中国境内的个体工商户

2. 用人单位招用劳动者时，应如实告知劳动者（　），以及劳动者要求了解的其他合理情况。

A. 工作内容　　B. 工作条件

C. 工作地点　　D. 职业危害

3. 2013年7月1日，甲开始在乙公司工作。2013年7月31日，乙公司书面通知甲订立书面劳动合同，遭到甲的拒绝。根据劳动合同法的规定，下列表述正确的有（　）。

A. 乙公司应当书面通知甲终止劳动关系

B. 乙公司可以口头通知甲终止劳动关系

C. 乙公司必须向甲支付一个月的劳动报酬

D. 乙公司必须向甲支付经济补偿金

4. 根据社会保险法的有关规定，下列选项中属于职工基本养老保险的征缴范围的有（　　）。

A. 国有企业职工

B. 外商投资企业职工

C. 高校中的外聘教师

D. 国家机关公务员

5. 根据劳动合同法律制度的规定，劳动者在用人单位连续工作满 10 年，劳动者提出续订劳动合同的，除劳动者提出订立固定期限劳动合同的外，应当订立无固定期限劳动合同。其中该 10 年的计算方法是（　　）。

A. 自用人单位用工之日起计算

B. 自《劳动合同法》实施之日 2008 年 1 月 1 日起计算

C. 劳动者非因本人原因从原用人单位被安排到新用人单位工作的，劳动者在原用人单位的工作年限合并计算为新用人单位的工作年限

D. 劳动者因本人原因从原用人单位被安排到新用人单位工作的，劳动者在原用人单位的工作年限合并计算为新用人单位的工作年限

6. 因工伤发生的下列费用中，按照国家规定由用人单位支付的有（　　）。

A. 治疗工伤期间的工资福利

B. 住院伙食补助费

C. 五级、六级伤残职工按月领取的伤残津贴

D. 终止或者解除劳动合同时，应当享受的一次性伤残就业补助金

7. 根据劳动合同法律制度的规定，下列各项中，属于劳动合同无效或者部分无效情形的有（　　）。

A. 以欺诈、胁迫的手段，使对方在违背真实意思的情况下订立或者变更劳动合同的

B. 乘人之危，使对方在违背真实意思的情况下订立或者变更劳动合同的

C. 用人单位免除自己的法定责任、排除劳动者权利的

D. 违反法律、行政法规强制性规定的

8. 生育保险基金的构成主要包括（　　）。

A. 生育保险费

B. 滞纳金

C. 依法纳入生育保险基金的其他资金

D. 基金利息

9. 根据劳动合同法律制度的规定，对劳动合同的无效或者部分无效有争议的，有权确认的机关有（　　）。

A. 劳动争议仲裁机构

B. 仲裁委员会

C. 人民法院

D. 政府劳动行政部门

10. 根据规定，劳动争议仲裁的仲裁员应当回避的情形有（　　）。

A. 是本案当事人或者当事人、代理人的近亲属的

B. 与本案有利害关系的

C. 与本案当事人、代理人有其他关系，可能影响公正裁决的

D. 私自会见当事人、代理人，或者接受当事人、代理人请客送礼的

11. 根据劳动合同法律制度的规定，特殊情况下延长劳动时间不受相关规定的限制。下列各项中，属于该特殊情况的有（　　）。

A. 发生自然灾害，威胁劳动者生命健康和财产安全，需要紧急处理的

B. 发生事故，威胁劳动者生命健康和财产安全，需要紧急处理的

C. 生产设备发生故障，影响生产和公众利益，必须及时抢修的

D. 交通运输线路发生障碍，影响生产和公众利益，必须及时抢修的

12. 在劳务派遣中，用工单位应当履行的义务有（　　）。

A. 执行国家劳动标准，提供相应的劳动条件和劳动保护

B. 告知被派遣劳动者的工作要求和劳动报酬

C. 支付加班费、绩效奖金，提供与工作岗位相关的福利待遇

D. 对在岗被派遣劳动者进行工作岗位所必需的培训

13. 已知宋某自大学毕业后便在甲公司工作，至今已有 5 年，根据劳动合同法律制度的规定，下列表述中正确的有（　　）。

A. 宋某可以享受 5 天的年休假

B. 宋某在年休假期间享受与正常工作期间相同的工资收入

C. 与甲公司协商一致后，宋某可以在 1 年内把年休假集中休完，也可以分段休完

D. 甲公司认为必要跨年度安排宋某休年休假的，可以跨 2 个年度安排

14. 根据劳动合同法律制度的规定，下列关于经济补偿的支付标准表述中，正确的有（　　）。

A. 劳动者非因本人原因从原用人单位被安排到新用人单位工作的，劳动者在原用人单位的工作年限合并计入新用人单位的工作年限

B. 月工资按照劳动者应得工资计算，包括计时

工资或者计件工资以及奖金、津贴和补贴等货币性收入

C. 劳动者在劳动合同解除或者终止前 12 个月的平均工资低于当地最低工资标准的，按照当地最低工资标准计算

D. 劳动者工作不满 12 个月的，按照实际工作的月数计算平均工资

15. 根据劳动合同法律制度的规定，下列职工不享受当年年休假的有（ ）。

A. 职工依法享受寒暑假，其休假天数多于年休假天数的

B. 职工请事假累计 20 天以上且单位按照规定不扣工资的

C. 累计工作满 1 年不满 10 年的职工，请病假累计 2 个月以上的

D. 累计工作满 10 年不满 20 年的职工，请病假累计 3 个月以上的

16. 根据劳动合同法律制度的规定，下列各项中，可导致劳动合同终止的情形有（ ）。

A. 劳动者达到法定退休年龄

B. 用人单位被依法宣告破产

C. 用人单位决定提前解散

D. 劳动合同期满

17. 根据劳动合同法律制度的规定，下列属于无效或者部分无效劳动合同的有（ ）。

A. 排除单位权利的

B. 违反法律规定的

C. 用人单位免除自己的法定责任的

D. 以乘人之危使对方在违背真实意思的情况下变更劳动合同的

18. 根据劳动合同法律制度的规定，存在下列情形，劳动者解除劳动合同，不属于违反服务期的约定，用人单位不得要求劳动者支付违约金的有（ ）。

A. 用人单位未及时足额支付劳动报酬的

B. 用人单位未依法为劳动者缴纳社会保险的

C. 用人单位未按照劳动合同约定提供劳动保护或者劳动条件的

D. 用人单位在劳动合同中免除自己的法定责任、排除劳动者权利的

19. 根据劳动合同法律制度的规定，下列选项中属于劳动合同约定条款的有（ ）。

A. 服务期　　B. 医疗期

C. 试用期　　D. 竞业禁止

20. 根据劳动合同法律制度的规定，下列属于劳动争议范围的有（ ）。

A. 因订立劳动合同发生的争议

B. 因工作时间发生的争议

C. 因工伤医疗费发生的争议

D. 因确认劳动关系发生的争议

21. 关于劳动调解，下列说法正确的有（ ）。

A. 对于设有劳动争议调解委员会的企业，其调解委员会由工会担任

B. 当事人申请劳动争议调解可以书面申请，也可以口头申请

C. 调解协议书由双方当事人签名或者盖章，经调解员签名并加盖调解组织印章后生效

D. 自劳动争议调解组织收到调解申请之日起 15 日内未达成调解协议的，当事人可以依法申请仲裁

22. 用人单位应当建立职工名册备查，职工名册应当包括（ ）。

A. 劳动者姓名

B. 公民身份证号码

C. 联系方式

D. 劳动合同期限

23. 方某在其公司的加班费 1 000 元一直没有得到，由劳动行政部门责令其公司限期支付加班费，逾期公司仍未支付，劳动行政部门责令加付赔偿金。下列各项中可以作为方某赔偿金有（ ）。

A. 600 元　　B. 1 000 元

C. 1 500 元　　D. 2 000 元

24. 根据社会保险法律制度的规定，下列各项中，属于失业保险待遇享受条件的有（ ）。

A. 非因本人意愿中断就业的

B. 因个人原因中断就业，且无求职要求的

C. 已经进行失业登记，并有求职要求的

D. 失业前用人单位和本人已经缴纳失业保险费满 1 年的

25. 根据《劳动合同法》的规定，以下属于劳动合同必备条款的是（ ）。

A. 劳动报酬　　B. 社会保险

C. 劳动合同期限　　D. 试用期

26. 张某因严重违反单位规章制度，被公司解除劳动合同，现正领取失业保险金。如果出现下列情形，张某应停止领取失业保险金，并同时停止享受其他失业保险待遇的有（ ）。

A. 移居境外的

B. 应征服兵役的

C. 享受基本养老保险待遇的

D. 无正当理由，拒不接受当地人民政府指定部门或者机构介绍的适当工作或者提供的培训的

27. 根据社会保险法律制度的规定，生育保险基金不予支付的费用包括（ ）。

A. 女职工生育享有产假、享受计划生育手术休假

B. 因医疗事故而发生的医疗费用
C. 在非定点医疗机构检查、分娩而发生的医疗费用
D. 婴儿所发生的各项费用

28. 有下列情形之一，劳动者提出订立劳动合同（非订立固定期限劳动合同），则应当订立无固定期限劳动合同的是（　）。
A. 劳动者在该用人单位连续工作满10年
B. 国有企业改制重新订立劳动合同时，劳动者在该用人单位连续工作满10年且距法定退休年龄不足10年
C. 连续订立2次固定期限劳动合同，但劳动者不能胜任工作，经过培训或者调整工作岗位，仍不能胜任工作
D. 连续订立2次固定期限劳动合同，但劳动者严重违反用人单位的规章制度

29. 根据《劳动合同法》的规定，下列各项中，用人单位可以随时通知劳动者解除合同的有（　）。
A. 女职工在孕期、产期、哺乳期的
B. 劳动者严重违反用人单位的规章制度的
C. 劳动者不能胜任工作，经过培训或者调整工作岗位，仍不能胜任工作的
D. 劳动者被依法追究刑事责任的

30. 根据劳动合同法律制度的规定，下列各项中，可导致劳动合同终止的情形有（　）。
A. 劳动合同期满
B. 用人单位决定提前解散
C. 用人单位被依法宣告破产
D. 劳动者达到法定退休年龄

31. 下列单位与劳动者建立劳动关系，适用我国《劳动合同法》的有（　）。
A. 民办非企业单位
B. 国办大学
C. 事业单位
D. 外国境内的企业

32. 下列情形中，用人单位不得与劳动者解除劳动合同的有（　）。
A. 劳动者在本单位患职业病的
B. 劳动者患病或者非因工负伤，在规定的医疗期内的
C. 女职工哺乳期的
D. 劳动者在本单位连续工作满10年的

33. 根据社会保险法律制度的规定，社会保险基金不得用于（　）。
A. 违规投资运营
B. 平衡其他政府预算
C. 兴建、改建办公场所
D. 支付人员经费、运行费用、管理费用

（三）判断题

1. 劳动关系的主体之间只存在平等性，不存在隶属性，否则劳动合同将变得不平等。（　）

2. 用人单位设立的分支机构，即使依法取得营业执照或登记证书的，也不能作为用人单位来和劳动者订立劳动合同。（　）

3. 用人单位有权了解劳动者与劳动合同直接相关的基本情况，但基于隐私的问题劳动者可隐瞒实情。（　）

4. 用人单位自用工之日起超过1个月不满1年未与劳动者订立书面劳动合同的，应向劳动者每月支付2倍的工资，并与劳动者补订书面劳动合同。（　）

5. 竞业限制条款适用范围仅限于用人单位的高级管理人员、高级技术人员，对其他人没有约束力。（　）

6. 劳动者拒绝用人单位管理人员违章指挥、强令冒险作业的，不视为违反劳动合同。（　）

7. 无固定期限劳动合同，是指用人单位与劳动者约定无确定订立时间的劳动合同。（　）

8. 根据劳动合同法律制度的规定，试用期是独立的合同期限，不包含在劳动合同期限内。（　）

9. 在服务期内，如果劳动者被依法追究刑事责任，被用人单位解除劳动关系的，用人单位仍有权要求其支付违约金。（　）

10. 劳动者患病或者非因工负伤，在规定的医疗期满后不能从事原工作，也不能从事由用人单位另行安排的工作的，用人单位可提前30日以书面形式通知劳动者解除劳动合同。（　）

11. 用人单位因特殊原因需要延长工作时间的，在保障劳动者身体健康的条件下延长工作时间，每月不得超过40小时。（　）

12. 劳动合同必备条款中具有法人资格的用人单位，要注明单位的法定代表人；不具有法人资格的用人单位，必须在劳动合同中写明该单位的主要负责人。（　）

13. 劳动合同是劳动者和用人单位之间依法确立劳动关系，明确双方权利义务的协议。（　）

14. 无效劳动合同是劳动合同已经成立，并发生法律效力，但因违反了法律、行政法规的强制性规定而被确认为无效的劳动合同。（　）

15. 用人单位与劳动者在用工前订立劳动合同的，劳动关系自订立劳动合同之日起建立。（　）

16. 对于劳动合同终止需支付经济补偿的情形，2008年1月1日之前的工作年限，不属于经济补偿的计算范畴。（　）

17. 根据劳动合同法律制度的规定，工资必须在用人单位与劳动者约定的日期支付。（ ）

18. 目前我国的社会保险项目主要有4项，即基本养老保险、基本医疗保险、工伤保险和失业保险。（ ）

19. 仲裁庭对追索劳动报酬、工伤医疗费、经济补偿或者赔偿金的案件，根据当事人的申请，可以裁决先予执行，移送人民法院执行，劳动者申请先予执行的，应当提供担保。（ ）

20. 用人单位不办理社会保险登记的，由社会保险行政部门责令限期改正；逾期不改正的，对用人单位处应缴社会保险费数额1倍以上3倍以下的罚款，对其直接负责的主管人员和其他直接责任人员处500元以上5 000元以下的罚款。（ ）

21. 医疗费用应当由第三人负担，第三人不支付或者无法确定第三人的，由基本医疗保险基金先行支付，然后向第三人追偿。（ ）

22. 用工单位自用工之日起满一年不与劳动者订立书面劳动合同的，视为用人单位自用工之日起满一年的当日已经与劳动者订立无固定期限劳动合同。（ ）

（四）不定项选择题

【资料一】孙某曾应聘在甲公司工作，试用期满后从事技术工作，2年后跳槽至乙企业成为该企业的业务骨干。甲公司为实施新的公司战略，拟聘请孙某担任公司高管。经协商，双方签订了劳动合同，约定：①劳动合同期限为2年，试用期为3个月；②合同期满或因其他原因离职后，孙某在3年内不得从事与甲公司同类的业务工作，公司在孙某离职时一次性支付补偿金10万元。

在劳动合同期满前1个月时，孙某因病住院。3个月后，孙某痊愈，到公司上班时，公司通知孙某劳动合同已按期终止，病休期间不支付工资，也不再向其支付10万元补偿金。孙某同意公司不支付10万元补偿金，但要求公司延续劳动合同期至病愈，并支付病休期间的病假工资和离职的经济补偿。甲公司拒绝了孙某的要求，孙某随即进入同一行业的丙公司从事与甲公司业务相竞争的工作。甲公司认为孙某违反了双方在劳动合同中的竞业限制约定，应承担违约责任。

已知：孙某实际工作年限12年。

要求：根据上述资料，分析回答下列小题。

1. 对甲公司与孙某约定的劳动合同条款所作的下列判断中，正确的是（ ）。

A. 甲公司与孙某不应约定试用期

B. 甲公司与孙某约定的试用期超过法定最长期限

C. 甲公司与孙某可以约定离职后不得从事同类行业

D. 甲公司于孙某约定离职后不得从事同类行业的时间超过法定最长期限

2. 孙某可以享受的法定医疗期是（ ）。

A. 1个月

B. 3个月

C. 6个月

D. 12个月

3. 对劳动合同终止及孙某病休期间工资待遇的下列判断中，正确的是（ ）。

A. 孙某与公司约定的劳动合同期满时，劳动合同自然终止

B. 孙某与公司的劳动合同期限应延续至孙某病愈出院

C. 公司只需支付孙某劳动合同期满前一个月的病假工资

D. 公司应支付孙某3个月病休期间的病假工资

4. 对甲公司与孙某各自责任的下列判断中，符合法律规定的是（ ）。

A. 孙某应遵守竞业限制约定，承担违约责任

B. 竞业限制约定已失效，孙某不需要承担违约责任

C. 甲公司应支付孙某离职的经济补偿

D. 甲公司不需支付孙某离职的经济补偿

【资料二】2012年1月7日，王某在其他单位工作9年后跳槽，应聘甲公司运输人员职务；2012年1月28日，甲公司通知王某顺利通过面试，同意录用。2012年2月1日，王某到甲公司任职，从事货物运输，双方口头约定劳动合同期限为3年，月工资3 000元，每月最后一日发放工资；试用期5个月，试用期工资2 500元；但双方一直未签订书面劳动合同。2012年6月1日，甲公司与王某签订书面劳动合同。2012年6月15日，王某患病住院。经查，甲公司所在地的最低工资标准为每月960元，且甲公司无拖欠王某工资的情况。

要求：根据上述资料，分析回答下列小题。

1. 王某和甲公司建立劳动关系的时间是（ ）。

A. 2012年1月7日

B. 2012年1月28日

C. 2012年2月1日

D. 2012年6月1日

2. 下列关于甲公司与王某约定试用期的表述，正确的是（　）。

A. 甲公司和王某必须约定试用期

B. 试用期期限符合规定

C. 试用期工资符合规定

D. 试用期内王某可随时解除劳动合同，不必通知甲公司

3. 王某自律师朋友处得知，用人单位不签订书面劳动合同的应当支付2倍工资。根据上述情况，王某可以要求甲公司支付（　）。

A. 7 500元　　B. 9 000元

C. 10 000元　　D. 12 000元

4. 若2013年甲公司安排王某在“五一”期间休带薪年休假，下列各项中，关于王某带薪年休假的表述正确的是（　）。

A. 王某享有5天的带薪年休假时间

B. 王某享有10天的带薪年休假时间

C. “五一”法定休假日不计入年休假的假期

D. 星期六、星期天计入年休假的假期

5. 根据劳动合同法律制度的规定，2012年王某可以享有的医疗期为（　）。

A. 3个月　　B. 6个月

C. 9个月　　D. 12个月

【资料三】2012年12月1日，在A地的甲公司工作12年的宋某因公司原因被派遣到本地的乙公司，乙公司与宋某签订了一份2年期限的劳动合同。合同约定宋某月工资为4 000元，试用期工资按照劳动合同约定工资的80%计算；同时约定宋某要接受安排去B地的工地进行技术指导。已知乙公司所在地的最低工资标准为1 000元。2012年12月30日，宋某在B地工程技术指导过程中发生意外，被确认丧失劳动能力。2013年1月3日，乙公司与宋某因解除劳动合同发生争议。

要求：根据上述资料，分析回答下列小题。

1. 根据劳动合同法律制度的规定，乙公司和宋某可以约定的试用期不得超过（　）。

A. 1个月　　B. 2个月

C. 3个月　　D. 6个月

2. 根据劳动合同法律制度的规定，2012年宋某在乙公司可以享有的医疗期为（　）。

A. 3个月　　B. 6个月

C. 9个月　　D. 12个月

3. 根据劳动合同法律制度的规定，下列表述中正确的是（　）。

A. 因宋某丧失劳动能力，所以乙公司可解除与其签订的劳动合同

B. 因宋某丧失劳动能力，所以乙公司与其签订的劳动合同终止

C. 乙公司不得因宋某丧失劳动能力而解除劳动合同

D. 劳动合同应当续延至相应的情形消失时终止

4. 假设宋某与乙公司的劳动合同依法终止，根据劳动合同法律制度的规定，下列表述中不正确的是（　）。

A. 乙公司应在15日内为宋某办理档案和社会保险关系转移手续

B. 若乙公司未向宋某出具终止劳动合同的书面证明，由劳动行政部门责令改正

C. 乙公司对宋某终止的劳动合同的文本，至少应保存1年备查

D. 乙公司终止与宋某的劳动合同后，需要支付违约金给宋某

5. 根据劳动合同法律制度的规定，下列对宋某与乙公司的劳动争议的表述中，正确的是（　）。

A. 该劳动争议只能由A地的劳动争议仲裁委员会管辖

B. 该劳动争议只能由B地的劳动争议仲裁委员会管辖

C. 若宋某与乙公司分别向B地和A地的劳动争议仲裁委员会申请仲裁，由B地的劳动争议仲裁委员会管辖

D. 若宋某与乙公司分别向B地和A地的劳动争议仲裁委员会申请仲裁，由A地的劳动争议仲裁委员会管辖

第三章 支付结算法律制度

支付结算法律制度包括支付结算概述、银行结算账户管理、银行卡、预付卡、结算方式、票据的一般规定、汇票、银行本票和支票，以及结算纪律与法律责任 8 个方面的内容。本章内容较多，复习难度较大，需要考生善于利用纵向或横向对比的方式记忆内容，以提高学习和复习的效率，如横向对比各种支付工具的特点、纵向对比不同结算方式的作用等。

在近 3 年的考试中，考查本章内容的试题在 14 道左右，有单选题、多选题、判断题和不定项选择题（特别是不定项选择题，在近几年的考试中都出现了），所占分值均超过 20 分，这说明本章内容相当重要。

▼本章考纲知识体系一览表

支付结算法律制度	一、支付结算概述	（1）支付结算的概念（★） （2）办理支付结算使用的主要支付工具（★） （3）办理支付结算的原则（★） （4）办理支付结算的基本要求（★）
	二、银行结算账户管理	（1）银行结算账户的概念和种类（★） （2）银行结算账户的开立、变更和撤销（★） （3）各类具体银行结算账户的开立和使用（★） （4）银行结算账户的管理（★★）
	三、银行卡	（1）银行卡的概念与分类（★★） （2）银行卡账户和交易（★★★） （3）银行卡计息和收费（★★★）
	四、预付卡	（1）预付卡的概念与分类（★） （2）预付卡的相关规定（★★）
	五、结算方式	（1）汇兑（★★★） （2）托收承付（★★★） （3）委托收款（★★★） （4）国内信用证（★）
	六、票据的一般规定	（1）票据的概念（★） （2）票据权利与责任（★★★） （3）票据行为（★★★） （4）票据追索（★★） （5）票据的防伪（★）
	七、汇票、银行本票和支票	（1）银行汇票（★★★） （2）商业汇票（★★★） （3）银行本票（★★★） （4）支票（★★★）
	八、结算纪律与法律责任	（1）结算纪律（★★） （2）法律责任（★★）

第一节 支付结算概述

考情分析：本节内容的知识量不大，考试主要以办理支付结算的支付工具和基本要求为重点考查对象。近几年基本都是以单选题、多选题或判断题的形式出现，题量为 1~2 道题。

学习建议：对本节的所有知识有一定了解，重点记忆支付结算的概念、主要支付工具（“三票一卡”和结算方式）以及办理支付结算的三大原则和四个基本要求。

一、支付结算的概念

支付结算是指单位、个人在社会经济活动中使用票据、银行卡、汇兑、托收承付、委托收款、电子支付等结算方式进行货币给付及其资金清算的行为。其主要功能是完成资金从一方当事人向另一方当事人的转移。

支付结算的任务是根据经济往来组织支付结算，准确、及时、安全地办理支付结算，并按照有关法律、行政法规和支付结算办法的规定管理支付结算，保障支付结算活动的正常运行。

办理支付结算的主体是银行（含城乡信用合作社，下同）、单位（含个体工商户，下同）和个人，其中银行是支付结算和资金清算的中介机构。非银行金融机构和其他单位不得作为中介机构办理支付结算业务。

为规范支付结算行为，保障支付结算活动中当事人的合法权益，我国制定了一系列与支付结算相关的法律、法规和制度，主要包括《中华人民共和国票据法》（以下简称《票据法》）、《票据管理实施办法》、《支付结算办法》、《中国人民银行银行卡业务管理办法》、《人民币银行结算账户管理办法》、《异地托收承付结算办法》、《国内信用证结算办法》等。

【例题·多选题】办理支付结算的主体是（　）。

A. 银行

B. 单位

C. 个人

D. 个体工商户

【答案】ABCD

【解析】本题考查办理支付结算的主体。按规定，办理支付结算的主体是银行（含城乡信用合作社）、单位（含个体工商户）和个人。非银行金融机构和其他单位不得作为中介机构办理支付结算业务。

考场点拨

注意办理支付结算的主体除了上述几个选项外，还应记住城乡信用合作社这个对象，有时考题会将其单独列为一个选项，许多考生由于没有重点记忆而将其忽略，从而导致丢分。

二、办理支付结算使用的主要支付工具

我国目前使用的人民币非现金支付工具主要包括“三票一卡”和结算方式，其中“三票一卡”是指三种票据（汇票、本票和支票）和银行卡；结算方式是指汇兑、托收承付和委托收款。

随着经济金融的快速发展，票据结算方式和汇兑结算方式越来越普及，是目前不可或缺的重要支付工具，主要在大额支付中占据主导地位，而银行卡则是个人小额支付的主要支付工具，使用比较频繁。托收承付和委托收款则使用得越来越少。

各种支付工具如图 3-1 所示。

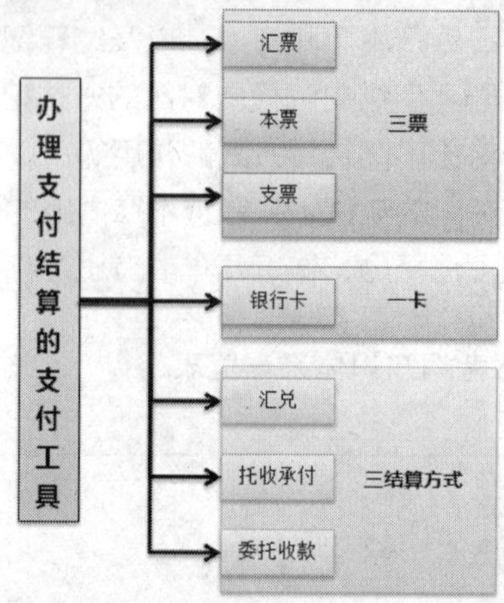

图 3-1　主要支付工具

知识链接

在各主要支付工具中，汇票分为银行汇票和商业汇票，其中商业汇票又包括商业承兑汇票和银行承兑汇票。另外，银行卡又可分为信用卡和借记卡。

【2012 年真题·多选题】根据支付结算法律制度的规定，下列非现金支付工具中，属于结算方式的有（　）。

A. 票据

B. 银行卡

C. 汇兑

D. 委托收款

【答案】CD

【解析】本题考查办理支付结算使用的支付工具。我国目前使用的人民币非现金支付工具主要包括“三票一卡”和结算方式；“三票一卡”是指三种票据（汇票、本票和支票）和银行卡，结算方式包括汇兑、托收承付和委托收款。

三、办理支付结算的原则

办理支付结算的基本原则是单位、个人和银行在进行支付结算活动时必须遵循的行为准则。经过多年实践和总结，我国确立了办理支付结算的 3 项基本原则，分别是：恪守信用，履约付款；谁的钱进谁的账，由谁支配；银行不垫款。

（一）恪守信用，履约付款原则

各单位之间、单位与个人之间发生交易往来，产生支付结算行为时，结算当事人必须依照双方共同约定的民事法律关系内容依法承担义务和行使权利，严格遵守信用，履行付款义务，特别是应当按照约定的付款金额和付款日期进行支付。该原则要求结算双方办理款项收付完全建立在自觉自愿、相互信任的基础上，是保障当事人经济利益的重要保证。

（二）谁的钱进谁的账，由谁支配原则

银行作为资金结算的中介机构，在办理结算时，必须遵循存款人的委托，将款项支付给其指定的收款人。对存款人的资金，除国家法律另有规定外，必须由其自由支配。这一原则主要在于维护存款人对存款资金的所有权或经营权，保证其对资金支配的自主权。

（三）银行不垫款原则

银行在办理结算过程中，只负责办理结算当事人之间的款项划拨，银行不承担垫付任何款项的责任。该原则主要在于划清银行资金与存款人资金的界限，有利于保护银行资金的所有权或经营权，也有利于促使单位和个人直接对自己的债权债务负责。

【例题·单选题】下列选项中，不属于办理支付结算原则的是（　）。

A. 恪守信用，履约付款

B. 谁的钱进谁的账，由谁支配

C. 银行不垫款

D. 公平交易

【答案】D

【解析】本题考查办理支付结算的原则。办理支付结算的原则主要有3条：①恪守信用，履约付款；②谁的钱进谁的账，由谁支配；③银行不垫款。

四、办理支付结算的基本要求

根据《支付结算办法》的规定，单位、个人和银行办理支付结算应符合下列基本要求。

（一）单位、个人和银行办理支付结算，必须使用按中国人民银行统一规定印制的票据和结算凭证

票据和凭证是办理支付结算的工具。未使用按中国人民银行统一规定印制的票据，票据无效；未使用中国人民银行统一规定格式的结算凭证，银行不予受理。

（二）单位、个人和银行应当按照《人民币银行结算账户管理办法》的规定开立、使用账户

在银行开立存款账户的单位和个人办理支付结算时，账户内应有足够的资金保证支付的正常办理。银行应依法为单位和个人在银行开立的存款账户内的存款数额保密，维护其资金的自主支配权。同时，除国家法律、行政法规另有规定的以外，银行不得为任何单位或个人查询账户情况，不得为任何单位或个人冻结、扣划款项，不得停止单位、个人存款的正常支付。

（三）票据和结算凭证上的签章和其他记载事项应当真实，不得伪造、变造

票据和结算凭证上的签章，为签名、盖章或签名加盖章；单位、银行和个人在票据和结算凭证上的签章要求，具体如表3-1所示。

表3-1 单位、银行和个人的签章要求

项目	单位	银行	个人
票据	单位盖章+法定代表人（或授权代理人）签名或盖章	银行盖章+法定代表人（或授权代理人）签名或盖章	个人本名的签名或盖章
结算凭证	（1）单位盖章 （2）法定代表人（或代理人）签名或盖章		个人本名的签名或盖章

所谓“伪造”，是指无权限人假冒他人或虚构人名义签章的行为，如伪造出票、背书的签章；所谓“变造”，是指无权更改票据内容的人对票据上签章以外的记载事项加以改变的行为，如通过挖补、涂改票据等方式非法改变票据的记载事项。

伪造、变造票据属于欺诈行为，应追究其刑事责任。

关于票据和结算凭证上的签章和其他记载事项，还应注意以下两点。

（1）票据和结算凭证上的金额、出票或签发日期、收款人名称不得更改，更改的票据无效；更改的结算凭证，银行不予受理。

（2）对票据和结算凭证上的其他记载事项，原记载人可以更改，更改时应当由原记载人在更改处签章证明。

专家课堂

票据上有伪造签章的，不影响票据上其他当事人真实签章的效力。

【案例 3-1】2013 年 10 月 10 日，甲公司通过支票付款的方式，向乙公司购买了一批木材。乙公司在向自己的开户银行提交支票之前，认真检查了支票内容，发现支票上甲公司的签章为“财务专用章”，于是通知甲公司重新签发支票。分析乙公司的做法是否正确。

【案例解析】按照规定，单位在票据上的签章，应为该单位的财务专用章或者公章加其法定代表人或其授权的代理人的签名或者盖章。甲公司向乙公司开据的支票上只有财务专用章，而无其法定代表人或其授权的代理人的签名或者盖章，因此该支票不具有法定效力。乙公司要求甲公司重新开据支票的做法是正确的。

【2012 年真题·单选题】根据支付结算法律制度的规定，下列票据欺诈行为中，属于伪造票据的是（　）。

A. 假冒出票人在票据上签章

B. 涂改票据号码

C. 对票据金额进行挖补篡改

D. 修改票据密押

【答案】A

【解析】本题考查伪造票据的知识点。票据的伪造，是指无权限人假冒他人或虚构他人名义签章的行为，如伪造出票签章、背书签章、承兑签章和保证签章等。B 选项、C 选项和 D 选项均是票据的变造行为。

考场点拨

伪造和变造的行为是很多考生容易混淆的概念，实际上这两个名词可以很好地理解和区分：伪造是将没有的东西变成有的东西；变造是在已有的东西的基础上进行篡改。

（四）填写票据和结算凭证应当规范，做到要素齐全、数字正确、字迹清晰、不错不漏、不潦草，防止涂改

填写票据和结算凭证时，必须根据《正确填写票据和结算凭证的基本规定》的要求，做到标准化、规范化，具体应符合以下几点。

1. 关于收款人名称

单位和银行的名称应当记载全称或规范化简称。其中规范化简称应具有排他性，与全称在实质上具有同一性，如“中国银行业监督管理委员会”的规范化简称为“银监会”。

2. 关于出票日期

票据的出票日期必须使用中文大写。为防止变造票据的出票日期，在填写月、日时，月为壹、贰和壹拾的，日为壹至玖和壹拾、贰拾和叁拾的，应在其前加“零”；日为拾壹至拾玖的，应在其前面加“壹”。如，2 月 12 日，应写成零贰月壹拾贰日；10 月 20 日，应写成零壹拾月零贰拾日。票据出票日期使用小写填写的，银行不予受理。

【2011 年真题·单选题】票据的出票日期为“2011 年 3 月 15 日”，其规范写法是（　）。

A. 贰零壹壹年零叁月壹拾伍日

B. 贰零壹壹年叁月壹拾伍日

C. 贰零壹壹年零叁月拾伍日

D. 贰零壹壹年叁月拾伍日

【答案】B

【解析】本题考查票据出票日期的填写规范。为防止变造票据的出票日期，在填写月、日时，月为壹、贰和壹拾的，日为壹至玖和壹拾、贰拾、叁拾的，应在其前加“零”；日为拾壹至拾玖的，应在其前加“壹”。

3. 关于金额

票据和结算凭证金额以中文大写和阿拉伯数码同时记载，二者必须一致，二者不一致的票据无效；二者不一致的结算凭证，银行不予受理。少数民族地区和外国驻华使领馆可根据实际需要，使用少数民族文字或者外国文字记载大写金额的内容。

【案例 3-2】2013 年 3 月，A 市公安局接到甲公司报案，称甲公司查账时发现，2012 年 5 月付给乙公司的一张 20 300 元的转账支票，却被提走了 620 300 元。接到报案后，公安机关分析乙公司李某有重大作案嫌疑。经过调查发现，2012 年 5 月，乙公司李某为受害单位进行工程设备维护处理，工程结束后收到转账支票一张。李某见支票上只填写了小写金额，便在小写金额前加了一个字“6”，然后自己再填上了大写金额，从而顺利地将该 620 300 元的款项划到自己账下。请分析在本案例中乙公司的李某为什么能够得逞？

【案例解析】根据《支付结算办法》的规定，票据和结算凭证金额以中文大写和阿拉伯数码同时记载，二者必须一致，二者不一致的票据无效。在本案例中，乙公司的李某之所以得逞的主要原因是甲公司未严格按照关于填写票据和结算凭证

的基本规定同时填写中文大写金额和阿拉伯数码小写金额，从而使乙公司的李某乘虚而入。因此，单位或个人必须按《支付结算办法》的规定填写票据或结算凭证。

【例题·单选题】根据支付结算法律制度的规定，下列关于票据填写要求的表述中，不正确的是（ ）。

A. 票据上的单位名称应当记载全称或者规范化简称

B. 票据上的银行名称应当记载全称或者规范化简称

C. 出票日期可以选择使用中文大写或阿拉伯数码

D. 金额以中文大写和阿拉伯数码同时记载，二者必须一致

【答案】C

【解析】本题考查票据的填写要求。根据规定，票据的出票日期必须使用中文大写，不可以使用阿拉伯数字，因此C选项错误。

第二节 银行结算账户管理

考情分析：本节内容在考试大纲中基本都属于了解和熟悉的内容，在考试中的重要性相对而言要略低一些。考查重点主要集中在银行结算账户的分类以及各种账户的开立、变更和撤销流程。近几年基本都以单选题的形式出现，多选题和判断题也出现过少量的题目。需要注意的是，本节知识有可能会出现在不定项选择题的案例中，综合对考生进行考查。总的来说，本节内容的考题大约在3道题，其中客观题为1题左右，不定项选择题为1~2题。

学习建议：了解和熟悉本节中的内容，重点记住银行结算账户的分类，并通过对比记忆的方法熟悉各种银行结算账户的开立、并更和撤销流程。

一、银行结算账户的概念和种类

（一）银行结算账户的概念

银行结算账户是存款人在经办银行开立的办理资金收付结算的活期存款账户。

其中存款人是指在中国境内开立银行结算账户的机关、团体、部队、企业、事业单位、其他组织（以下统称“单位”）、个体工商户和自然人。

知识链接

银行结算账户具有以下特点：①办理人民币业务。这与外币存款账户不同，外币存款账户办理的是外币业务；②办理资金收付结算业务。这与储蓄账户不同，储蓄账户只是存取本金和支取利息，它不具有办理资金收付结算的功能。③是活期存款账户，这与单位定期存款账户不同。

【例题·单选题】银行结算账户是（ ）在经办银行开立的办理资金收付结算的活期存款账户。

A. 单位

B. 自然人

C. 存款人

D. 个体工商户

【答案】C

【解析】本题考查银行结算账户的概念。银行结算账户是存款人在经办银行开立的办理资金收付结算的活期存款账户。其中存款人是指在中国境内开立银行结算账户的机关、团体、部队、企业、事业单位、其他组织（以下统称“单位”）、个体工商户和自然人。

考场点拨

有些考生在解答这类题目时，为了求快，往往看到A选项，觉得正确就选择了。对于本题而言，A选项本身是没有错的，但不全面，如果不继续看其他选项，就不会发现还有“存款人”这一更为全面的答案，从而选择了错误的结果。因此解答题目要养成全面、仔细地阅读题目及各个选项的良好习惯，避免过失性丢分。

（二）银行结算账户的种类

银行结算账户按存款人的不同，分为单位银行结算账户和个人银行结算账户。其中存款人以单位名称开立的银行结算账户为单位银行结算账户；凭个人身份证件以自然人名称开立的银行结算账户为个人银行结算账户。

根据《人民币银行结算账户管理办法》的规定，个体工商户凭营业执照以字号或经营者姓名开立的银行结算账户纳入单位银行结算账户管理；邮政储蓄机构办理银行卡业务开立的账户纳入个人银行结算账户管理。

单位银行结算账户包括基本存款账户、一般存款账户、临时存款账户和专用存款账户。财政部门

为实行财政国库集中支付的预算单位在商业银行开设的零余额账户（简称预算单位零余额账户），按基本存款账户或专用存款账户管理。

另外，银行结算账户还可以根据开户地的不同分为本地银行结算账户和异地银行结算账户。如图3-2所示为银行结算账户的分类示意图。存款人应在注册地或住所地开立银行结算账户。

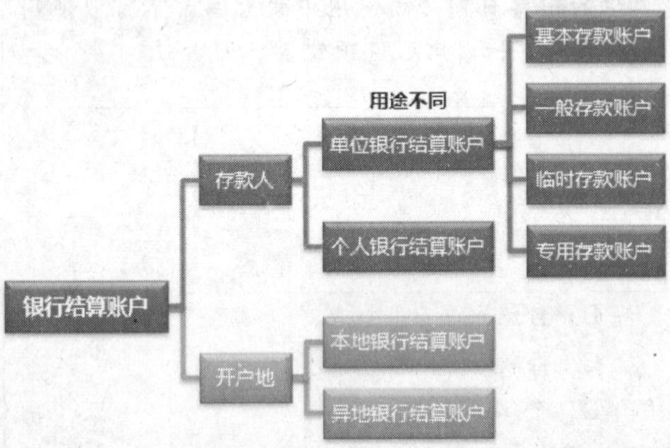

图3-2 银行结算账户的种类

【例题·多选题】按存款人的不同，可将银行结算账户分为（ ）。

A. 单位银行结算账户

B. 基本存款账户

C. 个人银行结算账户

D. 本地银行结算账户

【答案】AC

【解析】本题考查银行结算账户的种类。银行结算账户按存款人的不同，分为单位银行结算账户和个人银行结算账户，其中存款人以单位名称开立的银行结算账户为单位银行结算账户；凭个人身份证件以自然人名称开立的银行结算账户为个人银行结算账户。

二、银行结算账户的开立、变更和撤销

（一）银行结算账户的开立

存款人应在注册地或住所地开立银行结算账户。符合异地（跨省、市、县）开户条件的，也可以在异地开立银行结算账户。

开立银行结算账户应遵循存款人自主原则，除国家法律、行政法规和国务院另有规定外，任何单位和个人不得强令存款人到指定银行开立银行结算账户。

各类银行结算账户的开立流程是基本相同的，如图3-3所示。

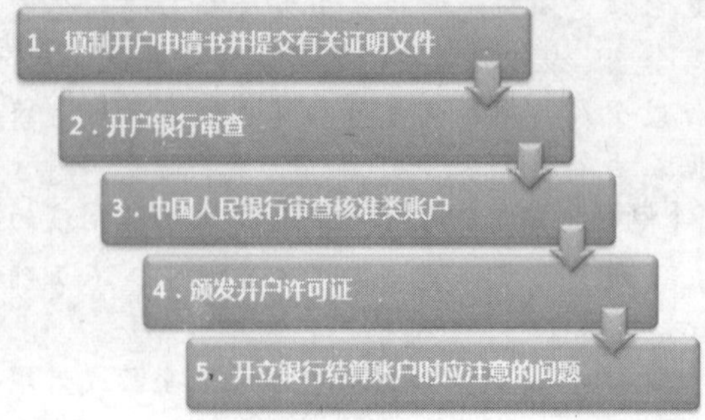

图3-3 银行结算账户的开立程序

在大致了解了银行结算账户开立的流程后，下面详细介绍此流程中各环节的具体要求。

1. 填制开户申请书并提交有关证明文件

存款人申请开立银行结算账户时，应填制开立银行结算账户申请书。

（1）申请开立单位银行结算账户。存款人应填写“开立单位银行结算账户申请书”，并加盖单位公章。

知识链接

如果申请开立单位银行结算账户的存款人有组织机构代码、上级法人或主管单位的，应在“开立单位银行结算账户申请书”上如实填写相关信息；如果该存款人有关联企业的，还应填写“关联企业登记表”。

（2）申请开立个人银行结算账户。存款人应填写“开立个人银行结算账户申请书”，并加其个人签章。

2. 开户银行审查

银行应对存款人的开户申请书填写的事项和证明文件的真实性、完整性、合规性进行审查。审查后符合开立相应账户条件的，应办理开户手续，并履行向人民银行备案程序；需要核准的，应及时报送人民银行核准。开立银行结算账户时，银行应与存款人签订银行结算账户管理协议，明确双方的权利和义务。

具体而言，开户银行审查的环节包括以下3个步骤。

（1）银行对存款人的开户申请书填写的事项和证明文件的真实性、完整性和合规性进行认真审查。

（2）对符合开立核准类账户条件的，银行应将存款人的开户申请书、相关的证明文件和银行审核意见等开户资料报送中国人民银行当地分支行。

（3）经中国人民银行核准后银行为存款人办理开户手续。

专家课堂

核准类账户指需要中国人民银行核准开立的账户，共有以下4个：①基本存款账户；②临时存款账户（因注册验资和增资验资开立的除外）；③预算单位专用存款账户；④合格境外机构投资者在境内从事证券投资开立的人民币特殊账户和人民币结算资金账户（简称QFII专用存款账户）。

另外，对存款人符合开立备案类账户条件的，银行应办理开户手续，并于开户之日起5个工作日内向中国人民银行当地分支行备案。

专家课堂

备案类账户是指需要中国人民银行备案开立的账户，共有以下3类：①一般存款账户；②其他专用存款账户；③个人银行结算账户。

【例题·判断题】对存款人符合开立备案类账户条件的，银行应办理开户手续，并于开户之日起3个工作日内向中国人民银行当地分支行备案。（ ）

【答案】×

【解析】本题考查银行结算账户的开立。按规定，对存款人符合开立备案类账户条件的，银行应办理开户手续，并于开户之日起5个工作日内向中国人民银行当地分支行备案。

3. 中国人民银行审查核准类账户

中国人民银行当地分支行应于2个工作日内对开户银行报送的核准类银行结算账户的开户资料的合规性予以审核。

符合开户条件的，予以核准，颁发基本（或临时或专用）存款账户开户许可证；不符合开户条件的，应在开户申请书上签署意见，连同有关证明文件一并退回报送银行，再由报送银行转送存款人。

4. 颁发开户许可证

开户许可证是中国人民银行依法准予申请人在银行开立核准类银行结算账户的行政许可证件，它是核准类银行结算账户合法性的有效证明。

开户许可证分为正本和副本，正本由申请人保管；副本由申请人开户银行留存。

开户许可证的记载事项包括“开户许可证”字样、开户许可证编号、开户核准号、中国人民银行当地分支行账户管理专用章、核准日期、存款人名称、存款人的法定代表人或单位负责人姓名、开户银行名称、账户性质、账号。

专家课堂

临时存款账户开户许可证还应注明临时存款账户的有效期限。

5. 开立银行结算账户时应注意的问题

银行应建立存款人预留签章卡片，并将签章式样和有关证明文件的原件或复印件留存归档。存款人为单位的，其预留签章为该单位的公章或财务专用章加其法定代表人（单位负责人）或其授权的代理人的签名或者盖章；存款人为个人的，其预留签章为该个人的签名或者盖章。

存款人在申请开立单位银行结算账户时，其申请开立的银行结算账户的账户名称、出具的开户证明文件上记载的存款人名称以及预留银行签章中公章或财务专用章的名称要一致，但下列情况除外。

（1）存款人因注册验资开立的临时存款账户，其账户名称为工商行政管理部门核发的“企业名称预先核准通知书”或政府有关部门批文中注明的名称，其预留银行签章中公章或财务专用章的名称应是存款人与银行在银行结算账户管理协议中约定的出资人名称。

（2）预留银行签章中公章或财务专用章的名称依法可以使用简称的，账户名称应与其保持一致。

（3）没有字号的个体工商户开立的银行结算账户，其预留签章中公章或财务专用章应是“个体户”字样加营业执照上载明的经营者的签字或盖章。

存款人开立单位银行结算账户，自正式开立之日起3个工作日后，才能使用该账户办理付款业务，但注册验资的临时存款账户转为基本存款账户和因借款转存开立的一般存款账户除外。

专家课堂

对于核准类银行结算账户，其“正式开立之日”为中国人民银行当地分支行的核准日期；对于非核准类银行结算账户，其“正式开立之日”为银行为存款人办理开户手续的日期。

【2011年真题·单选题】甲公司因结算需要，向W银行申请开立一般存款账户。W银行为该账户办理付款业务的起始时间是（ ）。

A. 正式开立该账户之日起

B. 向中国人民银行当地分支行备案之日起

C. 正式开立该账户之日起3个工作日后

D. 向中国人民银行当地分支行备案之日起5个工作日后

【答案】C

【解析】本题考查银行结算账户的开立使用。

根据规定，存款人开立单位银行结算账户，自正式开立之日起3个工作日后，方可使用该账户办理付款业务。

（二）银行结算账户的变更

银行结算账户的变更指的是存款人的账户信息资料发生变化或改变。

1. 银行结算账户的变更方法

根据账户管理的要求，存款人的账户资料变更后，应及时向开户银行办理变更手续，填写变更银行结算账户申请书。

属于申请变更单位银行结算账户的，应加盖单位公章；属于申请变更个人银行结算账户的，应加其个人签章。

2. 银行结算账户的变更要求

具体而言，存款人账户信息资料的变更有以下3种不同的要求。

（1）存款人更改名称，但不改变开户银行及账号的，应于5个工作日内向开户银行提出银行结算账户的变更申请，并出具有关部门的证明文件。

（2）单位的法定代表人或主要负责人、住址以及其他开户资料发生变更时，应于5个工作日内书面通知开户银行并提供有关证明。

（3）属于变更开户许可证记载事项的，存款人在办理变更手续时，应交回开户许可证，由中国人民银行当地分支行换发新的开户许可证。

（三）银行结算账户的撤销

银行结算账户的撤销指的是存款人因开户资格或其他原因终止银行结算账户使用的行为。

1. 银行结算账户的撤销方法

根据账户管理的要求，存款人申请撤销银行结算账户时，应填写撤销银行结算账户申请书。

属于申请撤销单位银行结算账户的，应加盖单位公章；属于申请撤销个人银行结算账户的，应加其个人签章。

银行在收到存款人撤销银行结算账户的申请后，对于符合销户条件的，应在2个工作日内办理撤销手续。

2. 银行结算账户的撤销情形

存款人有以下情形之一的，应向开户银行提出撤销银行结算账户的申请。

（1）被撤并、解散、宣告破产或关闭的。

（2）注销、被吊销营业执照的。

（3）因迁址需要变更开户银行的。

（4）其他原因需要撤销银行结算账户的。

【例题·多选题】下列选项中，需要及时向开户银行提出撤销银行结算账户申请的是（　　）。

A. 存款人宣告破产

B. 存款人被吊销营业执照

C. 公司解散

D. 公司注销

【答案】ABCD

【解析】本题考查银行结算账户撤销的情形。有以下情形之一的，存款人应向开户银行提出撤销银行结算账户的申请：①被撤并、解散、宣告破产或关闭的；②注销、被吊销营业执照的；③因迁址需要变更开户银行的；④其他原因需要撤销银行结算账户的。

3. 银行结算账户的撤销要求

针对不同的情形，银行结算账户的撤销要求也不相同，具体如下。

（1）被撤并、解散、宣告破产或关闭的，注销、被吊销营业执照的，因迁址需要变更开户银行的，以及其他原因需要撤销银行结算账户的，存款人应向开户银行提出撤销银行结算账户的申请。

（2）被撤并、解散、宣告破产或关闭的，注销、被吊销营业执照的，存款人应于5个工作日内向开户银行提出申请。存款人主体资格终止后，应先撤销一般存款账户、专用存款账户、临时存款账户，将账户资金转入基本存款账户后，方可办理基本存款账户的撤销。存款人主体资格终止后，若存款人超过规定期限未主动办理撤销银行结算账户手续的，银行有权停止其银行结算账户的对外支付。

（3）存款人因迁址需要变更开户银行或其他原因撤销银行结算账户后，存款人需要重新开立基本存款账户的，应在撤销其原基本存款账户后10日内申请重新开立基本存款账户。

（4）存款人尚未清偿其开户银行债务的，不得申请撤销银行结算账户。

（5）存款人撤销银行结算账户，必须与开户银行核对银行结算账户存款余额，交回各种重要空白票据及结算凭证和开户登记证，银行核对无误后方可办理销户手续。

（6）按照账户管理规定应撤销而未办理销户手续的单位银行结算账户，银行应通知该单位银行结算账户的存款人自发出通知之日起30日内办理销户手续，逾期视同自愿销户，未划转款项列入久悬未取专户管理。

（7）存款人撤销核准类银行结算账户时，应交回开户许可证。

【2012年真题·判断题】撤销银行结算账户时，应先撤销基本存款账户，然后再撤销一般存款账户、专用存款账户和临时存款账户。（ ）

【答案】×

【解析】本题考查银行结算账户的撤销要求。撤销银行结算账户时，应先撤销一般存款账户、专用存款账户、临时存款账户，将账户资金转入基本存款账户后，再撤销基本存款账户。

三、各类具体银行结算账户的开立和使用

各类具体银行结算账户包括基本存款账户、一般存款账户、临时存款账户、专用存款账户、预算单位零余额账户、个人银行结算账户、异地银行结算账户等。下面分别对这些账户的开立与使用方法进行介绍。

（一）基本存款账户

1. 基本存款账户的概念

基本存款账户是指存款人因办理日常经营活动中的转账结算和现金收付而需要开立的银行结算账户。

【2010年真题·单选题】甲公司成立后在某银行申请开立了一个用于办理日常转账结算和现金收付的账户，该账户性质属于（ ）。

A. 基本存款账户

B. 一般存款账户

C. 专用存款账户

D. 临时存款账户

【答案】A

【解析】本题主要考查基本存款账户。根据规定，基本存款账户是存款人因办理日常转账结算和现金收付需要开立的银行结算账户。存款人日常经营活动的资金收付及其工资、奖金和现金的支取，应通过该账户办理。

2. 可申请开立基本存款账户的存款人

下列存款人可以申请开立基本存款账户。

（1）企业法人。

（2）非法人企业。

（3）机关、事业单位。

（4）团级（含）以上军队、武警部队及分散执勤的支（分）队。

（5）社会团体。

（6）民办非企业组织。

（7）异地常设机构。

（8）外国驻华机构。

（9）个体工商户。

（10）居民委员会、村民委员会、社区委员会。

（11）单位设立的独立核算的附属机构（如机关幼儿园、校办厂等）。

（12）按现行法律、法规规定可以成立的组织（如小区业主委员会等）。

【例题·多选题】下列选项中，可以申请开立基本存款账户的存款人是（ ）。

A. 社会团体　　B. 事业单位

C. 居委会　　D. 民办非企业组织

【答案】ABCD

【解析】本题考查可申请开立基本存款账户的存款人。国家规定了12种可以申请开立基本存款账户的存款人，上述所有选项均在其列。

考场点拨

考生无需记忆所有能申请开立基本存款账户的存款人，只要记住凡是企业、单位、组织和社会团体，都具备这个条件即可。

3. 基本存款账户的开户证明文件

申请开立基本存款账户时，应根据存款人性质的不同，向银行出具不同的证明文件，具体如表3-2所示。

表3-2 不同存款人需出具的开户证明文件

存款人	需出具的开户证明文件
企业法人	企业法人营业执照正本
非法人企业	企业营业执照正本
机关和实行预算管理的事业单位	政府人事部门或编制委员会的批文或登记证书和财政部门同意其开户的证明
非预算管理的事业单位	政府人事部门或编制委员会的批文或登记证书
军队、武警团级（含）以上单位以及分散执勤的支（分）队	军队军级以上单位财务部门、武警总队财务部门的开户证明
社会团体	社会团体登记证书（宗教组织还应出具宗教事务管理部门的批文或证明）
民办非企业组织	民办非企业登记证书
外地常设机构	驻在地政府主管部门的批文
外国驻华机构	国家有关主管部门的批文或证明
外资企业驻华代表处、办事处	国家登记机关颁发的登记证
个体工商户	个体工商户营业执照正本
居民委员会、村民委员会、社区委员会	主管部门的批文或证明
独立核算的附属机构	主管部门的基本存款账户开户登记证和批文
其他组织	政府主管部门的批文或证明

专家课堂

上述存款人如为从事生产、经营活动纳税人的，还应出具税务部门颁发的税务登记证。另外，开立基本存款账户需出具的文件，可以概括为营业执照正本或批文或证明或登记证4种，如有税务登记证（指国税登记证或地税登记证）的也需出具。

【案例3-3】2013年5月20日，某工厂正式成立，其经营范围以生产文具为主。张某为该工厂的财务人员，经该厂法定代表人宋某的安排，要求张某携带相关文件到某银行办理基本存款账户的开户手续。分析张某需要哪些文件才能成功办理。

【案例解析】按照规定，从事生产、经营活动的存款人办理基本存款账户开户手续时，应提供以下开户证明文件：①工商部门颁发的企业法人营业执照正本；②税务部门颁发的税务登记证；③法定代表人宋某的授权书；④法定代表人宋某和财务人员张某的身份证。

4. 基本存款账户的使用

基本存款账户是存款人的主办账户，关于基本存款账户的使用，主要应注意两点。

（1）一个单位只能开立一个基本存款账户。

（2）存款人日常经营活动的资金收付及其工资、奖金和现金的支取，应通过该账户办理。

【例题·单选题】根据支付结算法律制度的规定，存款人日常经营活动的资金收付，以及工资、奖金和现金的支取，只能通过规定的账户办理。该账户是（　）。

A. 基本存款账户

B. 一般存款账户

C. 专用存款账户

D. 临时存款账户

【答案】A

【解析】本题考查基本存款账户的使用范围。根据规定，基本存款账户的使用范围包括存款人日常经营活动的资金收付，以及存款人的工资、奖金等现金的支取。

（二）一般存款账户

1. 一般存款账户的概念

一般存款账户是指存款人因借款或其他结算需要，在基本存款账户开户银行以外的银行营业机构开立的银行结算账户。

2. 一般存款账户的开户证明文件

存款人申请开立一般存款账户，应向银行出具下列证明文件。

（1）开立基本存款账户规定的证明文件。

（2）基本存款账户开户许可证。

（3）存款人因向银行借款需要，应出具借款合同。

（4）存款人因其他结算需要，应出具有关证明。

3. 一般存款账户的使用

一般存款账户用于办理存款人借款转存、借款归还和其他结算的资金收付。需要注意的是，一般存款账户可以办理现金缴存，但不得办理现金支取。

【例题·多选题】根据《人民币银行结算账户管理办法》的规定，下列各项中，属于一般存款账户适用范围的有（　）。

A. 办理借款转存

B. 办理借款归还

C. 办理现金支取

D. 办理现金缴存

【答案】ABD

【解析】本题考查一般存款账户的适用范围。一般存款账户用于办理存款人借款转存、借款归还和其他结算的资金收付，该账户可以办理现金缴存，但不得办理现金支取。

（三）临时存款账户

1. 临时存款账户的概念

临时存款账户是指存款人因临时需要并在规定期限内使用而开立的银行结算账户。

2. 临时存款账户的适用范围

下列存款人可以申请开立临时存款账户。

（1）设立临时机构（如工程指挥部、筹备领导小组、摄制组等）。

（2）异地临时经营活动（如异地建筑施工及安装活动等）。

（3）注册验资、增资。

【例题·判断题】临时存款账户是存款人因临时需要并在规定期限内使用而开立的银行结算账户，但不能用于注册验资。（　）

【答案】×

【解析】本题考查临时存款账户的概念和适用范围。题目对临时存款账户概念的描述是正确的，错在后一句“不能用于注册验资”。当有下列情形之一的存款人可申请开立临时存款账户：（1）设立临时机构；（2）异地临时经营活动；（3）注册验资、增资。

3. 临时存款账户的开户证明文件

申请开立临时存款账户时，应根据存款人性质的不同，向银行出具不同的证明文件，具体如表 3-3 所示。

表 3-3 不同存款人需出具的开户证明文件

存款人	需出具的开户证明文件
临时机构	驻在地主管部门同意设立临时机构的批文
异地建筑施工及安装单位	营业执照正本或其隶属单位的营业执照正本、施工及安装地建设主管部门核发的许可证或建筑施工及安装合同，以及基本存款账户开户许可证
异地从事临时经营活动的单位	营业执照正本、临时经营地工商行政管理部门的批文，以及基本存款账户开户许可证
注册验资	工商行政管理部门核发的企业名称预先核准通知书或有关部门的批文

4. 临时存款账户的使用

临时存款账户的使用包括以下几点要求。

（1）临时存款账户用于办理临时机构以及存款人临时经营活动发生的资金收付。

（2）临时存款账户应根据有关开户证明文件确定的期限或存款人的需要确定其有效期限，最长不得超过 2 年。

（3）临时存款账户支取现金，应按照国家现金管理的规定办理。

（4）注册验资的临时存款账户在验资期间只收不付。

【例题·单选题】存款人因临时需要并在规定期限内使用而开立的银行结算账户是（　）。

A. 基本存款账户

B. 一般存款账户

C. 专用存款账户

D. 临时存款账户

【答案】D

【解析】本题考查临时存款账户的概念。临时存款账户是指存款人因临时需要并在规定期限内使用而开立的银行结算账户。

（四）专用存款账户

1. 专用存款账户的概念

专用存款账户是指存款人按照法律、行政法规和规章，对有特定用途资金进行专项管理和使用而开立的银行结算账户。

【例题·单选题】根据《人民币银行结算账户管理办法》的规定，下列各项中，存款人因对特定用途资金进行专项管理和使用而开立的账户是（　）。

A. 基本存款账户

B. 一般存款账户

C. 专项存款账户

D. 临时存款账户

【答案】C

【解析】本题考查银行结算账户的开立。根据规定，“专用存款账户”是存款人因对特定用途资金进行专项管理和使用而开立的账户。本题选项中确实写的是“专项存款账户”，由于 A、B、D 选项均不符合题意，只能选择 C 选项。

考场点拨

当考试中遇到类似上题的情况，即答案非书中介绍的标准内容时，可咨询考场监考老师，解决相关疑问。若监考老师未能给出明确或合理的解释，建立尽量通过排除法来解答题目。

2. 专用存款账户的适用范围

对下列资金的管理与使用，存款人可以申请开立专用存款账户。

（1）基本建设资金。

（2）更新改造资金。

（3）财政预算外资金。

（4）粮、棉、油收购资金。

（5）证券交易结算资金。

（6）期货交易保证金。

（7）信托基金。

（8）金融机构存放同业资金。

（9）政策性房地产开发资金。

（10）单位银行卡备用金。

（11）住房基金。

（12）社会保障基金。

（13）收入汇缴资金和业务支出资金。

（14）党、团、工会设在单位的组织机构经费。

（15）其他需要专项管理和使用的资金。

【例题·多选题】下列选项中，存款人可申请开立专用存款账户来管理与使用的资金是（　）。

A. 住房基金

B. 证券交易结算资金

C. 社会保障基金

D. 财政预算外资金

【答案】ABCD

【解析】本题考查专用存款账户的适用范围。上述所有选项均在此范围内。

3. 专用存款账户的开户证明文件

存款人申请开立专用存款账户，除应向银行出具其开立基本存款账户规定的证明文件、基本存款账户开户许可证以外，还应根据不同专用存款资金，出具不同的证明文件，具体如表 3-4 所示。

表 3-4 不同专用存款资金需出具的开户证明文件

专用存款资金	需出具的开户证明文件
基本建设资金、更新改造资金、政策性房地产开发资金、住房基金、社会保障基金	主管部门批文
财政预算外资金	财政部门的证明
粮、棉、油收购资金	主管部门批文
单位银行卡备用金	按照中国人民银行批准的银行卡章程的规定出具有关证明和资料
证券交易结算资金	证券公司或证券管理部门的证明
期货交易保证金	期货公司或期货管理部门的证明
金融机构存放同业资金	相关证明
收入汇缴资金和业务支出资金	基本存款账户存款人有关的证明
党、团、工会设在单位的组织机构经费	该单位或有关部门的批文或证明
其他按规定需要专项管理和使用的资金	有关法规、规章或政府部门的有关文件

知识链接

同一个证明文件，只能开立一个专用存款账户。合格境外机构投资者在境内从事证券投资开立 QFII 专用存款账户时，应出具国家外汇管理部门的批复文件和证券管理部门的证券投资业务许可证，但无须出具基本存款账户开户许可证。

4. 专用存款账户的使用

不同专用存款账户的使用有以下几点要求。

（1）单位银行卡账户的资金必须由其基本存款账户转账存入，该账户不得办理现金收付业务。

（2）财政预算外资金、证券交易结算资金、期货交易保证金和信托基金专用存款账户，不得支取现金。

（3）基本建设资金、更新改造资金、政策性房地产开发资金、金融机构存放同业资金账户需要支取现金的，应在开户时报中国人民银行当地分支行批准。

（4）粮、棉、油收购资金、社会保障基金、住房基金和党、团、工会经费等专用存款账户支取现金应按照国家现金管理的规定办理。

（5）收入汇缴账户除向其基本存款账户或预算外资金财政专用存款账户划缴款项外，只收不付，不得支取现金。业务支出账户除从其基本存款账户拨入款项外，只付不收，其现金支取必须按照国家现金管理的规定办理。

（五）预算单位零余额账户

1. 预算单位零余额账户的概念

预算单位零余额账户是财政部门为预算单位在商业银行开设的银行账户。该账户由预算单位管理和使用，用于记录、核算和反映实行财政授权支付方式的资金活动，并于国库单一账户内的相关账户进行资金清算。

预算单位零余额账户用于财政授权支付，可以办理转账、提取现金等结算业务，可以向本单位按账户管理规定保留的相应账户划拨工会经费、住房公积金及提租补贴，以及财政部批准的特殊款项，不得违反规定向本单位其他账户和上级主管单位、所属下级单位账户划拨资金。

2. 预算单位零余额账户的开立和使用

预算单位零余额账户的开立和使用要求包括以下几项。

（1）预算单位使用财政性资金，应按照规定的程序和要求，向财政部门提出设立零余额账户的申请，财政部门同意预算单位开设零余额账户后通知代理银行。

（2）代理银行根据《人民币银行结算账户管理办法》的规定，具体办理开设预算单位零余额账户业务，并将所开账户的开户银行名称、账号等详细情况书面报告财政部门和中国人民银行，并由财政部门通知一级预算单位。

（3）预算单位根据财政部门的开户通知，具体办理预留印鉴手续。若印鉴卡内容有变动，预算单位应及时通过一级预算单位向财政部门提出变更申请，办理印鉴卡更换手续。

（4）一个基层预算单位开设一个零余额账户。

【例题·多选题】单位银行结算账户包括（　）。

A. 基本存款账户

B. 一般存款账户

C. 专用存款账户

D. 临时存款账户

【答案】ABCD

【解析】本题考查银行结算账户的知识。单位银行结算账户包含基本存款账户、一般存款账户、专用存款账户和临时存款账户。

考场点拨

如果考题中的选项包含零余额账户，切记不能选择该选项。因为零余额账户只是一个统称，是指那些用于办理国库集中支付业务的银行结算账户，包括财政部门零余额账户、预算单位零余额账户和财政汇缴零余额账户。其中，财政部门零余额账户和财政汇缴零余额账户属于专用存款账户，预算单位零余额账户属于基本存款账户或者专用存款账户。因此，零余额账户要根据具体情况确定属于哪一类单位银行结算账户，不能单独列为一种银行结算账户。

（六）个人银行结算账户

1. 个人银行结算账户的概念

个人银行结算账户是自然人因投资、消费、结算等需要而凭个人身份证件而开立的可办理支付结算业务的银行结算账户。邮政储蓄机构办理银行卡业务开立的账户纳入个人银行结算账户管理。储蓄账户仅限于办理现金存取业务，不得办理转账结算。

自然人可根据需要申请开立个人银行结算账户，也可以在已开立的储蓄账户中选择并向开户银行申请确认为个人银行结算账户。

2. 个人银行结算账户的适用范围

有下列情况的，可以申请开立个人银行结算账户。

（1）使用支票、信用卡、电子支付等信用支付工具的。

（2）办理汇兑、定期借记（如代付水、电、话费）、定期贷记（代发工资）、借记卡等结算业务的。

知识链接

"定期借记"是指由收款人定期对付款人的开户银行发起的，委托付款人开户银行按照约定扣划付款人的款项给收款人的资金转账业务，如代付水、电、话费；"定期贷记"是指银行按照付款人的付款凭证，定期将款项划付给收款人的资金转账业务，如代发工资。

【例题·判断题】邮政储蓄机构办理银行卡业务开立的账户将纳入个人银行结算账户管理。储蓄账户不仅可以办理现金存取业务，也可办理转账结算。（ ）

【答案】×

【解析】本题考查个人银行结算账户的概念。个人银行结算账户是自然人因投资、消费、结算等需要而凭个人身份证件而开立的可办理支付结算业务的银行结算账户。邮政储蓄机构办理银行卡业务开立的账户纳入个人银行结算账户管理。储蓄账户仅限于办理现金存取业务，不得办理转账结算。

3. 个人银行结算账户的开户证明文件

申请开立个人银行结算账户时，应根据不同的存款人，向银行出具不同的证明文件，具体如表3-5所示。

表3-5 不同存款人需出具的开户证明文件

存款人	需出具的开户证明文件
中国居民	居民身份证或临时身份证或户口簿或护照
中国人民解放军军人	军人身份证件
中国人民武装警察	武警身份证件
军队（武装警察）离退休干部以及在解放军军事院校学习的现役军人	离休干部荣誉证、军官退休证、文职干部退休证或军事院校学员证
香港、澳门特别行政区居民	港澳居民往来内地通行证
中国台湾地区居民	台湾居民来往大陆通行证或者其他有效旅行证件
居住在境内或境外的中国籍的华侨	中国护照
外国公民	出具护照
获得在中国永久居留资格的外国人	外国人永久居留证
外国边民在我国边境地区的银行开立个人银行结算账户	所在国制发的《边民出入境通行证》

专家课堂

除上述不同存款人需出具的开户证明文件之外，还应包括法律、法规和国家有关文件规定的其他有效证件。

4. 个人银行结算账户的使用

个人银行结算账户用于办理个人转账收付和现金支取。下列款项可以转入个人银行结算账户。

（1）工资、奖金收入。

（2）稿费、演出费等劳务收入。

（3）债券、期货、信托等投资的本金和收益。

（4）个人债权或产权转让收益。

（5）个人贷款转存。

（6）证券交易结算资金和期货交易保证金。

（7）继承、赠与款项。

（8）保险理赔、保费退还款项。

（9）纳税退还。

（10）农、副、矿产品销售收入。

（11）其他合法款项。

5. 单位支付给个人银行结算账户的要求

单位从其银行结算账户支付给个人银行结算账户的款项，且每笔超过5万元（不包含5万元）的，应向其开户银行提供下列付款依据。

（1）代发工资协议和收款人清单。

（2）奖励证明。

（3）新闻出版、演出主办等单位与收款人签订的劳务合同或支付给个人款项的证明。

（4）证券公司、期货公司、信托投资公司、奖券发行或承销部门支付或退还给自然人款项的证明。

（5）债权或产权转让协议。

（6）借款合同。

（7）保险公司的证明。

（8）税收征管部门的证明。

（9）农、副、矿产品购销合同。

（10）其他合法款项的证明。如果该款项金额未达5万元的，则无须提供该类付款依据。

个人持出票人为单位的支票向开户银行委托收款，将款项转入其个人银行结算账户的，或个人持申请人为单位的银行汇票和银行本票向开户银行提示付款，将款项转入其个人银行结算账户的，个人应出具上述10项中规定的有关收款依据。同时存款人应对其提供的收款依据或付款依据的真实性、合法性负责。

知识链接

从单位银行结算账户支付给个人银行结算账户的款项应纳税的，税收代扣单位付款时应向其开户银行提供完税证明。

【例题·多选题】下列选项中，可转入个人银行结算账户的是（　）。

A. 稿费

B. 工资、奖金

C. 保险理赔

D. 农副产品的销售收入

【答案】ABCD

【解析】本题考查个人银行结算账户的使用。按规定，可转入个人银行结算账户的有11项款项，上述各选项都在此列。

（七）异地银行结算账户

1. 异地银行结算账户的概念

异地银行结算账户是指存款人在其注册地或住所地行政区域之外（跨省、市、县）开立的银行结算账户。

2. 异地银行结算账户的适用范围

存款人有下列情形之一的，可以在异地开立有关银行结算账户。

（1）营业执照注册地与经营地不在同一行政区域（跨省、市、县），需要开立基本存款账户的。

（2）办理异地借款和其他结算需要开立一般存款账户的。

（3）存款人因附属的非独立核算单位或派出机构发生的收入汇缴或业务支出需要开立专用存款账户的。

（4）异地临时经营活动需要开立临时存款账户的。

（5）自然人根据需要在异地开立个人银行结算账户的。

3. 异地银行结算账户的开户证明文件

开立异地银行结算账户除应按照前述基本存款账户、一般存款账户、专用存款账户和临时存款账户规定的程序办理并提交有关证明文件外，存款人还应出具下列相应的证明文件。

（1）异地借款的存款人，在异地开立一般存款账户的，应出具在异地取得贷款的借款合同。

（2）因经营需要在异地办理收入汇缴和业务支出的存款人，在异地开立专用存款账户的，应出具隶属单位的证明。

专家课堂

存款人需要在异地开立个人银行结算账户，还应出具在住所地开立账户所需的证明文件。

【例题·判断题】在异地开立临时存款账户的存款人，开立账户时应出具隶属单位的证明。（　）

【答案】×

【解析】本题考查异地银行结算账户的开户证明文件。因经营需要在异地办理收入汇缴和业务支出的存款人，在异地开立专用存款账户的，应出具隶属单位的证明。

四、银行结算账户的管理

银行结算账户的管理主要是指其实名制管理、变更事项的管理、对账管理和存款人预留银行签章的管理。

（一）银行结算账户的实名制管理

银行结算账户的实名制管理主要包含以下两方面内容。

（1）存款人应以实名开立银行结算账户，并对其出具的开户（变更、撤销）申请资料实质内容的真实性负责，法律、行政法规另有规定的除外。

（2）存款人应按照账户管理规定使用银行结算账户办理结算业务，不得出租、出借银行结算账户，不得利用银行结算账户套取银行信用或进行洗钱活动。

【例题·单选题】关于存款人银行结算账户管理的下列表述中，不符合法律规定的是（　）。

A. 存款人应以实名开立银行结算账户

B. 存款人不得出租银行结算账户

C. 存款人可以出借银行结算账户

D. 存款人不得利用银行结算账户套取银行信用

【答案】C

【解析】本题考查银行结算账户的使用。根据规定，存款人不得出租和出借银行存款账户，因此C选项的说法是错误的。

（二）银行结算账户变更事项的管理

存款人申请临时存款账户展期，变更、撤销单位银行结算账户以及补（换）发开户许可证的，可由法定代表人或单位负责人直接办理，也可授权他人办理。由法定代表人或单位负责人直接办理的，除出具相应的证明文件外，还应出具法定代表人或单位负责人的身份证件；授权他人办理的，除出具相应的证明文件外，还应出具法定代表人或单位负责人的身份证件及其出具的授权书，以及被授权人的身份证件。

（三）银行结算账户的对账管理

银行结算账户的存款人应与银行按规定核对账务。存款人收到对账单或对账信息后，应及时核对账务并在规定期限内向银行发出对账回单或确认信息。

（四）存款人预留银行签章的管理

存款人预留银行签章的管理包括单位预留签章和个人预留签章两方面的内容。

（1）单位遗失预留公章或财务专用章的，应向开户银行出具书面申请、开户许可证、营业执照等相关证明文件。单位更换预留公章或财务专用章时，应向开户银行出具书面申请、原预留公章或财务专用章等相关证明文件。申请更换预留公章或财务专用章但无法提供原预留公章或财务专用章的，应向开户银行出具原印鉴卡片、开户许可证、营业执照正本、司法部门的证明等证明文件。

（2）个人遗失或更换预留个人印章或更换签字人时，应向开户银行出具经签名确认的书面申请，以及原预留印章或签字人的个人身份证件。

知识链接

单位存款人申请更换预留个人签章，可由法定代表人或单位负责人直接办理，也可授权他人办理。由法定代表人或单位负责人直接办理的，除出具相应的证明文件外，还应出具法定代表人或单位负责人的身份证件；授权他人办理的，除出具相应的证明文件外，还应出具法定代表人或单位负责人的身份证件及其出具的授权书，以及被授权人的身份证件。

【本节小结】上面介绍的7种银行结算账户的开立与使用是本小节的重点，内容比较多，对于前4种账户都属于单位银行结算账户，需要重点掌握。总的来说，本节内容涉及的考点不是很多，重点是不同账户的概念、开户审批方式和适用范转，尤其是是否可存取现金是相对较任意出考题的知识点。为了便于考生总结和复习，这里对各种银行结算账户的开立与使用进行了重点总结（异地银行结算账户了解便可），如表3-6所示。

表3-6 银行结算账户的开立与使用总结一览表

类型	开户审批方式	适用范围	存现	提现	注意事项
基本存款账户	核准制	（1）资金收付 （2）存款人的工资、奖金支取 （3）现金的支取	可以	可以	一个单位只能开立一个基本存款账户
一般存款账户	备案制	（1）存款人借款转存 （2）借款归还 （3）其他结算的资金收付 （4）现金缴存	可以	不可以	一般存款账户不得支取现金，即“只收不付”

续表

类型	开户审批方式	适用范围	存现	提现	注意事项
专用存款账户	（1）核准制——预算单位专用存款账户、QFII专用存款账户 （2）备案制——其他	共15项，着重掌握以下几项： （1）基本建设资金 （2）住房基金、社会保障基金 （3）财政预算外资金 （4）单位银行卡备用金 （5）证券交易结算资金 （6）党、团、工会设在单位的组织机构经费等预算单位零余额账户等	不同账户规定不同	不同账户规定不同	（1）单位银行卡账户的资金必须由其基本存款账户转账存入，该账户不得办理现金收付业务 （2）财政预算外资金、证券交易结算资金、期货交易保证金和信托基金专用存款账户4项不得支取现金
预算单位零余额账户	是实行财政国库集中支付的预算单位在商业银行开设的一种专用存款账户	（1）财政授权支付，办理转账、提取现金 （2）可向本单位按账户管理规定保留的相应账户划拨工会经费、住房公积金及提租补贴、财政部批准的特殊款项	不可以	可以	（1）一个基层预算单位开设一个零余额账户 （2）不得违反规定向本单位其他账户和上级主管单位、所属下级单位账户划拨资金
临时存款账户	核准制（因注册验资和增资验资的除外）	（1）设立临时机构 （2）异地临时经营活动 （3）注册验资、增资	可以	可以	（1）有效期限最长不得超过2年 （2）注册验资的临时存款账户在验资期间只收不付
个人银行账户	备案制	（1）使用支票、信用卡、电子支付等信用支付工具的 （2）办理汇兑、定期借记、定期贷记、借记卡等结算业务的	可以	可以	（1）储蓄账户仅限于办理现金存取业务，不得办理转账结算 （2）每笔超过5万元（不包含5万元），应向其开户银行提供相关的付款依据

第三节 银行卡

考情分析：本节是本章较为重要的一个考点，考试中较容易以单选题或判断题等形式对考生进行考查，题量一般在1~2道题。本节内容较少，学习相对较为容易。

学习建议：全面熟悉本节内容，并着重学习银行卡的分类、申领、注销、交易，单位卡的使用规定以及银行卡的计息与收费等知识。

一、银行卡的概念与分类

（一）银行卡的概念

银行卡是指由银行发行、供客户办理存取款业务的新型服务工具的总称。确切地说，银行卡是商业银行（含邮政金融机构）向社会发行的具有消费信用、转账结算、存取现金等全部或部分功能的信用支付工具。

（二）银行卡的分类

根据不同的分类标准，可以将银行卡进行多种不同的分类。

1. 按是否具有透支功能分类

银行卡按是否具有透支功能可分为信用卡和借记卡，前者可以透支，后者不具备透支功能。其中信用卡按是否向发卡银行交存备用金分为贷记卡和准贷记卡两种，借记卡按功能不同分为转账卡（含储蓄卡）、专用卡和储值卡。如图3-4所示为银行卡按是否具有透支功能的分类示意图，各类银行卡的具体介绍如下。

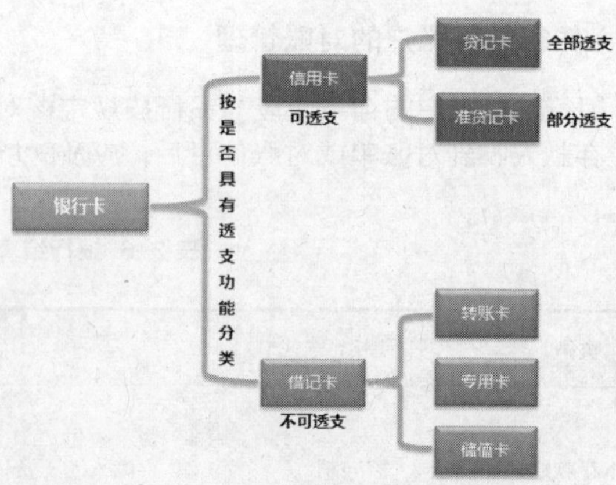

图3-4 银行卡按是否具有透支功能的分类示意图

其中贷记卡、准贷记卡、转账卡、专用卡和储值卡的概念分别如下。

（1）贷记卡。指发卡银行给予持卡人一定的信用额度，持卡人可在信用额度内先消费、后还款的信用卡。

(2)准贷记卡。指持卡人须先按发卡银行要求交存一定金额的备用金，当备用金账户余额不足支付时，可在发卡银行规定的信用额度内透支的信用卡。

(3)转账卡。指实时扣账的借记卡，具有转账结算、存取现金和消费功能。

(4)专用卡。指具有专门用途、在特定区域使用的借记卡，具有转账结算、存取现金功能。

(5)储值卡。指发卡银行根据持卡人要求将其资金转至卡内储存，交易时直接从卡内扣款的预付钱包式借记卡。

【2011年真题·单选题】根据支付结算法律制度的规定，下列银行卡分类中，以是否具有透支功能划分的是(　)。

A. 人民币卡与外币卡

B. 单位卡与个人卡

C. 信用卡与借记卡

D. 磁条卡与芯片卡

【答案】C

【解析】本题考查银行卡的分类。银行卡按是否具有透支功能分为信用卡和借记卡，前者可以透支，后者不具备透支功能。

2. 按其他标准分类

除了可以按是否具有透支功能对银行卡进行分类外，还可按币种不同、发行对象不同和信息载体不同等标准分类银行卡。

(1)按币种不同可将银行卡分为人民币卡、外币卡。

(2)按发行对象不同可将银行卡分为单位卡(商务卡)、个人卡。

(3)按信息载体不同可将银行卡分为磁条卡、芯片(IC)卡。

二、银行卡账户和交易

(一)银行卡申领、注销和丧失

1. 银行卡的申领

银行卡的申领有以下几方面规定。

(1)凡在中国境内金融机构开立基本存款账户的单位，应当凭中国人民银行核发的开户许可证申领单位卡。

(2)个人申领银行卡，应当按规定向发卡银行提供本人有效身份证件，经发卡银行审查合格后，为其开立记名账户。

(3)银行卡及其账户只限持卡人本人使用，不得出租和转借。

对于单位的银行卡而言，需遵守以下3方面规定。

(1)单位人民币卡账户的资金一律从其基本存款账户转账存入，不得存取现金，不得将销货收入存入单位卡账户。

(2)单位外币卡账户的资金应从其单位的外汇账户转账存入，不得在境内存取外币现钞。

(3)严禁将单位的款项转入个人卡账户存储。

【2010年真题·单选题】关于银行卡账户及交易管理要求的下列表述中，不正确的是(　)。

A. 单位人民币卡账户的资金一律从其基本存款账户转账存入

B. 单位外币卡账户的资金应从其单位的外汇账户转账存入

C. 单位人民币卡账户不得存取现金

D. 单位人民币卡账户可以存入销货收入

【答案】D

【解析】本题考查单位卡账户。根据规定，单位人民币卡账户的资金一律从其基本存款账户转账存入，不得存取现金，不得将销货收入存入单位卡账户。所以D选项错误。

2. 银行卡的注销

持卡人在还清全部交易款项、透支本息和有关费用后，可以申请办理销户。销户时，单位人民币卡账户的资金应当转入其基本存款账户，单位外币卡账户的资金应当转回其相应的外汇账户，不得提取现金。

3. 银行卡的丧失

持卡人丧失银行卡，应立即持本人身份证件或其他有效证明，并按规定提供有关情况，向发卡银行或代办银行申请挂失，发卡银行或代办银行审核后办理挂失手续。

(二)银行卡交易的基本规定

银行卡交易的基本规定主要体现在以下几个方面。

(1)单位人民币卡可办理商品交易和劳务供应款项的结算，但不得透支。单位卡不得支取现金。

(2)同一持卡人单笔透支发生额不得超过规定金额。发卡银行对贷记卡的取现应当每笔授权，每卡每日累计取现不得超过2 000元人民币。发卡银行应当对借记卡持卡人在自动柜员机(ATM机)取款设定交易上限，每卡每日累计提款不得超过2万元人民币。储值卡的面值或卡内币值不得超过1 000

元人民币。

（3）准贷记卡的透支期限最长为60天。贷记卡的首月最低还款额不得低于其当月透支余额的10%。

（4）发卡银行可以通过以下几种途径追偿透支款项和诈骗款项：扣减持卡人保证金；依法处理抵押物和质物；向保证人追索透支款项；诉讼。

【案例3-4】甲公司于2013年10月在其开户银行A银行为单位开立了一个单位人民币借记卡账户，并从其基本账户转入款项50万元到单位卡账户中。2013年11月6日，异地乙公司某业务人员随身携带现金3万元与甲公司洽谈了一笔业务，按照洽谈结果乙公司需要预付货款4万元，乙公司的业务人员便交付了携带的3万元现金，同时甲公司授意其将剩余的1万元从乙公司的异地账户直接汇入甲公司银行卡账户。2013年12月16日，甲公司单位银行卡账户中收到了乙公司的1万元预付货款，同日甲公司会计人员到开户银行A银行将单位银行卡账户中的3万元转入该公司总经理在B银行开立的个人银行卡账户。请分析以上案例中哪些做法违反了银行卡业务管理的有关规定？

【案例解析】（1）根据规定，单位人民币卡账户的资金一律从其基本存款账户转账存入，不得存取现金，不得将销货收入存入单位卡账户。在本案例中，乙公司将预付货款1万元（销售收入实现后便成为了销货收入的部分款项）汇入甲公司的单位银行卡中，违背了上述规定。

（2）个人人民币卡账户的资金以其持有的现金存入或以其工资性款项、属于个人的合法的劳务报酬、投资回报等收入转账存入，但严禁将单位的款项存入个人卡账户。在本案例中，甲公司会计人员将单位银行卡账户中的3万元转入该公司总经理在B银行开立的个人银行卡账户，违背了上述规定，属于公款私存，应追究其责任，A银行的工作人员没有做到认真审查，应追究失职责任。

【2012年真题·单选题】赵某所持贷记卡透支余额为1万元，根据支付结算法律制度的规定，其首月最低还款额不低于（　）元。

A. 1 000

B. 1 500

C. 2 000

D. 2 500

【答案】A

【解析】本题考查银行卡中贷记卡的交易规定。贷记卡的首月最低还款额不得低于其当月透支余额的10%。

三、银行卡计息和收费

（一）银行卡计息

发卡银行对准贷记卡及借记卡（不含储值卡）账户内的存款，按照中国人民银行规定的同期同档次存款利率及计息办法计付利息。发卡银行对贷记卡账户的存款、储值卡（含IC卡的电子钱包）内的币值不计付利息。

1. 贷记卡持卡人非现金交易可享受的优惠条件

贷记卡持卡人非现金交易可享受免息还款期待遇和最低还款额待遇。

（1）免息还款期待遇。银行记账日至发卡银行规定的到期还款日之间为免息还款期。免息还款期最长为60天。持卡人在到期还款日前偿还所使用全部银行款项即可享受免息还款期待遇，无须支付非现金交易的利息。

（2）最低还款额待遇。持卡人在到期还款日前偿还所使用全部银行款项有困难的，可按照发卡银行规定的最低还款额还款。

2. 贷记卡持卡人不享受免息还款期待遇的情况

以下几种情形下，贷记卡持卡人不享受免息还款期待遇。

（1）贷记卡持卡人选择最低还款额方式或超过发卡银行批准的信用额度用卡时，应当支付未偿还部分自银行记账日起按规定利率计算的透支利息。

（2）贷记卡持卡人支取现金、准贷记卡透支，应当支付现金交易额或透支额自银行记账日起按规定利率计算的透支利息。

（3）贷记卡透支按月计收复利，准贷记卡透支按月计收单利，透支利率为日利率万分之五，并根据中国人民银行的此项利率调整而调整。

【2011年真题·判断题】贷记卡透支按月计收复利。准贷记卡透支按月计收单利。（　）

【答案】√

【解析】本题考查银行卡计息。贷记卡透支按月计收复利，准贷记卡透支按月计收单利，透支利率为日利率万分之五，并根据中国人民银行的此项利率调整而调整。

【例题·判断题】贷记卡持卡人选择最低还款额方式用卡的，不再享受免息还款期待遇。（　）

【答案】√

【解析】本题考查贷记卡的使用。贷记卡持卡人选择最低还款额方式或超过发卡银行批准的信用额度用卡时，不再享受免息还款期待遇，应当支付未偿还部分自银行记账日起，按规定利率计算的透支利息。

（二）银行卡收费

商业银行办理银行卡收单业务应当按下列标准向商户收取结算手续费。

（1）宾馆、餐饮、娱乐、工艺美术品、珠宝金饰及汽车销售等行业为交易金额的1.25%，其中房地产、汽车销售封顶为每笔80元。

（2）百货、社会培训、批发、中介服务、景区门票及旅行社等一般类行业为交易金额的0.78%，其中批发类为每笔26元。

（3）超市、卖场、水电煤气缴费、加油、交通运输售票等民生类行业为交易金额的0.38%。

（4）公立医院、学校等公益类行业按服务成本收取费用。

第四节 预付卡

考情分析： 本节内容是2013年新增的知识点，涉及预付卡的概念、分类和相关规定。预计考点会出现在预付卡相关规定的内容中，由于本节知识较少，因此考题数量有限，估计为1道题，通常情况下会以客观题的形式出现。

学习建议： 了解预付卡的概念和分类，重点对预付卡的限额、期限、办理、重置、使用、赎回和发卡机构等内容进行学习和掌握。

一、预付卡的概念与分类

（一）预付卡的概念

预付卡是指发卡机构以特定载体和形式发行的、可在发卡机构之外购买商品或服务的预付价值。

随着信息技术和小额支付服务市场的不断发展，商业预付卡市场也发展迅速。商业预付卡以预付和非金融主体发行为典型特征，一类是专营发卡机构发行，可跨地区、跨行业、跨法人使用的多用途预付卡，一类是商业企业发行，只在本企业或同一品牌连锁商业企业购买商品、服务的单用途预付卡。本节所讲的内容都是针对多用途预付卡来介绍的。

为促进预付卡业务规范与健康发展，国家相关部门出台了一系列相关法律法规，主要包括《非金融机构支付业务管理办法》（中国人民银行令第2号）、《国务院办公厅转发〈人民银行、监察部等部门关于规范商业预付卡管理意见〉的通知》（国办发[2011]25号）、《支付机构预付卡业务管理办法》等。

（二）预付卡的分类

按是否记载持卡人身份信息和预付卡信息载体的标准，可对预付卡进行不同的分类，具体如下。

（1）按是否记载持卡人身份信息，可将预付卡分为记名预付卡和不记名预付卡。

（2）按信息载体的不同，可将预付卡分为磁条卡和芯片（IC）卡。

【例题·多选题】 按是否记载持卡人身份信息为标准，可将预付卡分为（　）。

A. 记名预付卡　B. 不记名预付卡

C. 磁条卡　D. IC卡

【答案】 AB

【解析】 本题考查预付卡的分类。按是否记载持卡人身份信息，可将预付卡分为记名预付卡和不记名预付卡。

二、预付卡的相关规定

（一）预付卡的限额

预付卡以人民币计价，不具有透支功能。单张记名预付卡资金限额不得超过5 000元，单张不记名预付卡资金限额不得超过1 000元。

（二）预付卡的期限

预付卡卡面记载有效期限或有效期截止日。记名预付卡可挂失，可赎回，不得设置有效期；不记名预付卡不挂失，不赎回，有效期不得低于3年。超过有效期尚有资金余额的预付卡，可通过延期、激活、换卡等方式继续使用。

（三）预付卡的办理

办理预付卡时，需遵守以下几方面的规定。

（1）个人或单位购买记名预付卡或一次性购买不记名预付卡1万元以上的，应当使用实名并向发卡机构提供有效身份证件。

（2）单位一次性购买预付卡5 000元以上，个人一次性购买预付卡5万元以上的，通过银行转账等非现金结算方式购买，不得使用现金。购卡人不得使用信用卡购买预付卡。

（3）发卡机构应当识别购卡人、单位经办人的身份，核对有效身份证件，登记身份基本信息，并留存有效身份证件的复印件或影印件。

（4）使用实名购买预付卡的，发卡机构应当登记购卡人姓名或单位名称、单位经办人姓名、有效身份证件名称和号码、联系方式、购卡数量、购卡日期、购卡总金额、预付卡卡号及金额等信息。

（5）代理他人购买预付卡的，发卡机构应当采取合理方式确认代理关系，核对代理人和被代理人的有效身份证件，登记代理人和被代理人的身份基本信息，并留存代理人和被代理人的有效身份证件的复印件或影印件。

【例题·单选题】下列关于预付卡的描述，正确的是（　）。

A. 单张记名预付卡资金限额不得超过10 000元，单张不记名预付卡资金限额不得超过5 000元

B. 记名预付卡可挂失，可赎回，不得设置有效期；不记名预付卡不挂失，不赎回，有效期不得低于5年

C. 个人或单位购买记名预付卡或一次性购买不记名预付卡1万元以上的，应当使用实名并向发卡机构提供有效身份证件

D. 单位一次性购买预付卡5 000元以上，个人一次性购买预付卡5 000元以上的，通过银行转账等非现金结算方式购买，可使用现金

【答案】C

【解析】本题考查预付卡的限额、期限和相关办理规定。A选项错误，单张记名预付卡资金限额不得超过5 000元，单张不记名预付卡资金限额不得超过1 000元；B选项错误，记名预付卡可挂失，可赎回，不得设置有效期；不记名预付卡不挂失，不赎回，有效期不得低于3年；D选项错误，单位一次性购买预付卡5 000元以上，个人一次性购买预付卡5万元以上的，通过银行转账等非现金结算方式购买，不得使用现金。

（四）预付卡的充值

预付卡通过现金或银行转账方式进行充值，不得使用信用卡为预付卡充值。一次性充值金额5 000元以上的，不得使用现金。单张预付卡充值后的资金余额不得超过规定限额。

知识链接

预付卡现金充值通过发卡机构网点进行，单张预付卡同日累计现金充值在200元以下的，可通过自助充值终端、销售合作机构代理等方式充值。

（五）预付卡的使用

预付卡在发卡机构拓展、签约的特约商户中使用，不得用于或变相用于提取现金，不得用于购买、交换非本发卡机构发行的预付卡、单一行业卡及其他商业预付卡或向其充值，卡内资金不得向银行账户或向非本发卡机构开立的网络支付账户转移。

（六）预付卡的赎回

记名预付卡可在购卡3个月后办理赎回，在赎回预付卡时，还应遵守以下几点规定。

（1）持卡人应当出示预付卡及持卡人和购卡人的有效身份证件。

（2）由他人代理赎回的，应当同时出示代理人和被代理人的有效身份证件。

（3）单位购买的记名预付卡，只能由单位办理赎回。

【例题·判断题】记名预付卡在购卡6个月后可办理赎回，赎回时，持卡人应当出示预付卡及持卡人和购卡人的有效身份证件。（　）

【答案】×

【解析】本题考查预付卡的赎回。本题错在预付卡赎回期限的描述，记名预付卡可在购卡3个月后办理赎回。

（七）预付卡的发卡机构

预付卡发卡机构必须经中国人民银行核准，取得《支付业务许可证》的支付机构。支付机构要严格按照核准的业务类型和业务覆盖范围从事预付卡业务。除此以外，发卡机构还应严格遵守以下几方面要求。

（1）发卡机构要采取有效措施加强对购卡人和持卡人信息的保护，确保信息安全，防止信息泄露和滥用，未经购卡人和持卡人同意，不得用于与购卡人和持卡人的预付卡业务无关的目的。

（2）发卡机构要严格发票管理，按照《中华人民共和国发票管理办法》的有关规定开具发票。

（3）发卡人要加强预付卡资金管理，维护持卡人合法权益，发卡机构接受的、客户用于未来支付需要的预付卡资金，不属于发卡机构的自有财产，

发卡机构不得挪用、挤占。

（4）发卡机构必须在商业银行开立备付金专用存款账户存放预付资金，并与银行签订存管协议，接受银行对备付金使用情况的监督。

第五节 结算方式

考情分析：本节内容在近几年的考试中几乎都出现过考题，考点集中在汇兑、托收承付和国内信用证等知识点。题型以客观题形式出现，题量在2道题左右。相对于题量而言，本节内容的知识点相对较多，需要考生花费一定的精力记忆和掌握。

学习建议：全面熟悉并掌握汇兑、托收承付、委托收款和国内信用证的知识。通过对比记忆的方法重点学习和理解各种结算方式的办理流程，并了解各结算方式的概念和适用范围。

一、汇兑

（一）汇兑的概念和种类

汇兑是汇款人委托银行将其款项支付给收款人的结算方式。汇兑分为信汇和电汇两种，由汇款人选择使用，其中信汇是以邮寄方式将汇款凭证转给外地收款人指定的汇入行，而电汇是以电报方式将汇款凭证转发给收款人指定的汇入行。单位和个人的各种款项的结算，均可使用汇兑结算方式。

信汇和电汇凭证样式分别如图3-5和图3-6所示（信汇凭证与电汇凭证的填写类似）。

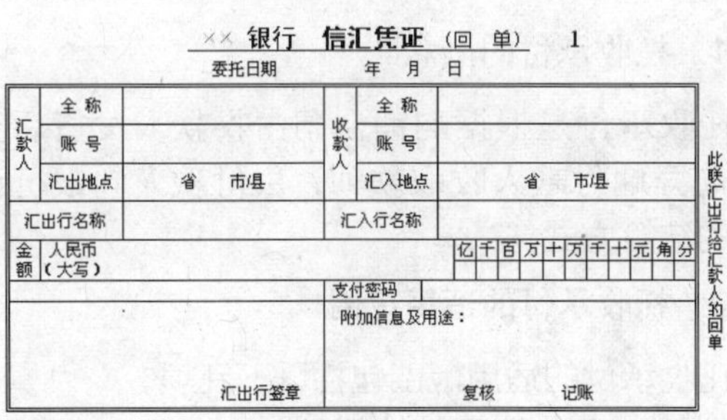

××银行 信汇凭证（回 单） 1

委托日期 年 月 日

汇款人	全称		收款人	全称	
	账号			账号	
	汇出地点	省 市/县		汇入地点	省 市/县
汇出行名称			汇入行名称		
金额	人民币（大写）		亿千百万十万千十元角分		
			支付密码		
汇出行签章			附加信息及用途：复核 记账		

此联汇出行给汇款人的回单

图3-5 信汇凭证

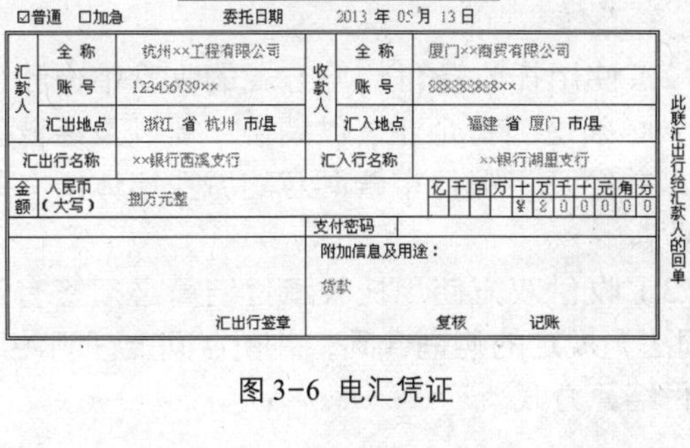

××银行 电汇凭证（回 单） 1

☑普通 □加急 委托日期 2013年05月13日

汇款人	全称	杭州××工程有限公司	收款人	全称	厦门××商贸有限公司
	账号	123456789××		账号	888888888××
	汇出地点	浙江 省 杭州 市/县		汇入地点	福建 省 厦门 市/县
汇出行名称		××银行西溪支行	汇入行名称		××银行湖里支行
金额	人民币（大写）	捌万元整	亿千百万十万千十元角分		¥8000000
			支付密码		
汇出行签章			附加信息及用途：货款 复核 记账		

此联汇出行给汇款人的回单

图3-6 电汇凭证

> **知识链接**
>
> 中国人民银行负责对发卡机构的预付卡备付金专用存款账户的开立和使用进行监管。

【例题·多选题】汇兑的种类包括（ ）。

A. 承兑　　B. 邮寄

C. 信汇　　D. 电汇

【答案】CD

【解析】本题考查汇兑的种类。汇兑是汇款人委托银行将其款项支付给收款人的结算方式。汇兑分为信汇和电汇两种。

（二）办理汇兑的程序

办理汇兑的程序如图3-7所示。下面具体介绍办理汇兑的3个程序的具体内容。

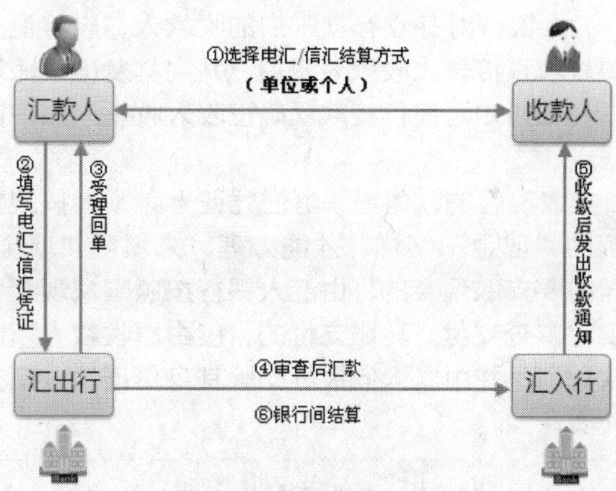

图3-7 办理汇兑的程序示意图

1. 签发汇兑凭证

签发汇兑凭证必须记载下列事项。

（1）表明“信汇”或“电汇”的字样。

（2）无条件支付的委托。

（3）确定的金额。

（4）收款人名称。

（5）汇款人名称。

（6）汇入地点、汇入行名称。

（7）汇出地点、汇出行名称。

（8）委托日期。

（9）汇款人签章。

专家课堂

汇兑凭证记载的汇款人、收款人在银行开立存款账户的，必须记载其账号。汇款人和收款人均为个人的，需要在汇入银行支取现金的，应在信汇、电汇凭证的“汇款金额”大写栏，先填写“现金”字样，后填写汇款金额。

2. 银行受理

汇出银行受理汇款人签发的汇兑凭证，经审查无误后，应及时向汇入银行办理汇款，并向汇款人签发汇款回单。汇款回单只能作为汇出银行受理汇款的依据，不能作为该笔汇款已转入收款人账户的证明。

【例题·判断题】采用汇兑结算方式的，汇款回单可以作为该笔汇款已转入收款人账户的证明。(　)

【答案】×

【解析】本题考查汇兑的程序。汇款回单只能作为汇出银行受理汇款的依据，不能作为该笔汇款已转入收款人账户的证明。

3. 汇入处理

汇入银行对开立存款账户的收款人，应将汇给其的款项直接转入收款人账户，并向其发出收账通知。收账通知是银行将款项确已收入收款人账户的凭据。

支取现金的，信汇、电汇凭证上必须有按规定填明的“现金”字样，才能办理。未填明“现金”字样需要支取现金的，由汇入银行按照国家现金管理规定审查支付。转账支付的，应由原收款人填制支款凭证，并由本人向银行交验其身份证件办理支付款项。

【2012年真题·多选题】关于汇兑的下列表述中，符合法律制度规定的有(　)。

A. 单位和个人均可使用汇兑

B. 汇款人和收款人均为个人的，方可办理现金汇兑

C. 汇兑以收账通知为汇出银行受理汇款的依据

D. 汇兑以汇款回单为银行将款项确已收入收款人账户的凭据

【答案】AB

【解析】本题考查汇兑的内容。C选项错误，汇款回单为汇出银行受理汇款的依据；D选项错误，收账通知为银行将款项确已收入收款人账户的凭据。

(三)汇兑的撤销和退汇

根据支付结算法律制度的规定，汇款人对汇出银行尚未汇出的款项可以申请撤销。申请撤销时，应出具正式函件或本人身份证件及原信汇、电汇回单。

汇入银行对于收款人拒绝接受的汇款，应即办理退汇。汇入银行对于向收款人发出取款通知，经过2个月无法交付的汇款，应主动办理退汇。

专家课堂

汇兑结算方式主要是在异地结算中使用，汇兑中的汇款人实际上就是付款人。另外，关于汇兑和后面其他几种结算方式都是初级会计人员在会计工作中经常会遇到的，因此需要熟悉适用范畴和办理程序，并可结合工作实际情况加以理解和应用。

【例题·判断题】汇款人申请撤销尚未汇出的款项时，需出具正式函件或本人身份证件及原信汇、电汇回单。(　)

【答案】√

【解析】本题考查汇兑的撤销。根据支付结算法律制度的规定，汇款人对汇出银行尚未汇出的款项可以申请撤销。申请撤销时，应出具正式函件或本人身份证件及原信汇、电汇回单。

二、托收承付

(一)托收承付的概念和适用范围

1. 托收承付的概念

托收承付是根据购销合同由收款人发货后委托银行向异地付款人收取款项，由付款人向银行承认付款的结算方式。

2. 托收承付的适用范围

托收承付的适用范围包括以下几项。

(1)办理托收承付结算的款项，必须是商品交易以及因商品交易而产生的劳务供应的款项。代销、寄销、赊销商品的款项，不得办理托收承付结算。

(2)使用托收承付结算方式的收款单位和付款单位，必须是国有企业、供销合作社以及经营管理较好，并经开户银行审查同意的城乡集体所有制工业企业。

(3)收付双方使用托收承付结算必须签有符合《合同法》规定的购销合同，并在合同上订明使用托收承付结算方式。

（4）收付双方办理托收承付结算，必须重合同、守信用。收款人对同一付款人发货托收累计3次收不回货款的，收款人开户银行应暂停收款人向该付款人办理托收；付款人累计3次提出无理拒付的，付款人开户银行应暂停其向外办理托收。

（5）收款人办理托收，必须具有商品确已发运的证件，包括铁路、航运、公路等运输部门签发的运单、运单副本和邮局包裹回执等。

（6）托收承付结算每笔的金额起点为1万元，新华书店系统每笔的金额起点为1 000元。

知识链接

托收凭证一式五联，分别为托收凭证受理回单联（如图3-8所示）、托收凭证贷方凭证联、托收凭证借方凭证联、托收凭证汇款依据或收账通知联及托收凭证付款通知联。各个银行的托收凭证样式都是统一的，但由于印刷不同，因而不能通用。

托收凭证（受理回单）　1

委托日期：　　年　月　日

业务类型	委托收款（□邮划、□电划）　托收承付（□邮划、□电划）				
付款人	全称		收款人	全称	
	账号			账号	
	地址	省　市县　开户行		地址	省　市县　开户行
金额	人民币（大写）			亿 千 百 十 万 千 百 十 元 角 分	
款项内容		托收凭据名称		附寄单证张数	
商品发运情况				合同名称号码	
备注： 复核　记账		款项收妥日期： 年　月　日		收款人开户银行签章 年　月　日	

此联作收款人开户银行给收款人的受理回单

图3-8　托收凭证受理回单

【2010年真题·单选题】关于托收承付结算方式使用要求的下列表述中，不正确的是（　）。

A. 托收承付只能用于异地结算

B. 收付双方使用托收承付结算方式必须签有合法的购销合同

C. 收款人对同一付款人发货托收累计3次收不回货款的，收款人开户银行暂停收款人办理所有托收业务

D. 付款人累计3提出无理拒付的，付款人开户银行应暂停其向外办理托收

【答案】C

【解析】本题考查托收承付的适用范围。根据规定，收款人对同一付款人发货托收累计3次收不回货款的，收款人开户银行应暂停收款人向该付款人办理托收；付款人累计3次提出无理拒付的，付款人开户银行应暂停其向外办理托收。C选项中"暂停收款人办理所有托收业务"的说法是错误的。

（二）办理托收承付的程序

办理托收承付的程序如图3-9所示。下面具体介绍办理托收承付的各个程序的具体内容。

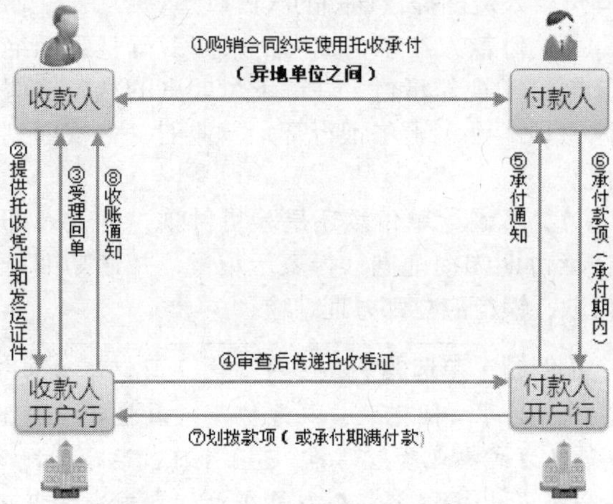

图3-9　办理托收承付的程序示意图

1. 签发托收凭证

签发托收凭证必须记载下列事项。

（1）表明"托收"的字样。

（2）确定的金额。

（3）付款人名称及账号。

（4）收款人名称及账号。

（5）付款人开户银行名称。

（6）收款人开户银行名称。

（7）托收附寄单证张数或册数。

（8）合同名称、号码。

（9）委托日期。

（10）收款人签章。

2. 托收

收款人按照签订的购销合同发货后，委托银行办理托收。

（1）收款人应将托收凭证并附发运证件或其他符合托收承付结算要求的有关证明和交易单证送交银行。

（2）收款人开户银行接到托收凭证及其附件后，应当按照托收的范围、条件和托收凭证记载的要求认真进行审查，必要时，还应查验收、付款人签订的购销合同。

3. 承付

承付是指付款单位在承付期限内，向银行承认付款的行为。承付有以下规定。

（1）付款人开户银行收到托收凭证及其附件后，应当及时通知付款人付款。付款人应在承付期内审查核对，安排资金。承付货款分为验单付款和验货付款两种，由收付双方商量选用，并在合同中明确

规定。

（2）验单付款的承付期为3天，从付款人开户银行发出承付通知的次日算起（承付期内遇法定休假日顺延）；验货付款的承付期为10天，从运输部门向付款人发出提货通知的次日算起。

（3）付款人在承付期内，未向银行表示拒绝付款，银行即视作承付，并在承付期满的次日（遇法定休假日顺延）上午银行开始营业时，将款项划给收款人。

（4）不论验单付款还是验货付款，付款人都可以在承付期内提前向银行表示承付，并通知银行提前付款，银行应立即办理划款。

【例题·单选题】2013年3月1日，甲公司销售给乙公司一批化肥，双方协商采取托收承付验货付款方式办理货款结算。3月4日，运输公司向乙公司发出提货单。乙公司在承付期内未向其开户银行表示拒绝付款。已知3月7日、8日、14日和15日为法定休假日。则乙公司开户银行向甲公司划拨货款的日期为（　）。

A. 3月6日

B. 3月9日

C. 3月13日

D. 3月16日

【答案】D

【解析】本题考查托收承付的承付期的计算方法。托收承付结算方式中，验货付款的承付期为10天，从运输部门向付款人发出提货通知的次日算起。付款人在承付期内，未向银行表示拒绝付款，银行即视作承付，并在承付期满的次日（遇法定休假日顺延）上午银行开始营业时，将款项划给收款人。本题中，3月4日发出提货通知，从3月5日开始计算，10天后是3月14日，因为3月14日和15日为法定休假日，所以乙公司开户银行向甲公司划货款的日期为3月16日。

4. 逾期付款

付款人在承付期满日银行营业终了时，如无足够资金支付，其不足部分，即为逾期未付款项，按逾期付款处理。

5. 拒绝付款

付款人在承付期内，可向银行提出全部或部分拒绝付款，具体情形包括以下7种。

（1）没有签订购销合同或购销合同未订明托收承付结算方式的款项。

（2）未经双方事先达成协议，收款人提前交货或因逾期交货，付款人不再需要该项货物的款项。

（3）未按合同规定的到货地址发货的款项。

（4）代销、寄销、赊销商品的款项。

（5）验单付款，发现所列货物的品种、规格、数量、价格与合同规定不符，或货物已到，经查验货物与合同规定或发货清单不符的款项。

（6）验货付款，经查验货物与合同规定或与发货清单不符的款项。

（7）货款已经支付或计算有错误的款项。

【例题·单选题】下列选项表述的情形中，不能向银行提出全部或部分拒绝付款的是（　）。

A. 没有签订购销合同或购销合同未订明托收承付结算方式的款项

B. 验货付款，经查验货物与合同规定或与发货清单不符的款项

C. 经双方事先达成协议，收款人提前交货或因逾期交货，付款人不再需要该项货物的款项

D. 代销、寄销、赊销商品的款项

【答案】C

【解析】本题考查拒绝付款的知识点。根据规定，未经双方事先达成协议，收款人提前交货或因逾期交货，付款人不再需要该项货物的款项才可以向银行提出全部或部分拒绝付款，因此本题C选项错误。

6. 重办托收

收款人对被无理拒绝付款的托收款项，在收到退回的结算凭证及其所附单证后，需要委托银行重办托收。经开户银行审查，确属无理拒绝付款，可以重办托收。

三、委托收款

（一）委托收款的概念和适用范围

委托收款是收款人委托银行向付款人收取款项的结算方式。单位和个人凭已承兑商业汇票、债券、存单等付款人债务证明办理款项的结算，均可以使用委托收款结算方式。委托收款在同城、异地均可以使用。委托收款凭证同托收承付凭证，样式参见图3–8。

（二）办理委托收款的程序

办理委托收款的程序如图3–10所示。下面具体介绍办理委托收款的各个程序的具体内容。

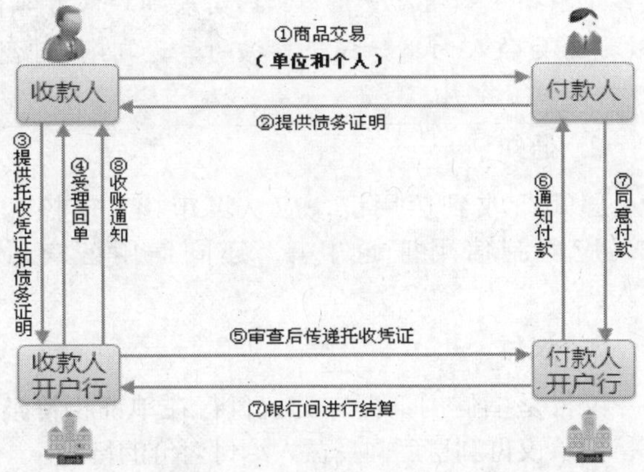

图 3-10 办理委托收款的程序示意图

1. 签发委托收款凭证

签发委托收款凭证必须记载下列事项。

（1）表明“托收”的字样。

（2）确定的金额。

（3）付款人名称。

（4）收款人名称。

（5）委托收款凭据名称及附寄单证张数。

（6）委托日期。

（7）收款人签章。

专家课堂

委托收款以银行以外的单位为付款人的，委托收款凭证必须记载付款人开户银行名称；以银行以外的单位或在银行开立存款账户的个人为收款人的，委托收款凭证必须记载收款人开户银行名称；未在银行开立存款账户的个人为收款人的，委托收款凭证必须记载被委托银行名称。

【例题·单选题】下列选项中，不是签发委托收款凭证的必须记载事项的是（ ）。

A. 表明“托收”的字样

B. 承兑日期

C. 付款人名称

D. 收款人名称

【答案】B

【解析】本题考查委托收款凭证的必须记载事项。签发委托收款凭证必须记载下列事项：①表明“托收”的字样；②）确定的金额；③付款人名称；④收款人名称；⑤委托收款凭据名称及附寄单证张数；⑥委托日期；⑦收款人签章。B选项的“承兑日期”不在此列。

2. 委托

收款人办理委托收款应向银行提交委托收款凭证和有关的债务证明。

3. 付款

银行接到寄来的委托收款凭证及债务证明，审查无误后办理付款。

（1）以付款银行为付款人的，银行应在当日将款项主动支付给收款人。

（2）以单位为付款人的，付款银行应及时通知付款人，需要将有关债务证明交给付款人。付款人应于接到通知的当日书面通知银行付款。

①付款人未在接到通知日的次日起3日内通知银行付款的，视同付款人同意付款，银行应于付款人接到通知日的次日起第4日上午开始营业时将款项划给收款人。

②银行在办理划款时，付款人存款账户不足支付的，应通过被委托银行向收款人发出未付款项通知书。

（3）拒绝付款。付款人审查有关债务证明后，对收款人委托收取的款项需要拒绝付款的，可以办理拒绝付款。

①以银行为付款人的，应自收到委托收款及债务证明的次日起3日内出具拒绝证明，连同有关债务证明、凭证寄给被委托银行，转交收款人。

②以单位为付款人的，应在付款人接到通知日的次日起3日内出具拒绝证明，持有债务证明的，应将其送交开户银行。银行将拒绝证明、债务证明和有关凭证一并寄给被委托银行，转交收款人。

四、国内信用证

（一）国内信用证的概念和适用范围

国内信用证（简称信用证），是指开证银行依照申请人（购货方）的申请向受益人（销货方）开出的有一定金额、在一定期限内凭信用证规定的单据支付款项的书面承诺。

（1）我国信用证为不可撤销、不可转让的跟单信用证。其中不可撤销信用证是指信用证开具后在有效期内，非经信用证各有关当事人（开证银行、开证申请人和受益人）的同意，开证银行不得修改或者撤销的信用证；不可转让信用证是指受益人不能将信用证的权利转让给他人的信用证。

（2）信用证结算方式只适用于国内企业之间商品交易产生的货款结算，并且只能用于转账结算，不得支取现金。

（3）信用证与作为其依据的购销合同相互独立，银行在处理信用证业务时，不受购销合同的约束。

【2010年真题·判断题】国内信用证结算方式只适用于转账结算的，不得支取现金。（ ）

【答案】√

【解析】本题考查国内信用证。根据规定，信用证只限于转账结算，不得支取现金。

（二）办理信用证的程序

1. 开证

（1）开证申请

开证申请人使用信用证时，应委托其开户银行办理开证业务，申请时应填具开证申请书、信用证申请人承诺书并提交有关购销合同。

（2）受理开证

开证行根据申请人提交的开证申请书、信用证申请人承诺书及购销合同决定是否受理开证业务。开证行在决定受理该项业务时，应向申请人收取不低于开证金额20%的保证金，并可根据申请人资信情况要求其提供抵押、质押或由其他金融机构出具保函。

信用证的基本条款包括以下几项。

①开证行名称及地址。

②开证日期。

③信用证编号。

④不可撤销、不可转让信用证。

⑤开证申请人名称及地址。

⑥受益人名称及地址（受益人为有权收取信用证款项的人，一般为购销合同的供方）。

⑦通知行名称（通知行为受开证行委托向受益人通知信用证的银行）。

⑧信用证有效期及有效地点（信用证有效期为受益人向银行提交单据的最迟期限，最长不得超过6个月；信用证的有效地点为信用证指定的单据提交地点，即议付行或开证行所在地）。

⑨交单期（交单期为提交运输单据的信用证所注明的货物装运后必须交单的特定日期）。

⑩信用证金额。

⑪付款方式（即期付款、延期付款或议付）。

⑫运输条款。

⑬货物描述（包括货物名称、数量、价格等）。

⑭单据条款（必须注明据以付款或议付的单据，至少包括发票、运输单据或货物收据）。

⑮其他条款。

⑯开证行保证文句。

【例题·判断题】信用证有效期为受益人向银行提交单据的最迟期限，最长不得超过3个月。（　）

【答案】×

【解析】本题考查信用证的有效期。信用证有效期为受益人向银行提交单据的最迟期限，最长不得超过6个月。

2. 通知

通知行收到信用证，应认真审核。审核无误的，应填制信用证通知书，连同信用证交付受益人。

3. 议付

议付是指信用证指定的议付行在单证相符条件下，扣除议付利息后向受益人给付对价的行为。

（1）议付行必须是开证行指定的受益人开户行。议付仅限于延期付款信用证。受益人可以在交单期或信用证有效期内向议付行提示单据、信用证正本及信用证通知书，并填制信用证议付/委托收款申请书和议付凭证，请求议付。

（2）议付行审核受益人提示的单据后，同意议付的，办理议付。实付议付金额按议付金额扣除议付日至信用证付款到期日前一日的利息计算，议付利率比照贴现利率。拒绝议付的，应及时作出书面拒绝议付通知，注明拒绝议付理由，通知受益人。议付行可以根据受益人的要求不作议付，仅为其办理委托收款。

（3）议付行议付后，应通过委托收款将单据寄开证行索偿资金。议付行议付信用证后，对受益人具有追索权。到期不获付款的，议付行可从受益人账户收取议付金额。

4. 付款

（1）受益人在交单期或信用证有效期内向开证行交单收款，应向开户银行填制委托收款凭证和信用证议付/委托收款申请书，并出具单据和信用证正本。

（2）开户银行收到凭证和单证审查齐全后，应及时为其向开证行办理交单和收款。开证行在收到议付行寄交的委托收款凭证、单据及寄单通知书或受益人开户行寄交的委托收款凭证、信用证正本单据及信用证议付/委托收款申请书的次日起5个营业日内，及时核对单据表面与信用证条款是否相符。无误后，对即期付款信用证，从申请人账户收取款项支付给受益人；对延期付款信用证，应向议付行或受益人发出到期付款确认书，并于到期日从申请人账户收取款项支付给议付行或受益人。

（3）申请人交存的保证金和其存款账户余额不足支付的，开证行仍应在规定的付款时间内进行付款。对不足支付的部分作逾期贷款处理。对申请人提供抵押、质押、保函等担保的，按《中华人民共和国担保法》的有关规定索偿。

【例题·单选题】下列关于国内信用证办理和使用要求的表述中，符合支付结算法律制度规定的是（　）。

A. 信用证结算方式可以用于转账，也可以支取现金

B. 开证行应向申请人收取不低于开证金额30%的保证金

C. 信用证到期不获付款的，议付行可从受益人账户收取议付金额

D. 申请人交存的保证金和存款账户余额不足支付的，开证行有权拒绝付款

【答案】C

【解析】本题考查信用证的相关规定。根据规定，信用证结算方式只适用于国内企业之间商品交易产生的货款结算，并且只能用于转账结算，不得支取现金，因此A选项错误；开证行在决定受理申请人开证申请，应向申请人收取不低于开证金额20%的保证金，而并非是30%，B选项错误；信用证到期不获付款的，议付行可从受益人账户收取议付金额，C选项正确；申请人交存的保证金和其存款账户余额不足支付的，开证行仍应在规定的付款时间内付款，对不足支付的部分作逾期贷款处理，D选项错误。

考场点拨

上面介绍的4种结算方式和本章第七节将要介绍的3种票据结算方式都涉及一个使用范围，在考试中容易出现多选题或单选题，这里就为考生进行如下总结：托收承付、商业汇票、国内信用证仅限于单位使用（个体工商户和个人不得使用）；汇兑、委托收款、银行汇票、银行本票、支票，单位和个人均可使用。

第六节 票据的一般规定

考情分析：本节内容在本章中占有较重要的地位，在近几年考试中也基本上均出现了与本节内容相关的考题，其中以票据权利与责任、票据行为和票据追索为最常见的考点。总的来说，本节内容基本上都以客观题的形式出现，但也不排除不定项选择题，特别是票据追索，是有很大可能出现在不定项选择题中的。通过对近几年考题的观察，本节内容的题量多则5道题左右，少则2道题左右，近3年的题量变化较大，估计本年考试的题量在2~5道题之间。

学习建议：了解票据的概念，重点掌握票据的权利与责任、票据行为和票据追索，其中特别对票据的记载事项、背书、承兑和保证等知识要相当熟悉。

一、票据的概念

（一）票据的含义和种类

1. 票据的含义

票据是指《中华人民共和国票据法》（以下简称《票据法》）所规定的，由出票人依法签发的，约定自己或者委托付款人在见票时或指定的日期向收款人或持票人无条件支付一定金额并可转让的有价证券。

专家课堂

上述票据的含义是对狭义上的票据所做的解释。广义上讲，票据即各种有价证券和凭证，如股票、发票等。

2. 票据的种类

《票据法》中规定的票据包括汇票、本票和支票3种，其中，汇票包括银行汇票和商业汇票，本票即银行本票。因此，在我国，票据包括银行汇票、商业汇票、银行本票和支票。

【例题·单选题】下列选项中，属于我国《票据法》规定的票据的是（　）。

A. 发票

B. 商业汇票

C. 银行本票

D. 支票

【答案】BCD

【解析】本题考查票据的种类。票据包括汇票、本票和支票三种，其中，汇票包括银行汇票和商业汇票，商业汇票包括商业承兑汇票和银行承兑汇票，本票即银行本票。

（二）票据当事人

1. 票据当事人的概念

票据当事人，是指在票据法律关系中，享有票据权利、承担票据义务的主体，分为基本当事人和非基本当事人。

2. 基本当事人

基本当事人是在票据作成和交付时就已存在的当事人，是构成票据法律关系的必要主体，包括出

票人、付款人和收款人。

（1）出票人。指依法定方式签发票据并将票据交付给收款人的人。图 3-11 所示为不同票据的出票人示意图。

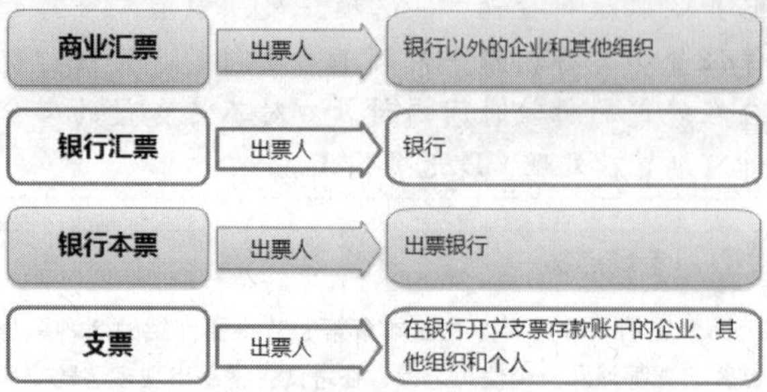

图 3-11 不同票据的出票人

（2）收款人。指票据证明记载的到期后有权收取票据所载金额的人，又称票据权利人。

（3）付款人。指由出票人委托付款或自行承担借款责任的人。图 3-12 所示为不同票据的付款人示意图。

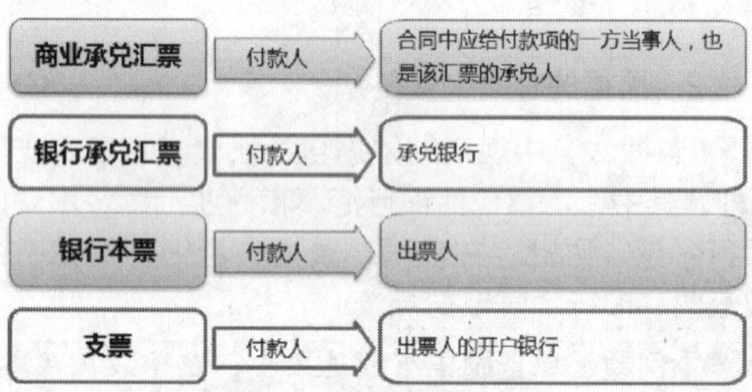

图 3-12 不同票据的付款人

【例题·判断题】本票的出票人是出票银行，付款人也是出票银行。（ ）

【答案】√

【解析】本题考查票据的出票人和付款人。本票即银行本票，其出票人为出票银行；付款人为出票人，也就是出票银行。

3. 非基本当事人

非基本当事人是在票据作成并交付后，通过一定的票据行为加入票据关系而享有一定权利，或承担一定义务的当事人，包括承兑人、背书人、被背书人、保证人等。

（1）承兑人。指接受汇票出票人的付款委托，同意承担支付票款义务的人。

（2）背书人。指在转让票据时，在票据背面签字或盖章并将该票据交付给受让人的票据收款人或持有人。

（3）被背书人。指被记名受让票据或接受票据转让的人。

（4）保证人。指为票据债务提供担保的人，由票据债务人以外的他人担当。

专家课堂

非基本当事人是否存在，取决于相应票据行为是否发生。非基本当事人在各种票据行为中都有自己特定的名称，因此，同一当事人可以有两个名称，即双重身份，如汇票中的付款人在承兑汇票后称为承兑人，第一次背书中的被背书人就是第二次背书中的背书人。

【例题·多选题】下列各项中，属于票据基本当事人的有（ ）。

A. 出票人

B. 收款人

C. 付款人

D. 保证人

【答案】ABC

【解析】本题考查票据的基本当事人。根据规定，票据的基本当事人包括出票人、付款人和收款人。票据的保证人属于票据的非基本当事人。

考场点拨

若题目考查的是票据的当事人，则上题的所有选项均是正确答案。考生遇到这类题目时，不要因为简单而忽略了题干内容，应仔细对待每一道考题，养成仔细阅读题目内容，认真答题的良好习惯，确保拿到应得的分数。

（三）票据的特征和功能

1. 票据的特征

票据有 6 大特征，如图 3-13 所示。

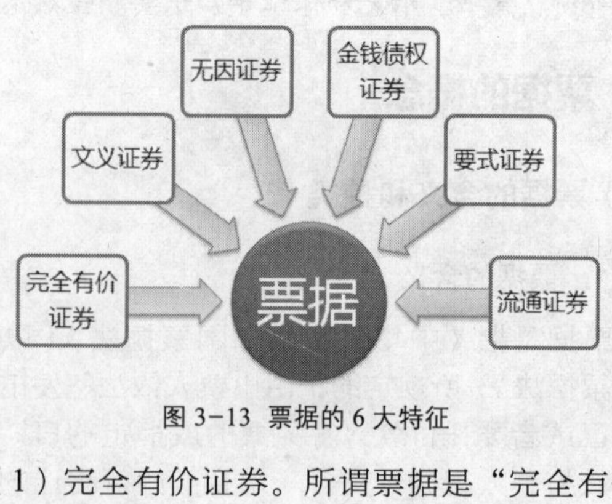

图 3-13 票据的 6 大特征

（1）完全有价证券。所谓票据是“完全有价证券”，是指票据权利完全证券化，即票据的权利与票据本身融为一体、不可分离。票据权利的产生、行使、转让和消灭都离不开票据。

具体而言，完全有价证券这一特征可通过票据的“设权证券”、“提示证券”、“交付证券”和“缴回证券”等特征来体现。

①设权证券。指票据权利的产生必须通过作成票据，即必须通过票据行为——出票来创设。

②提示证券。指票据权利的享有必须以占有票据为前提，为了证明占有的事实以行使票据权利，必须提示票据。

③交付证券。指票据权利的转让必须交付票据。

④缴回证券。指票据权利实现后，应将票据缴回付款人，以消灭票据权利义务关系或付款人再行使追索权。

（2）文义证券。指票据上的一切票据权利义务必须严格依照票据记载的文义而定。

专家课堂

票据记载的文义以外的任何理由、事项均不得作为根据，即使文义本身记载错误，也不得用票据之外的其他证明方法变更或补充票据。

（3）无因证券。指票据如果符合《票据法》规定的条件，票据权利则成立。持票人不必证明取得票据的原因，仅以票据文义请求履行票据权利。

知识链接

如果票据债务人根据《票据法》第十二条的规定，认为持票人是以欺诈、偷盗或胁迫等手段取得票据，或明知有上述情形出于恶意取得票据，或因为重大过失取得票据，持票人应对自己持票的合法性负责举证。

（4）金钱债权证券。指票据上体现的权利性质是财产权而不是其他权利，财产权的内容是请求支付一定的金钱而不是物品。

（5）要式证券。指票据的制作、形式、文义都有规定的格式和要求，必须符合《票据法》的规定。

（6）流通证券。指票据可以流通转让，其功能才能充分发挥，衔接企业的产供销活动，畅通经济金融运行。

2. 票据的功能

票据的主要功能有5种，具体如图3-14所示。

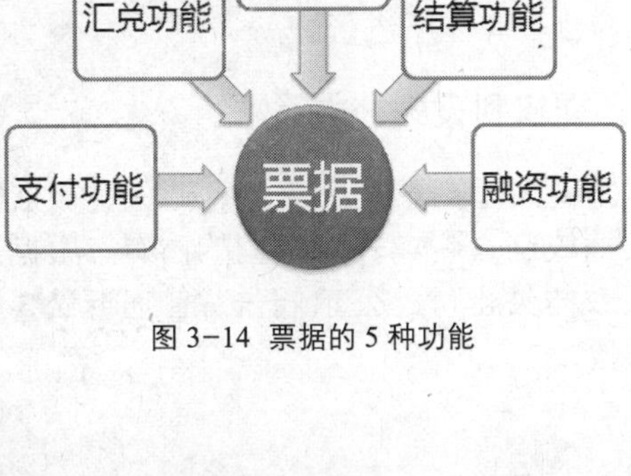

图3-14 票据的5种功能

（1）支付功能。指票据可以充当支付工具，代替现金使用。

（2）汇兑功能。指票据可以代替货币在不同地方之间运送，方便异地之间的支付。

（3）信用功能。指票据当事人可以凭借自己的信誉，将未来才能获得的金钱作为现在的金钱来使用。如甲企业向乙企业购买原材料，甲企业可凭借自己的信誉签发一张以“乙企业”为收款人、以自己的开户银行为付款人，约定一定时间后付款的票据给乙企业，以解决本企业暂时现金不足的情况。

（4）结算功能。也称债务抵销功能。如互有债务的双方当事人各签发一张本票，待两张本票都到到期日时，可以相互抵销债务。

（5）融资功能。指融通资金或调度资金，票据的融资功能是通过票据的贴现、转贴现和再贴现来实现的。

二、票据权利与责任

（一）票据权利的概念和分类

票据权利是指票据持票人向票据债务人请求支付票据金额的权利，包括付款请求权和追索权。

（1）付款请求权。指持票人向汇票的承兑人、本票的出票人、支票的付款人出示票据要求付款的权利，是第一顺序权利，又称主要票据权利。行使付款请求权的持票人可以是票据记载的收款人或最后的被背书人；担负付款请求权付款义务的主要是主债务人。

（2）追索权。又称偿还请求权利，指票据当事人行使付款请求权遭到拒绝或其他法定原因存在时，向其前手请求偿还票据金额及其他法定费用的权利，是第二顺序权利。行使追索权的当事人除票载收款人和最后被背书人外，还可能是代为清偿票据债务的保证人、背书人。

【2011年真题·单选题】甲公司持有一张商业汇票，到期委托开户银行向承兑人收取票款。甲公司行使的票据权利是（　）。

A. 付款请求权

B. 利益返还请求权

C. 票据追索权

D. 票据返还请求权

【答案】A

【解析】本题考查票据权利。付款请求权，是指持票人向汇票的承兑人、本票的出票人、支票的付款人出示票据要求付款的权利，是第一顺序权利。

（二）票据权利的取得

1. 票据权利取得的基本规定

取得票据权利需遵守以下规定。

（1）签发、取得和转让票据，应遵守诚实信用的原则，具有真实的交易关系和债权债务关系。

（2）票据的取得必须给付对价，即应给付票据双方当事人认可的相对应的代价。

（3）如果是因为税收、继承、赠与可以依法无偿取得票据的，则不受给付对价的限制，但所享有的票据权利不得优于其前手的权利。

专家课堂

"不得优于"是指不能超过，且必须受前手权利状态的影响，主要分为以下几种情况：①如果前手是善意的，已付对价的当事人，享有完整有效的票据权利，无偿取得之人也享有同样的票据权利；②如果前手是通过欺诈等手段取得票据的，不享有票据权利，无偿取得之人也不享有票据权利；③如果前手因善意取得票据但未付对价或对价不相等，该前手的权利应受其再前手权利的影响，无偿取得票据之人也受前手的影响。

2. 取得并享有票据权利的情形

有以下情形之一取得票据的，可享有票据权利。

（1）依法接受出票人签发的票据。

（2）依法接受背书转让的票据。

（3）因税收、继承、赠与可以依法无偿取得的票据。

3. 取得但不享有票据权利的情形

有以下情形之一取得票据的，不享有票据权利。

（1）以欺诈、偷盗或胁迫等手段取得票据的，或明知有上述情形，出于恶意取得票据的。

（2）持票人因重大过失取得不符合《票据法》规定的票据的。

【例题·单选题】下列关于票据权利取得的描述，错误的是（　）。

A. 签发、取得和转让票据，应遵守诚实信用的原则，具有真实的交易关系和债权债务关系

B. 以欺诈、偷盗或胁迫等手段取得票据的，或明知有上述情形，出于恶意取得票据的，不享有票据权利

C. 因税收、继承、赠与等行为取得的票据不享有票据权利

D. 持票人因重大过失取得不符合《票据法》规定的票据的，不享有票据权利

【答案】C

【解析】本题考查票据权利的取得。C选项错误，因税收、继承、赠与可以依法无偿取得的票据按规定应该享有票据权利。

考场点拨

若C选项为"因税收、继承、赠与的票据可以享有票据权利"，此时4个选项看上去都是正确的，但相比之下，C选项说法不太严谨，正确的应是"因税收、继承、赠与可以依法无偿取得的票据"。

（三）票据权利的行使与保全

1. 票据权利的行使

票据权利的行使是指持票人请求票据的付款人支付票据金额的行为。如行使付款请求权以获得票款、行使追索权以请求清偿法定的金额和费用等。

2. 票据权利的保全

票据权利的保全是指持票人为了防止票据权利丧失而采取的措施。例如，可以按照规定期限提示票据、要求承兑人或付款人提供拒绝承兑或拒绝付款的证明，以保全追索权等。

3. 票据权利行使和保全的方法

票据权利的保全行为大都又是票据权利的行使行为，所以《票据法》一般都将二者一并进行规定。票据权利行使和保全的方法通常包括"按期提示"和"依法证明"两种。

（1）按期提示。指要按照规定的期限向票据债务人提示票据，包括提示承兑或提示付款，以及时保全或行使追索权。

（2）依法证明。指持票人为了证明自己曾经依法行使票据权利而遭拒绝或者根本无法行使票据权利而以法律规定的时间和方式取得相关的证据。

4. 票据权利行使和保全的地点和时间

对于票据权利行使和保全的地点和时间，我国《票据法》统一规定为：持票人对票据债务人行使票据权利，或者保全票据权利，应当在票据当事人的营业场所和营业时间内进行，票据当事人无营业场所的，应当在其住所进行。

（四）票据权利丧失补救

票据丧失是指票据因灭失、遗失、被盗等原因而使票据权利人脱离其对票据的占有。票据丧失后可以采取挂失止付、公示催告、普通诉讼3种形式进行补救。

1. 挂失止付

挂失止付是指失票人将丧失票据的情况通知付款人，由接受通知的付款人审查后暂停支付的一种方式。

只有确定付款人或代理付款人的票据丧失时，才可以进行挂失止付，具体包括：①已承兑的商业汇票；②支票；③填明“现金”字样和代理付款人的银行汇票；④填明“现金”字样的银行本票。

挂失止付并不是票据丧失后必须采取的措施，而只是一种暂时的预防措施，最终要通过申请公示催告或提起普通诉讼来补救票据权利，挂失止付的具体程序包括申请和受理两个环节。

（1）申请。失票人需要挂失止付的，应填写挂失止付通知书并签章。其中挂失止付通知书应记载下列事项，欠缺任意记载事项之一的，银行不予受理。

①票据丧失的时间、地点、原因。

②票据的种类、号码、金额、出票日期、付款日期、付款人名称、收款人名称。

③挂失止付人的姓名、营业场所或者住所以及联系方法。

（2）受理。付款人或者代理付款人收到挂失止付通知书后，查明挂失票据确未付款时，应立即暂停支付。付款人或者代理付款人自收到挂失止付通知书之日起 12 日内没有收到人民法院的止付通知书的，自第 13 日起，不再承担止付责任，持票人提示付款即依法向持票人付款。付款人或者代理付款人在收到挂失止付通知书之前，已经向持票人付款的，不再承担责任。但付款人或者代理付款人以恶意或者重大过失付款的除外。

图 3-15 所示为挂失止付程序的办理流程示意图。

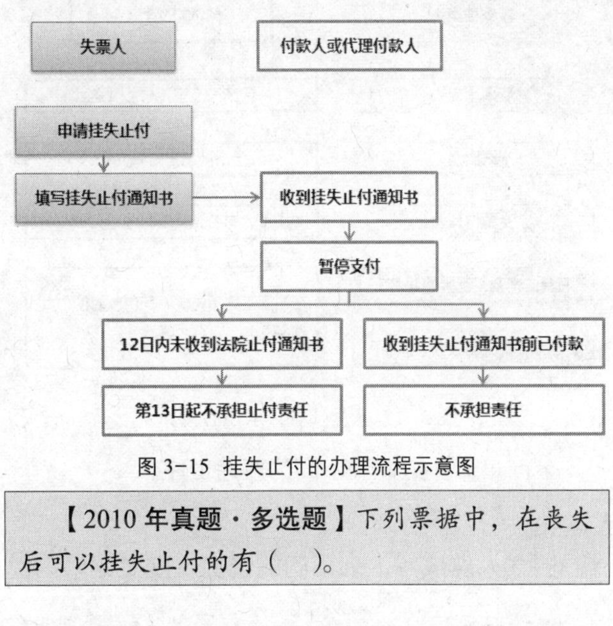

图 3-15 挂失止付的办理流程示意图

【2010 年真题 · 多选题】下列票据中，在丧失后可以挂失止付的有（ ）。

A. 银行承兑汇票

B. 支票

C. 商业承兑汇票

D. 未填明“现金”字样的银行本票

【答案】ABC

【解析】本题考查票据的挂失止付。根据规定，已承兑的商业汇票、支票、填明“现金”字样和代理付款人的银行汇票以及填明“现金”字样的银行本票丧失，可以由失票人通知付款人或者代理付款人挂失止付。未填明“现金”字样和代理付款人的银行汇票以及未填明“现金”字样的银行本票丧失，不得挂失止付。

2. 公示催告

公示催告是票据所有人在丧失票据后，申请人民法院宣告票据无效，从而使票据权利与票据相分离，丢失票据的人仍然占有票据权利的一种特殊的诉讼程序。公示催告程序只有申请人，没有对方当事人。

失票人应当在通知挂失止付后的 3 日内，也可以在票据丧失后，依法向人民法院申请公示催告，或者向人民法院提起诉讼。申请公示催告的主体必须是可以背书转让的票据的最后持票人，其具体程序包括申请、受理、公告和判决。

（1）申请。失票人申请公示催告的，应填写公示催告申请书，申请书应当载明下列内容。

①票面金额。

②发票人、持票人、背书人。

③申请的理由、事实。

④通知票据付款人或者代理付款人挂失止付的时间。

⑤付款人或者代理付款人的名称、通信地址、电话号码等。

（2）受理。人民法院决定受理公示催告申请，应当同时通知付款人及代理付款人停止支付，并自立案之日起 3 日内发出公告，催促利害关系人申报权利。付款人或者代理付款人收到人民法院发出的止付通知，应当立即停止支付直至公示催告程序终结。非经发出止付通知的人民法院许可，擅自解付的，不得免除票据责任。

（3）公告。公示催告的期间，由人民法院根据情况决定，但不得少于 60 日，涉外票据可根据具体情况适当延长，但最长不得超过 90 日。在公示催告期间，转让票据权利的行为无效，以公示催告的票据质押、贴现，因质押、贴现而接受该票据的持票人主张票据权利的，人民法院不予支持，但公示催告期间届满以后人民法院作出除权判决以前取得该票据的除外。

（4）判决。利害关系人应当在公示催告期间向人民法院申报。人民法院收到利害关系人的申报后，应当裁定终结公示催告程序，并通知申请人和支付人。申请人或者申报人可以向人民法院起诉，以主张自己的权利。没有人申报的，人民法院应当根据申请人的申请，作出除权判决，宣告票据无效。判决应当公告，并通知支付人。自判决公告之日起，申请人有权向支付人请求支付。利害关系人因正当理由不能在判决前向人民法院申报的，自知道或者应当知道判决公告之日起1年内，可以向作出判决的人民法院起诉。

图3–16所示为公示催告程序的办理流程示意图。

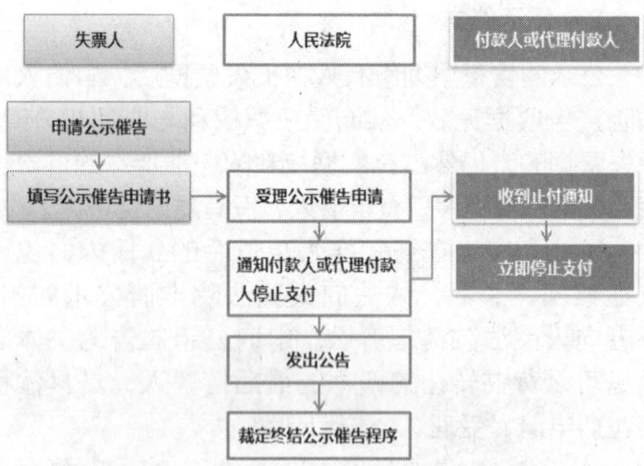

图3–16 公示催告的办理流程示意图

【例题·单选题】公示催告的期间，最长不得超过（ ）天。

A. 30　　B. 60

C. 90　　D. 120

【答案】C

【解析】本题考查公示催告的期间长度。公示催告的期间，由人民法院根据情况决定，但不得少于60日，涉外票据可根据具体情况适当延长，但最长不得超过90日。

3. 普通诉讼

普通诉讼是指丧失票据的失票人直接向人民法院提起民事诉讼，要求法院判令付款人向其支付票据金额的活动。

专家课堂

与票据上的权利有利害关系的人若是明确的，则无需公示催告，可按一般的票据纠纷向法院提起诉讼。

（五）票据权利时效

票据权利时效是指票据权利在时效期间内不行使，即引起票据权利丧失。

票据权利在下列期限内不行使而消灭。

（1）持票人对票据的出票人和承兑人的权利，自票据到期日起2年。

（2）见票即付的汇票、本票，自出票日起2年。

（3）持票人对支票出票人的权利，自出票日起6个月。

专家课堂

规定支票的权利时效短于其他票据的目的在于，支票是一种短期支付工具，其权利的行使以迅速为宜，规定较短的时效可以督促权利人及时行使票据权利。

（4）持票人对前手的追索权，自被拒绝承兑或者被拒绝付款之日起6个月。

（5）持票人对前手的再追索权，自清偿或者被提起诉讼之日起3个月。

知识链接

持票人因超过票据权利时效或者因票据记载事项欠缺而丧失票据权利的，仍享有民事权利，持票人可以请求出票人或者承兑人返还其与未支付的票据金额相当的利益。

（六）票据责任

票据责任是指票据债务人向持票人支付票据金额的义务。它是基于债务人特定的票据行为（如出票、背书、承兑等）而应承担的义务，不具有制裁性质，主要包括付款义务和偿还义务。

实际中，票据债务人承担票据义务分为4种情况，如图3–17所示。

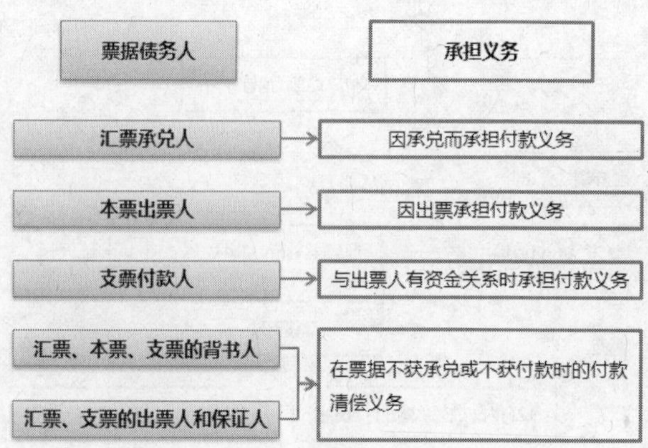

图3–17 票据债务人承担的义务

下面具体介绍6种不同的票据责任。

1. 提示付款

持票人应按照下列不同的情况在规定期限内提

示付款。

（1）见票即付的票据，自出票日起1个月内向付款人提示付款。

（2）定日付款、出票后定期付款或见票后定期付款的票据，自到期日起10日内向承兑人提示付款。

专家课堂

若持票人未按照规定期限提示付款的，在作出说明后，承兑人或付款人仍然应继续对持票人承担付款责任。通过委托收款银行或通过票据交换系统向付款人提示付款的，视同持票人提示付款。

2. 付款人付款

付款人付款的责任可从以下几个方面体现。

（1）持票人按照规定提示付款的，付款人必须在当日足额付款。

（2）付款人及其代理付款人付款时，应审查票据背书的连续，并审查提示付款人的合法身份证明或有效证件。

（3）票据为外币的，按付款日的市场汇价，以人民币支付。票据对票据支付的货币种类另有约定的，从其约定。

3. 拒绝付款

若存在背书不连续等合理事由，根据《票据法》的规定，票据债务人可对票据债权人拒绝履行义务，即票据的抗辩。

票据债务人可以对不履行约定义务的与自己有直接债权债务关系的持票人进行抗辩。抗辩的具体情况有以下几种。

（1）与票据债务人有直接债权债务关系并且不履行约定义务的。

（2）以欺诈、偷盗或者胁迫等非法手段取得票据，或者明知有前列情形，出于恶意取得票据的。

（3）明知票据债务人与出票人或者与持票人的前手之间存在抗辩事由而取得票据的。

（4）因重大过失取得票据的。

（5）其他依法不得享有票据权利的。

专家课堂

票据债务人不得以自己与出票人或与持票人的前手之间的抗辩事由，对抗持票人，持票人明知存在抗辩事由而取得票据的除外。

【例题·多选题】出现下列（　）情况时，票据债务人可以对不履行约定义务的与自己有直接债权债务关系的持票人，进行抗辩。

A. 以欺诈、偷盗或者胁迫等非法手段取得票据，或者明知有前列情形，出于恶意取得票据的

B. 因重大过失取得票据的

C. 与票据债务人有直接债权债务关系并且不履行约定义务的

D. 明知票据债务人与出票人或者与持票人的前手之间存在抗辩事由而取得票据的

【答案】ABCD

【解析】本题考查票据的拒绝付款。上述所有选项以及其他依法不得享有票据权利的情形都是票据债务人可以对不履行约定义务的与自己有直接债权债务关系的持票人，进行抗辩的情形。

4. 获得付款

持票人获得付款的，应在票据上签收，并将票据交给付款人。持票人委托银行收款的，受委托的银行将代收的票据金额转账收入持票人账户，视同签收。

5. 相关银行的责任

受委托的银行主要具有以下几方面责任。

（1）持票人委托的收款银行的责任，限于按照票据上的记载事项将票据金额转入持票人账户。

（2）付款人委托的付款银行的责任，限于按照票据上的记载事项从付款人账户支付票据金额。

（3）付款人及其代理付款人以恶意或有重大过失付款的，自行承担责任。

（4）定日付款、出票后定期付款或见票后定期付款的票据，付款人在到期日前付款的，付款人自行承担责任。

6. 票据责任解除

付款人依法足额付款后，全体票据债务人的责任解除。

三、票据行为

票据行为是票据当事人以发生票据债务为目的、以在票据上签名或盖章为权利义务成立要件的法律行为。票据行为包括出票、承兑、背书和保证。

（一）出票

1. 出票的概念

出票是指出票人签发票据并将其交付给收款人的票据行为。它主要包括签发与交付两种行为，二者缺一不可。

（1）签发票据。出票人依照《票据法》的规定作成票据，即在原始票据上记载法定事项并签章。

（2）交付票据。将作成的票据交付给他人占有。

2. 出票的基本要求

出票人必须与付款人具有真实的委托付款关系，并且具有支付票据金额的可靠资金来源。不得签发无对价的票据来骗取银行或其他票据当事人的资金。

3. 票据的记载事项

票据记载事项分为必须记载事项、相对记载事项、任意记载事项和记载不产生《票据法》上的效力的事项等。出票人和其他票据行为当事人在票据上的记载事项必须符合《票据法》等的规定。

（1）必须记载事项。也称必要记载事项，指《票据法》明文规定必须记载的，若不记载，票据行为即为无效的事项。

如出票时表明票据种类的事项、各种票据行为当事人在票据上的签章均是必须记载事项，如果没有表明票据种类的事项，或行为当事人的签章不合规定，则票据无效。

专家课堂

出票人在票据上的签章不符合《票据法》等规定的，票据无效；承兑人、保证人在票据上的签章不符合《票据法》等规定的，签章无效，但不影响其他符合规定签章的效力；背书人在票据上的签章不符合《票据法》等规定的，签章无效，但不影响其前手符合规定签章的效力。

（2）相对记载事项。指除了必须记载事项外，《票据法》规定的其他应记载的事项，这些事项如果未记载，并不影响票据的效力。

如《票据法》规定背书由背书人签章并记载背书日期。背书未记载日期的，视为在票据到期日前背书。这里的记载背书日期就相对记载事项。

（3）任意记载事项。指《票据法》不强制当事人必须记载而允许当事人自行选择，不记载并不影响票据效力，记载时则产生票据效力的事项。

如出票人在汇票记载“不得转让”字样的，则表示该汇票不得转让，不记载“不得转让”字样，表示该汇票可以转让。

（4）记载不产生《票据法》上的效力的事项。指除了必须记载事项、相对记载事项、任意记载事项外，票据上还可以记载的其他一些事项。《票据法》第二十四条规定：“汇票上可以记载本法规定事项以外的其他出票事项，但是该记载事项不具有汇票上的效力。”

【2010年真题·判断题】汇票上可以记载《票据法》上规定事项以外的其他出票事项，但该记载事项不具有汇票上的效力。（　）

【答案】√

【解析】本题考查票据的记载事项。根据规定，票据上可以记载《票据法》等规定事项以外的其他出票事项，但是该记载事项不具有票据上的效力，银行不负审查责任。

【例题·判断题】甲公司收到乙公司一张支票，该支票记载了“不得转让”字样，该记载事项不影响甲公司将该支票背书转让。（　）

【答案】×

【解析】本题考查票据的相对记载事项。出票人在汇票上记载“不得转让”字样的，汇票不得转让，所以该记载事项对甲公司背书转让该支票是有影响的。

4. 出票的效力

出票的效力主要体现在以下几个方面。

（1）票据出票人制作票据，应按照法定条件在票据上签章，并按照所记载的事项承担票据责任。

（2）出票人签发票据后，便承担该票据承兑或付款的责任。

（3）出票人在票据得不到承兑或者付款时，应当向持票人清偿法定的金额和费用。

（二）背书

1. 背书的概念和种类

背书是在票据背面或者粘单上记载有关事项并签章的行为。以背书目的为标准，将背书分为转让背书和非转让背书，其中非转让背书又分为委托收款背书和质押背书，如图3-18所示。

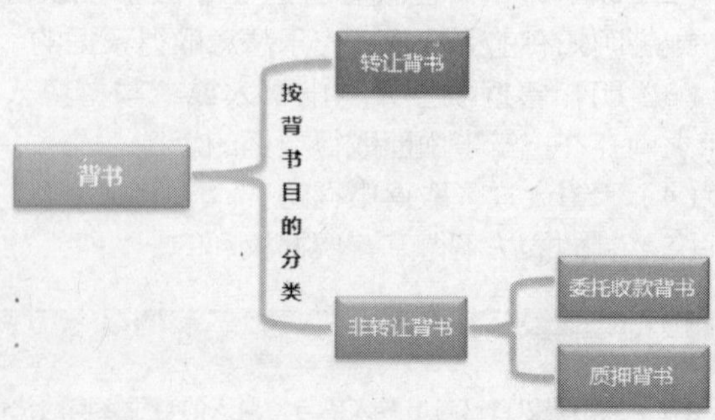

图3-18 背书的种类

（1）转让背书。指以转让票据权利为目的的背书。

（2）非转让背书。指以授予他人行使一定的票据权利为目的的背书，包括委托收款和质押背书。

①委托收款背书。指背书人委托被背书人行使

票据权利的背书。委托收款背书的被背书人有权代背书人行使被委托的票据权利，但被背书人不得再以背书转让票据权利。

②质押背书。指以担保债务而在票据上设定质权为目的的背书。被背书人依法实现其质权时，可以行使票据权利。

【2010 年真题·多选题】甲公司将一张银行承兑汇票转让给乙公司，乙公司以质押背书方式向 W 银行取得贷款。贷款到期，乙公司偿还贷款，收回汇票并转让给丙公司。票据到期后，丙公司作成委托收款背书，委托开户银行提示付款。下列背书中，属于非转让背书的有（　）。

A. 甲公司背书给乙公司

B. 乙公司质押背书给 W 银行

C. 乙公司背书给丙公司

D. 丙公司委托收款背书

【答案】BD

【解析】本题考查背书的种类。根据规定，背书是指持票人可以将汇票权利转让给他人或者将一定的汇票权利授予他人行使的行为，即导致“票据权利”转移。而“票据质押”是一种担保行为，票据权利不一定转移；“委托收款”是持票人授予受托人代理权，让其代为收取票据款项，票据权利人还是“持票人本身”，所以并没有导致“票据权利转移”，因此正确答案为 B、D 选项。

2. 背书记载事项

背书记载事项根据不同的情形分为以下几方面。

（1）背书由背书人签章并记载背书日期，未记载日期的，视为在票据到期日前背书。

（2）以背书转让或以背书将一定的票据权利授予他人行使时，必须记载背书人名称。未记载被背书人名称便将票据交付他人的，持票人在票据被背书人栏内记载自己的名称与背书人记载具有同等法律效力。

（3）委托收款背书应记载“委托收款”字样，被背书人和背书人签章。

（4）质押背书应记载“质押”字样，质权人和出质人签章。

（5）票据凭证不能满足背书人记载事项的需要，可加附粘单粘附于票据凭证上。粘单上的第一记载人，应当在票据和粘单的粘接处签章。

【2012 年真题·单选题】根据支付结算法律制度的规定，下列票据当事人中，应在票据和粘单的粘接处签章的是（　）。

A. 粘单上第一背书的背书人

B. 票据上最后一手背书的背书人

C. 票据上第一手背书的背书人

D. 粘单上地一手背书的被背书人

【答案】A

【解析】本题考查的是背书的记载事项。票据凭证不能满足背书人记载事项的需要，可加附粘单粘附于票据凭证上。粘单上的第一记载人，应当在票据和粘单的粘接处签章。

3. 背书连续及其效力

背书连续是在票据转让中，转让票据的背书人与受让票据的被背书人在票据上的签章依次前后衔接。具体来说，第一背书人为票据收款人，最后持票人为最后背书的被背书人，中间的背书人为前手背书的被背书人。图 3–19 所示为背书连续的示意图。

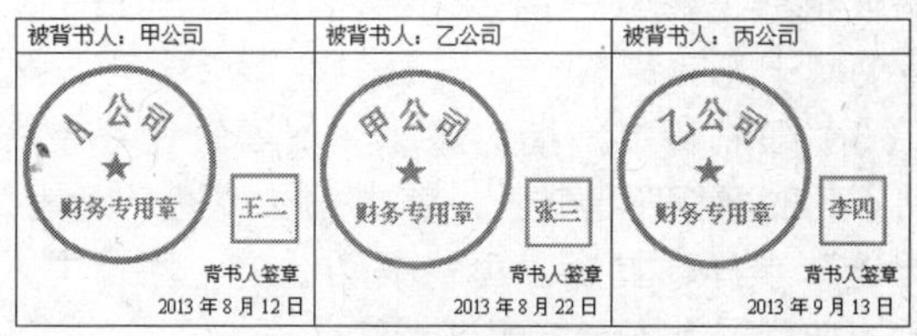

图 3–19 背书连续示意图

专家课堂

以背书转让的票据，背书应当连续。持票人以背书的连续，证明其票据权利；非经背书转让，而以其他合法方式取得票据的，可依法举证，证明其票据权利。

【2010 年真题·单选题】下列各项中，不属于规范的背书连续行为的是（　）。

A.

被背书人：乙公司	被背书人：丙公司	被背书人：丁公司	被背书人：丁公司开户银行
甲公司签章	乙公司签章	丙公司签章	丁公司签章 委托收款

B.

被背书人：乙公司	被背书人：丙公司	被背书人：戊公司	被背书人：戊公司开户银行
甲公司签章	乙公司签章	丁公司签章	戊公司签章 委托收款

C.

被背书人：乙公司	被背书人：丙公司	被背书人：P 银行	被背书人：P 银行
甲公司签章	乙公司签章	丙公司签章（贴现）	P 银行签章 委托收款

D.

被背书人：乙公司	被背书人：P银行	被背书人：丙公司	被背书人：丙公司开户银行
甲公司签章	乙公司签章 质押	乙公司签章	丙公司签章 委托收款

【答案】B

【解析】本题考查背书的连续。背书连续，是指在票据转让中，转让汇票的背书人与受让汇票的被背书人在汇票上的签章依次前后衔接。根据规定，以背书转让的汇票，背书应当连续。B选项的第2列与第3列中的背书不连续。

4. 不得进行的背书

不得进行的背书包括条件背书、部分背书、限制背书、期后背书。背书人以背书转让票据后，即承担保证其后手所持票据承兑和付款的责任。

（1）条件背书。背书不得附有条件，附有条件的，所附条件不具有票据上的效力。

（2）部分背书。指将票据金额的一部分转让的背书或将票据金额分别转让给两人以上的背书。部分背书属于无效背书。

（3）限制背书。指记载了“不得转让”字样的背书，此时票据不得转让。背书人在票据上记载“不得转让”字样，其后手再背书转让的，原背书人对后手的被背书人不承担保证责任。

（4）期后背书。指票据被拒绝承兑、被拒绝付款或超过付款提示期限的，不得背书转让。背书转让的，背书人应当承担票据责任。

5. 背书的效力

背书人以背书转让票据后，即承担保证其后手所持票据承兑和付款的责任。

（三）承兑

1. 承兑的概念

承兑是汇票付款人承诺在汇票到期日支付汇票金额并签章的行为。承兑仅限于商业汇票。

2. 承兑的程序

承兑的程序主要包括提示承兑、受理承兑和记载承兑事项等环节。

（1）提示承兑。指持票人向付款人出示汇票，并要求付款人承诺付款的行为。根据《票据法》的有关规定，因汇票付款日期的形式不同，提示承兑的期限也不一样。具体介绍如下。

①定日付款和出票后定期付款汇票的提示承兑期限。定日付款或者出票后定期付款的汇票，持票人应当在汇票到期日前向付款人提示承兑。

②见票后定期付款汇票的提示承兑期限。见票后定期付款的汇票，持票人应当自出票日起1个月内向付款人提示承兑。

专家课堂

见票后定期付款汇票的付款日期，是以见票日为起算日期来确定的，汇票不经提示承兑，也就无法确定付款日期，从而持票人便无法行使票据权利，因此，该种汇票属于必须提示承兑的汇票。若汇票未按照规定期限提示承兑的，持票人即丧失对其前手的追索权。

③见票即付汇票的提示承兑问题。见票即付的汇票无需提示承兑。

（2）受理承兑。付款人收到持票人提示承兑的汇票时，应向持票人签发收到汇票的回单。回单上应记明汇票提示承兑日期并签章。付款人对向其提示承兑的汇票，应自收到提示承兑的汇票之日起3日内承兑或者拒绝承兑。

（3）记载承兑事项。付款人承兑汇票的，应在汇票正面记载“承兑”字样和承兑日期并签章；见票后定期付款的汇票，应在承兑时记载付款日期。汇票上未记载承兑日期的，应以收到提示承兑的汇票之日起3日内的最后一日为承兑日期。

【例题·多选题】下列关于商业汇票提示承兑期限的表述中，符合法律规定的有（　）。

A. 商业汇票的提示承兑期限，为自汇票到期日起10日内

B. 定日付款的商业汇票，持票人应该在汇票到期日前提示承兑

C. 出票后定期付款的商业汇票，提示承兑期限为自出票日起1个月内

D. 见票后定期付款的商业汇票，持票人应该自出票日起1个月内提示承兑

【答案】BD

【解析】本题考查商业汇票的承兑知识。商业汇票的提示付款期限，为自汇票到期日起10日内，而不是说的承兑期限，所以A选项错误。出票后定期付款的商业汇票，持票人应该在汇票到期日前向付款人提示承兑，所以选项C错误。

3. 承兑的效力

付款人承兑汇票，不得附有条件；附有条件的，视为拒绝承兑。付款人承兑汇票后，应当承担到期付款的责任。

（四）保证

1. 保证的概念

保证是票据债务人以外的第三人以担保特定债

务人履行票据债务为目的，而在票据上记载有关事项并签章的行为。保证的作用在于加强持票人票据权利的实现，确保票据付款义务的履行，促进票据流通。

知识链接

国家机关、以公益为目的的事业单位、社会团体、企业法人的分支机构和职能部门作为票据保证人的，票据保证无效。但以下两种情况除外：①经国务院批准为使用外国政府或国际紧急组织贷款进行转贷，国家机关提供票据保证的；②企业法人的分支机构在法人书面授权范围内提供票据保证的。

2. 保证的记载事项

办理保证手续时，保证人必须在汇票或粘单上记载下列事项。

（1）表明"保证"的字样。

（2）保证人名称和住所。

（3）被保证人的名称。

（4）保证日期。

（5）保证人签章。

有关保证的记载事项和记载方法说明如下。

（1）保证是一种书面行为，必须作成于汇票或粘单之上。

（2）保证人未在票据或粘单上记载"保证"字样，另行签订保证合同或保证条款的，不属于票据保证。

（3）票据保证记载的事项有绝对记载事项和相对记载事项。其中，绝对记载事项包括保证文句和保证人签章；相对记载事项包括被保证人的名称和保证日期。

（4）未记载"被保证人名称"且已承兑的汇票，承兑人为被保证人；未承兑的汇票，出票人为被保证人。

（5）未记载"保证日期"的，出票日期为保证日期。

（6）未记载"保证人住所"的，保证人住所为保证人的营业场所或住所。

3. 保证责任的承担

保证行为发生后，需根据不同情形承担不同的责任。

（1）被保证的票据，保证人应与被保证人对持票人承担连带责任。

（2）保证人为两人以上的，保证人之间承担连带责任。

（3）票据到期后得不到付款的，持票人有权向保证人请求付款，保证人应足额付款。

4. 保证的效力

（1）保证人对合法取得票据的持票人所享有的票据权利，承担保证责任，被保证人的债务因票据记载事项欠缺而无效的除外。

（2）保证不得附有条件，附有条件的，不影响对票据的保证责任。

（3）保证人清偿票据债务后，可行使持票人对被保证人及其前手的追索权。

【2011 年真题·多选题】根据支付结算法律制度的规定，关于票据保证的下列表述中，正确的有（　）。

A. 票据上未记载保证日期的，被保证人的背书日期为保证日期

B. 保证人未在票据或粘单上记载被保证人名称的已承兑票据，承兑人为被保证人

C. 保证人为两人以上的，保证人之间承担连带责任

D. 保证人清偿票据债务后，可以对被保证人及其前手行使追索权

【答案】BCD

【解析】本题考查票据的保证。A 选项错误，根据规定，保证人在票据或者粘单上未记载"保证日期"的，出票日期为保证日期。

四、票据追索

（一）票据追索适用的情形

票据追索适用于到期后追索和到期前追索两种情形。

1. 到期后追索

到期后追索指票据到期被拒绝付款的，持票人对背书人、出票人以及票据的其他债务人行使的追索。

2. 到期前追索

到期前追索指票据到期日前，持票人对下列情形之一行使的追索。

（1）汇票被拒绝承兑的。

（2）承兑人或者付款人死亡、逃匿的。

（3）承兑人或者付款人被依法宣告破产的或者因违法被责令终止业务活动的。

（二）被追索人的确定

票据的出票人、背书人、承兑人和保证人对持票人承担连带责任，因此持票人可按以下规定行使追索权。

（1）可以不按票据债务人的先后顺序，对其中任何一人、数人或者全体行使追索权。

（2）持票人对票据债务人中的一人或数人已进行追索的，对其他票据债务人仍可以行使追索权。

【2010年真题·判断题】代为清偿票据债务的保证人和背书人不是行使票据追索权的当事人。（ ）

【答案】×

【解析】本题考查票据追索的知识。根据规定，汇票的出票人、背书人、承兑人和保证人对持票人承担连带责任。持票人可以不按照汇票债务人的先后顺序，对其中任何一人、数人或者全体行使追索权。

（三）追索的内容

1. 持票人追索的内容

持票人行使追索权，可以请求被追索人支付下列金额和费用。

（1）票据金额。被拒绝付款的票据金额。

（2）利息。票据金额自到期日或者提示付款日起至清偿日止，按照中国人民银行规定的利率计算的利息。

（3）相关费用。取得有关拒绝证明和发出通知书的费用。

2. 被追索人追索的内容（再追索权）

被追索人依照规定清偿后，可以向其他票据债务人行使再追索权，请求其他票据债务人支付下列金额和费用。

（1）票据金额。已清偿的全部金额。

（2）利息。前项金额自清偿日起至再追索清偿日止，按照中国人民银行规定的利率计算的利息。

（3）相关费用。发出通知书的费用。

专家课堂

无论被追索人清偿债务时，或是行使再追索权的被追索人获得清偿时，持票人或被追索人都应交出票据和有关拒绝证明，并出具所收到利息和费用的收据。

（四）追索权的行使

1. 行使追索权需要的证明

持票人行使追索权时，应提供被拒绝承兑或者拒绝付款的有关证明。持票人提示承兑或者提示付款被拒绝的，承兑人或者付款人必须出具拒绝证明，或者出具退票理由书。未出具拒绝证明或者退票理由书的，应承担由此产生的民事责任。

其中"拒绝证明"和"退票理由书"应包括如图3-20所示的事项。

拒绝证明	退票理由书
• 被拒绝承兑、付款的票据的种类及其主要记载事项	• 所退票据的种类
• 拒绝承兑、付款的事实依据和法律依据	• 退票的事实依据和法律依据
• 拒绝承兑、付款的时间	• 退票时间
• 拒绝承兑人、拒绝付款人的签章	• 退票人签章

图3-20 拒绝证明和退票理由书包含的事项

2. 获取相关证明的办法

持票人因承兑人或者付款人死亡、逃匿或者其他原因，不能取得拒绝证明的，可以依法取得以下几种相关证明。

（1）医院或者有关单位出具的承兑人、付款人死亡的证明。

（2）司法机关出具的承兑人、付款人逃匿的证明。

（3）公证机关出具的具有拒绝证明效力的文书。

（4）承兑人或者付款人被人民法院依法宣告破产的，人民法院的有关司法文书具有拒绝证明的效力。

（5）承兑人或者付款人因违法被责令终止业务活动的，有关行政主管部门的处罚决定具有拒绝证明的效力。

专家课堂

持票人不能出示拒绝证明、退票理由书或者未按照规定期限提供其他合法证明的，丧失对其前手的追索权，但承兑人或者付款人仍应对持票人承担责任。

3. 行使追索

行使追索权应按下列流程操作。

（1）持票人应当自收到被拒绝承兑或者被拒绝付款的有关证明之日起3日内，将被拒绝事由书面通知其前手。

（2）其前手应当自收到通知之日起3日内书面通知其再前前手。

专家课堂

持票人也可以同时向各票据债务人发出书面通知，该书面通知应当记明汇票的主要记载事项，并说明该汇票已被退票。

4. 违规追索的解决

未按照规定期限通知的，持票人仍可以行使追索权，但因延期通知给其前手或者出票人造成损失的，由没有按照规定期限通知的票据当事人承担对该损失的赔偿责任，所赔偿的金额以汇票金额为限。在规定期限内将通知按法定地址或者约定的地址邮寄的，视为已经发出通知。

（五）追索的效力

被追索人依照规定清偿债务后，其责任解除，与持票人享有同一权利。

【案例 3-5】 2013 年 5 月 15 日，A 公司签发了一张银行承兑汇票，收款人为 B 公司。B 公司获得承兑汇票后背书转让给了 C 公司，C 公司再次将该承兑汇票转让给了 D 公司，D 公司继续将该汇票背书转让给 E 公司，其中甲企业是 C 公司的票据保证人。分析如果 E 公司被拒绝付款时，甲企业可以向哪些票据当事人行使追索权？

【案例解析】 本题实际上是连续背书转让和保证的问题。甲企业是 C 公司的保证人，那么它只能向被保证人以及被保证人的前手行使追索权，而不能向被保证人的后手行使追索权。因此，甲企业可以行使追索权的票据当事人包括被保证人 C 公司，被保证人的前手 B 公司，以及出票人（即被保证人的再前手）A 公司。

【本节小结】 本节重点介绍了票据的权利、责任、行为和追索等知识。其中票据行为中涉及的背书、承兑和保证是较为热门的考点，需要记忆的内容也较多，应该重点学习这些内容。另外，票据当事人、票据的记载事项和追索也极有可能出现在考试中，不能轻视这些内容。

第七节 汇票、银行本票和支票

考情分析： 本节内容的考查重点在汇票和支票上，近几年多以单选题和多选题的形式出现，同时也有可能出现在不定项选择题中。题量大致在 3 道题左右，需要记忆的内容相对较多。

学习建议： 本节内容在 2013 年新增了“票据的防伪”知识，考生只需了解即可。对商业汇票、银行汇票和支票的相关知识重点掌握，建议通过横向对比记忆的方法学习各种票据的出票、付款、退票和丧失等内容。

一、银行汇票

（一）银行汇票的概念和适用范围

1. 银行汇票的概念

银行汇票是出票银行签发的，由其在见票时按照实际结算金额无条件支付给收款人或者持票人的票据。

2. 银行汇票的适用范围

银行汇票的付款人为出票银行，其主要适用于以下 3 种情形。

（1）转账。

（2）填明“现金”字样的银行汇票可用于支取现金。

（3）单位和个人的各种款项结算。

（二）银行汇票的出票

银行汇票的出票主要包括申请、签发和交付等程序。图 3-21 所示为银行汇票的出票流程。

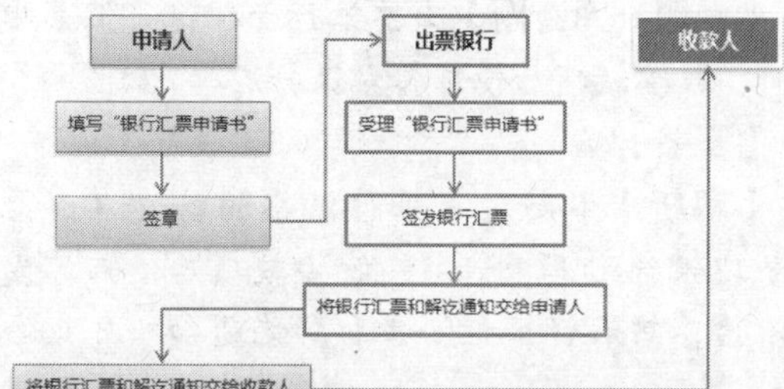

图 3-21 银行汇票的出票流程示意图

1. 银行汇票的申请

银行汇票的申请需要填写“银行汇票申请书”，根据不同的情形，“银行汇票申请书”的填写有不同的要求。

（1）申请人使用银行汇票，应向出票银行填写申请书，记载有关事项并签章，签章为其预留银行的签章。

专家课堂

有关事项主要包括收款人名称、汇票金额、申请人名称、申请日期等内容。

（2）申请人和收款人均为个人，需要使用银行汇票向代理付款人支取现金的，申请人须在“银行汇票申请书”上填明代理付款人名称，在“出票金额”栏先填写“现金”字样，然后填写汇票金额。

（3）申请人或者收款人为单位的，不得在“银行汇票申请书”上填明“现金”字样。

2. 银行汇票的签发

出票银行受理银行汇票申请书，收妥款项后便可签发银行汇票，然后将银行汇票和解讫通知一并交给申请人。

出票银行在签发银行汇票时，必须记载下列事项，欠缺任意一项的，银行汇票无效。

（1）表明“银行汇票”的字样。

（2）无条件支付的承诺。

（3）出票金额。

（4）付款人名称。

（5）收款人名称。

（6）出票日期。

（7）出票人签章。

专家课堂

签发现金银行汇票时，申请人和收款人必须均为个人，银行在收妥申请人交存的现金后，应在银行汇票“出票金额”栏先填写“现金”字样，然后填写出票金额，并填写代理付款人名称。申请人或者收款人为单位的，银行则不得为其签发现金银行汇票。

【例题·判断题】出票银行受理银行汇票申请书时，收妥款项后便可签发银行汇票。（ ）

【答案】√

【解析】本题考查银行汇票的签发。出票银行受理银行汇票申请书，收妥款项后便可签发银行汇票，然后将银行汇票和解讫通知一并交给申请人。

3. 银行汇票的交付

申请人应将银行汇票和解讫通知一并交付给汇票上记明的收款人。收款人在受理银行汇票时，应审查下列事项。

（1）银行汇票和解讫通知是否齐全。

（2）汇票号码和记载的内容是否一致。

（3）必须记载事项是否齐全。

（4）银行汇票是否在提示付款期限内。

（5）出票人签章是否符合规定。

（6）大小写出票金额是否一致。

（7）收款人是否确为本单位或本人。

（8）出票金额、出票日期、收款人名称是否更改，更改的其他记载事项是否由原记载人签章证明。

（三）填写实际结算金额

关于受理银行汇票时填写实际结算金额的规定如下。

（1）收款人受理申请人交付的银行汇票时，应在出票金额以内，根据实际需要的款项办理结算，并将实际结算金额和多余金额准确、清晰地填入银行汇票和解讫通知的有关栏内。

（2）银行汇票的实际结算金额低于出票金额的，其多余金额由出票银行退交申请人。

（3）未填明实际结算金额和多余金额或实际结算金额超过出票金额的，银行不予受理。

（4）银行汇票的实际结算金额一经填写不得更改，更改实际结算金额的银行汇票无效。

（四）银行汇票背书

银行汇票的背书转让以不超过出票金额的实际结算金额为准。未填写实际结算金额或实际结算金额超过出票金额的，银行汇票不得背书转让。

被背书人受理银行汇票时，同样应按照收款人接受银行汇票进行相应的审查。除此以外，被背书人还应审查下列事项。

（1）背书是否连续。

（2）背书人签章是否符合规定。

（3）背书使用粘单的是否已按规定签章。

（4）背书人为个人的身份证件。

（5）银行汇票是否记载实际结算金额，该金额有无更改，是否超过了出票金额。

（五）银行汇票提示付款

银行汇票的提示付款期限自出票日起1个月。关于银行汇票的提示付款，应按以下规定操作。

（1）持票人超过付款期限提示付款的，代理付款人不予受理。

（2）持票人向银行提示付款时，必须同时提交银行汇票和解讫通知，缺少任意一联，银行不予受理。

（3）持票人超过期限向代理付款银行提示付款且未获付款的，必须在票据权利时效内向出票银行作出说明，提供单位证明或本人身份证件，持银行汇票和解讫通知向出票银行请求付款。

（4）持票人若在银行开立了存款账户，在向开户银行提示付款时，应在汇票背面“持票人向银行提示付款签章”处签章，签章必须与银行预留签章相同，并将银行汇票、解讫通知和进账单送交开户银行。

（5）未在银行开立存款账户的个人持票人，可向任意一家银行机构提示付款。提示付款时，应在汇票背面“持票人向银行提示付款签章”处签章，并填明本人身份证件名称、号码和发证机关，由其本人向银行提交身份证件及其复印件。

【例题·单选题】根据《支付结算办法》的规定，银行汇票的提示付款期限是（　）。

A. 自出票日起1个月

B. 自出票日起2个月

C. 自出票日起3个月

D. 自出票日起4个月

【答案】A

【解析】本题考查银行汇票的提示付款期限。按规定，银行汇票的提示付款期限自出票日起1个月。

（六）银行汇票退款和丧失

1. 银行汇票的退款

申请人因银行汇票超过付款提示期限或其他原因要求退款时，应将银行汇票的和解讫通知同时提交到出票银行，申请人为单位的与申请人为个人的，应分别按照以下规定操作。

（1）申请人为单位的，出具该单位的证明。

（2）申请人为个人的，出具本人的身份证件。

另外，关于银行汇票的退款，还作出了如下规定。

（1）对于代理付款银行查询的要求退款的银行汇票，应在汇票提示付款期满后才能办理退款。

（2）出票银行对于转账银行汇票的退款，只能转入原申请人账户。

（3）对于符合规定填明“现金”字样银行汇票的退款，才能退付现金。

（4）申请人缺少解讫通知要求退款的，出票银行应于银行汇票提示付款期限满1个月后才办理。

2. 银行汇票的丧失

银行汇票丧失，失票人可以凭人民法院出具的其享有票据权利的证明，向出票银行请求付款或退款。

【例题·多选题】关于银行汇票的下列表述中，正确的有（　）。

A. 银行汇票的实际结算金额不得更改，且不得超过出票金额

B. 持票人向银行提示付款时，只需提交银行汇票

C. 银行汇票的提示付款期限自出票日起1个月

D. 持票人超过付款期限提示付款的，代理付款人不予受理

【答案】ACD

【解析】本题综合考查银行汇票的实际结算金额和提示付款等知识。B选项错误，持票人向银行提示付款时，必须同时提交银行汇票和解讫通知，缺少任意一联，银行不予受理。

二、商业汇票

（一）商业汇票的概念、种类和适用范围

1. 商业汇票的概念

商业汇票是出票人签发的，委托付款人在指定日期无条件支付确定的金额给收款人或者持票人的票据。

2. 商业汇票的种类

商业汇票的付款人为承兑人。商业汇票按承兑人的不同可分为商业承兑汇票和银行承兑汇票。

（1）商业承兑汇票。由银行以外的付款人承兑。

（2）银行承兑汇票。由银行承兑。

3. 商业汇票的适用范围

在银行开立存款账户的法人以及其他组织之间，必须具有真实的交易关系或债权债务关系，才能使用商业汇票。

（二）商业汇票的出票

1. 商业汇票出票人的资格条件

商业汇票出票人的资格条件，与不同类型的商业汇票有关，具体如下。

（1）商业承兑汇票的出票人为在银行开立存款账户的法人以及其他组织，与付款人之间具有真实的委托付款关系，并且具有支付汇票金额的可靠资金来源。

（2）银行承兑汇票的出票人必须是在承兑银行开立存款账户的法人以及其他组织，与承兑银行具有真实的委托付款关系，而且资信状况良好，具有支付汇票金额的可靠资金来源。

2. 商业汇票出票人的确定

商业承兑汇票可以由付款人签发并承兑，也可以由收款人签发交由付款人承兑。

银行承兑汇票应由在承兑银行开立存款账户的存款人签发。

3. 商业汇票出票的记载事项

商业汇票的必须记载事项有下列几项，欠缺任意一项的，商业汇票无效。

（1）表明“商业承兑汇票”或“银行承兑汇票”的字样。

(2)无条件支付的委托。

(3)确定的金额。

(4)付款人名称。

(5)收款人名称。

(6)出票日期。

(7)出票人签章(该单位的财务专用章或者公章加其法定代表人或其授权的代理人的签名或者盖章)。

知识链接

商业汇票的相对记载事项中包含一项"付款日期",其记载方法有以下3种形式:①定日付款的汇票付款期限自出票日起计算并在汇票上记载具体的到期日;②出票后定期付款的汇票付款期限自出票日起按月计算,并在汇票上记载;③见票后定期付款的汇票付款期限自承兑或拒绝承兑日起按月计算,并在汇票上记载。

【例题·单选题】根据票据法律制度的规定,某公司签发商业汇票时出现的下列情形中,导致该汇票无效的是( )。

A. 汇票上未记载付款日期

B. 汇票上金额记载为"不超过50万元"

C. 汇票上记载了该票据项下交易的合同号码

D. 签章时加盖了本公司公章,公司负责人仅签名而未盖章

【答案】B

【解析】本题的考查点是商业汇票出票时的记载事项。汇票上未记载付款日期的,为见票即付;签发商业汇票必须记载确定的金额,如果汇票上记载的金额是不确定的,该汇票无效,故B选项错误。

(三)商业汇票的承兑

只有经过承兑的商业汇票才具有法律效力,承兑商业汇票时,应按照以下几方面规定来进行。

(1)商业汇票可在出票时向付款人提示承兑后使用,也可在出票后先使用再向付款人提示承兑。

(2)付款人拒绝承兑的,必须出具拒绝承兑的证明。

(3)付款人承兑汇票后,应当承担到期付款的责任。

(4)银行承兑汇票的出票人或持票人向银行提示承兑时,银行的信贷部门负责按照有关规定和审批程序,对出票人的资格、资信、购销合同和汇票记载的内容进行认真审查,必要时可由出票人提供担保。

(5)银行承兑汇票符合规定和承兑条件的,与出票人签订承兑协议。

(6)银行承兑汇票的承兑银行,应按票面金额向出票人收取万分之五的手续费。

(四)商业汇票的付款

1. 提示付款

商业汇票的提示付款期限,自汇票到期日起10日,且应按以下规定操作。

(1)持票人应在提示付款期限内通过开户银行委托收款或直接向付款人提示付款。

(2)持票人超过提示付款期限提示付款的,持票人开户银行不予受理,但在作出说明后,承兑人或者付款人仍应当继续对持票人承担付款责任。

(3)持票人依照规定提示付款的,付款人必须在当日足额付款。

(4)商业汇票的付款期限最长不得超过6个月。

(5)对异地委托收款的,持票人可匡算邮程,提前通过开户银行委托收款。

2. 办理付款

商业汇票的付款根据汇票类型的不同有不同的规定。

(1)商业承兑汇票的付款。商业承兑汇票的付款人开户银行收到通过委托收款寄来的商业承兑汇票后,将商业承兑汇票留存,并及时通知付款人。付款人收到开户银行的付款通知,应在当日通知银行付款。付款人在接到通知日的次日起3日内(遇法定休假日顺延,下同)未通知银行付款的,视同付款人承诺付款。付款人提前收到由其承兑的商业汇票,应通知银行于汇票到期日付款。银行应于汇票到期日将票款划给持票人。整个付款流程如图3-22所示。

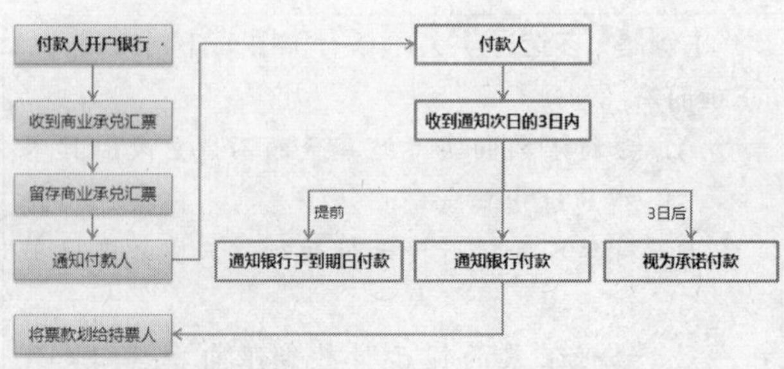

图3-22 商业承兑汇票的付款流程示意图

(2)银行承兑汇票的付款。银行承兑汇票的出票人应于汇票到期前将票款足额交存其开户银行。承兑银行应在汇票到期日或到期日后的见票当日支付票款。

专家课堂

银行承兑汇票的出票人于汇票到期日未能足额交存票款时，承兑银行除凭票向持票人无条件付款外，对出票人尚未支付的汇票金额按照每天万分之五计收利息。

3. 拒绝付款

商业承兑汇票和银行承兑汇票的拒绝付款规定分别如下。

（1）商业承兑汇票的拒绝付款。付款人存在合法抗辩事由拒绝支付的，应自接到通知的次日起3日内，作成拒绝付款证明送交开户银行，银行将拒绝付款证明和商业承兑汇票邮寄持票人开户银行，由持票人开户银行转交持票人。

（2）银行承兑汇票的拒绝付款。承兑银行存在合法抗辩事由拒绝支付的，应自接到商业汇票的次日起3日内，作成拒绝付款证明，连同银行承兑汇票邮寄持票人开户银行，由持票人开户银行转交持票人。银行承兑汇票的付款人存在合法抗辩事由拒绝支付的，应自接到汇票的次日起3日内，作成拒绝付款证明，连同银行承兑汇票邮寄持票人开户银行，由持票人开户银行转交持票人。

（五）商业汇票的贴现

1. 商业汇票贴现的概念

商业汇票的贴现是指票据持票人在票据未到期前为获得现金向银行贴付一定利息而发生的票据转让行为。贴现后，贴现银行将获得票据的所有权。

2. 商业汇票贴现的基本规定

符合条件的商业汇票持票人可持未到期的商业汇票连同贴现凭证向银行申请贴现。贴现银行可持未到期商业汇票向其他银行转贴现，也可向中国人民银行申请再贴现。

商业汇票贴现的基本规定如下。

（1）贴现条件。商业汇票的持票人向银行办理贴现必须具备以下条件。

①在银行开立存款账户的企业法人以及其他组织。

②与出票人或者直接前手之间具有真实的商品交易关系。

③提供与其直接前手之间进行商品交易的增值税发票和商品发运单据复印件。

（2）贴现利息的计算。贴现的期限从其贴现之日起至汇票到期日止。实付贴现金额按票面金额扣除贴现日至汇票到期前1日的利息计算。

专家课堂

承兑人在异地的，贴现的期限以及贴现利息的计算应另加3天的划款日期。

（3）贴现的收款。贴现到期，贴现银行应向付款人收取票款。未获付款的，贴现银行应向其前手追索票款。贴现银行追索票款时可从申请人的存款账户直接收取票款。

【案例3-6】甲公司向乙企业购买一批原材料，开出一张票面金额为30万元的银行承兑汇票。出票日期为2月10日，到期日为5月10日。4月6日，乙企业持此汇票及有关发票和原材料发运单据复印件向银行办理了贴现。已知同期银行年贴现率为3.6%，一年按360天计算，贴现银行与承兑银行在同一城市。根据票据法律制度的有关规定，计算银行实付乙企业的贴现金额为多少？

【案例解析】本题考查商业汇票贴现的计算。按规定，贴现的期限从其贴现之日起至汇票到期日止。实付贴现金额按票面金额扣除贴现日至汇票到期前1日的利息计算。本题中贴现日是4月6日，汇票到期前1日是5月9日，一共是34天。企业从银行取出的金额 = 300 000−300 000×3.6%×（34÷360）= 298 980（元）。

【2012年真题·多选题】关于商业汇票贴现的下列表述中，正确的有（　）。

A. 贴现是一种非票据转让行为

B. 贴现申请人与出票人或直接前手之间具有真实的商品交易关系

C. 贴现申请人是在银行开立存款账户的企业法人以及其他组织

D. 贴现到期不获付款的，贴现银行可从贴现申请人的存款账户直接收取票款

【答案】BCD

【解析】本题考查商业汇票的贴现。A选项错误，贴现是指票据持票人在票据未到期前为获得现金向银行贴付一定利息而发生的“票据转让行为”。

三、银行本票

（一）银行本票的概念和适用范围

1. 银行本票的概念

本票是出票人签发的，承诺自己在见票时无条件支付确定的金额给收款人或者持票人的票据。在我国，本票仅限于银行本票（银行出票、银行付款）。

2. 银行本票的适用范围

银行本票的适用范围如下。

（1）转账。

（2）注明“现金”字样的银行本票可用于支取现金。

（3）单位和个人在同一票据交换区域内支付的各种款项，均可以使用银行本票。

（二）银行本票的出票

银行本票的出票主要包括申请、受理和交付等程序。

1. 银行本票的申请

银行本票的申请需要向银行填写“银行本票申请书”，根据不同的情形，“银行本票申请书”的填写有不同的要求。

（1）申请人使用银行汇票，应向出票银行填写申请书，填明收款人名称、支付金额、申请人名称、申请日期等事项并签章。签章为其预留银行的签章。

（2）申请人和收款人均为个人需要支取现金的，应在“金额”栏填写“现金”字样，然后填写支付金额。

（3）申请人或者收款人为单位的，不得申请签发现金银行本票。

2. 银行本票的受理

出票银行受理银行本票申请书，收妥款项后便可签发银行本票。

出票银行在签发银行本票时，必须记载下列事项，欠缺任意一项的，银行本票无效。

（1）表明“银行本票”的字样。

（2）无条件支付的承诺。

（3）确定的金额。

（4）收款人名称。

（5）出票日期。

（6）出票人签章。

专家课堂

签发用于转账的银行本票时，应在银行本票上划去“现金”字样；若申请人和收款人均为个人需要支取现金的，应在银行本票上划去“转账”字样；申请人或者收款人为单位的，银行则不得为其签发现金银行本票。

3. 银行本票的交付

申请人应将银行本票交付给本票上记明的收款人。收款人在受理银行本票时，应审查下列事项。

（1）必须记载事项是否齐全。

（2）银行本票是否在提示付款期限内。

（3）出票人签章是否符合规定。

（4）大小写出票金额是否一致。

（5）收款人是否确为本单位或本人。

（6）出票金额、出票日期、收款人名称是否更改，更改的其他记载事项是否由原记载人签章证明。

知识链接

收款人可将银行本票背书转让给被背书人。被背书人受理银行本票时，除审查上述事项外，还应审查下列事项：①背书是否连续；②背书人签章是否符合规定；③背书使用粘单的是否已按规定签章；④背书人为个人的身份证件。

（三）银行本票的付款

银行本票见票即付，其提示付款期限自出票日起最长不得超过2个月。跨系统银行本票的兑付，持票人开户银行可根据规定利率向出票银行收取利息。

关于银行汇票的付款，应按以下规定操作。

（1）本票的出票人在持票人提示见票时，必须承担付款责任。

（2）持票人超过提示付款期限向未获付款的，应在票据权利时效内向出票银行作出说明，并提供单位证明或本人身份证件，持银行本票向出票银行请求付款。

（3）持票人若在银行开立了存款账户，在向开户银行提示付款时，应在银行本票背面“持票人向银行提示付款签章”处签章，签章必须与银行预留签章相同，并将银行本票、进账单送交开户银行。

（4）未在银行开立存款账户的个人持票人，凭注明“现金”字样的银行本票向出票银行支取现金的，应在银行本票背面“持票人向银行提示付款签章”处签章，并填明本人身份证件名称、号码和发证机关，由其本人向银行提交身份证件及其复印件。

（四）银行本票的退款和丧失

1. 银行本票的退款

申请人因银行本票超过付款提示期限或其他原因要求退款时，应将银行本票提交到出票银行，申请人为单位的与申请人为个人的，应分别按照以下规定操作。

（1）申请人为单位的，出具该单位的证明。

（2）申请人为个人的，出具该本人的身份证件。

另外，关于银行本票的退款，还作出了如下规定。

（1）出票银行对于在本行开立存款账户的申请人，只能将款项转原申请人账户。

（2）对于现金银行本票和未在本行开立存款账户的申请人，可退付现金。

2. 银行汇票的丧失

银行本票丧失，失票人可凭人民法院出具的其享有票据权利的证明，向出票银行请求付款或退款。

【例题·单选题】下列关于银行本票性质的表述中，不正确的是（　）。

A. 银行本票的付款人见票时必须无条件付款给持票人

B. 持票人超过提示付款期限不获付款的，可向出票银行请求付款

C. 银行本票不可以背书转让

D. 注明“现金”字样的银行本票可以用于支取现金

【答案】C

【解析】本题考查银行本票的相关规定。根据规定，银行本票可以背书转让，因此C选项的说法是错误的。

四、支票

（一）支票的概念、种类和适用范围

1. 支票的概念

支票是出票人签发的，委托办理支票存款业务的银行或者其他金融机构在见票时无条件支付确定的金额给收款人或者持票人的票据。

支票的基本当事人如图3-23所示。

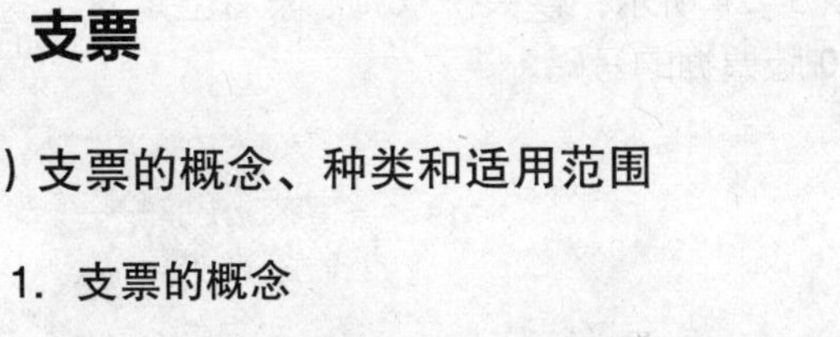

图3-23 支票的基本当事人示意图

2. 支票的种类

支票的种类包括现金支票、转账支票和普通支票3种。

（1）现金支票。支票上印有“现金”字样的为现金支票，现金支票只能用于支取现金。

（2）转账支票。支票上印有“转账”字样的为转账支票，转账支票只能用于转账。

（3）普通支票。支票上未印有“现金”或“转账”字样的为普通支票，普通支票可用于支取现金，也可用于转账。

知识链接

在普通支票左上角划两条平行线的称为划线支票，划线支票只能用于转账，不得支取现金。

3. 支票的适用范围

单位和个人在同一票据交换区域的各种款项结算，均可以使用支票。

（二）支票的出票

1. 开立支票存款账户

开立支票存款账户和领用支票，应当有可靠的资信。开立支票存款账户时，申请人必须使用本名，提交证明其身份的合法证件，并应预留其本名的签名式样和印鉴。

2. 出票

支票出票时应注意记载事项和签发的问题。

（1）支票的记载事项。签发支票必须记载下列事项，欠缺记载任何一项的，支票无效。

①表明“支票”的字样。

②无条件支付的委托。

③确定的金额。

④付款人名称（支票上记载的出票人开户银行）。

⑤出票日期。

⑥出票人签章。

关于支票的记载事项，还有如下几种规定。

①支票的金额、收款人名称，可由出票人授权补记，未补记前不得背书转让和提示付款。

②支票上未记载付款地的，付款人的营业场所为付款地。

③支票上未记载出票地的，出票人的营业场所、住所或者经常居住地为出票地。

④出票人可以在支票上记载自己为收款人。

（2）签发支票的注意事项。

①支票的出票人所签发的支票金额不得超过其付款时在付款人处实有的存款金额。

②禁止签发空头支票（出票人签发的支票金额超过其付款时在付款人处实有的存款金额的，为空头支票）。

③支票的出票人不得签发与其预留本名的签名式样或者印鉴不符的支票。

④出票人为单位的，支票上出票人的签章为与该单位在银行预留签章一致的财务专用章或者公章加其法定代表人或者其授权代理人的签名或者盖章。

⑤出票人为个人的，支票上出票人的签章为与该个人在银行预留签章一致的签名或者盖章。

【2011 年真题·多选题】根据支付结算法律制度的规定，关于支票的下列表述中，正确的有(　　)。

A. 支票基本当事人包括出票人、付款人、收款人

B. 支票金额和收款人名称可以由出票人授权补记

C. 出票人不得在支票上记载自己为收款人

D. 支票的付款人是出票人的开户银行

【答案】ABD

【解析】本题考查支票的相关规定。出票人可以在支票上记载自己为收款人。

(三)支票的付款

1. 提示付款

支票的提示付款期限自出票日起 10 日。持票人可委托开户银行收款或直接向付款人提示付款。用于支付现金的支票仅限于收款人向付款人提示付款。

根据不同的用途，持票人在收款时可按以下 3 种不同的情形操作。

(1)委托收款。持票人委托开户银行收款时，应作委托收款背书，在支票背面背书人签章栏签章，记载“委托收款”字样和背书日期，在被背书人栏记载开户银行名称，并将支票和填制的进账单送交开户银行。

(2)转账。持票人持用于转账的支票向付款人提示付款时，应在支票背面背书人签章栏签章，并将支票和填制的进账单送交出票人开户银行。

(3)支取现金。持票人持用于支取现金的支票向付款人提示付款时，应在支票背面“收款人签章”处签章，持票人为个人的，需交验本人身份证，在支票背面注明证件名称、号码及发证机关。

2. 付款

出票人必须按照签发的支票金额承担保证向该持票人付款的责任。

出票人在付款人处的存款足以支付支票金额时，付款人应当在见票当日足额付款。

付款人依法支付支票金额的，对出票人不再承担受委托付款的责任，对持票人不再承担付款的责任。但付款人以恶意或者有重大过失付款的除外。

【例题·单选题】根据《票据法》的规定。支票的提示付款期限为(　　)。

A. 自出票日起 10 日内

B. 自出票日起 1 个月内

C. 自出票日起 2 个月内

D. 自出票日起 6 个月内

【答案】A

【解析】本题考查支票的提示付款期限。根据规定，支票的提示付款期限为自出票日起 10 日内。

五、票据的防伪

为提高票据凭证的防伪性能，保证票据的流通和安全使用，中国人民银行多次对票据进行了换版，以降低犯罪分子通过伪造、变造的票据等行为威胁单位、个人及银行的资金安全。

(一)2010 版票据特征

目前我国使用的票据为 2010 版票据，于 2011 年 3 月 1 日启用，其特征在票据号码、汇票、本票、支票上有明显体现。

1. 票据号码

2010 版票据的号码调整为 16 位，分上下两排，如图 3-24 所示，该银行承兑汇票右上角显示的即为 2010 版票据的号码。

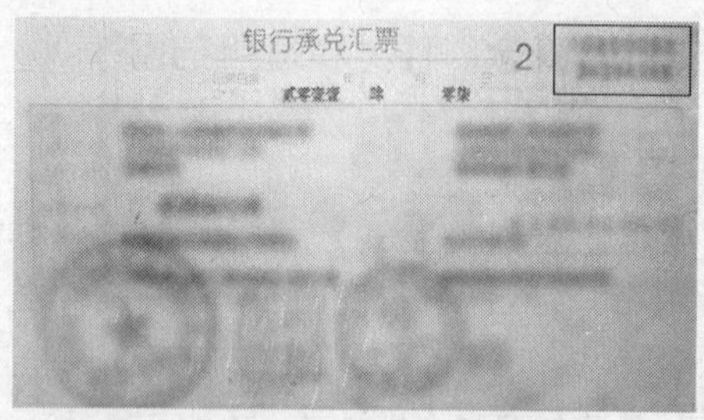

图 3-24 银行承兑汇票的票据号码

为了更好地说明票据号码所代表的含义及其作用，下面通过如图 3-25 所示的票据号码标识来对其进行简单介绍。

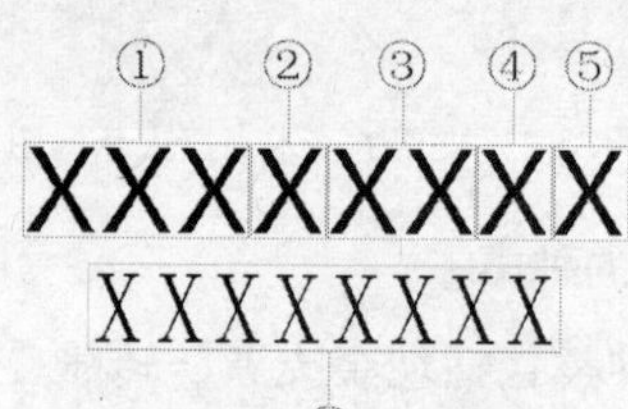

图 3-25 票据号码标识示意图

①上排前3位，代表银行机构代码。

②上排第4位，代表预留号，暂定为“0”。

③上排第5、6位，代表省别地区代码，采用全国行政区划代码前两位。

④上排第7位，代表票据种类，“1”为现金支票；“2”为转账支票；“3”为清分机支票；“4”为银行汇票；“5”为银行承兑汇票；“6”为商业承兑汇票；“7”为非清分机本票；“8”为清分机本票。

⑤上排第8位，代表印制厂家识别码。

⑥下排8位数字，代表票据流水号，采用渗透性油墨印制。

> **知识链接**
>
> 清分机又称为钞票清分机、现金清分机、货币清分机、纸币（钞票、现金、货币）分选机，是一种高端金融机具产品，于20世纪90年代中期进入我国，专门用来清点、分选硬币或纸币。

2. 汇票

从汇票来看，2010版票据与之前版本的票据有以下几点不同之处。

（1）统一了汇票的底纹颜色，银行汇票、银行承兑汇票不再按行别分色。

（2）汇票主题图案统一为兰花。

（3）取消了银行汇票、银行承兑汇票左上角的无色荧光暗记。

（4）银行承兑汇票左上角不再加印各行的行徽。

（5）银行汇票号码前一律不再冠地名。

3. 本票

从本票来看，2010版票据与之前版本的票据有以下几点不同之处。

（1）本票主题图案统一为菊花。

（2）本票左上角的行名前不再加印各行的行徽。

（3）本票号码前一律不再冠地名。

4. 支票

从支票来看，2010版票据与之前版本的票据有以下几点不同之处。

（1）统一了支票的底纹颜色，不再按行别分色。

（2）现金支票的主题图案统一为梅花，转账支票、清分机支票的主题图案为竹。

（3）现金支票上的“现金支票”字样改为黑色印刷。

（4）支票号码前一律不再冠地名。

> **专家课堂**
>
> 除上述区别之外，2010版票据的小写金额栏分隔线的实线全部改为了虚线。

（二）票据防伪措施

票据防伪措施可以从纸张、油墨和印刷3个方面进行。

1. 纸张

票据的纸张为专用特种纸张，原料以长纤维的棉麻为主。其纸张坚韧、经久耐用、耐折、不起毛、不断裂。紫外光下纸张无荧光反应。

现金支票、转账支票、汇票、非清分机本票的纸张使用新型专用水印纸；清分机支票、清分机本票的纸张使用新型专用清分机纸张。

2. 油墨

2010版票据大写金额栏的10条水平底线在紫外光下会发出橘红色荧光，涂改后的红水线表面会发生变化；票据号码的下层部分正面为棕黑色，背面有红色渗透效果。

3. 印刷

印刷防伪措施可以从水印、安全线、凸版印刷、纤维丝、微缩文字和变形曲线这些方面来辨别。

（1）水印。2010版银行汇票、银行承兑汇票、商业承兑汇票和银行本票的水印为满版由梅花、古钱币和波浪线组成的多色调水印，古钱币的中间方孔为字母“P”，外圆的右上有水平短线和一缺口，代表字母“J”（“PJ”是“票据”二字的汉语拼音的首位字母）。2010版支票水印为满版“ZP”字母白水印（“ZP”是“支票”二字的汉语拼音的首位字母）和人民币符号“￥”黑水印，无荧光水印。

（2）安全线。2010版汇票、非清分机本票的安全线是新加入的防伪特征，属于全埋式金属安全线，但又可看见安全线的深浅在纸张的不同；安全线里浅色部分有微缩字母“PJ”。

（3）凸版印刷。2010版票据的号码正面号码凹入，背面号码凸起，放大观察数字边缘紧凑，有明显油墨挤压效果。

（4）纤维丝。2010版票据上采用的新型无色荧光纤维在白光下肉眼观察不可见，但在紫外光下会呈红、蓝两种荧光色彩显示。红外侧光下可见纤维丝实物凸起痕迹。

（5）微缩文字。2010版票据上的微缩文字清晰、字体风格独特、间距相等，有直线排、斜线排和波浪线排3种。

（6）变形曲线。2010 版票据底纹密而不乱，纹线放大观察时显得杂乱无章，肉眼远观则有规律可循。

（三）鉴别票据真伪的简单方法

鉴别票据真伪的简单方法可以归纳为“一看二摸三鉴别”。

（1）一看。看票面要素有无变造痕迹，重点查看大小写金额、票据号码；票面是否整洁，有无涂改、变色、粘贴痕迹；票据大小尺寸，底纹颜色有无色偏，图案是否清晰。

（2）二摸。抖动票据听到的响声是否清脆，触摸水印是否有凹凸感。

（3）三鉴别。采用专用票据鉴别仪对票据各个防伪要素进行鉴别。

【例题·多选题】下列关于票据的防伪措施和鉴别方法的描述，正确的是（　）。

A. 真票据抖动时的响声不太清脆

B. 2010 版支票水印为满版“ZP”字母

C. 假票据的水印具有凹凸感

D. 2010 版票据的底纹肉眼远观时杂乱无章

【答案】B

【解析】本题考查票据的防伪措施和鉴别方法。A 选项错误，真票据抖动时的响声应是清脆；C 选项错误，假票据的水印不具有凹凸感；D 选项错误，2010 版票据底纹密而不乱，纹线放大观察时显得杂乱无章，肉眼远观则有规律可循。

【本节小结】本节主要介绍了银行汇票、商业汇票、银行本票和支票的概念、种类、适用范围、出票、付款、退票、丧失等内容。为了便于考生总结和复习，这里对它们的出票人、用途、适用地域和提示付款期进行了归纳汇总，以便对比熟悉和记忆，如表 3-7 所示。

表 3-7 各种票据的使用区别

项目	银行汇票	商业汇票	银行本票	支票
出票人	银行	单位	银行	单位、个人
用途	可用于转账，填明“现金”字样也可提现	转账	可用于转账，注明“现金”字样的也可提现	普通支票可用于提现，也可用于转账
适用地域	异地	异地、同城	同城	同一票据交换区域
提示付款期	出票日起 1 个月	汇票到期日起 10 日（付款期限最长不得超过 6 个月）	出票日起最长不得超过 2 个月	出票日起 10 日内

第八节 结算纪律与法律责任

考情分析：本节内容在考试中所占比例不高，近 3 年都没有出现与本节内容相关的考点或考题。相对而言，本节内容中签发空头支票的法律责任以及票据的伪造和变造的法律责任出现在考试中的可能性要更大一些，题型一般以客观题形式出现，也不排除不定项选择题中会涉及相关内容。

学习建议：了解结算纪律，熟悉法律责任，重点熟悉签发空头支票、印章与预留印签不符支票和票据欺诈等行为的法律责任。

一、结算纪律

结算纪律是银行、单位和个人办理支付结算业务所应遵守的基本规定。

（一）银行办理支付结算的纪律

《支付结算办法》规定，银行在办理支付结算时，应遵守以下“八不准”原则。

（1）不准违反规定为单位和个人开立账户。

（2）不准违章签发、承兑、贴现票据，套取银行资金。

（3）不准无理拒绝支付应由银行支付的票据款项。

（4）不准以任何理由压票、任意退票、截留挪用客户和他行资金。

（5）不准受理无理拒付、不扣少扣滞纳金。

（6）不准拒绝受理、代理他行正常结算业务。

（7）不准在支付结算制度之外规定附加条件，

影响汇路畅通。

（8）不准签发空头银行汇票、银行本票和办理空头汇款。

（二）单位和个人支付结算的纪律

单位和个人办理支付结算时，应遵守以下“四不准”原则。

（1）不准无理拒绝付款，任意占用他人资金。

（2）不准违反规定开立和使用账户。

（3）不准签发没有资金保证的票据或远期支票，套取银行信用。

（4）不准签发、取得和转让没有真实交易和债权债务的票据，套取银行和他人资金。

【例题·多选题】以下说法正确的是（　）。

A. 银行不准无理拒绝支付应由银行支付的票据款项

B. 单位不准无理拒绝付款，任意占用他人资金

C. 单位不准违反规定开立和使用账户，但对个人存款人无此要求

D. 银行不准签发空头银行汇票、银行本票和办理空头汇款

【答案】ABD

【解析】本题考查结算纪律的相关知识。C选项错误，单位和个人都不准违反规定开立和使用账户。

二、法律责任

银行、单位和个人违反结算纪律的，要分别承担相应的法律责任，具体应根据不同的违法行为，依法分别承担民事、行政和刑事责任。

（一）签发空头支票、印章与预留印鉴不符支票，未构成犯罪的行为的法律责任

签发空头支票、印章与预留印鉴不符支票，未构成犯罪的行为，应承担以下法律责任。

（1）单位或个人签发空头支票或签发与其预留的签章不符的支票，不以骗取财物为目的的，由中国人民银行处以票面金额5%但不低于1 000元的罚款。

（2）持票人有权要求出票人赔偿支票金额2%的赔偿金。

（3）屡次签发空头支票的，银行有权停止为其办理支票或全部支付结算业务。

专家课堂

根据《行政处罚法》和《票据管理实施办法》的规定，中国人民银行是空头支票的处罚主体。

（二）无理拒付，占用他人资金行为的法律责任

无理拒付，占用他人资金的行为，应承担以下法律责任。

（1）商业承兑汇票的付款人对见票即付或者到期的票据，故意压票、拖延支付的，按照规定处以压票、拖延支付期间内每日票据金额万分之七的罚款。

（2）银行机构违反票据承兑等结算业务规定，不予兑现，不予收付入账，压单、压票或者违反规定退票的，由国务院银行业监督管理机构责令其改正，有违法所得的，没收违法所得，违法所得5万元以上的，并处违法所得1倍以上5倍以下罚款；没有违法所得或者违法所得不足5万元的，处5万元以上50万元以下罚款。

【例题·判断题】单位签发空头支票，由中国人民银行处以票面金额5%但不低于1 000元的罚款。（　）

【答案】√

【解析】本题考查签发空头支票应负的法律责任。单位或个人签发空头支票或签发与其预留的签章不符的支票，不以骗取财物为目的的，由中国人民银行处以票面金额5%但不低于1 000元的罚款。持票人有权要求出票人赔偿支票金额2%的赔偿金。

考场点拨

有的考生在解答上题时会将其判断为错误，原因在于题目没有说明是否“以骗取财物为目的”。严格上讲，这种考虑本身没有问题，但答题时要从出题者的角度思考问题。很明显，上题主要是考查签发空头支票应承担的责任，考点在于罚款金额是否正确，因此本题忽略是否“以骗取财物为目的”这一条件，将其判断为正确。

（三）违反账户规定的行为的法律责任

1. 存款人开立、撤销银行结算账户违反规定

存款人开立、撤销银行结算账户违反规定，有以下3种情形之一的，若属于非经营性存款人，给予警告并处以1 000元的罚款；若属于经营性存款人，给予警告并处以1万元以上3万元以下的罚款；构成犯罪的，移交司法机关依法追究刑事责任。

（1）违反规定开立银行结算账户。

（2）伪造、变造证明文件欺骗银行开立银行结算账户。

（3）违反规定不及时撤销银行结算账户。

2. 存款人使用银行结算账户违反规定

存款人使用银行结算账户违反规定，有以下6种情形之一的，非经营性的存款人有以下第（1）~（5）项行为的，给予警告并处以1 000元罚款；经营性的存款人有以下第（1）~（5）项行为的，给予警告并处以5 000元以上3万元以下的罚款；存款人有以下所列第（6）项行为的，给予警告并处以1 000元的罚款。

（1）违反规定将单位款项转入个人银行结算账户。

（2）违反规定支取现金。

（3）利用开立银行结算账户逃废银行债务。

（4）出租、出借银行结算账户。

（5）从基本存款账户之外的银行结算账户转账存入、将销货收入存入或现金存入单位信用卡账户。

（6）法定代表人或主要负责人、存款人地址以及其他开户资料的变更事项未在规定期限内通知银行。

3. 伪造、变造、私自印制开户许可证

伪造、变造、私自印制开户许可证的存款人，属非经营性的处以1 000元罚款；属经营性的处以1万元以上3万元以下的罚款；构成犯罪的，移交司法机关依法追究刑事责任。

【例题·单选题】伪造开户许可证的存款人，属于经营性质的，将处（　）罚款。

A. 1 000元

B. 1 000元以上5 000元以下

C. 5 000元以上10 000元以下

D. 10 000元以上30 000元以下

【答案】D

【解析】本题考查伪造开户许可证应承担的法律责任。伪造、变造、私自印制开户许可证的存款人，属非经营性的处以1 000元罚款；属经营性的处以1万元以上3万元以下的罚款；构成犯罪的，移交司法机关依法追究刑事责任。

（四）票据欺诈等行为的法律责任

1. 票据欺诈应承担的刑事责任

付款人同出票人、持票人恶意串通，实施下列6项行为之一的，依法追究刑事责任。

（1）伪造、变造票据、托收凭证、汇款凭证、信用证，伪造信用卡等。

（2）故意使用伪造、变造的票据的。

（3）签发空头支票或者故意签发与其预留的本名签章式样或者印鉴不符的支票，骗取财物的。

（4）签发无可靠资金来源的汇票、本票，骗取资金的。

（5）汇票、本票的出票人在出票时作虚假记载，骗取财物的。

（6）冒用他人的票据，或者故意使用过期或者作废的票据，骗取财物的。

其中，第（1）项行为将处5年以下有期徒刑或拘役，并处或单处2万元以上20万元以下的罚金；情节严重的，处5年以上10年以下有期徒刑，并处5万元以上50万元以下的罚金；情节特别严重的，处10年以上有期徒刑或无期徒刑，并处5万元以上50万元以下罚金或没收财产。

2. 妨碍信用卡管理应承担的刑事责任

有下列情形之一，妨碍信用卡管理的，处3年以下有期徒刑或拘役，并处或单处1万元以上10万元以下的罚金；数额巨大或有其他严重情节的，处3年以上10年以下有期徒刑，并处2万元以上20万元以下的罚金。

（1）明知是伪造的信用卡而持有、运输的，或者明知是伪造的空白信用卡而持有、运输，数量较大的。

（2）非法持有他人信用卡，数量较大的。

（3）使用虚假的身份证明骗领信用卡的。

（4）出售、购买、为他人提供伪造的信用卡或者以虚假的身份证明骗领信用卡的。

（5）窃取、收买或者非法提供他人信用卡信息资料的。

3. 信用卡欺诈应承担的刑事责任

有下列情形之一，进行信用卡诈骗活动，数额较大的，处5年以下有期徒刑或拘役，并处2万元以上20万元以下的罚金；数额巨大或有其他严重情节的，处5年以上10年以下有期徒刑，并处5万元以上50万元以下的罚金；数额特别巨大或者有其他特别严重情节的，处10年以上有期徒刑或者无期徒刑，并处5万元以上50万元以下罚金或者没收财产。

（1）使用伪造的信用卡，或者使用以虚假的身份证明骗领的信用卡的。

（2）使用作废的信用卡的。

（3）冒用他人信用卡的。

（4）恶意透支的。

第九节 同步强化自测练习

(一)单选题

1. 根据《支付结算办法》的规定,出票日期“3月20日”的规范写法是( )。

A. 零叁月零贰拾日

B. 零叁月贰拾日

C. 叁月零贰拾日

D. 叁月贰拾日

2. 付款人账户内没有资金,或收款人应收的款项由于付款人的原因不能收回时,银行的中介职责可以不履行,这体现的办理支付结算的原则是( )。

A. 恪守信用原则

B. 谁的钱进谁的账,由谁支配原则

C. 银行不垫款原则

D. 履约付款原则

3. 下列有关基本存款账户的说法中,错误的是( )。

A. 一个单位只能开立一个基本存款账户

B. 存款人日常经营活动的资金收付及其工资、奖金和现金的支取,通过基本存款账户办理

C. 从事生产、经营活动的纳税人要办理基本存款账户,应出具税务部门颁发的税务登记证

D. 企业法人开立基本存款账户的,应出具企业法人营业执照副本

4. 被撤并、解散、宣告破产或关闭的,注销、被吊销营业执照的,存款人应于( )个工作日内向开户银行提出申请撤销银行结算账户。

A. 3　　B. 5

C. 10　　D. 15

5. 中国人民银行当地分支行应于( )个工作日内对开户银行报送的核准类银行结算账户的开户资料的合规性予以审核。

A. 2　　B. 3

C. 5　　D. 10

6. 根据规定,存款人因主体资格终止后而撤销银行结算账户的顺序是( )。

A. 应先撤销一般存款账户、专用存款账户、临时存款账户,将账户资金转入基本存款账户后,方可办理基本存款账户的撤销

B. 先撤销基本存款账户、一般存款账户、专用存款账户,将账户资金转入临时存款账户,方可办理临时存款账户的撤销

C. 先撤销基本存款账户、一般存款账户、专用存款账户,将账户资金转入专用存款账户,方可办理专用存款账户的撤销

D. 先撤销基本存款账户、专用存款账户、临时存款账户,将账户资金转入一般存款账户后,方可办理一般存款账户的撤销

7. 根据支付结算法律制度的规定,存款人日常经营活动的资金收付,以及工资、奖金和现金的支取,只能通过规定的账户办理。该账户是( )。

A. 基本存款账户

B. 一般存款账户

C. 专用存款账户

D. 临时存款账户

8. 存款人因临时需要并在规定期限内使用而开立的银行结算账户是( )。

A. 一般存款账户

B. 专用存款账户

C. 基本存款账户

D. 临时存款账户

9. 下列存款人中,不能申请开立临时存款账户的是( )。

A. 临时撤销　　B. 设立临时机构

C. 异地临时经营活动　　D. 注册验资、增资

10. 关于银行卡账户及交易管理要求的下列表述中,不正确的是( )。

A. 单位人民币卡账户的资金一律从其基本存款账户转账存入

B. 单位外币卡账户的资金应从其单位的外汇账户转账存入

C. 单位人民币卡账户不得存取现金

D. 单位人民币卡账户可以存入销货收入

11. 根据《人民币银行结算账户管理办法》的规定,下列各项中,不属于一般存款账户适用范围的有( )。

A. 办理现金缴存

B. 办理借款归还

C. 办理现金支取

D. 办理借款转存

12. 根据有关规定,存款人对用于基本建设的资金,可以向开户银行出具相应的证明并开立( )。

A. 临时存款账户

B. 一般存款账户

C. 专用存款账户

D. 基本存款账户

13. 准贷记卡的透支期限最长为( )天。

A. 120　　B. 80

C. 30　　D. 60

14. 贷记卡持卡人非现金交易享受免息还款期。免息还款期限最长的是（　）。

A. 10天　　B. 20天

C. 30天　　D. 60天

15. 王某使用银行卡支付宾馆住宿费1万元。根据银行卡业务管理规定，银行办理该银行卡收单业务收取的结算手续费应不得低于（　）元。

A. 20　　B. 50

C. 100　　D. 200

16. 银行卡的种类依据不同的划分方式可有不同的分类，其中贷记卡是指（　）。

A. 发卡银行给予持卡人一定的信用额度，持卡人可在信用额度内先消费、后还款的信用卡

B. 持卡人须先按发卡银行要求交存一定金额的备用金，当备用金账户余额不足支付时，可在发卡银行规定的信用额度内透支

C. 持卡人先将款项存入卡内账户，然后进行消费

D. 发卡银行根据持卡人要求将其资金转至卡内储存，交易时直接从卡内扣款

17. 根据《支付机构预付卡业务管理办法》规定，个人或单位购买记名预付卡或一次性购买不记名预付卡一定金额以上的，应当使用实名并提供有效身份证件。该金额为（　）。

A. 1 000元　　B. 5 000元

C. 10 000元　　D. 50 000元

18. 下列关于委托收款的特征的表述中，不符合法律规定的是（　）。

A. 委托收款在同城、异地均可以使用

B. 办理委托收款应向银行提交委托收款凭证和有关的债务证明

C. 以单位为付款人的，银行应当在当日将款项主动支付给收款人

D. 付款人审查有关债务证明后，需要拒绝付款的，可以办理拒绝付款

19. 关于国内信用证特征的表述中，不符合法律规定的是（　）。

A. 国内信用证可以用于转账结算，也可以支取现金

B. 国内信用证为不可撤销、不可转让的跟单信用证

C. 国内信用证结算方式只适用于国内企业商品交易的货款结算

D. 国内信用申请人交存的保证金和其存款账户余额不足支付的，开证行仍应在规定的付款时间内进行付款

20. 下列关于委托收款的表述中，不符合法律规定的是（　）。

A. 委托收款以银行以外的单位为付款人的，凭证上必须记载付款人开户银行名称

B. 办理委托收款应向银行提交委托收款凭证和有关的债务证明

C. 以单位为付款人的，银行应当在当日将款项主动支付给收款人

D. 付款人审查有关债务证明后，需要拒绝付款的，可以办理拒绝付款

21. 根据《支付结算办法》的规定，汇款人委托银行将其款项支付给收款人的结算方式是（　）。

A. 汇兑结算方式

B. 信用证结算方式

C. 托收承付结算方式

D. 委托收款结算方式

22. 甲公司将一张银行汇票背书转让给乙公司，该汇票需加附粘单，甲公司为粘单上的第一记载人，丙公司为甲公司的前手，丁公司为汇票记载的收款人，下列公司中，应当在汇票和粘单的粘连处签章的是（　）。

A. 甲公司　　B. 乙公司

C. 丙公司　　D. 丁公司

23. 根据《中华人民共和国票据法》的规定，下列各项中，属于无需提示承兑的汇票是（　）。

A. 见票后定期付款的汇票

B. 见票即付的汇票

C. 定日付款的汇票

D. 出票后定期付款的汇票

24. 甲公司从异地乙公司购进彩电一批，于2013年4月20日开出了10万元的见票后3个月付款的银行承兑汇票支付该笔货款，乙公司于4月28日提示承兑，则乙公司最迟于2013年（　）向承兑人提示付款。

A. 5月20日　　B. 6月20日

C. 7月30日　　D. 8月8日

25. 根据《票据法》的规定，背书由背书人签章并记载背书日期。背书未记载日期的，下列处理方式正确的是（　）。

A. 出票行为无效

B. 视为在票据到期日前背书

C. 票据无效

D. 背书无效

26. 2013年6月5日，A公司向B公司签发一张金额为5万元的支票，B公司将支票背书转让给C公司。6月12日，C公司请求付款银行付款

时，银行以A公司账户内只有5 000元为由拒绝付款。C公司遂要求B公司付款，B公司于6月15日向C公司付清了全部款项。根据《票据法》的规定，B公司向A公司行使再追索权的期限为（ ）。

A. 2013年6月25日之前
B. 2013年8月15日之前
C. 2013年9月15日之前
D. 2013年12月5日之前

27. 根据《支付结算办法》的规定，银行汇票的提示付款期限是（ ）。

A. 自出票日起1个月
B. 自出票日起2个月
C. 自到期日起1个月
D. 自到期日起2个月

28. 根据票据法律制度的规定，在汇票到期日前，下列持票人不能行使票据追索权的情形有（ ）。

A. 汇票被拒绝承兑
B. 付款人因违法被责令停业
C. 付款人逃匿
D. 付款人拒绝付款

29. 依据我国《票据法》的规定，下列票据中，需要提示承兑的是（ ）。

A. 支票
B. 本票
C. 见票后定期付款的汇票
D. 银行汇票

30. 根据我国《支付结算办法》的规定，下列项目不属于票据和结算凭证上不得更改的项目是（ ）。

A. 金额　B. 出票日期
C. 收款人名称　D. 付款人名称

31. 下列有关票据特征的说法中，错误的是（ ）。

A. 票据必须由持有人证明其取得票据的原因后才取得票据权利
B. 票据上体现的权利性质是财产权而不是其他权利
C. 票据上的一切票据权利义务必须严格依照票据记载的文义而定，文义之外的任何理由、事项均不得作为根据
D. 票据权利的产生必须通过作成票据，是一种"设权证券"

32. 根据支付结算法律制度的规定，下列关于票据提示付款期限的表述中，不正确的是（ ）。

A. 银行汇票的提示付款期限为自出票日起1个月
B. 商业汇票的提示付款期限为自出票日起10日
C. 银行本票的提示付款期限为自出票日起最长不得超过2个月
D. 票的提示付款期限为自出票日起10日

33. 银行汇票的提示付款期限自出票日起（ ）。

A. 6个月　B. 2个月
C. 1个月　D. 10日

34. 根据票据法律制度的规定，支票的下列记载事项中，可由出票人授权补记的是（ ）。

A. 付款人名称　B. 出票日期
C. 收款人名称　D. 出票人签章

35. 见票后定期付款汇票的持票人向承兑人提示付款的期限为（ ）。

A. 出票日起10日内
B. 出票日起1个月内
C. 到期日起10日内
D. 到期日起1个月内

36. 一张支票金额为15万元，5月10日到期，付款人不能支付票款。根据《支付结算办法》的有关规定，对付款人应处以的罚款数额为（ ）。

A. 10 500元　B. 7 500元
C. 1 050元　D. 750元

37. 根据《票据法》的规定，关于支票的说法正确的是（ ）。

A. 支票的收款人可由出票人授权补记
B. 支票不可以背书转让
C. 支票的提示付款期限为出票日起1个月
D. 持票人提示付款时，支票的出票人账户金额不足的，银行应先向持票人支付票款

38. 根据《票据法》的规定，汇票上可以记载非法定事项。下列各项中，属于不发生票据法上的效力的事项是（ ）。

A. 出票人签章　B. 出票地
C. 付款地　D. 签发票据的用途

39. 现金支票的主题图案为（ ）。

A. 梅花　B. 兰花
C. 竹　D. 菊花

40. 甲公司向乙公司开出面值15 000元的支票支付货款，但甲公司账面无款支付，属于空头支票。如能确定甲公司不是以骗取财物为目的，人民银行应当对甲公司处以的罚款额为（ ）元。

A. 1 000　B. 750
C. 500　D. 300

41. 甲商场从乙企业购买一批电冰箱，开出一张票面金额为25万元的银行承兑汇票。出票日期为4月20日，到期日为7月20日。6月10日，乙企

业持此汇票及有关发票和电冰箱发票运费单据复印件向银行办理了贴现。已知同期银行年贴现率为3.6%，一年按360天计算，贴现银行与承兑银行在同一城市。根据票据法律制度的有关规定，银行实付乙企业贴现金额为（　）元。

A. 248 975　　B. 249 000

C. 249 025　　D. 241 000

（二）多选题

1. 根据支付结算法律制度的规定，下列票据中，允许个人使用的有（　）。

A. 支票

B. 银行承兑汇票

C. 银行本票

D. 银行汇票

2. 下列专用存款账户中，不得支取现金的账户为（　）。

A. 基本建设资金

B. 单位银行卡账户

C. 财政预算外资金

D. 党、团、工会经费专用存款

3. 下列属于基本存款账户使用范围的为（　）。

A. 资金收付

B. 现金支取

C. 工资、奖金的发放

D. 存入现金

4. 根据规定，下列存款人可以申请开立基本存款账户的有（　）。

A. 单位附属独立核算的食堂

B. 外国驻华机构

C. 个人独资企业

D. 自然人

5. 根据支付结算法律制度的规定，下列情形中，可以申请开立异地银行结算账户的是（　）。

A. 营业执照注册地与经营地不在同一行政区域需要开立基本存款账户的

B. 办理异地借款需要开立一般存款账户的

C. 存款人因附属的非独立核算单位发生的收入汇缴或业务支出需要开立专用存款账户的

D. 异地临时经营活动需要开立临时存款账户的

6. 根据《账户管理办法》的规定，下列款项中，可以转入个人银行结算账户的是（　）。

A. 工资、奖金收入

B. 稿费收入

C. 纳税退还

D. 期货交易保证金

7. 根据人民币银行结算账户管理的有关规定，下列专用存款账户中，不可以支取现金的有（　）。

A. 基本建设资金账户

B. 政策性房地产开发资金账户

C. 证券交易结算资金专用存款账户

D. 信托基金专用存款账户

8. 根据支付结算法律制度的规定，下列账户的开立，需要中国人民银行核准的有（　）。

A. 基本存款账户

B. 注册验资账户

C. 预算单位专用存款账户

D. 一般企业专用存款账户

9. 下列银行结算账户的开立，银行应在开户之日起5个工作日内向中国人民银行当地分支行备案的是（　）。

A. 基本存款账户

B. 一般存款账户

C. 预算单位专用存款账户

D. 个人银行结算账户

10. 下列各项中属于银行结算纪律的有（　）。

A. 不准签发空头支票

B. 不准签发印章与预留印鉴不符的支票和远期支票

C. 不准拒付款项

D. 不准签发、取得和转让没有真实交易和债权债务的票据

11. 下列属于开立临时存款账户的适用范围为（　）。

A. 预算单位使用财政性资金

B. 设立工程指挥部

C. 公司设立时注册验资

D. 公司设立时增资

12. 银行结算账户按存款人不同可以分为（　）。

A. 一般存款账户

B. 个人银行结算账户

C. 单位银行结算账户

D. 基本存款账户

13. 下列银行卡中属于信用卡的有（　）。

A. 贷记卡　　B. 转账卡

C. 专用卡　　D. 准贷记卡

14. 下列关于单位人民币卡结算使用的表述中，不符合法律规定的有（　）。

A. 单位人民币卡账户的资金可以与其他存款账户自由转账

B. 单位人民币卡账户销户时，其资金余额可以提取现金

C. 用单位人民币卡办理商品和劳务结算时，可

以透支结算

D. 不得将销货收入直接存入单位人民币卡账户

15. 下列有关单位银行卡账户的资金管理，不符合《银行账户管理办法》规定的是（ ）。

A. 由其基本存款账户转账存入

B. 由其临时存款账户转账存入

C. 不得办理现金收付业务

D. 不得办理银行转账业务

16. 根据规定，下列有关预付卡的表述中，正确的有（ ）。

A. 不得使用信用卡为预付卡充值

B. 一次性充值金额 2 000 元以上的，不得使用现金

C. 单位购买的记名预付卡，只能由单位办理赎回

D. 个人购买记名预付卡，应当使用实名并向发卡机构提供有效身份证件

17. 下列企业中，可以在银行办理托收承付结算方式的有（ ）。

A. 股份有限公司

B. 国有独资企业

C. 有限责任公司

D. 供销合作社

18. 根据支付结算法律制度的规定，下列有关委托收款的表述中，正确的是（ ）。

A. 委托收款是收款人委托银行向付款人收取款项的结算方式

B. 委托收款在同城、异地均可使用

C. 银行在办理划款时，发现付款人存款账户不足支付的，应通过被委托银行向收款人发出未付款通知书

D. 付款人应当于接到通知的当日书面通知银行付款，如果付款人未在发出通知的次日起 3 日内通知银行付款的，视为同意付款

19. 根据汇兑的规定，下列不属于汇入银行可以办理退汇的情形有（ ）。

A. 汇款尚未汇出

B. 收款人拒绝接受的汇款

C. 经过 1 个月无法交付的汇款

D. 汇款人与收款人未达成一致退汇意见

20. 下列业务中，国有企业之间不能采用托收承付结算方式的有（ ）。

A. 商品寄销

B. 由商品交易产生的劳务供应

C. 商品赊销

D. 商品代销

21. 根据《票据法》的规定，下列各项中属于保证人必须在票据或者粘单上记载的事项有（ ）。

A. 表明“保证”的字样

B. 被保证人的名称

C. 保证日期

D. 保证人签章

22. 根据票据法律制度的规定，票据持票人应在法定期限内向付款人提示付款。关于票据提示付款期限的下列表述中，正确的有（ ）。

A. 商业汇票自到期日起 1 个月内提示付款

B. 银行汇票自出票日起 2 个月内提示付款

C. 银行本票自出票日起 2 个月内提示付款

D. 支票自出票日起 10 日内提示付款

23. 根据支付结算法律制度的规定，下列关于公示催告的表述中，正确的是（ ）。

A. 申请公示催告的主体必须是可以背书转让的票据的最后持票人

B. 公示催告的期间，国内票据自公告发布之日起 90 日

C. 在公示催告期间，转让票据权利的行为无效

D. 在公示催告期间，以公示催告的票据贴现、质押，因贴现、质押而接受该票据的持票人主张票据权利的，人民法院不予支持

24. 下列各项中，属于我国《票据法》调整的有（ ）。

A. 股票　　B. 支票

C. 汇票　　D. 本票

25. 根据《票据法》的规定，下列各项中，属于可以行使追索权的情形有（ ）。

A. 汇票到期被拒绝付款的

B. 汇票到期日前被拒绝承兑的

C. 汇票到期日前承兑人逃匿的

D. 汇票到期日前付款人被依法宣告破产的

26. 下列选项中属于填写票据和结算凭证时应注意的事项有（ ）。

A. 收款人名称　　B. 出票人名称

C. 出票日期　　D. 付款日期

27. 根据票据法律制度的规定，下列有关在票据上签章效力的表述中，正确的有（ ）。

A. 出票人在票据上签章不符合规定的，票据无效

B. 承兑人在票据上签章不符合规定的，其签章无效，但不影响其他符合规定签章的效力

C. 保证人在票据上签章不符合规定的，其签章无效，但不影响其他符合规定签章的效力

D. 背书人在票据上签章不符合规定的，其签章无效，但不影响其前手符合规定签章的效力

28. 甲签发一张汇票给乙，并约定由丙作为保证人（已在汇票上加以记载并签章）。乙依法承兑后

将该汇票背书转让给丁，丁又将该汇票背书转让给戊。戊在法定期限内向付款人请求付款，不获付款。根据规定，下列各项中，应承担该汇票债务责任的有（　）。

A. 甲　　B. 乙

C. 丙　　D. 丁

29. 根据票据法律制度的规定，持票人在一定期限内不行使票据权利，其权利归于消灭。下列有关票据权利消灭时效的表述中，正确的有（　）。

A. 持票人对商业汇票的出票人的权利，自票据到期日起 2 年

B. 持票人对票据的承兑人的权利，自票据到期日起 1 年

C. 持票人对支票出票人的权利，自出票日起 6 个月

D. 持票人对前手的再追索权，自清偿日或被提起诉讼之日起 3 个月

30. 票据丧失后，失票人可以采取的补救措施包括（　）。

A. 向付款银行申请挂失止付

B. 要求付款人立即付款

C. 向人民法院申请公示催告

D. 向人民法院提起普通诉讼

31. 下列选项中，可以不支付对价而取得票据权利的有（　）。

A. 甲公司因退税从税务机关取得的支票

B. 乙公司接受购买货物一方开出的用于支付定金的支票

C. 丙公司因与其他公司合并取得的支票

D. 丁公司因接受赠与取得的支票

32. 关于票据签章当事人的下列表述中，正确的有（　）。

A. 票据签发时，由出票人签章

B. 票据转让时，由被背书人签章

C. 票据承兑时，由承兑人签章

D. 票据保证时，由保证人签章

33. 根据《中华人民共和国票据法》的规定，下列各项中，属于需要提示承兑的汇票是（　）。

A. 见票后定期付款的汇票

B. 银行汇票

C. 定日付款的汇票

D. 银行本票

34. 下列票据背书中，属于转让票据权利的背书有（　）。

A. 质押背书　　B. 委托收款背书

C. 贴现背书　　D. 转让背书

35. 本票的基本当事人包括（　）。

A. 出票人　　B. 保证人

C. 收款人　　D. 背书人

36. 根据票据法律制度的规定，下列选项中属于签发银行汇票必须记载的事项有（　）。

A. 无条件支付的承诺

B. 出票金额

C. 付款人名称

D. 收款人签章

37. 下列表述不正确的是（　）。

A. 银行承兑汇票的出票人是商业主体

B. 商业承兑汇票的承兑人是银行

C. 银行本票不允许背书转让

D. 签发支票的印章与在银行预留签章不符的支票是空头支票

38. 根据《票据法》的规定，下列关于本票的表述中，正确的是（　）。

A. 到期日是本票的绝对应记载事项

B. 本票的基本当事人只有出票人和收款人

C. 本票无须承兑

D. 本票是由出票人本人对持票人付款的票据

39. 下列各项中，属于违反支付结算规定的行为有（　）。

A. 银行对到期的票据故意压票、拖延支付的

B. 出票人签发无资金保证的汇票、本票

C. 单位签发空头支票

D. 出租、出借银行结算账户

（三）判断题

1. 票据金额的中文大写记载与数码记载有差异时，以中文大写记载的金额为准。（　）

2. 支票持票人在提示付款时，银行发现出票人账户中的资金不足以支付票据款项，此时应该按照签发空头支票的行为来依法对其进行处罚。这体现的支付结算原则是银行不垫款原则。（　）

3. 单位、个人和银行办理支付结算，必须使用按中国人民银行统一规定印制的票据凭证和结算凭证。票据和结算凭证是办理支付结算的工具。未使用按中国人民银行统一规定印制的票据，票据无效；未使用中国人民银行统一规定格式的结算凭证，银行不予受理。（　）

4. 一般存款账户既可办理现金缴存，也可办理现金支取。（　）

5. 根据《银行结算账户管理办法》的规定，单位存款人申请变更预留公章或财务专用章，可由法定代表人或财务负责人直接办理，也可授权他人办理。（　）

6. 个体工商户凭营业执照以字号或经营者姓名开立的银行结算账户纳入单位银行结算账户管理。（　）

7. 个体工商户凭营业执照以字号或经营者姓名开立的银行结算账户纳入个人银行结算账户管理。（ ）

8. 基本存款账户是存款人的主办账户，一个单位只能开立一个基本存款账户。（ ）

9. 业务支出账户除从其基本存款账户拨入款项外，只付不收，不得支取现金。（ ）

10. 一般存款账户既可办理现金缴存，也可办理现金支取。（ ）

11. 个人银行结算账户是存款人凭个人身份证件和取得个体工商户的营业执照以自然人名称开立的银行结算账户。（ ）

12. 预算单位根据财政部门的开户通知，具体办理预留印鉴手续。印鉴卡内容如有变动，预算单位应及时通过一级预算单位向财政部门提出变更申请，办理印鉴卡更换手续。（ ）

13. 持卡人在其领卡城市以外取款，每笔交易手续费为固定的2元。（ ）

14. 贷记卡透支按月计收复利。准贷记卡透支按月计收单利。（ ）

15. 根据相关规定，付款人在承付期满日银行营业终了时，如无足够资金支付，其不足部分，即为逾期未付款项，按逾期付款处理。（ ）

16. 确定的金额、付款人名称、收款人名称均属于签发委托收款托收凭证必须记载的事项。（ ）

17. 国内信用证结算方式只适用于国内企业之间商品交易产生的货款结算，并且只能用于支取现金，不能转账结算。（ ）

18. 我国国内信用证开具后，在有效期内，非经信用证各有关当事人的同意，开证银行不得修改或者撤销。（ ）

19. 信用证结算方式适用于国内企业之间商品和劳务交易产生的货款结算，而且只能用于转账结算，不得支取现金。（ ）

20. 个体工商户和个人不能通过托收承付结算方式进行结算。（ ）

21. 汇票持票人的付款请求权被拒绝之后，自被拒绝承兑或者被拒绝付款之日起6个月内不行使追索权的，该项权利消灭。（ ）

22. 变更票据上背书人签章的，属于票据的伪造，不属于票据的变造。（ ）

23. 因税收、继承、赠与依法无偿取得票据的，不受给付对价的限制，但是所享有的票据权利不得优于其前手的权利。（ ）

24. 付款人后者代理付款人自收到挂失止付通知书之日起12日内没有收到人民法院的止付通知书的，自第13日起，持票人提示付款并依法向持票人付款的，不再承担责任。（ ）

25. 持票人对票据债务人中的一人或者数人已经进行追索的，对其他票据债务人仍可以行使追索权。（ ）

26. 汇票的持票人未在法定期限内提示付款的，则承兑人的票据责任解除。（ ）

27. 持票人不能出示拒绝证明、退票理由书或者未按照规定期限提供其他合法证明的，丧失对所有前手的追索权。（ ）

28. 付款人及其代理付款人付款时，应当审查汇票背书的连续，并审查提示付款人的合法身份证明或者有效证件。（ ）

29. 商业承兑汇票的付款人是合同中应给付款项的一方当事人，也是该汇票的承兑人。（ ）

30. 变更票据上的金额的，属于票据的伪造，不属于票据的变造。（ ）

31. 银行承兑汇票的出票人于汇票到期日未能足额交存票款时，承兑银行除凭票向持票人无条件付款外，对出票人尚未支付的汇票金额按照每天万分之三计收利息。（ ）

32. 商业汇票未按照规定期限提示承兑的，持票人丧失对其前手的追索权。（ ）

33. 银行汇票可用于转账，填明“现金”字样的银行汇票也可以支取现金。（ ）

34. 支票上的收款人名称不得更改，更改的支票无效。（ ）

35. 未填明实际结算金额和多余金额或实际结算金额超过出票金额的，银行不予受理。（ ）

（四）不定项选择题

【资料一】2013年11月6日，A厂与B公司签订一份买卖合同。该合同约定：B公司应于2013年12月20日前向A厂交付100吨家电钢板，合同货款总值28万元。为支付货款，A厂于11月8日向B公司签发了一张金额为28万元的见票后定期付款的银行承兑汇票。B公司收到该汇票后于11月12日向C银行提示承兑，C银行对该汇票审查后，即于当日在汇票正面记载“承兑”字样，签署了承兑日期并签章，并同时记载付款日期为同年12月15日。B公司为支付其基建工程所欠D公司的工程价款，于11月15日将该汇票背书给了D公司。2013年12月18日，B公司按照合同约定将100吨家电钢板交付给了A厂，并验收入库。但由于A厂生产的电冰箱严重滞销，产品积压过多，销售发生困难，决定停止生产经营，以便择机转产。

12月20日A厂借口B公司交付的家电钢板质量不符合合同约定的要求，提出退货，B公司则认为所交货物的质量完全符合合同约定的质量标准，不同意退货。于是，A厂于12月23日通知C银行停止向B公司支付其已开出的金额为28万元银行承兑汇票的票款。2013年12月25日D公司向C银行提示付款时，遭C银行的拒绝。

要求：根据上述资料，分析回答下列小题。

1. A厂签发的汇票提示承兑的最晚期限是（ ）。

A. 2013年12月8日

B. 2013年12月25日

C. 2013年11月18日

D. 2014年1月18日

2. A厂签发的汇票提示付款的最晚期限是（ ）。

A. 2013年12月15日

B. 2013年12月25日

C. 2013年11月18日

D. 2014年11月22日

3. 关于C银行拒绝付款的情况，下列说法正确的有（ ）。

A. C银行不可以向D公司拒绝付款

B. 因为票据属于无因证券，因此C银行必须向D公司付款

C. C银行是票据的主债务人，在票据到期时应当依法承担绝对付款的义务

D. 承兑人C银行可以基础关系的抗辩事由对抗持票人D公司的票据权利

4. 如果C银行拒绝付款的，D公司可以行使追索权的对象包括（ ）。

A. A厂

B. B公司

C. 只能向B公司行使

D. C银行

5. D公司行使追索权时可以请求清偿的金额包括（ ）。

A. 取得有关拒绝证明费用

B. 被拒绝付款的汇票金额

C. 汇票金额自到期日或提示付款日起至清偿日止，按照中国人民银行规定的利率计算的利息

D. 发出通知书的费用

【资料二】2013年3月1日，A公司为支付货款，向B公司签发一张金额为50万元、见票后1个月付款的银行承兑汇票。B公司取得汇票后，将汇票背书转让给C公司。C公司在汇票的背面记载“不得转让”字样后，将汇票背书转让给D公司。其后，D公司将汇票背书转让给E公司，但D公司在汇票粘单上记载“只有E公司交货后，该汇票才发生背书转让效力”。随后E公司又将汇票背书转让给F公司。

2013年3月25日，F公司持汇票向承兑人甲银行提示承兑，甲银行以A公司未足额交存票款为由拒绝承兑，且于当日签发拒绝证明。

2013年3月27日，F公司向A、B、C、D、E公司同时发出追索通知。

要求：根据上述资料，分析回答下列小题。

1. 关于D公司背书所附条件的说法中，正确的有（ ）。

A. D公司背书附有条件的，应视为拒绝背书

B. D公司的背书行为无效

C. D公司的背书有效，但所附条件不具有票据上的效力

D. 该票据因此无效

2. 下列关于行使追索权的说法中正确的有（ ）。

A. 由于汇票是被拒绝承兑，而没有被拒绝付款，因此F公司不能行使追索权

B. 依照规定，承兑人或者付款人被依法宣告破产的或者因违法被责令终止业务活动的，持票人可以行使追索权

C. F公司可以行使追索权

D. 承兑人或者付款人死亡、逃匿的，持票人可以行使追索权

3. 持票人依法行使追索权时可以请求被追索人支付的金额和费用包括（ ）。

A. 被拒绝付款的票据金额

B. 取得有关拒绝证明费用

C. 发出通知书的费用

D. 票据金额自到期日或者提示付款日起至清偿日止，按照中国人民银行规定的利率计算的利息

4. F公司可以行使追索权的对象有（ ）。

A. E公司

B. B公司

C. C公司

D. D公司

【资料三】某市甲公司于2013年9月1日设立，当年9月份发生以下业务。

（1）9月10日甲公司的财务人员持有关证件到A银行营业部办理基本存款账户的开立手续，A银行工作人员审查了其开户的证明文件，并留存了相关证件的复印件，为其办理了基本存款账户的开户手续（隔日取得开户许可证）。同日，该财务人员持以上证件和B银行的贷款合同到B银行开立了一个一般存款账户。

（2）9月11日，甲企业的财务人员到A银行办理支票的转账手续，A银行的工作人员当日办理。

（3）9月20日甲公司从乙公司购买一批货物，签发一张转账支票给乙公司用于支付货款，但甲公司在支票上未记载收款人名称，约定由乙公司自行填写，乙公司取得支票后，在支票收款人处填写上乙公司名称，并于9月26日将该支票背书转让给丙公司。

（4）9月30日，甲企业开出转账支票准备通过在B银行的一般存款账户发放职工工资40万元、支取现金2万元。

要求：根据上述资料，分析回答下列小题。

1. 下列有关B银行开立一般存款账户的说法，正确的有（　）。

A. B银行于9月10日为甲企业开立一般存款账户的做法，不符合法律规定

B. 未取得基本存款账户开户登记证，不能开立一般存款账户

C. 办理了基本存款账户的开户手续，即可开立一般存款账户

D. B银行于9月10日为甲企业开立一般存款账户的做法，符合法律规定

2. 下列有关A银行办理转账手续的说法，正确的是（　）。

A. A银行为甲企业办理转账手续符合规定

B. A银行为甲企业办理转账手续不符合规定

C. 存款人开立单位银行结算账户，自正式开立之日起3个工作日后，方可使用该账户办理付款业务

D. 存款人开立单位银行结算账户，自正式开立之日起5个工作日后，方可使用该账户办理付款业务

3. 下列关于甲企业签发的支票，说法正确的有（　）。

A. 甲公司签发的未记载收款人名称的支票为无效票据

B. 甲公司签发的未记载收款人名称的支票有效

C. 补记收款人名称前，该支票不得背书转让

D. 支票的收款人名称，可以由出票人授权补记

4. 关于甲公司通过一般存款账户发放职工工资的行为，下列说法正确的有（　）。

A. 甲公司通过一般存款账户发放职工工资做法不符合规定

B. 甲公司通过一般存款账户发放职工工资做法符合规定

C. 存款人的工资、奖金，只能通过基本存款账户办理

D. 一般存款账户可以办理现金支取

5. 下列关于支票的说法，正确的有（　）。

A. 转账支票只能用于转账，不能用于支取现金

B. 转账支票既能用于转账，也能用于支取现金

C. 甲公司签发的转账支票不可以向B银行支取现金

D. 甲公司签发的转账支票可以向B银行支取现金

第四章 增值税、消费税、营业税法律制度

本章包括增值税法律制度、消费税法律制度和营业税法律制度3个方面的内容。其中，增值税法律制度和消费税法律制度是2013年才新增的内容。本章内容涉及的考点很多，需要记忆和理解的内容也很多，考生不仅要记住各种知识点，还应灵活运用这些知识，计算有关的税率问题，复习难度相对较大。

总体来讲，本章所占的题量在12道题左右，涉及了所有的题型，预计考试分值在20分以上。

▼本章考纲知识体系一览表

增值税、消费税、营业税法律制度	一、增值税法律制度	（1）增值税纳税人（★★） （2）增值税征税范围（★★★） （3）增值税税率和征收率（★★） （4）增值税应纳税额的计算（★★★） （5）增值税税收优惠（★★） （6）增值税征收管理（★★） （7）增值税专用发票使用规定（★） （8）营业税改征增值税试点主要规定（★）
	二、消费税法律制度	（1）消费税纳税人（★★） （2）消费税征税范围（★★★） （3）消费税税目（★★） （4）消费税税率（★★） （5）消费税应纳税额的计算（★★★） （6）消费税征收管理（★★）
	三、营业税法律制度	（1）营业税纳税人（★★） （2）营业税征税范围（★★★） （3）营业税税目（★★） （4）营业税税率（★★） （5）营业税应纳税额的计算（★★★） （6）营业税税收优惠（★★） （7）营业税征收管理（★★）

第一节 增值税法律制度

考情分析：本节内容是2013年考纲全新增加的内容，是本章的重点内容之一。无论是单选题、多选题、判断题，还是不定项选择题，本节内容都有可能在考试中出现，且题量有可能较多。

学习建议：全面学习本节内容中的前6小节知识，重点掌握增值税的纳税人、征税范围、税率、征收率，以及应纳税额的计算，并对增值税的税收优惠和征税时间、征税地点有一定程度的了解。

增值税是对从事销售货物，提供加工、修理修配劳务及进口货物的单位和个人取得的增值额为计税依据征收的一种流转税，具有价外计税、从价计税和多环节不重复征税等特点。

在有的国家和地区，增值税被称为货物劳务税（澳大利亚）、消费税（日本）或加值型营业税（台

湾地区）。

随着社会主义市场经济体制目标在我国的确立，增值税与消费税、营业税、关税等税种相配合构成我国流转税新体系，并成为流转税体系中的骨干税种，是我国现阶段税收收入规模最大的税种。

为了进一步完善增值税制，消除重复征税，促进经济结构优化，国家陆续发布了一系列与增值税相关的法律法规，包括《中华人民共和国增值税暂行条例》（以下简称《增值税暂行条例》）、《中华人民共和国增值税暂行条例实施细则》（以下简称《增值税暂行条例实施细则》）等，并对这些法律法规进行了不断的修订，使增值税管理日趋成熟。

一、增值税纳税人

（一）纳税人

1. 增值税纳税人的认定

根据《增值税暂行条例》及其实施细则的规定，在中华人民共和国境内销售货物或者提供加工、修理修配劳务以及进口货物的单位和个人，为增值税的纳税人。

2. 增值税纳税人的解释

按照增值税纳税人的认定标准，对"在中华人民共和国境内销售货物或者提供加工、修理修配劳务以及进口货物的单位和个人"这句话的解释有以下几点。

（1）指销售货物的起运地或者所在地在境内。

（2）指提供的应税劳务发生地在境内。

（3）单位指企业、行政单位、事业单位、军事单位、社会团体及其他单位。

（4）个人指个体工商户和其他个人。

专家课堂

单位租赁或者承包给其他单位或者个人经营的，以承租人或者承包人为纳税人。

（二）纳税人分类

根据纳税人的经营规模和会计核算健全程度的不同，增值税的纳税人可以分为小规模纳税人和一般纳税人。

1. 小规模纳税人

根据《增值税暂行条例》及其实施细则的规定，小规模纳税人的认定标准如下。

（1）从事货物生产或者提供应税劳务的纳税人，以及以从事货物生产或者提供应税劳务为主，并兼营货物批发或者零售的纳税人，年应征增值税销售额（以下简称应税销售额）在50万元以下（含50万元，下同）的。

专家课堂

以从事货物生产或者提供应税劳务为主，指增值税纳税人的年货物生产或者提供应税劳务的销售额占年应税销售额的比重在50%以上。

（2）对上述规定以外的纳税人，年应税销售额在80万元以下的。

2. 一般纳税人

一般纳税人是指年应税销售额超过《增值税暂行条例实施细则》规定的小规模纳税人标准的企业和企业性单位（以下简称企业）。

按照一般纳税人的认定标准，可以排除下列纳税人不属于一般纳税人。

（1）年应税销售额未超过小规模纳税人标准的企业。

（2）个人（除个体经营者以外的其他个人）。

（3）非企业性单位。

（4）不经常发生增值税应税行为的企业。

专家课堂

年应税销售额超过小规模纳税人标准的其他个人按小规模纳税人纳税；非企业性单位、不经常发生应税行为的企业可选择按小规模纳税人纳税。

3. 小规模纳税人申请认定为一般纳税人

如果小规模纳税人的会计核算健全，能够提供准确税务资料的，可以向主管税务机关申请认定为一般纳税人。其中，会计核算健全是指能够按照国家统一的会计制度规定设置账簿，根据合法、有效凭证核算。

知识链接

小规模纳税人实行简易征税办法，一般不使用增值税专用发票，但是基于增值税征收管理中一般纳税人与小规模纳税人之间客观存在的经济往来的实情，小规模纳税人可以到税务机关代开增值税专用发票。

【例题·判断题】年应税销售额在50万元以下的纳税人为小规模纳税人。（ ）

【答案】×

【解析】本题考查小规模纳税人的认定。题目说法不全面，应该是从事货物生产或者提供应税劳务的纳税人，以及以从事货物生产或者提供应税劳务为主，并兼营货物批发或者零售的纳税人，年应征增值税销售额在50万元以下的为小规模纳税人。

考场点拨

对判断题而言，考生一定要养成仔细阅读题干的良好习惯，切记不要看到前半句正确或后半句正确，就草率下结论来判断题目的正确性导致盲目判断题目的正确性而丢分。

4. 小规模纳税人与一般纳税人的对比

为更好地认定纳税人是小规模纳税人还是一般纳税人，现将二者的认定标准进行对比，并归纳为表4–1。

表4–1 增值税纳税人认定标准

项目	小规模纳税人	一般纳税人
从事货物生产或提供应税劳务的纳税人，以及以从事货物生产或提供应税劳务为主，并兼营货物批发或者零售的纳税人	年应税销售额在50万元以下	年应税销售额在50万元以上
其他（批发或零售货物的）纳税人	年应税销售额在80万元以下	年应税销售额在80万元以上
年应税销售额超过小规模纳税人标准的个人、非企业性单位、不经常发生应税行为的企业	视同小规模纳税人纳税	会计制度健全，年应税销售额不足50万元

专家课堂

纳税人一经认定为一般纳税人后，不得转为小规模纳税人（国家税务总局另有规定的除外）。增值税一般纳税人须向税务机关办理认定手续，以取得法定资格。被认定为一般纳税人的企业，可使用增值税专用发票，实行税款抵扣制度。

（三）扣缴义务人

扣缴义务人主要是针对我国境外的单位和个人。中华人民共和国境外的单位或者个人在境内提供应税劳务，在境内未设有经营机构的，以其境内代理人为扣缴义务人；在境内没有代理人的，以购买方为扣缴义务人。

二、增值税征税范围

根据《增值税暂行条例》及其实施细则的规定，增值税的征税范围包括在中国境内销售货物、提供加工、修理修配劳务和进口货物。

（一）销售货物

销售货物是指有偿转让货物的所有权，其中对“货物”和“有偿”的理解如下。

（1）货物。即有形资产，包括看不见的气体、热能等对象，但不包括不动产。

（2）有偿。指从购买方取得货币、货物或其他经济利益。

（二）提供加工、修理修配劳务

提供加工、修理修配劳务（应税劳务），是指有偿提供加工、修理修配劳务。员工为本单位或雇主提供的加工、修理修配劳务不包括在内。其中对“加工”和“修理修配”的理解如下。

（1）加工。指用委托方提供的原料及主要材料，受托方按委托方的要求，制造货物并取得加工费的业务。简单地说，加工就是受托加工货物。

（2）修理修配。指受托对损伤和丧失功能的货物进行修复，使其恢复原状和功能的业务。

（三）进口货物

进口货物是指申报进入中国海关境内的货物。需要注意的是，我国增值税法规定，只要是报关进口的应税货物，均属于增值税的征税范围，除享受免税政策外，在进口环节都要缴纳增值税。

（四）视同销售货物行为

单位或个体工商户有下列行为之一的，视同销售货物行为，需缴纳增值税。

（1）将货物交付其他单位或个人代销。

（2）销售代销货物。

（3）设有两个以上机构并实行统一核算的纳税人，将货物从一个机构移送至其他机构用于销售，但相关机构设在同一县（市）的除外。

（4）将自产或者委托加工的货物用于非增值税应税项目。

（5）将自产、委托加工的货物用于集体福利或者个人消费。

（6）将自产、委托加工或者购进的货物作为投资，提供给其他单位或者个体工商户。

（7）将自产、委托加工或者购进的货物分配给股东或者投资者。

（8）将自产、委托加工或者购进的货物无偿赠送其他单位或者个人。

【例题·多选题】以下行为中，需要缴纳增值税的是（　）。

A. 进口货物　　B. 销售代销货物

C. 受托加工货物　　D. 销售货物

【答案】ABCD

【解析】本题考查增值税的征税范围。容易被忽略的是B选项——销售代销货物，此行为属于增值税征税范围的视同销售货物行为，同样需要征收增值税。

（五）混合销售行为

1. 混合销售行为的概念

根据《增值税暂行条例实施细则》的规定，一项销售行为如果既涉及货物又涉及非增值税应税劳务，即为混合销售行为。

知识链接

非增值税应税劳务，是指属于应缴营业税的建筑业、金融保险业、电信业、文化体育业、娱乐业、服务业税目征收范围的劳务。

2. 混合销售行为的特征

混合销售行为具有以下3方面的特征。

（1）在同一次交易中发生。

（2）涉及的是同一个纳税人（销售方）和同一个消费者。

（3）交易的内容既涉及货物又涉及非增值税应税劳务。

3. 混合销售行为的核算

按相关规定，从事货物的生产、批发或者零售的企业、企业性单位和个体工商户，以及以从事货物生产、批发或者零售为主，并兼营非增值税应税劳务的单位和个体工商户的混合销售行为，视为销售货物，应当缴纳增值税；其他单位和个人的混合销售行为，视为销售非增值税应税劳务，不缴纳增值税，国家税务总局另有规定的除外。

另外，纳税人有下列混合销售行为之一的，应分别核算货物的销售额和非增值税应税劳务的营业额，并根据其销售货物的销售额计算缴纳增值税，非增值税应税劳务的营业额不缴纳增值税；未分别核算的，由主管税务机关核定其货物的销售额。

（1）销售自产货物并同时提供建筑业劳务的行为。

（2）财政部、国家税务总局规定的其他情形。

【案例4-1】2013年6月18日，某电器城向刘某销售50英寸液晶电视机一台，价格为4 800元，同时为刘某提供上门送货及安装服务，并从中收取运费和安装费共计50元，分析该电器城的这次销售行为是否属于混合销售行为。

【案例解析】分析某个销售行为是否属于混合销售行为，只需看该销售行为是否符合混合销售行为的3个基本特征即可。首先，电器城收取电视机销售费用和运费及安装费是在一次销售行为中发生的，这符合“在同一次交易中发生”这个特征；其次，在这次销售行为中，无论是电视机的销售费用，还是后面的运费及安装费，消费者都是刘某，而销售方都是某电器城，符合“涉及的是同一个纳税人（销售方）和同一个消费者”的特征；最后，此次销售行为中，电视机销售属于销售货物，运费和安装费属于非增值税应税劳务，这又符合“交易的内容既涉及货物又涉及非增值税应税劳务”，因此可以判断此次销售行为属于混合销售行为。

（六）兼营行为

兼营行为是指纳税人的经营中既包括销售货物和应税劳务，又包括提供建筑业、娱乐业、服务业等非增值税应税劳务的行为。如某商场既从事商品销售，又从事KTV歌城服务，则该商场的经营行为就属于兼营行为。

根据《增值税暂行条例实施细则》的规定，纳税人兼营非增值税应税项目的，应分别核算货物或者应税劳务的销售额和非增值税应税项目的营业额；未分别核算的，由主管税务机关核定货物或者应税劳务的销售额。

为了更好地区分兼营行为和混合销售行为，下面将二者的相同点和不同点归纳到表4-2中，以供参考学习。

表4-2 兼营行为与混合销售行为的相同点和不同点

项目	相同点	不同点
兼营行为	都涉及货物销售和非增值税应税劳务两类业务	兼有销售货物和非增值税应税劳务两类业务，且这种经营活动并不一定同时发生在同一项（次）业务中，收取的两种款项在财务上可以分别核算
混合销售行为		在同一项（次）销售业务中同时涉及货物销售和非增值税应税劳务，货物销售款和劳务价款同时从同一个客户处收取，这两种款项在财务上难以分别核算

（七）征税范围的特殊规定

对于不同的货物、业务，增值税的征税范围有相应的特殊规定，具体如下。

（1）货物期货（包括商品期货和贵金属期货），应征收增值税，在期货的实物交割环节纳税。具体纳税形式又分为以下两种情况。

①交割时采取由期货交易所开具发票的，以期货交易所为纳税人。

②交割时采取由供货的会员单位直接将发票开给购货会员单位的，以供货会员单位为纳税人。

专家课堂

期货交易所增值税按次计算，其进项税额为该货物交割时供货会员单位开具的增值税专用发票上注明的销项税额，期货交易所本身发生的各种进项税额不得抵扣。

（2）银行销售金银业务，应征收增值税。

（3）典当业死当物品销售业务和寄售业代委托人销售寄售物品业务，都应征收增值税。

（4）电信单位不提供有关的电信劳务服务，单独销售无线寻呼机、移动电话的，征收增值税。

（5）缝纫业务应征收增值税。

（6）经中国人民银行和商务部批准经营融资租赁业务的单位以外，其他单位从事融资租赁业务，所租赁货物的所有权转让给承租方的，征收增值税。

（7）基本建设单位和从事建筑安装业务的企业附设的工厂、车间生产的水泥预制构件、其他构件或建筑材料，用于本单位或本企业建筑工程的，在移送使用时，征收增值税。

（8）电力公司向发电企业收取的过网费，应征收增值税。

（9）纳税人在资产重组过程中，通过合并、分立、出售、置换等方式，将全部或者部分实物资产以及与其相关联的债权、负债和劳动力一并转让给其他单位和个人，涉及货物转让的，不征收增值税。

（10）旅店业和饮食业纳税人销售非现场消费的食品，缴纳增值税，不缴纳营业税。

（11）纳税人提供的矿产资源开采、挖掘、切割、破碎、分拣、洗选等劳务，属于增值税应税劳务，应缴纳增值税。

【2013真题·单选题】根据增值税法律制度的规定，下列业务中，属于增值税征税范围的是（　）。

A. 邮政公司发行报纸

B. 汽修公司修理汽车

C. 建筑公司修缮房屋

D. 物业公司提供物业管理服务

【答案】B

【解析】本题考查增值税征税范围，其中结合了营业税的相关内容，综合难度相对较大。B选项的汽修公司修理汽车，属于提供修理劳务，属于增值税的征税范围。而A、C、D选项均属于营业税的征税范围。

考场点拨

考试中出现上述题型的可能性是非常大的，考生如果一时忘记区分增值税和营业税的征税范围，可强调记忆增值税征税范围的几个关键词语，即“销售”、“修理”、“加工”和“进口”，这样有助于正确解题。

三、增值税税率和征收率

我国增值税采用税率和征收率两种方式向纳税人征税。其中一般纳税人采用基本税率、低税率和零税率3个档次的比例税率；小规模纳税人采取征收率。

【例题·判断题】增值税税率采用基本税率、低税率、零税率和征收率等方式征税。（　）

【答案】√

【解析】本题考查的是增值税税率。题目说法正确，我国增值税采用税率和征收率两种方式征税。其中一般纳税人采用基本税率、低税率和零税率3个档次的比例税率；小规模纳税人采取征收率。

（一）税率

1. 基本税率

我国增值税的基本税率为17%，具体适用范围如图4-1所示。

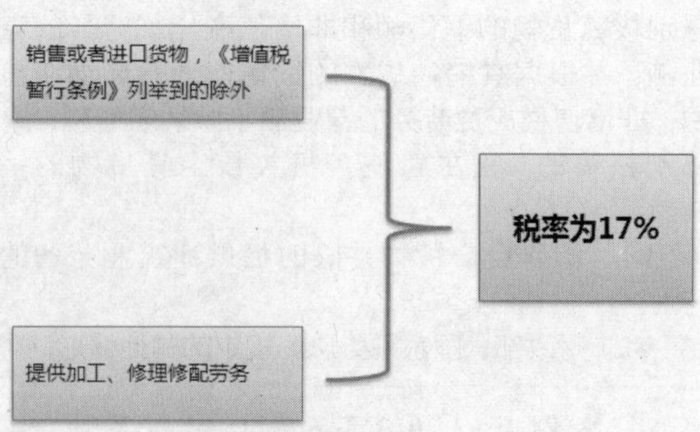

图4-1 基本税率的适用范围及税率

2. 低税率

我国增值税的低税率为13%，一般纳税人销售或者进口如图4-2所示的货物时，应按低税率计征增值税。

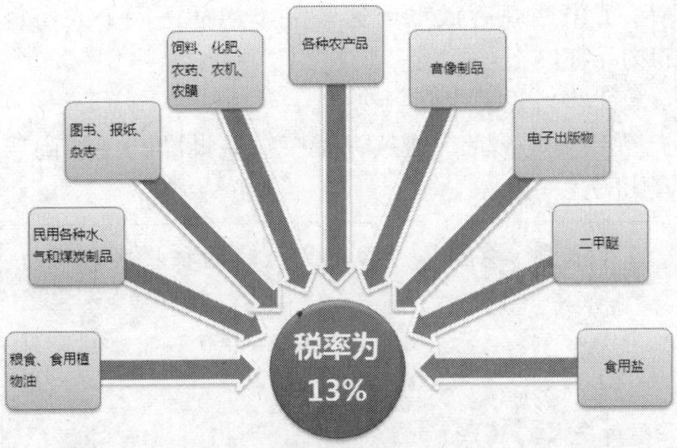

图 4-2 适用低税率进口的货物

为进一步了解适用低税率的进口货物，下面将粮食、民用各种水、气和煤炭制品、各种农产品、音像制品和电子出版物包含的相关内容和解释归纳到表 4-3 中，以便复习参考。

表 4-3 低税率进口货物一览表

进口货物	包含的内容或解释
粮食	包括稻谷、大米、大豆、小麦、杂粮、鲜山芋、山芋干、山芋粉以及经过加工的面粉（掺杂了各种材料的花式面粉除外）
民用水、气和煤炭制品	包括自来水、热水、暖气、冷气、煤气、石油液化气、天然气、沼气和民用煤炭制品
农产品	指种植业、养殖业、林业、牧业、水产业生产的各种植物、动物的初级产品
音像制品	指正式出版的录有内容的录音带、录像带、唱片、激光唱盘和激光视盘
电子出版物	指以数字代码方式，使用计算机应用程序，将图文声像等内容信息编辑加工后存储在具有确定的物理形态的磁、光、电等介质上，通过内嵌在计算机、手机、电子阅读设备、电子显示设备、数字音 / 视频播放设备、电子游戏机、导航仪以及其他具有类似功能的设备上读取使用，具有交互功能，用以表达思想、普及知识和积累文化的大众传播媒体。载体主要包括只读光盘、一次写入式光盘、可擦写光盘、软磁盘、硬磁盘、集成电路卡和各种存储芯片

知识链接

农产品中的玉米胚芽属于初级农产品；玉米浆、玉米皮、玉米纤维（也称喷浆玉米皮）和玉米蛋白粉不属于初级农产品。另外，淀粉不属于农产品的范围。

3. 零税率

纳税人出口货物的适用零税率，国务院另有规定的除外。

专家课堂

零税率不同于免税。免税指在出口环节不征收增值税；零税率指对出口货物除了在出口环节不征收增值税外，还要对该产品在出口前已经缴纳的增值税退税，使该产品在出口时完全不含有增值税税款，以无税产品的形式进入国际市场。

【例题·单选题】一般纳税人销售或进口（　　），不采用 13% 的税率征收增值税。

A. 淀粉　　B. 小麦

C. 山芋粉　　D. 经过加工的面粉

【答案】A

【解析】本题考查适用低税率（13%）的销售或进口货物，A 选项为正确答案，淀粉不属于农产品范围，也不属于粮食，不适用 13% 的税率征税。

（二）征收率

小规模纳税人采用征收率为 3% 的简易办法征收增值税。一般纳税人在特殊情况下也可按 3%、4% 和 6% 的征收率缴纳增值税。具体的适用范围分别如下。

（1）一般纳税人销售自己使用过的属于《增值税暂行条例》第十条规定，不得抵扣且未抵扣进项税额的固定资产，按简易办法依照 4% 的征收率减半征收增值税。

（2）一般纳税人销售自己使用过的其他固定资产，需按表 4-4 归纳的不同情形来征收增值税。

表 4-4 一般纳税人享受自己使用过的其他固定资产的增值税征收规定

时间	范围	内容	增值税征收方法
2009 年 1 月 1 日以后		销售自己使用过的 2009 年 1 月 1 日以后购进或自制的固定资产	按照适用税率征收增值税
2008 年 12 月 31 日以前	未纳入扩大增值税抵扣范围试点的纳税人	销售自己使用过的 2008 年 12 月 31 日以前购进或者自制的固定资产	按照 4% 征收率减半征收增值税
2008 年 12 月 31 日以前	已纳入扩大增值税抵扣范围试点的纳税人	销售自己使用过的、在本地区扩大增值税抵扣范围试点以前购进或者自制的固定资产	按照 4% 征收率减半征收增值税
2008 年 12 月 31 日以前	已纳入扩大增值税抵扣范围试点的纳税人	销售自己使用过的、在本地区扩大增值税抵扣范围试点以后购进或者自制的固定资产	按照适用税率征收增值税

（3）一般纳税人销售自己使用过的除固定资产以外的物品，按照适用税率征收增值税。

（4）小规模纳税人（除其他个人外，下同）销售自己使用过的固定资产，按 2% 征收率征收增值税。

专家课堂

小规模纳税人销售自己使用过的除固定资产以外的物品，按 3% 的征收率征收增值税。

（5）纳税人销售旧货，按简易办法依照 4% 征收率减半征收增值税。

知识链接

旧货主要是指进入二次流通的具有部分使用价值的货物，但不包括自己使用过的物品。

（6）一般纳税人销售某些自产的货物，可选择按照简易办法依照 6% 征收率征收增值税，一旦选择此纳税方法后，36 个月之内不得再次变更。这些自产的货物主要包括表 4-5 所列举的对象。

表 4-5 可选择纳税方法的自产货物

自产货物	解释
县级及县级以下小型水力发电单位生产的电力	小型水力发电单位是指各类投资主体建设的装机容量为 5 万千瓦以下（含 5 万千瓦）的小型水力发电单位
建筑用和生产建筑材料所用的砂、土、石料	
以自己采掘的砂、土、石料或其他矿物连续生产的砖、瓦、石灰（不含黏土实心砖、瓦）	
用微生物、微生物代谢产物、动物毒素、人或动物的血液或组织制成的生物制品	
自来水	对属于一般纳税人的自来水公司销售自来水，按简易办法依照 6% 征收率征收增值税，不得抵扣其购进自来水取得增值税扣税凭证上注明的增值税税款
商品混凝土	仅限于以水泥为原料生产的水泥混凝土

专家课堂

增值税扣税凭证包括增值税专用发票、海关进口增值税专用缴款书、农产品收购发票和农产品销售发票以及税收缴款凭证。

（7）一般纳税人销售货物属于以下情形之一的，暂按简易办法依照 4% 征收率征收增值税。

①寄售商店代销寄售物品（包括居民个人寄售的物品在内）。

②典当业销售死当物品。

③经国务院或国务院授权机关批准的免税商店零售的免税品。

【例题·多选题】我国增值税的征收率采用的税率是（　）。

A. 3%　　B. 4%

C. 5%　　D. 6%

【答案】ABD

【解析】本题考查增值税征收率采用的税率。按规定，小规模纳税人采用征收率为 3% 的简易办法征收增值税，一般纳税人在特殊情况下也可按 3%、4% 和 6% 的征收率缴纳增值税，因此 A、B、D 选项为正确答案。

【例题·单选题】一般纳税人销售自己使用过的，不得抵扣且未抵扣进项税额的固定资产，依照（　）的征收率减半征收增值税。

A. 3%　　B. 4%

C. 5%　　D. 6%

【答案】B

【解析】本题考查一般纳税人适用的征收率。一般纳税人销售自己使用过的属于《增值税暂行条例》第十条规定，不得抵扣且未抵扣进项税额的固定资产，按简易办法依照 4% 的征收率减半征收增值税。

考场点拨

本题若是判断题，一定要注意题干结尾处是否为“减半征收增值税”，没有“减半征收”这个描述，题目就应该是错误的。

四、增值税应纳税额的计算

（一）一般纳税人应纳税额的计算

1. 应纳税额的计算公式

一般纳税人销售货物或者提供应税劳务，采取扣税法计算应纳增值税额。其计算公式为：

应纳税额 = 当期销项税额 − 当期进项税额

其中，进项税额是指纳税人购进货物或者接受应税劳务时支付或者负担的增值税额；销项税额是指纳税人销售货物或者提供应税劳务时，按照销售额和适用税率计算并向购买方收取的增值税税款，其计算公式为：

销项税额 = 销售额 × 适用税率

专家课堂

当期销项税额小于当期进项税额导致不足抵扣时，其不足的部分可以结转到下期继续抵扣。

2. 销售额的确定

（1）销售额的概念和内容

销售额是指纳税人销售货物或者提供应税劳务向购买方收取的全部价款和价外费用，但是不包括收取的销项税额。

专家课堂

价外费用包括价外向购买方收取的手续费、补贴、基金、集资费、返还利润、奖励费、违约金、滞纳金、延期付款利息、赔偿金、代收款项、代垫款项、包装费、包装物租金、储备费、优质费、运输装卸费以及其他各种性质的价外收费。

注意下列项目不包括在销售额内。

①受托加工应征消费税的消费品所代收代缴的消费税。

②同时符合以下两个条件的代垫运输费用：承运部门的运输费用发票开具给购买方的；纳税人将该项发票转交给购买方的。

③同时符合以下 3 个条件代为收取的政府性基金或者行政事业性收费：由国务院或者财政部批准设立的政府性基金，由国务院或者省级人民政府及其财政、价格主管部门批准设立的行政事业性收费；收取时开具省级以上财政部门印制的财政票据；所收款项全额上缴财政。

④销售货物的同时代办保险等而向购买方收取的保险费，以及向购买方收取的代购买方缴纳的车辆购置税、车辆牌照费。

【例题·多选题】下列选项中，属于增值税销售额的是（　）。

A. 违约金　　B. 滞纳金

C. 手续费　　D. 商品销售货款

【答案】ABCD

【解析】本题考查增值税销售额的确定。销售额是指纳税人销售货物或者提供应税劳务向购买方收取的全部价款和价外费用，其中 A、B、C 选项属于价外费用，D 选项属于销售货物收取的价款。因此 A、B、C、D 选项均符合要求。

（2）含税销售额的换算

增值税实行价外税，计算销项税额时，销售额中不应含有增值税款。如果包含了增值税款即销项税额，则应将含税销售额换算成不含税销售额。其换算的公式为：

不含税销售额 = 含税销售额 ÷（1+ 增值税税率）

（3）视同销售货物行为销售额的确定

《增值税暂行条例实施细则》规定了 8 种视同销售货物行为，这些行为一般不以资金的形式反映出来，从而导致出现无销售额的情况。此时，主管税务机关有权按照下列顺序核定该行为的销售额。

①首先按纳税人最近时期同类货物的平均销售价格确定。

专家课堂

纳税人销售货物或者提供应税劳务的价格明显偏低并无正当理由的，由主管税务机关按照第③种方法核定其销售额。

②然后按其他纳税人最近时期同类货物的平均销售价格确定。

③上述两种条件无法确定销售额时，则按组成计税价格确定。其计算公式为：

组成计税价格 = 成本 ×（1 + 成本利润率）

如果征收增值税的货物按规定需要同时征收消费税的，那么该货物的组成计税价格中也应该包含消费税税额，此时“组成计税价格”的计算公式为：

组成计税价格 = 成本 ×（1+ 成本利润率）+ 消费税税额

或：

组成计税价格 = 成本 ×（1+ 成本利润率）÷（1 − 消费税税率）

关于上述组成计税价格的公式，需注意：销售自产货物的为实际生产成本；销售外购货物的为实际采购成本；公式中的成本利润率为 10%。

专家课堂

属于应从价定率征收消费税的货物，其成本利润率为《消费税若干具体问题的规定》中规定的成本利润率。

【例题·判断题】当无法确定销售额时，主管税务机关有权按“组成计税价格 = 成本 ×（1 + 成本利润率）”的公式确定销售额。（　）

【答案】×

【解析】本题考查无法确定销售额时采取的措施。题目表述不完整，当无法确定销售额时，主管税务机关首先应按纳税人最近时期同类货物的平均销售价格确定，然后按其他纳税人最近时期同类货物的平均销售价格确定，以上两种方法都无法确定销售额时，才按照题目中的公式来确定。

（4）混合销售行为销售额的确定

依照《增值税暂行条例》的规定，混合销售行为应当缴纳增值税的，其销售额为货物的销售额与非增值税应税劳务营业额之和，即：

销售额（混合销售行为）= 货物销售额（销售行为）+ 货物销售营业额（非增值税应税劳务行为）

（5）兼营行为销售额的确定

纳税人兼营不同税率的货物或应税劳务，应当分别核算不同税率货物或者应税劳务的销售额。未分别核算销售额的，从高适用税率。

（6）特殊销售方式下销售额的确定

①折扣方式销售。折扣销售是指销货方在销售货物或应税劳务时，因购货方购货数量较大等原因而给予购货方的价格优惠。当纳税人采取折扣方式销售货物时，应按以下两种不同情形来确定销售额。

第一种，销售额和折扣额在同一张发票上分别已有注明，可按折扣后的销售额征收增值税。

第二种，如果将折扣额另开发票，则不论其在财务上如何处理，均不得从销售额中减除折扣额。

②以旧换新方式销售。以旧换新销售是指纳税人在销售货物时，折价收回同类旧货物，并以折价款部分冲减新货物价款的一种销售方式。采取以旧换新方式销售货物的，按新货物的同期销售价格确定销售额，不得扣减旧货物的收购价格。

专家课堂

金银首饰行业的以旧换新业务，可按销售方实际收取的不含增值税的全部价款征收增值税。

③还本销售方式销售。还本销售是指纳税人在销售货物后，到一定期限将贷款一次或分次退还给购货方全部或部分价款的一种销售方式。采取还本销售方式销售货物时，销售额就是货物的销售价格，不得从销售额中减除还本支出。

知识链接

还本销售实际上是一种筹资行为，以货物换取资金的使用价值，到期还本不付息的方法。

④以物易物方式销售。以物易物是指购销双方不是以货币结算，而是以同等价款的货物相互结算，实现货物购销的一种方式。采取以物易物方式销售货物时，以物易物双方都应作购销处理，以各自发出的货物核算销售额并计算销项税额，以各自收到的货物按规定核算购货额并计算进项税额。在这种销售行为中，应分别开具合法的票据，若收到的货物不能取得相应的增值税专用发票或其他合法票据的，则不能抵扣进项税额。

⑤直销方式销售。直销方式是指直销企业现将货物销售给直销员，直销员再将货物销售给消费者。以直销方式销售货物时，直销企业的销售额为其向直销员收取的全部价款和价外费用。直销员将货物给消费者时，应按照现行规定缴纳增值税。

【例题·单选题】下列选项中，不属于增值税纳税人认定的特殊销售方式的是（　）。

A. 折扣销售　　B. 以旧换新销售

C. 亏本销售　　D. 以物易物销售

【答案】C

【解析】本题考查增值税纳税人认定的特殊销售方式的种类。属于特殊销售方式的有以下5种：（1）折扣方式销售；（2）以旧换新方式销售；（3）还本销售方式销售；（4）以物易物方式销售；（5）直销方式销售。因此C选项为正确答案。

（7）包装物押金

包装物是指纳税人包装本单位货物的各种物品。一般情况下，销货方向购货方收取包装物押金，购货方在规定时间内返还包装物，销货方再将收取的包装物押金返还。根据《税法》规定，包装物押金是否征税，应分为以下两种情况。

①纳税人为销售货物而出租、出借包装物收取的押金，单独记账核算的，且时间在1年以内，又未过期的，不并入销售额征税。

②因逾期未收回包装物不再退还的押金，应按所包装货物的适用税率计算增值税款。

专家课堂

“逾期”是指按合同约定实际逾期或以1年为期限，对收取1年以上的押金，无论是否退还均并入销售额征税。

另外，关于包装物押金的增值税计算方法，还应注意以下3方面的规定。

①包装物押金是含税收入，在并入销售额征税时，需先将押金换算为不含税收入，再计算应纳增值税款。

②包装物押金和包装物租金是两种不同的概念，其中包装物租金属于价外费用，在销售货物时应同货款一并计算增值税款。

③自1995年6月1日起，国家规定对销售除啤酒、黄酒外的其他酒类产品而收取的包装物押金，

无论该押金是否返还或会计上如何核算，都要并入当期销售额征收增值税。

（8）销售退回或折让

一般纳税人销售货物，因发生退回或者折让而退还给购买方的情形时，其增值税额应从发生销售货物退回或者折让当期的销项税额中扣减。

专家课堂

要想将增值税额从销项税额中扣除，一般纳税人销售货物或者应税劳务，应按国家税务总局的规定开具红字增值税专用发票。未按规定开具红字增值税专用发票的，增值税额不得从销项税额中扣除。

（9）外币销售额的折算

纳税人按人民币以外的货币结算销售额的，其销售额的人民币折合率可以选择销售额发生的当天或者当月1日的人民币外汇中间价。纳税人应在事先确定采用哪种折合率，且一旦确定后，1年之内不得再次变更。

3．进项税额的确定

（1）准予从销项税额中抵扣的进项税额

按《增值税暂行条例》规定，准予从销项税额中抵扣的进项税额，仅限于下列增值税扣税凭证上注明的增值税税额和按规定的扣除率计算的进项税额。

①购买货物。从销售方取得的增值税专用发票上注明的增值税额。

②进口货物。从海关取得的海关进口增值税专用缴款书上注明的增值税额。

专家课堂

纳税人进口货物时，不论其是否已经支付货款，只要已经缴纳了进口环节增值税的，其取得的海关进口增值税专用缴款书均可作为增值税进项税额抵扣凭证。

③购买农产品。除取得增值税专用发票或者海关进口增值税专用缴款书外，按照农产品收购发票或者销售发票上注明的农产品买价和扣除率（13%）计算的进项税额。其计算公式为：

进项税额 = 买价 × 扣除率

专家课堂

买价包括纳税人购进农产品在农产品收购发票或者销售发票上注明的价款和按规定缴纳的烟叶税。

④试点纳税人提供的应税服务。接受试点纳税人提供的应税服务，取得的增值税专用发票上注明的增值税额为进项税额。

⑤境外单位或个人提供的应税服务。接受境外单位或个人提供的应税服务，按照规定应扣缴增值税的，准予从销项税额中抵扣的进项税额为从税务机关或代理人取得的解缴税款的税收缴款凭证上注明的增值税额。

⑥购进货物或接受加工修理修配劳务。购进货物或接受加工修理修配劳务，用于（应税服务范围注释）所列项目的，不属于《增值税暂行条例》第十条所称的用于非增值税应税项目。

⑦自用应征消费税的商品。纳税人自用的应征消费税的摩托车、汽车和游艇。

专家课堂

运费应严格与货物挂钩，即货物的进项税额可以抵扣的，其运费也可抵扣；货物的进项税额不能抵扣的，其运费就不能抵扣；货物的进项税额只能抵扣80%，其运费也只能抵扣80%。

⑧混合销售行为。混合销售行为依照《增值税暂行条例》的规定，应当缴纳增值税的，该混合销售行为所涉及的非增值税应税劳务所用购进货物的进项税额，符合前面4种规定的，准予从销项税额中抵扣。

（2）不得从销项税额中抵扣的进项税额

按照《增值税暂行条例》及其实施细则的规定，下列项目的进项税额不得从销项税额中抵扣。

①用于非增值税应税项目、免征增值税项目、集体福利或者个人消费的购进货物或者应税劳务，其进项税额不得抵扣。

关于此规定的相关解释如下。

购进货物，指不包括既用于增值税应税项目（不含免征增值税项目）也用于非增值税应税项目、免征增值税项目、集体福利或者个人消费的固定资产。

固定资产，指使用期限超过12个月的机器、机械、运输工具以及其他与生产经营有关的设备、工具、器具等。

非增值税应税项目，指提供非增值税应税劳务、转让无形资产、销售不动产和不动产在建工程。

知识链接

不动产是指不能移动或者移动后会引起性质、形状改变的财产，包括建筑物、构筑物和其他土地附着物。其中建筑物是指供人们在其内生产、生活和其他活动的房屋或者场所；构筑物是指人们不在其内生产、生活的人工建造物；其他土地附着物是指矿产资源及土地上生长的植物。

免征增值税项目，指销售商品时免征增值税，没有销项税额。

个人消费，指纳税人的交际应酬消费。

②非正常损失的购进货物及相关的应税劳务，其进项税额不得抵扣。其中非正常损失是指因管理不善造成被盗、丢失、霉烂变质的损失。

③非正常损失的在产品、产成品所耗用的购进货物或者应税劳务，其进项税额不得抵扣。

④国务院财政、税务主管部门规定的纳税人自用消费品，其进项税额不得抵扣。

⑤上述第①～④项规定的货物的运输费用和销售免税货物的运输费用，其进项税额不得抵扣。

⑥纳税人购进货物或者应税劳务，取得的增值税扣税凭证不符合法律、行政法规或者国务院税务主管部门有关规定的，其进项税额不得从销项税额中抵扣。

⑦一般纳税人按照简易办法征收增值税的、不得抵扣进项税额。

⑧一般纳税人兼营免税项目或者非增值税应税劳务而无法划分不得抵扣的进项税额的，应按下列公式计算不得抵扣的进项税额。

不得抵扣的进项税额＝当月无法划分的全部进项税额×（当月免税项目销售额＋非增值税应税劳务营业额）÷（当月全部销售额＋营业额）

⑨有下列情形之一的，应按销售额依照增值税税率计算应纳税额，不得抵扣进项税额，也不得使用增值税专用发票。

第一，一般纳税人会计核算不健全，或者不能够提供准确税务资料的。

第二，除《增值税暂行条例实施细则》第二十九条规定的以外，纳税人销售额超过小规模纳税人标准，未申请办理一般纳税人认定手续的。

⑩纳税人接受试点纳税人提供的应税服务时，有下列项目之一的进项税额不得从销项税额中抵扣。

第一，用于简易计税办法计税项目、非增值税应税项目、免征增值税项目、集体福利或个人消费，其中涉及的专利技术、非专利技术、商誉、商标、著作权、有形动产租赁，仅指专用于上述项目的专利技术、非专利技术、商誉、商标、著作权、有形动产租赁。

第二，接受的旅客运输服务。

第三，与非正常损失的购进货物相关的交通运输服务。

第四，与非正常损失的在产品、产成品所耗用购进货物相关的交通运输业服务。

专家课堂

上述非增值税应税项目，特指《增值税暂行条例》第十条所称的非增值税应税项目，但不包括《应税服务范围注释》所列项目。

【2013真题·多选题】根据增值税法律制度的规定，一般纳税人购进货物发生的下列情形中，不得从销项税额中抵扣进项税额的有（　）。

A. 将购进的货物分配给股东

B. 将购进的货物用于修缮厂房

C. 将购进的货物无偿赠送给客户

D. 将购进的货物用于集体福利

【答案】BD

【解析】本题考查一般纳税人缴纳增值税时，不得从销项税额中抵扣的进项税额。关于B、D选项，一般纳税人将购进的货物用于非增值税应税项目、集体福利，不得从销项税额中抵扣进项税额；而A、C选项，将购进的货物分配给股东和赠送给其他单位和个人，应视同销售征收销项税额，其对应的进项税额准予抵扣。

【2013真题·判断题】纳税人外购货物因管理不善丢失的，该外购货物的增值税进项税额不得从销项税额中抵扣。（　）

【答案】√

【解析】本题考查非正常损失的购进货物的进项税额是否可以抵扣。非正常损失的购进货物及相关的应税劳务，其进项税额不得抵扣。其中非正常损失是指因管理不善造成被盗、丢失、霉烂变质的损失。

（3）扣减进项税额的规定

①已抵扣的进项税额改变用途。一般纳税人当期购进的货物或应税劳务用于生产经营，其进项税额在当期销项税额中予以抵扣。但已抵扣进项税额的购进货物或应税劳务如果事后改变用途，应将该项购进货物或者应税劳务的进项税额从当期的进项税额中扣减，具体改变用途主要是指用于集体福利或者个人消费；购进货物发生非正常损失；在产品或产成品发生非正常损失。

专家课堂

无法确定该项进项税额的，按当期外购项目的实际成本计算应扣减的进项税额。

②进货退出或折让。根据《增值税暂行条例实施细则》第十一条的规定，一般纳税人因购进货物退出或者折让而收回的增值税额，应从发生购进货物退出或者折让当期的进项税额中扣减。

【例题·多选题】下列选项中，属于改变用途的进项税额的是（　）。

A. 用于集体福利

B. 购进货物发生非正常损失

C. 在产品发生非正常损失

D. 产成品发生非正常损失

【答案】ABCD

【解析】本题考查的是已抵扣的进项税额改变用途的知识点。当已抵扣的进项税额改变用途后，应将该项购进货物或者应税劳务的进项税额从当期的进项税额中扣减，具体改变用途主要是指用于集体福利或者个人消费、购进货物发生非正常损失以及在产品或产成品发生非正常损失。因此本题答案为A、B、C、D选项。

（4）进项税额抵扣期限的规定

关于进项税额的抵扣期限，主要有以下几方面的规定。

①增值税专用发票的抵扣期限。增值税一般纳税人取得2010年1月1日以后开具的增值税专用发票、公路内河货物运输业统一发票、机动车销售统一发票，应在开具之日起180日内到税务机关办理认证，并在认证通过的次月申报期内，向主管税务机关申报抵扣进项税额。

专家课堂

一般纳税人未在规定期限内持相应发票到税务机关办理认证、申报抵扣或者申请稽核比对的，不得作为合法的增值税抵扣凭证，不得计算进项税额抵扣。

②海关进口增值税专用缴款书的抵扣期限。实行海关进口增值税专用缴款书（以下简称海关缴款书）"先比对后抵扣"管理办法的增值税一般纳税人，取得2010年1月1日以后开具的海关缴款书，应在开具之日起180日内向主管税务机关报送《海关完税凭证抵扣清单》（包括纸质资料和电子数据）申请稽核比对。

未实行"先比对后抵扣"管理办法的增值税一般纳税人，取得2010年1月1日以后开具的海关缴款书，应在开具之日起180日后的第一个纳税申报期结束以前，向主管税务机关申报抵扣进项税额。

（5）增值税期末留抵税额

原增值税一般纳税人兼有应税服务的，截止到本地区试点实施之日前的增值税期末留抵税额，不得从应税服务的销项税额中抵扣。

【案例4-2】某纺织厂为增值税一般纳税人，主要生产棉纱、棉型涤纶纱、棉坯布、棉型涤纶坯布和印染布。2013年8月份外购项目如下（外购货物均已验收入库，本月取得的相关发票均在本月认证并抵扣）：

（1）外购染料价款30 000元，专用发票注明增值税税额5 100元。

（2）外购低值易耗品价款15 000元，增值税专用发票注明税额2 550元。

（3）从供销社棉麻公司购进棉花一批，增值税专用发票注明税额27 200元。

（4）从农业生产者手中购进棉花一批，价款40 000元，无进项税额。

（5）从小规模纳税人企业购进修理用配件6 000元，发票未注明税额。

（6）购进煤炭100吨，价款9 000元，增值税专用发票注明税额1 170元。

（7）生产用外购电力若干千瓦时，增值税专用发票注明税额5 270元。

（8）生产用外购水若干吨，增值税专用发票注明税额715元。

（9）购气流纺纱机一台，价款50 000元，增值税专用发票注明税额8 500元。

该厂本月份销售货物情况如下（除注明外，销售收入均为不含税）：

（1）销售棉坯布120 000米，销售收入240 000元。

（2）销售棉型涤纶布100 000米，销售收入310 000元。

（3）销售印染布90 000米，其销售给一般纳税人80 000米，销售收入280 000元，销售给小规模纳税人10 000米，价税混合收取计40 000元。

（4）销售各类棉纱给一般纳税人，价款220 000元，销售各类棉纱给小规模纳税人，价税混合收取计60 000元。

根据上述资料，计算该厂本月份应纳增值税。

【案例解析】计算该厂应缴纳的增值税，可首先计算进项税额，再计算销项税额，然后利用销项税额减去进项税额来计算应纳税额。

1. 进项税额的计算。

（1）购进货物专用发票上注明的增值税税额：外购染料5 100元，外购低值易耗品2 550元，外购棉花27 200元，外购煤炭1 170元，外购电力5 270元，外购水715元，计42 005元。

（2）购进农业产品按13%的税率计算进项税额。该厂本月从农业生产者手购进棉花，按价款40 000元计算应抵扣的进项税额为：

进项税额 =40 000×13%=5 200（元）。

（3）该厂本月从小规模纳税人企业购进的配件因没有取得增值税专用发票，其进项税额不得抵扣。

（4）该厂本月购进的气流纺纱机，虽然取得了增值税专用发票，但属于购入的固定资产，所以进项税额也不得抵扣。

（5）该厂本月进项税额合计为：

进项税额合计 =42 005+5 200=47 205（元）。

2. 销项税额的计算。

计算销项税额时，除价税混收的之外，其他销售项目用销售收入额乘以增值税税率即可取得。

（1）销售给一般纳税人的货物收入：棉坯布 240 000 元，棉型涤纶布 310 000 元，印染布 280 000 元，各类棉纱 220 000 元。

销售额 =240 000+310 000+280 000+220 000=1 050 000（元）。

销项税额为：

销项税额 =1 050 000×17%=178 500（元）。

（2）销售给小规模纳税人的货物，是价税混合收取的。需要先分出销售额。确定销售额的公式为：销售额 = 含税销售收入 ÷（1+ 增值税税率），然后再计算应纳税额。

本月销售给小规模纳税人的货物收入：印染布 40 000 元，各类棉纱 60 000 元，计 100 000 元。

销售额 =100 000÷（1+17%）=85 470.09（元）。

销项税额为：

销项税额 =85 470.09×17%=14 529.91（元）。

（3）该厂本月销项税额合计为：

销项税额合计 =178 500+14 529.91=193 029.91（元）。

3. 应纳税额的计算。

应纳税额 = 当期销项税额 − 当期进项税额

该厂本月应纳税额为：

应纳税额 =193 029.91−47 205=145 824.91（元）。

（二）小规模纳税人应纳税额的计算

1. 应纳税额的计算公式

小规模纳税人销售货物或者应税劳务，实行按销售额和征收率计算应纳税额的简易办法，不得抵扣进项税额，其应纳税额计算公式为：

应纳税额 = 销售额 × 征收率

2. 含税销售额的换算

对小规模纳税人销售货物或者提供应税劳务采取销售额和增值税款合并定价的，必须将取得的含税销售额换算为不含税销售额，其换算公式为：

不含税销售额 = 含税销售额 ÷（1+ 征收率）

【案例 4-3】某零售店为增值税小规模纳税人，2013 年 8 月发生以下业务：

（1）销售商品，取得含税收入 3.48 万元。

（2）购进含增值税的商品，支付货款 1.88 万元。

（3）向某红十字会无偿捐赠含税价格为 1.25 万元的商品。

已知征收率为 3%，计算该零售店当月应缴纳的增值税税额。

【案例解析】解答本案例时，应分别针对发生的各个业务，并根据增值税法律制度对小规模纳税人的相关规定来分析和计算结果。

（1）小规模纳税人在计算应纳税额时，应将含增值税销售额换算为不含增值税销售额，因此其商品销售应纳增值税税额 =3.48÷（1+3%）×3%=0.10（万元）。

（2）小规模纳税人购进货物支付的增值税款不允许抵扣。

（3）小规模纳税人进行商品无偿捐赠行为，应视同销售货物计征增值税，因此其商品捐赠应纳增值税税额 =1.25÷（1+3%）×3%=0.03（万元）。

因此，该零售店当月的应纳增值税税额 =0.10+0.03=0.13（万元）。

（三）进口货物应纳税额的计算

1. 应纳税额的计算公式

无论是一般纳税人还是小规模纳税人，在进口货物时，均应按照组成计税价格和规定的税率或征收率计算应纳税额，且不允许抵扣发生在境外的任何税金，其计算公式为：

应纳税额 = 组成计税价格 × 税率

2. 组成计税价格的构成

组成计税价格的构成分为以下两种情况。

（1）如果进口货物不征收消费税，则组成计税价格的计算公式如下。

组成计税价格 = 关税完税价格 + 关税

（2）如果进口货物征收消费税，则组成计税价格的计算公式如下。

组成计税价格 = 关税完税价格 + 关税 + 消费税

知识链接

完税价格是指一般贸易下进口货物以海关审定的成交价格为基础的到岸价格；成交价格是一般贸易下进口货物的买方为购买该项货物向卖方实际支付或应当支付的价格；到岸价格是指包括货价，加上货物运抵我国关境内输入地点起卸前的包装费、运费、保险费和其他劳务费等费用构成的一种价格。

【案例 4-4】某公司为增值税一般纳税人，2013 年 8 月从国外进口了一批商品，海关核定的关税完税价格为 150 万元。计算该公司在进口环节应缴纳的增值税税额。

已知：关税税率为 10%，增值税税率为 17%。

【案例解析】根据进口货物的应纳税额计算公式，该公司的应纳税额 = 组成计税价格 × 税率，由于该公司进口的商品不涉及消费税，因此应纳税额 =（关税完税价格 + 关税）×17%。

（1）关税完善价格即案例中给出的“150”万元。

（2）关税 =150×10%=15（万元）。

因此该公司应纳税额 =（150+15）×17%=28.05（万元）。

【2013 真题・单选题】甲公司为增值税一般纳税人，2013 年 5 月从国外进口一批音响，海关核定的关税完税价格为 117 万元，缴纳关税 11.7 万元。已知增值税税率为 17%，甲公司该笔业务应缴纳增值税税额的下列计算中，正确的是（　）。

A. 117×17%=19.89（万元）

B.（117+11.7）×17%=21.879（万元）

C. 117/（1+17%）×17%=17（万元）

D.（117+11.7）/（1+17%）×17%=18.7（万元）

【答案】B

【解析】本题考查进口货物应纳税额的计算方法。甲公司应缴纳增值税税额 =（关税完税价格 + 关税）× 增值税税率 =（117+11.7）×17%=21.879（万元）。

考场点拨

当题目涉及数据计算时，不要在读题后马上着手计算结果，应首先观察题目所给的选项中是否出现有计算公式，遇到这种情况后，就不用进行计算了，直接选择正确的计算公式和对应的结果即可。

五、增值税税收优惠

（一）免税项目

《增值税暂行条例》及其实施条例规定的免税项目有以下几种。

（1）农业生产者销售的自产农产品。

（2）避孕药品和用具。

（3）古旧图书。古旧图书，是指向社会收购的古书和旧书。

（4）直接用于科学研究、科学实验和教学的进口仪器、设备。

（5）外国政府、国际组织无偿援助的进口物资和设备。

（6）由残疾人的组织直接进口供残疾人专用的物品。

（7）销售的自己使用过的物品。自己使用过的物品，是指其他个人自己使用过的物品。

【例题・多选题】下列选项中，属于增值税免税项目的是（　）。

A. 古旧图书

B. 避孕药品

C. 农业生产者销售的自产农产品

D. 残疾人专用物品

【答案】ABC

【解析】本题考查增值税的免税项目。D 选项错误，正确的描述应该为“由残疾人的组织直接进口供残疾人专用的物品”。

（二）兼营免税、减税项目

纳税人兼营免税、减税项目的，应当分别核算免税、减税项目的销售额；未分别核算销售额的，不得免税、减税。

（三）放弃免税项目

纳税人销售货物或应税劳务适用免税规定的，可放弃免税，依照《增值税暂行条例》的规定缴纳增值税。放弃免税后，36 个月内不得再申请免税。

（四）起征点

增值税起征点的适用范围限于个人。当纳税人销售额未达到起征点的，免征增值税；达到起征点的，全额计算缴纳增值税。

增值税起征点的具体幅度规定如表 4-6 所示。

表 4-6 增值税的起征点

类别	起征点
销售货物	月销售额 5 000~20 000 元
销售应税劳务	月销售额 5 000~20 000 元
按次纳税	每次（日）销售额 300~500 元

六、增值税征收管理

（一）纳税义务发生时间

（1）纳税人销售货物或者应税劳务，其纳税义务发生时间为收讫销售款项或者取得索取销售款项凭据的当天；先开具发票的，为开具发票的当天。

不同结算方式的纳税义务发生时间如表 4-7 所示。

表 4-7 不同结算方式的纳税义务发生时间

销售结算方式	纳税义务发生时间
直接收款	（1）已将货物移送对方并暂估销售收入入账，但未取得销售款或取得索取销售款凭据，同时也未开具销售发票的，纳税义务发生时间为取得销售款或取得索取销售款凭据的当天 （2）先开具发票的，为开具发票的当天
托收承付和委托银行收款	发出货物并办妥托收手续的当天
赊销和分期收款	（1）有书面合同的，为书面合同约定的收款日期的当天 （2）无书面合同的或者书面合同没有约定收款日期的，为货物发出的当天
预收货款	（1）一般为货物发出的当天 （2）生产销售生产工期超过 12 个月的大型机械设备、飞机、船舶等货物，为收到预收款或者书面合同约定的收款日期的当天
委托其他纳税人代销	（1）收到代销单位的代销清单或者收到全部或部分货款的当天 （2）未收到代销清单及货款的，为发出代销货物满 180 天的当天
销售应税劳务	提供劳务同时收讫销售款或取得索取销售款的凭据的当天
发生视同销售货物的行为	货物移送的当天

（2）纳税人进口货物，其纳税义务发生时间为报关进口的当天。

（3）增值税扣缴义务发生时间为纳税人增值税纳税义务发生的当天。

（二）纳税地点

不同的增值税纳税人，应按规定在指定的地点纳税，具体如表 4-8 所示。

表 4-8 不同纳税人的纳税地点

纳税人类别	纳税地点
固定业户	（1）机构所在地的主管税务机关 （2）总机构和分支机构不在同一县（市）的，分别向各自所在地的主管税务机关申报纳税 （3）经国务院财政、税务主管部门或者其授权的财政、税务机关批准，可以由总机构汇总向总机构所在地的主管税务机关申报纳税
非固定业户销售货物或者应税劳务	（1）销售地或者劳务发生地的主管税务机关 （2）未向销售地或者劳务发生地的主管税务机关申报纳税的，由其机构所在地或者居住地的主管税务机关补征税款
进口货物	报关地海关
扣缴义务人	机构所在地或者居住地的主管税务机关

关于固定业户到外县（市）销售货物或者应税劳务，其纳税地点还有以下几方面的规定。

（1）向其机构所在地的主管税务机关申请开具外出经营活动税收管理证明，并向其机构所在地的主管税务机关申报纳税。

（2）未开具证明的，应向销售地或者劳务发生地的主管税务机关申报纳税。

（3）未向销售地或者劳务发生地的主管税务机关申报纳税的，由其机构所在地的主管税务机关补征税款。

（三）纳税期限

根据《增值税暂行条例》及其实施细则的规定，增值税的纳税期限具体如下。

（1）增值税纳税期限分别为 1 日、3 日、5 日、10 日、15 日、1 个月或者 1 个季度，其中 1 个季度的纳税期限仅适用于小规模纳税人。

（2）纳税人的具体纳税期限，由主管税务机关根据纳税人应纳税额的大小分别核定。

（3）不能按照固定期限纳税的，可以按次纳税。

（4）小规模纳税人的具体纳税期限，由主管税务机关根据其应纳税额的大小分别核定。

（5）纳税人以 1 个月或者 1 个季度为 1 个纳税期的，自期满之日起 15 日内申报纳税；以 1 日、3 日、5 日、10 日或者 15 日为 1 个纳税期的，自期满之日起 5 日内预缴税款，于次月 1 日起 15 日内申报纳税并结清上月应纳税款。

（6）扣缴义务人解缴税款的期限，依照上述规定执行。

（7）纳税人进口货物，应当自海关填发进口增值税专用缴款书之日起 15 日内缴纳税款。

【例题·单选题】下列选项中，不属于增值税纳税期限的是（　）。

A. 1 日　　B. 1 个月

C. 1 个季度　　D. 1 年

【答案】D

【解析】本题考查增值税的纳税期限。按规定，增值税纳税期限分别为 1 日、3 日、5 日、10 日、15 日、1 个月或者 1 个季度，而没有 1 年这个期限。因此本题选择 D 选项。

七、增值税专用发票使用规定

增值税专用发票是增值税一般纳税人销售货物或者提供应税劳务开具的发票，是购买方支付增值税额并可按照增值税有关规定据以抵扣增值税进项税额的凭证，如图 4-3 所示即为增值税专用发票的样式。

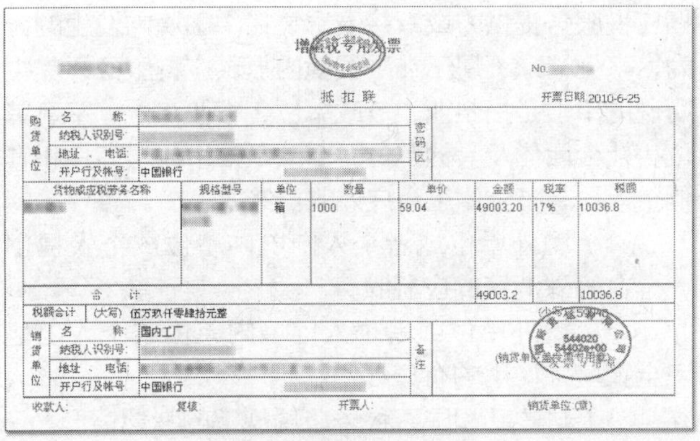

图 4-3 增值税专用发票

（一）专用发票的联次及用途

增值税专用发票主要由基本联次或者基本联次附加其他联次构成，其中基本联次为 3 联，具体作用如图 4-4 所示。

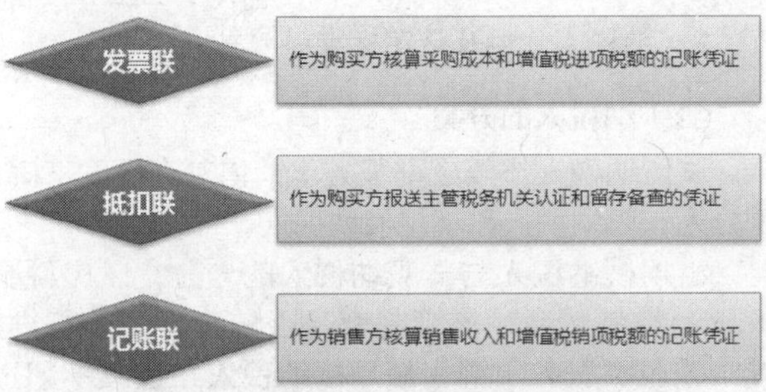

图 4-4 增值税专用发票各基本联次的作用

【例题·多选题】下列选项中，属于增值税专用发票联次的是（ ）。

A. 发票联　　B. 存根联

C. 抵扣联　　D. 记账联

【答案】ACD

【解析】本题考查增值税专用发票的联次。增值税专用发票主要由基本联次或者基本联次附加其他联次构成，其中基本联次包括发票联、抵扣联和记账联。B 选项错误。

（二）专用发票的领购

1. 领购流程

一般纳税人领购专用设备后，凭《最高开票限额申请表》和《发票领购簿》到主管税务机关办理初始发行。一般纳税人凭《发票领购簿》、IC 卡和经办人身份证明领购专用发票，其基本流程如图 4-5 所示。

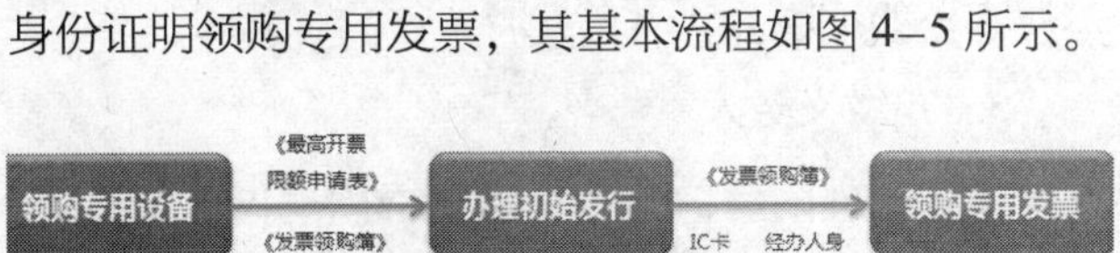

图 4-5 专用发票的流程流程

专家课堂

初始发行是指主管税务机关将一般纳税人的企业名称、税务登记代码、开票限额、购票限量、购票人员姓名、密码、开票机数量、国家税务总局规定的其他信息等载入空白金税卡和 IC 卡的行为。

2. 不得领购专用发票的情形

一般纳税人有下列情形之一的，不得领购开具专用发票。

（1）会计核算不健全，不能向税务机关准确提供增值税销项税额、进项税额、应纳税额数据及其他有关增值税税务资料的。

（2）有《税收征管法》规定的税收违法行为，拒不接受税务机关处理的。

（3）有下列行为之一，经税务机关责令限期改正而仍未改正的。

①虚开增值税专用发票。

②私自印制专用发票。

③向税务机关以外的单位和个人买取专用发票。

④借用他人专用发票。

⑤未按规定开具专用发票。

⑥未按规定保管专用发票和专用设备。

⑦未按规定申请办理防伪税控系统变更发行。

⑧未按规定接受税务机关检查。

专家课堂

一般纳税人有上列情形的，即便已领购专用发票，主管税务机关也应暂扣其结存的专用发票和 IC 卡。

（三）专用发票的使用管理

1. 专用发票开票限额

专用发票实行最高开票限额管理，即单份专用发票开具的销售额合计数不得达到指定的上限额度。

最高开票限额由一般纳税人申请，税务机关依法审批。不同最高开票限额及其审批机构如表 4-9 所示。

表 4-9 不同最高开票限额和审批机构

最高开票限额	审批机构
10 万元及以下	区（县）级税务机关审批
100 万元	地市级税务机关审批
1 000 万元及以上	省级税务机关审批

2. 专用发票开具范围

一般纳税人销售货物或者提供应税劳务，应向购买方开具专用发票，但属于下列情形之一的，不得开具增值税专用发票。

（1）商业企业一般纳税人零售烟、酒、食品、服装、鞋帽（不包括劳保专用部分）、化妆品等消费品的。

（2）销售货物或者应税劳务适用免税规定的（法律、法规及国家税务总局另有规定的除外）。

（3）向消费者个人销售货物或者提供应税劳务的。

（4）小规模纳税人销售货物或者提供应税劳务的（需要开具专用发票的，可向主管税务机关申请代开）。

3. 专用发票开具要求

开具增值税专用发票时，必须符合如图 4-6 所示的几点要求。

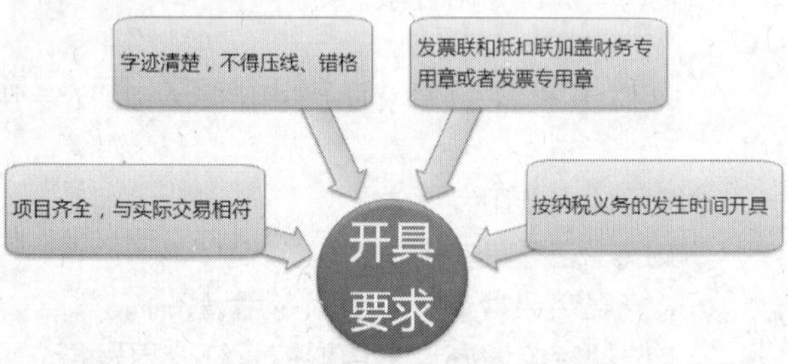

图 4-6 专用发票的开具要求

【例题·单选题】下列选项中，允许一般纳税人开具增值税专用发票的是（ ）。

A. 向个体户销售烟酒

B. 向个体经营者销售化妆品

C. 向消费者个人销售货物

D. 向一般纳税人销售货物

【答案】D

【解析】本题考查增值税专用发票的使用范围。A、B、C 选项均是不允许开具专用发票的情形。

八、营业税改征增值税试点主要规定

（一）纳税人

1. 纳税人

在中华人民共和国境内提供交通运输业、邮政业和部分现代服务业服务（以下称应税服务）的单位和个人，为增值税纳税人。增值税纳税人应缴纳增值税，但不再缴纳营业税。

应注意，在中华人民共和国境内提供应税服务，指应税服务提供方或者接受方是在中国境内发生的行为。下列情形不属于在中国境内提供应税服务，其中所说的单位是指企业、行政单位、事业单位、军事单位、社会团体及其他单位；个人是指个体工商户和其他个人（除了个体工商户外的自然人）。

（1）境外单位或者个人向境内单位或个人提供完全在境外消费的应税服务。

（2）境外单位或者个人向境内单位或个人出租完全在境外使用的有形动产。

（3）财政部和国家税务总局规定的其他情形。

知识链接

单位以承包、承租、挂靠方式经营的，承包人、承租人、挂靠人（以下称承包人）与发包人、出租人、被挂靠人（以下称发包人）名义对外经营并由发包人承担相关法律责任的，以该发包人为纳税人。否则，以承包人为纳税人。

2. 纳税人分类及认定标准

（1）纳税人的分类

试点纳税人按照应税服务年销售额大小的不同，划分为一般纳税人和小规模纳税人。

小规模纳税人与一般纳税人的划分，以应税服务年销售额及会计核算制度是否健全为主要标准。其中，应税服务年销售额是指纳税人在连续不超过 12 个月的经营期内累计应征增值税销售额，含减、免税销售额、提供境外服务销售额以及按规定已从销售额中差额扣除的部分。

专家课堂

若该应税服务年销售额为含税的，还应按照应税劳务的适用税率或征收率换算成不含税的销售额。

（2）纳税人的认定标准

纳税人的认定标准有以下几种规定。

①应税服务年销售额超过 500 万元的纳税人为一般纳税人；应税服务年销售额未超过 500 万元（含本数）的纳税人为小规模纳税人。

②试点地区应税服务年销售额未超过 500 万元的原公路、内河货物运输自开票纳税人，应申请认定为一般纳税人。

③应税服务年销售额超过规定标准的其他个人不属于一般纳税人。

3. 扣缴义务人

我国境外的单位或者个人在境内提供应税服务，且在境内未设有经营机构的，以其代理人为增值税扣缴义务人；在境内没有代理人的，以接收方为增值税扣缴义务人。

（二）征税范围

1. 提供应税服务

提供应税服务是指有偿提供应税服务。有偿是指取得货币、货物或者其他经济利益。具体符合征税范围的应税服务如表 4–10 所示。

表 4–10 应税服务征税范围

试点行业	应税服务
交通运输业	（1）陆路运输服务 （2）水路运输服务 （3）航空运输服务 （4）管道运输服务
邮政业	（1）邮政普通服务 （2）邮政特殊服务 （3）其他邮政服务
部分现代服务业	（1）研发和技术服务 （2）信息技术服务 （3）文化创意服务 （4）物流辅助服务 （5）有形动产租赁服务 （6）鉴证咨询服务 （7）广播影视服务

非营业活动中提供的交通运输业、邮政业和部分现代服务业服务不属于提供应税服务。其中非营业活动是指以下几种情形。

（1）非企业性单位按照法律和行政法规的规定，为履行国家行政管理和公共服务职能收取政府性基金或者行政事业性收费的活动。

（2）单位或者个体工商户聘用的员工为本单位或者雇主提供应税服务。

（3）单位或者个体工商户为员工提供应税服务。

（4）财政部和国家税务总局规定的其他情形。

2. 视同提供应税服务

单位和个体工商户有下列情形之一的，视同提供应税服务。

（1）向其他单位或者个人无偿提供交通运输业、邮政业和部分现代服务业服务。以公益活动为目的或者以社会公众为对象的除外。

（2）财政部和国家税务总局规定的其他情形。

【2013 真题 · 单选题】根据营业税改征增值税试点税收政策的规定，下列各项中，不属于营业税改征增值税应税服务的是（　）。

A. 广告设计　　B. 有形动产租赁

C. 不动产租赁　　D. 鉴证咨询服务

【答案】C

【解析】本题考查营业税改征增值税的征税范围。A、D 选项属于纳入“营改增”征税范围的“部分现代服务业”；B 选项符合“营改增”的有关规定，有形动产租赁（包括有形动产融资租赁和有形动产经营性租赁）属于营业税改征增值税的征税范围。

（三）税目

1. 交通运输业

交通运输业是指使用运输工具将货物或者旅客送达目的地，使其空间位置得到转移的业务活动，主要包括陆路运输服务、水路运输服务、航空运输服务和管道运输服务。其具体税目如表 4–11 所示。

表 4–11 交通运输业的税目

交通运输业	税目
陆路运输服务	通过陆路（地上或者地下）运送货物或者旅客的运输业务活动，包括铁路运输和其他陆路运输
水路运输服务	通过江、河、湖、川等天然、人工水道或者海洋航道运送货物或者旅客的运输业务活动。远洋运输的程租、期租业务也属于水路运输服务
航空运输服务	通过空中航线运送货物或者旅客的运输业务活动。航空运输的湿租业务也属于航空运输服务
管道运输服务	通过管道设施输送气体、液体、固体物质的运输业务活动

2. 邮政业

邮政业是指中国邮政集团公司及所属邮政企业提供邮件寄递、邮政汇兑、机要通信和邮政代理等邮政基本服务的业务活动。具体分为以下三大类别。

（1）邮政普通服务。包括函件、包裹等邮件寄递，以及邮票发行、报刊发行和邮政汇兑等业务活动。

（2）邮政特殊服务。包括义务兵平常信函、机要通信、盲人读物和革命烈士遗物的寄递等业务活动。

（3）其他邮政服务。包括邮册等邮品销售、邮政代理等业务活动。

3. 部分现代服务业

部分现代服务业是指围绕制造业、文化产业、现代物流产业等提供技术性、知识性服务的业务活动，主要包括研发和技术服务、信息技术服务、文化创意服务、物流辅助服务、有形动产租赁服务、鉴证咨询服务和广播影视服务。其具体税目如表 4–12 所示。

表 4-12 部分现代服务业的税目

部分现代服务业	税目
研发和技术服务	包括研发服务、技术转让服务、技术咨询服务、合同能源管理服务、工程勘察勘探服务
信息技术服务	包括软件服务、电路设计及测试服务、信息系统服务和业务流程管理服务
文化创意服务	包括设计服务、商标著作权转让服务、知识产权服务、广告服务和会议展览服务
物流辅助服务	包括航空服务、港口码头服务、货运客运场站服务、打捞救助服务、货物运输代理服务、代理报关服务、仓储服务、装卸搬运服务和收派服务
有形动产租赁	包括有形动产融资租赁和有形动产经营性租赁
鉴证咨询服务	包括认证服务、鉴证服务和咨询服务
广播影视服务	包括广播影视节目（作品）的制作服务、发行服务和播映（含放映）服务

（四）税率

1. 增值税税率

一般纳税人提供应税劳务采取比例税率，具体规定如表 4–13 所示。

表 4-13 增值税的不同比例税率

服务	税率
提供有形动产租赁服务	17%
提供交通运输业服务、邮政业服务	11%
提供现代服务业服务（有形动产租赁服务除外）	6%
国际运输服务、向境外单位提供的研发服务和设计服务以及财政部和国家税务总局规定的其他应税服务	0

2. 增值税征收率

小规模纳税人提供应税劳务采取征收率征税，其征收率为 3%。

【例题 · 多选题】下列各项中，属于营改增的适用税率的是（　）。

A. 17%　　B. 11%

C. 6%　　D. 3%

【答案】ABCD

【解析】本题考查营业税改征增值税的适用税率。营业税改征增值税的使用税率包括比例税率和征收率，其中比例税率有 17%、11%、6% 和 0 几种，征收率采用 3%。因此 A、B、C、D 选项均符合题意。

（五）应纳税额的计算

1. 一般纳税人应纳税额的计算

（1）计算公式

一般纳税人应纳税额的计算公式如下。

应纳税额 = 当期销项税额 − 当期进项税额

当期销项税额小于当期进项税额不足抵扣时，不足部分可以结转下期继续抵扣。

其中，销项税额指纳税人提供应税服务按照销售额和增值税税率计算的增值税额，其计算公式如下。

销项税额 = 销售额 × 税率

销售额不包括销项税额，纳税人采用销售额和销项税额合并定价方法的，按下列公式计算销售额。

销售额 = 含税销售额 ÷（1+ 税率）

（2）销售额的确定

销售额指纳税人提供应税服务取得的全部价款和价外费用。价外费用即价外收取的各种性质的价外收费，但不包括代为收取的政府性基金或者行政事业性收费。

按规定，销售额的确定应遵循以下几方面规定。

①销售额的币种。销售额以人民币计算。纳税人以人民币之外的货币结算销售额的，应折合为人民币计算，折合率可选择销售额发生的当天或者当月 1 日的人民币汇率中间价。一旦确定采用哪种折合率后，12 个月内不得变更。

②不同税率的销售额。纳税人提供适用不同税率或者征收率的应税服务，应分别核算适用不同税率或者征收率的销售额。未分别核算的，从高适用税率。

③兼营项目的销售额。纳税人兼营营业税应税项目的，应分别核算应税服务的销售额和营业税应税项目的营业额。未分别核算的，由主管税务机关核定应税服务的销售额。

④兼营免、减税项目的销售额。纳税人兼营免税、减税项目的，应分别核算免税、减税项目的销售额。未分别核算的，不得免税、减税。

⑤红字增值税专用发票的使用。纳税人提供应税服务，开具增值税专用发票后，提供应税服务中止、折让、开票有误等情形时，应按照国家税务总局的规定开具红字增值税专用发票。未按照规定开具红字增值税专用发票的，不得扣减销项税额或销售额。

⑥折扣销售的销售额确定。纳税人提供应税服务，将价款和折扣额在同一张发票上分别注明的，以折扣后的价款为销售额。未在同一张发票

上分别注明的，以价款为销售额，不得扣减折扣额。

⑦不合理的销售额确定。纳税人提供应税服务的价格明显偏低或者偏高且不具有合理商业目的的，或者发生视同提供应税服务而无销售额的，主管税务机关有权按照下列顺序确定销售额。

首先，按纳税人最近时期提供同类应税服务的平均价格确定。

其次，按照其他纳税人最近时期提供同类应税服务的平均价格确定。

最后，上述条件均无法确定销售额时，则按组成计税价格确定。其中组成计税价格的公式如下。

组成计税价格 = 成本 ×（1+ 成本利润率）

专家课堂

计算组成计税价格公式中的成本利润率，由国家税务总局确定。

（3）进项税额的确定

进项税额指纳税人购进货物或者接受加工修理修配劳务和应税服务，支付或者负担的增值税税额。

①准予从销项税额中抵扣的进项税额。下列项目的进项税额准予从销项税额中抵扣。

购买货物，从销售方或者提供方取得的增值税专用发票（含货物运输业增值税专用发票、税控机动车销售统一发票，下同）上注明的增值税额。

进口货物。从海关取得的海关进口增值税专用缴款书上注明的增值税额。

购买农产品。除取得增值税专用发票或者海关进口增值税专用缴款书外，按照农产品收购发票或者销售发票上注明的农产品买价和扣除率（13%）计算的进项税额。其计算公式如下。

进项税额 = 买价 × 扣除率

专家课堂

买价包括纳税人购进农产品在农产品收购发票或者销售发票上注明的价款和按规定缴纳的烟叶税。

接受应税服务。接受境外单位或个人提供的应税服务，从税务机关或境内代理人取得的解缴税款的中华人民共和国税收缴款凭证（以下称税收缴款凭证）上注明的增值税额。

②不得从销项税额中抵扣的进项税额。下列项目的进项税额不得从销项税额中抵扣。

第一，用于适用简易计税方法计税项目、非增值税应税项目、免征增值税项目、集体福利或者个人消费的购进货物、接受加工修理修配劳务或者应税服务，其进项税额不得抵扣。

专家课堂

其中涉及的固定资产、专利技术、非专利技术、商誉、商标、著作权、有形动产租赁，仅指专用于上述项目的固定资产、专利技术、非专利技术、商誉、商标、著作权、有形动产租赁。

第二，非正常损失的购进货物及相关的加工修理修配劳务和交通运输业服务，其进项税额不得抵扣。

第三，非正常损失的在产品、产成品所耗用的购进货物（不包括固定资产）、加工修理修配劳务或者交通运输业服务，其进项税额不得抵扣。

第四，接受的旅客运输服务。

③非增值税应税项目的确定。非增值税应税项目指非增值税应税劳务、转让无形资产（专利技术、非专利技术、商誉、商标、著作权除外）、销售不动产以及不动产在建工程。

为更好地理解关于非增值税应税劳务、不动产、不动产在建工程、个人消费、固定资产、非正常损失等描述的含义，下面将相关内容归纳到表 4-14 中，以供参考。

表 4-14 相关描述的解释

描述	解释
不动产	不能移动或者移动后会引起性质、形状改变的财产，包括建筑物、构筑物和其他土地附着物
不动产在建工程	新建、改建、扩建、修缮、装饰不动产
个人消费	纳税人的交际应酬消费
固定资产	使用期限超过 12 个月的机器、机械、运输工具以及其他与生产经营有关的设备、工具、器具等
非正常损失	因管理不善造成被盗、丢失、霉烂变质的损失，以及被执法部门依法没收或者强令自行销毁的货物

④一般纳税人兼营简易计税方法计税项目、非增值税应税劳务、免征增值税项目而无法划分不得抵扣的进项税额时，应按下列公式计算不得抵扣的进项税额。

不得抵扣的进项税额 = 当期无法划分的全部进项税额 ×（当期简易计税方法计税项目销售额 + 非增值税应税劳务营业额 + 免征增值税项目销售额）÷（当期全部销售额 + 当期全部营业额）

⑤纳税人发生服务中止、购进货物退出、折让而收回的增值税额，应当从当期的进项税额中扣减。

⑥纳税人取得的增值税扣税凭证不符合法律、行政法规或者国家税务总局有关规定的，其进项税额不得从销项税额中抵扣。

（4）应纳税额计算举例

【案例 4-5】某运输公司是增值税一般纳税人，2013 年 8 月取得全部收入 200 万元，其中，国内客运收入 185 万元，支付非试点联运企业运费 50 万元并取得交通运输业专用发票，销售货物取得支票 12 万元，运送该批货物取得运输收入 3 万元。假设该企业本月无进项税额，期初无留抵税额。计算该公司本月增值税应纳税额是多少。

已知：该公司所在地属于国家营改增试点地区。

【案例解析】由于客运收入属于交通运输业，且属于营业税改征增值税的应税服务，适用增值税率为 11%，销售货物属于增值税应税货物，税率为 17%。因此，该公司的增值税应纳税额销售额应分为两部分分别计算。

1. 营改增，交通运输业应税服务适用税率 11%。

（1）国内客运收入 185 万元，销项税额为：185÷（1+11%）×11%=18.34（万元）。

（2）支付非试点联运企业运费 50 万元，进项税额为：50÷（1+11%）×11%=4.96（万元）。

（3）运送货物取得运输收入 3 万元，销项税额为：3÷（1+11%）×11%=0.30（万元）。

2. 销售货物，使用增值税税率 17%。

销售货物取得支票 12 万元，销项税额为：12÷（1+17%）×17%=1.75（万元）。

3. 应纳税额的计算。

该公司本月的应纳税额 = 销项税额 - 进项税额 =18.34+0.30+1.75−4.96=15.43（万元）。

2. 小规模纳税人应纳税额的计算

小规模纳税人采取简易计税方法，其应纳税额计算公式如下。

应纳税额 = 销售额 × 征收率

销售额不包括其应纳税额，纳税人采用销售额和应纳税额合并定价方法的，按照下列公式计算销售额。

销售额 = 含税销售额 ÷（1+ 征收率）

专家课堂

纳税人提供的适用简易计税方法计税的应税服务，因服务中止或者折让而退还给接受方的销售额，应当从当期销售额中扣减。扣减当期销售额后仍有余额造成多缴的税款，可以从以后的应纳税额中扣减。

（六）征收管理

1. 纳税义务发生时间

营业税改征增值税试点规定的纳税义务发生时间有以下几种情形。

（1）一般情况下为纳税人提供应税服务并收讫销售款项或者取得索取销售款项凭据的当天。先开具发票的，为开具发票的当天。

专家课堂

收讫销售款项指纳税人提供应税服务过程中或者完成后收到款项；取得索取销售款项凭据的当天，指书面合同确定的付款日期。未签订书面合同或者书面合同未确定付款日期的，为应税服务完成的当天。

（2）纳税人提供有形动产租赁服务采取预收款方式的，其纳税义务发生时间为收到预收款的当天。

（3）纳税人发生视同提供应税服务的，其纳税义务发生时间为应税服务完成的当天。

（4）增值税扣缴义务发生时间为纳税人增值税纳税义务发生的当天。

2. 纳税地点

不同的增值税纳税人，应按规定在指定的地点纳税，具体如表 4-15 所示。

表 4-15 不同纳税人的纳税地点

纳税人类别	纳税地点
固定业户	（1）向其机构所在地或者居住地主管税务机关申报纳税 （2）总机构和分支机构不在同一县（市）的，应分别向各自所在地的主管税务机关申报纳税 （3）经财政部和国家税务总局或者其授权的财政和税务机关批准，可以由总机构合并向总机构所在地的主管税务机关申报纳税
非固定业户	（1）向应税服务发生地主管税务机关申报纳税； （2）未申报纳税的，由其机构所在地或者居住地主管税务机关补征税款
扣缴义务人	向其机构所在地或者居住地主管税务机关申报缴纳其扣缴的税款

3. 纳税期限

营业税改征增值税试点规定的纳税期限有以下几方面的规定。

（1）增值税的纳税期限分别为 1 日、3 日、5 日、10 日、15 日、1 个月或者 1 个季度。

（2）纳税人的具体纳税期限，由主管税务机关根据纳税人应纳税额的大小分别核定。

（3）以1个季度为纳税期限的规定适用于小规模纳税人以及财政部门国家税务总局规定的其他纳税人。

（4）不能按照固定期限纳税的，可以按次纳税。

（5）纳税人以1个月或者1个季度为1个纳税期的，自期满之日起15日内申报纳税。

（6）纳税人以1日、3日、5日、10日或者15日为1个纳税期的，自期满之日起5日内预缴税款，于次月1日起15日内申报纳税并结清上月应纳税款。

（7）扣缴义务人解缴税款的期限，同样按照第（5）点和第（6）点规定执行。

（七）税收优惠

1. 免征增值税

根据营业税改征增值税试点过渡政策的规定，免征增值税的项目包括以下几方面。

（1）个人转让著作权。

（2）残疾人个人提供应税服务。

（3）航空公司提供飞机播洒农药服务。

（4）试点纳税人提供技术转让、技术开发和与之相关的技术咨询、技术服务。

（5）符合条件的节能服务公司实施合同能源管理项目中提供的应税服务。

（6）财政部和国家税务总局规定的其他免税项目。

2. 起征点

营业税改征增值税的起征点仅适用于个体工商户小规模纳税人和其他个人，具体规定如表4-16所示。

专家课堂

个人提供应税服务的销售额未达到增值税起征点的，免征增值税；达到起征点的，全额计算缴纳增值税。

表4-16 营业税改征增值税的起征点

纳税类型	纳税地点
按期纳税	月销售额5 000~20 000元（含本数）
按次纳税	次（日）销售额300~500元（含本数）

知识链接

起征点的调整由财政部和国家税务总局规定。省、自治区、直辖市财政厅（局）和国家税务局应在规定的幅度内，根据实际情况确定本地区适用的起征点，并报财政部和国家税务总局备案。

3. 其他减免税规定

营业税改征增值税的其他减免税规定包括以下两个方面。

（1）纳税人提供应税服务适用免税、减税规定的，可放弃免税、减税，依照相关规定缴纳增值税。

（2）放弃免税、减税后，36个月内不得再次申请免税、减税。

【本节小结】本节内容涉及的知识点很多，考试中几乎可以肯定会出现相关的题目。需要考生重点掌握的是增值税的征税范围、应纳税额的计算，这些考点出现在考试中的几率很大。其次，增值税的纳税人、纳税义务发生时间、纳税地点和减免税规定也是需要重点熟悉的内容。考生可在学习本书内容时，通过相关例题来掌握对应的知识，并通过后面大量的习题来练习和巩固这些考点。除了公式可以理解记忆以外，其他知识点需要考生花大量心思进行记忆，并通过多做习题来熟悉出题方式，这样可以有效地提高学习效率。最后，对于增值税的纳税期限、专用发票的相关规定和营改增的内容，也需要考生能适当了解和熟悉，以应对考试中可能出现的考题。

第二节 消费税法律制度

考情分析：本节内容同样是2013年考纲全新增加的内容，是本章的重点内容之一。考试中可能涉及单选题、多选题、判断题和不定项选择题等各种题型，题量与分值估计都不会太少。

学习建议：全面学习本节内容中的各小节知识，重点掌握消费税的征税范围和应纳税额的计算，并需要熟悉消费税的税目、税率和征收管理知识。

消费税是国际上采用的对特定消费品和消费行为征收的一种间接税。随着市场经济的不断发展，我国对消费税的征收也一直在不断地改进，并陆续颁布《中华人民共和国消费税暂行条例》（以下简称《消费税暂行条例》）和《中华人民共和国消费税暂行条例实施细则》（以下简称《消费税暂行条例实施细则》）等法律法规文件，以更好地实行消费税的征收与管理。消费税与增值税、营业税、关税等税种相配合，构成我国流转税的新体系。

一、消费税纳税人

（一）消费税纳税人的确定

消费税的纳税人主要分为以下两种。

（1）在中华人民共和国境内生产、委托加工和进口《消费税暂行条例》规定的消费品的单位和个人。

（2）国务院确定的销售《消费税暂行条例》规定的消费品的其他单位和个人。

（二）消费税纳税人的解释

为更好地理解消费税纳税人，下面将对其中的关键字词进行解释。

1. 中华人民共和国境内

消费税纳税人中所说的中华人民共和国境内，指的是生产、委托加工和进口属于应当缴纳消费税的消费品的起运地或所在地在境内。

2. 单位

消费税纳税人中所说的单位，指的是企业、行政单位、事业单位、军事单位、社会团体以及其他单位。

3. 个人

消费税纳税人中所说的个人，指的是个体工商户和其他个人。

二、消费税征税范围

消费税征税范围主要包括生产环节、委托加工环节、进口环节、零售环节和批发环节等产生的各种行为。

（一）生产应税消费品

生产应税消费品应按以下规定纳税或不纳税。

（1）纳税人生产的应税消费品，应于纳税人销售时纳税。

（2）工业企业以外的单位和个人的下列行为视为应税消费品的生产行为，并按规定征收消费税。

①将外购的消费税非应税产品以消费税应税产品对外销售的。

②将外购的消费税低税率应税产品以高税率应税产品对外销售的。

（3）纳税人自产自用的应税消费品，用于其他方面的，于移送使用时纳税。

（4）纳税人自产自用的应税消费品，用于连续生产应税消费品的，不纳税。

【例题·单选题】下列各项中，不属于消费税征税环节的是（　）。

A. 生产环节　　B. 委托加工环节

C. 零售环节　　D. 出口环节

【答案】D

【解析】本题考查消费税的征税范围。消费税征税范围主要包括生产环节、委托加工环节、进口环节、零售环节和批发环节等产生的各种行为，不包括出口环节。

专家课堂

用于其他方面，是指纳税人将自产自用的应税消费品用于生产非应税消费品、在建工程、管理部门、非生产机构、提供劳务、馈赠、赞助、集资、广告、样品、职工福利、奖励等方面；用于连续生产应税消费品，是指纳税人将自产自用应税消费品作为直接材料生产最终应税消费品，自产自用应税消费品构成最终应税消费品的实体。

（二）委托加工应税消费品

1. 委托加工的界定

委托加工的应税消费品，是指由委托方提供原料和主要材料，受托方只收取加工费和代垫部分辅助材料加工的应税消费品。对于由受托方提供原材料生产的应税消费品，或者受托方先将原材料卖给委托方，然后再接受加工的应税消费品，以及由受托方以委托方名义购进原材料生产的应税消费品，不论在财务上是否作为销售处理，都不得作为委托加工应税消费品，而应当按照销售自制应税消费品缴纳消费税。

2. 委托加工应税消费品的纳税规定

委托加工应税消费品应按以下规定纳税。

（1）委托加工的应税消费品，除受托方为个人外，由受托方在向委托方交货时代收代缴消费税。

（2）委托个人加工的应税消费品，由委托方收回后缴纳消费税。

（3）委托加工的应税消费品，委托方用于连续生产应税消费品的，所纳税款准予按规定抵扣。

（4）委托方将收回的应税消费品，以不高于受托方的计税价格出售的，为直接出售，不再缴纳消费税。

（5）委托方以高于受托方的计税价格出售的，不属于直接出售，需按照规定申报缴纳消费税，在计税时准予扣除受托方已代收代缴的消费税。

（三）进口应税消费品

单位和个人进口应税消费品，于报关进口时缴纳消费税。为减少征税成本，进口环节缴纳的消费税由海关代征。

（四）商业零售金银首饰

视同零售业，在零售环节缴纳消费税的业务主要包括以下方面。

（1）为经营单位以外的单位和个人加工金银首饰。

专家课堂

加工包括带料加工、翻新改制、以旧换新等业务，不包括修理和清洗。

（2）经营单位将金银首饰用于馈赠、赞助、集资、广告样品、职工福利、奖励等方面。

（3）未经中国人民银行总行批准，经营金银首饰批发业务的单位将金银首饰销售给经营单位。

知识链接

自 1995 年 1 月 1 日起，金银首饰消费税由生产销售环节征收改为零售环节征收，征收消费税的金银首饰仅限于金基、银基合金首饰以及金、银和金基、银基含金的镶嵌首饰；自 2002 年 1 月 1 日起，对钻石及钻石饰品消费税的纳税环节由生产环节、进口环节后移至零售环节；自 2003 年 5 月 1 日起，铂金首饰消费税改为零售环节征税。

（五）批发销售卷烟

批发销售卷烟的纳税规定，主要有以下几点。

（1）烟草批发企业将卷烟销售给零售单位的，要再征一道 5% 的从价税。

专家课堂

消费税属于价内税，除卷烟外，一般情况下只征收一次。卷烟在生产环节、批发环节征收两次消费税，但这两个环节一般都不是同一个纳税人，卷烟生产企业是生产环节的纳税人，批发企业是批发环节的纳税人。

（2）烟草批发企业将卷烟销售给其他烟草批发企业的，不缴纳消费税。

（3）卷烟消费税改为在生产和批发两个环节征收后，批发企业在计算应纳税额时不得扣除已含的生产环节的消费税税款。

【例题·判断题】消费税属于价外税，一般情况下只征收一次，但卷烟除外。（ ）

【答案】×

【解析】本题考查消费税的功能。本题后半句是正确的，错在前面的描述。消费税并不是价外税，而是属于价内税。

三、消费税税目

根据《消费税暂行条例》的规定，消费税共有 14 个税目，下面分别进行介绍。

（一）烟

凡是以烟叶为原料加工生产的产品，不论使用哪种辅料，均属于本税目的征收范围。具体包括如图 4-7 所示的 3 个子目。

卷烟	雪茄烟	烟丝
· 包括甲类卷烟和乙类卷烟	· 雪茄烟的征收范围包括各种规格、型号的雪茄烟	· 烟丝的征收范围包括以烟叶为原料加工生产的不经卷制的散装烟

图 4-7 烟的 3 个征税子目

专家课堂

甲类卷烟指每标准条（200 支）调拨价格在 70 元（不含增值税）以上（含 70 元）的卷烟；乙类卷烟指每标准条（200 支）调拨价格在 70 元（不含增值税）以下的卷烟。

（二）酒及酒精

1. 酒及酒精的界定

（1）酒是指酒精度在 1 度以上的各种酒类饮料，包括白酒、黄酒、啤酒、果啤和其他酒。

（2）酒精又名乙醇，指以含有淀粉或糖分的原料，经糖化和发酵后，用蒸馏或合成方法生产的酒精度在 95 度以上的无色透明液体。

2. 酒及酒精的征税范围

酒及酒精的具体征税范围包括以下内容。

（1）白酒

白酒包括粮食白酒和薯类白酒。

①粮食白酒指以高粱、玉米、大米、糯米、大麦、小麦、青稞等各种粮食为原料，经过糖化、发酵后，采用蒸馏方法酿制的白酒。

②薯类白酒指以白薯（红薯、地瓜）、木薯、马铃薯、芋头、山药等各种干、鲜薯类为原料，经过糖化、发酵后，采用蒸馏方法酿制的白酒。

专家课堂

用甜菜酿制的白酒，按薯类白酒征税。

（2）黄酒

黄酒指以糯米、粳米、籼米、大米、黄米、玉米、小麦和薯类等为原料，经加温、糖化、发酵、压榨酿制的酒。包括各种原料酿制的黄酒和酒度超过12度（含12度）的土甜酒。

（3）啤酒

啤酒指以大麦或其他粮食为原料并加入啤酒花，经糖化、发酵、过滤酿制的含有二氧化碳的酒。

专家课堂

对饮食业、商业、娱乐业举办的啤酒屋（啤酒坊）利用啤酒生产设备生产的啤酒，应当征收消费税。

（4）其他酒

其他酒指除粮食白酒、薯类白酒、黄酒、啤酒以外，酒度在1度以上的各种酒，包括糠麸白酒、其他原料白酒、土甜酒、复制酒、果木酒、汽酒和药酒等。

专家课堂

对以黄酒为酒基生产的配置或泡制酒，按其他酒征收消费税。调味料酒不征消费税。

（5）酒精

酒精包括用蒸馏法和合成方法生产的各种工业酒精、医药酒精、食用酒精。

专家课堂

以外购酒精为原料，经蒸馏脱水处理后生产的无水乙醇，按酒精征收消费税。

（三）化妆品

化妆品税目征收范围包括各类美容、修饰类化妆品、高档护肤类化妆品和成套化妆品。

（1）美容、修饰类化妆品是指香水、香水精、香粉、口红、指甲油、胭脂、眉笔、唇笔、蓝眼油、眼睫毛以及成套化妆品。

（2）高档护肤类化妆品的征收范围另行制定。

（3）舞台、戏剧、影视演员化妆用的上妆油、卸妆油、油彩，不属于化妆品税目的征收范围。

（四）贵重首饰及珠宝玉石

贵重首饰及珠宝玉石的征税范围包括各种金银珠宝首饰和经采掘、打磨、加工的各种珠宝玉石。其中金银珠宝首饰和珠宝玉石的界定分别如下。

（1）金银珠宝首饰包括凡以金、银、白金、宝石、珍珠、钻石、翡翠、珊瑚、玛瑙等高贵稀有物质以及其他金属、人造宝石等制作的各种纯金银首饰及镶嵌首饰（含人造金银、合成金银首饰）等。

（2）珠宝玉石包括钻石、珍珠、松石、青金石、欧泊石、橄榄石、长石、玉、石英、玉髓、石榴石、锆石、尖晶石、黄玉、碧玺、金禄玉、绿柱石、刚玉、琥珀、珊瑚、煤玉、龟甲、合成刚玉、合成玉石、双合石以及玻璃仿制品等。

专家课堂

宝石坯指经采掘、打磨、初级加工的珠宝玉石半成品，宝石坯应按规定征收消费税。

（五）鞭炮、焰火

鞭炮、焰火税目的征收范围具体包括喷花类、旋转类、旋转升空类、火箭类、吐珠类、线香类、小礼花类、烟雾类、造型玩具类、爆竹类、摩擦炮类、组合烟花类、礼花弹类等各种鞭炮和焰火。

专家课堂

体育运动中所用到的发令纸、鞭炮药引线不按鞭炮、焰火税目征税。

（六）成品油

成品油税目包括汽油、柴油、石脑油、溶剂油、航空煤油、润滑油、燃料油等7个子目，具体如表4–17所示。

表4–17 成品油各征税子目的界定

成品油类型	征税界定
汽油	（1）汽油分为车用汽油和航空汽油，指用原油或其他原料加工生产的辛烷值不小于66的可用作汽油发动机燃料的各种轻质油 （2）含铅汽油指铅含量每升超过0.013克的汽油 （3）以汽油、汽油组分调和生产的甲醇汽油、乙醇汽油也属于本税目征收范围
柴油	（1）指用原油或其他原料加工生产的凝点或倾点在−50~30℃的可用作柴油发动机燃料的各种轻质油和以柴油组分为主、经调和精制可用作柴油发动机燃料的非标油 （2）以柴油、柴油组分调和生产的生物柴油也属于本税目征收范围
石脑油	（1）石脑油又叫化工轻油，是以石油加工生产的或二次加工汽油经加氢精制而得的用于化工原料的轻质油 （2）石脑油的征收范围包括除汽油、柴油、航空煤油、溶剂油以外的各种轻质油
溶剂油	以石油加工生产的用于涂料、油漆生产、食用油加工、印刷油墨、皮革、农药、橡胶、化妆品生产的轻质油
航空煤油	也叫喷气燃料，是以石油加工生产的用于喷气发动机和喷气推进系统中作为能源的石油原料
润滑油	（1）用于内燃机、机械加工过程的润滑产品 （2）润滑油分为矿物性润滑油、植物性润滑油、动物性润滑油和化工原料合成润滑油 （3）润滑油的征收范围包括以石油为原料加工的矿物性润滑油、矿物性润滑油基础油 （4）植物性润滑油、动物性润滑油和化工原料合成润滑油不属于润滑油的征收范围

续表

成品油类型	征税界定
燃料油	（1）也称重油、渣油。燃料油征收范围包括用于电厂发电、船舶锅炉燃料、加热炉燃料、冶金和其他工业炉燃料的各类燃料油 （2）自2012年11月1日起，催化料、焦化料属于燃料油的征收范围，应征收消费税

（七）汽车轮胎

汽车轮胎是指用于各种汽车、挂车、专用车和其他机动车上的内、外轮胎。汽车轮胎税目的征收范围如图4–8所示。

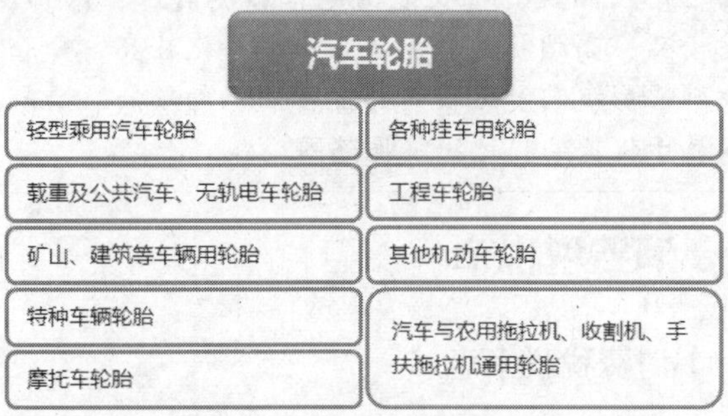

图4–8　汽车轮胎税目的征收范围

> **专家课堂**
>
> 特种车辆用轮胎指的是行驶于无路面或雪地、沙漠等高越野轮胎；农用拖拉机、收割机、手扶拖拉机的专用轮胎不征收消费税。

（八）摩托车

摩托车税目的征收范围主要应注意以下两点。

（1）征税范围包括汽缸容量在250毫升（含250毫升）以下的摩托车和汽缸容量在250毫升（含250毫升）以上的摩托车两种。

（2）对最大设计车速不超过50千米/小时，发动机汽缸总工作容量不超过50毫升的三轮摩托车不征收消费税。

（九）小汽车

汽车是指由动力驱动，具有4个或4个以上车轮的非轨道承载的车辆。

小汽车税目征收范围包括含驾驶员座位在内最多不超过9个座位（含9个座位）的，在设计和技术特性上用于载运乘客和货物的各类乘用车和含驾驶员座位在内的座位数在10~23座（含23座）的在设计和技术特性上用于载运乘客和货物的各类中轻型商用客车。

下面分别介绍需要征收消费税和不征收消费税的小汽车税目的相关规定。

1．需要征税的规定

（1）用排气量小于1.5升（含1.5升）的乘用车底盘（车架）改装、改制的车辆属于乘用车征收范围。

（2）用排气量大于1.5升的乘用车底盘（车架）或用中轻型商用客车底盘（车架）改装、改制的车辆属于中轻型商用客车征收范围。

（3）含驾驶员人数（额定载客）为区间值的（如8~10人、17~26人）小汽车，按其区间值下限人数确定征收范围。

（4）对于购进乘用车和中轻型商用客车整车改装生产的汽车，应按规定征收消费税。

2．不征税的规定

（1）电动汽车不属于小汽车税目的征收范围。

（2）车身长度大于7米（含7米），并且座位在10~23座（含23座）以下的商用客车，不属于中轻型商用客车征税范围，不征收消费税。

（3）沙滩车、雪地车、卡丁车、高尔夫车不属于消费税征收范围，不征收消费税。

（4）对于企业购进货车或箱式货车改装生产的商务车、卫星通信车等专用汽车不属于消费税征收范围，不征收消费税。

（十）高尔夫球及球具

高尔夫球及球具税目的征税范围包括高尔夫球、高尔夫球杆、高尔夫球包（袋）以及高尔夫球杆的杆头、杆身和握把。

（十一）高档手表

高档手表税目的征税范围包括销售价格（不含增值税）每只在10 000元（含10 000元）以上的各类手表。

（十二）游艇

1．游艇的界定

游艇是指长度大于8米小于90米，船体由玻璃钢、钢、铝合金、塑料等多种材料制作，可以在水上移动的水上浮载体。按照动力划分，游艇分为无动力艇、帆艇和机动艇。

2．游艇税目的征税规定

游艇税目征收范围包括艇身长度大于8米（含8米）小于90米（含90米），内置发动机，可以在水上移动，一般为私人或团体购置，主要用于水上运动和休闲娱乐等非牟利活动的各类机动艇。

（十三）木制一次性筷子

1. 木制一次性筷子的界定

木制一次性筷子，又称卫生筷子，指以木材为原料，经过锯段、浸泡、旋切、刨切、烘干、筛选、打磨、倒角、包装等环节加工而成的各类一次性使用的筷子。

2. 木制一次性筷子税目的征税规定

木制一次性筷子税目的征收范围包括各种规格的木制一次性筷子和未经打磨、倒角的木制一次性筷子。

（十四）实木地板

1. 实木地板的界定

实木地板指以木材为原料，经锯割、干燥、刨光、截断、开榫、涂漆等工序加工而成的块状或条状的地面装饰材料。

2. 实木地板的分类

（1）实木地板按生产工艺的不同，可分为独板（块）实木地板、实木指接地板和实木复合地板3类。

（2）实木地板按表面处理状态的不同，可分为未涂饰地板（白坯板、素板）和漆饰地板两类。

3. 实木地板的征税规定

实木地板的征收范围包括各类规格的实木地板、实木指接地板、实木复合地板以及用于装饰墙壁、天棚的侧端面为榫、槽的实木装饰板以及未经涂饰的素板。

【例题·单选题】下列选项中，需按薯类白酒征收消费税的是（　）。

A. 小麦为原料酿制的白酒

B. 甜菜为原料酿制的白酒

C. 青稞为原料酿制的白酒

D. 大麦为原料酿制的白酒

【答案】B

【解析】本题考查消费税的税目。粮食白酒指以高粱、玉米、大米、糯米、大麦、小麦、青稞等各种粮食为原料，经过糖化、发酵后，采用蒸馏方法酿制的白酒。用甜菜酿制的白酒，按薯类白酒征税。

【例题·多选题】下列选项中，需征收消费税的是（　）。

A. 游艇　　B. 高档手表

C. 木制一次性筷子　　D. 汽车轮胎

【答案】ABCD

【解析】本题考查消费税的税目。题目中的所有选项均是需征收消费税的税目。

【例题·单选题】关于化妆品的征税规定，不需要征收消费税的化妆品是（　）。

A. 影视演员化妆用的上妆油

B. 修饰类化妆品

C. 美容类化妆品

D. 成套化妆品

【答案】A

【解析】本题考查消费税化妆品税目的征税范围。化妆品税目征收范围包括各类美容、修饰类化妆品、高档护肤类化妆品和成套化妆品。舞台、戏剧、影视演员化妆用的上妆油、卸妆油、油彩，不属于化妆品税目的征收范围。

四、消费税税率

（一）消费税税率表

消费税税率采取比例税率和定额税率两种形式。一般情况下，对一种消费品只选择一种税率形式，但为了更有效地保全消费税税基，对卷烟和白酒则采取了比例税率和定额税率双重征收的形式。

消费税各税目的具体税率如表4-18所示。

表4-18 消费税税目及子目对应的税率

税目及子目	对应税率
（一）烟	
1. 卷烟	
（1）甲类卷烟	56%加0.003元/支（生产环节）
（2）乙类卷烟	36%加0.003元/支（生产环节）
（3）批发环节	5%
2. 雪茄烟	36%
3. 烟丝	30%
（二）酒及酒精	
1. 白酒	20%加0.5元/500克（或500毫升）
2. 黄酒	240元/吨
3. 啤酒	
（1）甲类啤酒	250元/吨
（2）乙类啤酒	220元/吨
4. 其他酒酒	10%
5. 酒精	5%
（三）化妆品	30%
（四）贵重首饰及珠宝玉石	
1. 金银首饰、铂金首饰和钻石及钻石饰品	5%
2. 其他贵重首饰和珠宝玉石	10%
（五）鞭炮、焰火	15%

续表

税目及子目	对应税率
（六）成品油	
1. 汽油	
（1）含铅汽油	1.40 元 / 升
（2）无铅汽油	1.00 元 / 升
2. 柴油	0.80 元 / 升
3. 航空煤油	0.80 元 / 升
4. 石脑油	1.00 元 / 升
5. 溶剂油	1.00 元 / 升
6. 润滑油	1.00 元 / 升
7. 燃料油	0.80 元 / 升
（七）汽车轮胎	3%
（八）摩托车	
1. 气缸容量（排气量，下同）在 250 毫升（含 250 毫升）以下的	3%
2. 气缸容量在 250 毫升以上的	10%
（九）小汽车	
1. 乘用车	
（1）气缸容量（排气量，下同）在 1.0 升（含 1.0 升）以下的	1%
（2）气缸容量在 1.0 升以上至 1.5 升（含 1.5 升）的	3%
（3）气缸容量在 1.5 升以上至 2.0 升（含 2.0 升）的	5%
（4）气缸容量在 2.0 升以上至 2.5 升（含 2.5 升）的	9%
（5）气缸容量在 2.5 升以上至 3.0 升（含 3.0 升）的	12%
（6）气缸容量在 3.0 升以上至 4.0 升（含 4.0 升）的	25%
（7）气缸容量在 4.0 升以上的	40%
2. 中轻型商用客车	5%
（十）高尔夫球及球具	10%
（十一）高档手表	20%
（十二）游艇	10%
（十三）木制一次性筷子	5%
（十四）实木地板	5%

（二）消费税税率特殊规定

一般情况下，通过消费税税率表即可清晰地查看不同税目对应的消费税税率，但当存在下列情况时，纳税人应按照相关规定重新确定适用税率。

1. 多税率的确定

纳税人兼营不同税率的应税消费品，应分别核算不同税率应税消费品的销售额、销售数量。未分别核算销售额、销售数量，或者将不同税率的应税消费品组成成套消费品销售的，从高适用税率。

2. 配制酒适用税率的确定

配制酒（露酒）是指以发酵酒、蒸馏酒或食用酒精为酒基，加入可食用或药食两用的辅料或食品添加剂，进行调配、混合或再加工制成的并改变了其原酒基风格的饮料酒。

配制酒税率的规定有以下几个方面。

（1）以蒸馏酒或食用酒精为酒基，同时符合以下条件的配制酒，按其他酒税率征收消费税。

①具有国家相关部门批准的国食健字或卫食健字文号。

②酒精度低于 38 度（含 38 度）。

（2）以发酵酒为酒基，酒精度低于 20 度（含 20 度）的配制酒，按其他酒税率征收消费税。

（3）其他配制酒，按白酒税率征收消费税。

专家课堂

上述蒸馏酒或食用酒精为酒基是指酒基中蒸馏酒或食用酒精的比重超过 80%（含 80%）；发酵酒为酒基是指酒基中发酵酒的比重超过 80%（含 80%）。

3. 自产自用卷烟税率的确定

纳税人自产自用的卷烟应按照纳税人生产的同牌号规格的卷烟销售价格确定征税类别和适用税率。

4. 卷烟提价后税率的确定

卷烟由于接装过滤嘴、改变包装或其他原因提高销售价格后，应按照新的销售价格确定征税类别和适用税率。

5. 委托加工卷烟税率的确定

委托加工的卷烟按受托方同牌号规格卷烟的征税类别和适用税率征税。没有同牌号规格卷烟的，按卷烟最高税率征税。

6. 残次品卷烟税率的确定

残次品卷烟应按照同牌号规格正品卷烟的征税类别确定适用税率。

7. 其他卷烟税率的确定

不分征税类别，均按照 56% 卷烟税率征税，并按照定额每标准箱 150 元计算征税的卷烟包括以下几种。

（1）白包卷烟。

（2）手工卷烟。

（3）未经国务院批准纳入计划的企业和个人生产的卷烟。

【例题·多选题】下列选项中，需征收的消费税税率为 5% 的是（　）。

A. 汽车轮胎　　B. 卷烟（批发环节）

C. 实木地板　　D. 木制一次性筷子

【答案】BCD

【解析】本题考查消费税的税率。A 选项错误，汽车轮胎的税率为 3%。

五、消费税应纳税额的计算

（一）销售额的确定

消费税应纳税额的计算分为从价计征、从量计征和从价从量复合计征 3 种方法。下面分别介绍这 3 种情形下销售额和销售数量的确定。

1. 从价计征销售额的确定

（1）销售额

销售额指纳税人销售应税消费品向购买方收取的全部价款和价外费用，不包括应向购买方收取的增值税税款。

（2）价外费用

价外费用指价外向购买方收取的手续费、补贴、基金、集资费、返还利润、奖励费、违约金、滞纳金、延期付款利息、赔偿金、代收款项、代垫款项、包装费、包装物租金、储备费、优质费、运输装卸费以及其他各种性质的价外收费。

（3）不包含在销售额内的费用

下列项目不包括在销售额内。

①同时符合如图 4-9 所示条件的代垫运输费用。

图 4-9 具体条件内容

②同时符合如图 4-10 所示条件代为收取的政府性基金或者行政事业性收费。

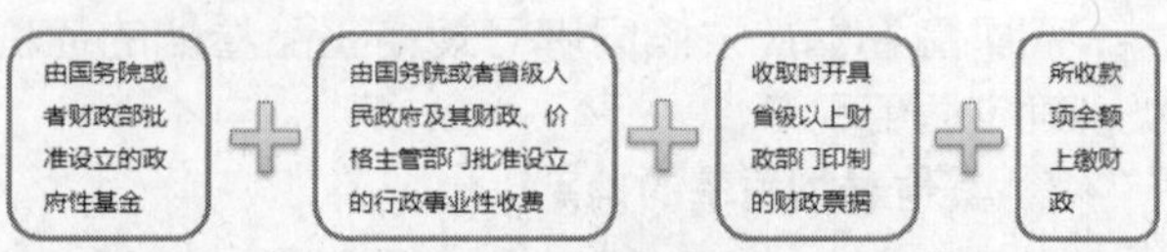

图 4-10 具体条件内容

（4）含增值税销售额的换算

应税消费品在缴纳消费税的同时，还应缴纳增值税。

按《消费税暂行条例实施细则》的规定，应税消费品的销售额，不包括应向购货方收取的增值税税款。

纳税人应税消费品的销售额中未扣除增值税税款或者因不得开具增值税专用发票而发生价款和增值税税款合并收取的，在计算消费税时应将含增值税的销售额换算为不含增值税税款的销售额。换算公式如下。

应税消费品的销售额 = 含增值税的销售额 +（1+增值税税率或征收率）

> **专家课堂**
>
> 若消费税的纳税人同时又是增值税一般纳税人的，应适用 17% 的增值税税率；若消费税的纳税人是增值税小规模纳税人的，应适用 3% 的征收率。

2. 从量计征销售数量的确定

（1）销售数量

销售数量指纳税人生产、加工和进口应税消费品的数量。对销售数量的具体规定如表 4-19 所示。

表 4-19 不同行为的销售数量规定

行为	销售数量
销售应税消费品	应税消费品的销售数量
自产自用应税消费品	应税消费品的移送使用数量
委托加工应税消费品	纳税人收回的应税消费品数量
进口应税消费品	海关核定的应税消费品进口征税数量

（2）从量定额的换算标准

为规范不同产品的计量单位，以准确计算应纳税额，《消费税暂行条例实施细则》规定了吨与升两个计量单位的换算际准，具体如表 4-20 所示。

表 4-20 不同货物的计量单位换算标准

货物	换算标准
黄酒	1 吨 =962 升
啤酒	1 吨 =988 升
汽油	1 吨 =1 388 升
柴油	1 吨 =1 176 升
航空煤油	1 吨 =1 246 升
石脑油	1 吨 =1 385 升
溶剂油	1 吨 =1 282 升
润滑油	1 吨 =1 126 升
燃料油	1 吨 =1 015 升

3. 复合计征销售额和销售数量的确定

根据消费税法的规定，卷烟和白酒实行从价定率和从量定额相结合的复合计征办法征收消费税。具体销售额和销售数量按以下规定确定。

（1）销售额为纳税人生产销售卷烟、白酒向购买方收取的全部价款和价外费用。

（2）销售数量为纳税人生产销售、进口、委托加工、自产自用卷烟、白酒的销售数量、海关核定数量、委托方收回数量和移送使用数量。

【2013真题·多选题】根据消费税法律制度的规定，下列消费品中，实行从量定额与从价定率相结合的复合计征办法征收消费税的有（ ）。

A. 卷烟　　B. 成品油

C. 白酒　　D. 小汽车

【答案】AC

【解析】本题考查消费税应纳税额的计算。卷烟和白酒实行从量定额和从价定律相结合的复合计征办法征收消费税，A、C选项符合要求。B选项的成品油实行从量定额的办法计征消费税；D选项的小汽车实行从价定律办法计征消费税。

4. 特殊情形下销售额和销售数量的确定

除上述几种正常情形外，以下特殊情形的销售额和销售量按对应的规定确定，具体如下。

（1）消费品计税价格不正常

纳税人应税消费品的计税价格明显偏低并无正当理由的，由主管税务机关核定计税价格。其核定权限规定如下。

①卷烟、白酒和小汽车的计税价格由国家税务总局核定，送财政部备案。

②其他应税消费品的计税价格由省、自治区和直辖市国家税务局核定。

③进口应税消费品的计税价格由海关核定。

（2）以人民币以外的货币结算销售额的消费品

纳税人销售的应税消费品，以人民币以外的货币结算销售额的，其销售额的人民币折合率可选择销售额发生的当天或当月1日的人民币汇率的中间价。纳税人应提前确定采取哪种折合率，并在之后的1年不得变更选择的折合率。

（3）换取其他资源的消费品

纳税人用于换取生产资料和消费资料、投资入股和抵偿债务等方面的应税消费品，应以纳税人同类应税消费品的最高销售价格作为计税依据计算消费税。

（4）连同包装销售的应税消费品

①实行从价计征办法征收消费税的应税消费品连同包装销售的，不论包装是否单独计价，或在会计上如何核算，均应并入应税消费品的销售额中来缴纳消费税。

②若包装物只是收取押金，则此押金不应并入应税消费品的销售额中征税。但对于逾期未收回的包装物不再退还的或已收取的时间超过12个月的押金，应并入应税消费品的销售额，缴纳消费税。

③若包装物既作价随同应税消费品销售，又另外收取押金的包装物押金，凡纳税人在规定的期限内没有退还的，均应并入应税消费品的销售额，按适用税率缴纳消费税。

④对酒类生产企业销售酒类产品而收取的包装物押金，无论押金是否返还或会计上如何核算，均应并入酒类产品销售额，征收消费税。

（5）自设非独立核算门市部销售的消费品

纳税人通过自设非独立核算门市部销售的自产应税消费品，应按门市部对外销售额或销售数量征收消费税。

（6）白酒“品牌使用费”的收取

白酒生产企业向商业销售单位收取的“品牌使用费”是随应税白酒的销售向购货方收取的，属于应税白酒销售价款的组成部分。因此不论企业采取哪种方式或名义收取价款，均应并入白酒的销售额中来缴纳消费税。

（7）以旧换新销售的金银首饰

①纳税人采用以旧换新（包括翻新改制）方式销售的金银首饰，应按实际收取的不含增值税的全部价款确定计税依据，来征收消费税。

②既销售金银首饰，又销售非金银首饰的生产、经营单位，应将两类商品划分清楚，以分别核算销售额。划分不清楚或无法分别核算并在生产环节销售的，从高适用税率；在零售环节销售的，按金银首饰征收消费税。

③金银首饰与其他产品组成成套消费品销售的，按销售全额征收消费税。

④金银首饰连同包装物销售的，不论包装物是否单独计价或会计上怎样核算，均应并入金银首饰的销售额征收消费税。

⑤带料加工的金银首饰，应按受托方销售同类金银首饰的销售价格确定计税依据征收消费税。没有同类金银首饰销售价格的，按组成计税价格计算并征收消费税。

（二）应纳税额的计算

消费税应纳税额的计算，分为生产销售、自产自用、委托加工和进口等环节来分别计算。

1. 生产销售应纳消费税的计算

（1）实行从价定率计征消费税的，其计算公式如下。

应纳税额＝销售额 × 比例税率

（2）实行从量定额计征消费税的，其计算公式如下。

应纳税额＝销售数量 × 定额税率

（3）实行从价定率和从量定额复合方法计征消费税的（卷烟、白酒），其计算公式如下。

应纳税额＝销售额 × 比例税率＋销售数量 × 定额税率

2. 自产自用应纳消费税的计算

自产自用应税消费品按以下规定计算应纳消费税。

（1）纳税人自产自用的应税消费品，用于连续生产应税消费品的，不纳税。

（2）用于其他方面的、于移送使用时按纳税人生产的同类消费品的销售价格计算纳税。

专家课堂

同类消费品的销售价格指纳税人或者代收代缴义务人当月销售同类消费品的销售价格；如果当月无销售或者当月未完结，应按照同类类消费品上月或者最近月份的销售价格计算纳税；如果当月销售价格高低不同，应按销售数量加权平均计算。但有下列情况之一的，不得列入加权平均计算：①销售价格明显偏低又无正当理由的；②无销售价格的。

（3）没有同类消费品销售价格的，按照组成计税价格计算纳税。具体应纳消费税的计算方法分别如下。

①实行从价定率办法计征消费税的，其计算公式如下。

应纳税额＝组成计税价格 × 比例税率

其中组成计税价格的计算公式如下。

组成计税价格＝(成本＋利润)÷(1－比例税率)

②实行复合计税办法计征消费税的，其计算公式如下。

应纳税额＝组成计税价格 × 比例税率＋自产自用数量 × 定额税率

其中组成计税价格的计算公式如下。

组成计税价格＝(成本＋利润＋自产自用数量 × 定额税率）÷（1－比例税率）

专家课堂

“成本”指应税消费品的产品生产成本；“利润”指根据应税消费品的全国平均成本利润率计算的利润。全国平均成本利润率由国家税务总局确定，具体如表4-21所示。

表4-21 不同商品的平均成本利润率

商品	平均成本利润率	商品	平均成本利润率
1. 甲类卷烟	10%	11. 贵重首饰及珠宝玉石	6%
2. 乙类卷烟	5%	12. 汽车轮胎	6%
3. 雪茄烟	5%	13. 摩托车	6%
4. 烟丝	5%	14. 高尔夫球及球具	10%
5. 粮食白酒	10%	15. 高档手表	20%
6. 薯类白酒	5%	16. 游艇	10%
7. 其他酒	5%	17. 木制一次性筷子	5%
8. 酒精	5%	18. 实木地板	5%
9. 化妆品	5%	19. 乘用车	8%
10. 鞭炮、焰火	5%	20. 中轻型商用客车	5%

3. 委托加工应纳消费税的计算

委托加工的应税消费品，按受托方的同类消费品的销售价格计算并纳税，没有同类消费品销售价格的，按组成计税价格纳税，具体规定如下。

（1）实行从价定率办法计征消费税的，其计算公式如下。

应纳税额＝组成计税价格 × 比例税率

其中组成计税价格的计算公式如下。

组成计税价格＝（材料成本＋加工费）÷（1－比例税率）

（2）实行复合计税办法计征消费税的，其计算公式如下。

应纳税额＝组成计税价格 × 比例税率＋委托加工数量 × 定额税率

其中组成计税价格的计算公式如下。

组成计税价格＝（材料成本＋加工费＋委托加工数量 × 定额税率）÷（1－比例税率）

专家课堂

“材料成本”指委托方所提供加工材料的实际成本。材料成本需在委托加工合同中如实注明，未提供材料成本的，由受托方主管税务机关核定其材料成本；“加工费”指受托方加工应税消费品向委托方所收取的全部费用，包括代垫辅助材料的实际成本，但不包括增值税税款。

4. 进口环节应纳消费税的计算

纳税人进口应税消费品，按组成计税价格和规定的税率计算应纳税额，具体规定如下。

（1）实行从价定率办法计征消费税的，其计算公式如下。

应纳税额 = 组成计税价格 × 比例税率

其中组成计税价格的计算公式如下。

组成计税价格 =（关税完税价格 + 关税）÷（1-比例税率）

（2）实行复合计税办法计征消费税的，其计算公式如下。

应纳税额 = 组成计税价格 × 比例税率 + 进口数量 × 定额税率

其中组成计税价格的计算公式如下。

组成计税价格 =（关税完税价格 + 关税 + 进口数量 × 定额税率）÷（1 - 比例税率）

（三）已纳消费税的扣除

将外购的应税消费品和委托加工收回的应税消费品继续进行生产应税消费品并销售的，可将外购的应税消费品和委托加工收回的应税消费品已缴纳的消费税给予扣除。此规定可以有效地避免重复征税，下面具体介绍已纳消费税的扣除规则。

1. 外购应税消费品已纳税款的扣除

（1）扣除公式

当某些应税消费品是用外购的已缴纳了消费税的应税消费品连续生产出来时，税法规定对这些连续生产出来的应税消费品，可按当期生产领用的数量来计算准予扣除的外购应税消费品已纳的消费税税款。具体计算公式如下。

当期准予扣除的外购应税消费品已纳税款 = 当期准予扣除的外购应税消费品买价 × 外购应税消费品适用税率

其中，

当期准予扣除的外购应税消费品买价 = 期初库存的外购应税消费品的买价 + 当期购进的应税消费品的买价 - 期末库存的外购应税消费品的买价

（2）扣除范围

外购应税消费品已纳税款的扣除范围如下。

①外购已税烟丝生产的卷烟。

②外购已税化妆品原料生产的化妆品。

③外购已税珠宝、玉石原料生产的贵重首饰及珠宝、玉石。

④外购已税鞭炮、焰火原料生产的鞭炮、焰火。

⑤外购已税汽车轮胎（内胎和外胎）原料生产的汽车轮胎。

⑥外购已税摩托车零件生产的摩托车（如用外购两轮摩托车改装三轮摩托车）。

⑦外购已税杆头、杆身和握把为原料生产的高尔夫球杆。

⑧外购已税木制一次性筷子原料生产的木制一次性筷子。

⑨外购已税实木地板原料生产的实木地板。

⑩外购已税石脑油为原料生产的应税消费品。

⑪外购已税润滑油原料生产的润滑油。

（3）其他扣除规定

外购已税消费品的买价是指购货发票上注明的销售额，不包括增值税税款。

①纳税人用外购的已税珠宝、玉石原料生产的改在零售环节征收消费税的金银首饰（镶嵌首饰），在计税时一律不得扣除外购珠宝、玉石的已纳税款。

②对自己不生产应税消费品，而只是购进后再销售应税消费品的工业企业，其销售的化妆品、鞭炮、焰火和珠宝、玉石，凡不能构成最终消费品直接进入消费品市场，而需进一步生产加工的，应征收消费税，同时允许扣除上述外购应税消费品的已纳税款。

③允许扣除已纳税款的应税消费品只限于从工业企业购进的应税消费品和进口环节已缴纳消费税的应税消费品，对从境内商业企业购进应税消费品的已纳税款一律不得扣除。

2. 委托加工收回的应税消费品已纳税款的扣除

（1）扣除公式

委托加工的应税消费品因为已由受托方代收代缴消费税，因此委托方收回货物后用于连续生产应税消费品的，其已纳税款准予按照规定从连续生产的应税消费品应纳消费税税额中抵扣。具体计算公式如下。

当期准予扣除的委托加工应税消费品已纳税款 = 期初库存的委托加工应税消费品已纳税款 + 当期收回的委托加工应税消费品已纳税款 - 期末库存的委托加工应税消费品已纳税款

（2）扣除范围

委托加工收回的应税消费品已纳税款的扣除范围如下。

①以委托加工收回的已税烟丝为原料生产的卷烟。

②以委托加工收回的已税化妆品原料生产的化妆品。

③以委托加工收回的已税珠宝、玉石原料生产的贵重首饰及珠宝、玉石。

④以委托加工收回的已税鞭炮、焰火原料生产的鞭炮、焰火。

⑤以委托加工收回的已税汽车轮胎原料生产的

汽车轮胎。

⑥以委托加工收回的已税摩托车零件生产的摩托车。

⑦以委托加工收回的已税杆头、杆身和握把为原料生产的高尔夫球杆。

⑧以委托加工收回的已税木制一次性筷子原料生产的木制一次性筷子。

⑨以委托加工收回的已税实木地板原料生产的实木地板。

⑩以委托加工收回的已税石脑油为原料生产的应税消费品。

⑪以委托加工收回的已税润滑油原料生产的润滑油。

（3）其他扣除规定

纳税人用委托加工收回的已税珠宝、玉石原料生产的改在零售环节征收消费税的金银首饰，在计税时一律不得扣除委托加工收取的珠宝、玉石原料的已纳消费税税款。

【2013真题·单选题】甲酒厂为增值税一般纳税人，2012年5月销售果木酒，取得不含增值税销售额10万元，同时收取包装物租金0.585万元、优质费2.34万元。已知果木酒消费税税率为10%，增值税税率为17%，甲酒厂当月销售果木酒应缴纳消费税税额的下列计算中，正确的是（　）。

A.（10+0.585+2.34）×10%=1.2925（万元）

B.（10+0.585）×10%=1.0585（万元）

C.[10+（0.585+2.34）/（1+17%）]×10%=1.25（万元）

D.[10+0.585/（1+17%）]×10%=1.05（万元）

【答案】C

【解析】本题考查消费税应纳税额的计算。销售果木酒的同时收取的包装物租金和优质费属于消费税的价外费用，应价税分离后并入销售额征收消费税。甲酒厂当月销售果木酒应缴纳消费税=[10+（0.585+2.34）/（1+17%）]×10%=1.25（万元）。

六、消费税征收管理

（一）纳税义务发生时间

（1）纳税人销售应税消费品的，按不同的销售结算方式确定，具体如表4–22所示。

表4-22 不同销售结算方式的纳税义务发生时间

结算方式	纳税时间
赊销和分期收款	（1）为书面合同约定的收款日期的当天 （2）书面合同没有约定收款日期或无书面合同的，为发出应税消费品的当天
预收货款	发出应税消费品的当天
托收承付和委托银行收款	发出应税消费品并办妥托收手续的当天
其他结算方式	收讫销售款或者取得索取销售款凭据的当天

（2）纳税人自产自用应税消费品的，为移送使用的当天。

（3）纳税人委托加工应税消费品的，为纳税人提货的当天。

（4）纳税人进口应税消费品的，为报关进口的当天。

【2013真题·多选题】根据消费税法律制度的规定，关于消费税纳税义务发生时间的下列表述中，正确的有（　）。

A. 纳税人采取预收货款结算方式销售应税消费品的，为收到预收款的当天

B. 纳税人自产自用应税消费品的，为移送使用的当天

C. 纳税人委托加工应税消费品的，为纳税人提货的当天

D. 纳税人进口应税消费品的，为报关进口的当天

【答案】BCD

【解析】本题考查消费税纳税义务发生时间。A选项错误，采取预收货款结算方式的，为发出应税消费品的当天。

（二）纳税地点

应税消费品的纳税地点根据不同的情形有以下几方面的规定。

1. 销售的应税消费品

纳税人销售的应税消费品，以及自产自用的应税消费品，除国务院财政、税务主管部门另有规定外，应向纳税人机构所在地或者居住地的主管税务机关申报纳税。

2. 委托加工的应税消费品

委托加工的应税消费品，除受托方为个人外，由受托方向机构所在地或者居住地的主管税务机关解缴消费税税款。受托方为个人的，由委托方向机

构所在地的主管税务机关申报纳税。

3. 进口的应税消费品

进口的应税消费品，由进口人或者代理人向报关地海关申报纳税。

4. 外地销售或委托外地代销的消费品

纳税人到外县（市）销售或者委托外县（市）代销自产应税消费品的，于应税消费品销售后，向机构所在地或者居住地主管税务机关申报纳税。

专家课堂

纳税人的总机构与分支机构不在同一县（市），但在同一省（自治区、直辖市）范围内，经省（自治区、直辖市）财政厅（局）、国家税务局审批同意，可由总机构汇总向总机构所在地的主管税务机关申报缴纳消费税。

5. 总机构与分支机构不在同一地区

纳税人的总机构与分支机构不在同一县（市）的，应当分别向各自机构所在地的主管税务机关申报纳税。

（三）纳税期限

消费税纳税期限的规定主要有以下几点。

（1）消费税的纳税期限分别为1日、3日、5日、10日、15日、1个月或1个季度。

（2）纳税人以1个月或者1个季度为1个纳税期的，自期满之日起15日内申报纳税。

（3）以1日、3日、5日、10日或者15日为1个纳税期的，自期满之日起5日内预缴税款，于次月1日起至15日内申报纳税并结清上月应纳税款。

（4）纳税人进口应税消费品，应当自海关填发海关进口消费税专用缴款书之日起15日内缴纳税款。

第三节 营业税法律制度

考情分析： 本节内容是2013年考纲中删减力度较大的一节内容，估计考题数量和考试分值较之往年情况会有大幅度降低。但即便如此，本节内容在考试中也有可能出现在各种题型中，考生不可掉以轻心。

学习建议： 全面学习本节内容中的各小节知识，重点掌握营业税的征税范围和应纳税额的计算，并熟悉营业税的税目、税率、税收优惠和征收管理的知识。

营业税是以纳税人从事经营活动的营业额（销售额）为课税对象的税种。通过不断地修改和完善，营业税慢慢从新中国成立初期的工商统一税，发展为工商税，然后再从中划分出来，形成一个独立的税种。

为进一步完善营业税税制，我国不断地出台一系列相关法律法规文件，使营业税更加符合当前经济发展的需要和市场结构，并进一步在部分地区和部分行业开展增值税改革试点，逐步将目前征收营业税的行业改征增值税。营业税与增值税、消费税相配合，构成我国流转税体系的主体。

一、营业税纳税人

（一）纳税人

1. 营业税纳税人的界定

在中华人民共和国境内提供应税劳务、转让无形资产或者销售不动产的单位和个人，为营业税的纳税人。

专家课堂

“单位”指企业、行政单位、事业单位、军事单位、社会团体及其他单位；“个人”指个体工商户和其他个人。

其中，在中华人民共和国境内提供应税劳务、转让无形资产或者销售不动产，包含以下几层含义。

（1）提供或者接受应税劳务的单位或者个人在境内。

（2）所转让的无形资产（不含土地使用权）的接受单位或者个人在境内。

（3）所转让或者出租土地使用权的土地在境内。

（4）所销售或者出租的不动产在境内。

2. 营业税纳税人的特殊规定

营业税纳税人的特殊规定有以下几方面内容。

（1）单位以承包、承租、挂靠方式经营的，承包人、承租人、挂靠人（以下统称承包人）发生应税行为，承包人以发包人、出租人、被挂靠人（以下统称发包人）名义对外经营并由发包人承担相关法律责任的，以发包人为纳税人，否则以承包人为纳税人。

（2）在中国境内承包工程作业和提供应税劳务的非居民也是营业税的纳税人。其中，关于“非居民”的解释有以下几方面内容。

①非居民包括非居民企业和非居民个人。

②非居民企业是指依照外国（地区）法律成立且实际管理机构不在中国境内，但在中国境内设立机构、场所的，或者在中国境内未设立机构、场所，但有来源于中国境内所得的企业。

③非居民个人指在中国境内无住所又不居住或者无住所而在境内居住不满1年的个人。

（3）负有营业税纳税义务的单位为发生应税行为并收取货币、货物或者其他经济利益的单位，但不包括单位依法不需要办理税务登记的内设机构。

（二）扣缴义务人

营业税的扣缴义务人根据不同情形有不同的规定，具体如下。

（1）境外的单位或者个人在境内提供应税劳务、转让无形资产或者销售不动产，在境内未设有经营机构的，以其境内代理人为扣缴义务人。在境内没有代理人的，以受让方或者购买方为扣缴义务人。

（2）非居民在中国境内发生营业税应税行为而在境内未设立经营机构的，以代理人为营业税的扣缴义务人。没有代理人的，以发包方、劳务受让方为扣缴义务人。

专家课堂

工程作业发包方、劳务受让方，在项目合同签订之日起30日内，未能向其所在地主管税务机关提供相关证明资料的，应履行营业税扣缴义务。

（3）国务院财政、税务主管部门规定的其他扣缴义务人。

二、营业税征税范围

（一）征税范围

根据《营业税暂行条例》及实施细则的规定，营业税的征税范围包括在中华人民共和国境内提供应税劳务、转让无形资产或者销售不动产。具体解释如下。

1. 提供应税劳务、转让无形资产或者销售不动产

提供应税劳务、转让无形资产或者销售不动产，指有偿提供应税劳务、有偿转让无形资产或者有偿销售不动产的行为。

专家课堂

单位或个体工商户聘用的员工为本单位或者雇主提供的劳务，不包括在营业税的应税劳务内。

2. 有偿

有偿是指通过提供、转让或销售行为取得货币、货物或其他经济利益。

3. 应税劳务

应税劳务是指属于建筑业、金融保险业、电信业、文化体育业、娱乐业、服务业税目征收范围的劳务。

【例题·单选题】下列选项中，应缴纳营业税的是（　）。

A. 销售化妆品　　B. 进口红酒

C. 销售房屋　　D. 修理汽车

【答案】C

【解析】本题考查营业税的征税范围。加工和修理、修配不属于营业税征税范围。A、B选项的行为需要缴纳增值税和消费税，D选项需要缴纳增值税。C选项属于销售不动产，应缴纳营业税。

（二）视同发生应税行为

纳税人有下列情形之一的，应视同发生应税行为。

（1）单位或者个人将不动产或者土地使用权无偿赠送其他单位或者个人。

（2）单位或者个人自己新建建筑物后销售，其所发生的自建行为。

（3）财政部、国家税务总局规定的其他情形。

（三）混合销售行为

1. 混合销售行为与征收的税种

混合销售行为是指一项销售行为既涉及应税劳务又涉及货物的行为。不同混合销售行为征收的税种也不同，具体规定如下。

（1）从事货物的生产、批发或零售的企业、企业性单位及个体经营者的混合销售行为，视为销售货物，不征收营业税。

（2）其他单位和个人的混合销售行为，视为提供应税劳务，应当征收营业税。

专家课堂

混合销售行为中所说的“货物”指有形动产，包括电力、热力、气体在内；从事货物的生产、批发或零售的企业、企业性单位及个体经营者，包括以从事货物的生产、批发或零售为主，并兼营应税劳务的企业、企业性单位及个体经营者在内。

2. 须分别核算的混合销售行为

纳税人的下列混合销售行为，应分别核算应税劳务的营业额和货物的销售额。其中，应税劳务的

营业额缴纳营业税；货物销售额不缴纳营业税。未分别进行核算处理的，由主管税务机关核定其应税劳务的营业额。

（1）提供建筑业劳务的同时销售自产货物的行为。

（2）财政部、国家税务总局规定的其他情形。

知识链接

纳税人销售自产货物同时提供建筑业劳务，须向建筑业劳务发生地主管地方税务机关，提供其机构所在地主管国家税务机关出具的，本纳税人属于从事货物生产的单位或个人的证明。建筑业劳务发生地主管地方税务机关再根据该证明，按有关规定计算并征收营业税。

（四）兼营行为

关于纳税人的兼营行为，有以下几方面的规定。

（1）纳税人具有兼营应税行为和货物或者非应税劳务的，应分别核算应税行为的营业额和货物或者非应税劳务的销售额。

（2）应税行为营业额缴纳营业税；货物或者非应税劳务销售额不缴纳营业税。

（3）未分别核算的，由主管税务机关核定其应税行为营业额。

（4）纳税人兼有不同税目的应税劳务、转让无形资产或销售不动产时，应分别核算不同税目的营业额、转让额、销售额（统称营业额）。未分别核算的，从高适用税率。

（五）特殊业务的征税规定

对于一些特殊业务，其征税规定也有所不同，具体如表 4-23 所示。

表 4-23 特殊业务的征税规定

特殊业务	征收营业税	征收增值税
水利工程水费	属于其向用户提供天然水供应服务取得的收入，按“服务业”税目征收营业税	不征收增值税
销售电信物品	电信单位自己销售电信物品，并为客户提供有关的电信劳务服务的，征收营业税	销售无线寻呼机、移动电话，而不提供有关的电信劳务服务的，征收增值税
林木管护劳务	单独提供林木管护劳务，行为属于营业税征收范围，符合条件的免征营业税	销售林木以及销售林木的同时提供林木管护劳务的行为，属于增值税征收范围，应征收增值税
汽车按揭服务和代办服务	单独提供按揭、代办服务业务，不销售汽车的，应征收营业税	随汽车销售提供的汽车按揭服务和代办服务业务征收增值税
商业企业向供货方收取的各种收入	与商品销售量、销售额无必然联系，且商业企业向供货方提供一定劳务的收入，例如，进场费、广告促销费、上架费、展示费、管理费等，缴纳营业税	与商品销售量、销售额有必然联系，属于平销返利，属于增值税范围（应冲减当期增值税进项税额）
纳税人提供的矿产资源	爆破、穿孔、表面附着物（包括岩层、土层、沙层等）剥离和清理劳务，以及矿井、巷道构筑劳务	开采、挖掘、切割、洗选等征收增值税
资产重组过程中	资产重组过程中，以合并、分立、出售、置换等方式转让的不动产、土地使用权转让，不征收营业税	资产重组过程中，以合并、分立、出售、置换等方式转让的动产，不征收增值税

【2013 真题·单选题】根据营业税法律制度的规定，下列业务中，属于营业税征税范围内的是（　）。

A. 贷款业务　　B. 缝纫业务

C. 加工业务　　D. 商品期货业务

【答案】A

【解析】本题考查营业税的征税范围。营业税的征税范围包括在中华人民共和国境内提供应税劳务、转让无形资产或销售不动产。B、C、D 选项均属于增值税的征税范围。

三、营业税税目

营业税共设置了 9 大税目，下面依次介绍。

专家课堂

随着营业税改征增值税改革的推进，交通运输业税目，邮电通信业税目中的邮政，服务业税目中的仓储业和广告业，转让无形资产税目中的转让商标权、转让著作权、转让非专利技术，停止执行。

（一）建筑业

建筑业指建筑安装工程作业，其税目的征收范围包括建筑、安装、修缮、装饰和其他工程作业。

1. 建筑

建筑，是指新建、改建、扩建各种建筑物、构筑物的工程作业。包括与建筑物相连的各种设备或支柱、操作平台的安装或装设工程作业，以及各种窑炉和金属结构工程作业在内。

> **专家课堂**
>
> 自建自用建筑物的自建行为不是建筑业的征税范围；出租或投资入股的自建建筑物，也不是建筑业的征税范围。

2. 安装

安装，是指生产设备、动力设备、起重设备、运输设备、传动设备、医疗实验设备及其他各种设备的装配、安置工程作业。包括与设备相连的工作台、梯子、栏杆的装设工程作业和被安装设备的绝缘、防腐、保温、油漆等工程作业在内。

3. 修缮

修缮，是指对建筑物、构筑物进行修补、加固、养护、改善，使之恢复原来的使用价值或延长其使用期限的工程作业。

4. 装饰

装饰，是指对建筑物、构筑物进行修饰，使之美观或具有特定用途的工程作业。

5. 其他工程作业

其他工程作业，是指上述工程作业以外的各种工程作业，如代办电信工程、水利工程、道路修建、疏浚、钻井（打井）、拆除建筑物或构筑物、平整土地、搭脚手架、爆破等工程作业。

> **专家课堂**
>
> 管道煤气集资费（初装费）业务也应按建筑业税目征收营业税。

（二）金融保险业

金融保险业是指经营金融、保险的业务。金融保险业税目的征收范围主要包括金融与保险两大领域。

1. 金融业

金融是指经营货币资金融通活动的业务，包括贷款、金融商品转让、金融经纪业和其他金融业务。

（1）贷款

贷款指将资金贷与他人使用的业务，其前提是有偿使用和到期归还，包括一般贷款和转贷外汇。

一般贷款是指除转贷外汇之外的贷款，如自有资金贷款、典当、信托贷款等；转贷外汇是指将直接从境外借来的外汇资金借与境内单位或个人使用的行为。

（2）金融商品买卖

金融商品买卖指纳税人从事的外汇、有价证券、非货物期货和其他金融商品买卖业务。

> **专家课堂**
>
> 非货物期货缴纳营业税，货物期货不缴纳营业税。

（3）金融经纪业

金融经纪业指受托代他人经营金融活动的业务，包括委托业务、代理业务、咨询业务等。

（4）其他金融业务

其他金融业务指上述业务以外的各项金融业务，如银行结算、买入返售证券等。

另外，关于金融业的其他一些行为，其是否缴纳营业税也作了相关规定，具体如表 4-24 所示。

表 4-24 其他金融行为是否征收营业税

金融行为	是否征收营业税
存款或购入金融商品行为	不征收营业税
金银买卖业务	不征收营业税
外国银行分行改制过程中发生的向其改制后的外商独资银行（或其分行）转让企业产权和股权的行为	不征收营业税
人民银行对金融机构的贷款业务	不征收营业税
人民银行对企业贷款或委托金融机构贷款的业务	征收营业税
金融机构往来业务	暂不征收营业税
金融机构的出纳长款收入	不征收营业税

> **专家课堂**
>
> 金融机构往来是指金融企业联行、金融企业与人民银行及同业之间的资金往来业务取得的利息收入，不包括相互之间提供的服务。

> **专家课堂**
>
> 邮政储蓄业务按金融保险业税目征收营业税。

2. 保险业

保险业指将通过契约形式集中起来的资金，用以补偿被保险人的经济利益的业务，包括各种保险业务。

需要注意的是，以下两种与保险业相关的业务，不征收营业税。

（1）保险企业取得的追偿款。

（2）保险公司的摊回分保费用。

专家课堂

追偿款是指发生保险事故后，保险公司按照保险合同的约定向被保险人支付赔款，并从被保险人处取得对保险标的价款进行追偿的权利而追回的价款。

【例题·单选题】下列金融行为中，需要征收营业税的是（　）。

A. 人民银行对金融机构的贷款业务

B. 人民银行对企业贷款或委托金融机构贷款的业务

C. 存款或购入金融商品行为

D. 金银买卖业务

【答案】B

【解析】本题考查营业税的金融业税目。B选项错误，人民银行对企业贷款或委托金融机构贷款的业务不征收营业税。

考场点拨

要想正确解答本题，只有熟记相关知识点。但如果全部记忆各金融行为也是非常麻烦的。遇到这种情况时，可选择记忆重点内容来提高效率。比如表4-24中的内容，只需记住要征收和暂不征收营业税的金融行为，其他行为便表示不征收营业税。这样在答题时也能有目的地选择正确答案。

（三）电信业

电信业是指用各种电传设备传输电信号来传递信息的业务，包括电报、电传、电话、电话机安装、电信物品销售以及其他电信业务。

1. 电报

电报指用电信号传递文字的通信业务及相关的业务，包括传递电报、出租电报电路设备、代维修电报电路设备以及电报分送、译报、查阅去报报底或来报回单、抄录去报报底等。

2. 电传

电传即传真指通过电传设备传递原件的通信业务，包括传递资料、图表、相片、真迹等。

3. 电话

电话指用电传设备传递语言的业务及相关的业务，包括有线电话、无线电话、寻呼电话、出租电话电路设备、代维修或出租广播电路、电视信道等业务。

4. 电话机安装

电话机安装指为用户安装或移动电话机的业务。

5. 电信物品销售

电信物品销售指在提供电信劳务的同时附带销售专用和通用电信物品（如电报纸、电话号码簿、电报签收簿、电信器材、电话等）的业务。

6. 其他电信业务

其他电信业务指上列业务以外的电信业务。

（四）文化体育业

文化体育业是指经营文化、体育活动的业务。本税目的征收范围包括文化业和体育业两大领域。

1. 文化业

文化业是指经营文化活动的业务，包括表演、播映和其他文化业。

（1）表演。表演指进行戏剧、歌舞、时装、健美、杂技、民间艺术、武术、体育等表演活动的业务。

（2）其他文化业。其他文化业指经营上列活动以外的文化活动的业务，如各种展览、培训活动，举办文学、艺术、科技讲座、演讲、报告会，图书馆的图书和资料借阅业务等。

2. 体育业

体育业是指举办各种体育比赛和为体育比赛或体育活动提供的场所的业务。

专家课堂

以租赁方式为文化活动、体育比赛提供场所，属于“服务业——租赁业”税目，不按本税目征税。

（五）娱乐业

娱乐业是指为娱乐活动提供场所和服务的业务。本税目的征收范围包括经营歌厅，舞厅，卡拉OK歌舞厅，音乐茶座，台球，高尔夫球，保龄球场，游艺场等娱乐场所，以及娱乐场所为顾客进行娱乐活动提供服务的业务。

1. 歌厅

歌厅指在乐队的伴奏下顾客进行自娱自乐形式的演唱活动的场所。

2. 舞厅

舞厅指供顾客进行跳舞活动的场所。

3. 卡拉OK歌舞厅

卡拉OK歌舞厅指在音像设备播放的音乐伴奏下，顾客自娱自乐进行歌舞活动的场所。

4. 音乐茶座

音乐茶座指为顾客同时提供音乐欣赏和茶水、咖啡、酒及其他饮料消费的场所。

5. 台球、高尔夫球、保龄球场

台球、高尔夫球、保龄球场指顾客进行台球、高尔夫球、保龄球活动的场所。

6. 游艺场

游艺场指举办各种游艺、游乐（如射击、狩猎、跑马、玩游戏机等）活动的场所。

（六）服务业

服务业是指利用设备、工具、场所、信息或技能为社会提供服务的业务。本税目的征收范围包括代理业、旅店业、饮食业、旅游业、租赁业、其他服务业。

1. 代理业

代理业指代委托人办理受托事项的业务，包括代购代销货物、介绍服务、其他代理服务。

（1）代购代销货物指受托购买货物或销售货物，按实购或实销额结算并收取手续费的业务。

（2）介绍服务指中介人介绍双方商谈交易或其他事项的业务。

（3）其他代理服务指受托办理上列事项以外的其他事项的业务。

专家课堂

服务性单位将委托方预付的餐费转付给餐饮企业，并向委托方和餐饮企业收取服务费的，属于餐饮中介服务，按“服务业——代理业”税目征税；无船承运业务属于服务业税目；单位和个人受托种植植物、饲养动物的行为，属于“服务业——代理业”税目。

2. 旅店业

旅店业指提供住宿服务的业务。

3. 饮食业

饮食业指通过同时提供饮食和饮食场所的方式为顾客提供饮食消费服务的业务。

专家课堂

饭馆、餐厅及其他饮食服务场所，为顾客在就餐的同时进行的自娱自乐形式的歌舞活动所提供的服务，按娱乐业税目征税。

4. 旅游业

旅游业指为旅游者安排食宿、交通工具和提供导游等旅游服务的业务。

专家课堂

单位和个人在旅游景区经营索道、观光电梯、观光电车、旅游游船等取得的收入，按“服务业——旅游业”税目征税。

5. 租赁业

租赁业指在约定的时间内将场地、房屋或设施等转让他人使用的业务。

关于租赁业，需要注意以下几点。

（1）单位和个人将承租的场地、房屋等转租给他人的行为属于租赁行为，按“服务业——租赁业”税目征收营业税。

（2）酒店产权式经营业主（以下简称业主）在约定的时间内提供房产使用权与酒店进行合作经营，如房产产权并未归属新的经济实体，业主按照约定取得的固定收入和分红收入均应视为租金收入，按“服务业——租赁业”税目征收营业税。

（3）交通部门有偿转让高速公路收费权行为，属于营业税征收范围，按“服务业——租赁业”税目征收营业税。

【2012真题·多选题】根据营业税法律制度的规定，下列业务中，应按“服务业——租赁业”税目缴纳营业税的有（　）。

A. 美术馆出租展览场地

B. 房地产公司出租土地使用权

C. 俱乐部出租体育场比赛场地

D. 交通部门有偿转让高速公路收费权

【答案】ABCD

【解析】本题考查营业税租赁业的税目。A、C选项的出租文化场所和体育场地属于“服务业——租赁业”税目的征税范围，B选项的房地产公司出租土地使用权，属于“服务业——租赁业”税目的征税范围；D选项的交通部门有偿转让高速公路收费权行为，属于营业税征收范围，按“服务业——租赁业”税目征收营业税。

专家课堂

广告代理业务按“服务业——广告业”税目征收营业税。

6. 其他服务业

其他服务业指上述业务以外的服务业务。如沐浴、理发、洗染、照相、美术、裱画、誊写、打字、镌刻、计算、测试、试验、化验、录音、录像、复印、晒图、设计、制图、测绘、勘探、打包、咨询等。

【2011 真题·单选题】根据营业税法律制度的规定，下列各项中，按“服务业”税目征税的是（ ）。

A. 旅游公司从事景区内索道运输业务

B. 金融企业从事融资租赁业务

C. 邮政局从事传递函件业务

D. 文化公司从事字画展览业务

【答案】A

【解析】本题考查营业税的税目。B 选项按照“金融保险业”纳税；C 选项按照“邮政业”纳税；D 选项按照“文化体育业”纳税。

（七）转让无形资产

转让无形资产指转让无形资产（指不具实物形态，但能带来经济利益的资产）的所有权或使用权的行为。本税目的征收范围包括转让土地使用权、转让商标权、转让专利权、转让非专利技术、转让著作权、转让商誉、在境内转让自然资源使用权。

1. 转让土地使用权

转让土地使用权指土地使用者转让土地使用权的行为。其相关行为的征税规定如表 4-25 所示。

表 4-25 转让土地使用权相关行为的征税规定

转让土地使用权的相关行为	征税规定
土地所有者出让土地使用权和土地使用者将土地使用权还给土地所有者	不征收营业税
无论支付征地补偿费的资金来源是否为政府财政资金，纳税人将土地使用权归还给土地所有者时，只要出具县级（含）以上地方人民政府收回土地使用权的正式文件	不征收营业税
外国银行分行改制过程中发生的向其改制后的外商独资银行（或其分行）转让企业产权和股权的行为	不征收营业税
土地使用者转让、抵押或置换土地，无论其是否取得了该土地的使用权属证书，无论其在转让、抵押或置换土地过程中是否与对方当事人办理了土地使用权属证书变更登记手续，只要土地使用者享有占有、使用、收益或处分该土地的权利，且有合同等证据表明其实质转让、抵押或置换了土地并取得了相应的经济利益	征收营业税
土地整理储备供应中心（包括土地交易中心）转让土地使用权取得的收入	按“无形资产——土地使用权”税目征收营业税
以无形资产投资入股，参与接受投资方的利润分配、共同承担投资风险的行为	不征收营业税
以无形资产投资入股，投资后转让其股权	不征收营业税
转让已完成土地前期开发或正在进行土地前期开发，但尚未进入施工阶段的在建项目	按“无形资产——土地使用权”税目征收营业税
转让已进入建筑物施工阶段的在建项目	按“销售不动产”税目征收营业税
土地租赁	按“服务业——租赁业”税目征收营业税

2. 转让商誉

转让商誉指转让商誉的使用权的行为。

商誉是指企业或其他单位由于种种原因形成的无形价值，这些原因包括地理条件优越、知名度高、技术先进、信誉好等。

3. 在境内转让自然资源使用权

转让自然资源使用权，是指权利人转让勘探、开采、使用自然资源权利的行为。对该使用权的解释主要包括以下几方面内容。

（1）在境内转让自然资源使用权，指所转让的自然资源使用权涉及的自然资源在境内。

（2）自然资源使用权，指海域使用权、探矿权、采矿权、取水权和其他自然资源使用权（不含土地使用权）。

专家课堂

县级以上地方人民政府或自然资源行政主管部门出让、转让或收回自然资源使用权的行为，不征收营业税。

（八）销售不动产

销售不动产指有偿转让不动产所有权的行为，包括销售建筑物或构筑物和销售其他土地附着物。

关于销售不动产的行为及相关行为，需注意以下几方面的内容。

（1）在销售不动产时连同不动产所占土地的使用权一并转让的行为，比照销售不动产征收营业税。

专家课堂

销售建筑物或构筑物是指有偿转让建筑物或构筑物的所有权的行为；销售其他土地附着物是指有偿转让其他土地附着物的所有权的行为；其他土地附着物是指除建筑物、构筑物以外的其他附着于土地的不动产，如树木、庄稼、花草等。

（2）以不动产投资入股，参与接受投资方利润分配、共同承担投资风险的行为，不征收营业税。在投资后转让股权的，也不征收营业税。

（3）个人将购买不足5年的住房对外销售的，全额征收营业税。

（4）个人将购买超过5年（含5年）的非普通住房对外销售的，按照其销售收入减去购买房屋的价款后的差额征收营业税。

（5）个人将购买超过5年（含5年）的普通住房对外销售的，免征营业税。

四、营业税税率

营业税税率的调整由国务院决定。根据不同的行业和类别，营业税设置了不同的比例税率，具体如表4–26所示。

表4–26 营业税税率

行业类别	税率
建筑业、电信业、文化体育业	3%
金融保险业、服务业、销售不动产、转让无形资产	5%
娱乐业	（1）实行5%～20%的幅度税率 （2）具体适用的税率，由各省、自治区、直辖市人民政府根据当地的实际情况在税法规定的幅度内决定

五、营业税应纳税额的计算

（一）营业额的确定

1. 营业额的概念和内容

营业额为纳税人提供应税劳务、转让无形资产或者销售不动产收取的全部价款和价外费用。其中，价外费用包括收取的手续费、补贴、基金、集资费、返还利润、奖励费、违约金、滞纳金、延期付款利息、赔偿金、代收款项、代垫款项、罚息及其他各种性质的价外收费。

同时符合以下条件代为收取的政府性基金或者行政事业性收费不属于价外费用。

（1）由国务院或财政部批准设立的政府性基金，由国务院或省级人民政府及其财政、价格主管部门批准设立的行政事业性收费。

（2）收取时开具省级以上财政部门印制的财政票据。

（3）所收款项已全额上缴财政。

【2011真题·多选题】某房地产公司2010年9月销售5套商品房，取得售房款750万元，手续费1万元，违约金2万元，赔偿金5万元，延期付款利息3万元，该公司当月在计算缴纳营业税时应确认为价外费用的有（　）。

A. 手续费1万元

B. 违约金2万元

C. 赔偿金5万元

D. 延期付款利息3万元

【答案】ABCD

【解析】本题考查营业税的的营业额。营业额为纳税人提供应税劳务、转让无形资产或者销售不动产收取的全部价款和价外费用。其中价外费用包括收取的手续费、补贴、基金、集资费、返还利润、奖励费、违约金、滞纳金、延期付款利息、赔偿金、代收款项、代垫款项、罚息及其他各种性质的价外收费。

2. 营业额的具体规定

根据不同的行业和类别，营业额的具体规定也不尽相同，下面分别介绍。

（1）建筑业

建筑业的营业额为纳税人承包建筑工程、修缮工程、安装工程、装饰工程和其他工程作业所取得的营业收入额，即建筑安装企业向建设单位收取的工程价款及价外费用。其他特殊情况下营业额的确定如表4–27所示。

表4–27 建筑业的营业额确定规定

特殊情形	具体行为	营业额
分包	纳税人将建筑工程分包给其他单位	取得的全部价款和价外费用扣除其支付给其他单位的分包款后的余额
提供应税劳务	纳税人提供建筑业劳务（不含装饰劳务）	包括工程所用原材料、设备及其他物资和动力价款在内，但不包括建设方提供的设备的价款
销售自建房屋	纳税人（不包括个人自建自用住房销售）将自建的房屋对外销售	自建行为首先应按建筑业缴纳营业税，再按销售不动产缴纳营业税
提供装饰劳务	纳税人提供装饰劳务	按照其向客户实际收取的人工费、管理费和辅助材料费等收入（不含客户自行采购的材料价款和设备价款）确认营业额
设备	通信线路工程和输送管道工程所使用的电缆、光缆和构成管道工程主体的防腐管段、管件（弯头、三通、冷弯管、绝缘接头）、清管器、收发球筒、机泵、加热炉、金属容器等物品均属于设备	价值不包括在工程的营业额中

专家课堂

其他建筑安装工程的营业额也不应包括设备价值，具体设备名单可由省级地方税务机关根据各自实际情况列举。

（2）金融保险业

①金融业。

金融业的营业额主要包括贷款利息收入、金融商品转让收益、融资租赁收益以及从事金融经纪业务和其他金融业务的手续费收入。其营业额可以根据收入全额、余额或手续费 3 种方法来确定。具体规定如表 4–28 所示。

表 4–28 金融业的营业额确定规定

业务类别	营业额	计算公式和解释
贷款	贷款利息收入（包括各种加息、罚息等）	
融资租赁	向承租者收取的全部价款和价外费用（包括残值）减去出租方承担的出租货物的实际成本后的余额	（1）本期营业额 =（应收取的全部价款和价外费用 – 实际成本）×（本期天数 ÷ 总天数） （2）实际成本 = 货物购入原价 + 关税 + 增值税 + 消费税 + 运杂费 + 安装费 + 保险费 + 支付给境外的外汇借款利息支出和人民币借款利息
外汇、有价证券、期货等金融商品买卖	卖出价减去买入价后的余额	（1）本期营业额 = 卖出价 – 买入价 （2）卖出价：即卖出原价，不包括购进过程中支付的各种费用和税金 （3）买入价：按财务会计制度规定，以股票、债券的购入价减去股票、债券持有期间取得的股票、债券红利收入
金融经纪和其他金融业务	手续费的全部收入	
金融企业代收费用	全部收入减去支付给委托方价款后的余额	金融业可代收的费用包括电话费、水费、煤气费、信息费、学杂费、寻呼费、社保统筹费、交通违章罚款、税款等

专家课堂

金融企业买卖金融商品，可在同一会计年度末，将不同纳税期出现的正差和负差按同一会计年度汇总的方式计算并缴纳营业额。若汇总计算应缴纳的营业税税额小于本年已缴纳的营业税税额，可向税务机关申请办理退税，但不得将一个会计年度内汇总后仍为负差的部分结转下一会计年度。

②保险业。保险业的营业额为纳税人从事保险业务向对方收取的全部收入。

具体规定如表 4–29 所示。

表 4–29 保险业的营业额确定规定

业务类别	营业额
办理初保	纳税人经营保险业务向对方收取的全部价款，即向被保险人收取的全部保险费
储金（保险公司采用收取储金方式取得经济利益的业务）	纳税人在纳税期内的储金平均余额乘以人民银行公布的 1 年期存款的月利率，储金平均余额为纳税期期初储金余额与期末余额之和再乘以 50%
无赔偿奖励	向投保人实际收取的保费

【2012 真题·多选题】根据营业税法律制度的规定，下列金融业务中，以余额为营业额计征营业税的有（ ）。

A. 一般贷款业务　　B. 融资租赁业务

C. 债券买卖业务　　D. 外汇买卖业务

【答案】BCD

【解析】本题考查金融业营业额的确定规则。根据营业税法律制度的规定，B 选项的融资租赁业务以其向承租者收取的全部价款和价外费用（包括残值）减去出租方承担的出租货物的实际成本后的“余额”为营业额；C、D 选项的外汇、有价证券、期货等金融商品买卖业务，以卖出价减去买入价后的“余额”为营业额。A 选项错误，一般贷款业务的营业额为贷款利息收入。

（3）电信业

电信业的营业额确定，其规定如表 4–30 所示。

表 4–30 电信业的营业额确定规定

行业和业务	营业额
电信业	纳税人提供电报、电话、电传、电话机安装、电信物品销售或其他电信业务所取得的营业收入额
电信部门以集中受理方式为集团客户提供跨省的出租电路业务	（1）由受理地区的电信部门按取得的全部价款减除分割给参与提供跨省电信业务的电信部门的价款后的差额为营业额计征营业税 （2）对参与提供跨省电信业务的电信部门，按各自取得的全部价款为营业额计征营业税
邮政电信单位与其他单位合作，共同为用户提供邮政电信业务及其他服务并由邮政电信单位统一收取价款	全部收入减去支付给合作方价款后的余额
电信单位销售的各种有价电话卡	按面值确认的收入减去当期财务会计上体现的销售折扣折让后的余额

（4）文化体育业

文化体育业的营业额确定，其规定如表 4–31

所示。

表 4-31 文化体育业的营业额确定规定

行业和业务	营业额
文化体育业	从事文化体育业的单位和个人所取得的营业收入额，包括演出收入、播映收入、其他文化收入、经营游览场所收入和体育收入
单位或个人进行演出	全部收入减去付给提供演出场所的单位、演出公司或经纪人的费用后的余额
广播电视有线数字付费频道业务应由直接向用户收取数字付费频道收视费的单位	向用户收取的收视费全额
邮政电信单位与其他单位合作，共同为用户提供邮政电信业务及其他服务并由邮政电信单位统一收取价款	全部收入减去支付给合作方价款后的余额为营业额
各合作单位分得的收视费收入	不再征收营业税

（5）娱乐业

娱乐业的营业额为经营娱乐业收取的全部价款和价外费用，包括门票收费、台位费、点歌费、烟酒、饮料、茶水、鲜花、小吃等收费及经营娱乐业的其他各项收费。

（6）服务业

服务业的营业额为纳税人从事各项服务业所取得的营业收入额。

①代理业。代理业的营业额确定，其规定如表 4-32 所示。

表 4-32 代理业的营业额确定规定

行业和业务	营业额
代理业务	向委托人收取的全部价款和价外费用减除现行税收政策规定的可扣除部分后的余额
服务性单位从事餐饮中介服务	向委托方和餐饮企业实际收取的中介服务费，不包括其代委托方转付的就餐费用
福利彩票机构发行销售福利彩票	不征收营业税
福利彩票机构以外的代销单位销售福利彩票	手续费
外事服务单位为外国常驻机构、“三资”企业和其他企业提供人力资源服务	从委托方取得的全部收入减除代委托方支付给聘用人员的工资及福利费和缴纳的社会统筹、住房公积金后的余额
代理报关	向委托人收取的全部价款和价外费用扣除查验费、打单费等国家税务总局规定的费用项目金额后的余额
无船承运	向委托人收取的全部价款和价外费用扣除其支付的海运费以及报关、港杂、装卸费用后的余额

②旅店业。旅店业的营业额为提供住宿服务的各项收入。

③饮食业。饮食业的营业额为向顾客提供饮食消费服务而收取的餐饮收入。

④旅游业。旅游业的营业额确定，其规定如表 4-33 所示。

表 4-33 旅游业的营业额确定规定

行业和业务	营业额
旅游业务	取得的全部价款和价外费用扣除替旅游者支付给其他单位或者个人的住宿费、餐费、交通费、旅游景点门票和支付给其他接团旅游企业的旅游费后的余额
旅游企业组织旅游团到中华人民共和国境外旅游，在境外改由其他旅游企业接团	全程旅游费减去付给该接团企业的旅游费后的余额
单位和个人在旅游景区兼有不同税目应税行为并采取“一票制”收费方式	分别核算不同税目的营业额；未分别核算或核算不清的，从高适用税率

⑤租赁业。租赁业务的营业额为经营租赁业务所取得的租金收入全额，不得扣除任何费用。

⑥其他服务业。其他服务业的营业额确定，其规定如表 4-34 所示。

表 4-34 其他服务业的营业额确定规定

行业和业务	营业额
其他服务业	发生其他服务业劳务时，向对方收取的全部价款和价外费用
劳务公司接受用工单位的委托，为其安排劳动力	凡用工单位将其应支付给劳动力的工资和为劳动力上缴的社会保险（包括养老保险、医疗保险、失业保险、工伤保险等，下同）以及住房公积金统一交给劳务公司代为发放或办理的，以劳务公司从用工单位收取的全部价款减去代转付给劳动力的工资和为劳动力办理社会保险及住房公积金后的余额
物业管理	与物业管理有关的全部收入减去代业主支付的水、电、燃气以及代承租者支付的水、电、燃气、房屋租金的价款后的余额
消费者持服务单位销售或赠与的固定面值消费卡进行消费	消费者持卡消费时，服务单位所冲减的有价消费卡面值额

（7）转让无形资产

转让无形资产的营业额为转让无形资产所取得的转让额，具体包括无形资产受让方支付给转让方的全部货币、实物和其他经济利益。如表 4–35 所示。

表 4–35 转让无形资产的营业额确定规定

行业和业务	营业额
纳税人转让土地使用权	全部收入减去土地使用权购置或受让原价后的余额
纳税人转让抵债所得的土地使用权	全部收入减去抵债时该项土地使用权作价后的余额

（8）销售不动产

销售不动产的营业额为纳税人销售不动产而向不动产购买者收取的全部价款和价外费用。具体规定如表 4–36 所示。

表 4–36 销售不动产的营业额确定规定

行业和业务	营业额
纳税人销售或转让其购置的不动产	全部收入减去不动产的购置原价后的余额
纳税人销售或转让抵债所得的不动产	全部收入减去抵债时该项不动产作价后的余额

3. 营业额的特殊规定

除基本规定外，营业额的确定还有以下一些特殊规定。

（1）纳税人发生应税行为，如果将价款与折扣额注明在同一张发票上，以折扣后的价款为营业额；如果折扣额另开发票，不论其在财务上如何处理，均不得从营业额中扣除。

（2）纳税人因财务会计核算办法改变而将已缴纳过营业税的预收性质的价款逐期转为营业收入时，允许将其从当期营业额中减除。

（3）混合销售行为应征收营业税的，营业额为应税劳务营业额与货物销售额的合计。

（4）纳税人提供应税劳务、转让无形资产或者销售不动产的价格明显偏低并无正当理由，或者视同发生应税行为而无营业额的，由主管税务机关按下列顺序确定其营业额。

①首先，按纳税人最近时期发生同类应税行为的平均价格核定。

②然后，按其他纳税人最近时期发生同类应税行为的平均价格核定。

③最后，若上述两种情形都无法核定，则按下列公式核定。

营业额 = 营业成本或者工程成本 ×（1+ 成本利润率）÷（1– 营业税税率）

（5）纳税人的营业额计算缴纳营业税后因发生退款减除营业额的，应退还已缴纳营业税税款或者从纳税人以后的应缴纳营业税税额中减除。

（6）营业税纳税人购置税控收款机，经主管税务机关审核批准后，可凭购进税控收款机取得的增值税专用发票，按发票上注明的增值税税额，抵免当期应纳营业税税额，或按照购进税控收款机取得的普通发票上注明的价款，依下列公式计算可抵免税额（当期应纳税额不足抵免的，未抵免部分可在下期继续抵免）。

可抵免税额 = 价款 ÷（1+17%）× 17%

（7）纳税人以人民币以外的货币结算营业额的，可选择营业额发生的当天或者当月 1 日的人民币汇率中间价为营业额人民币折合率，确定后 1 年内不得变更。

（8）纳税人提供应税劳务、转让无形资产或者销售不动产，按营业税有关规定可以扣除有关项目金额后以余额确定营业额的，必须提供扣除项目金额相对应的符合国务院税务主管部门有关规定的凭证（以下统称合法有效凭证），具体如表 4–37 所示。

表 4–37 营业额扣除有关项目的合法有效凭证

营业额扣除项目	合法有效凭证
支付给境内单位或者个人的款项，且该单位或者个人发生的行为属于营业税或者增值税征收范围	该单位或者个人开具的发票
支付的行政事业性收费或者政府性基金	开具的财政票据
支付给境外单位或者个人的款项	该单位或者个人的签收单据

专家课堂

纳税人不提供或提供的扣除有关项目凭证不符合法律、行政法规或者国务院税务主管部门有关规定的，该项目金额不得扣除。

【2011 真题 · 判断题】纳税人的营业额计算缴纳营业税后因发生退款减除营业额的，应当退还已缴纳营业税税款或者从纳税人以后的应缴纳营业税税额中减除。（ ）

【答案】√

【解析】本题考查营业税的计税依据。纳税人的营业额计算缴纳营业税后因发生退款减除营业额的，应当退还已缴纳营业税税款或者从纳税人以后的应缴纳营业税税额中减除。

（二）应纳税额的计算

纳税人提供应税劳务、转让无形资产或者销售不动产，按照营业额和规定的税率计算应纳税额。其计算公式如下。

应纳税额＝营业额（或销售额、转让额）× 适用税率

【案例 4-6】某建筑公司承包一项建筑工程，竣工当月取得如下款项。

（1）工程结算款 120 万元。

（2）工程抢工费 8 万元。

（3）提前竣工奖 5 万元。

另外，该公司购买材料和支付工资支出了以下款项。

（1）购买水泥、钢材等工程材料支出 46 万元。

（2）支付员工工资 28 万元。

已知建筑业适用的营业税税率为 3%。计算该公司当月应缴纳的营业税税额。

【答案解析】解答本案例，首先要明确建筑业营业额的确定。根据规定，建筑业的营业额为纳税人承包建筑工程、修缮工程、安装工程、装饰工程和其他工程作业所取得的营业收入额，即建筑安装企业向建设单位收取的工程价款及价外费用。本题中，营业额应该为工程结算款、抢工费和提前竣工奖，且不能扣除其他的支出。

因此，该公司当月应缴纳的营业税税额＝（120+8+5）×3%=3.99（万元）。

【2012 真题·单选题】某餐饮公司 2012 年 6 月取得餐饮收入 154 万元，包间服务费 20 万元，茶水收入 25 万元，直接成本支出 120 万元。已知服务业适用的营业税税率为 5%，该公司当月应缴纳营业税税额的下列计算中，正确的是（　）。

A. 154×5%=7.7（万元）

B.（154+20）×5%=8.7（万元）

C.（154+20+25）×5%=9.95（万元）

D.（154+20+25−120）×5%=3.95（万元）

【答案】C

【解析】本题考查营业税应纳税额的计算。根据营业税税收法律制度的规定，饮食业的计税依据为向顾客提供餐饮服务取得的全部收入。所以，该公司当月应缴纳的营业税＝（145+20+25）×5%=9.95（万元）。

六、营业税税收优惠

（一）免征营业税项目

根据《营业税暂行条例》及其实施细则的规定，以下项目免征营业税。

（1）托儿所、幼儿园、养老院、残疾人福利机构提供的育养服务。

（2）婚姻介绍、殡葬服务。

（3）残疾人员个人提供的劳务。

（4）医院、诊所和其他医疗机构提供的医疗服务。

（5）学校和其他教育机构提供的教育劳务，学生勤工俭学提供的劳务。

（6）农业机耕、排灌、病虫害防治、植物保护、农牧保险以及相关技术培训业务，家禽、牲畜、水生动物的配种和疾病防治。

（7）纪念馆、博物馆、文化馆、文物保护单位管理机构、美术馆、展览馆、书画院、图书馆举办文化活动的门票收入，宗教场所举办文化、宗教活动的门票收入。

（8）境内保险机构为出口货物提供的保险产品。

【2011 真题·单选题】根据营业税法律制度的规定，下列项目中，不免征营业税的是（　）。

A. 托儿所提供育养服务

B. 农场提供农田灌溉业务

C. 文化馆出租房屋业务

D. 保险公司为种植业提供保险业务

【答案】C

【解析】本题考查营业税的税收优惠。根据规定，纪念馆、博物馆、文化馆、文物保护单位管理机构、美术馆、展览馆、书画院、图书馆举办文化活动的门票收入，宗教场所举办文化、宗教活动的“门票收入”免税。文化馆出租房屋业务按照“服务业——租赁业”税目征税。

（二）起征点

营业税的起征点仅适用于个人，具体规定如表 4-38 所示。

表 4-38 营业税的起征点

纳税类型	纳税起点
按期纳税	月营业额 5 000~20 000 元
按次纳税	每次（日）销售额 300~500 元

（三）其他减免税规定

纳税人兼营免税、减税项目的，应单独核算免税、减税项目的营业额。未单独核算的，不得免税、减税。

七、营业税征收管理

（一）纳税义务发生时间

1. 基本规定

营业税纳税义务发生时间有以下基本规定。

（1）营业税纳税义务发生时间为纳税人提供应税劳务、转让无形资产或者销售不动产并收讫营业收入款项或者取得索取营业收入款项凭据的当天。

> **专家课堂**
>
> 收讫营业收入款项指纳税人应税行为发生过程中或者完成后收取的款项。

（2）国务院财政、税务主管部门另有规定的，从其规定。

（3）取得索取营业收入款项凭据的当天，为书面合同确定的付款日期的当天。未签订书面合同或者书面合同未确定付款日期的，为应税行为完成的当天。

2. 特殊规定

营业税纳税义务发生时间的特殊规定有以下几条。

（1）纳税人转让土地使用权或者销售不动产，采取预收款方式的，其纳税义务发生时间为收到预收款的当天。

（2）纳税人提供建筑业或者租赁业劳务，采取预收款方式的，其纳税义务发生时间为收到预收款的当天。

（3）纳税人将不动产或者土地使用权无偿赠送其他单位或者个人的，其纳税义务发生时间为不动产所有权、土地使用权转移的当天。

（4）纳税人自建建筑物后销售的，其纳税义务发生时间为销售自建建筑物的纳税义务发生时间。

（5）营业税扣缴义务发生时间为纳税人营业税纳税义务发生的当天。

> **【2012真题·判断题】**纳税人将不动产无偿赠送其他单位或者个人的，不征收营业税。（　）。
>
> **【答案】**×
>
> **【解析】**本题考查营业税的纳税范围。单位或者个人将不动产或者土地使用权“无偿赠送”其他单位或者个人，视同发生应税行为，缴纳营业税，且纳税义务发生时间为不动产所有权、土地使用权转移的当天。

（二）纳税地点

营业税的纳税地点根据不同的情形有以下几方面的规定。

1. 提供应税劳务

纳税人提供应税劳务应向其机构所在地或者居住地的主管税务机关申报纳税。但纳税人提供的建筑业劳务以及国务院财政、税务主管部门规定的其他应税劳务，应向应税劳务发生地的主管税务机关申报纳税。

2. 转让无形资产

纳税人转让无形资产应向其机构所在地或者居住地的主管税务机关申报纳税。但纳税人转让、出租土地使用权，应向土地所在地的主管税务机关申报纳税。

3. 销售、出租不动产

纳税人销售、出租不动产应向不动产所在地的主管税务机关申报纳税。

4. 扣缴义务人

扣缴义务人应向其机构所在地或者居住地的主管税务机关申报缴纳其扣缴的税款。

5. 为申报纳税

纳税人应向应税劳务发生地、土地或者不动产所在地的主管税务机关申报纳税，而自应当申报纳税之月起超过6个月没有申报纳税的，由其机构所在地或者居住地的主管税务机关补征税款。

> **【2012真题·多选题】**关于营业税纳税地点的下列表述中，正确的有（　）。
>
> A. 建筑公司提供建筑业劳务，向应税劳务发生地主管税务机关申报纳税
>
> B. 食品公司转让商标权，向公司所在地主管税务机关申报纳税
>
> C. 保险公司出租写字楼，向公司所在地主管税务机关申报纳税
>
> D. 建材公司转让土地使用权，向土地所在地主管税务机关申报纳税
>
> **【答案】**ABD
>
> **【解析】**本题考查营业税的纳税地点。C选项错误，纳税人销售、出租不动产应当向不动产所在地的主管税务机关申报纳税。

（三）纳税期限

营业税纳税期限的规定主要有以下几方面。

（1）营业税的纳税期限分为5日、10日、15日、1个月或者1个季度。纳税人的具体纳税期限，由其主管税务机关核定。

（2）纳税人不能按规定期限纳税的，可按次纳税。

（3）纳税人以1个月或者1个季度为一个纳税期的，自期满之日起15日内申报纳税。

（4）纳税人以5日、10日或者15日为一个纳税期的，自期满之日起5日内预缴税款，于次月1日起15日内申报纳税并结清上月应纳税款。

（5）银行、财务公司、信托投资公司、信用社、外国企业常驻代表机构的纳税期限为1个季度。

（6）扣缴义务人解缴税款的期限，依照营业税纳税期限的规定执行。

第四节 同步强化自测练习

（一）单选题

1. 某自行车厂为增值税一般纳税人，2013年2月从小规模纳税人处购进自行车零配件，支付价税合计金额61800元，取得税务机关代开的增值税专用发票。当月销售自行车取得不含税收入224 000元，已知期初留抵税额为2000元。则该自行车厂当月应缴纳增值税（ ）元。

A. 27 100.51　　B. 29 100.51
C. 36 280　　D. 34 280

2. 某企业（属于一般纳税人）于2013年1月将一辆自己使用过5年的设备小轿车（未抵扣增值税），以10万元的价格售出，其正确的税务处理方法是（ ）。

A. 按2%简易办法计算应纳增值税
B. 按4%简易办法计算应纳增值税
C. 按4%简易办法减半计算应纳增值税
D. 不交增值税

3. 下列纳税人中，不属于增值税一般纳税人的有（ ）。

A. 年销售额为60万元的从事货物生产的个体经营者
B. 年销售额为70万元的从事货物批发的个人
C. 年销售额为60万元的从事货物生产的企业
D. 年销售额为100万元的从事货物批发零售的企业

4. 某运输企业为“营改增”试点地区增值税一般纳税人，2013年2月取得国内客运收入185万元（含税），支付非试点联运企业运费50万元并取得运输发票，销售货物取得不含税收入12万元。则该运输企业当月应缴纳增值税（ ）万元。

A. 20.37　　B. 23.02
C. 30.28　　D. 15.42

5. 北京市某公司专门从事商业咨询服务，2012年9月1日实行“营改增”，被认定为增值税小规模纳税人。9月15日，其向某一般纳税人企业提供咨询服务，取得含增值税销售额5万元；9月25日，向小规模纳税人提供咨询服务，取得含增值税收入3万元。已知增值税征收率为3%，则该公司当月应纳增值税税额为（ ）万元。

A. 0.45　　B. 0.30
C. 0.23　　D. 0.15

6. 某糕点加工厂（增值税一般纳税人），2012年8月从某农村收购大豆100吨，农产品收购凭证上注明金额100万元，此项业务可抵扣的增值税进项税额为（ ）万元。

A. 11.5　　B. 13
C. 17　　D. 0

7. 根据增值税的有关规定，下列行为属于增值税征税范围的是（ ）。

A. 施工企业提供建筑劳务
B. 房屋中介公司提供中介服务
C. 房地产公司开发建造商品房销售
D. 银行销售金银

8. 某服装厂将自产的品牌服装作为福利发给本厂的职工，该批产品账面成本共计15万元，按当月同类产品的平均售价计算为25万元，该服装厂按规定计征增值税的销售额为（ ）万元。

A. 25　　B. 19
C. 15　　D. 16.5

9. 某化妆品厂为增值税小规模纳税人，2013年1月进口一批化妆品，关税完税价格折合人民币200万元，企业按照规定缴纳进口关税20万元、进口消费税94.29万元。则该化妆品厂进口化妆品应缴纳进口增值税（ ）万元。

A. 34　　B. 37.4
C. 45.67　　D. 53.43

10. 实行海关进口增值税专用缴款书“先比对后抵扣”管理办法的增值税一般纳税人，取得2010年1月1日以后开具的海关缴款书，应在开具之日起（ ）内向主管税务机关报送《海关完税凭证抵扣清单》申请稽核比对。

A. 30日　　B. 90日
C. 180日　　D. 360日

11. 某制药厂（增值税一般纳税人）3月份销售抗生素药品117万元（含税），销售免税药品50万元，当月购入生产用原材料一批，取得增值税专用发票上注明税款6.8万元，抗生素药品与免税药品无法划分耗料情况，则该制药厂当月应纳增值税为（ ）万元。

A. 14.73　　B. 12.47
C. 10.20　　D. 17.86

12. 某企业为增值税一般纳税人，2013年2月因管理不善丢失一批以前月份购进的生产用建筑材料（已抵扣进项税），账面成本为7518元（含运费成本558元），则该企业当月应转出的增值税进项税额为（ ）元。

A. 943.86　　B. 977.34
C. 1 082　　D. 1 225.2

13. 某白酒厂为增值税一般纳税人，2013年4月销售白酒取得不含税销售额300万元，另收取期限为5个月的包装物押金17.55万元。当月该白酒厂的增值税销项税额为（ ）万元。

A. 51　　B. 53.55
C. 54.4　　D. 56.95

14. 下列各项中属于营业税兼营行为的有（ ）。

A. 汽车制造厂销售自产汽车并提供汽车租赁服务
B. 饭店提供客房、餐饮服务并设立独立的柜台外销自制的食品
C. 空调厂销售空调并提供安装服务
D. 电脑公司销售自产电脑并负责运输劳务

15. 某旧货经营单位为增值税一般纳税人，2013年4月销售旧货取得含税收入24万元，销售自己使用过的2010年3月购入的小汽车一辆，取得含税收入15万元。则该旧货经营单位2013年4月应缴纳增值税（ ）万元。

A. 0.75　　B. 2.64
C. 3.78　　D. 5.67

16. 下列关于增值税纳税人的说法，表述正确的是（ ）。

A. 单位租赁给其他单位或个人经营的，以出租人为纳税人
B. 单位承包给其他单位或个人经营的，以发包人为纳税人
C. 甲生产企业的年应征增值税销售额为75万元，不得申请一般纳税人资格认定
D. 乙批发企业的年应征增值税销售额为85万元，可以申请一般纳税人资格认定

17. 下列各项中，属于增值税混合销售行为的是（ ）。

A. 建材商店在销售建材的同时又为其他客户提供装饰服务
B. 餐饮公司在提供餐饮服务的同时又向客户销售自制啤酒饮料
C. 电信局为客户提供电话安装服务的同时又销售所安装的电话机
D. 太阳能热水器代理商店在销售产品的同时又为客户提供安装服务

18. 某生产企业为增值税一般纳税人，2013年4月购入生产用原材料一批，取得增值税专用发票上注明价款10 000元，增值税1 700元，委托运输公司将原材料运回企业仓库，支付运杂费5000元，取得运输发票上注明运输费2 000元、建设基金200元、装卸费2 000元、保险费800元；本月销售货物过程中支付运杂费3 000元，取得的运输发票上未分别注明运费和杂费的金额。该企业本月可以抵扣的增值税进项税额为（ ）元。

A. 1 854　　B. 1 994
C. 2 120　　D. 2 330

19. 某企业为增值税小规模纳税人，2013年4月销售自产货物取得含税收入10 300元，销售自己使用过2年的设备一台，取得含税收入80 000元，当月购入货物取得的增值税专用发票上注明金额8 000元，增值税税额1 360元，则该企业当月应缴纳增值税（ ）元。

A. 493.40　　B. 1 270.10
C. 2 630.10　　D. 1 853.40

20. 甲企业与乙企业均为增值税一般纳税人，2013年1月甲企业从乙企业购入一批生产用原材料，取得增值税专用发票，因资金紧张无法按期付款，经与乙企业协商达成协议，甲企业用自产的一批钢材抵顶货款并开具增值税专用发票，乙企业将该批钢材用于不动产在建工程，则下列关于此项业务的税务处理中，表述正确的是（ ）。

A. 甲企业从乙企业购入生产用原材料的进项税额可以抵扣
B. 乙企业从甲企业取得钢材的进项税额可以抵扣
C. 甲企业用于抵债的钢材不属于视同销售行为，不征收增值税
D. 甲、乙双方都应作购销处理，分别计算销项税额并均可抵扣进项税额

21. 下列各项中，外购应税消费品已纳消费税税款准予扣除的是（ ）。

A. 外购已税珠宝玉石生产的金银镶嵌首饰
B. 外购已税酒精生产的白酒
C. 外购已税汽车轮胎生产的小汽车
D. 外购已税香水精生产的香水

22. 下列关于应税消费品销售额的表述中，不正确的是（　）。

A. 应税消费品销售额包括向购买方收取的增值税税款
B. 纳税人自产自用应税消费品，按照纳税人生产的同类消费品的销售价格确定销售额
C. 随同从价计征应税消费品出售的包装物，无论是否单独计价，均应并入销售额
D. 对因逾期未收回的包装物不再退还的或者已收取的时间超过12个月的押金，应并入应税消费品的销售额

23. 下列各项中，应缴纳消费税的是（　）。

A. 进口钻石饰品
B. 批发环节销售的雪茄烟
C. 零售环节销售的铂金首饰
D. 生产环节销售的帆艇

24. 目前，纳税人外购下列已税消费品生产应税消费品的，已纳消费税可以扣除的是（　）。

A. 外购已税卷烟贴商标、包装生产出售的卷烟
B. 外购已税汽车轮胎生产的汽车
C. 外购已税珠宝玉石为原料生产的金银首饰
D. 以外购已税木制一次性筷子为原料生产的木制一次性筷子

25. 酒厂2012年10月生产销售乙类啤酒400吨，每吨售价2 800元。另外，该厂生产一种新研制的粮食白酒，广告样品使用0.2吨，已知该种白酒无同类产品出厂价，生产成本每吨不含税35 000元，成本利润率为10%，该厂当月应纳消费税为（　）元。

A. 90 175　　B. 86 166.60
C. 2 175　　D. 88 000

26. 下列业务中应税消费品应纳消费税的是（　）。

A. 委托加工的粮食白酒（受托方已代收代缴消费税），委托方收回后以不高于受托方的计税价格销售的
B. 自产自用的小汽车，用于连续生产豪华小汽车
C. 委托个体经营者加工的化妆品，委托方收回后用于连续加工
D. 自产子午线轮胎，用于在建工程车辆的

27. 某白酒厂为增值税一般纳税人，2013年1月将3吨新研制的白酒用于赠送客户，该批白酒的生产成本为每吨100 000元，无同类产品市场销售价格。已知白酒适用的消费税定额税率为0.5元/斤，比例税率为20%，成本利润率为5%。则该白酒厂上述业务应缴纳消费税（　）元。

A. 81 750　　B. 66 000
C. 75 500　　D. 82 500

28. 根据消费税的有关规定，下列各项既需要征收增值税又需要征收消费税的是（　）。

A. 纳税人将自产烟丝用于连续生产卷烟
B. 纳税人将一辆自产小轿车无偿赞助给汽车拉力赛使用
C. 纳税人将自产电脑发放给优秀员工作为奖励
D. 纳税人将自产月饼发放给职工作为中秋节福利

29. 根据营业税法律制度的规定，下列各项中，不属于营业税征收范围的是（　）。（2012年）

A. 体育业　　B. 财产保险业务
C. 旅游业　　D. 修理修配业务

30. 根据营业税法律制度的规定，下列选项中，属于混合销售行为，应当一并征收营业税的是（　）。

A. 某建材商店在销售建材的同时又为其他客户提供装饰服务
B. 某汽车制造公司在销售汽车的同时又为该客户提供修理服务
C. 某玻璃钢门窗销售商店在销售门窗的同时又为该客户提供安装服务
D. 某电信局为客户提供电话安装服务的同时又销售所安装的电话机

31. 根据营业税法律制度的规定，下列业务中，属于营业税征税范围的是（　）。（2011年）

A. 汽修厂修理汽车
B. 百货商店销售日用品
C. 建材商店销售装修材料
D. 电信公司销售移动电话并提供相关电信服务

32. 根据营业税的有关规定，下列各项应按“转让无形资产”税目征收营业税的是（　）。

A. 自然资源行政主管部门转让自然资源使用权
B. 转让已完成土地前期开发但尚未进入施工阶段的在建项目
C. 以专利权投资入股，参与接受利润分配，共同承担投资风险的行为
D. 土地租赁

33. 根据营业税的有关规定，下列各项中应当全额征收营业税的是（　）。

A. 商业企业向供货方收取的与销售额挂钩的返还收入
B. 建筑公司提供建筑业劳务的同时销售自产货物
C. 建筑公司提供建筑业劳务的同时销售外购货物
D. 某企业销售货物的同时负责送货

34. 李某2013年2月销售自己拥有的一栋普通住房，售价120万元。该住房为2009年3月购入的，购入时支付价款68万元，另支付相关税费2.3万元。已知销售不动产营业税税率为5%，则李某应当缴纳营业税（ ）万元。

A. 0　　B. 2.6

C. 2.49　　D. 6

35. 下列各项中，属于营业税征税范围的是（ ）。

A. 非居民企业在境内承包建筑工程作业

B. 境外旅游公司组织国外人员入境旅游

C. 修理修配劳务

D. 转让的无形资产给境外的企业使用

36. 某租赁公司提供租赁业劳务，采取预收款方式结算，其营业税纳税义务发生时间为（ ）。（2011年）

A. 合同签订的当天

B. 合同确定的付款日期当天

C. 收到预收款的当天

D. 租赁业劳务完成的当天

37. 甲运输公司2013年1月承揽一项运输劳务，共取得运输收入800万元，将其中一部分运输劳务分给乙公司，支付乙公司运输费用300万元；甲公司当月发生营运费用30万元。已知交通运输业适用的营业税税率为3%。则甲公司应缴纳营业税（ ）万元。

A. 24　　B. 15

C. 14.1　　D. 18

38. 根据营业税法律制度的规定，下列各项中，应缴纳营业税的是（ ）。

A. 单位将不动产无偿赠与他人

B. 自建自用的不动产

C. 共同承担风险的不动产投资入股

D. 以不动产投资后转让股权

39. 某高尔夫球场2013年2月发生以下业务：取得高尔夫球场门票收入80万元，场内销售饮料取得收入2万元，销售毛巾等日用品取得收入2 000元，当月支付员工工资12万元，发生其他营运费用15万元。已知当地规定的娱乐业营业税税率为20%，文化体育业营业税税率为3%。则该高尔夫球场当月应缴纳营业税（ ）万元。

A. 16.44　　B. 11.04

C. 2.4　　D. 10.6

40. 某酒店本月发生下列经济业务：客房部房费收入25万元；餐厅部当月营业收入15万元；歌舞厅营业收入项目为：门票收入5 000元，台位费、点歌费收入4 000元，烟酒、饮料、水果的收费为7 000元，其他服务费收入为6 000元。客房部、餐厅、歌舞厅的收入分开核算。则该酒店当月应纳的营业税税额为（ ）。

A. 24 400元　　B. 21 100元

C. 4 400元　　D. 3 320元

41. 某银行2013年第一季度发放贷款取得利息收入10万元，逾期贷款收取罚息1万元，另发生利息支出2万元；将上一年购入的股票转让，卖出价800万元，另支付相关税费10万元，该股票购入时支付500万元（含购入时支付的相关税费4万元）。已知金融保险业营业税税率为5%。则该银行2013年第一季度应缴纳营业税（ ）万元。

A. 15.25　　B. 15.55

C. 15.65　　D. 15.75

42. 在确定营业税的计税营业额时，下列表述中不正确的是（ ）。

A. 运输企业自境内运输货物出境，在境外改由其他运输企业承运，以全程运费减去付给该承运企业的运费后的余额为营业额

B. 旅游企业组织旅游，以收取的全部旅游费为其实际营业额

C. 代理业以纳税人从事代理业务向委托方实际收取的报酬为营业额

D. 金融经纪业务营业额为手续费全部收入

43. 金融企业从事股票买卖业务，2013年6月购入A股票，购入价为50万元，另支付相关费用和税金1.3万元；当月又将股票卖出，售出价57万元，另支付相关费用和税金1.33万元。该金融企业当月应纳营业税为（ ）万元。

A. 0.35　　B. 0.25

C. 2.85　　D. 0.335

44. 某广告公司2013年1月取得广告业务收入10万元，支付给其他广告公司广告制作费2万元，支付给媒体广告发布费3万元。已知服务业的营业税税率为5%。则该广告公司当月应缴纳营业税（ ）万元。

A. 0.25　　B. 0.40

C. 0.50　　D. 0.35

45. 某建筑公司2013年1月承揽甲企业一项建筑工程，合同约定甲企业提供原材料价款1 000万元、设备价款2 000万元，建筑公司提供自产材料价款500万，收取劳务费600万元。已知建筑业营业税税率为3%，则该建筑公司当月应缴纳营业税（ ）万元。

A. 48　　B. 63

C. 108　　D. 123

（二）多选题

1. 根据增值税的有关规定，下列说法正确的有

（　）。

A. 货物期货应当在实物交割环节征收营业税

B. 寄售业代委托人销售寄售物品的业务，应征收增值税

C. 电信单位销售移动电话且不提供有关的电信劳务服务的，应征收营业税

D. 汽车修理厂提供汽车修理劳务，应征收增值税

2. 下列关于增值税的纳税地点的表述中，正确的有（　）。

A. 总机构和分支机构不在同一县（市）的，应当分别向各自所在地的主管税务机关申报纳税

B. 总机构和分支机构不在同一县（市）的，经批准可由总机构汇总向总机构所在地的主管税务机关申报纳税

C. 进口货物，应向报关地海关申报纳税

D. 固定业户到外县（市）销售货物或者劳务，一律向其机构所在地主管税务机关申报纳税

3. 根据增值税的有关规定，下列表述正确的有（　）。

A. 直销企业先将货物销售给直销员，直销员再将货物销售给消费者的，直销企业的销售额为其向直销员收取的全部价款和价外费用

B. 直销企业通过直销员向消费者销售货物，直接向消费者收取货款的，直销企业的销售额为其向消费者收取的全部价款和价外费用

C. 一般纳税人因销售货物退回或者折让而退还给购买方的增值税税额，应从发生销售货物退回或者折让当期的销项税额中扣减

D. 一般纳税人销售货物开具增值税专用发票后，发生销售货物退回等情形的，应按规定开具红字增值税专用发票，未按规定开具红字增值税专用发票的，增值税税额不得从销项税额中扣减

4. 下列各项中，符合增值税纳税人放弃免税权有关规定的有（　）。

A. 纳税人可以根据不同的销售对象选择部分货物放弃免税权

B. 纳税人应以书面形式提交放弃免税声明，报主管税务机关备案

C. 纳税人自税务机关受理其放弃免税声明的当月起12个月内不得申请免税

D. 符合条件但尚未认定为增值税一般纳税人的纳税人放弃免税权，应当认定为一般纳税人

5. 增值税一般纳税人的下列销售行为中，按照4%征收率减半征收增值税的有（　）。

A. 销售旧货

B. 销售自己使用过的游艇

C. 典当业销售死当物品

D. 销售自己使用过的除了固定资产以外的物品

6. 根据“营改增”的有关规定，下列表述正确的有（　）。

A. 纳税人提供有形动产租赁服务采取预收款方式的，其纳税义务发生时间为收到预收款的当天

B. 固定业户应当向其机构所在地的主管税务机关申报纳税

C. 增值税起征点仅适用于自然人

D. 以1个季度为纳税期限的规定适用于小规模纳税人以及财政部和国家税务总局规定的其他纳税人

7. 根据“营改增”的有关规定，下列项目免征增值税的有（　）。

A. 试点纳税人提供技术转让服务

B. 符合条件的节能服务公司实施合同能源管理项目中提供的应税服务

C. 广告公司提供广告设计服务

D. 航空公司提供飞机播洒农药服务

8. 根据增值税的有关规定，下列表述正确的有（　）。

A. 纳税人销售额未达到起征点的，免征增值税

B. 纳税人销售额达到起征点的，就超过部分计算缴纳增值税

C. 纳税人销售额达到起征点的，全额计算缴纳增值税

D. 增值税起征点适用于单位和个人

9. 下列关于增值税纳税义务发生时间的表述中，正确的有（　）。

A. 纳税人发生视同销售货物行为，为货物移送的当天

B. 销售应税劳务，为提供劳务同时收讫销售款或者取得索取销售款的凭据的当天

C. 纳税人进口货物，为从海关提货的当天

D. 采取托收承付方式销售货物，为发出货物的当天

10. 增值税一般纳税人发生下列情形，不得领购开具增值税专用发票的有（　）。

A. 会计核算不健全，不能向税务机关准确提供有关的增值税税务资料的

B. 私自印制专用发票，经税务机关责令限期改正后改正的

C. 未按规定接受税务机关检查，经税务机关责令限期改正仍未改正的

D. 未按规定开具增值税专用发票，经税务机关责令限期改正仍未改正的

11. 根据“营改增”的有关规定，下列表述正确的有（ ）。

A. “营改增”试点地区纳税人出租不动产，应缴纳增值税

B. 单位或者个体工商户聘用的员工为本单位或雇主提供信息技术服务，不征收增值税

C. 非企业性单位按规定为履行国家行政管理和公共服务职能收取政府性基金或者行政事业性收费，不征收增值税

D. 试点地区的单位或者个体工商户向其他单位或个人无偿提供交通运输业和部分现代服务业服务，除以公益活动为目的或以社会公众为对象外，视同提供应税服务，应按规定缴纳增值税

12. 根据增值税的有关规定，下列表述正确的有（ ）。

A. 以 1 个季度为增值税纳税期限的规定仅适用于小规模纳税人

B. 纳税人以 1 个月或者 1 个季度为 1 个纳税期的，自期满之日起 15 日内申报纳税

C. 纳税人以 1 日、3 日、5 日、10 日或者 15 日为 1 个纳税期的，自期满之日起 15 日内申报纳税

D. 纳税人进口货物，应当自海关填发进口增值税专用缴款书之日起 15 日内缴纳税款

13. 下列各项中，应视同销售货物行为征收增值税的有（ ）。

A. 将委托加工的货物用于非应税项目

B. 用自产货物换取生产资料

C. 销售代销的货物

D. 用自产产品对外投资

14. 下列关于增值税纳税地点的表述中，正确的有（ ）。

A. 固定业户应当向其机构所在地的主管税务机关申报纳税

B. 非固定业户销售货物或者应税劳务，应当向销售地或者劳务发生地的主管税务机关申报纳税

C. 进口货物，应当向报关地海关申报纳税

D. 扣缴义务人应当向其机构所在地或者居住地的主管税务机关申报缴纳其扣缴的税款

15. 根据增值税的有关规定，下列各项可以作为增值税的扣税凭证的有（ ）。

A. 机动车销售统一发票

B. 海关进口增值税专用缴款书

C. 国际货物运输代理业发票

D. 增值税普通发票

16. 根据“营改增”的有关规定，下列表述正确的有（ ）。

A. 在境内提供应税服务，是指应税服务发生地在境内

B. 境外单位或个人向境内单位或个人提供完全在境外消费的应税服务，不征收增值税

C. 境外单位或个人向境内单位或个人出租完全在境外使用的有形动产，不征收增值税

D. 应税服务年销售额超过规定标准的自然人，按照一般纳税人纳税

17. 下列纳税人不属于一般纳税人（ ）。

A. 年应税销售额未超过小规模纳税人标准的非营利性组织

B. 除个体经营者以外的其他个人

C. 非企业性单位

D. 不经常发生增值税应税行为的企业

18. 根据增值税的有关规定，下列表述正确的有（ ）。

A. 小规模纳税人（除其他个人外）销售自己使用过的除固定资产以外的物品，减按 2% 的征收率计征增值税

B. 小规模纳税人（除其他个人外）销售自己使用过的固定资产，减按 2% 的征收率计征增值税

C. 一般纳税人销售自己使用过的 2010 年 4 月购进的小汽车，按照 17% 的税率计征增值税

D. 一般纳税人销售旧货，按照简易办法依照 4% 征收率减半征收增值税

19. 根据“营改增”的有关规定，下列服务属于增值税征税范围的有（ ）。

A. 铁路运输服务

B. 远洋运输企业的程租业务

C. 软件服务

D. 代理报关服务

20. 根据消费税的有关规定，下列表述正确的有（ ）。

A. 纳税人采取分期收款方式销售应税消费品的，其纳税义务发生时间为销售合同规定的收款日期的当天

B. 纳税人采取托收承付和委托银行收款方式销售应税消费品的，为发出应税消费品并办妥托收手续的当天

C. 纳税人总机构与分支机构不在同一县（市），但在同一省（自治区、直辖市）范围内，经省（自治区、直辖市）财政厅（局）、国家税务局审批同意，可以由总机构汇总向总机构所在地的主管税务机关申报缴纳消费税

D. 纳税人销售的应税消费品，如因质量等原因

由购买者退回时，可自行直接抵减消费税应纳税款

21. 依据消费税的有关规定，下列行为中应缴纳消费税的有（ ）。

A. 进口游艇　B. 进口小汽车

C. 零售化妆品　D. 零售白酒

22. 下列消费品中，不征收消费税的有（ ）。

A. 调味料酒　B. 工业酒精

C. 成套化妆品　D. 影视演员化妆用的油彩

23. 应缴消费税的产品销售数量确定的原则有（ ）。

A. 销售应税品的为应税消费品的销售数量

B. 自产自用应税消费品的为应税消费品的移送数量

C. 委托加工应税消费品的为纳税人销售的应税消费品数量

D. 委托加工应税消费品为纳税人收回的应税消费品数量

24. 下列各项中，属于消费税征税范围的有（ ）。

A. 舞台、戏剧、影视演员化妆用的上妆油

B. 卡丁车

C. 未经涂饰的素板

D. 汽车与农用拖拉机通用轮胎

25. 根据消费税的有关规定，下列表述正确的有（ ）。

A. 卷烟由于改变包装而提高售价后，应按照新的销售价格确定征税类别和适用税率

B. 每标准条对外调拨价为 65 元的手工卷烟，按照 36% 的比例税率和定额每标准箱 150 元计算缴纳消费税

C. 委托加工的卷烟按照委托方同牌号规格卷烟的征税类别和适用税率征税

D. 残次品卷烟应当按照同牌号规格卷烟的征税类别确定适用税率

26. 根据消费税的有关规定，下列表述正确的有（ ）。

A. 工业企业以外的单位和个人将外购的消费税非应税产品以消费税应税产品对外销售的，应征收消费税

B. 受托方先将原材料卖给委托方，然后再接受加工的应税消费品，由受托方在交货时代收代缴消费税

C. 委托加工的应税消费品，受托方在交货时已代收代缴消费税，委托方收回后无论是否加价销售，均不再征收消费税

D. 卷烟批发商将卷烟销售给零售商，需要征收批发环节消费税

27. 某烟酒批发公司为增值税一般纳税人，2013 年 1 月向烟酒零售单位批发销售 A 牌卷烟 20 标准箱，开具的增值税专用发票上注明不含税销售额 250 万元；向烟酒零售单位批发销售 B 牌卷烟 8 标准箱，开具的增值税专用发票上注明不含税销售额 76 万元；向消费者个人销售 A 牌卷烟 300 条，取得含税收入 25 万元，已知当月允许抵扣的增值税进项税额为 30 万元。关于上述业务的税务处理，下列说法正确的有（ ）。

A. 该烟酒批发公司当月应缴纳增值税 29.05 万元

B. 该烟酒批发公司当月应缴纳增值税 29.67 万元

C. 该烟酒批发公司当月应缴纳消费税 17.37 万元

D. 该烟酒批发公司当月应缴纳消费税 17.55 万元

28. 根据营业税法律制度的规定，下列关于建筑业营业额的确定的表述中，正确的有（ ）。

A. 纳税人从事安装工程作业，营业额中包括设备的价值的，应当扣除

B. 包工包料工程，以料、工、费全额为营业额

C. 总承包人以全部承包额减去支付给分包人的价款后的余额为营业额

D. 纳税人从事建筑劳务的，其营业额应包括工程所用原材料及其他物资和动力的价款

29. 下列各项有关集邮商品的说法中，正确的有（ ）。

A. 邮政部门销售首日封、邮票等集邮物品，缴纳营业税

B. 邮局销售信封，缴纳增值税

C. 邮局发行报纸、杂志等，缴纳营业税

D. 集邮商品的生产、调拨，缴纳增值税

30. 下列项目中，不属于营业税“金融保险业”征税范围的是（ ）。

A. 融资租赁业务　B. 电信业务

C. 证券经纪业　D. 邮汇

31. 根据营业税的有关规定，下列关于营业税纳税义务发生时间的表述正确的有（ ）。

A. 纳税人转让土地使用权，采取预收款方式的，为合同约定的付款日期的当天

B. 纳税人销售不动产，采取预收款方式的，为收到预收款的当天

C. 纳税人将土地使用权无偿赠送他人的，为土地使用权转移的当天

D. 纳税人自己新建建筑物，建成后销售的，其自建行为的纳税义务发生时间为销售自建建

筑物的纳税义务发生时间

32. 下列各项中，应按照“服务业”税目征收营业税的有（ ）。

A. 酒店产权式经营，业主按照约定取得的固定收入和分红
B. 高校提供的教育劳务
C. 无船承运业务
D. 高速公路收费权转让业务

33. 根据营业税的有关规定，下列表述不正确的有（ ）。

A. 纳税人发生营业税应税行为，无论价款与折扣额是否在同一张发票上注明，均以扣除折扣额前的营业额为营业税计税依据
B. 营业税纳税人因财务会计核算办法改变将已缴纳过营业税的预收性质的价款逐期转为营业收入时，不允许从当期营业额中减除
C. 纳税人的营业额计算缴纳营业税后因发生退款减除营业额的，已缴纳的营业税税款不得退还
D. 纳税人以人民币以外的货币结算营业额的，按照营业额发生当月最后一日的人民币汇率中间价折合人民币计算营业税

34. 下面关于营业税的规定中，不正确的有（ ）。

A. 对于金融机构的出纳长款收入，征收营业税
B. 人民银行对企业贷款或委托金融机构贷款的业务应当征收营业税
C. 转让企业产权的行为不应征收营业税
D. 个人受托种植植物、饲养动物的行为，不征收营业税

35. 下列各项中，属于免征营业税的有（ ）。

A. 养老院提供的育养服务
B. 残疾人员个人提供的劳务
C. 境内保险机构为出口货物提供的保险产品
D. 宗教场所举办宗教活动的门票收入

36. 下列关于营业税起征点的规定中，说法正确的是（ ）。

A. 按次纳税的起征点为每次（日）营业额 200 ~ 500 元
B. 按期纳税的起征点为每月营业额 5 000 ~ 20 000 元
C. 纳税人营业额达到起征点的全额征收营业税
D. 营业税的起征点只适用于个人

37. 下列各项中，应当征收营业税的有（ ）。

A. 境外保险公司为境内的机器设备提供保险
B. 境内石油公司销售位于中国境外的不动产
C. 境内高科技公司将某项专利权转让给境外公司
D. 境外房地产公司转让境内某宗土地的土地使用权

38. 根据营业税法律制度的规定，下列项目中，免征营业税的有（ ）。

A. 诊所提供的医疗服务
B. 幼儿园提供的育养服务
C. 残疾人员个人提供的劳务
D. 境内保险机构为出口货物提供的保险产品

39. 下列经营者中，属于营业税纳税人的是（ ）。

A. 销售货物的个体工商户
B. 从事修理修配业务的个人
C. 从事运输业务的单位
D. 转让专利权的个人

40. 下列各项中，属于营业税的征税范围的有（ ）。

A. 单位将自己的仓库无偿赠送其他单位
B. 纳税人销售林木的同时提供的林木管护劳务
C. 纳税人单独提供按揭、代办服务业务，而不销售汽车的
D. 水利工程单位向用户收取的水利工程水费

41. 根据我国《营业税暂行条例》的规定，下列各项中，应作为营业税计税依据的是（ ）。

A. 建筑工程总承包额扣除外购建材款后的余额
B. 非金融机构买卖外汇，卖出价减去买入价后的余额
C. 旅行社团在境内组织旅游收取的全部旅游费用
D. 娱乐业向顾客收取的包括烟酒、饮料、水果、糕点收费在内的各项费用

42. 根据营业税的有关规定，下列表述正确的有（ ）。

A. 单位和个人从事快递业务按“电信业”税目征收营业税
B. 广告的播映按“文化体育业”税目征收营业税
C. 广播电视有线数字付费频道业务按“文化体育业——播映”税目征收营业税
D. 以租赁方式为体育比赛提供场所的业务，按照“文化体育业”税目征收营业税

43. 根据营业税的有关规定，下列业务应按“建筑业”税目征收营业税的有（ ）。

A. 自建建筑物出租的自建行为
B. 纳税人提供的钻井工程
C. 纳税人在资产重组过程中，通过合并、分立、出售、置换等方式，将全部或者部分实

物资产以及与其相关联的债权、债务和劳动力一并转让给其他单位和个人的行为

D. 纳税人提供的矿山爆破、穿孔、表面附着物（包括岩层、土层、沙层等）剥离和清理劳务，以及矿井、巷道构筑劳务

44. 根据营业税的有关规定，下列各项中免征营业税的有（　）。

A. 残疾人员个人为社会提供的劳务

B. 境内保险机构为出口货物提供的保险产品

C. 宗教场所举办宗教活动的门票收入

D. 残疾人福利机构提供的育养服务

45. 根据营业税的有关规定，下列各项应按照“服务业”税目征收营业税的有（　）。

A. 代理报关业务

B. 受托种植植物

C. 单位和个人在旅游景区经营索道业务

D. 爆破勘探

（三）判断题

1. 增值税扣缴义务发生时间为纳税人增值税纳税义务发生的当天。（　）

2. 纳税人销售自产货物并同时提供建筑业劳务的行为，应当分别核算货物的销售额和非增值税应税劳务的营业额，并根据货物的销售额缴纳增值税，非增值税应税劳务的营业额缴纳营业税，未分别核算的，一并征收增值税。（　）

3. 对经中国人民银行和商务部批准经营融资租赁业务的单位所从事的融资租赁，租赁货物的所有权转让给承租方的，征收增值税。（　）

4. 固定业户应当向其机构所在地的主管税务机关申报纳税。（　）

5. 某企业将外购的货物（有增值税专用发票）赠送儿童福利院，其进项税额不得抵扣。（　）

6. 纳税人在资产重组过程中，通过合并、分立、出售、置换等方式，将全部或部分实物资产以及与其相关联的债权、负债和劳动力一并转让给其他单位和个人，属于增值税的征税范围，其中涉及的货物转让，应征收增值税。（　）

7. 根据“营改增”试点实施办法的规定，单位和个体工商户向其他单位或者个人无偿提供交通运输业和部分现代服务业服务，视同提供应税服务，征收增值税；但以公益活动为目的或者以社会公众为对象的除外。（　）

8. 纳税人销售旧货，应开具普通发票，不得自行开具或者由税务机关代开增值税专用发票。（　）

9. 对金银首饰以旧换新，按销售方实际收取的不含增值税的全部价款征收增值税。（　）

10. 自然人个人销售自己使用过的物品免征增值税。（　）

11. 纳税人兼营免税、减税项目的，应当分别核算免税、减税项目的销售额；未分别核算销售额的，由税务机关核定免税、减税额。（　）

12. 进口卷烟的企业属于消费税的纳税人。（　）

13. 工程作业发包方、劳务受让方，在项目合同签订之日起30日内，未能向其所在地主管税务机关提供相关证明资料的，应履行营业税扣缴义务。（　）

14. 单位或个体经营者聘用的员工为本单位或雇主提供的劳务，也属于营业税的应税劳务。（　）

15. 营业税起征点的适用范围仅限于个人。（　）

16. 从事物业管理的单位，以与物业管理有关的全部收入减去代业主支付的水、电、燃气以及代承租者支付的水、电、燃气、房屋租金的价款后的余额为营业税计税营业额。（　）

17. 纳税人兼有不同税目的应税劳务，应当分别核算不同税目的营业额；未分别核算营业额的，从高适用税率。（　）

18. 纳税人提供搬家劳务取得的收入，应当按照服务业税目缴纳营业税。（　）

19. 纳税人提供建筑业劳务的同时销售自产货物的行为，应当分别核算应税劳务的营业额和货物的销售额，其应税劳务的营业额缴纳营业税，货物销售额不缴纳营业税；未分别核算的，一并征收营业税。（　）

20. 纳税人单独提供按揭、代办服务业务，不销售汽车的，应征收增值税。（　）

21. 纳税人以人民币以外的货币结算营业额的，须按外汇市场价格折合成人民币计算。纳税人应当在事先确定采用何种折合率，一旦确定后5年内不得变更。（　）

22. 纳税人将承揽的运输业务分给其他单位或者个人的，以其取得的全部价款和价外费用为营业额，不得扣减支付给其他单位或者个人的运输费用。（　）

（四）不定项选择题

【资料一】位于县城某农机生产企业为增值税一般纳税人，2013年5月发生以下业务。

（1）从小规模纳税人购进一批原材料，取得税务机关代开的增值税专用发票上注明价款50 000元，原材料已入库，另支付给运输企业运输费用1 000

元，取得货物运输发票。

（2）外购农机零配件，取得的增值税专用发票上注明价款 200 000 元，本月生产领用价值 110 000 元的农机零配件，另支付给运输企业运输费用 8 000 元，取得货物运输发票。

（3）生产领用 3 月份外购的钢材一批，成本 85 000 元，企业在建工程领用 1 月份外购的钢材一批，成本 70 000 元，已抵扣进项税。

（4）销售农用机械一批，取得不含税销售额 650 000 元，另收取包装费和运输费 36 000 元。

（5）销售一批农机零部件，取得含税销售额 98 280 元。

（6）提供农机维修业务，开具的普通发票上注明价税合计 70 200 元。

已知：企业取得的增值税专用发票和货物运输发票均在当月通过认证并在当月抵扣。

要求：根据上述资料，分析回答下列小题。

1. 2013 年 5 月该企业销项税额（　）元。

A. 146 046.16　　B. 113 121.59

C. 126 66.67　　D. 126 150.36

2. 2013 年 5 月该企业进项税额转出（　）元。

A. 9 100　　B. 9875

C. 11 900　　D. 12110

3. 2013 年 5 月该企业应纳增值税额（　）元。

A. 76 991.59　　B. 84 217.75

C. 88 891.59　　D. 86 878.03

4. 下列关于该企业上述业务的税法处理中，正确的有（　）。

A. 从小规模纳税人购进原材料，取得税务机关代开的专用发票，可以计算抵扣进项税

B. 销售农机零部件，要按 17% 的税率计算纳税

C. 领用已抵扣进项税的外购材料用于在建工程，不需要作进项税转出

D. 销售农用机械收取的包装费和运输费，要作为价外费用计算增值税

【资料二】甲建筑公司 2013 年 3 月发生以下业务。

（1）承包 A 公司的一项建筑工程，总承包额 6 000 万元，将其中的安装工程分包给乙安装公司，分包款 2 000 万元。

（2）承建 B 公司的一项建筑工程，合同约定，甲建筑公司提供自产材料的金额为 11.7 万元，提供设备价款 24 万元，由 B 公司提供材料的金额为 14 万元，提供设备价款 25 万元。

（3）为客户提供装饰劳务，客户自行采购材料，价款 20 万元，客户提供的设备价款 10 万元。甲公司收取劳务费 10 万元、辅助材料费 2 万元。

（4）将自建的商品房对外销售，取得销售收入 6 000 万元，建筑成本为 3 500 万元。

已知当地建筑业成本利润率为 10%，建筑业营业税税率为 3%，销售不动产营业税税率为 5%。

要求：根据上述资料，分析回答下列小题。

1. 关于业务（2）的税务处理，下列表述正确的有（　）。

A. 甲建筑公司提供自产材料的价款 11.7 万元应并入营业额中计征营业税

B. 甲建筑公司提供自产材料的价款 11.7 万元应计算缴纳增值税

C. B 公司提供材料和设备的价款均应并入营业额中计征营业税

D. B 公司提供材料的价款应并入营业额中计征营业税，但是提供设备的价款不计征营业税

2. 甲建筑公司针对业务（2）应缴纳营业税（　）万元。

A. 1.17　　B. 1.49

C. 1.14　　D. 2.24

3. 甲建筑公司针对业务（3）应缴纳营业税（　）万元。

A.0.30　　B.0.36

C.0.96　　D.1.26

4. 甲建筑公司上述业务共计应缴纳营业税（　）万元。

A.540.92　　B.541.82

C.541.67　　D.540.57

【资料三】某小轿车生产企业为增值税一般纳税人，2013 年 2 月发生如下业务。

（1）从甲轮胎厂购进汽车轮胎用于生产小轿车，取得的增值税专用发票上注明价款 15 万元，委托运输企业运回仓库，支付运费 8000 元，取得货物运输发票。

（2）将自产小轿车一辆用于抵偿债务，已知同类小轿车的平均售价（不含税，下同）为 40 万元，最高售价为 45 万元，最低售价为 38 万元。

（3）将新研制的 A 型小轿车 1 辆奖励给优秀职工，成本价为 20 万元，成本利润率 8%。

（4）采用赊销方式销售给甲企业一批自产小

轿车，不含税金额共计600万元，合同约定，本月收取货款的70%，下月收回剩余货款。当月甲企业由于货币资金紧张，实际支付了货款的60%。

已知：该企业生产的各种小轿车适用的消费税税率均为9%。

要求：根据上述资料，分析回答下列小题。

1．该企业当月的增值税销项税额为（ ）万元。

A．83.09　　B．82.24

C．81.90　　D．10.20

2．该企业当月应缴纳增值税（ ）万元。

A．79.23　　B．80.52

C．83.56　　D．79.63

3．该企业当月应缴纳消费税（ ）万元。

A．43.54　　B．43.99

C．43.36　　D．43.09

4．对企业各项业务的税务处理，下列表述正确的有（ ）。

A．用于抵债的自产小轿车，应该按照同类小轿车的平均售价计算增值税销项税额

B．用于抵债的自产小轿车，应该按照同类小轿车的最高售价计算增值税销项税额

C．用于抵债的自产小轿车，应该按照同类小轿车的平均售价计算消费税

D．用于抵债的自产小轿车，应该按照同类小轿车的最高售价计算消费税

第五章 企业所得税、个人所得税法律制度

企业所得税、个人所得税法律制度包括企业所得税法律制度和个人所得税法律制度两个方面的内容。其中，企业所得税法律制度是2013年考试大纲中新增的内容，需要重点掌握。本章内容涉及的考点很多，需要记忆和理解的内容也很多，复习难度相对较大。

近3年考试中，本章知识占据了13分左右的分值，题量约为8道题，需要特别注意的是，在2011年和2012年连续两年考试的不定项选择题中都涉及有本章的内容。

▼本章考纲知识体系一览表

企业所得税、个人所得税法律制度	一、企业所得税法律制度	（1）企业所得税纳税人（★★★） （2）企业所得税征税对象（★★★） （3）企业所得税税率（★★★） （4）企业所得税应纳税所得额的计算（★★★） （5）企业所得税资产的税收处理（★★★） （6）企业所得税应纳税额的计算（★★★） （7）企业所得税税收优惠（★★） （8）企业所得税源泉扣缴（★★） （9）企业所得税特别纳税调整（★★） （10）企业所得税征收管理（★）
	二、个人所得税法律制度	（1）个人所得税纳税人（★★★） （2）个人所得税征税对象（★★★） （3）个人所得税的税目（★★★） （4）个人所得税税率（★★★） （5）个人所得税计税依据（★★★） （6）个人所得税应纳税额的计算（★★★） （7）个人所得税税收优惠（★★） （8）个人所得税征收管理（★）

第一节 企业所得税法律制度

考情分析：本节内容是2013年考试大纲全新增加的内容，是本章的重点内容之一。无论是单选题、多选题、判断题，还是不定项选择题，本节内容都有可能在上述题型中出现，且题量有可能较多。

学习建议：本节内容需要重点掌握，考生应全面学习本节所有知识，重点掌握企业所得税的纳税人、征税对象、税率、应纳税所得额的计算、资产的税收处理和应纳税额的计算，并熟悉企业所得税的税收优惠、源泉扣缴和特别纳税调整等内容。另外，企业所得税的征收管理知识可适当了解。

企业所得税是对我国内资企业和经营单位的生产经营所得和其他所得征收的一种税，它也称为公司所得税或法人所得税。

我国第一部企业所得税法是1980年9月10日，第五届全国人民代表大会第三次会议通过并公布施行的《中华人民共和国中外合资经营企业所得税法》，而现行的企业所得税法是以2007年3月16日第十届全国人民代表大会第五次会议审议通过，并自2008年1月1日起施行的《中华人民共和国企业所得税法》（以下简称《企业所得税法》），以及国务

院2007年11月28日通过的《中华人民共和国企业所得税法实施条例》（以下简称《实施条例》）为法律依据。

企业所得税是规范和处理国家与企业分配关系的重要形式。在我国现行税制中，企业所得税是仅次于增值税的第二大税种，在企业纳税活动中占有重要地位。

一、企业所得税纳税人

（一）企业所得税纳税人的界定

在中华人民共和国境内，企业和其他取得收入的组织（以下统称企业）为企业所得税的纳税人。具体包括各类企业、事业单位、社会团体、民办非企业单位和从事经营活动的其他组织，但不包括个人独资企业和合伙企业。

专家课堂

个人独资企业、合伙企业属于自然人性质企业，不具有法人资格，它们不属于企业所得税纳税义务人，不缴纳企业所得税，只征收个人所得税。

（二）企业所得税纳税人的分类

我国企业所得税采取收入来源地管辖权和居民管辖权相结合的双重管辖权标准，将企业分为居民企业和非居民企业，并分别确定不同的纳税义务。

1. 居民企业

居民企业是指依法在中国境内成立，或者依照外国（地区）法律成立但实际管理机构在中国境内的企业，应当就其来源于中国境内、境外的全部所得在我国缴纳企业所得税。具体解释如下。

（1）依法在中国境内成立。依法在中国境内成立的企业，包括依照中国法律、行政法规在中国境内成立的企业、事业单位、社会团体及其他取得收入的组织。

（2）依照外国（地区）法律成立。依照外国（地区）法律成立的企业，包括依照外国（地区）法律成立的企业和其他取得收入的组织。

（3）实际管理机构。实际管理机构是指对企业的生产经营、人员、账务、财产等实施实质性全面管理和控制的机构。

2. 非居民企业

非居民企业是指依照外国（地区）法律成立且实际管理机构不在中国境内，但在中国境内设立机构、场所的，或者在中国境内未设立机构、场所，但有来源于中国境内所得的企业。

知识链接

机构、场所是指在中国境内从事生产经营活动的机构、场所，包括以下几种类别：①管理机构、营业机构、办事机构；②工厂、农场、开采自然资源的场所；③提供劳务的场所；④从事建筑、安装、装配、修理、勘探等工程作业的场所；⑤其他从事生产经营活动的机构、场所。

专家课堂

如果非居民企业委托营业代理人在中国境内从事生产经营活动的，则将该营业代理人视为非居民企业在中国境内设立的机构、场所。

【例题·单选题】下列各项中，不属于企业所得税纳税人的企业是（　）。

A. 在英国成立但实际管理机构在中国境内的企业

B. 在中国境内成立的外商独资企业

C. 在中国境内成立的合伙企业

D. 在中国境内设立的一人有限公司

【答案】C

【解析】本题考查企业所得税纳税人的界定。C选项错误，个人独资、合伙企业征收个人所得税，不是企业所得税的纳税人。

考场点拨

本题不是考查考生如何正确区分居民企业和非居民企业，因此关键点不在于中国境内或境外。而是直接考查企业所得税纳税人的界定，关键点在于企业和其他取得收入的组织的性质。只要把握住这点，本题就能迎刃而解。因为符合企业所得税纳税人的企业性质主要包括各类企业、事业单位、社会团体、民办非企业单位和从事经营活动的其他组织，并没有合伙企业。

二、企业所得税征税对象

企业所得税的征税对象是指企业的生产经营所得、其他所得和清算所得。主要包括居民企业来源于境内和境外的各项所得，以及非居民企业来源于境内的应税所得。

（一）居民企业的征税对象

居民企业应就来源于中国境内、境外的所得作为征税对象。包括销售货物所得、提供劳务所得、转让财产所得、股息红利等权益性投资所得、利息所得、租金所得、特许权使用费所得、接受捐赠所得和其他所得。各类所得的确定原则如表5-1所示。

表 5-1 居民企业各种所得的确定

所得类别	确定原则
销售货物所得	按交易活动发生地（如合同签约地、交货地点等）确定
提供劳务所得	按劳务发生地确定
转让财产所得	（1）不动产转让所得按不动产所在地确定 （2）动产转让所得按动产的企业或机构、场所所在地确定 （3）权益性投资资产转让所得按被投资企业所在地确定
股息红利等权益性投资所得	按分配所得的企业所在地确定
利息所得、租金所得、特许权使用费所得	按负担、支付所得的企业或机构、场所所在地确定，或按负担、支付所得的个人的住所地确定
其他所得	由国务院财政、税务主管部门确定

【2013 年真题·单选题】根据企业所得税法律制度的规定，关于确定来源于中国境内、境外所得的下列表述中，不正确的是（　）。

A. 提供劳务所得，按照劳务发生地确定

B. 销售货物所得，按照交易活动发生地确定

C. 股息、红利等权益性投资所得，按照分配所得的企业所在地确定

D. 转让不动产所得，按照转让不动产的企业或者机构、场所所在地确定

【答案】D

【解析】本题考查居民企业各种所得的确定。转让不动产所得按照不动产所在地确定，因此，D 选项错误。

（二）非居民企业的征税对象

非居民企业的征税对象有如下两种。

（1）在中国境内设立机构、场所的，应当就其所设机构、场所取得的来源于中国境内的所得及发生在中国境外但与其所设机构、场所有实际联系的所得，缴纳企业所得税。

（2）在中国境内未设立机构、场所的，或者虽设立机构、场所但取得的所得与其所设机构、场所没有实际联系的，应当就其来源于中国境内的所得缴纳企业所得税。

为更好地区分居民企业和非居民企业的概念，这里将其界定标准和征税对象归纳为如表 5-2 所示，以供参考。

表 5-2 居民企业和非居民企业的区别

纳税人	界定标准	征税对象
居民企业	（1）依法在中国境内成立的企业 （2）依照外国（地区）法律成立但实际管理机构在中国境内的企业	就其来源于境内、境外的全部所得在我国缴纳企业所得税
非居民企业	（1）依照外国（地区）法律成立且实际管理机构不在中国境内，但在中国境内设立机构、场所的企业 （2）在中国境内未设立机构、场所，但有来源于中国境内所得的企业	就其来源于境内的所得和虽然来源于境外，但与境内机构、场所有实际联系的所得，在我国缴纳企业所得税

【例题·单选题】下列各项中，不属于企业所得税征税范围的是（　）。

A. 居民企业来源于境外的所得

B. 非居民企业来源于中国境内的所得

C. 非居民企业来源于中国境外的，与所设机构没有实际联系的所得

D. 在中国设立机构、场所的非居民企业，取得的境内所得与其所设机构、场所有实际联系的所得

【答案】C

【解析】本题考核企业所得税的征税对象。C 选项错误，居民企业承担全面纳税义务，就其来源于我国境内、外的全部所得纳税；非居民企业承担有限纳税义务，来源于中国境外的，与所设机构没有实际联系的所得不属于我国企业所得税的征税范围。

三、企业所得税税率

企业所得税实行比例税率，具体如表 5-3 所示。

表 5-3 企业所得税税率

纳税人	适用税率
（1）居民企业，其来源于中国境内、境外的所得 （2）在中国境内设立机构、场所且取得的所得与其所设机构、场所有实际联系的非居民企业，其来源于中国境内、境外的所得	25%
在中国境内未设立机构、场所的；或在中国境内设立机构、场所，但取得的所得与其所设机构、场所没有实际联系的非居民企业，其来源于中国境内的所得	20%

四、企业所得税应纳税所得额的计算

（一）计算公式

企业所得税的计税依据是应纳税所得额，指企

业每一纳税年度的收入总额，减除不征税收入、免税收入、各项扣除以及允许弥补的以前年度亏损后的余额，具体计算公式如下。

应纳税所得额＝收入总额－不征税收入－免税收入－各项扣除－以前年度亏损

关于企业所得税应纳税所得额的计算，应注意以下几方面的规定。

（1）企业应纳税所得额的计算，以权责发生制为原则。即属于当期的收入和费用，不论款项是否收付，均作为当期的收入和费用；不属于当期的收入和费用，即使款项已经在当期收付，均不作为当期的收入和费用。

（2）企业纳税年度发生的亏损，准予向以后年度结转，用以后年度的所得弥补，但结转年限最长不得超过5年。

专家课堂

亏损即表示纳税人年度收入总额减除不征税收入、免税收入和各项扣除后得到小于零的数额。

（3）计算应纳税所得额时，若企业财务、会计处理办法与税收法律法规的规定不一致，应依照税收法律法规的规定计算。

（二）收入总额

1. 收入总额的概念和形式

企业收入总额是指以货币形式和非货币形式从各种来源取得的收入。主要包括销售货物收入，提供劳务收入，转让财产收入，股息、红利等权益性投资收益，利息收入，租金收入，特许权使用费收入，接受捐赠收入，以及其他收入。其中各种货币形式和非货币形式的收入包括的内容如图5-1所示。

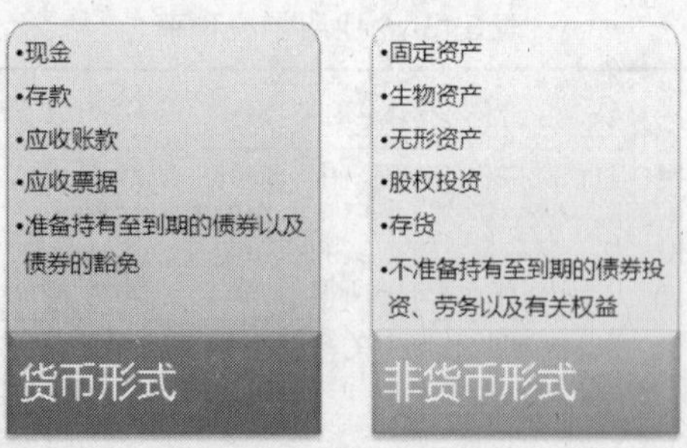

图5-1 货币形式和非货币形式的收入

【例题·多选题】以下属于货币形式的企业收入总额的有（ ）。

A. 股权投资　　B. 应收票据

C. 存货　　D. 应收账款

【答案】BD

【解析】本题考查企业收入总额的形式。其中货币形式主要包括现金、存款、应收账款、应收票据以及准备持有至到期的债券及债券的豁免。因此，B、D选项正确。

2. 销售货物收入

销售货物收入是指企业销售商品、产品、原材料、包装物、低值易耗品、其他存货取得的收入。

专家课堂

除法律法规另有规定以外，企业销售货物收入的确认，必须遵循权责发生制原则和实质重于形式原则。

（1）销售货物收入的确认

企业销售商品同时满足下列条件的，应当确认收入的实现。

①已签订商品销售合同，企业已将商品所有权相关的主要风险和报酬转移给购货方。

②企业已对售出的商品既没有保留通常与所有权相联系的继续管理权，也没有实施有效控制。

③收入的金额能够可靠地计量。

④已发生或将发生的销售方的成本能够可靠地核算。

（2）收入实现时间的确认

已确认为销售货物收入的，若采取下列商品销售方式，应按以下规定确认收入的实现时间。

①采用托收承付方式销售商品的，在办妥托收手续时确认收入。

②采用预收款方式销售商品的，在发出商品时确认收入。

③销售商品需要安装和检验的，在购买方接受商品及安装和检验完毕时确认收入。

专家课堂

若所销售商品的安装程序比较简单，则可在发出商品时确认收入。

④采用支付手续费方式委托代销来销售商品的，在收到代销清单时确认收入。

（3）售后回购方式销售商品收入的确认

①采用售后回购方式销售商品的，回购的商品作为购进商品处理，该商品按售价确认收入。

②有证据表明不符合销售收入确认条件的，如以销售商品方式进行融资，收到的款项应确认为负债。

③回购价格大于原售价的，差额应在回购期间确认为利息费用。

（4）以旧换新方式销售商品收入的确认

销售商品以旧换新的，销售商品应按照销售商品收入确认条件来确认收入，回收的商品作为购进商品处理。

（5）打折销售商品收入的确认

①商品销售涉及商业折扣的，应按照扣除商业折扣后的金额确定销售商品收入金额。

②销售商品涉及现金折扣的，应按扣除现金折扣前的金额确定销售商品收入金额，现金折扣在实际发生时作为财务费用扣除。

③企业已经确认销售收入的售出商品发生销售折让和销售退回，应在发生当期冲减当期销售商品收入。

知识链接

企业为促进商品销售而在商品价格上给予的价格扣除属于商业折扣；债权人为鼓励债务人在规定的期限内付款而向债务人提供的债务扣除属于现金折扣；企业因售出商品的质量不合格等原因而在售价上给予的减让属于销售折让；企业因售出商品质量、品种不符合要求等原因而发生的退货属于销售退回。

【例题·判断题】采用预收款方式销售商品的，其收入实现时间应在对方接收商品时确认。（ ）

【答案】×

【解析】本题考查销售货物收入实现时间的确认。采用预收款方式销售商品的，在发出商品时确认收入。

3. 劳务收入

提供劳务收入是指企业从事建筑安装、修理修配、交通运输、仓储租赁、金融保险、邮电通信、咨询经纪、文化体育、科学研究、技术服务、教育培训、餐饮住宿、中介代理、卫生保健、社区服务、旅游、娱乐、加工以及其他劳务服务活动取得的收入。

企业在各个纳税期末，提供劳务交易的结果能够可靠估计的，应采用完工进度（百分比）法确认提供劳务收入。

（1）提供劳务交易结果的确认

提供劳务交易的结果能够可靠估计，指的是同时满足以下3方面的条件。

①收入金额能够可靠计量。

②交易完工进度能够可靠确定。

③交易中已发生和将发生的成本能够可靠核算。

（2）提供劳务完工进度的确认

企业提供劳务完工的进度，可根据不同情形选用下列不同的方法确认。

①已完工作的测量。

②已提供劳务占劳务总量的比例。

③发生成本占总成本的比例。

（3）劳务收入总额的确认

①企业应按照从接受劳务方已收或应收的合同或协议价款确认劳务收入总额，根据纳税期末提供劳务收入总额乘以完工进度，并扣除以前纳税年度累计已确认提供劳务收入后的金额，来确认当期的劳务收入。

②企业应按照提供劳务估计总成本乘以完工进度，并扣除以前纳税期间累计已确认劳务成本后的金额，结转为当期劳务成本。

（4）劳务收入实现的确认

提供不同的劳务，若满足收入确认条件的，应按不同的规定确认收入，具体如表5-4所示。

表5-4 不同劳务收入实现的确认

提供劳务	收入实现的确认
安装费	（1）根据安装完工进度确认收入 （2）安装工作是商品销售附带条件的，安装费在确认商品销售实现时确认收入
宣传媒介的收费	（1）在相关的广告或商业行为出现于公众面前时确认收入 （2）广告制作费应根据制作广告的完工进度确认收入
软件费	为特定客户开发软件的收费，应根据开发的完工进度确认收入
服务费（包含在商品售价内可区分的服务费）	在提供服务的期间分期确认收入
艺术表演、招待宴会和其他特殊活动的收费	（1）在相关活动发生时确认收入 （2）收费涉及几项活动的，预收的款项应合理分配给每项活动，并分别确认收入
会员费	（1）申请入会或加入会员，只允许取得会籍，所有其他服务或商品都要另行收费的，在取得该会员费时确认收入 （2）申请入会或加入会员后，会员在会员期内不再付费就可得到各种服务或商品，或者以低于非会员的价格销售商品或提供服务的，该会员费应在整个受益期内分期确认收入
特许权费	（1）属于提供设备和其他有形资产的特许权费，在交付资产或转移资产所有权时确认收入 （2）属于提供初始及后续服务的特许权费，在提供服务时确认收入
劳务费	长期为客户提供重复劳务收取的劳务费，在相关劳务活动发生时确认收入

【例题·多选题】根据企业所得税法律制度的规定，下列各项关于劳务收入确认的表述中，正确的是（ ）。

A. 安装费根据安装完工进度确认收入

B. 广告制作费应根据广告的完工进度确认收入

C. 宣传媒介收费应在相关的广告或商业行为出现于公众面前时确认收入

D. 长期为客户提供重复的劳务收取的劳务费，在相关劳务活动发生时确认收入

【答案】BCD

【解析】本题考查劳务收入实现时间的确认。A选项错误，原因在于表述不够严谨。提供安装劳务的，安装费收入的确认应分为两种情况：①根据安装完工进度确认收入；②安装工作是商品销售附带条件的，安装费在确认商品销售实现时确认收入。

考场点拨

考试中遇到类似上题表述不完整的题目时，建议根据题目提供的答案来判断其正确性。假设上题的情况，A选项由于表述不完整，应确定为错误答案。但如果其他选项补充表述了不完整的部分，多个选项的表述合在一起如果完整，则建议将这些选项都判断为正确答案。

4. 转让财产收入

（1）概念

转让财产收入是指企业转让固定资产、生物资产、无形资产、股权、债权等财产取得的收入。

（2）确认收入

转让财产收入应按照从财产受让方已收或应收的合同或协议价款确认收入。

5. 股息、红利等权益性投资收益

（1）概念

股息、红利等权益性投资收益是指企业因权益性投资从被投资方取得的收入。

（2）确认收入

股息、红利等权益性投资收益，除国务院财政、税务主管部门另有规定外，按照被投资方作出利润分配决定的日期确认收入的实现。

6. 利息收入

（1）概念

利息收入是指企业将资金提供给他人使用但不构成权益性投资，或者因他人占用本企业资金取得的收入，主要包括存款利息、贷款利息、债券利息、欠款利息等收入。

（2）确认收入

利息收入应按合同约定的债务人应付利息的日期确认收入的实现。

7. 租金收入

（1）概念

租金收入是指企业提供固定资产、包装物或其他有形资产的使用权，而取得的收入。

（2）确认收入

租金收入应按合同约定的承租人应付租金的日期确认收入的实现。

8. 特许权使用费收入

（1）概念

特许权使用费收入是指企业提供专利权、非专利技术、商标权、著作权以及其他特许权的使用权而取得的收入。

（2）确认收入

特许权使用费收入应按合同约定的特许权使用人应付特许权使用费的日期确认收入的实现。

9. 接受捐赠收入

（1）概念

接受捐赠收入是指企业接受来自其他企业、组织或者个人无偿给予的货币性资产、非货币性资产。

（2）确认收入

接受捐赠收入应按照实际收到捐赠资产的日期确认收入的实现。

专家课堂

企业买一赠一等方式组合销售商品的，不属于捐赠，应将总销售金额按各项商品的公允价值的比例来分摊确认各项的销售收入。

10. 其他收入

（1）概念

其他收入是指企业取得《企业所得税法》具体列举的收入外的其他收入，包括企业资产溢余收入、逾期未退包装物押金收入、确实无法偿付的应付款项、已作坏账损失处理后又收回的应收款项、债务重组收入、补贴收入、违约金收入、汇兑收益等。

（2）确认收入

其他收入应按国家发布的相关法律法规文件的规定确认各收入的实现。

【例题·单选题】根据《企业所得税法》的规定，下列收入不属于企业其他收入的是（　）。

A. 产品销售收入

B. 已作坏账损失处理后又收回的应收款项

C. 经营过程中的违约金收入

D. 汇兑收益

【答案】A

【解析】本题考查企业收入总额中的其他收入的概念。企业所得税法中所称其他收入，包括企业资产溢余收入、逾期未退包装物押金收入、确实无法偿付的应付款项、已作坏账损失处理后又收回的应收款项、债务重组收入、补贴收入、违约金收入、汇兑收益等。

11. 特殊收入及确认

除前面介绍的各种收入外，还有一些特殊收入的确认，可参考表5–5列举的内容进行学习。

表5-5 特殊收入及确认

特殊收入	收入实现的确认
分期收款方式销售货物	按合同约定的收款日期确认收入的实现
委托加工制造大型机械设备、飞机、船舶，从事建筑、安装、装配工程业务或提供其他劳务，持续时间超过12个月	按纳税年度内完工进度或者完成的工作量确认收入的实现
产品分成方式取得收入	按企业分得产品的日期确认收入的实现
发生非货币性资产交换，以及将货物、财产、劳务用于捐赠、偿债、赞助、集资、广告、样品、职工福利或利润分配等用途	视同销售货物、转让财产或提供劳务，但国务院财政、税务主管部门另有规定的除外

【例题·单选题】根据《企业所得税法》的规定，下列关于特殊收入的确认说法不正确的是（　）。

A. 采取产品分成方式取得收入的，按照企业分得产品的日期确认收入的实现

B. 企业从事建筑、安装、装配工程业务，持续时间超过12个月的，按照纳税年度内完成的工作量确认收入的实现

C. 以分期收款方式销售货物的，按照合同约定的收款日期确认收入的实现

D. 采取产品分成方式取得收入的，其收入额按照产品的成本确定

【答案】D

【解析】本题考查企业收入总额中特殊收入的确定。D选项错误，采取产品分成方式取得收入的，按照企业分得产品的日期确认收入的实现，其收入额按照产品的公允价值确定。

（三）不征税收入

不征税收入是指从性质和根源上不属于企业营利性活动带来的经济利益，不作为应纳税所得额组成部分的收入，理论上不应列为征收范围的收入。

不征税收入主要包括财政拨款，依法收取并纳入财政管理的行政事业性收费、政府性基金，以及国务院规定的其他不征税收入3种。

1. 财政拨款

财政拨款是指各级人民政府对纳入预算管理的事业单位、社会团体等组织拨付的财政资金，但国务院和国务院财政、税务主管部门另有规定的除外。

2. 依法收取并纳入财政管理的行政事业性收费、政府性基金

（1）行政事业性收费是指依照法律法规等有关规定，按照国务院规定程序批准，在实施社会公共管理，以及在向公民、法人或者其他组织提供特定公共服务过程中，向特定对象收取并纳入财政管理的费用。

（2）政府性基金是指企业依照法律、行政法规等有关规定，代政府收取的具有专项用途的财政资金。

3. 国务院规定的其他不征税收入

国务院规定的其他不征税收入，主要是指企业取得的，由国务院财政、税务主管部门规定专项用途并经国务院批准的财政性资金。

【例题·单选题】下列收入不是企业所得税应税收入的是（　）。

A. 转让财产收入

B. 财政拨款收入

C. 提供劳务收入

D. 接受捐赠收入

【答案】B

【解析】本题考查企业所得税的不征税收入。财政拨款，依法收取并纳入财政管理的行政事业性收费、政府性基金，以及国务院规定的其他不征税收入是企业所得税的不征税收入。

（四）税前扣除项目

税前扣除项目是指企业实际发生的与取得收入有关的、合理的支出，包括成本、费用、税金、损失和其他支出，准予在计算应纳税所得额时扣除。其相关规定分别如下。

（1）合理支出指的是符合生产经营活动常规，应当计入当期损益或者有关资产成本的必要和正常的支出。

（2）企业的不征税收入用于支出所形成的费用或者财产，不得扣除或者计算对应的折旧、摊销扣除。

（3）企业发生的支出应区分收益性支出和资本性支出。其中收益性支出在发生当期直接扣除；资本性支出应分期扣除或者计入有关资产成本，不得在发生当期直接扣除。

下面详细介绍各项税前扣除项目的具体内容。

1. 成本

成本是指纳税人销售商品（如产品、材料、下脚料、废料、废旧物资等）、提供劳务、转让固定资产、无形资产（包括技术转让）的成本。

2. 费用

费用是指企业在生产经营活动中发生的销售费用、管理费用和财务费用（已计入成本的有关费用除外）。

（1）销售费用

销售费用是指企业在销售产品、自制半成品和提供劳务等过程中发生的各项费用。包括由企业负担的包装费、运输费、广告费、装卸费、保险费、委托代销手续费、展览费、租赁费（不含融资租赁费）和销售服务费、销售部门人员工资、职工福利费、差旅费、折旧费、修理费、物料消耗、低值易耗品摊销以及其他经费等。

（2）管理费用

管理费用是指企业行政管理部门为组织和管理生产经营活动而发生的各项费用。管理费用属于期间费用，在发生的当期就计入当期的损益。

（3）财务费用

财务费用是指企业在生产经营过程中为筹集资金而发生的各项费用。包括企业生产经营期间发生的利息支出（减利息收入）、汇兑净损失（有的企业如商品流通企业、保险企业进行单独核算，不包括在财务费用）、金融机构手续费，以及筹资发生的其他财务费用，如债券印刷费、国外借款担保费等。

3. 税金

税金是指企业发生的除企业所得税和允许抵扣的增值税以外的企业缴纳的各项税金及其附加。即企业按规定缴纳的消费税、营业税、城市维护建设税、关税、资源税、土地增值税、房产税、车船税、城镇土地使用税、印花税、教育费附加等产品销售税金及附加。

4. 损失

损失是指由企业非日常活动所发生的、会导致所有者权益减少的、与向所有者分配利润无关的经济利益的流出。具体是指企业在生产经营活动中发生的固定资产和存货的盘亏、毁损、报废损失，转让财产损失，呆账损失，坏账损失，自然灾害等不可抗力因素造成的损失及其他损失。

专家课堂

企业发生的损失，减除责任人赔偿和保险赔款后的余额，依照国务院财政、税务主管部门的规定扣除。企业已经作为损失处理的资产，在以后纳税年度又全部收回或者部分收回时，应当计入当期收入。

5. 其他支出

其他支出是指除成本、费用、税金、损失以外，企业在生产经营活动中发生的与生产经营活动有关的、合理的支出。

其准予扣除的规定分别有如下几个方面。

（1）准予扣除的借款费用

企业在生产经营活动中发生的合理的不需要资本化的借款费用，准予扣除。即企业为建造、购置固定资产、无形资产和经过12个月以上的建造才能达到预定可销售状态的存货发生借款的，在有关购置、建造期间发生的合理的借款费用，应作为资本性支出计入有关资产的成本，并依照《实施条例》的规定扣除。

（2）准予扣除的利息支出

企业在生产经营活动中发生的部分利息支出，准予扣除，具体如图5-2所示。

1. 非金融企业向金融企业借款的利息支出
2. 非金融企业向非金融企业借款的利息支出，不超过按照金融企业同期同类贷款利率计算的数额的部分
3. 金融企业的各项存款利息支出和同业拆借利息支出
4. 企业经批准发行债券的利息支出

图5-2 准予扣除的利息支出

（3）准予扣除的汇兑损失

企业在货币交易中，以及纳税年度终了时将人民币以外的货币性资产、负债按照期末即期人民币汇率中间价折算为人民币时产生的汇兑损失，除已计入有关资产成本以及与向所有者进行利润分配相关的部分外，准予扣除。

（4）准予扣除的保险费

企业参加财产保险，按照有关规定缴纳的保险费，准予扣除。

（5）准予扣除的专项资金

企业依照法律、行政法规有关规定提取的用于环境保护、生态恢复等方面的专项资金，准予扣除。但上述专项资金提取后改变用途的，不得扣除。

（6）准予扣除的劳动保护支出

企业发生的合理的劳动保护支出，准予扣除。

（7）准予扣除的手续费及佣金支出

企业发生与生产经营有关的手续费及佣金支出，不超过如表 5-6 所示规定计算限额以内的部分，准予扣除，但超过的部分不得扣除。

表 5-6 不同企业的计算限额规定

企业	计算限额规定
财产保险企业	按照全部保费收入扣除退保金等后余额的 15% 计算限额
人身保险企业	按当年全部保费收入扣除退保金等后余额的 10% 计算限额
其他企业	按与具有合法经营资格中介服务机构或个人（不含交易双方及其雇员、代理人和代表人等）所签订服务协议或合同确认的收入金额的 5% 计算限额

另外，关于手续费及佣金支出的扣除规定，还需要注意以下几方面内容。

①除委托个人代理外，企业以现金等非转账方式支付的手续费及佣金不得在税前扣除。

②企业为发行权益性证券支付给有关证券承销机构的手续费及佣金不得在税前扣除。

③企业不得将手续费及佣金支出计入回扣、业务提成、返利、进场费等费用。

④企业已计入固定资产、无形资产等相关资产的手续费及佣金支出，应当通过折旧、摊销等方式分期扣除，不得在发生当期直接扣除。

⑤企业支付的手续费及佣金不得直接冲减服务协议或合同金额，并如实入账。

⑥企业应如实向当地主管税务机关提供当年手续费及佣金计算分配表和其他相关资料，并依法取得合法真实凭证。

【例题·多选题】下列选项中，属于企业所得税税前扣除项目的是（　）。

A. 成本　　B. 费用

C. 损失　　D. 税金

【答案】ABCD

【解析】本题考查企业所得税的税前扣除项目。企业所得税税前扣除项目包括成本、费用、税金、损失和其他准予扣除的与生产经营活动有关的、合理的支出。

【例题·判断题】非金融企业向非金融企业借款的利息支出，属于企业所得税准予扣除的利息支出。（　）

【答案】×

【解析】本题考查企业所得税准予扣除的利息支出。非金融企业向非金融企业借款的利息支出，不超过按照金融企业同期同类贷款利率计算的数额的部分，才准予扣除。

（五）扣除标准

1. 工资、薪金支出

根据《实施条例》的规定，企业发生的合理的工资薪金支出，准予扣除。工资薪金是指企业每一纳税年度支付给在本企业任职或者受雇的员工的所有现金形式或者非现金形式的劳动报酬，包括基本工资、奖金、津贴、补贴、年终加薪、加班工资，以及与员工任职或者受雇有关的其他支出。

2. 职工福利费、工会经费、职工教育经费

企业发生的职工福利费、工会经费、职工教育经费，未超过标准的按实际发生数额扣除，超过扣除标准的只能按标准扣除。具体标准如表 5-7 所示。

表 5-7 职工福利费、工会经费、职工教育经费扣除标准

项目	准予扣除的标准	超过标准
职工福利费	不超过工资薪金总额 14% 的部分	不得扣除
工会经费	不超过工资薪金总额 2% 的部分	不得扣除
职工教育经费	不超过工资薪金总额 2.5% 的部分	准予在以后纳税年度结转扣除

其中，关于对职工福利费的理解，有以下几方面的内容。

（1）尚未实行分离半社会职能的企业，其内设福利部门所发生的设备、设施和人员费用属于职工福利费的范围。具体包括职工浴室、职工食堂、托儿所、疗养院、医务所、理发室等集体福利部门的设备、设施的维修保养费用，以及福利部门工作人员的工资薪金、社会保险费、住房公积金和劳务费等。

（2）为职工卫生保健、生活、交通、住房等所发放的各项补贴和非货币性福利属于职工福利费的范围。具体包括企业向职工发放的因公外地就医费用、职工供养直系亲属医疗补贴、未实行医疗统筹企业职工医疗费用、职工防暑降温费、供暖费补贴、救济费、职工交通补贴、职工困难补贴、职工食堂经费补贴等。

（3）按其他规定发生的其他职工福利费，如丧葬补助费、安家费、探亲路费、抚恤费等费用也属于职工福利费的范围。

> **知识链接**
>
> 企业发生的职工福利费应单独设置账册，以便准确进行核算。没有单独设置账册并准确核算的，税务机关应责令企业在规定期限内改正，逾期未改正的，税务机关可合理地核定该企业发生的职工福利费用。

【案例 5-1】 某居民企业，职工 200 人，2013 年计入成本、费用的实发工资总额为 500 万元，拨缴职工工会经费 10 万元（有专用收据），支出职工福利费 85 万元、职工教育经费 15 万元。试计算该企业 2013 年计算应纳税所得额时准予在税前扣除的工资和上述 3 项经费的总额。

【案例解析】 企业发生的合理的工资、薪金支出准予据实扣除；职工福利费扣除限额为 500×14% = 70（万元），实际发生 85 万元，准予扣除 70 万元；工会经费扣除限额 = 500×2% = 10（万元），实际发生 10 万元，可以据实扣除；职工教育经费扣除限额 = 500×2.5% = 12.5（万元），实际发生 15 万元，准予扣除 12.5 万元。因此，该企业税前准予扣除的工资和 3 项经费合计为：500+70+10+12.5 = 592.5（万元）。

3. 社会保险费

符合标准的社会保险以及符合规定的商业保险准予扣除，具体如图 5-3 所示。

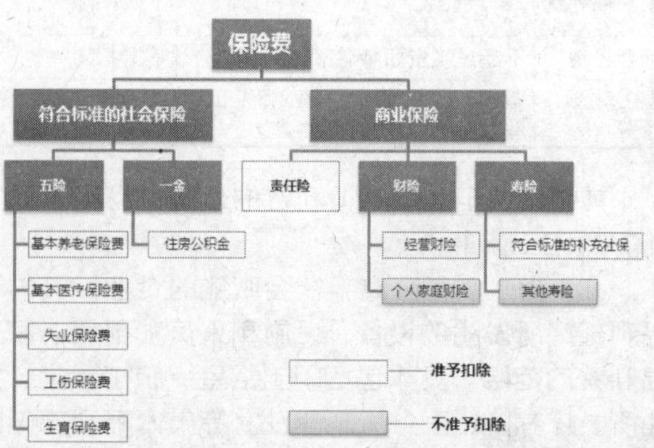

图 5-3 准予扣除的社会保险费

另外，需要注意的是，根据《企业所得税法》的规定，除企业依照国家有关规定为特殊工种职工支付的人身安全保险费和国务院财政、税务主管部门规定可以扣除的其他商业保险费外，企业为投资者或者职工支付的商业保险费，不得扣除。

【例题·多选题】 企业缴纳的下列保险金可以在税前直接扣除的有（ ）。

A. 为特殊工种的职工支付的人身安全保险费

B. 企业为管理人员支付的家庭财产保险

C. 为投资者或者职工支付的商业保险费

D. 按照国家规定，为职工缴纳的基本养老保险金

【答案】 AD

【解析】 本题考查可税前扣除的社会保险费。B 选项错误，个人家庭财产保险不能在税前扣除；C 选项错误，商业保险中的经营财险和符合标准的补充社保才允许在税前扣除。

4. 借款费用

借款费用的扣除规定有以下几点。

（1）企业在生产经营活动中发生的合理的不需要资本化的借款费用，准予扣除。

（2）企业为购置、建造固定资产、无形资产和经过 12 个月以上的建造才能达到预定可销售状态的存货发生借款的，在有关资产购置、建造期间发生的合理的借款费用，应作为资本性支出计入有关资产的成本，并依照税法的规定扣除；有关资产交付使用后发生的借款利息，可在发生当期扣除。

（3）企业通过发行债券、取得贷款、吸收保户储金等方式融资而发生的合理的费用支出，符合资本化条件的，应计入相关资产成本；不符合资本化条件的，应作为财务费用，准予在企业所得税前据实扣除。

5. 利息费用

利息费用的准予扣除规则可参见前面图 5-2 中所示的内容。这里仅对"非金融企业向非金融企业借款的利息支出，不超过按照金融企业同期同类贷款利率计算的数额的部分"规则进行如下解释。

（1）非金融企业向非金融企业借款的利息支出，不超过按照金融企业同期同类贷款利率计算的数额的部分可据实扣除，超过部分不允许扣除。

（2）同期同类贷款利率主要参照金融机构公布的同期同类平均利率或金融企业对某些企业提供的实际利率。

（3）金融企业是指各类银行、保险公司及经中国人民银行批准从事金融业务的非银行金融机构。包括国家专业银行、区域性银行、股份制银行、外资银行、中外合资银行以及其他综合性银行，还包括全国性保险企业、区域性保险企业、股份制保险企业、中外合资保险企业以及其他专业性保险企业城市、农村信用社、各类财务公司及其他从事信托投资、租赁等业务的专业和综合性非银行金融机构。

（4）非金融机构是指除上述金融机构以外的所有企业、事业单位以及社会团体等企业或组织。

6. 汇兑损失

企业按汇率折算形成的汇兑损失，除已经计入有关资产成本以及与向所有者进行利润分配相关的部分外，准予扣除。具体内容前面已经详细介绍过，

这里不再赘述。

7. **公益性捐赠**

企业实际发生的公益性捐赠支出，在年度利润总额12%以内的部分，准予在计算应纳税所得额时扣除。这里的年度利润总额，是指企业按照国家统一会计制度的规定计算的年度会计利润。

（1）公益性捐赠的概念

公益性捐赠是指企业通过公益性社会团体或者县级以上人民政府及其部门，用于《中华人民共和国公益事业捐赠法》规定的公益事业的捐赠。具体包括以下一些范围。

①救助灾害、救济贫困、扶助残疾人等困难的社会群体和个人的活动。

②教育、科学、文化、卫生、体育事业。

③环境保护、社会公共设施建设。

④促进社会发展和进步的其他社会公共和福利事业。

（2）公益性社会团体的概念

公益性社会团体是指同时符合下列条件的基金会、慈善组织等社会团体。

①依法登记，具有法人资格。

②以发展公益事业为宗旨，且不以营利为目的。

③全部资产及其增值为该法人所有。

④收益和营运结余主要用于符合该法人设立目的的事业。

⑤终止后的剩余财产不归属任何个人或者营利组织。

⑥不经营与其设立目的无关的业务。

⑦有健全的财务会计制度。

⑧捐赠者不以任何形式参与社会团体财产的分配。

⑨国务院财政、税务主管部门会同国务院民政部门等登记管理部门规定的其他条件。

（3）捐赠资产价值的确认

公益性社会团体和县级以上人民政府及其组成部门和直属机构在接受捐赠时，捐赠资产价值的确认按以下原则进行。

①接受捐赠的货币性资产，应按照实际收到的金额计算。

②接受捐赠的非货币性资产，应以其公允价值计算。

【例题·单选题】根据《企业所得税法》的规定，企业发生的公益性捐赠支出，在计算企业所得税应纳税所得额时的扣除标准是（ ）。

A. 全额扣除

B. 在年度利润总额12%以内的部分扣除

C. 在年度应纳税所得额30%以内的部分扣除

D. 在年度应纳税所得额12%以内的部分扣除

【答案】B

【解析】本题考查公益性捐赠的扣除标准。企业发生的公益性捐赠支出，在年度利润总额12%以内的部分，准予在计算应纳税所得额时扣除。

8. **业务招待费**

企业发生的与生产经营活动有关的业务招待费支出，按发生额的60%扣除，但最高不得超过当年销售（营业）收入的5‰。此规定需注意以下两种情形。

（1）企业在筹建期间，发生的与筹办活动有关的业务招待费支出，可按实际发生额的60%计入企业筹办费，并按有关规定在税前扣除。

（2）对从事股权投资业务的企业（包括集团公司总部、创业投资企业等），其从被投资企业所分配的股息、红利以及股权转让收入，可以按规定的比例计算业务招待费扣除限额。

【案例5-2】某居民企业2013年度产品销售收入4 800万元，销售成本3 600万元，材料销售收入400万元，分回的投资收益761万元（被投资方税率为15%），实际发生业务招待费15万元，分析该企业2013年度所得税税前可以扣除的业务招待费用是多少，能否全额扣除。

【案例解析】解答本案例可扣除的业务招待费用，首先要明确该项费用的扣除标准，即企业发生的与生产经营活动有关的业务招待费支出，按发生额的60%扣除，但最高不得超过当年销售（营业）收入的5‰。因此首先计算可扣除的业务招待费用为15×60%=9（万元），然后比较该数额是否超过规定的企业全年销售收入的5‰，即（4800 + 400）×5‰ = 26（万元），销售成本和投资收益不能计算在企业销售或营业收入中。由于9万元未超过该企业全年收入的5‰（即26万元），因此可以全额扣除。

9. **广告费和业务宣传费**

企业每一纳税年度发生的符合条件的广告费和业务宣传费，除国务院财政、税务主管部门另有规定外，不超过当年销售（营业）收入15%的部分，准予扣除；超过部分，准予在以后纳税年度结转扣除。

需要注意的是，企业在筹建期间发生的广告费和业务宣传费支出，可按实际发生额计入企业筹办费，并按有关规定在税前扣除。

专家课堂

企业申报扣除的广告费支出，必须符合以下几方面的条件：①广告是通过工商部门批准的专门机构制作的；②已实际支付费用并已取得相应发票；③通过一定的媒体传播。

【案例 5-3】2013 年某企业当年实现自产货物销售收入 500 万元，当年发生计入销售费用中的广告费 60 万元，企业上年还有 35 万元的广告费没有在税前扣除。试计算该企业 2013 年度可以税前扣除的广告费。

【案例解析】企业当年的广告费扣除标准为不超过当年销售（营业）收入的 15%，超过部分可以结转以后年度扣除。当年准予扣除的广告费 =500×15%=75（万元），因此当年发生的 60 万元可以全部扣除。同时，还可以扣除上年结转的 35 万元中的 15 万元，即企业 2013 年可以扣除的广告费是 60+15=75（万元）。上年剩余的 20 万元留待以后年度结转扣除。

10. 环境保护专项资金

企业依照法律、行政法规有关规定提取的用于环境保护、生态恢复等方面的专项资金，准予扣除。但若上述的专项资金提取后改变了原有用途时，则不得扣除。

11. 保险费

企业参加财产保险，按照规定缴纳的保险费，准予扣除。具体允许扣除的保险费可参见前面图 5-3 所示的内容。

12. 租赁费

企业租入固定资产支付的租赁费，应按照以下方法扣除。

（1）属于经营性租赁发生的租入固定资产租赁费，根据租赁期限均匀扣除。

（2）属于融资性租赁发生的租入固定资产租赁费，构成融资租入固定资产价值的部分应提取折旧费用，分期扣除；租赁费支出不得直接扣除。

专家课堂

经营性租赁指的是所有权不转移的租赁；融资租赁指的是在实质上转移与一项资产所有权有关的全部风险和报酬的一种租赁。

13. 劳动保护费

企业发生的合理的劳动保护支出，准予扣除。

考场点拨

考生应注意区分劳动保护费和职工福利费。如防暑降温用品和防暑降温费用，前者属于劳动保护费，没有开支的金额比例限制；后者属于职工福利费，有开支的金额比例限制。

14. 有关资产的费用

有关资产的费用扣除规则，主要有以下两点。

（1）企业转让各类固定资产发生的费用，准予扣除。

（2）企业按规定计算的固定资产折旧费、无形资产和递延资产的摊销费，准予扣除。

15. 总机构分摊的费用

非居民企业在中国境内设立的机构、场所，就其中国境外总机构发生的与该机构、场所生产经营有关的费用，能够提供总机构出具的费用汇集范围、定额、分配依据和方法等证明文件，并合理分摊的，准予扣除。

16. 资产损失

资产损失的扣除规则主要有以下两点。

（1）企业当期发生的固定资产和流动资产盘亏、毁损净损失，由其提供清查盘存资料经主管税务机关审核后，准予扣除。

（2）企业因存货盘亏、毁损、报废等原因不得从销项税金中抵扣的进项税金，应视同企业财产损失，准予与存货损失一起在所得税前按规定扣除。

17. 其他项目

依照有关法律、行政法规和国家有关税法规定准予扣除的其他项目，如会员费、合理的会议费、差旅费、违约金、诉讼费用等，可按规定扣除。

【2013 年真题·多选题】甲企业 2012 年利润总额为 2 000 万元，工资薪金支出为 1 500 万元，已知在计算企业所得税应纳税所得额时，公益性捐赠支出、职工福利费支出、职工教育经费支出的扣除比例分别不超过 12%、14% 和 2.5%，下列支出中，允许在计算 2012 年企业所得税应纳税所得额时全额扣除的有（　）。

A. 公益性捐赠支出 200 万元

B. 职工福利费支出 160 万元

C. 职工教育经费支出 40 万元

D. 2012 年 7 月至 2013 年 6 月期间的厂房租金支出 50 万元

【答案】AB

【解析】本题考查企业所得税各项目的扣除标准。A 选项正确，公益性捐赠支出税前扣除限额 =2 000×12%=240（万元），实际发生捐赠 200 万元，没有超过扣除限额，准予全额扣除；B 选项正确，职工福利费税前扣除限额 =1 500×14%=210（万元），实际发生 160 万元，没有超过扣除限额，准予全额扣除；C 选项错误，职工教育经费税前扣除限额 =1 500×2.5%=37.5（万元），实际发生 40 万元，超过了扣除限额，不能全额扣除；D 选项错误，2012 年 7 月至 2013 年 6 月期间的厂房租金支出 50 万元，应按规定分别在 2012 年和 2013 年扣除，不能全部在 2012 年的企业所得税前扣除。

（六）不得扣除项目

以下列举的各项支出，不得在计算应纳税所得额时扣除。

（1）向投资者支付的股息、红利等权益性投资收益款项。

（2）企业所得税税款。

（3）纳税人违反税收法规，被税务机关处以的税收滞纳金。

（4）纳税人违反国家有关法律、法规规定，被有关部门处以的罚款，以及被司法机关处以的罚金和被没收财物。

（5）超过规定标准的捐赠支出。

（6）企业发生的与生产经营活动无关的各种非广告性质的支出，即赞助支出。

（7）不符合国务院财政、税务主管部门规定的各项资产减值准备、风险准备等准备金支出。

（8）企业之间支付的管理费、企业内营业机构之间支付的租金和特许权使用费，以及非银行企业内营业机构之间支付的利息。

（9）与取得收入无关的其他支出。

【例题·单选题】下列选项中，不属于企业所得税在计算应纳税所得额时不得扣除项目的是（　）。

A. 企业所得税税款

B. 税收滞纳金

C. 捐赠支出

D. 罚款、罚金

【答案】C

【解析】本题考查企业所得税的不得扣除项目。C 选项错误，只有超过规定标准的捐赠支出才不得扣除。

（七）亏损弥补

企业某一纳税年度发生的亏损可以用下一年度的所得弥补，下一年度的所得不足以弥补的，可以逐年延续弥补，但最长不得超过 5 年。

专家课堂

企业在汇总计算缴纳企业所得税时，其境外营业机构的亏损不得抵减境内营业机构的盈利。

（八）非居民企业的应纳税所得额

非居民企业来源于中国境内的所得，其应纳税所得额应按特殊规定进行计算，具体如表 5-8 所示。

表 5-8 非居民企业应纳税所得额的计算规则

来源于中国境内的所得	应纳税所得额
股息、红利等权益性投资收益和利息、租金、特许权使用费所得	收入全额
转让财产所得	收入全额 - 财产净值
其他所得	参照以上两项规定的方法计算

专家课堂

非居民企业在中国境内设立的机构、场所，就其中国境外总机构发生的与该机构、场所生产经营有关的费用，能提供总机构出具的费用汇集范围、定额、分配依据和方法等证明文件并合理分摊的，准予扣除。

五、企业所得税资产的税务处理

（一）资产概述

企业资产是指企业拥有或者控制的、用于经营管理活动且与取得应税收入有关的资产，包括固定资产、生产性生物资产、无形资产、长期待摊费用、投资资产、存货等。

为了更好地理解资产，下面对历史成本和资产净值的概念一并介绍。

1. 历史成本

资产以历史成本为计税基础，而历史成本是指企业取得该项资产时实际发生的支出。企业持有各项资产期间资产增值或者减值，除国务院财政、税务主管部门规定可以确认损益外，不得调整该资产的计税基础。

2. 资产净值

资产净值是指有关资产、财产的计税基础减除已按照规定扣除的折旧、折耗、摊销、准备金等后的余额。除另有规定外，企业在重组过程中，应在交易发生时确认有关资产的转让所得或者损失，相关资产应按照交易价格重新确定计税基础。

（二）固定资产

1. 固定资产概述

固定资产是指企业为生产产品、提供劳务、出租或经营管理而持有的、使用时间超过 12 个月的非货币性资产，包括房屋、建筑物、机器、机械、运输工具以及其他与生产经营活动有关的设备、器具、工具等。在计算应纳税所得额时，企业按照规定计算的固定资产折旧，准予扣除。

2. 不得计算折旧扣除的固定资产

下列固定资产不得计算折旧扣除。

（1）房屋、建筑物以外未投入使用的固定资产。

（2）以经营租赁方式租入的固定资产。

（3）以融资租赁方式租出的固定资产。

（4）已提足折旧继续使用的固定资产。

（5）与经营活动无关的固定资产。

（6）单独估价作为固定资产入账的土地。

（7）其他不得计提折旧扣除的固定资产。

专家课堂

经营租赁由出租人计提折旧；融资租赁由承租人计提折旧。

【2013年真题·单选题】根据企业所得税法律制度的规定，下列固定资产中，在计算企业所得税应纳税所得额时准予扣除折旧费的是（ ）。

A. 未投入使用的房屋

B. 以经营租赁方式租入的固定资产

C. 未投入使用的机器设备

D. 以融资租赁方式租出的固定资产

【答案】A

【解析】本题考查不得计算折旧扣除的固定资产。A选项正确，未投入使用的房屋，计提的折旧可以在税前扣除。

考场点拨

考生答题时一定要仔细，上题A选项内容为“未投入使用的房屋”，如果是不得计算折旧扣除的固定资产，应该是“房屋、建筑物以外未投入使用的固定资产”。如果出现在判断题中，则更应该仔细审题，不然一不小心就容易失分。

3. 固定资产计税基础的确定

固定资产按以下方法确定计税基础。

（1）外购的固定资产，以购买价款和支付的相关税费以及直接归属于使该资产达到预定用途发生的其他支出为计税基础。

（2）自行建造的固定资产，以竣工结算前发生的支出为计税基础。

（3）融资租入的固定资产，以租赁合同约定的付款总额和承租人在签订租赁合同过程中发生的相关费用为计税基础，租赁合同未约定付款总额的，以该资产的公允价值和承租人在签订租赁合同过程中发生的相关费用为计税基础。

（4）盘盈的固定资产，以同类固定资产的重置完全价值为计税基础。

（5）通过捐赠、投资、非货币性资产交换、债务重组等方式取得的固定资产，以该资产的公允价值和支付的相关税费为计税基础。

（6）改建的固定资产，除已足额提取折旧的固定资产和租入的固定资产以外的其他固定资产，以改建过程中发生的改建支出增加计税基础。

【例题·多选题】根据《企业所得税法》的规定，下列关于资产计税基础的说法中正确的有（ ）。

A. 外购的固定资产，以购买价款和支付的相关税费为计税基础

B. 自行建造的固定资产，以达到预定可使用状态前发生的支出为计税基础

C. 融资租入的固定资产，以租赁合同约定的付款总额和承租人在签订租赁合同过程中发生的相关费用为计税基础

D. 通过捐赠、投资、非货币性资产交换、债务重组等方式取得的固定资产，以该资产的公允价值和支付的相关税费为计税基础

【答案】B

【解析】本题考查企业所得税固定资产的计税基础。B选项错误，自行建造的固定资产，以竣工结算前发生的支出为计税基础。

4. 固定资产折旧的计提方法

固定资产折旧时有以下规定。

（1）固定资产按照直线法计算的折旧，准予扣除。

（2）企业应当自固定资产投入使用月份的“次月”起计提折旧；停止使用的固定资产，应从停止使用月份的“次月”起停止计提折旧。

（3）企业应当根据固定资产的性质和使用情况，合理确定固定资产的预计净残值，且固定资产的预计净残值一经确定，就不得变更。

5. 固定资产计算折旧的最低年限

除国务院财政、税务主管部门另有规定外，各种固定资产计算折旧的最低年限如表5-9所示。

表5-9 各种固定资产折旧的最低年限

固定资产	最低折旧年限
房屋、建筑物	20年
飞机、火车、轮船、机器、机械和其他生产设备	10年
与生产经营活动有关的器具、工具、家具等	5年
飞机、火车、轮船以外的运输工具	4年
电子设备	3年

【例题·判断题】根据企业所得税法律的相关规定，房屋、建筑物以及飞机、轮船的最低折旧年限为20年。（ ）

【答案】×

【解析】本题考查固定资产的最低折旧年限。房屋、建筑物的最低折旧年限为20年；飞机、轮船的最低折旧年限为10年。

（三）生产性生物资产

1. 生产性生物资产概述

生产性生物资产是指为产出农产品、提供劳务或出租等目的而持有的生物资产，包括经济林、薪炭林、产畜和役畜等。

2. 生产性生物资产折旧的计提方法

生产性生物资产折旧时有以下规定。

（1）生产性生物资产按照直线法计算的折旧，准予扣除。

（2）企业应自生产性生物资产投入使用月份的“次月”起计算折旧；停止使用的生产性生物资产应当自停止使用月份的“次月”起停止计算折旧。

（3）企业应根据生产性生物资产的性质和使用情况，合理确定生产性生物资产的预计净残值。预计净残值一经确定，就不得变更。

3. 生产性生物资产计算折旧的最低年限

生产性生物资产计算折旧的最低年限如表5-10所示。

表5-10 生产性生物资产折旧的最低年限

生产性生物资产	最低折旧年限
林木类生产性生物资产	10年
畜类生产性生物资产	3年

（四）无形资产

1. 无形资产概述

无形资产是指企业为生产产品、提供劳务、出租或者经营管理而持有的、没有实物形态的非货币性长期资产，包括专利权、商标权、著作权、土地使用权、非专利技术、商誉等。在计算应纳税所得额时，企业按照规定计算的无形资产摊销费用，准予扣除。

2. 不得计算摊销费用扣除的无形资产

下列无形资产不得计算摊销费用扣除。

（1）自行开发的支出已在计算应纳税所得额时扣除的无形资产。

（2）自创商誉。

（3）与经营活动无关的无形资产。

（4）其他不得计算摊销费用扣除的无形资产。

3. 无形资产计税基础的确定

无形资产按以下方法确定计税基础。

（1）外购的无形资产，以购买价款和支付的相关税费以及直接归属于使该资产达到预定用途发生的其他支出为计税基础。

（2）自行开发的无形资产，以开发过程中该资产符合资本化条件后至达到预定用途前发生的支出为计税基础。

（3）通过捐赠、投资、非货币性资产交换、债务重组等方式取得的无形资产，以该资产的公允价值和支付的相关税费为计税基础。

4. 无形资产的摊销

关于无形资产的摊销，有以下几方面规定。

（1）无形资产按照直线法计算的摊销费用，准予扣除。

（2）无形资产的摊销年限不得低于10年。

（3）作为投资或受让的无形资产，有关法律规定或者合同约定了使用年限的，可按照规定或者约定的使用年限分期摊销。

（4）外购商誉的支出，在企业整体转让或者清算时，准予扣除。

【例题·多选题】企业无形资产的摊销，符合《企业所得税法》的有（ ）。

A. 无形资产的摊销年限不得低于10年

B. 投资或者受让的无形资产，有关法律规定或者合同约定了使用年限的，可以按照规定或者约定的使用年限分期摊销

C. 无形资产按照直线法计算摊销费用

D. 外购商誉的支出可以按照合同约定的使用年限分期摊销

【答案】ABC

【解析】本题考核企业所得税规定的无形资产的摊销规则。D选项错误，外购商誉的支出，在企业整体转让或者清算时，准予扣除。

（五）长期待摊费用

1. 长期待摊费用概述

长期待摊费用指的是企业发生的应在1个年度以上或几个年度进行摊销的费用。

2. 准予扣除的长期待摊费用

在计算应纳税所得额时，企业发生下列支出作

为长期待摊费用，并按照规定摊销的，准予扣除。

（1）已足额提取折旧的固定资产的改建支出，按照固定资产预计尚可使用年限分期摊销。

（2）租入固定资产的改建（即改变房屋或者建筑物结构，以延长使用年限）支出，按照合同约定的剩余租赁期限分期摊销。

（3）固定资产的大修理支出，按照固定资产尚可使用年限分期摊销。

专家课堂

固定资产的大修理支出是指同时符合下列条件的支出：①修理支出达到取得固定资产时的计税基础50%以上；②修理后固定资产的使用年限延长2年以上。

（4）其他应当作为长期待摊费用的支出，自支出发生月份的"次月"起，分期摊销，摊销年限不得低于3年。

（六）投资资产

1. 投资资产概述

投资资产是指企业对外进行权益性投资和债权性投资形成的资产。

2. 投资资产扣除规则

企业的投资资产应遵守以下扣除规则。

（1）企业对外投资期间，投资资产的成本在计算应纳税所得额时不得扣除。

（2）企业在转让或者处置投资资产时，投资资产的成本准予扣除。

3. 投资资产成本的确定

投资资产成本的确定方法如表5-11所示。

表5-11 投资资产成本的确定

投资资产的取得方式	成本确定
支付现金	购买价款
支付现金以外的方式	该资产的公允价值和支付的相关税费

（七）存货

1. 存货概述

存货是指企业持有以备出售的产品或商品、处在生产过程中的在产品、在生产或提供劳务的过程中耗用的材料和物料等。

2. 存货成本的确定

存货成本的确定方法如表5-12所示。

表5-12 存货成本的确定

存货的取得方式	成本确定
支付现金	购买价款和支付的相关税费
支付现金以外的方式	该存货的公允价值和支付的相关税费
生产性生物资产收货的农产品	产出或采收过程中发生的材料费、人工费和分摊的间接费用等必要支出

3. 存货的扣除规则

企业的存货应遵守以下扣除规则。

（1）企业使用或者销售存货，按照规定计算的存货成本，准予在计算应纳税所得额时扣除。

（2）企业使用或者销售的存货的成本计算方法，可以选择先进先出法、加权平均法、个别计价法中的任意一种。一经选用，不得随意变更。

（八）资产损失

1. 资产损失概述

资产损失是指企业在生产经营活动中实际发生的、与取得应税收入有关的资产损失，包括现金损失、存款损失、坏账损失、贷款损失、股权投资损失、固定资产和存货的盘亏、毁损、报废、被盗损失，自然灾害等不可抗力因素造成的损失以及其他损失。

2. 资产损失的扣除规则

企业发生的资产损失，应在按税法规定实际确认或者实际发生的当年申报扣除，不得提前或延后扣除。

六、企业所得税应纳税额的计算

（一）企业所得税应纳税额的计算

企业所得税的应纳税额是指企业的应纳税所得额乘以适用税率，减除按照《企业所得税法》关于税收优惠的规定减免和抵免的税额后的余额。其计算公式如下。

应纳税额＝应纳税所得额×适用税率－减免税额－抵免税额

其中，减免税额和抵免税额指的是依照《企业所得税法》和国务院的税收优惠规定减征、免征和抵免的应纳税额。

（二）企业取得境外所得计税时的抵免

1. 抵免规定

《企业所得税法》规定，企业取得的下列所得已在境外缴纳的所得税税额，可从其当期应纳税额中抵免，抵免限额为该项所得依照本法规定计算的应纳税额；超过抵免限额的部分，可在以后5个年度内，用每年抵免限额抵免当年应抵税额后的余额进行抵补。

（1）居民企业来源于中国境外的应税所得。

（2）非居民企业在中国境内设立机构、场所，取得发生在中国境外但与该机构、场所有实际联系的应税所得。

2. 抵免规定的解读

（1）已在境外缴纳的所得税税额，是指企业来源于中国境外的所得依照中国境外税收法律以及相关规定应当缴纳并已经实际缴纳的企业所得税性质的税款。

（2）抵免限额，是指企业来源于中国境外的所得，依照《企业所得税法》及其《实施条例》的规定计算的应纳税额。

（3）除国务院财政、税务主管部门另有规定外，抵免限额应分国（地区）不分项计算，计算公式如下。

抵免限额 = 中国境内、境外所得依照《企业所得税法》及其《实施条例》的规定计算的应纳税总额 × 来源于某国（地区）的应纳税所得额 ÷ 中国境内、境外应纳税所得总额

（4）企业按照《企业所得税法》及其《实施条例》和其他有关规定计算的当期境内、境外应纳税所得总额小于零的，应以零计算当期境内、境外应纳税所得总额，其当期境外所得税的抵免限额为零。

（5）5个年度，是指从企业取得的来源于中国境外的所得，已在中国境外缴纳的企业所得税性质的税额超过抵免限额的当年的次年起连续5个纳税年度。

【例题·判断题】居民企业来源于中国境外的应税所得，可从其当期应纳税额中抵免，抵免限额为该项所得依照本法规定计算的应纳税额。（ ）

【答案】√

【解析】本题考查企业所得税境外所得的抵免规定。《企业所得税法》规定，企业取得的下列所得已在境外缴纳的所得税税额，可从其当期应纳税额中抵免，抵免限额为该项所得依照本法规定计算的应纳税额：（1）居民企业来源于中国境外的应税所得；（2）非居民企业在中国境内设立机构、场所，取得发生在中国境外但与该机构、场所有实际联系的应税所得。

（三）居民企业境外所得的抵免规则

根据《企业所得税法》的规定，居民企业从其直接或间接控制的外国企业分得的来源于中国境外的股息、红利等权益性投资收益，外国企业在境外实际缴纳的所得税税额中属于该项所得负担的部分，可作为该居民企业的可抵免境外所得税税额，在该法规定的抵免限额内抵免。具体解释如下。

（1）直接控制是指居民企业直接持有外国企业20%以上股份。

（2）间接控制是指居民企业以间接持股方式持有外国企业20%以上股份，具体认定办法由国务院财政、税务主管部门另行制定。

（3）企业按规定抵免企业所得税税额时，应提供中国境外税务机关出具的税款所属年度的有关纳税凭证。

七、企业所得税税收优惠

企业所得税的税收优惠包括免税收入、减免税的所得、民族自治地方的减免税、加计扣除、抵扣应纳税所得额、加速折旧、减计收入、抵免应纳税额等政策。

专家课堂

企业同时从事适用不同企业所得税待遇的项目的，其优惠项目应单独计算所得，并合理分摊企业的期间费用。没有单独计算的，不享受企业所得税优惠。

（一）免税收入

免税收入是纳税人应税收入的组成部分，是国家为了实现某些经济和社会目标，在特定时期对特定项目取得的经济利益给予的税收优惠。

专家课堂

免税收入不同于不征税收入，不征税收入属于“非营利性活动”带来的经济收益，是单位组织专门从事特定职责而取得的收入，理论上不应列为应税所得范畴。

下面具体介绍企业免税收入的内容。

1. 国债利息收入

国债利息收入是指企业持有国务院财政部门发行的国债取得的利息收入。

2. 符合条件的居民企业之间的股息、红利等权益性投资收益

符合条件的居民企业之间的股息、红利等权益性收益，是指居民企业直接投资于其他居民企业取

得的投资收益。

3. 在中国境内设立机构、场所的非居民企业从居民企业取得与该机构、场所有实际联系的股息、红利等权益性投资收益

关于此免税收入的解释如下。

（1）对来自上市企业的股息、红利收入，连续持有上市公司股票不足12个月的，需征税；持有股份12个月以上的，适用免税政策。

（2）对来自所有非上市公司的股息、红利收入，适用免税政策。

4. 符合条件的非营利组织的收入

符合条件的非营利组织，是指同时符合以下条件的组织。

（1）依法履行非营利组织登记手续。

（2）从事公益性或者非营利性活动。

（3）取得的收入除用于与该组织有关的、合理的支出外，全部用于登记核定或者章程规定的公益性或者非营利性事业。

（4）财产及其孳息（由原物所产生的额外收益）不用于分配。

（5）按照登记核定或者章程规定，该组织注销后的剩余财产用于公益性或者非营利性目的，或者由登记管理机关转赠给与该组织性质、宗旨相同的组织，并向社会公告。

（6）投入人对投入该组织的财产不保留或者享有任何财产权利。

（7）工作人员工资福利开支控制在规定的比例内，不变相分配该组织的财产。

专家课堂

符合条件的非营利组织的收入，不包括非营利组织从事营利性活动取得的收入，国务院财政、税务主管部门另有规定的除外。这是因为，对非营利组织从事非营利性活动取得的收入给予免税，但从事营利性活动取得的收入则需要征税。

5. 上市公司增加注册资本或资本公积

股权分置改革中，上市公司因股权分置改革而接受的非流通股股东作为对价注入资产和被非流通股股东豁免债务，上市公司应增加注册资本或资本公积，不征收企业所得税。

【2013年真题·单选题】根据企业所得税法律制度的规定，下列各项中，属于免税收入的是（　）。

A. 企业接受社会捐赠收入

B. 转让企业债券取得的收入

C. 已作坏账损失处理后又收回的应收账款

D. 国债利息收入

【答案】D

【解析】本题考查企业所得税的免税收入。D选项正确，国债利息收入属于企业所得税四大免税收入之一。

（二）减、免税所得

1. 免征企业所得税的项目

企业从事如图5–4所示的项目所得，按规定可免征企业所得税。

1. 蔬菜、谷物、薯类、油料、豆类、棉花、麻类、糖料、水果、坚果的种植
2. 农作物新品种的选育
3. 中药材的种植
4. 林木的培育和种植
5. 牲畜、家禽的饲养
6. 林产品的采集
7. 灌溉、农产品初加工、兽医、农技推广、农机作业和维修等农、林、牧、渔服务业项目
8. 远洋捕捞

图5–4 免征企业所得税的项目

2. 减半征收企业所得税的项目

企业从事以下两类项目的所得，按规定可减半征收企业所得税。

（1）花卉、茶以及其他饮料作物和香料作物的种植。

（2）海水养殖、内陆养殖。

3. 从事国家重点扶持的公共基础设施项目投资经营的所得

国家重点扶持的公共基础设施项目，包括港口码头、机场、铁路、公路、城市公共交通、电力、水利等《公共基础设施项目企业所得税优惠目录》规定的项目。

从事这类项目投资经营的所得，按以下规定享受优惠政策。

（1）企业从事上述国家重点扶持的公共基础设施项目的投资经营的所得，享受“三免三减半”政策，即自项目取得第1笔生产经营收入所属纳税年度起，第1年至第3年免征企业所得税，第4年至第6年减半征收企业所得税。

（2）企业承包经营、承包建设和内部自建自用上述项目，不享受上述企业所得税优惠。

4. 从事符合条件的环境保护、节能节水项目的所得

符合条件的环境保护、节能节水项目，主要包括公共污水处理、公共垃圾处理、沼气综合开发利用、节能减排技术改造、海水淡化等。

企业从事上述规定的符合条件的环境保护、节能节水项目的所得，自项目取得第1笔生产经营收入所属纳税年度起，同样享受“三免三减半”政策。

5. 符合条件的技术转让所得

符合条件的技术转让所得免征、减征企业所得税，是指一个纳税年度内，居民企业技术转让所得不超过500万元的部分，免征企业所得税；超过500万元的部分，减半征收企业所得税。

其中，技术转让所得的计算公式如下。

技术转让所得 = 技术转让收入 - 技术转让成本 - 相关税费

6. 非居民企业取得的来源于中国境内的所得

非居民企业取得的来源于中国境内的所得，按以下不同的规定享受税收优惠政策。

（1）在中国境内未设立机构、场所的，或者虽设立机构、场所但取得的所得与其所比机构、场所没有实际联系的非居民企业，其取得的来源于中国境内的所得，减按10%的税率征收企业所得税。

（2）下列非居民企业的所得可以免征企业所得税。

①外国政府向中国政府提供贷款取得的利息所得。

②国际金融组织向中国政府和居民企业提供优惠贷款取得的利息所得。

③经国务院批准的其他所得。

7. 小型微利企业

（1）小型微利企业的界定

符合条件的小型微利企业，是指如表5-13所示的企业。

表5-13 小型微利企业的界定

企业类别	从事行业	年度应纳税所得额	从业人数	资产总额
工业企业	国家非限制和禁止行业	不超过30万元	不超过100人	不超过3 000万
其他企业	国家非限制和禁止行业	不超过30万元	不超过80人	不超过1 000万

（2）小型微利企业的税收优惠

符合条件的小型微利企业，减按20%的税率征收企业所得税。

8. 高新技术企业

（1）高新技术企业的界定

国家需要重点扶持的高新技术企业，是指拥有核心自主知识产权，同时符合如图5-5所示的所有条件的企业。

1. 产品（服务）属于《国家重点支持的高新技术领域》规定的范围
2. 研究开发费用占销售收入的比例不低于规定的比例
3. 高新技术产品（服务）收入占企业总收入的比例不低于规定的比例
4. 科技人员占企业职工总数的比例不低于规定的比例
5. 高新技术企业认定管理办法规定的其他条件

图5-5 高新技术企业需符合的所有条件

（2）高新技术企业的税收优惠

国家需要重点扶持的高新技术企业，减按15%的税率征收企业所得税。

【例题·单选题】企业的下列所得，不符合免征、减征企业所得税条件的是（　）。

A. 从事农、林、牧、渔业项目的所得

B. 从事符合条件的环境保护、节能节水项目的所得

C. 企业内部自建自用的基础设施项目

D. 外国政府向中国政府提供贷款取得的利息所得

【答案】C

【解析】本题考查企业所得税的减免项目。C选项错误，企业自建自用的基础设施项目，不享受“三免三减半”的优惠。

【例题·单选题】根据企业所得税法律制度的规定，国家需要重点扶持的高新技术企业，给予企业所得税税率优惠。优惠税率为（　）。

A. 10%　　B. 15%

C. 20%　　D. 25%

【答案】B

【解析】本题考查高新技术企业的税收优惠。按规定，国家需要重点扶持的高新技术企业，减按15%的税率征收企业所得税。

（三）民族自治地方的减免税

民族自治地方享受减免税优惠政策时，需遵守以下规定。

（1）对本民族自治地方的企业应缴纳的企业所得税中属于地方分享的部分，民族自治地方的自治机关可决定减征或免征。

（2）自治州、自治县决定减征或免征的，须报省、自治州、直辖市人民政府批准。

（3）民族自治地方内国家限制和禁止行业的企业，自治机关不能减征或免征企业所得税。

（四）加计扣除

企业的研发费用和安置残疾人员的工资，可在计算应纳税所得额时加计扣除。

1. 研究开发费用

根据是否形成无形资产，研究开发费用的加计扣除需遵守以下规定。

（1）研究开发费用未形成无形资产计入当期损益的，在按照规定据实扣除的基础上，按照研究开发费用的 50% 加计扣除。

（2）研究开发费用形成无形资产的，按照无形资产成本的 150% 摊销。

知识链接

加计扣除是指按照税法规定在实际发生数额的基础上，再加成一定比例，作为计算应纳税所得额时的扣除数额的一种税收优惠措施；研究开发费用的加计扣除，则是指企业为开发新技术、新产品、新工艺发生的研究开发费用。

2. 安置残疾人员工资

企业安置残疾人员的，在按照支付给残疾职工工资据实扣除的基础上，按照支付给残疾职工工资的 100% 加计扣除。

（五）应纳税所得额抵扣

创业投资企业从事国家需要重点扶持和鼓励的创业投资，可按投资额的一定比例抵扣应纳税所得额。具体规定如下。

（1）创业投资企业采取股权投资方式，投资于未上市的中小高新技术企业 2 年以上的，可以按照其投资额的 70% 在股权持有满 2 年的当年抵扣该创业投资企业的应纳税所得额。

（2）当年不足抵扣的，可以在以后纳税年度结转抵扣。

【例题·单选题】 创业投资企业采取股权投资方式，投资于未上市的中小高新技术企业 2 年以上的，可按其投资额的一定比例抵扣该创业投资企业的企业所得税应纳税所得额。这一比例是（　）。

A. 50%　　B. 60%

C. 70%　　D. 80%

【答案】 C

【解析】 本题考查企业所得税应纳税所得额抵扣的优惠政策。创业投资企业采取股权投资方式，投资于未上市中小高新技术企业 2 年以上（含 2 年），符合条件者可按其对中小高新技术企业投资额 70% 抵扣该创业投资企业的应纳税所得额。

（六）加速折旧

企业的固定资产由于技术进步等原因，确需加速折旧的，可缩短折旧年限或者采取加速折旧的方法。具体规定如下。

（1）采取缩短折旧年限方法的，最低折旧年限不得低于法定折旧年限的 60%。

（2）采取加速折旧方法的，可以采取双倍余额递减法或者年数总和法。

专家课堂

可以采取缩短折旧年限或者采取加速折旧的方法的固定资产，包括以下两类：①由于技术进步，产品更新换代较快的固定资产；②常年处于强震动、高腐蚀状态的固定资产。

（七）减计收入

1. 减计收入的概念

减计收入是指企业以《资源综合利用企业所得税优惠目录》规定的资源作为主要原材料，生产国家非限制和禁止并符合国家和行业相关标准的产品取得的收入。

2. 减计收入的规定

企业综合利用资源，生产符合国家产业政策规定的产品所取得的收入，可以在计算应纳税所得额时减计收入，具体为减按 90% 计入收入总额。

专家课堂

减计收入的原材料占生产产品材料的比例不得低于《资源综合利用企业所得税优惠目录》规定的标准。

（八）应纳税额抵免

企业购置用于环境保护、节能节水、安全生产等专用设备的投资额，可以按一定比例实行税额抵免。具体规定如下。

（1）企业购置并实际使用《环境保护专用设备企业所得税优惠目录》、《节能节水专用设备企业所得税优惠目录》和《安全生产专用设备企业所得税优惠目录》规定的环境保护、节能节水、安全生产等专用设备的，该专用设备的投资额的 10% 可从企业当年的应纳税额中抵免。

（2）当年不足抵免的，可在以后 5 个纳税年度结转抵免。

（3）享受上述规定的企业所得税优惠的企业，应实际购置并自身实际投入使用上述规定的专用设备。

（4）企业购置上述专用设备在 5 年内转让、出租的，应停止享受企业所得税优惠，并补缴已抵免的企业所得税税款。

（5）购置并实际使用的环境保护、节能节水和安全生产专用设备，包括承租方企业以融资租赁方式租入的、并在融资租赁合同中约定租赁期届满时租赁设备所有权转移给承租方企业，且符合规定条件的上述专用设备。

（6）凡融资租赁期届满后租赁设备所有权未转移至承租方企业的，承租方企业应停止享受抵免企业所得税优惠，并补缴已经抵免的企业所得税税款。

【2013 年真题 · 多选题】我国企业所得税的税收优惠包括（　）。

A. 免税收入

B. 加计扣除

C. 减计收入

D. 税额抵免

【答案】ABCD

【解析】本题考查企业所得税的税收优惠政策。我国企业所得税的税收优惠包括免税收入、可以减免税的所得、优惠税率、民族自治地方的减免税、加计扣除、抵扣应纳税所得额、加速折旧、减计收入、抵免应纳税额和其他专项优惠政策。因此 A、B、C、D 选项均为正确答案。

八、企业所得税源泉扣缴

源泉扣缴是指以所得支付者为扣缴义务人，在每次向纳税人支付有关所得款项时，代为扣缴税款的做法。下面分别介绍扣缴义务人、扣缴方法和扣缴管理的知识。

（一）扣缴义务人

1. 扣缴义务人的概念

在中国境内未设立机构、场所的，或者虽设立机构、场所但取得的所得与其所设机构、场所没有实际联系的非居民企业，就其取得的来源于中国境内的所得应缴纳的所得税实行源泉扣缴，以支付人为扣缴义务人。税款由扣缴义务人在每次支付或者到期应支付时，从支付或者到期应支付的款项中扣缴。其中关于支付人、支付和到期应支付的款项的概念介绍如图 5-5 所示。

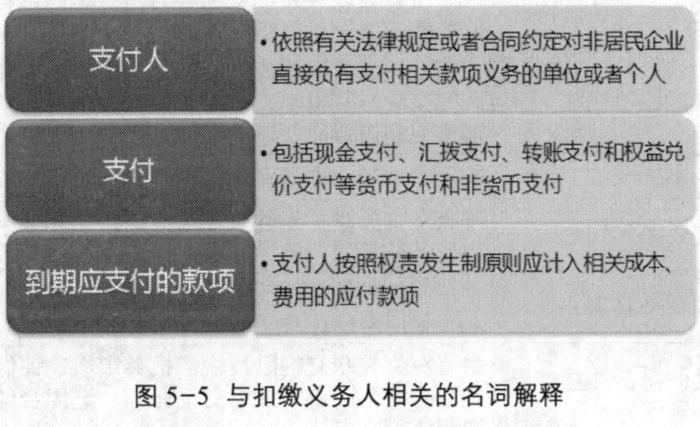

图 5-5　与扣缴义务人相关的名词解释

2. 扣缴义务人的指定

非居民企业在中国境内取得工程作业和劳务所得应缴纳的所得税，税务机关可指定工程价款或劳务费的支付人为扣缴义务人。具体可指定扣缴义务人的情形包括以下 3 种。

（1）预计工程作业或者提供劳务期限不足一个纳税年度，且有证据表明不履行纳税义务的。

（2）没有办理税务登记或者临时税务登记，且没有委托中国境内的代理人履行纳税义务的。

（3）未按照规定期限办理企业所得税纳税申报或者预缴申报的。

（二）扣缴方法

1. 扣缴计算公式

扣缴企业所得税应纳税额的计算公式如下。

扣缴企业所得税应纳税额 = 应纳税所得额 × 实际征收率

专家课堂

实际征收率是指《企业所得税法》及其《实施条例》等相关法律、法规规定的税率，或者是税收协定规定的更低的税率。

其中，关于股息、红利等权益性投资收益，利息、租金、特许权使用费，转让财产所得和其他所得的扣缴计算方法如表 5-14 所示。

表 5-14　不同所得的扣缴方法

<table>
<tr><th>所得类别</th><th>扣缴方法</th></tr>
<tr><td>股息、红利等权益性投资收益</td><td rowspan="2">以收入全额为应纳税所得额，不得扣除税法规定以外的税费支出</td></tr>
<tr><td>利息、租金、特许权使用费所得</td></tr>
<tr><td>转让财产所得</td><td>以收入全额减除财产净值后的余额为应纳税所得额</td></tr>
<tr><td>其他所得</td><td>参照以上两项规定</td></tr>
</table>

2. 相关规定

关于扣缴义务人的其他义务和规定，需注意以下几个方面。

（1）按照规定给予非居民企业减免税优惠的，应按相关税收减免管理办法和行政审批程序的规定办理。

（2）对未经审批或者减免税申请未得到批准之前，扣缴义务人发生支付款项的，应按规定代扣代缴企业所得税。

（3）我国金融机构向境外外国银行支付贷款利息、我国境内外资金融机构向境外支付贷款利息以及我国境内机构向我国银行的境外分行支付的贷款利息，均应按照规定代扣代缴企业所得税。

（三）扣缴管理

关于扣缴管理，扣缴义务人和主管税务机关双方需遵守下列各项规定。

（1）扣缴义务人应由县级以上税务机关指定，并同时告知扣缴义务人所扣税款的计算依据、方法，以及扣缴期限和方式等信息。

（2）扣缴义务人与非居民企业首次签订与前述规定的所得有关的业务合同或协议的，扣缴义务人应自合同签订之日起30日内，向其主管税务机关申报办理扣缴税款登记。

（3）扣缴义务人未依法扣缴或者无法履行扣缴义务的，由纳税人在所得发生地缴纳。纳税人未依法缴纳的，税务机关可从该纳税人在中国境内其他收入项目的支付人应付的款项中，追缴该纳税人的应缴税款。

知识链接

所得发生地是指依照税法规定的原则确定的所得发生地。若纳税人在中国境内存在多处所得发生地，则由纳税人选择其中之一进行申报缴税；该纳税人在中国境内的其他收入，则是指该纳税人在中国境内取得的其他各种来源的收入。

（4）扣缴义务人每次代扣的税款，应自代扣之日起7日内缴入国库，并向所在地的税务机关报送扣缴企业所得税报告表。

（5）税务机关在追缴该纳税人应纳税款时，应将追缴理由、数额，以及缴纳期限和缴纳方式等告知该纳税人。

【例题·单选题】根据《企业所得税法》的规定，扣缴义务人每次代扣的税款，应当自代扣之日起（　）日内缴入国库。

A. 5　　B. 7

C. 10　　D. 15

【答案】B

【解析】本题考查企业所得税的扣缴管理。扣缴义务人每次代扣的税款，应当自代扣之日起7日内缴入国库。

九、企业所得税特别纳税调整

（一）特别纳税调整的范围

1. 特别纳税调整的概念

当企业与其关联方之间的各种业务往来不符合独立交易原则，从而减少企业或其关联方应纳税收入或所得额时，税务机关就有权按规定的合理方法进行纳税调整。

2. 特别纳税调整的名词解释

（1）关联方

关联方是指与企业有某种关联关系之一的其他企业、组织或者个人，这种关联关系体现在如图5-6所示的3个方面。

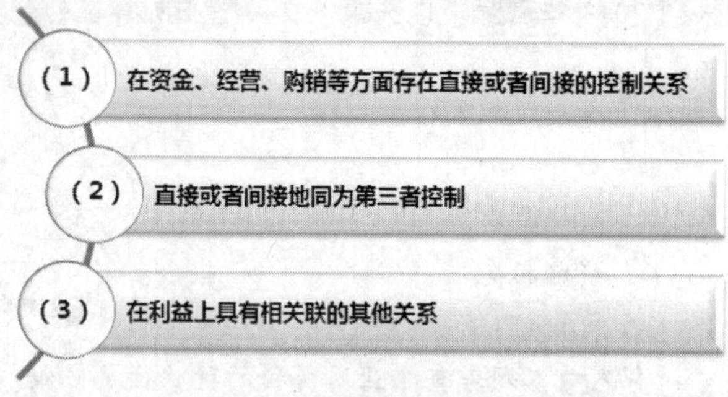

图5-6 关联方之间的几种关联关系

（2）独立交易原则

独立交易原则是指没有关联关系的交易双方或多方，按照公平成交价格和营业常规进行业务往来遵循的原则。

专家课堂

如果关联的交易定价或利润水平，与可比情形下没有关联关系的交易定价和利润水平之间存在差异，则可判断为关联企业与其关联方之间的业务往来不符合独立交易原则。

3. 特别纳税调整的范围

特别纳税调整的范围包括企业与其关联方共同开发、受让无形资产，或者共同提供、接受劳务发生的成本，在符合以上情形时，计算应纳税所得额则应按照独立交易原则进行分摊。

4. 特别纳税调整的合理方法

特别纳税调整的合理方法有很多种，具体如表5-15所示。

表5-15 特别纳税调整的各种方法

合理方法	具体规则
可比非受控价格法	按照没有关联关系的交易各方进行相同或类似业务往来的价格进行定价
再销售价格法	按照从关联方购进商品再销售给没有关联关系的交易方的价格，减除相同或类似业务的销售毛利进行定价
成本加成法	按照成本加合理的费用和利润进行定价
交易净利润法	按照没有关联关系的交易各方进行相同或类似业务往来取得的净利润水平确定利润
利润分割法	将企业与其关联方的合并利润或亏损在各方之间采用合理标准进行分配
其他符合独立交易原则的方法	企业发生关联交易以及税务机关审核、评估关联交易均应遵循独立交易原则，选用合理的转让定价方法

专家课堂

选用合理的转让定价方法应进行可比性分析，具体的可比性分析因素包括交易资产或劳务特性、交易各方功能和风险、合同条款、经济环境、经营策略等方面。

（二）关联方之间关联业务的税务处理

1. 成本分摊

企业可以按照独立交易原则与其关联方分摊共同发生的成本，达成成本分摊协议。具体分摊成本时，应按照成本与预期收益相配比的原则进行分摊，并在规定期限内，按照税务机关要求报送有关资料。若违反上述规定，企业自行分摊的成本不得在计算应纳税所得额时扣除。

2. 预约定价

企业可以向税务机关提出与其关联方之间业务往来的定价原则和计算方法，经各方协商、确认后，达成预约定价安排。

3. 报送纳税报表

企业向税务机关报送年度企业所得税纳税申报表时，应就其与关联方之间的各种业务往来，附送年度关联业务往来报告表。税务机关进行调查时，企业、企业关联方，以及与关联业务调查有关的其他企业，都应当按照规定提供相关资料。

具体资料包括以下几种。

（1）与关联业务往来有关的价格、费用的制定标准、计算方法和说明等同期资料。

（2）关联业务往来所涉及的财产、财产使用权、劳务等的再销售（转让）价格或最终销售（转让）价格的相关资料。

（3）与关联业务调查有关的其他企业应提供的与被调查企业可比的产品价格、定价方式以及利润水平等资料。

（4）其他与关联业务往来有关的资料。

【例题·判断题】企业向税务机关报送年度企业所得税纳税申报表时，应就其与关联方之间的各种业务往来，附送年度关联业务往来报告表。

【答案】√

【解析】本题考查企业所得税特别纳税调整报送纳税报表的知识点。企业向税务机关报送年度企业所得税纳税申报表时，应就其与关联方之间的各种业务往来，附送年度关联业务往来报告表。税务机关进行调查时，企业、企业关联方，以及与关联业务调查有关的其他企业，都应当按照规定提供相关资料。

4. 实际税负低于标准的处理

由居民企业，或者由居民企业和中国居民控制的设立在实际税负明显低于我国《企业所得税法》规定税率水平（即25%）的国家（地区）的企业，并非由于合理的经营需要而对利润不作分配或者减少分配的，上述利润中应归属于该居民企业的部分，应计入该居民企业的当期收入。

关于上述规定中，中国居民、控制以及实际税负明显低于我国《企业所得税法》规定税率水平，其解释分别如下。

（1）中国居民

根据《个人所得税法》的规定，是指就其从中国境内、境外取得的所得在中国缴纳个人所得税的个人。

（2）控制

控制包括以下两种情形。

①居民企业或者中国居民直接或者间接单一持有外国企业10%以上有表决权股份，且由其共同持有该外国企业50%以上股份。

②居民企业，或者居民企业和中国居民持股比例没有达到上述第①项规定的标准，但在股份、资金、经营、购销等方面对该外国企业构成实质控制。

（3）实际税负明显低于我国《企业所得税法》规定税率水平

实际税负明显低于我国《企业所得税法》规定税率水平，是指低于《企业所得税法》规定的税率的50%，即低于25%的税率水平的50%。

5. 利息支出的处理

企业从其关联方接受的债权性投资与权益性投资的比例超过规定标准而发生的利息支出，不得在计算应纳税所得额时扣除。

专家课堂

债权性投资，是指企业直接或者间接从关联方获得的，需要偿还本金和支付利息或需要以其他具有支付利息性质的方式予以补偿的融资；权益性投资，是指企业接受的不需要偿还本金和支付利息，投资人对企业净资产拥有所有权的投资。

企业间接从关联方获得的债权性投资，包括如图5-7所示的几种渠道。

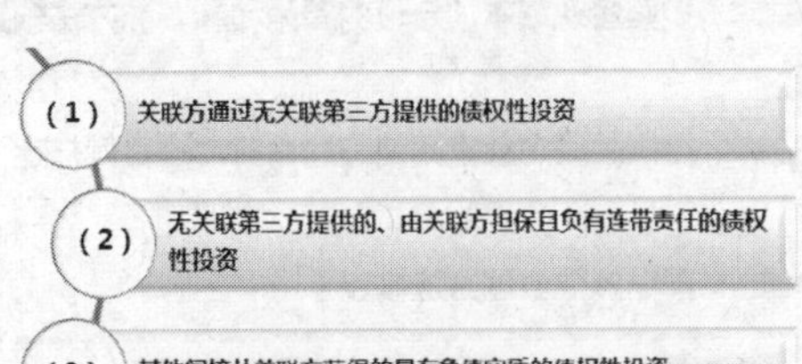

图5-7 企业间接获得债权性投资的渠道

6. 母子公司的业务处理

企业母子公司之间的各种业务，需遵循以下规定来处理。

（1）母公司为其子公司提供各种服务而发生的费用，应按照独立企业之间公平交易原则确定服务的价格，作为企业正常的劳务费用进行税务处理。

> **专家课堂**
>
> 母子公司未按照独立企业之间的业务往来收取价款的，税务机关有权予以调整母公司向其子公司提供各项服务，双方应签订服务合同或协议，明确规定提供服务的内容、收费标准及金额等。

（2）符合规定所发生的服务费，母公司应作为营业收入申报纳税；子公司作为成本费用在税前扣除。

（3）母公司向其多个子公司提供同类项服务，其收取的服务费可以采取分项签订合同或协议收取；也可以采取服务分摊协议的方式，即由母公司与各子公司签订服务费用分摊合同或协议，以母公司为其子公司提供服务所发生的实际费用并附加一定比例利润作为向子公司收取的总服务费，在各服务受益子公司（包括盈利企业、亏损企业和享受减免税企业）之间合理分摊。

（4）母公司以管理费形式向子公司提取费用，子公司因此支付给母公司的管理费，不得在税前扣除。

（5）子公司申报税前扣除向母公司支付的服务费用，应向主管税务机关提供与母公司签订的服务合同或者协议等与税前扣除该项费用相关的材料。不能提供相关材料的，支付的服务费用不得税前扣除。

（三）核定应纳税所得额

企业不提供与其关联方之间业务往来资料，或者提供虚假、不完整资料，不能真实反映其关联业务往来情况的，税务机关有权依法采用如图 5-8 所示的方法来核定其应纳税所得额。

- 方法一　参照同类或者类似企业的利润率水平核定
- 方法二　按照企业成本加合理的费用和利润的方法核定
- 方法三　按照关联企业集团整理利润的合理比例核定
- 方法四　按照其他合理方法核定

图 5-8 税务机关核定企业关联业务的方法

> **专家课堂**
>
> 企业对税务机关按照图 5-8 规定的方法核定的应纳税所得额有异议的，应提供相关证据，经税务机关认定后，调整核定的应纳税所得额。

（四）补征税款和加收利息

关于税务机关补征税款和加收利息的规定，应严格按照以下几点要求执行。

（1）税务机关依照税法规定作出纳税调整，确认企业需要补征税款的，应当补征税款，并按照国务院规定加收利息。

（2）税务机关根据税收法律、行政法规的规定，对企业作出特别纳税调整的，应当对补征的税款，自税款所属纳税年度的次年 6 月 1 日起至补缴税款之日止的期间，按日加收利息。

（3）前述规定加收的利息，不得在计算应纳税所得额时扣除。

（4）加收利息率，应当按照税款所属纳税年度中国人民银行公布的与补税期间同期的人民币贷款基准利率加 5 个百分点计算。

（五）纳税调整的时效

企业与其关联方之间的业务往来，不符合独立交易原则，或者企业实施其他不具有合理商业目的的安排的，税务机关有权在该业务发生的纳税年度起 10 年内，进行纳税调整。

【例题·单选题】根据新《企业所得税法》的规定，下列关于关联企业之间的业务往来，处理不正确的有（　）。

A. 企业与其关联方之间的业务往来，不符合独立交易原则而减少企业应纳税所得额的，税务机关有权按照合理方法进行调整

B. 企业与其关联方共同开发、受让无形资产发生的成本，在计算应纳税所得额时应当按照独立交易原则进行分摊

C. 企业不提供与其关联方之间业务往来资料，或者提供虚假、不完整资料，未能真实反映其关联业务往来情况的，税务机关有权依法核定其应纳税所得额

D. 企业从其关联方接受的债权性投资与权益性投资的比例超过规定标准而发生的利息支出，可以在计算应纳税所得额时扣除

【答案】D

【解析】本题考查企业所得税特别纳税调整。D 选项错误，企业从其关联方接受的债权性投资

与权益性投资的比例超过规定标准而发生的利息支出，不得在计算应纳税所得额时扣除。

十、企业所得税征收管理

（一）纳税地点

1. 居民企业的纳税地点

除税收法律、行政法规另有规定外，居民企业的纳税地点分为两种情形，具体如图 5-9 所示。

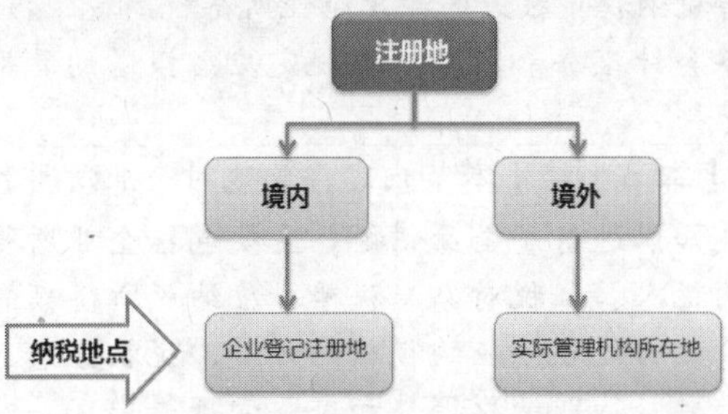

图 5-9 居民企业的纳税地点

2. 非居民企业的纳税地点

非居民企业的纳税地点包括以下 3 种情形。

（1）非居民企业在中国境内设立机构、场所的，以机构、场所所在地为纳税地点。

（2）非居民企业在中国境内设立两个或者两个以上机构、场所的，经税务机关审核批准，可选择由其主要机构、场所汇总缴纳企业所得税。

专家课堂

主要机构、场所指同时符合以下条件的机构、场所：①对其他机构、场所的生产经营活动负有监督管理责任；②设有完整的账簿、凭证，能准确反映各机构、场所的收入、成本、费用和盈亏情况。

（3）在中国境内未设立机构、场所的，或者虽设立机构、场所但取得的所得与其所设机构、场所没有实际联系的非居民企业，以扣缴义务人所在地为纳税地点。

知识链接

非居民企业经批准汇总缴纳企业所得税后，需要增设、合并、迁移、关闭机构、场所或者停止机构、场所业务的，应事先由负责汇总申报缴纳企业所得税的主要机构、场所向其所在地税务机关报告。

（二）纳税期限

企业所得税按年计征，分月或者分季预缴，年终汇算清缴，多退少补。纳税年度自公历 1 月 1 日起至 12 月 31 日止。企业应当自年度终了之日起 5 个月内，向税务机关报送年度企业所得税纳税申报表，并汇算清缴，结清应缴应退税款。

若企业在纳税年度中间开业或停止营业，应按下列规则清算应纳税款。

（1）企业在一个纳税年度中间开业的，应以其实际经营期为一个纳税年度。企业依法清算时，应以清算期间作为一个纳税年度。

（2）企业在一个纳税年度中间终止经营活动的，应以其实际经营期为一个纳税年度。企业依法清算时，应以清算期间作为一个纳税年度。

（3）企业在年度中间终止经营活动的，应自实际经营终止之日起 60 日内，向税务机关办理当期企业所得税汇算清缴。

（三）纳税申报

1. 纳税申报的基本要求

企业所得税的纳税申报需遵守下列各项基本的要求。

（1）按月或按季预缴的企业所得税，应自月份或者季度终了之日起 15 日内，向税务机关报送预缴企业所得税纳税申报表，预缴税款。

（2）企业分月或分季预缴企业所得税时，应按月度或季度的实际利润额预缴。若按此方法预缴有困难的企业，可按上一纳税年度应纳税所得额的月度或季度平均额预缴，或按税务机关确定的其他方法预缴。

专家课堂

不论企业选择哪种预缴方法，一旦选择后，在该纳税年度内就不能随意变更。

（3）企业应在办理注销登记前，就其清算所得向税务机关申报并依法缴纳企业所得税。

（4）企业在纳税年度内无论盈亏，都应在规定期限内，向税务机关报送预缴企业所得税纳税申报表、年度企业所得税纳税申报表、财务会计报告和税务机关要求的其他相关资料。

2. 纳税申报的币种要求

企业所得税纳税申报时，对币种的要求分别如下。

（1）企业所得税以人民币计算。

（2）企业的各项所得以人民币以外的货币计算的，应折合成人民币计算并缴纳税款。具体折合方法为：按照月度或季度最后一日的人民币汇率中间价折合。

（3）年度终了汇算清缴时，已经预缴的税款不再重新折合计算，只需要对该纳税年度内未缴纳企业所得税的部分，按纳税年度最后一日的人民币汇率中间价，折合成人民币计算应纳税所得额。

（4）经税务机关检查确认，企业少计或多计前述规定的所得的，应按照检查确认补税或退税时的上一个月最后一日的人民币汇率中间价，将少计或多计的所得折合成人民币计算应纳税所得额，再计算应补缴或应退的税款。

【例题·单选题】根据《企业所得税法》的规定，下列对企业所得税征收管理的说法正确的是（　）。

A. 按月预缴所得税的，应当自月份终了之日起10日内，向税务机关报送预缴企业所得税纳税申报表，预缴税款

B. 企业应当在办理注销登记后，就其清算所得向税务机关申报并依法缴纳企业所得税

C. 企业纳税年度亏损，可以不向税务机关报送年度企业所得税纳税申报表

D. 依照《企业所得税法》缴纳的企业所得税，以人民币以外的货币计算的，应当折合成人民币计算并缴纳税款

【答案】D

【解析】本题考查企业所得税的纳税申报。A选项错误，按月预缴所得税的，应当自月份终了之日起15日内，向税务机关报送预缴企业所得税纳税申报表，预缴税款；B选项错误，企业应当在办理注销登记前，就其清算所得向税务机关申报并依法缴纳企业所得税；C选项错误，企业在纳税年度内无论盈利或者亏损，都应按照《企业所得税法》规定的期限，向税务机关报送预缴企业所得税纳税申报表、年度企业所得税纳税申报表、财务会计报告和税务机关规定应当报送的其他有关资料。

【本节小结】本节内容详细地对企业所得税的相关知识进行了全面讲解，主要包括企业所得税的纳税人、征税对象、税率、应纳税所得额的计算、税收处理、应纳税额的计算、税收优惠、源泉扣缴、特别纳税调整和征收管理等内容。本节内容是考试中非常重要的组成部分，需要考生重点掌握。对这些知识而言，应纳税所得额的计算由于涉及的项目和规定较多，学习起来相对吃力，因此这里将通过表5-16将应纳税所得额的相关内容进行归纳总结，以便更好地进行复习。

表5-16 应纳税所得额的计算规定汇总

项目	扣除规定	扣除限额	特殊规定
合理的工资薪金支出	准予全额扣除，无须纳税调整		
合理的劳动保护支出			
财产保险费			
非金融企业向金融企业借款的利息支出			
企业经批准发行债券的利息支出			
企业在生产经营活动中发生的合理的不需要资本化的借款费用			
税收滞纳金	不得扣除，应全额调增应纳税所得额		
罚金、罚款和被没收财物的损失			不包括纳税人按照经济合同规定支付的违约金、银行罚息、罚款和诉讼费
未经核定的准备金支出			
非广告性质的赞助支出			
企业之间支付的管理费			
纳税人直接向受赠人的捐赠			
企业为投资者或者职工支付的商业保险费			纳税人为特殊工种职工支付的人身安全保险费可扣除

续表

项目	扣除规定	扣除限额	特殊规定
业务招待费	有扣除限额，超过部分应调增应纳税所得额	（1）业务招待费 ×60% （2）销售或营业收入 ×5‰	
广告费和业务宣传费		销售或营业收入 ×15%	超过部分准予在以后纳税年度结转扣除
职工福利费		工资薪金总额 ×14%	
工会经费		工资薪金总额 ×2%	
职工教育经费		工资薪金总额 ×2.5%	超过部分准予在以后纳税年度结转扣除
公益性捐赠支出		年度利润总额 ×12%	
非金融企业向非金融企业借款的利息支出		按照金融企业同期同类贷款利率计算的数额	
研究开发费用	加计扣除，调减应纳税所得额	未形成无形资产计入当期损益的：实际发生额 ×50%	
支付给残疾职工的工资		按照支付给残疾职工的工资 ×100%	
创业投资企业	抵扣应纳税所得额	投资额 ×70%	在股权持有满2年的当年抵扣，不足抵扣的，可在以后纳税年度结转抵扣
购置并实际使用“符合条件的环境保护、节能节水、安全生产”等专用设备	抵免应纳税额	投资额 ×10%	当年不足抵扣的，可在以后纳税年度结转抵扣

第二节 个人所得税法律制度

考情分析：本节内容中仅有“纳税人取得不含税全年一次性奖金计算征收个人所得税的方法”为新增内容。估计考试中出现本节内容的题量在2~3道左右，题型同样涵盖单选题、多选题、判断题和不定项选择题，特别在不定项选择题中出现的几率较高。

学习建议：全面学习本节内容，重点掌握个人所得税的纳税人、征税对象、税目、税率、计税依据和应纳税额的计算，了解和熟悉个人所得税的征收管理和税收优惠内容。

个人所得税是对个人（即自然人）的劳务和非劳务所得征收的一种税。个人所得税法律制度则是调整征税机关与自然人之间在个人所得税的征纳与管理过程中所发生的社会关系的法律规范的总称。

为规范个人所得税，以适应不断变化的市场经济体系，我国自1980年起至今，陆续发布并修订了许多相关法律法规文件，使个人所得税能更好地发挥其效果，这些法律法规包括《中华人民共和国个人所得税法》（以下简称《个人所得税法》）、《中华人民共和国城乡个体工商业户所得税暂行条例》、《中华人民共和国个人收入调节税暂行条例》、《中华人民共和国个人所得税法实施条例》等。

一、个人所得税纳税人

（一）个人所得税纳税人概述

1. 个人所得税纳税义务人

个人所得税的纳税义务人是指如图5-10所示的几种情形的个人，包括中国公民，个体工商户，外籍个人，中国香港、澳门、台湾同胞等。

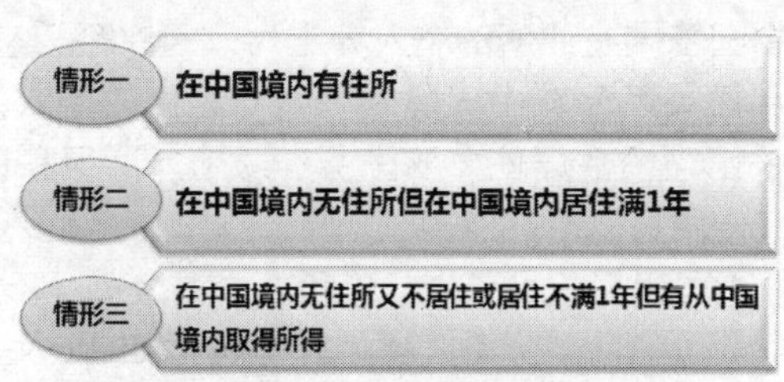

图5-10 符合个人所得税规定的纳税义务人

2. 个人所得税其他纳税义务人

个人独资企业和合伙企业是个人所得税的其他纳税义务人。个人独资企业和合伙企业是指按规定成立的个人独资、合伙性质的企业、律师事务所以及其他相关机构或组织。

个人独资企业和合伙企业均不缴纳企业所得税，只对投资者个人取得的生产经营所得征收个人所得税。其中个人独资企业以投资者为纳税义务人；合伙企业以每一个合伙人为纳税义务人。

【2010 年真题·判断题】对个人独资企业投资者取得的生产经营所得应征收企业所得税，不征收个人所得税。(　)

【答案】×

【解析】本题主要考查个人所得税纳税人的知识。个人独资企业以投资者为纳税义务人缴纳个人所得税，不缴纳企业所得税。

(二)居民纳税人和非居民纳税人

个人所得税的纳税义务人划分为居民和非居民两类，居民纳税义务人承担无限纳税义务，非居民纳税义务人承担有限纳税义务。

专家课堂

纳税的无限责任是指来源于境内外的全部所得都应纳税；有限责任是指仅限来源于境内的所得纳税。

我国个人所得税的纳税人是以来源地税收管辖权和居民管辖权来划分居民纳税义务人和非居民纳税义务人的。在界定两者管辖权的标准上，往往用住所标准和居住时间标准来权衡，从而区分纳税人的纳税无限责任和有限责任。下面对住所标准和居住时间标准的概念以及居民纳税人与非居民纳税人的判断进行介绍。

1. 住所标准

住所分为永久性住所和习惯性住所。永久性住所通常指公民户籍所在地的居住地；习惯性住所则是指经常居住地，习惯性住所有可能与永久性住所是相同的，也可能不同。

我国个人所得税法律制度以习惯性住所为标准，将在中国境内有住所的个人界定为：因户籍、家庭、经济利益关系而在中国境内习惯性居住的个人。之所以采用习惯性居住（或住所）为个人所得税的标准，其作用有以下几点。

（1）可以轻松区分中、外籍人员。

（2）可轻松区分港、澳、台同胞与内地公民。

（3）可以解决个人暂时性处境问题。如个人因某种原因（如深造、旅游等）在中国境外居住，当该原因消除后，则必须回到中国境内居住。那么，即使该人并未居住在中国境内，仍应将其判定为在中国习惯性居住。

2. 居住时间标准

居住时间是指个人在一国境内实际居住的时间天数。我国《个人所得税法》采用以个人居住时间长短作为衡量居民与非居民的标准。该法规定，在一个纳税年度内在中国境内居住满 365 日，即以居住满 1 年为时间标准，达到这个标准的个人即为居民纳税人。

专家课堂

在居住期间内临时离境的，即在一个纳税年度中一次离境不超过 30 日或者多次离境累计不超过 90 日的，不扣减日数，连续计算。

3. 居民纳税人与非居民纳税人的判断

如前所述，我国税法规定的住所标准和居住时间标准是判定居民身份的两个必要条件，一旦符合或达到其中任何一个条件，就可以被认定为居民纳税人。因此，根据这两个标准，可以将居民和非居民纳税人进行区分，具体如表 5-17 所示。

表 5-17 居民纳税人与非居民纳税人的判断

条件	纳税人
在中国境内有住所的个人	居民纳税人
在中国境内无住所而在境内居住满 1 年的个人	居民纳税人
在中国境内无住所又不居住的个人	非居民纳税人
在中国境内无住所而在境内居住不满 1 年的个人	非居民纳税人

【2010 年真题·单选题】根据个人所得税法律的规定，在中国境内无住所但取得所得的下列外籍个人中，属于居民纳税人的是(　)。

A. M 国甲，在华工作 6 个月

B. N 国乙，2009 年 1 月 10 日入境，2009 年 10 月 10 日离境

C. X 国丙，2008 年 10 月 1 日入境，2009 年 12 月 31 日离境，其间临时离境 28 天

D. Y 国丁，2009 年 3 月 1 日入境，2010 年 3 月 1 日离境，其间临时离境 100 天

【答案】C

【解析】本题考查个人所得税法律制度的居民纳税人。在中国境内有住所，或者无住所，而在境内居住满 1 年的个人，属于我国的居民纳税人；在一个纳税年度内在中国境内居住满 365 日，即以居住满 1 年为时间标准，达到这个标准的个人即为居民纳税人。在居住期间内临时离境的，即在一个纳税年度中一次离境不超过 30 日或者多次离境累计不超过 90 日的，不扣减日数，连续计

算。综上所述，A、B、D选项均不符合居民纳税人的条件。

（三）居民纳税人和非居民纳税人的纳税义务

1. 居民纳税人的纳税义务

居民纳税人应就其来源于中国境内和境外的所得，依照个人所得税法律制度的规定向中国政府履行全面纳税义务，缴纳个人所得税。

为了便于人员的国际交流，本着从宽、从简的原则，对于在中国境内无住所的个人，其纳税义务规定为以下几种情形，在中国境内有住所的居民纳税人不适用以下规定。

（1）在中国境内无住所但居住一年以上而未超过5年的个人，其来源于中国境内的所得应全部依法缴纳个人所得税。

（2）在中国境内无住所但居住一年以上而未超过5年的个人，对于其来源于中国境外的各种所得，经主管税务机关批准，可只就由中国境内公司、企业以及其他经济组织或个人支付的部分缴纳个人所得税。

（3）在中国境内无住所但居住一年以上而未超过5年的个人，在居住期间临时离境，在临时离境工作期间的工资、薪金所得，仅就由中国境内企业或个人雇主支付的部分纳税。

（4）在中国境内无住所但居住超过5年的个人，从第6年起，开始就其来源于中国境内、境外的全部所得缴纳个人所得税，具体分为两种情况。

①如果个人从第6年起以后的各年度中，凡在境内居住满1年的，应就其来源于中国境内、境外的所得申报纳税。

②不满1年的，仅就其该年度内来源于境内的所得申报纳税。

专家课堂

在中国境内居住满5年，指的是个人在中国境内连续居住满5年，即在连续5年中的每一个纳税年度内均居住满1年。

专家课堂

如某一个纳税年度内在境内居住不足90日，其来源于中国境内的所得，由境外雇主支付并且不由该雇主在中国境内的机构、场所负担的部分，免予缴纳个人所得税，并从再次居住满1年的年度起计算5年期限。

2. 非居民纳税人的纳税义务

非居民纳税人仅就其来源于中国境内取得的所得，向我国政府履行有限纳税义务，缴纳个人所得税。

考虑到有关国家的财政利益，我国税法根据国际惯例，对非居民纳税人的纳税义务作了以下规定。

（1）在中国境内无住所而一个纳税年度内在中国境内连续或累计工作不超过90日，或者在税收协定规定的期间内，在中国境内连续或累计居住不超过183日的个人，其来源于中国境内的所得，由中国境外雇主支付并且不是由该雇主设在中国境内机构负担的工资、薪金所得，免予缴纳个人所得税，仅就其实际在中国境内工作期间由中国境内企业或个人雇主支付或者由中国境内机构负担的工资、薪金所得纳税。

专家课堂

上述规定中，如果该中国境内企业、机构属于采取核定利润方法计征企业所得税，在该企业、机构任职、受雇的个人实际在中国境内工作期间取得的工资、薪金，不论是否在该企业、机构会计账簿中记载，均应视为该中国境内企业、机构支付或负担的工资、薪金，应予以征税。

（2）在中国境内无住所，但在一个纳税年度中在中国境内连续或累计工作超过90日，或在税收协定规定的期间内，在中国境内连续或累计居住超过183日但不满1年的个人，其纳税义务分为以下几种情形。

①来源于中国境内的所得，无论是由中国境内企业或个人雇主支付还是由境外企业或个人雇主支付，均应缴纳个人所得税。

②在中国境外取得的工资、薪金所得，除担任中国境内企业董事或高层管理人员，并在境外履行职务而由境内企业支付董事费或工资、薪金所得之外，不缴纳个人所得税。

③担任中国境内企业董事或高层管理人员取得的由中国境内企业支付的董事费或工资、薪金，不论个人是否在中国境外履行职务，均应申报缴纳个人所得税。

专家课堂

对于上述涉及的境外雇主支付并且不是由中国境内机构负担工资、薪金所得的个人。如事先可预定在一个纳税年度中连续或累计居住超过90日或183日的，其每月应纳税额按期申报缴纳。事先不能预定的，可待达到90日或183日后的次月7日内，就以前月份应纳的税款一并申报缴纳。

（四）扣缴义务人

我国实行个人所得税代扣代缴和个人申报纳税相结合的征收管理制度。税法规定，凡支付应纳税所得的单位或个人，都是个人所得税的扣缴义务人。扣缴义务人在向纳税人支付各项应纳税所得时，必须履行代扣代缴税款的义务（个体工商户的生产、经营所得除外）。

二、个人所得税征税对象

（一）征税对象

个人所得税征税对象又称课税对象，是税法规定的征税的目的物，是税收制度的首要要素，是一种税区别于另一种税的主要标志。

个人所得税的征税对象是个人取得的应税所得，共有11项。个人所得的形式，包括现金、实物、有价证券和其他形式的经济利益。不同形式的应纳税所得额的确定方式各有不同，具体如表5-18所示。

表5-18 不同所得对应的应纳税所得额

所得形式	应纳税所得额的确定
实物	（1）按照取得的凭证上所注明的价格计算应纳税所得额 （2）无凭证的实物或凭证上所注明的价格明显偏低的，参照市场价格核定应纳税所得额
有价证券	按票面价格和市场价格核定应纳税所得额
其他形式的经济利益	参照市场价格核定应纳税所得额

（二）所得来源的确定

我国个人所得税依据所得来源地判断经济活动的实质，征收个人所得税。具体如表5-19所示。

表5-19 不同所得的来源确定

所得类别	来源地
工资、薪金所得	纳税义务人任职、受雇的公司、企业、事业单位、机关、团体、部队、学校等单位的所在地
生产、经营所得	生产、经营活动实现地
劳务报酬所得	纳税义务人实际提供劳务的地点
不动产转让所得	不动产坐落地
动产转让所得	实现转让的地点
财产租赁所得	被租赁财产的使用地
利息、股息、红利所得	支付利息、股息、红利的企业、机构、组织的所在地
特许仅使用费所得	特许权的使用地

【2010年真题·多选题】根据个人所得税法律制度的规定，下列关于个人所得来源地的判断中，正确的有（　）。

A. 特许权使用费所得，以特许权的使用地作为所得来源地

B. 生产、经营所得，以生产、经营活动实现地作为所得来源地

C. 财产租赁所得，以被租赁财产的使用地作为所得来源地

D. 工资、薪金所得，以纳税人居住地作为所得来源地

【答案】ABC

【解析】本题主要考查个人所得税征税对象所得来源的确定。工资、薪金所得，以纳税义务人任职、受雇的公司、企业、事业单位、机关、团体、部队、学校等单位的所在地作为所得来源地。所以D选项的表述不正确。

三、个人所得税的税目

现行个人所得税的应税项目按应纳税所得的来源划分，共3类11个应税项目，下面分别介绍。

（一）工资、薪金所得

1. 工资、薪金的界定

根据《中华人民共和国个人所得税法实施条例》的规定，工资、薪金所得，是指个人因任职或者受雇而取得的工资、薪金、奖金、年终加薪、劳动分红、津贴、补贴以及与任职或受雇有关的其他所得。

知识链接

奖金指的是所有具有工资性质的奖金，免税奖金的范围在税法中另有规定。

2. 不属于工资、薪金所得的项目

对于一些不属于工资、薪金性质的补贴、津贴，不予征收个人所得税。具体包括如下项目。

（1）独生子女补贴。

（2）执行公务员工资制度未纳入基本工资总额的补贴、津贴差额和家属成员的副食补贴。

（3）托儿补助费。

（4）差旅费津贴、误餐补助（单位以误餐补助名义发给职工的补助、津贴不包括在内）。

知识链接

误餐补助是指个人因公在城区、郊区工作，不能在工作单位或返回就餐的，根据实际误餐顿数，按规定的标准领取的误餐费。

【2012年真题·单选题】根据个人所得税法律制度的规定，下列所得中，应缴纳个人所得税的是（　）。

A. 加班工资　　B. 独生子女补贴

C. 差旅费津贴　　D. 国债利息收入

【答案】A

【解析】本题考查不属于工资、薪金所得的项目。下列不属于纳税人本人工资、薪金所得项目的收入，不予征收个人所得税：①独生子女补贴；②执行公务员工资制度未纳入基本工资总额的补贴、津贴差额和家属成员的副食品补贴；③托儿补助费；④差旅费津贴、误餐补助。D选项的国债利息收入属于企业所得税的免税收入。

3. 内部退养人员收入的处理

内部退养人员在办理内部退养手续后从原任单位取得的一次性收入，应按办理内部退养手续至法定离退休年龄之间的所属月份进行平均，并与领取当月的“工资、薪金所得”合并后减除当月费用扣除标准，以余额为基数确定适用税率，再将当月工资、薪金加上取得的一次性收入，减去费用扣除标准，按适用税率计征个人所得税。

4. 退休人员再职收入的处理

退休人员再任职取得的收入，在减除按税法规定的费用扣除标准后，按“工资、薪金所得”应税项目缴纳个人所得税。

5. 劳动分红、股份分红的处理

（1）公司职工取得的用于购买企业国有股权的劳动分红，按“工资、薪金所得”项目计征个人所得税。

（2）个人因任职、受雇从上市公司取得的股票增值权所得和限制性股票所得，由上市公司或其境内机构按照“工资、薪金所得”项目和股票期权所得个人所得税计税方法，依法扣缴个人所得税。

（二）个体工商户的生产、经营所得

个体工商户的生产、经营所得主要包括以下几方面。

（1）个体工商户从事工业、手工业、建筑业、交通运输业、商业、饮食业、服务业、修理业以及其他行业生产、经营取得的所得。

（2）个人经政府有关部门批准，取得执照，从事办学、医疗、咨询以及其他有偿服务活动取得的所得。

（3）上述个体工商户和个人取得的与生产、经营有关的各项应税所得。

（4）其他个人从事个体工商业生产、经营取得的所得。

（5）个人独资企业和合伙企业比照以上规定执行。

（6）个体工商户或个人专营种植业、养殖业、饲养业、捕捞业，其经营项目属于农业税（包括农业特产税，下同）、牧业税征税范围，由于我国目前已取消农业税，因此从事上述行业的个体工商户和个人暂不征收个人所得税。

（7）出租车属个人所有，但挂靠出租汽车经营单位或企事业单位，驾驶员向挂靠单位缴纳管理费的，或出租汽车经营单位将出租车所有权转移给驾驶员的，出租车驾驶员从事客货运营取得的收入，比照个体工商户的生产、经营所得项目征税。

专家课堂

出租车驾驶员从事客货营运取得的收入，按“工资、薪金所得”项目征税。

（三）企业、事业单位的承包经营、承租经营所得

企业、事业单位的承包经营、承租经营所得，是指个人承包经营或承租经营以及转包、转租取得的所得，还包括个人按月或按次取得的工资、薪金性质的所得。

承包、承租经营按分配方式的不同，可分为以下两类。

1. 个人对企事业单位承包、承租经营后，工商登记改变为个体工商户的

这类承包、承租经营所得，属于个体工商户的生产、经营所得，按个体工商户生产、经营所得的项目征收个人所得税，不再征收企业所得税。

2. 个人对企事业单位承包、承租经营后，工商登记仍为企业的

这类承包、承租经营所得，首先应按照企业所得税的有关规定缴纳企业所得税，然后再按承包、承租经营者根据合同或协议中的规定取得的所得，依照《个人所得税法》的有关规定，缴纳个人所得税。

具体包括以下两种情况。

（1）承包、承租人对企业经营成果不拥有所有权，仅按合同或协议规定取得一定所得的，按工资、薪金所得项目征收个人所得税。

（2）承包、承租按合同或协议规定只向发包方、出租方缴纳一定的费用，缴纳承包、承租费后的企业的经营成果归承包、承租人所有的，其取得的所得按对企事业单位承包、承租经营所得项目征收个

人所得税。

专家课堂

外商投资企业采取发包、出租经营且经营人为个人的，对经营人从外商投资企业分享的收益或取得的所得，按照个人对企事业单位的承包、承租经营所得征收个人所得税。

【2013年真题·判断题】个人对企事业单位承包、承租经营后，工商登记改变为个体工商户的，取得的承包、承租经营所得，按个体工商户的生产、经营所得项目缴纳个人所得税。（　）

【答案】√

【解析】本题考查企事业单位的承包经营、承租经营所得的征税范围。个人对企事业单位承包、承租经营后，工商登记改变为个体工商户的，属于个体工商户的生产、经营所得，因此应按个体工商户的生产、经营所得项目征收个人所得税，不再征收企业所得税。

（四）劳务报酬所得

1. 劳务报酬所得的内容

劳务报酬所得是指个人独立从事非雇佣的各种劳务取得的所得。其包含的劳务项目共29种，具体内容如表5-20所示。

表5-20 劳务报酬所得的具体内容

劳务项目	具体内容
设计	按客户要求，代为制订工程、工艺等各类设计业务
装潢	接受委托，对物体进行装饰、修饰，使其美观或具有特定用途的作业
安装	按客户要求，对各种机器、设备的装配、安置，以及与机器、设备相连的附属设施的装设和被安装机器设备的绝缘、防腐、保温、油漆等工程作业
制图	受托按实物或设想物体的形象，依体积、面积、距离等，用一定比例绘制成平面图、立体图、透视图等的业务
化验	受托用物理或化学的方法检验物质的成分和性质等业务
测试	利用仪器、仪表或其他手段代客对物品的性能和质量进行检测试验的业务
医疗	从事各种病情诊断、治疗等医护业务
法律	受托担任辩护律师、法律顾问，撰写辩护词、起诉书等法律文书的业务
会计	受托从事会计核算的业务
咨询	对客户提出的政治、经济、科技、法律、会计、文化等方面的问题进行解答、说明等业务
讲学	应邀或应聘进行讲课、作报告、介绍情况等业务
新闻	提供新闻信息、编写新闻消息的业务
广播	从事播音等劳务
翻译	受托从事中外语言或文字的翻译（含笔译和口译）的业务
审稿	对文字作品或图形作品进行审查、核对的业务

续表

劳务项目	具体内容
书画	按客户要求，或自行从事书法、绘画、题词等业务
雕刻	代客镌刻图章、牌匾、碑、玉器、雕塑等业务
影视	应邀或应聘在电影、电视节目中出任演员，或担任导演、音响、化妆、道具、制作、摄影等与拍摄影视节目有关的业务
录音	用录音器械代客录制各种音响带的业务，或应邀演讲、演唱、采访而被录音的服务
录像	用录像器械代客录制各种图像、节目的业务，或应邀表演、采访被录像的业务
演出	参加戏剧、音乐、舞蹈、曲艺等文艺演出活动的业务
表演	从事杂技、体育、武术、健美、时装、气功以及其他技巧性表演活动的业务
广告	利用图书、报纸、杂志、广播、电视、电影、招贴、路牌、橱窗、霓虹灯、灯箱、墙面及其他载体，为介绍商品、经营服务项目、文体节目或通告、声明等事项，所作的宣传和提供的相关服务的业务
展览	举办或参加书画展、影展、盆景展、邮展、个人收藏品展、花鸟虫鱼展等各种展示活动的业务
技术服务	利用一技之长进行技术指导、提供技术帮助的业务
介绍服务	介绍供求双方商谈，或者介绍产品、经营服务项目等服务业务
经纪服务	经纪人通过居间介绍，促成各种交易和提供劳务等服务的业务
代办服务	代委托人办理受托范围内的各项事宜的业务
其他劳务	上述28项劳务项目之外的各种劳务

专家课堂

劳务报酬所得是指个人独立从事非雇佣的各种劳务取得的所得。与此对应的是工资薪金所得，它属于非独立个人劳动所得。即个人所从事的是由他人指定、安排并接受管理的劳动、工作，或服务于公司、工厂、行政、事业单位（私营企业主除外）。这种所得往往就以工资、薪金的形式体现。

2. 劳务报酬所得的特别项目

除前述29种劳务报酬所得之外，还应注意以下几种特别的劳务报酬所得。

（1）按照董事与公司的关系来划分，可分为内部董事和外部董事。

①内部董事。指担任公司董事的同时在公司任职、受雇，其因任职受雇而取得的报酬是“工资、薪金”所得。

②外部董事。指不在本公司任职、受雇的董事，其取得的董事费所得，属于劳务报酬所得。

（2）在校学生因参与勤工俭学活动（包括参与学校组织的勤工俭学活动）而取得属于《个人所得税法》规定的应税所得项目所得，应依法缴纳个人所得税。

（3）自2004年1月20日起，对商品营销活动中，企业和单位对营销业绩突出的非雇员以培训班研讨会、工作考察等名义组织旅游活动，通过免收差旅费、旅游费对个人实行的营销业绩奖励（包括实物、有价证券等），应根据所发生费用的全额作为营销人员当期的劳务收入所得，按“劳务报酬所得”征收个人所得税，并由提供上述费用的企业和单位代扣代缴。

（4）个人兼职取得的收入，应按照“劳务报酬所得”项目缴纳个人所得税。

（5）演员参加非任职单位组织的演出取得的报酬，应按“劳务报酬所得”项目，按次计算纳税；演员参加任职单位组织的演出取得的报酬，应按“工资、薪金所得”项目，按月计算纳税。

专家课堂

演员取得的报酬中，要规定上交给单位和文化行政部门的管理费及收入分成，经主管税务机关确认后，可以在计算应纳税所得额时扣除。

【2012年真题·单选题】根据个人所得税法律制度的规定，下列收入中，应按“劳务报酬所得”税目缴纳个人所得税的是（　）。

A. 退休人员再任职取得的收入

B. 从非任职公司取得的董事费收入

C. 从任职公司取得的监事费收入

D. 从任职公司关联企业取得的监事费收入

【答案】B

【解析】本题考查劳务报酬所得的征税范围。根据个人所得税法律制度的规定，个人担任公司董事、监事，但不在公司任职、受雇，其取得的董事费、监事费收入，按照“劳务报酬所得”项目征税，因此B选项正确。

3. 劳务报酬所得与工资、薪金所得的区别

劳务报酬所得与工资、薪金所得的区别，主要看是否存在雇佣与被雇佣关系。

（1）工资、薪金所得是个人从事非独立劳动，从所在单位（雇主）领取的报酬，存在雇佣与被雇佣的关系。

（2）劳务报酬所得则指的是个人独立从事某种技艺，独立提供某种劳务而取得的报酬，一般不存在雇佣关系。

【案例5-4】2013年6月，某教师在任职学校获取当月工资2 000元，并通过自行举办培训班的方式获得收入1 500元；同月，某演员从其所属单位领取当月工资3 000元，并获取为私人企业主持活动得到的收入1 000元。分析这些收入中，哪些是工资、薪金所得，哪些是劳务报酬所得？

【案例解析】区分工资、薪金所得和劳务报酬所得，主要判断是否存在聘用、雇佣的关系。如果从事某项劳务活动取得的报酬是以工资、薪金形式体现的，如演员从其所属单位领取工资、教师从学校领取工资等，就属于工资、薪金所得，而不属于劳务报酬所得。如果从事某项劳务活动取得的报酬不是来自聘用、雇佣或工作单位，如演员自行演出（即所谓的“走穴”）取得的报酬，教师自行举办培训班等取得的收入，就属于劳务报酬所得。因此，本案例中属于工资、薪金所得的是教师取得的2 000元工资和演员取得的3 000元工资；劳务报酬所得的是教师举办培训班取得的1 500元收入和演员帮助私人企业主持活动的1 000元收入。

（五）稿酬所得

1. 稿酬所得的定义

稿酬所得，是指个人因其作品以图书、报刊形式“出版、发表”而取得的收入。作品包括文学作品、书画作品、摄影作品，以及其他作品。

2. 稿酬所得的特别规定

关于稿酬所得，需要注意以下几种特别的规定。

（1）任职、受雇于“报纸、杂志”等单位的记者、编辑等专业人员，因在本单位的报纸、杂志上发表作品取得的所得，属于因任职、受雇而取得的所得，应与其当月工资收入合并，按“工资、薪金所得”项目征收个人所得税。

（2）除上述专业人员以外，其他人员在本单位的报纸、杂志上发表作品取得的所得，应按“稿酬所得”项目征收个人所得税。

（3）出版社的专业作者撰写、编写或翻译的作品，由本社以图书形式出版而取得的稿费收入，应按“稿酬所得”项目征收个人所得税。

（4）作者去世后，财产继承人取得的遗作稿酬，也应征收个人所得税。

【2011年真题·单选题】下列从事非雇佣劳动取得的收入中，应按“稿酬所得”税目缴纳个人所得税的是（　）。

A. 审稿收入　　B. 翻译收入

C. 题字收入　　D. 出版作品收入

【答案】D

【解析】本题考查稿酬所得的征税范围。稿酬所得，是指个人因其作品以图书、报刊形式出版、发表而取得的所得。A、B、C选项均属于劳务报酬所得。另外，现场书画收入也不属于稿酬所得，而属于劳务报酬所得。

（六）特许权使用费所得

特许权使用费所得是指个人提供专利权、商标权、著作权（不包括稿酬所得）、非专有技术（非专利技术）以及其他特许权的“使用权”取得的所得。

1. 各项特许权使用费所得的介绍

（1）专利权

专利权简称“专利”，是指发明创造人或其权利受让人对特定的发明创造在一定期限内依法享有的独占实施权，是知识产权的一种，具有专有性（独占性、排他性）、地域性、时间性的特征。

（2）商标权

商标权是商标专用权的简称，是指商标主管机关依法授予商标所有人对其注册商标受国家法律保护的专有权。商标权是一种工业产权，可以依法取得、转让、许可使用、继承、丧失、请求排除侵害。

（3）著作权

著作权也称版权，是指作者及其他权利人对文学、艺术和科学作品享有的人身权和财产权的总称。著作权是公民的一项民事权利，既具有民法中的人身权性质，也具有民法中的财产权性质。主要包括发表权、署名权、修改权、保护权、使用权和获得报酬权。

（4）非专有技术

非专有技术又称非专利技术，即专利技术以外的专有技术。它是指不为外界所知、在生产经营活动中已采用了的、不享有法律保护的、可以带来经济效益的各种技术和诀窍。非专有技术包括工业专有技术、商业贸易专有技术、管理专有技术等。

专家课堂

演员取得的报酬中，要规定上交给单位和文化行政部门的管理费及收入分成，经主管税务机关确认后，可以在计算应纳税所得额时扣除。

2. 特许权使用费的特别规定

关于特许权使用费所得，需要注意以下几点特别的规定。

（1）提供著作权的使用权取得的所得不包括稿酬所得，即作者将自己的文字作品手稿原件或复印件公开拍卖（竞价）取得的所得，属于提供著作权的使用所得，应按特许权使用费所得项目征税。

（2）个人取得特许权的经济赔偿收入应按特许权使用费所得项目缴纳个人所得税，税款由支付赔偿的单位或个人代扣代缴。

（3）编剧从电视剧的制作单位取得的剧本使用费，不再区分剧本的使用方是否为其任职单位，统一按特许权使用费所得项目征收个人所得税。

【2011年真题·单选题】作家马某2010年12月从某电视剧制作中心取得剧本使用费50 000元。关于马某该项收入计缴个人所得税的下列表述中，正确的是（　）。

A. 应按“稿酬所得”计缴个人所得税

B. 应按“工资、薪金所得”计缴个人所得税

C. 应按“劳务报酬所得”计缴个人所得税

D. 应按“特许权使用费所得”计缴个人所得税

【答案】D

【解析】本题考查特许权使用费所得的征税范围。从2005年5月1日起，编剧从电视剧的制作单位取得的剧本使用费，不再区分剧本的使用方是否为其任职单位，统一按“特许权使用费所得”项目征收个人所得税。

（七）利息、股息、红利所得

1. 利息、股息、红利所得的定义

利息、股息、红利所得，是指个人拥有债权、股权而取得的利息、股息、红利所得。其中，利息一般指存款、贷款和债券的利息；股息、红利则指个人拥有股权取得的公司、企业分红。

知识链接

按照一定的比率派发的每股息金，称为股息；根据公司、企业应分配的超过股息部分的利润，按股派发的红股，称为红利。

2. 利息、股息、红利所得的特别规定

关于利息、股息、红利所得，需要注意以下一些特别的规定。

（1）储蓄存款利息

个人从银行及其他储蓄机构开设的用于支付电话、水、电、煤气等有关费用，或者用于购买股票等方面的投资、生产经营业务往来结算以及其他用途，取得的利息收入，属于储蓄存款利息所得性质，应依法缴纳个人所得税，税款由结付利息的储蓄机构代扣代缴。

专家课堂

自2008年10月9日（含）起，对储蓄存款利息所得暂免征收个人所得税。

（2）个人银行结算账户利息

个人在个人银行结算账户的存款孳生的利息，

按利息、股息、红利所得”项目征收个人所得税，税款由办理个人银行结算账户业务的储蓄机构在结付利息时代扣代缴。

（3）职工个人取得的量化资产

为支持企业的改组改制，对于企业在改制过程中职工个人取得量化资产的征税问题，税法作出了如下规定。

①对职工个人以股份形式取得的仅作为分红依据，不拥有所有权的企业量化资产，不征收个人所得税。

②对职工个人以股份形式取得的企业量化资产参与企业分配而获得的股息、红利，按“利息、股息、红利所得”项目征收个人所得税。

（4）外籍居民个人的储蓄存款利息

①外籍居民个人可凭其护照或其他有效证件及居民国税务主管当局为其签发的居民证明，直接向储蓄机构办理享受税收协定待遇手续。

②外籍居民个人在银行首次开户取得利息时，凡能提供居民证明的，由县级以上储蓄机构报送同级税务机关审核，确认后准予享受税收协定待遇。

③外籍居民个人在过渡期间再次存款取得利息时，可凭护照、其他有效证件或系税务机关审核确认的居民证明复印件享受税收协定待遇，不必再提供居民证明原件。

④凡储蓄机构不能认定的护照或其他证件，应会同税务机关审核确认后按有关规定办理。

【2011年真题·单选题】下列关于“利息、股息、红利所得”的相关规定，说法不正确的是（　）。

A. 个人从银行及其他储蓄机构开设的用于支付电话、水、电、煤气等有关费用属于储蓄存款利息所得性质，应依法缴纳个人所得税

B. 对职工个人以股份形式取得的仅作为分红依据，不拥有所有权的企业量化资产，也要征收个人所得税

C. 对职工个人以股份形式取得的企业量化资产参与企业分配而获得的股息、红利，应按“利息、股息、红利所得”项目征收个人所得税

D. 自2008年10月9日起，个人银行结算账户利息视同储蓄存款利息，暂免个人所得税

【答案】B

【解析】本题考查利息、股息、红利所得的征税范围。对职工个人以股份形式取得的仅作为分红依据，不拥有所有权的企业量化资产，不征收个人所得税。

考场点拨

仅上题而言，有的考生觉得D选项“自2008年10月9日起”这种说法不严谨，应该是“自2008年10月9日起（含）”这样表述。如果考试中遇到这种情况，首先判断其他3个选项是否正确，如果有明显错误，则上述说法可以判断为正确；如果其他3个选项都肯定正确，则判断上述说法错误。

（八）财产租赁所得

财产租赁所得是指个人出租建筑物、土地使用权、机器设备、车船以及其他财产取得的所得。

1. 财产租赁所得纳税义务人的确定

财产租赁所得的纳税义务人确定按以下规定执行。

（1）在确定纳税义务人时，应以产权凭证为依据，对无产权凭证的，由主管税务机关根据实际情况确定。

（2）个人取得的财产转租收入，属于财产租赁所得的征税范围，由财产转租人缴纳个人所得税。

（3）产权所有人死亡，在未办理产权继承手续期间，该财产出租而有租金收入的，以领取租金的个人为纳税义务人。

2. 个人低价购买商店的处理

房地产开发企业以优惠价格出售其商店给个人购买者，其后个人购买者按协议无偿提供所购商店给房地产开发企业对外出租使用。这种情况下，对个人购买者少付的购房价款，应按个人财产租赁所得征收个人所得税。每次财产租赁所得的收入额，按少付的购房价款和协议规定的租赁月份数平均计算来确定。

（九）财产转让所得

财产转让所得，是指个人转让有价证券、股权、建筑物、土地使用权、机器设备、车船以及其他财产取得的收入。具体纳税规定如表5-21所示。

表5-21 财产转让所得纳税规定

转让内容	是否征收个人所得税	应纳税所得额的确定
个人转让股票	暂不征收	

续表

转让内容	是否征收个人所得税	应纳税所得额的确定
职工转让股份合作制企业分配的股份	按财产转让所得征收	转让收入额减除个人取得该股份时实际支付的费用和合理转让费用后的余额
个人出售自有住房	按财产转让所得征收	（1）个人出售自有住房取得的所得按“财产转让所得”项目的有关规定确定 （2）个人出售已购公有住房，其应纳税所得额为个人出售已购公有住房的销售价，减除住房面积标准的经济适用房价款、原支付超过住房面积标准的房价款、向财政或原产权单位缴纳的所得收益以及税法规定的合理费用后的余额 （3）职工以成本价（或标准价）出资的集资合作建房、安居工程住房、经济适用住房以及拆迁安置住房，比照已购公有住房确定应纳税所得额
出售自有住房并拟在现住房出售后 1 年内按市场价重新购房的个人	出售现住房所应缴纳的个人所得税，视其重新购房的价值可全部或部分予以免税	（1）个人出售现住房所应缴纳的个人所得税税款，应在办理产权过户手续前，以纳税保证金形式向当地主管税务机关缴纳。税务机关在收取纳税保证金时，应向纳税人正式开具中华人民共和国纳税保证金收据并纳入专户存储 （2）个人出售现住房 1 年内重新购房的，按照购房金额大小相应退还纳税保证金。购房金额大于或等于原住房销售额（原住房为已购公有住房的，原住房销售额应扣除已按规定向财政或原产权单位缴纳的所得收益，下同）的，全部退还纳税保证金；购房金额小于原住房销售额的，按照购房金额占原住房销售额的比例退还纳税保证金，余额作为个人所得税缴入国库 （3）个人出售现住房后 1 年内未重新购房的，所缴纳的纳税保证金全部作为个人所得税缴入国库 （4）个人在申请退还纳税保证金时，应向主管税务机关提供合法、有效的售房、购房合同和主管税务机关要求提供的其他资料，经税务机关审核后办理纳税保证金退还手续 （5）跨行政区域售、购住房，且符合退还纳税保证金的个人，应向纳税保证金纳税地主管税务机关申请退还纳税保证金
个人转让自用 5 年以上且是家庭唯一生活用房取得的所得	免征个人所得税	
个人现自有住房房产证登记的产权人为 1 人，在出售后 1 年内又以产权人配偶名义或产权人夫妻双方名义按市场价重新购房的	免税、部分免税或不免税	（1）产权人出售住房所得应缴纳的个人所得税，可以全部或部分予以免税 （2）以其他人名义按市场价重新购房的，产权人出售住房所得应缴纳的个人所得税，不予免税

（十）偶然所得

偶然所得是指个人得奖、中奖、中彩以及其他偶然性质的所得。具体解释如图 5-11 所示。

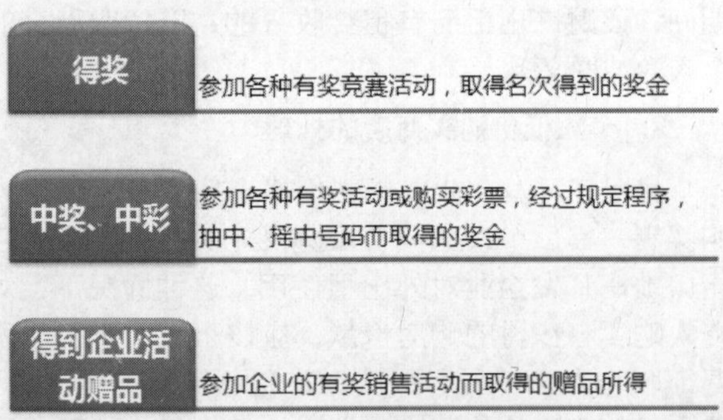

图 5-11 偶然所得的相关解释

（十一）经国务院财政部门确定征税的其他所得

除前面列举的个人应税所得以外，其他确有必要征税的个人所得，应由国务院财政部门确定。难以界定应纳税所得项目的，由主管税务机关确定。

四、个人所得税税率

（一）工资、薪金所得适用税率

工资、薪金所得适用 3%~45% 的超额累进税率来计算缴纳个人所得税。具体如表 5-22 所示。

表 5-22 工资、薪金所得个人所得税税率表

级数	全月应纳税所得额		税率（%）	速算扣除数
	含税级距	不含税级距		
1	不超过 1 500 元的	不超过 1 455 元的	3	0
2	超过 1 500 元至 4 500 元的部分	超过 1 455 元至 4 155 元的部分	10	105
3	超过 4 500 元至 9 000 元的部分	超过 4 155 元至 7 755 元的部分	20	555
4	超过 9 000 元至 35 000 元的部分	超过 7 755 元至 27 255 元的部分	25	1 005
5	超过 35 000 元至 55 000 元的部分	超过 27 255 元至 41 255 元的部分	30	2 755
6	超过 55 000 元至 80 000 元的部分	超过 41 255 元至 57 505 元的部分	35	5 505
7	超过 80 000 元的部分	超过 57 505 元的部分	45	13 505

专家课堂

含税级距适用于由纳税人负担税款的工资、薪金所得；不含税级距适用于由他人（单位）代付税款的工资、薪金所得。另外，表中所列含税级距与不含税级距，均为按照税法规定减除有关费用后的所得额。

【例题·判断题】工资、薪金所得适用3%~45% 的超率累进税率来计算缴纳个人所得税。（ ）

【答案】×

【解析】本题考查工资、薪金所得适用税率。工资、薪金所得适用 3%~45% 的超额累进税率，而不是超率累进税率来计算缴纳个人所得税。

（二）个体工商户生产、经营所得和企事业单位承包经营、承租经营所得适用税率

个体工商户、个人独资企业和合伙企业的投资者（合伙人）的生产经营所得，适用 5%~35% 的超额累进税率来计算缴纳个人所得税。具体如表 5–23 所示。

表 5-23 个体工商户的生产、经营所得和对企事业单位的承包经营、承租经营所得个人所得税税率表

级数	全月应纳税所得额		税率（%）	速算扣除数
	含税级距	不含税级距		
1	不超过 15 000 元的	不超过 14 250 元的	5	0
2	超过 15 000 元至 30 000 元的部分	超过 14 250 元至 27 750 元的部分	10	750
3	超过 30 000 元至 60 000 元的部分	超过 27 750 元至 51 750 元的部分	20	3 750
4	超过 60 000 元至 100 000 元的部分	超过 51 750 元至 79 750 元的部分	30	9 750
5	超过 100 000 元的部分	超过 79 750 元的部分	35	14 750

专家课堂

表 5-23 中，含税级距适用于个体工商户的生产、经营所得和由纳税人负担税款的对企事业单位的承包经营、承租经营所得；不含税级距适用于由他人（单位）代付税款的对企事业单位的承包经营、承租经营所得。另外，表中所列含税级组距与不含税级距，均为按照税法规定以每一纳税年度的收入总额减除成本、费用以及损失后的所得额。

专家课堂

投资者兴办或参与兴办两个或两个以上企业的，年度终了汇算清缴时，应汇总从所有企业取得的应纳税所得额，以此确定适用税率并计算缴纳个人所得税。

（三）稿酬所得适用税率

稿酬所得适用比例税率，税率为 20%，并按应纳税额减征 30%，即只征收 70% 的税额，实际税率为 14%（即 20% × 70%）。

（四）劳务报酬所得适用税率

劳务报酬所得适用比例税率，税率为 20%。对劳务报酬所得一次收入畸高的，实行加成征收。

劳动报酬所得一次收入畸高，是指个人一次取得劳务报酬的应纳税所得额超过 20 000 元。在这种情况下，劳务报酬所得采取超额累进加成征税的办法计算。即个人取得劳务报酬收入的应纳税所得额一次超过 20 000~50 000 元的部分，按照税法规定计算应纳税额后，再按照应纳税额加征五成；超过 50 000 元的部分，加征十成 。具体如表 5–24 所示。

表 5-24 劳务报酬所得个人所得税税率表

级数	每次应纳税所得额	税率（%）	速算扣除数
1	不超过 20 000 元的	20	0
2	超过 20 000 元至 50 000 元的部分	30	2 000
3	超过 50 000 元的部分	40	7 000

专家课堂

上表中的"每次应纳税所得额"是指每次收入额减除费用 800 元（每次收入不超过 4 000 元时）或减除 20% 的费用（每次收入额超过 4 000 元时）后的余额。

（五）特许权使用费所得，利息、股息、红利所得，财产租赁所得，财产转让所得，偶然所得和其他所得适用税率

特许权使用费所得，利息、股息、红利所得，财产租赁所得，财产转让所得，偶然所得和其他所得，适用比例税率，税率为 20%。

专家课堂

自 2008 年 3 月 1 日起，对个人出租住房取得的所得暂减按 10% 的税率征收个人所得税。

五、个人所得税计税依据

（一）计税依据

个人所得税的计税依据是纳税人取得的应纳税所得额。应纳税所得额为个人取得的各项收入减去税法规定的扣除项目或扣除金额后的余额。这将涉及不同形式的收入和不同标准的费用扣除方法。

1. 个人收入所得的形式

个人收入所得的形式，主要包括现金、实物、有价证券和其他形式的经济利益。本章在前面个人所得税征税对象处已作了讲解，这里不再赘述，可参考相应内容巩固复习。

2. 费用扣除的方法

计算应纳税所得额时，一般允许从个人的应税收入中减去税法规定的扣除项目或扣除金额，仅就扣除费用后的余额征税。

总地来讲，我国现行的个人所得税采取分项确定、分类扣除的方法，根据所得的不同情况，实行定额、定率和会计核算3种扣除办法，具体如下。

（1）工资、薪金所得涉及的个人生计费用，采取定额扣除的办法。

（2）个体工商户的生产、经营所得和对企事业单位的承包经营、承租经营所得及财产转让所得，凡涉及生产、经营有关成本或费用的支出，采取会计核算办法扣除有关成本、费用或规定的必要费用。

（3）劳务报酬所得、稿酬所得、特许权使用费所得、财产租赁所得，采取定额和定率两种扣除办法。

（4）利息、股息、红利所得和偶然所得，不得扣除任何费用。

（二）个人所得项目的具体扣除标准

1. 工资、薪金所得

工资、薪金所得，以每月收入额减除费用3 500元后的余额，为应纳税所得额。

对外籍人员、外籍专家，以及在中国境内有住所而在中国境外任职或受雇取得工资、薪金的人员，费用扣除总额为4 800元。

> **专家课堂**
>
> 外籍人员，具体指在中国境内的外商投资企业和外国企业中工作取得工资、薪金所得的外籍人员；外籍专家，具体指应聘在中国境内的企业、事业单位、社会团体、国家机关中工作取得工资、薪金所得的外籍专家。

> **【例题·单选题】**某研究所高级工程师张先生2013年10月份的月工资收入为5 300元，其应缴纳的个人所得税为（　）元。
>
> A. 0　　　B. 50
>
> C. 75　　　D. 100
>
> **【答案】**B
>
> **【解析】**本题考查工资、薪金所得的应纳税额计算。张先生的工资收入应纳个人所得税=（5 300 − 3 500）×10% − 105 = 75（元）。其中“10%”和“105”是“5 300 − 3 500”后得到的结果按超额累进税率的规定计算的。

2. 个体工商户的生产、经营所得

个体工商户的生产、经营所得（包括企业分配给投资者个人的所得和企业当年留存的所得），以每一纳税年度的收入总额，减除成本、费用以及损失后的余额，为应纳税所得额。其中的成本、费用和损失主要指如图5-12所示的对象。

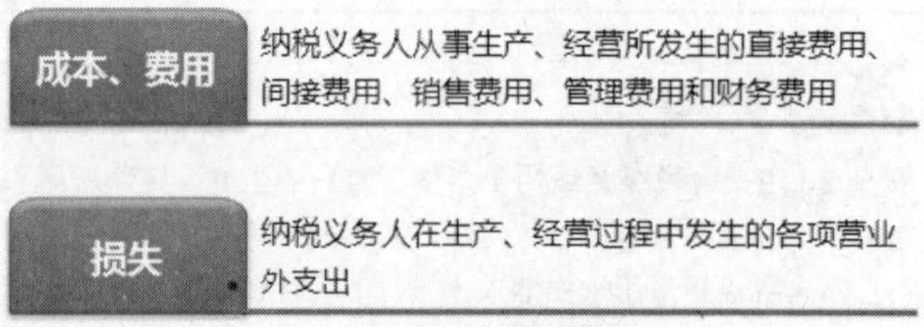

图5-12 成本、费用和损失

（1）个体工商户所得的具体扣除规定

根据不同的情况，个体工商户的扣除标准也不同，具体规定如下。

①个体工商户业主的费用扣除标准为42 000元/年，即3 500元/月。

②个体工商户向其从业人员实际支付的合理工资、薪金支出，允许在税前据实扣除。

③个体工商户拨缴的工会经费、发生的职工福利费、职工教育经费支出，分别在工资薪金总额2%、14%、2.5%的标准内据实扣除。

④个体工商户每一纳税年度发生的广告费和业务宣传费不超过当年销售（营业）收入15%的部分，可据实扣除；超过部分，准予在以后纳税年度结转扣除。

⑤个体工商户每一纳税年度发生的与其生产经营业务直接相关的业务招待费支出，按照发生额的60%扣除，但最高不得超过当年销售（营业）收入的5‰。

⑥个体工商户在生产、经营期间借款利息支出，未超过中国人民银行规定的同类、同期贷款利率计算的数额部分，准予扣除。

（2）个人独资企业和合伙企业所得的具体扣除规定

个人独资企业的投资者以全部生产经营所得为应纳税所得额；合伙企业的投资者按照合伙企业的全部生产、经营所得和合伙协议约定的分配比例确定应纳税所得额，未约定分配比例的，以全部生产经营所得和合伙人数量平均计算每个投资者的应纳税所得额。其具体扣除规定如下。

①投资者的工资不得在税前直接扣除，但可按每月 3 500 元的标准扣除。

专家课堂

投资者兴办两个或两个以上企业的，其费用扣除标准由投资者自行选择在其中一个企业的生产经营所得中扣除。

②投资者及其家庭发生的生活费用不允许在税前扣除。若难以划分生活费用和生产经营费用的，则全部视为投资者个人及其家庭发生的生活费用，不得在税前扣除。

③企业生产经营和投资者及其家庭生活共用的固定资产，难以划分的，由主管税务机关根据企业的生产经营类型、规模等具体情况，核定准予在税前扣除的折旧费用的数额或比例。

④个人独资企业和合伙企业向其从业人员实际支付的合理的工资、薪金支出，允许在税前据实扣除。

⑤个人独资企业和合伙企业拨缴的工会经费、发生的职工福利费、职工教育经费支出，分别在工资薪金总额 2%、14%、2.5% 的标准内据实扣除。

⑥个人独资企业和合伙企业每一纳税年度发生的广告费和业务宣传费不超过当年销售（营业）收入 15% 的部分，可据实扣除；超过部分，准予在以后纳税年度结转扣除。

⑦个人独资企业和合伙企业每一纳税年度发生的与其生产经营业务直接相关的业务招待费支出，按照发生额的 60% 扣除，但最高不得超过当年销售（营业）收入的 5‰。

⑧个人独资企业和合伙企业计提的各种准备金不得扣除。

⑨企业与其关联企业之间的业务往来，应按照独立企业之间的业务往来收取或者支付价款、费用。不按照独立企业之间的业务往来收取或者支付价款、费用，而减少其应纳税所得额的，主管税务机关有权进行合理调整。

【2010 年真题·单选题】某个人独资企业 2009 年度销售收入为 272 000 元，发生广告费和业务宣传费 50 000 元，根据个人所得税法律的规定，该企业当年可以在税前扣除的广告费和业务宣传费最高为（ ）元。

A. 30 000　　B. 38 080

C. 40 800　　D. 50 000

【答案】C

【解析】本题主要考查个人独资企业个人所得税的计算。个人独资企业和合伙企业每一纳税年度发生的广告费和业务宣传费用不超过当年销售（营业）收入 15% 的部分，可据实扣除；超过部分，准予在以后纳税年度结转扣除。扣除的最高额 =272 000 × 15%=40 800（元）。

知识链接

国家对特定的个人独资企业和合伙企业实行核定征收个人所得税，方式包括定额征收、核定应税所得率征收以及其他合理的征收方式。特定的个人独资企业和合伙企业具体包括：①依照国家有关规定应设置但未设置账簿的；②虽设置账簿，但账目混乱或者成本资料、收入凭证、费用凭证残缺不全，难以查账的；③纳税人发生纳税义务，未按照规定的期限办理纳税申报，经税务机关责令限期申报，逾期仍不申报的。

3. 企业事业单位的承包、承租经营所得

企业事业单位的承包、承租经营所得，以每一纳税年度的收入总额，减除必要费用后的余额，为应纳税所得额。

专家课堂

每一纳税年度的收入总额，是指纳税义务人按照承包经营、承租经营合同规定分得的经营利润和工资、薪金性质的所得；减除必要费用，即按月减除 3 500 元。

4. 劳务报酬所得、稿酬所得、特许权使用费所得、财产租赁所得

劳务报酬所得、稿酬所得、特许权使用费所得、财产租赁所得每次收入不超过 4 000 元的，减除费用 800 元；4 000 元以上的，减除 20% 的费用，其余额为应纳税所得额。

【2012 年真题·单选题】钱某在一次演出中取得收入 10 000 元，已知劳务报酬所得每次收入不得超过 4 000 元的，减除费用 800 元，4 000 元以上的，减除 20% 的费用，适用税率为 20%。钱某应缴纳的个人所得税税额为（ ）元。

A. 1 840　　B. 1 600

C. 2 000　　D. 4 800

【答案】B

【解析】本题考查劳务报酬所得应纳税额的计算。根据个人所得税法律制度的规定，钱某应缴

纳个人所得税 =10 000×（1−20%）×20%=1 600（元）。

5. 财产转让所得

财产转让所得，以转让财产的收入额减除财产原值和合理费用后的余额，为应纳税所得额。

财产原值根据不同形式的财产分别表示不同的费用，具体如表 5−25 所示。

表 5-25 财产原值表示的费用

财产形式	财产原值对应的费用
有价证券	买入价以及买入时按规定交纳的有关费用
机器设备、车船	购进价格、运输费、安装费以及其他有关费用
建筑物	建造费或购进价格以及其他有关费用
土地使用权	取得土地使用权所支付的金额、开发土地的费用以及其他有关费用
其他财产	参照以上方法确定

6. 利息、股息、红利所得，偶然所得和其他所得

利息、股息、红利所得，偶然所得和其他所得，以每次收入额为应纳税所得额。

【2011 年真题·单选题】郑某 2011 年 3 月在某公司举行的有奖销售活动中获得奖金 12 000 元，领奖时发生交通费 600 元、食宿费 400 元（均由郑某承担）。在颁奖现场郑某直接向某大学图书馆捐款 3 000 元。已知偶然所得适用的个人所得税税率为 20%。郑某中奖收入应缴纳的个人所得税税额为（　）元。

A. 0　　B. 1 600

C. 1 800　　D. 2 400

【答案】D

【解析】本题考查偶然所得应纳税额的计算。偶然所得按收入全额计征个人所得税。不扣除任何费用，应纳税额 =12 000×20%=2 400（元）。

（三）其他费用扣除规定

除前面介绍的各项费用扣除规定外，还需了解以下几方面的其他费用扣除规定。

（1）个人将其所得通过中国境内非营利的社会团体、国家机关向教育、公益事业和遭受严重自然灾害地区、贫困地区的捐赠，捐赠额不超过应纳税所得额的 30% 的部分，可以从其应纳税所得额中扣除。

（2）个人通过非营利性的社会团体和国家机关向红十字事业的捐赠，在计算缴纳个人所得税时，准予在税前的所得额中全额扣除。

（3）自 2001 年 7 月 1 日起，个人通过非营利的社会团体和国家机关向农村义务教育的捐赠，在计算缴纳个人所得税时，准予在税前的所得额中全额扣除。

（4）个人通过非营利性社会团体和国家机关对公益性青少年活动场所（包括新建）的捐赠，在计算缴纳个人所得税时，准予在税前的所得额中全额扣除。

（5）个人的所得（不含偶然所得，经国务院财政部门确定征税的其他所得）用于对非关联的科研机构和高等学校研究开发新产品、新技术、新工艺所发生的研发经费的资助，可以全额在下月（工资、薪金所得）或下次（按次计征的所得）或当年（按年计征的所得）计征个人所得税时，从应纳税所得额中扣除，不足抵扣的，不得结转抵扣。

（6）对个人通过公益性社会团体、县级以上人民政府及其部门向汶川地震灾区的捐赠，允许在当年个人所得税前全额扣除。

【2011 年真题·多选题】根据个人所得税法律制度的规定，个人通过境内非营利社会团体进行的下列捐赠中，在计算缴纳个人所得税时。准予税前全额扣除的有（　）。

A. 向贫困地区的捐赠

B. 向农村义务教育的捐赠

C. 向红十字事业的捐赠

D. 向公益性青少年活动场所的捐赠

【答案】BCD

【解析】本题考查个人所得税费用扣除的规定。A 选项向贫困地区的捐赠，捐赠额不超过应纳税所得额的 30% 的部分，可以从其应纳税所得额中扣除，因此 A 选项不正确。

（四）每次收入的确定

劳务报酬所得，稿酬所得，特许权使用费所得，利息、股息、红利所得，财产租赁所得，偶然所得和其他所得等 7 项所得，根据《个人所得税法》规定都按“每次”取得的收入计算并征税。各项目“每次”所得的确定，分别如下。

1. 劳务报酬每次所得

劳务报酬每次所得，根据不同劳务项目的特点，分别有以下规定。

（1）只有一次性收入的，以取得该项收入一次。即接受客户委托，按客户的要求，完成一次劳务后取得的收入，如设计、安装、制图、化验、装潢、测试等劳务。

（2）属于同一事项连续取得收入的，以 1 个月内取得的收入为一次。如某歌手与咖啡厅签约，在

2013年1年内每天到咖啡厅演唱一次，每次演出后得到付酬100元。在计算其劳务报酬所得时，应视为同一事项的连续性收入，以其1个月内取得的收入为一次来计征个人所得税。

2. 稿酬每次所得

稿酬所得，以每次出版、发表取得的收入为一次。具体可细分为以下几种情况。

（1）同一作品再版取得的所得，应视作另一次稿酬所得计征个人所得税。

（2）同一作品在报刊上连载取得收入的，以连载完成后取得的所有收入合并为一次，计征个人所得税。

（3）同一作品先在报刊上连载，然后再出版，或先出版，再在报刊上连载的，应视为两次稿酬所得征税。

（4）同一作品在出版和发表时，以预付稿酬或分次支付稿酬等形式取得的稿酬收入，应合并计算为一次。

（5）同一作品出版、发表后，因添加印数而追加稿酬的，应与以前出版、发表时取得的稿酬合并计算为一次，计征个人所得税。

3. 特许权使用费每次所得

特许权使用费所得，以某项使用权的一次转让所取得的收入为一次。无论纳税义务人是否拥有多项特许权利，或每一项特许权的使用权不止一次地向他人提供，都以每一次转让所取得的收入为一次，即便某项转让分笔支付，也应相加为一次的收入来计征个人所得税。

4. 财产租赁每次所得

财产租赁所得，以1个月内取得的收入为一次。

5. 利息、股息、红利每次所得

利息、股息、红利所得，以支付利息、股息、红利时取得的收入为一次。

6. 偶然每次所得

偶然所得，以每次收入为一次。

7. 其他每次所得

其他所得，以每次收入为一次。

六、个人所得税应纳税额的计算

（一）应纳税额的计算

1. 工资、薪金所得应纳税额的计算

根据纳税义务人取得的不同工资、薪金项目，其对应的应纳税额的计算方法也不相同，具体如表5-26所示。

表5-26 工资、薪金所得应纳税额的计算方法

不同的工资、薪金所得	计算方法	计算公式
一般工资、薪金所得		应纳税额＝应纳税所得额×适用税率－速算扣除数 ＝（每月收入额－减除费用标准）×适用税率－速算扣除数
纳税人取得含税全年一次性奖金	将雇员当月内取得的全年一次性奖金除以12个月，按其商数确定适用税率和速算扣除数	（1）发放年终一次性奖金的当月，雇员当月工资薪金所得高于（或等于）税法规定的费用扣除数（3 500元） 应纳税额＝雇员当月取得全年一次性奖金×适用税率－速算扣除数 （2）发放年终一次性奖金的当月，雇员当月工资薪金所得低于税法规定的费用扣除数（3 500元） 应纳税额＝[雇员当月取得全年一次性奖金－（扣除标准－雇员当月工资薪金所得）]×适用税率－速算扣除数
纳税人取得除全年一次性奖金以外的其他各种命名奖金	将全部奖金与当月工资、薪金收入合并，按税法规定缴纳个人所得税	
纳税人取得不含税全年一次性奖金	首先按照不含税的全年一次性奖金收入除以12的商数，查找相应适用税率A和速算扣除数A，计算含税的全年一次性奖金收入。然后按含税的全年一次性奖金收入除以12的商数，查找适用税率B和速算扣除数B，计算应纳税额	（1）含税的全年一次性奖金收入＝（不含税的全年一次性奖金收入－速算扣除数A）÷（1－适用税率A） （2）应纳税额＝含税的全年一次性奖金收入×适用税率B－速算扣除数B

专家课堂

对于纳税人取得不含税全年一次性奖金，如果该奖金收入的当月工资薪金所得，低于税法规定的费用扣除额，应先将不含税全年一次性奖金减去当月工资薪金所得低于税法规定费用扣除额的差额部分后，再按上述规定处理。

专家课堂

企业所得税的纳税人、个人独资和合伙企业、个体工商户为个人支付的个人所得税款，不得在所得税前扣除。

【案例 5-5】李某 2013 年 12 月取得当月工资 4 000 元，同时取得全年一次性奖金 30 000 元（含税），分析李某应缴纳的个人所得税是多少。

【案例解析】本案例中的个人所得税由两部分组成，其中一部分为普通工资，一部分为一次性奖金。

（1）普通工资、薪金所得的应纳税额 =（每月收入额 - 减除费用标准）× 适用税率 - 速算扣除数，=（4 000-3 500）×3%=15（元）。

（2）含税全年一次性奖金的应纳税额，应首先确定适用税率和速算扣除数。即 30 000÷12=2 500（元），对应的适用税率和速算扣除数分别为"10%"和"105"，因此含税全年一次性奖金的应纳税额 = 雇员当月取得全年一次性奖金 × 适用税率 - 速算扣除数，=30 000×10%-105=2 895（元）。

最后，李某应缴纳的个人所得税就应该为二者之和，即 15+2 895=2 910（元）。

考场点拨

计算含税的全年一次性奖金时，除了要除以 12 来确定适用税率和速算扣除数以外，还需要注意当月工资是否高于扣除标准（3 500 元），如果高于该标准，计算全年一次性奖金时就不需要减除其他数据，如【案例 5-5】；如果低于扣除标准，则需要减去该扣除标准与月工资之差，再计算应纳税额。

2. 个体工商户的生产、经营所得应纳税额的计算

个体工商户的生产、经营所得应纳税额的计算公式如下。

应纳税额 = 应纳税所得额 × 适用税率 - 速算扣除数
=（全年收入总额 - 成本、费用及损失）× 适用税率 - 速算扣除数

需要注意以下 4 种情形，也应按个体工商户的生产、经营所得项目缴纳个人所得税。

（1）从事个体出租车运营的出租车驾驶员取得的收入。

（2）出租车属个人所有，但挂靠出租汽车经营单位或企事业单位，驾驶员向挂靠单位缴纳管理费后取得的收入。

（3）出租汽车经营单位将出租车所有权转移给驾驶员的，出租车驾驶员从事客货运营取得的收入。

（4）从事彩票代销业务取得的所得。

3. 企事业单位的承包经营、承租经营所得应纳税额的计算

企事业单位的承包经营、承租经营所得应纳税额的计算公式如下。

应纳税额 = 应纳税所得额 × 适用税率 - 速算扣除数
=（纳税年度收入总额 - 必要费用）× 适用税率 - 速算扣除数

4. 劳务报酬所得应纳税额的计算

根据劳务报酬所得每次收入的金额，劳务报酬所得应纳税额的计算方法有所不同，具体如表 5-27 所示。

表 5-27 劳务报酬所得应纳税额的计算方法

每次收入的金额	计算公式
每次收入不足 4 000 元	应纳税额 = 应纳税所得额 × 适用税率 =（每次收入额 -800 元）×20%
每次收入在 4 000 元以上	应纳税额 = 应纳税所得额 × 适用税率 = 每次收入额 ×（1-20%）×20%
每次收入的应纳税所得额超过 20 000 元	应纳税额 = 应纳税所得额 × 适用税率 - 速算扣除数 = 每次收入额 ×（1-20%）× 适用税率 - 速算扣除数

5. 稿酬所得应纳税额的计算

根据稿酬所得每次收入的金额，稿酬所得应纳税额的计算方法也有所不同，具体如表 5-28 所示。

表 5-28 稿酬所得应纳税额的计算方法

每次收入的金额	计算公式
每次收入不足 4 000 元	应纳税额 = 应纳税所得额 × 适用税率 ×（1-30%） =（每次收入额 -800 元）×20% ×（1-30%）
每次收入在 4 000 元以上	应纳税额 = 应纳税所得额 × 适用税率 ×（1-30%） = 每次收入额 ×（1-20%）× 20% ×（1-30%）

6. 特许权使用费所得应纳税额的计算

根据特许权使用费所得每次收入的金额，特许权使用费所得应纳税额的计算方法如表 5-29 所示。

表 5-29 特许权使用费所得应纳税额的计算方法

每次收入的金额	计算公式
每次收入不足 4 000 元	应纳税额 = 应纳税所得额 × 适用税率 =（每次收入额 -800 元）×20%
每次收入在 4 000 元以上	应纳税额 = 应纳税所得额 × 适用税率 = 每次收入额 ×（1-20%）×20%

7. 利息、股息、红利所得应纳税额的计算

利息、股息、红利所得应纳税额的计算公式如下。

应纳税额 = 应纳税所得额 × 适用税率
= 每次收入额 × 适用税率

8. 财产租赁所得应纳税额的计算

根据财产租赁所得每次收入的金额，财产租赁所得应纳税额的计算方法如表5–30所示。

表5–30 财产租赁所得应纳税额的计算方法

每次收入的金额	计算公式
每次收入不足4 000元	应纳税额 =[每次（月）收入额－准予扣除项目－修缮费用(800元为限)–800元]×20%
每次收入在4 000元以上	应纳税额 =[每次（月）收入额－准予扣除项目－修缮费用(800元为限)]×(1–20%)×20%

注：上表中，个人出租住房减按10%和税率征收，个人出租非住房按20%税率征收。

9. 财产转让所得应纳税额的计算

财产转让所得应纳税额的计算分为一般情况下的财产转让所得和个人销售无偿受赠不动产所得，其具体计算方法如表5–31所示。

表5–31 财产转让所得应纳税额的计算方法

财产转让情形	计算公式
一般情况下财产转让所得	应纳税额＝应纳税所得额×适用税率＝（收入总额－财产原值－合理费用）×20%
个人销售无偿受赠不动产所得	应纳税额＝（财产转让收入－受赠、转让住房过程中缴纳的税金－其他合理费用）×20%

10. 偶然所得应纳税额的计算

偶然所得应纳税额的计算公式如下。

应纳税额＝应纳税所得额×适用税率

＝每次收入额×20%

11. 其他所得应纳税额的计算

其他所得应纳税额的计算公式如下。

应纳税额＝应纳税所得额×适用税率

＝每次收入额×20%

【例题·单选题】李先生2013年3月购买体育彩票中得奖金15 000元，他应缴纳个人所得税为（ ）元。

A. 免　　B. 3 000

C. 1 500　　D. 4 500

【答案】B

【解析】本题考查偶然所得应纳税额的计算。偶然所得的应纳税额 =15 000×20%=3 000（元）。

【例题·单选题】某人为某公司设计机械制造图纸，获得设计费收入30 000元，其应纳个人所得税的税额为（ ）元。

A. 8 000　　B. 6 000

C. 5 200　　D. 12 000

【答案】B

【解析】本题考查劳务报酬所得应纳税额的计算。劳务报酬所得的应纳税额＝30 000×（1–20%）×30%–2000=5 200（元）。

考场点拨

劳务报酬所得应注意加成征收的问题。而具体的适用税率和速算扣除数考试中都会给出具体的参考数值，考生只需注意加成征收的计算方法即可。

（二）应纳税额计算的特殊规定

在计算个人所得税应纳税额时，一些特殊规定的计算方法需要特别注意。

1. 对在中国境内无住所的个人一次取得数月奖金或年终加薪、劳动分红（以下简称奖金，不包括应按月支付的奖金）的计算征税问题

上述奖金可单独作为一个月的工资、薪金所得计算纳税。但对上述奖金不再减除费用，全额作为应纳税所得额直接按适用税率计算应纳税款，并且不再按居住天数进行划分计算。

在中国境内无住所的个人在担任境外企业职务的同时，兼任该外国企业在华机构的职务，但并不实际或不经常到华履行该在华机构职务，对其一次取得的数月奖金中属于全月未在华的月份奖金，依照劳务发生地原则，可不作为来源于中国境内的奖金收入计算纳税。

2. 特定行业职工取得的工资、薪金所得的计税问题

采掘业、远洋运输业、远洋捕捞业职工取得的工资、薪金按月预缴，年度终了后30日内，合计其全年工资、薪金所得，再按12个月平均，并计算实际应纳的税款，多退少补。其计算公式如下。

应纳所得税额＝［（全年工资、薪金收入÷12–费用扣除标准）×税率－速算扣除数］×12

3. 个人取得公务交通、通讯补贴收入征税问题

个人因公务用车和通讯制度改革而取得的公务用车、通讯补贴收入，扣除一定标准的公务费用后，按照“工资、薪金所得”项目计征个人所得税。具体扣除标准，由省级地方税务局根据纳税人公务交通、通讯费用的实际发生情况调查测算，报经省级人民政府批准后确定，并报国家税务总局备案。

专家课堂

公务交通、通讯补贴收入按月发放的，并入当月“工资、薪金”所得计征个人所得税；不按月发放的，分解到所属月份并与该月份“工资、薪金”所得合并后计征个人所得税。

4. 关于失业保险费（金）征税问题

（1）城镇企业事业单位及其职工个人按照《失业保险条例》规定的比例，实际缴付的失业保险费，均不计入职工个人当期的工资、薪金收入，免予征收个人所得税；超过部分，计入职工个人当期的工资薪金收入，依法计征个人所得税。

（2）具备《失业保险条例》规定条件的失业人员领取的失业保险金，免征个人所得税。

5. 关于企业改组改制过程中个人取得的量化资产征税问题

企业改组改制过程中个人取得的量化资产征税问题前面有过介绍，这里再次将相关规定罗列到表5-32中，以便更好地理解和复习。

表5-32 企业改组改制中个人取得的量化资产征税规定

量化资产类型	情形	规定
形式上取得企业量化资产	对职工个人以股份形式取得的仅作为分红依据，不拥有所有权的企业量化资产	不征收个人所得税
实质上取得企业量化资产	对职工个人以股份形式取得的拥有所有权的企业量化资产	暂缓征收个人所得税
	职工转让量化资产	按“财产转让所得”项目计征个人所得税
分红		按“利息、股息、红利所得”项目征收个人所得税

6. 关于支付各种免税之外的保险金的征税方法

企业为员工支付各项免税之外的保险金，应在企业向保险公司缴付时并入员工当期的工资收入，按“工资、薪金所得”项目计征个人所得税，由企业代扣代缴。

7. 个人因与用人单位解除劳动关系而取得的一次性补偿收入征免税问题

个人因与用人单位解除劳动关系而取得的一次性补偿收入，应根据不同的情况按规定决定征税和免税处理，具体如表5-33所示。

表5-33 个人因与用人单位解除劳动关系而取得的一次性补偿收入征免税规定

情形	划分	规定
个人因与用人单位解除劳动关系而取得的一次性补偿收入（包括用人单位发放的经济补偿金、生活补助费和其他补助费）	收入在当地上年职工平均工资3倍数额以内的部分	免税
	超过3倍数额部分的一次性补偿收入可视为一次取得数月的工资、薪金收入，允许在一定期限内平均计算	在本企业实际工作年限小于12年（超过12年的，按12年计算）的，以超过3倍数额部分的一次性补偿收入，除以个人在本企业的工作年限数，以其商数作为个人的月工资、薪金收入，计算交纳个人所得税
个人在解除劳动合同后又再次任职、受雇		已纳税的一次性补偿收入不再与再次任职、受雇的工资薪金所得合并计算补缴个人所得税
个人领取一次性补偿收入		按国家和地方政府规定的比例实际缴纳的住房公积金、医疗保险费、基本养老保险费、失业保险费可计征其一次性补偿收入的个人所得税时予以扣除
职工从依法宣告破产的企业取得的一次性安置费收入		免税

8. 个人因购买和处置债权取得所得征收个人所得税的方法

个人通过招标、竞拍或其他方式购置债权以后，通过相关司法或行政程序主张债权而取得的所得，按“财产转让所得”项目缴纳个人所得税。

9. 个人取得退职费收入征免个人所得税问题

个人取得退职费收入征免个人所得税，应根据不同的情况按规定处理，具体如表5-34所示。

表5-34 个人取得退职费收入征免个人所得税规定

情形	规定
个人符合《国务院关于工人退休、退职的暂行办法》规定的退职条件并按该办法规定的退职费标准所领取的退职费	免征个人所得税

续表

情形	规定
个人取得的不符合规定的退职条件和退职费标准的退职费收入	在取得的当月按工资、薪金所得计算缴纳个人所得税
	对退职人员一次取得较高退职费收入的，可视为其一次取得数月的工资、薪金收入，并以原每月工资、薪金收入总额为标准，划分为若干月份的工资、薪金收入后，计算个人所得税的应纳税所得额及税额。但按上述方法划分超过了6个月工资、薪金收入的，应按6个月平均划分计算

10. 个人兼职和退休人员再任职取得收入个人所得税的征税方法

个人兼职和退休人员再任职取得收入的，个人所得税的征税规定如表5-35所示。

表5-35 个人兼职和退休人员再任职取得收入个人所得税的征税规定

情形	规定
个人兼职取得的收入	劳务报酬所得
退休人员再任职取得的收入	在减除规定的费用扣除标准后，按“工资、薪金所得”缴纳个人所得税

11. 纳税人收回转让的股权征收个人所得税的方法

纳税人收回转让的股权征收个人所得税，其征税规定如表5-36所示。

表5-36 纳税人收回转让的股权征收个人所得税的规定

情形	规定
股权转让合同履行完毕、股权已作变更登记，且所得已经实现	转让人取得的股权转让收入应依法缴纳个人所得税
转让行为结束后，当事人双方签订并执行解除原股权转让合同、退回股权的协议	属于另一次股权转让行为，对前次转让行为征收的个人所得税款不予退回
股权转让合同未履行完毕，因执行仲裁委员会作出的解除股权转让合同及补充协议的裁决、停止执行原股权转让合同，并原价收回已转让股权	不应缴纳个人所得税

12. 个人取得有奖发票奖金征免个人所得税

（1）个人取得单张有奖发票奖金所得不超过800元（含800元）的，暂免征收个人所得税。

（2）个人取得单张有奖发票奖金所得超过800元的，应全额按“偶然所得”项目征税。

【例题·判断题】个人取得有奖发票奖金属于偶然所得，无论金额大小，都应全额征收个人所得税。（ ）

【答案】×

【解析】本题考查有奖发票的征税规定。个人取得单张有奖发票奖金所得不超过800元（含800元）的，暂免征收个人所得税；所得超过800元的，应全额按“偶然所得”项目征税。

13. 外币所得的征税问题

企业和个人取得的收入和所得为美元、日元、港币的，仍统一使用中国人民银行公布的人民币对上述3种货币的基准汇价，折合成人民币计算缴纳税款；企业和个人取得的收入和所得为上述3种货币以外的其他货币的，应根据美元对人民币的基准汇价和国家外汇管理局提供的纽约外汇市场美元对主要外币的汇价进行套算，按套算后的汇价作为折合汇率计算缴纳税款。具体计算公式如下。

某种货币对人民币的汇价＝美元对人民币的基准汇价÷纽约外汇市场美元对该种货币的外汇

七、个人所得税税收优惠

关于纳税人享受减免税的总体规定，需按以下要求执行。

（1）税收法律、行政法规、部门规章和规范性文件中未明确规定纳税人享受减免税必须经税务机关审批，且纳税人取得的所得完全符合减免税条件的，无须经主管税务机关审核，纳税人可自行享受减免税。

（2）税收法律、行政法规、部门规章和规范性文件中明确规定纳税人享受减免税必须经税务机关审批，或者纳税人无法正确判断其取得的所得是否享受个人所得税减免税条件的，必须经主管税务机关按有关规定审核或批准后，才可减免个人所得税。

下面依次介绍个人所得税的免税、减税和暂免征税项目的内容。

（一）免税项目

根据《个人所得税法》和相关法规、政策规定，对下列各项个人所得，免征个人所得税。

（1）省级人民政府、国务院部委和中国人民解放军军以上单位，以及外国组织、国际组织颁发的科学、教育、技术、文化、卫生、体育、环境保护等方面的奖金。如对个人取得的“国际青少年消除贫困奖”，视同从国际组织取得的教育、文化方面的奖金，免予征收个人所得税。

（2）国债和国家发行的金融债券利息。其中，国债利息是指个人持有的中华人民共和国财政部发行的债券而取得的利息；国家发行的金融债券利息是指个人持有经国务院批准发行的金融债券而取得的利息所得。

（3）按照国家统一规定发给的补贴、津贴。即按照国务院规定发给的政府特殊津贴、院士津贴、资深院士津贴和国务院规定免纳个人所得税的补贴、津贴。如对中国科学院院士的院士津贴，按每人每月200元发给，并免征个人所得税。

（4）福利费、抚恤金、救济金。其中，福利费是指根据国家有关规定，从企业、事业单位、国家机关、社会团体提留的福利费或者从工会经费中支付给个人的生活补助费；救济金是指国家民政部门支付给个人的生活困难补助费。

（5）保险赔款。

（6）军人的转业安置费、复员费。

（7）按照国家统一规定发给干部、职工的安家费、退职费、退休工资、离休工资、离休生活补助费。其中，退职费是指符合《国务院关于工人退休、退职的暂行办法》规定的退职条件，并按该办法规定的退职费标准所领取的退职费。

（8）依照我国有关法律规定应予免税的各国驻华使馆、领事馆的外交代表、领事官员和其他人员的所得。

（9）中国政府参加的国际公约、签订的协议中规定免税的所得。

（10）在中国境内无住所，但是在一个纳税年度中在中国境内连续或者累计居住不超过90日的个人，其来源于中国境内的所得，由境外雇主支付并且不由该雇主在中国境内的机构、场所负担的部分，免予缴纳个人所得税。

（11）对外籍个人取得的探亲费免征个人所得税。可以享受免征个人所得税优惠待遇的探亲费，仅限于外籍个人在我国的受雇地与其家庭所在地（包括配偶或父母居住地）之间搭乘交通工具且每年不超过两次的费用。

（12）按照国家规定，单位为个人缴付和个人缴付的住房公积金、基本医疗保险费、基本养老保险费、失业保险费，从纳税义务人的应纳税所得额中扣除。

（13）按照国家有关城镇房屋拆迁管理办法规定的标准，被拆迁人取得的拆迁补偿款，免征个人所得税。

（14）经国务院财政部门批准免税的其他所得。

【2012年真题·多选题】根据个人所得税法律制度的规定，下列所得中，免征个人所得税的有（ ）。

A. 保险赔偿　　B. 劳动分红

C. 退休工资　　D. 军人转业费

【答案】ACD

【解析】本题考查个人所得税的免税项目。根据个人所得税法律制度的规定，保险赔款，军人的转业费、复员费，退休工资属于免征个人所得税的范围。劳动分红按照“工资、薪金所得”项目征收个人所得税。

（二）减税项目

下列项目，经批准可减征个人所得税，减征幅度和期限，由省、自治区、直辖市人民政府规定。

（1）残疾、孤老人员和烈属的所得。

专家课堂

对残疾人个人取得的劳动所得适用减税规定，具体所得项目为：工资薪金所得、个体工商户的生产经营所得和经营所得、对企事业单位的承包和承租经营所得、劳务报酬所得、稿酬所得和特许权使用费所得。

（2）因严重自然灾害造成重大损失的。

（3）其他经国务院财政部门批准减免的。

（三）暂免征税项目

根据《财政部、国家税务总局关于个人所得税若干政策问题的通知》和其他有关文件的规定，下列所得暂免征收个人所得税。

（1）外籍个人以非现金形式或实报实销形式取得的住房补贴、伙食补贴、搬迁费、洗衣费。

（2）外籍个人按合理标准取得的境内、境外出差补贴。

（3）外籍个人取得的探亲费、语言训练费、子女教育费等，经当地税务机关审核批准为合理的部分。

（4）个人举报、协查各种违法、犯罪行为而获得的奖金。

（5）个人办理代扣代缴税款手续，按规定取得的扣缴手续费。

（6）个人转让自用达5年以上，并且是唯一的家庭生活用房取得的所得。

（7）达到离休、退休年龄，但确因工作需要适当延长离休、退休年龄的高级专家（指享受国家发放的政府特殊津贴的专家、学者），其在延长离休、退休期间的工资、薪金所得，视同离休工资、退休工资免征个人所得税。

（8）外籍个人从外商投资企业取得的股息、红利所得。

（9）凡符合下列条件之一的外籍专家取得的工资、薪金所得，可免征个人所得税。

①根据世界银行专项贷款协议由世界银行直接派往我国工作的外国专家。

②联合国组织直接派往我国工作的专家。

③为联合国援助项目来华工作的专家。

④援助国派往我国专为该国援助项目工作的专家。

⑤根据两国政府签订的文化交流项目来华工作两年以内的文教专家，其工资、薪金所得由该国负担的。

⑥根据我国大专院校国际交流项目来华工作两年以内的文教专家，其工资、薪金所得由该国负担的。

⑦通过民间科研协定来华工作的专家，其工资、薪金所得由该国政府机构负担的。

（10）根据规定，对个人购买福利彩票、赈灾彩票、体育彩票，一次中奖收入在一万元以下的（含一万元）暂免征收个人所得税，超过一万元的，全额征收个人所得税。

（11）个人领取原提存的住房公积金、医疗保险金、基本养老保险金，以及具备《失业保险条例》中规定条件的失业人员领取的失业保险金，免予征收个人所得税。

（12）个人取得的教育储蓄存款利息所得和按照国家或省级人民政府规定的比例缴付的住房公积金、医疗保险金、基本养老保险金、失业保险金存入银行个人账户所取得的利息所得，免予征收个人所得税。

（13）对国有企业职工，因企业依照《中华人民共和国企业破产法》宣告破产，从破产企业取得的一次性安置费收入，免予征收个人所得税。

（14）职工与用人单位解除劳动关系取得的一次性补偿收入（包括用人单位发放的经济补偿金、生活补助费和其他补助费用），其收入在当地上年职工年平均工资3倍数额内的部分，免征个人所得税。超过该标准的一次性补偿收入，应按照规定征收个人所得税。

（15）企业和个人按照国家或地方政府规定的比例，提取并向指定金融机构实际缴付的住房公积金、医疗保险金、基本养老保险金，免予征收个人所得税。

（16）城镇企业、事业单位及其职工个人按照《失业保险条例》规定的比例，实际缴付的失业保险费，均不计入职工个人当期的工资、薪金收入，免征个人所得税。

专家课堂

城镇企业、事业单位和职工个人超过上述规定的比例缴付失业保险费的，应将其超过规定比例缴付的部分计入职工个人当期的工资、薪金收入，依法计征个人所得税。

（17）自2008年10月9日（含）起，对储蓄存款利息所得暂免征收个人所得税。

（18）自2009年5月25日（含）起，以下情形的房屋产权无偿赠与，对当事双方不征收个人所得税。

①房屋产权所有人将房屋产权无偿赠与配偶、父母、子女、祖父母、外祖父母、孙子女、外孙子女、兄弟姐妹。

②房屋产权所有人将房屋产权无偿赠与对其承担直接抚养或者赡养义务的抚养人或者赡养人。

③房屋产权所有人死亡，依法取得房屋产权的法定继承人、遗嘱继承人或者受遗赠人。

【案例5-6】某外籍专家甲在国家境内无住所，于2009年2月至11月受聘在华工作。该期间甲每月取得中国境内企业支付的工资人民币28 000元；另以实报实销形式取得住房补贴人民币5 000元。已知外籍个人工资、薪金所得减去费用标准为4 800元/月：全月工资、薪金应纳税所得额超过20 000元至50 000元的部分，适用的个人所得税税率为25%，速算扣除数为1 375元。分析甲在中国期间应缴纳的个人所得税总额应该是多少。

【案例解析】本案例的解题关键在于分清哪些项目不需要缴纳个人所得税。按规定，外籍个人以非现金形式或实报实销形式取得的住房补贴、伙食补贴、搬迁费、洗衣费，暂免征收个人所得税。因此按照题意，甲应纳个人所得税=[（28 000−4 800）×25%−1 375]×10=44 250（元）。

【2010年真题·单选题】根据个人所得税法律制度的规定，下列个人所得税中，免征个人所得税的是（ ）。

A. 劳动分红

B. 出版科普读物的稿酬所得

C. 年终奖金

D. 转让自用6年唯一家庭生活用房所得

【答案】D

【解析】本题主要考查个人所得税法律制度的个人所得税暂免征税项目。个人转让自用达5年以上，并且是唯一的家庭生活用房取得的所得，暂免征收个人所得税。A、C选项属于“工资、薪金”所得项目；B选项属于“稿酬所得”项目。

八、个人所得税征收管理

（一）纳税申报

按税法和征管法的规定，个人所得税采取代扣代缴义务人代扣代缴税款和纳税人自行申报纳税相结合的方式，以及委托代征和核定征收方式。

1. 代扣代缴方式

税法规定，个人所得税以支付个人应税所得的单位和个人为代扣代缴义务人。这里所说的“支付”，包括现金支付、汇拨支付、转账支付和以有价证券、实物及其他形式的支付。

扣缴人将所代扣的税款，应在规定期限内缴入国库，并专项记载有关凭证资料备查。

税务机关应根据扣缴义务人所扣缴的税款，付给2% 的手续费，由扣缴义务人用于代扣代缴费用开支和奖励代扣代缴工作做得较好的办税人员。

2. 自行纳税申报

根据《个人所得税法》和《个人所得税自行申报纳税暂行办法》规定，个人有下列情形之一的，应向税务机关自行申报所得并缴纳税款。

（1）年所得 12 万元以上的。

（2）个人从中国境内两处或两处以上取得工资、薪金所得的。

（3）从中国境外取得所得的。

（4）取得应纳税所得，没有扣缴义务人的。

（5）国务院规定的其他情形。

【2010 年真题 · 多选题】根据个人所得税法律制度的规定，下列情形中，纳税人应当自行申报缴纳个人所得税的有（　）。

A. 年所得 12 万元以上的

B. 从中国境外取得所得的

C. 取得应税所得，没有扣缴义务人的

D. 从中国境内两处或两处以上取得工资、薪金所得的

【答案】ABCD

【解析】本题主要考查需自行纳税申报的纳税义务人。个人有下列情形之一的，应向税务机关自行申报所得并缴纳税款：①年所得 12 万元以上的；②个人从中国境内两处或两处以上取得工资、薪金所得的；③从中国境外取得所得的；④取得应纳税所得，没有扣缴义务人的；⑤国务院规定的其他情形。

（二）纳税期限

1. 代扣代缴期限

扣缴义务人每月扣缴的税款，应当在次月 15 日内缴入国库，并向主管税务机关报送各种相关资料，具体如图 5-13 所示。

图 5-13 需提交的各种报税资料

2. 自行申报纳税期限

通常，纳税人应在取得应纳税所得的次月 15 日内向主管税务机关申报所得并缴纳税款。具体规定有如下几个方面。

（1）工资、薪金所得的纳税期限

工资、薪金所得的纳税期限，实行按月计征，在次月 15 日内缴入国库，并向税务机关报送个人所得税纳税申报表。特殊行业的工资、薪金所得的纳税期限，如采掘业、远洋运输业、远洋捕捞业等特种行业以及国务院财政部门确定的其他特种行业，纳税人工资、薪金所得的应纳税款，可实行按年计算、分月预缴的办法。年度终了 30 日内，向税务机关办理年终税款结算，合计全年工资、薪金所得，按 12 个月平均计算实际应缴纳的税款，多退少补。

（2）个体工商户生产、经营所得的纳税期限

个体工商户生产、经营所得的纳税期限，按其账册是否健全有不同的规定，具体如下。

①账册健全的个体工商户，其纳税期限实行按年计算、分月预缴，并在次月 15 日内申报预缴，年终后 3 个月汇算清缴，多退少补。

②账册不健全的个体工商户，其纳税期限由税务机关确定征收方式。

（3）承包经营、承租经营所得的纳税期限

根据一年内取得承包、承租经营所得的次数，其纳税期限分别有以下规定。

①年终一次性取得承包、承租经营所得的，自取得收入之日起 30 日内申报纳税。

②在一年内分次取得承包、承租经营所得的，应在每次取得所得后的 15 日内预缴税款，年终后 3 个月内汇算清缴，多退少补。

（4）劳务报酬、稿酬、特许权使用费、利息、股息、红利、财产租赁、财产转让以及偶然所得的纳税期限

这些项目所得的纳税期限，均采取按次计征，并在次月 15 日内预缴税款并报送个人所得税纳税申报表。

（5）从境外取得所得的纳税期限

在境外以纳税年度计算缴纳个人所得税的，应在所得来源国的纳税年度终了、结清税款后的30日内，向中国主管税务机关申报纳税。

专家课堂

若在取得境外所得时结清税款的，或者在境外按所得来源国税法规定免予缴纳个人所得税的，应在次年1月1日起30日内，向主管税务机关申报纳税。

（6）年收入所得额在12万元以上的纳税义务人的纳税期限

这类纳税义务人应在年度终了后3个月内到主管税务机关办理纳税申报。

专家课堂

纳税期限的最后一日是法定休假日的，以休假日的次日为期限的最后一日。对纳税人确有困难，不能按期办理纳税申报的，经主管税务机关核准可延期申报。

3. 个人独资企业和合伙企业投资者个人所得税的纳税期限

个人独资企业和合伙企业投资者的个人所得税纳税期限的规定如下。

（1）投资者应纳的个人所得税税款，按年计算，分月或者分季预缴，由投资者在每月或者每季度终了后15日内预缴，年度终了后3个月内汇算清缴，多退少补。

（2）企业在年度中间合并、分立、终止时，投资者应当在停止生产经营之日起60日内，向主管税务机关办理当期个人所得税汇算清缴。

（3）企业在纳税年度的中间开业，或者由于合并、关闭等原因使该纳税年度的实际经营期不足12个月的，应当以其实际经营期为一个纳税年度。

（4）投资者预缴个人所得税时，应向主管税务机关报送《个人独资企业和合伙企业投资者个人所得税申报表》，并附送会计报表。年度终了后30日内，投资者应再次向主管税务机关报送《个人独资企业和合伙企业投资者个人所得税申报表》，并附送年度会计决算报表和预缴个人所得税纳税凭证。

（三）纳税地点

个人所得税的纳税地点有以下几方面的规定。

（1）自行申报个人所得税的，申报地点一般应为收入来源地的主管税务机关。

（2）从两处或两处以上取得工资、薪金的纳税人，可选择并固定在其中一地税务机关申报纳税。

（3）从境外取得所得的，应向其境内户籍所在地或经营居住地税务机关申报纳税。

（4）扣缴义务人应向其主管税务机关进行纳税申报。

（5）纳税人要求变更申报纳税地点的，须经原主管税务机关批准。

（6）个人独资企业和合伙企业投资者应向企业实际经营管理所在地主管税务机关申报缴纳个人所得税。投资者兴办两个或两个以上企业的，应分别向企业实际经营管理所在地主管税务机关预缴税款。

【例题·判断题】账册健全的个体工商户，其生产、经营所得的纳税期限实行按年计算、分月预缴，并在次月7日内申报预缴，年终后3个月汇算清缴，多退少补。（　）

【答案】×

【解析】本题考查个人所得税的自行纳税申报期限。个体工商户生产、经营所得的纳税期限，按其账册是否健全有不同的规定。其中账册健全的个体工商户，其纳税期限实行按年计算、分月预缴，并在次月15日内申报预缴，年终后3个月汇算清缴，多退少补。

【本节小结】本节内容对个人所得税的相关知识进行了系统讲解，主要包括个人所得税的纳税人、征税对象、税目、税率、计税依据、应纳税额的计算、税收优惠和税收管理等内容。为了更好地复习个人所得税的重要知识点，下面将各税目的来源地、税率、计税依据、计征方法和特殊规定归纳为如表5-37所示的内容。

表5-37 个人所得税重点知识汇总

税目	所得来源地	税率	计税依据	计征方法	特殊规定
工资、薪金所得	纳税义务人任职、受雇的公司、企业、事业单位、机关、团体、部队、学校等单位的所在地	适用3%~45%的7级超额累进税率	（月收入－3 500元或4 800元）	按月	全年一次性奖金的处理
个体工商户的生产、经营所得	生产、经营活动实现地	适用5%~35%的5级超额累进税率	年度收入总额－成本－费用－损失	按年	个人独资企业和合伙企业的扣除标准
企事业单位的承包经营、承租经营所得			年度收入总额－必要费用	按年	

续表

税目	所得来源地	税率	计税依据	计征方法	特殊规定
劳务报酬所得	纳税义务人实际提供劳务的地点		（1）不超过 4 000 元的，扣 800 元 （2）4 000 元以上的，扣 20%	按次	应纳税所得额超过 20 000 元的，加成征收
稿酬所得					减征 3%
特许权使用费所得	特许权使用地				
利息、股息、红利所得	支付利息、股息、红利的企业、机构、组织的所在地		收入全额		
财产租赁所得	被租赁财产的使用地	20% 的基本税率	（1）月收入不超过 4 000 元的，[每次（月）收入额 – 准予扣除项目 – 修缮费用（800 元为限）–800 元] （2）[每次（月）收入额 – 准予扣除项目 – 修缮费用（800 元为限）] ×（1–20%）	按次（以一个月取得的收入为一次）	个人出租居民住房减按 10% 的税率征收个人所得税
财产转让所得	（1）不动产坐落地 （2）实现转让的地点（仅针对动产转让）		收入总额 – 财产原值 – 合理费用	按次	
偶然所得			收入全额		

第三节 同步强化自测练习

（一）单选题

1. 下列关于企业所得来源的确定说法错误的是（　）。

A. 提供劳务所得，按照劳务发生地确定

B. 权益性投资资产转让，按照投资企业所在地确定

C. 动产转让所得，按照转让动产的企业或机构、场所所在地确定

D. 不动产转让所得，按照不动产所在地确定

2. 现行《企业所得税法》规定，企业应当自年度终了之日起（　），向税务机关报送年度企业所得税纳税申报表，并汇算清缴税款。

A. 45 日内　　B. 3 个月内

C. 4 个月内　　D. 5 个月内

3. 2013 年某居民企业实现产品销售收入 1 200 万元，视同销售收入 400 万元，债务重组收益 100 万元，发生的成本费用总额 1 600 万元，其中业务招待费支出 20 万元。假定不存在其他纳税调整事项，2013 年度该企业应缴纳企业所得税（　）万元。

A. 16.2　　B. 16.8

C. 27　　D. 28

4. 某国有企业 2011 年度发生亏损，根据《企业所得税法》的规定，该亏损额可以用以后纳税年度的所得逐年弥补，但延续弥补的期限最长不得超过（　）年。

A. 2014　　B. 2013

C. 2015　　D. 2016

5. 按照《企业所得税法》的有关规定，企业发生的下列项目在计算企业所得税应纳税所得额时，准予扣除的是（　）。

A. 赞助支出

B. 固定资产修理支出

C. 企业所得税税款

D. 联营企业的亏损

6. 根据《企业所得税法》的规定，企业所得税的征收办法是（　）。

A. 按月征收

B. 按季计征，分月预缴

C. 按季征收

D. 按年计征，分月或分季预缴

7. 根据企业所得税法律制度的规定，下列关于非居民企业所得税扣缴义务人的表述中，不正确的是（　）。

A. 非居民企业在中国境内取得工程作业所得，未按照规定期限办理企业所得税申报或者预缴申报的，可由税务机关指定扣缴义务人

B. 非居民企业在中国境内取得劳务所得，提供劳务限期不足一个纳税年度，且有证据表明不履行纳税义务的，可由税务机关指定扣缴义务人

C. 非居民企业在中国境内设立机构、场所的，取得的与所设机构、场所有实际联系的境内所得，以支付人为扣缴义务人

D. 非居民企业在中国境内取得工程作业所得，没有办理税务登记且未委托中国境内的代理人履行纳税义务的，可由税务机关指定扣缴义务人

8. 扣缴义务人与非居民企业首次签订与前述规定的所得有关的业务合同或协议的，扣缴义务人应当自合同签订之日起一定时间内，向其主管税务机关申报办理扣缴税款登记。该时间为（　）。

A. 7日　B. 15日

C. 30日　D. 60日

9. 某个人独资企业2013年的销售收入为5 000万元，实际支出的业务招待费为40万元，根据个人所得税法律的规定，在计算应纳税所得额时允许扣除的业务招待费是（　）万元。

A. 18　B. 24

C. 25　D. 30

10. 下列符合企业所得税所得来源确定的有（　）。

A. 提供劳务，按照支付所得的企业所在地确定

B. 销售货物，按照交易活动发生地确定

C. 动产转让所得，按照购买动产的企业或者机构、场所所在地确定

D. 权益性投资所得，按照投资企业所在地确定

11. 依据《企业所得税法》的规定，下列不属于企业所得税纳税人的是（　）。

A. 事业单位

B. 从事经营活动的其他组织

C. 社会团体

D. 个人独资企业

12. 下列关于企业所得税的优惠政策中，说法正确的是（　）。

A. 企业购置并实际使用规定的环境保护、节能节水、安全生产等专用设备的，该专用设备的投资额的40%可以从企业当年的应纳税额中抵免

B. 创投企业从事国家需要重点扶持和鼓励的创业投资，可以按投资额的70%在投资当年抵扣应纳税所得额

C. 企业综合利用资源，生产符合国家产业政策规定的产品所取得的收入，可以在计算应纳税所得额时减计收入10%

D. 企业安置残疾人员所支付的工资，按支付给残疾职工工资的50%加计扣除

13. 根据《企业所得税法》的规定，纳税人在我国境内的公益性捐赠支出，可以（　）。

A. 在税前全额扣除

B. 在年度应纳税所得额12%以内的部分准予扣除

C. 在年度利润总额12%以内的部分准予扣除

D. 在年度应纳税所得额30%以内的部分准予扣除

14. 根据企业所得税法律制度的规定，下列各项中，属于不征税收入的是（　）。

A. 股权转让收入

B. 因债权人缘故确实无法支付的应付款项

C. 依法收取并纳入财政管理的行政事业性收费

D. 国债利息收入

15. 下列关于所得来源的确定说法中错误的是（　）。

A. 特许权使用费所得，按照负担、支付所得的企业所在地确定

B. 销售货物，按照支付所得的企业所在地确定

C. 股息、红利所得，按照分配所得的企业所在地确定

D. 不动产转让所得，按照不动产所在地确定

16. 在中国设立机构、场所且取得的所得与机构、场所有实际联系的非居民企业适用的企业所得税税率是（　）。

A. 10%　B. 20%

C. 25%　D. 33%

17. 某企业2013年利润总额为200万元，当年开发新产品研发费用实际支出为20万元，税法规定研发费用可实行150%加计扣除政策。则该企业2013年计算应纳税所得额时可以扣除的研发费用为（　）万元。

A. 10　B. 20

C. 30　D. 40

18. 下列各项中，纳税人销售商品确认收入不正确的说法是（　）。

A. 销售商品需要安装和检验的，在购买方接受商品以及安装和检验完毕时确认收入

B. 销售商品采取预收款方式的，在发出商品时确认收入

C. 销售商品采用托收承付方式的，在办妥托收手续时确认收入

D. 销售商品采用支付手续费方式委托代销的，在收到代销货款时确认收入

19. 个人所得税中企业、事业单位的承包、承租经营所得的计算适用（　）。

A. 适用5%~45%的超额累进税率

B. 适用5%~35%的超额累进税率

C. 20%的比例税率

D. 适用5%~45%的超率累进税率

20. 个人所得税的纳税义务人不包括（　）。

A. 国有独资公司

B. 个人独资企业投资者

C. 港澳台同胞

D. 股份有限公司总经理

21. 某作家写作的一本书稿出版，取得稿酬收入 30 000 元。其应纳个人所得税为（　）元。

A. 3 360　　B. 4 200

C. 4 800　　D. 7 000

22. 公司职工取得的用于购买企业国有股权的劳动分红，适用的税目为（　）。

A. 工资、薪金所得

B. 特许权使用费所得

C. 个体工商户的生产经营所得

D. 利息、股息、红利所得

23. 某人自建房屋一栋，造价 38 000 元。建成后转让房屋，取得收入 60 000 元，支付合理费用 2 500 元，其应缴纳的个人所得税为（　）元。

A. 3 900　　B. 4 400

C. 11 500　　D. 12 000

24. 以下所得中，应按"工资、薪金所得"缴纳个人所得税的是（　）。

A. 个人提供担保取得的收入

B. 个人兼职取得的收入

C. 个人对其任职公司投资取得的股息

D. 出租汽车经营单位对出租车驾驶员采取单车承包或承租方式运营，出租车驾驶员从事客货营运取得的收入

25. 下列应税项目中，不是以一个月为一次确定应纳税所得额的是（　）。

A. 劳务报酬所得

B. 特许权使用费所得

C. 财产租赁所得

D. 财产转让所得

26. 下列所得在计算个人所得税时，适用加成征收的是（　）。

A. 劳务报酬所得

B. 利息、股息、红利所得

C. 财产租赁所得

D. 稿酬所得

27. 王先生在参加商场的有奖销售过程中，中奖所得共计价值 20 000 元。王先生领奖时从中奖收入中拿出 4 000 元通过教育部门向希望小学捐赠。则王某中奖所得应缴纳个人所得税（　）元。

A. 2 560　　B. 2 800

C. 3 200　　D. 4 000

28. 关于个人独资企业和合伙企业征收个人所得税的管理办法，下列表述正确的是（　）。

A. 企业在纳税年度的中间开业，应当以该年度 1 月开始到 12 月止为一个纳税年度。

B. 实行核定征收的个人独资企业经营多业的，无论经常项目是否单独核算，均应该根据主营项目确定其适用的应税所得率

C. 个人合伙企业在年度中间分立时，投资者应当在停止生产经营之日起 30 日内，向主管税务机关办理当期的个人所得税汇算清缴

D. 合伙企业投资者在预缴个人所得税时，应向主管税务机关报送《个人独资企业和合伙企业投资者个人所得税申报表》和《合伙企业投资者个人所得税汇总申报表》

29. 某外籍专家在我国境内一大型国有企业工作，月工资为 30 000 元人民币，则其每月应缴纳个人所得税的应纳税所得额为（　）元。

A. 0　　B. 25 200

C. 28 000　　D. 30 000

30. 2013 年 10 月，某中国居民因出租自有的一套检测设备，取得租金收入为 5 000 元。设备原值 100 000 元。根据规定，其应纳个人所得税为（　）。

A. 400 元　　B. 420 元

C. 800 元　　D. 1 000 元

31. 大学教授刘某举办一次讲学活动，取得收入 60 000 元。根据规定，其应纳个人所得税为（　）元。

A. 12 200　　B. 12 400

C. 14 400　　D. 16 000

32. 郝某系某大型企业职工，2013 年 12 月取得国债利息收入 2000 元，从所在企业取得企业集资利息收入 1000 元。本月郝某利息收入应缴纳的个人所得税为（　）元。

A. 50　　B. 0

C. 200　　D. 600

33. 张某 2013 年 12 月取得全年一次性奖金 30 000 元，当月工资 1 800 元，张某取得的全年一次性奖金应缴纳个人所得税为（　）。

A. 3 600 元　　B. 4 345 元

C. 2 725 元　　D. 5 245 元

34. 根据最新税法的相关规定，个人所得税工资、薪金的计算适用（　）。

A. 适用 3%～45%的超额累进税率

B. 适用 5%～35%的超额累进税率

C. 20%的比例税率

D. 适用 5%～45%的超率累进税率

35. 我国个人所得税的征收方式主要是（　）。

A. 代扣代缴

B. 委托代征

C. 自行纳税申报

D. 代扣代缴和自行纳税申报

36. 张先生是一名工程师，2013 年 1 月为某企

业做产品设计，当月预付报酬30 000元，3月设计完成又取得50 000元，该工程师共纳个人所得税为（ ）元。

A. 16 000　　B. 18 600
C. 22 000　　D. 25 000

（二）多选题

1. 下列各项中，在计算应纳税所得额时有加计扣除规定的有（ ）。

A. 企业开发新技术、新产品、新工艺发生的研究开发费用
B. 创业投资企业从事国家需要重点扶持和鼓励的创业投资项目
C. 企业综合利用资源，生产符合国家产业政策规定的产品
D. 企业安置残疾人员及国家鼓励安置的其他就业人员所支付的工资

2. 根据《企业所得税法》的规定，下列项目不得计算折旧或摊销费用在税前扣除的有（ ）。

A. 租入固定资产的改建支出
B. 单独估价作为固定资产入账的土地
C. 自创商誉
D. 固定资产的大修理支出

3. 根据《企业所得税法》的规定，企业的下列所得可以免征企业所得税的有（ ）。

A. 农作物新品种的选育
B. 林产品的采集
C. 海水养殖
D. 牲畜、家禽的饲养

4. 纳税人提供的下列劳务中，按照开发或完成的进度确认收入实现的有（ ）。

A. 广告制作费　　B. 安装费
C. 服务费　　D. 软件费

5. 根据《企业所得税法》的规定，下列收入不属于企业其他收入的有（ ）。

A. 逾期未退包装物押金收入
B. 接受捐赠的固定资产收入
C. 经营过程中的违约金收入
D. 转让生物资产的收入

6. 根据企业所得税法律制度的规定，在中国境内未设立机构、场所的非居民企业从中国境内取得的下列所得中，应以收入全额为应纳税所得额的有（ ）。

A. 红利　　B. 转让财产所得
C. 租金　　D. 利息

7. 下列关于居民纳税人缴纳企业所得税纳税地点的表述中，说法正确的有（ ）。

A. 企业一般在实际经营管理地纳税
B. 企业一般在登记注册地纳税
C. 登记注册地在境外的，以登记注册地纳税
D. 登记注册地在境外的，以实际管理机构所在地纳税

8. 根据《企业所得税法》的规定，下列支出应作为长期待摊费用的有（ ）。

A. 自行开发无形资产，开发过程中的相关支出
B. 租入固定资产的改建支出
C. 固定资产的大修理支出
D. 已足额提取折旧的固定资产的改建支出

9. 根据个人所得税法律制度的规定，下列个人所得中，免征个人所得税的有（ ）。（2011年）

A. 军人领取的转业费
B. 教师工资所得
C. 作家拍卖手稿所得
D. 工人取得的保险赔款

10. 根据个人所得税法律制度的规定，下列个人所得中，应按“劳务报酬所得”项目征收个人所得税的有（ ）。（2010年）

A. 某大学教授从甲企业取得咨询费
B. 某公司高管从乙大学取得的讲课费
C. 某设计院设计师从丙家装公司取得的设计费
D. 某编剧从丁电视剧制作单位取得的剧本使用费

11. 下列所得可以采用按年计征、分期预缴个人所得税的有（ ）。

A. 个体工商户的生产经营所得
B. 年终一次性取得承租经营所得的
C. 从事采掘业的人员取得的工资薪金所得
D. 财产租赁所得

12. 根据个人所得税法律制度的规定，下列各项在计算应纳税所得额时，按照定额与比例相结合的方法扣除费用的有（ ）。

A. 个人独资企业经营所得
B. 稿酬所得
C. 工资、薪金所得
D. 财产租赁所得

13. 下列各项中，符合我国《个人所得税法》规定的是（ ）。

A. 利息、股息、红利所得一次收入畸高的，可以实行加成征收
B. 个体工商户业主的工资支出不得在应纳税所得额中扣除
C. 保险赔款免征个人所得税
D. 对个人出租住房取得的所得减按10％的税率征收个人所得税

14. 个人独资企业和合伙企业在计算个人所得税应税所得额时，可以扣除的项目有（ ）。

A. 投资者个人工资支出
B. 财产保险支出
C. 分配给投资者股利
D. 公益性捐赠

15. 个人所得税的纳税义务人包括（ ）。

A. 个体工商户
B. 合伙企业合伙人
C. 有限责任公司
D. 在中国境内有所得的外籍个人

16. 下列个人所得，在计算个人所得税时，不得减除费用的有（ ）。

A. 工资薪金所得
B. 利息、股息、红利所得
C. 劳务报酬所得
D. 其他所得

17. 下列关于个人所得税纳税期限的说法，正确的有（ ）。

A. 自行申报的纳税义务人，为取得应税所得的次月 15 日内
B. 代扣代缴义务人，为扣缴税款的次月 15 日内
C. 年终一次性取得承包经营、承租经营所得的，自取得收入之日起 30 日内申报纳税
D. 一年内分次取得承包、承租经营所得的纳税人，为每次取得收入后 15 日内预缴，年终 4 个月内汇算清缴，多退少补

18. 下列关于个人所得税应纳税额计算的说法中，正确的有（ ）。

A. 退休人员再任职取得的收入——按“劳务报酬所得”应税项目缴纳个人所得税
B. 个人兼职取得的收入——按“劳务报酬所得”应税项目缴纳个人所得税
C. 个人取得通讯补贴收入——并入“工资、薪金”所得计征个人所得税
D. 对在中国境内无住所的个人一次取得数月奖金或年终加薪——可单独作为一个月的工资、薪金所得计算纳税

19. 下列利息收入中不需要缴纳个人所得税的有（ ）。

A. 国债利息
B. 国家发行的金融债券利息
C. 参加企业集资取得的利息
D. 储蓄存款利息

20. 下列关于次的规定中，说法正确的有（ ）。

A. 特许权使用费所得，以一项特许权的一次许可使用所取得的收入为一次
B. 财产租赁所得，以一个月内取得的收入为一次
C. 同一作品出版、发表后，因添加印数而追加稿酬的，应单独作为一次所得计征个人所得税
D. 同一作品再版取得的所得，应视作另一次稿酬所得计征个人所得税

21. 下列关于个人所得税纳税地点的表述中，正确的有（ ）。

A. 个人所得税自行申报的，其申报地点一般应为收入来源地的主管税务机关
B. 纳税人从两处或两处以上取得工资、薪金的，可选择并固定在其中一地税务机关申报纳税
C. 从境外取得所得的，应向其境内户籍所在地或经营居住地税务机关申报纳税
D. 扣缴义务人应向其主管税务机关进行纳税申报

22. 下列各项中，免征或暂免征收个人所得税的有（ ）。

A. 离退休人员按规定领取离退休工资
B. 国家民政部门支付给个人的生活困难补助费
C. 单位为个人缴付的住房公积金
D. 外籍个人以现金形式取得的住房补贴和伙食补贴

23. 下列各项中，免征或暂免征收个人所得税的有（ ）。

A. 个人取得的保险赔款
B. 军人的转业安置费
C. 企业债券利息收入
D. 外籍个人以实报实销形式取得的住房补贴和伙食补贴

24. 根据我国个人所得税法律制度的规定，下列说法中，正确的有（ ）。

A. 提供非专利技术的使用权取得的所得属于特许权使用费所得
B. 对于作者将自己的文字作品手稿原件或复印件公开拍卖（竞价）取得的所得，属于提供著作权的使用所得，故应按“特许权使用费所得”项目征收个人所得税
C. 个人取得特许权的经济赔偿收入，应按“特许权使用费所得”项目缴纳个人所得税，税款由支付赔偿的单位或个人代扣代缴
D. 编剧从电视剧的制作单位取得的剧本使用费，不再区分剧本的使用方是否为其任职单位，统一按“劳务报酬所得”项目征税

25. 计算个人所得税时，允许税前全额扣除的公益、救济性捐赠有（ ）。

A. 通过非营利性的社会团体向红十字事业的捐赠

B. 通过非营利性的社会团体和国家机关向革命老区的捐赠

C. 通过非营利性的社会团体和国家机关向贫困地区的捐赠

D. 通过非营利性的社会团体向公益性青少年活动场所的捐赠

（三）判断题

1. 以融资租赁方式租入的固定资产，不得计算折旧在企业所得税前扣除。（ ）

2. 不动产转让所得，以不动产坐落地为所得来源地；动产转让所得，以实现转让的地点为所得来源地。（ ）

3. 依法收取并纳入财政管理的行政事业性收费、政府性基金属于企业所得税不征税收入。（ ）

4. 对于在中国境内未设立机构、场所的非居民企业，其来源于中国境内的所得应缴纳的企业所得税，由支付人在每次支付或者到期支付时，从支付或者到期应支付的款项中扣缴。（ ）

5. 在中国境内未设立机构、场所的，或者虽设立机构、场所但取得的所得与其所设机构、场所没有实际联系的非居民企业，其转让财产所得，以收入全额为应纳税所得额。（ ）

6. 出租汽车经营单位将出租车所有权转移给驾驶员的，出租车驾驶员从事客货运营取得的收入，比照"工资、薪金所得"项目征税。（ ）

7. 企业之间支付的管理费在计算应纳税所得额时，不得扣除。（ ）

8. 提取的用于环境保护、生态恢复等方面的专项资金，准予扣除。上述专项资金提取后改变用途的，不得扣除。（ ）

9. 在中国境内未设立机构、场所的，或者虽设立机构、场所但取得的所得与其所设机构、场所没有实际联系的非居民企业，就其取得的来源于中国境内的所得应缴纳的所得税，实行源泉扣缴，以支付人为扣缴义务人。（ ）

10. 非居民企业在中国境内未设立机构、场所的，或者虽设立机构、场所，但取得的所得与其所设机构、场所没有实际联系的，应当就其来源于中国境内的所得缴纳企业所得税，适用税率为20%。（ ）

11. 企业购置用于环境保护、节能节水、安全生产等专用设备的投资额，可以按一定比例减计应纳税所得额。（ ）

12. 企业的不征税收入用于支出所形成的费用或者财产，不得扣除或者计算对应的折旧、摊销扣除。（ ）

13. 符合《国务院关于工人退休、退职的暂行办法》规定的退职条件并按该办法规定的退职费标准所领取的退职费，应在取得的当月按工资、薪金所得计算缴纳个人所得税。（ ）

14. 在中国境内没有住所的外籍人员、华侨、港澳台同胞，为个人所得税的非居民纳税人。（ ）

15. 企业按照国家有关法律规定宣告破产，企业职工从该破产企业取得的一次性安置收入，免于征收个人所得税。（ ）

16. 某人承包经营一国有企业，每年上缴承包费用5万元，该承包费用在计算个人所得税时允许扣除。（ ）

17. 个人从境外取得所得的，应该向其境内户籍所在地或经营居住地税务机关申报纳税。（ ）

18. 个人所得税中所得来源地与所得支付地其实是一个概念。（ ）

19. 对商品营销活动中，企业和单位对营销成绩突出的雇员以培训班、研讨会、工作考察等名义组织旅游活动，通过免收差旅费、旅游费对个人实行的营销业绩奖励，应根据所发生的费用作为劳务收入，按照"劳务报酬"项目征收个人所得税。（ ）

20. 在我国境内无住所，但居住满一年而未超过5年的个人，其来源于中国境外的所得，经主管税务机关批准，可以只就由中国境内公司、企业以及其他经济组织或个人支付的部分缴纳个人所得税；居住超过5年的个人，从第6年起，凡在境内居住满一年的，应当就其来源于中国境内、境外的全部所得纳税。（ ）

21. 个人退职后6个月内又再次任职的，对个人已经缴纳个人所得税的退职费收入，不再与再次任职取得的工资薪金所得合并计算补缴个人所得税。（ ）

22. 个人取得境内上市公司的股息所得减按30%征收个人所得税。（ ）

（四）不定项选择题

【资料一】张某系中国公民，就职于中国境内甲公司，2013年7月从境内取得如下收入：

（1）工资收入3 800元，奖金收入600元，岗位津贴300元，交通补贴900元。

（2）3年期银行存款利息总收入800元。二级市场股票买卖所得2 000元。

（3）为乙单位授课收入3 000元，稿费收入820元。

（4）将2011年1月投资80万元购置的一套

商品房出售给周某，合同注明的价款为 120 万元。

（5）受丙公司委托进行软件设计，取得计费 2 000 元。

已知：个人工资、薪金所得减除费用标准为 3 500 元 / 月。

要求：根据上述资料，分析回答下列小题。

1. 下列关于张某工资、薪金所得应纳税个人所得税税额的计算中，正确的是（　）。

A.（3 800−3 500）×3%=9（元）

B. [3 800+600−3 500]×3%=27（元）

C. [3 800+600+300−3 500]×3%=36（元）

D. [3 800+600+300+900−3 500]×10%−105=105（元）

2. 张某的下列收入中，免于缴纳个人所得税的是（　）

A. 银行存款利息收入 800（元）

B. 股票买卖所得 2 000（元）

C. 授课收入 3 000（元）

D. 稿费收入 820（元）

3. 张某受托进行软件设计所取得的收入，在计缴个人所得税时适用的税目是（　）。

A. 生产经营所得

B. 特许权使用费所得

C. 劳务报酬所得

D. 偶然所得

【资料二】某居民企业 2013 年自行计算的应纳税所得额为 70 万元，销售收入为 500 万元。经税务机关审核，发现以下事项未进行纳税调整。

（1）已计入成本费用中实际支付的合理工资为 72 万元，计提工会经费 1.44 万元并上缴 0.72 万元，计提职工福利费 15.08 万元，计提 1.08 万元的职工教育经费并全部列支。

（2）管理费用中列支的业务招待费 10 万元。

（3）财务费用中列支汇兑损失 10 万元。

（4）投资收益 50 万元为国外子公司分回的利润，国外适用税率为 20%。该企业直接将 50 万元计入应纳税所得额。

要求：根据上述资料，分析回答下列小题。

1. 下列选项中，超过限额扣除的可以结转以后纳税年度所得税前扣除的有（　）。

A. 广告费　　B. 工会经费

C. 职工教育经费　D. 业务招待费

2. 2013 年工资及三项费用应调整应纳税所得额为（　）万元。

A. 0　　B. 0.72

C. 5.08　　D. 5.8

3. 2013 年业务招待费应调整应纳税所得额为（　）万元。

A. 0　　B. 4

C. 7.5　　D. 10

4. 下列关于该企业的税务处理正确的是（　）。

A. 该企业 2013 年境内部分的应纳税所得额为 33.3 万元

B. 该企业 2013 年境内部分的应纳税所得额为 27.5 万元

C. 该企业 2013 年应缴纳的企业所得税为 11.45 万元

D. 该企业 2013 年应缴纳的企业所得税为 8.325 万元

【资料三】某研究所高级工程师张先生 2011 年 10 月份的收入情况如下。

（1）每月工资收入为 5 300 元。

（2）向某家公司转让专有技术一项，获得特许权使用费 6 000 元。

（3）为某企业进行产品设计，取得报酬 50 000 元。

（4）因汽车失窃获保险公司赔偿 80 000 元。

要求：根据上述资料，分析回答下列小题。

1. 张先生工资收入当月需缴纳的个人所得税为（　）元。

A. 40　　B. 75

C. 59　　D. 36

2. 特许权使用费应纳个人所得税（　）元。

A. 1 200　　B. 1 040

C. 960　　D. 672

3. 张某当月需缴纳的个人所得税（　）元。

A. 11 035　　B. 14 480

C. 31 400　　D. 31 330

4. 下列关于个人所得税的表述中，正确的是（　）。

A. 保险赔款应按照 20% 的税率计算个人所得税

B. 提供设计服务，应按“劳务报酬”计算个人所得税

C. 对特许权使用费所得一次收入畸高的，可以实行加成征收

D. 工资、薪金所得，以每月收入额减除费用 3 500 元后的余额为应纳税所得额

第六章 其他税收法律制度

其他税收法律制度包括关税法律制度、房产税法律制度、契税法律制度、土地增值税法律制度、城镇土地使用税法律制度、车船税法律制度、印花税法律制度、资源税法律制度、城市维护建设税与教育费附加法律制度和其他相关税收法律制度10个方面的内容。2013年考试大纲中，本章新增了5个税种，分别是关税、船舶吨税、车辆购置税、耕地占用税和烟叶税，并对车船税和资源税作了重大调整。总地来讲，本章内容非常多，但难度并不算大，考生应重点关注有可能出现在不定项选择题中的房产税、土地增值税和印花税的计算问题。

近3年考试中，本章所占题量和分值呈逐年增加的趋势，平均在8道题12分左右，题型会涉及单选题、多选题、判断题和不定项选择题。

▼本章考纲知识体系一览表

其他税收法律制度	一、关税法律制度	（1）关税纳税人（★★★） （2）关税课税对象和税目（★★★） （3）关税税率（★★★） （4）关税计税依据（★★★） （5）关税应纳税额的计算（★★★） （6）关税税收优惠（★★） （7）关税征收管理（★）
	二、房产税法律制度	（1）房产税纳税人（★★★） （2）房产税征税范围（★★★） （3）房产税税率（★★★） （4）房产税计税依据（★★★） （5）房产税应纳税额的计算（★★★） （6）房产税税收优惠（★★） （7）房产税征收管理（★）
	三、契税法律制度	（1）契税纳税人（★★★） （2）契税征税范围（★★★） （3）契税税率（★★★） （4）契税计税依据（★★★） （5）契税应纳税额的计算（★★★） （6）契税税收优惠（★★） （7）契税征收管理（★）
	四、土地增值税法律制度	（1）土地增值税纳税人（★★★） （2）土地增值税征税范围（★★★） （3）土地增值税税率（★★★） （4）土地增值税计税依据（★★★） （5）土地增值税应纳税额的计算（★★★） （6）土地增值税税收优惠（★★） （7）土地增值税征收管理（★）
	五、城镇土地使用税法律制度	（1）城镇土地使用税纳税人（★★★） （2）城镇土地使用税征税范围（★★★） （3）城镇土地使用税税率（★★★） （4）城镇土地使用税计税依据（★★★） （5）城镇土地使用税应纳税额的计算（★★★） （6）城镇土地使用税税收优惠（★★） （7）城镇土地使用税征收管理（★）

其他税收法律制度	六、车船税法律制度	（1）车船税纳税人（★★★） （2）车船税征收范围（★★★） （3）车船税税目（★★★） （4）车船税税率（★★★） （5）车船税计税依据（★★★） （6）车船税应纳税额的计算（★★★） （7）车船税税收优惠（★★） （8）车船税征收管理（★）
	七、印花税法律制度	（1）印花税纳税人（★★★） （2）印花税征税范围（★★★） （3）印花税税率（★★★） （4）印花税计税依据（★★★） （5）印花税应纳税额的计算（★★★） （6）印花税税收优惠（★★） （7）印花税征收管理（★）
	八、资源税法律制度	（1）资源税纳税人（★★★） （2）资源税征税范围（★★★） （3）资源税税目（★★★） （4）资源税税率（★★★） （5）资源税计税依据（★★★） （6）资源税应纳税额的计算（★★★） （7）资源税税收优惠（★★） （8）资源税征收管理（★）
	九、城市维护建设税与教育费附加法律制度	（1）城市维护建设税（★★★） （2）教育费附加（★★★）
	十、其他相关税收法律制度	（1）船舶吨税（★★★） （2）车辆购置税（★★★） （3）耕地占用税（★★★） （4）烟叶税（★★★）

第一节 关税法律制度

考情分析：本节内容是2013年考纲全新增加的内容，是本章的重点内容之一。考试以单选题、多选题和判断题形式出现的几率更高，如关税税率的种类、应纳税额的计算方法等，容易以多选题的形式出现。预计本节内容可能出现1~2道题目，分值大约占2~3分。

学习建议：重点掌握关税的纳税人、课税对象、税目、税率、计税依据和应纳税额的计算。对该税种的税收优惠和征收管理也要有一定程度的了解和熟悉。

关税是指一国海关根据该国法律规定，对进出国境或通过其关境的货物及物品征收一种税收。其中关于国境和关境的理解分别如下。

（1）国境。指一个主权国家的领土范围。

（2）关境。指一国海关法规可以全面实施的境域。

专家课堂

国境和关境在一般情况下是一致的，但并不是在所有情况下都一致，如存在自由区、关税同盟时，二者的范围就不一致了。

关税一般以增加国家财政收入为主要目的，通常向外国生产、国内消费需求大的产品征收，税率适中。一般可分为进口关税、出口关税和过境关税。对我国而言，目前仅对进出境货物征收进口关税和出口关税两种。

我国关税的相关法律、法规主要有《中华人民共和国进出口关税条例》（以下简称《进出口关税条例》）、《中华人民共和国海关进出口税则》（以下简称《海关进出口税则》）和《中华人民共和国海关法》（以下简称《海关法》）等。

一、关税纳税人

关税纳税人根据进出口对象的不同分为贸易性商品的纳税人和物品的纳税人，其中贸易性商品的纳税人是经营进出口货物的收货人和发货人；物品的纳税人主要针对个人。具体关税纳税人如图 6–1 所示。

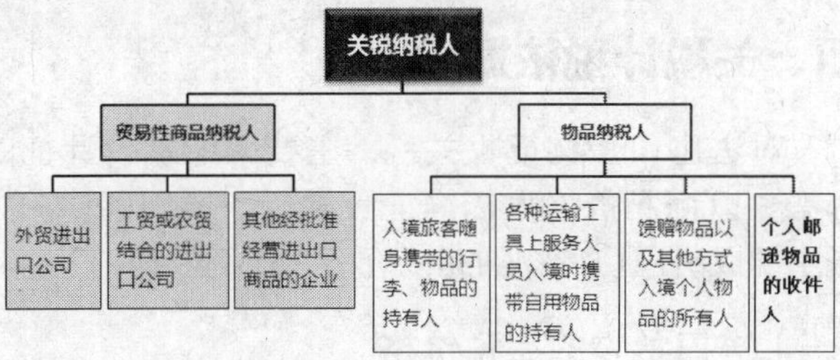

图 6–1 关税的纳税人

【例题·单选题】下列各项中，（ ）不属于关税的纳税义务人。

A. 进口货物的收货人

B. 出口货物的发货人

C. 进境物品的所有人

D. 进口货物的发货人

【答案】D

【解析】本题考查关税的纳税人。按规定，贸易性商品的纳税人是经营进出口货物的收货人和发货人；物品的纳税人主要针对个人。D 选项错误，进口货物的发货人不承担缴纳关税的义务。

二、关税课税对象和税目

（一）关税课税对象

课税对象即征税对象，关税的课税对象是允许进出境的货物、物品。具体而言包括以下两个方面。

（1）除国家另有规定的之外，凡准许进出口的货物，均应由海关征收进口关税或出口关税。

（2）从境外采购进口的原产于中国境内的货物，应按规定征收进口关税。

（二）关税税目

关税的税目由《海关进出口税则》规定。《海关进出口税则》也称关税税则，是一国海关据以对进出口商品计征关税的规章和对进、出口的应税与免税商品加以系统分类的一览表。

《海关进出口税则》包含两大部分，第一部分包含中华人民共和国海关出口税则速查一览表、中华人民共和国海关报关自动化系统常用代码表及说明、中华人民共和国进出口关税税款计算方法和常用计量单位换算表；第二部分为中英文对照的进出口贸易重要法律、法规及规定汇编。

三、关税税率

（一）关税税率的种类

关税的税率分为进口税率和出口税率两种。

1. 进口税率

进口关税一般采用比例税率，实行从价计征的办法，但以下两种情况除外。

（1）啤酒、原油等少数货物实行从量计征。

（2）广播用录像机、放像机、摄像机等实行从价加从量的复合税率。

进口货物以其原产地为标准来决定适用哪种关税税率。进口税率分为普通税率、最惠国税率、协定税率、特惠税率、关税配额税率和暂定税率。具体解释如表 6–1 所示。

表 6–1 进口税率的各种类别及解释

进口税率类别	税率解释
普通税率	适用原产于未与我国共同适用最惠国条款的世界贸易组织成员国或地区，未与我国订有相互给予最惠国待遇、关税优惠条款贸易协定和特殊关税优惠条款贸易协定的国家或者地区的进口货物，以及原产地不明的货物
最惠国税率	适用原产于与我国共同适用最惠国条款的世界贸易组织成员国或地区的进口货物，或原产于与我国签订含有相互给予最惠国待遇的双边贸易协定的国家或者地区的进口货物，以及原产于我国境内的进口货物
协定税率	适用原产于与我国签订含有关税优惠条款的区域性贸易协定的国家或地区的进口货物
特惠税率	适用原产于与我国签订含有特殊关税优惠条款的贸易协定的国家或地区的进口货物
关税配额税率	指关税配额限度内的税率。关税配额是进口国限制进口货物数量的措施，将征收关税和进口配额相结合以限制进口。对于在配额内进口的货物可以适用较低的关税配额税率；对于配额之外的则适用较高税率
暂定税率	在最惠国税率的基础上，对于一些国内需要降低进口关税的货物，以及出于国际双边关系的考虑需要个别安排的进口货物，实行暂定税率

【例题·多选题】下列各项中，属于关税进口税率的是（ ）。

A. 互惠税率　　B. 最惠国税率

C. 特惠税率　　D. 暂定税率

【答案】BCD

【解析】本题考查关税的进口税率。关税的进口税率分为普通税率、最惠国税率、协定税率、特惠税率、关税配额税率和暂定税率。

考场点拨

实际上会计领域中是存在“互惠关税”这一说法的，互惠关税是在缔结贸易条约国双方在平等互利基础上，相互协定给予对等优惠待遇的关税。但对于《经济法基础》这门课而言，如果考题出现了类似上题的选项，就不能将“互惠关税”（或“互惠税率”）判断为正确答案，这超出了经济法基础考试大纲的要求。

2. 出口税率

我国出口税为一栏税率，即出口税率。国家仅对少数资源性产品及易于竞相杀价、盲目进口、需要规范出口秩序的半制成品征收出口关税。与进口暂定税率一样，出口关税税率也规定有暂定税率，出口暂定税率优先适用于出口税则中规定的出口税率。

（二）关税税率的确定

关税税率确定的原则有以下几个方面。

（1）进出口货物应按照收发货人或其代理人申报进口或者出口之日实施的税率征税。

（2）进口货物到达前，经海关核准先行申报的，应按照装载此货物的运输工具申报进境之日实施的税率征税。

（3）进出口货物的补税和退税，适用该进出口货物原申报进口或者出口之日所实施的税率，但表6-2所示列举的情形按对应的规定确定关税税率。

表6-2 特殊情形下关税税率的确定

特殊情形	税率确定
按特定减免税办法批准予以减免税的进口货物，后因情况改变经海关批准转让或出售需予补税	按其原进口之日实施的税率征税
加工贸易进口料、件等属于保税性质的进口货物	（1）经批准转为内销，按向海关申报转为内销当日实施的税率征税 （2）未经批准擅自转为内销的，按海关查获日期所施行的税率征税
经批准缓税进口的货物以后交税时	不论是分期或一次交清税款，都按货物原进口之日实施的税率计征税款
分期支付租金的租赁进口货物	分别付税时，都按该项货物原进口之日实施的税率征税
溢卸、误卸货物事后确定需予征税时	（1）按其原运输工具申报进口日期所实施的税率征税 （2）原进口日期无法查明的，按确定补税当天实施的税率征税
由于《海关进出口税则》归类的改变、完税价格的审定或其他工作差错而需补征税款	按原征税日期实施的税率征税
查获的走私进口货物需予补税	按查获日期实施的税率征税
暂时进口货物转为正式进口需予补税	按其转为正式进口之日实施的税率征税

【例题·判断题】查获的走私进口货物需予补税的，按发货日期实施的税率征税。

【答案】×

【解析】本题考查关税的税率的确定。查获的走私进口货物需予补税的，按查获日期实施的税率征税。

四、关税计税依据

对进出口货物征收关税，主要采取从价计征的办法，以商品价格为标准征收关税。换句话讲，关税主要以进出口货物的完税价格为计税依据。

（一）进口货物的完税价格

1. 一般贸易项下进口货物的完税价格

一般贸易项下进口的货物以海关审定的成交价格为基础的到岸价格作为完税价格。

（1）成交价格

成交价格是指一般贸易项下进口货物的买方，为购买该项货物向卖方实际支付或应当支付的价格。关于成交价格需要注意以下几点。

①进口人在成交价格外另支付给卖方的佣金，应计入成交价格。

②进口人向境外采购代理人支付的买方佣金不能列入成交价格，已经包含了则需要在成交价格中扣除。

③卖方付给进口人的正常回扣，应从成交价格中扣除。

④卖方违反合同规定延期交货的罚款，在货价中冲减时罚款不能从成交价格中扣除。

（2）到岸价格

到岸价格是指包括货价及货物运抵我国关境内输入地点起卸前的各种费用的总额，其中各种费用包括包装费、运费、保险费和其他劳务费等。关于到岸价格，需注意以下两点。

①为了在境内生产、制造、使用或出版、发行的目的而向境外支付的与该进口货物有关的专利、商标、著作权，以及专有技术、计算机软件和资料等费用也应包含在到岸价格中。

②进口货物的到岸价格不能确定时，海关应本着公正、合理原则估定完税价格，从而避免恶意低报、瞒报价格偷逃关税的现象。

2. 特殊贸易下进口货物的完税价格

一些特殊、灵活的贸易方式（如寄售等）下进口的货物，在进口时没有具体的成交价格作为计税依据，在这种情况下，《进出口关税条例》对这些进口货物制定了相应的确定其完税价格的方法，具体如下。

（1）**运往境外加工的货物的完税价格**

运往境外加工的货物，出境时已向海关报明，并在海关规定期限内复运进境的，以加工后货物进境时的到岸价格与原出境货物价格的差额作为完税价格。

如无法得到原出境货物的到岸价格，可按以下原则进行确定。

①用原出境货物相同或类似货物的在进境时的到岸价格，或用原出境货物申报出境时的离岸价格代替。

②上述原则仍然无法确定到岸价格时，可用原出境货物在境外支付的工缴费加上运抵中国关境输入地点起卸前的包装费、运费、保险费和其他劳务费等作为完税价格。

（2）**运往境外修理的机械器具、运输工具或者其他货物的完税价格**

运往境外修理的机械器具、运输工具或者其他货物，出境时已向海关报明并在海关规定期限内复运进境的，以经海关审定的修理费和料件费作为完税价格。

（3）**租借和租赁进口货物的完税价格**

租借、租赁方式进境的货物，以海关审查确定的货物租金作为完税价格。

（4）**留购货物的完税价格**

对于国内单位留购的进口货样、展览品和广告陈列品，以留购价格作为完税价格。对于留购货样、展览品和广告陈列品的买方，除按留购价格付款外，又直接或间接给卖方一定利益的，海关可以另行确定上述货物的完税价格。

（5）**逾期未出境的暂进口货物的完税价格**

逾期未出境的暂进口货物，对于经海关批准暂时进口的施工机械、工程车辆、供安装使用的仪器和工具、电视或电影摄制机械，以及盛装货物的容器等，如入境超过半年仍留在国内使用的，应自第7个月起，按月征收进口关税，其完税价格按原货进口时的到岸价格确定，每月税额的计算公式如下。

每月关税＝货物原到岸价格×关税税率×1/48

（6）**转让出售进口减免税货物的完税价格**

按特定减免税办法批准予以减免税的货物，在转让或出售而需要补税的，按这些货物原进口时的到岸价格来确定其完税价格。其计算公式如下。

完税价格＝原入境到岸价格×[1－实际使用月份÷（管理年限×12）]

专家课堂

管理年限以海关对减免税进口的货物进行监督管理的年限来确定。

【例题·多选题】下列各项中应计入到关税完税价格中的有（　）。

A. 货物运抵我国关境内输入地点起卸前的包装费

B. 货物运抵我国关境内输入地点起卸前的运费

C. 货物运抵我国关境内输入地点起卸前的保险费

D. 货物运抵我国关境内输入地点起卸前的其他劳务费

【答案】ABCD

【解析】本题考查进口货物的完税价格。进口货物以海关审定的成交价格为基础的到岸价格作为完税价格。到岸价格包括货价，加上货物运抵我国关境内输入地点起卸前的包装费、运费、保险费和其他劳务费等费用。

【案例6-1】某汽车销售商从境外进口小轿车30辆，每辆货款15万元，运抵我国海关前发生的运输费用9万元、保险费用1万元，小轿车关税税率为40%。试计算进口该批小轿车应缴纳的关税是多少？

【案例解析】本题考查关税的计算。解题关键在于关税完税价格的确定，题目中给出了小轿车售价、运费和保险费等一系列数据，这些数据是否都是关税完税价格应当包括的金额呢？按规定，一般贸易项下进口的货物以海关审定的成交价格为基础的到岸价格作为完税价格。因此成交价格即“15×30”（万元）毋庸置疑，重点应分析到岸价格。到岸价格指的是包括货价以及货物运抵我国关境内输入地点起卸前的各种费用的总额，其中各种费用包括包装费、运费、保险费和其他劳务费等。此时就明确了题目中给出的运费和保险费都属于到岸价格。

所以，本题中小轿车的关税完税价格＝15×30＋9＋1=460（万元）；其进口关税＝460×40%=184（万元）。

（二）出口货物的完税价格

1. 出口货物完税价格的计算公式

出口货物的完税价格应以海关审定的货物售予境外的离岸价格，并扣除出口关税来确定，其计算公式如下。

出口货物完税价格＝离岸价格÷（1+出口税率）

专家课堂

若无法确定离岸价格，则出口货物的完税价格由海关估定。

2. 离岸价格的确定

出口货物的离岸价格以该项货物运离关境前最后一个口岸的离岸价格为实际离岸价格，但需要注意以下几点。

（1）离岸价格不包括装船以后发生的各种费用。

（2）出口货物是从内地起运的，则从内地口岸至最后出境口岸所支付的国内段运输费用应予扣除。

（3）出口货物在成交价格以外支付给国外的佣金应予扣除，未单独列明的不予扣除。

（4）出口货物在成交价格以外，买方还另行支付的货物包装费，应计入成交价格。

（三）进出口货物完税价格的审定

当进出口货物的收发货人或其代理人向海关申报进出口货物的成交价格时，会因为各种原因造成申报的价格有可能需要重新审定，这些原因包括如图 6-2 所示的几种情形。

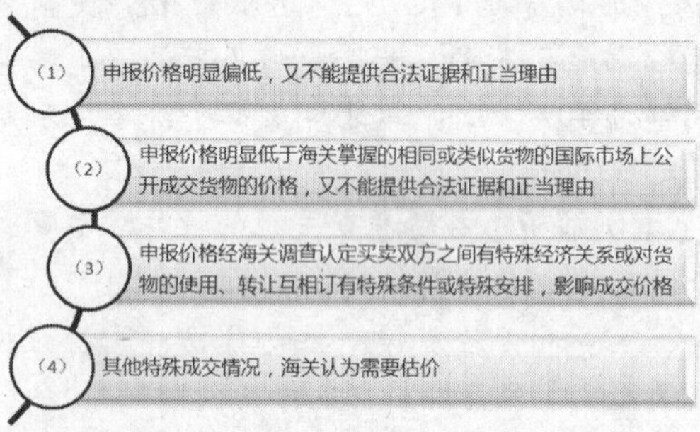

图 6-2 需重新审定申报价格的情形

当出现图 6-2 中任一情形时，海关可依次按如表 6-3 所示的方法重新估定该进出口货物的完税价格。

表 6-3 海关估定完税价格的方法

方法	解释
相同货物成交价格法	以从该被估货物的同一出口国家或者地区购进的相同货物的成交价格作为该被估货物完税价格依据
类似货物成交价格法	以从该被估货物的同一出口国家或者地区购进的类似货物的成交价格作为该被估货物完税价格依据
国际市场价格倒扣法	以进口货物的相同或类似货物在国际市场上公开的成交价格为该被估货物完税价格依据
国内市场价格法	以进口货物的相同或类似货物在国内市场上的批发价格，扣除合理的税、费、利润后的价格为该被估货物完税价格
合理方法估定的价格	若按上述几种方法顺序仍不能确定其完税价格时，由海关按照合理方法估定

五、关税应纳税额的计算

关税应纳税额的计算方法主要有从价税计算方法、从量税计算方法、复合税计算方法和滑准税计算方法等几种。

（一）从价税计算方法

从价税计算方法以进出口货物的完税价格作为计税依据，是最普遍的关税计征方法，其计算公式如下。

应纳税额 = 应税进（出）口货物数量 × 单位完税价格 × 适用税率

（二）从量税计算方法

从量税计算方法以进口货物的数量作为计税依据，其计算公式如下。

应纳税额 = 应税进口货物数量 × 关税单位税额

（三）复合税计算方法

复合税计算方法以对进口货物同时使用从价和从量方法计征，其计算公式如下。

应纳税额 = 应税进口货物数量 × 关税单位税额 + 应税进口货物数量 × 单位完税价格 × 适用税率

（四）滑准税计算方法

滑准税又称滑动税，是对进口税则中的同一种商品按其市场价格标准分别制订不同价格档次的税率而征收的一种进口关税。滑准税税率随着进口商品价格的变动而反向变动，即价格越高、税率越低，税率为比例税率。其计算公式如下。

应纳税额 = 应税进口货物数量 × 单位完税价格 × 滑准税适用税率

知识链接

征收滑准税的目的是使该种进口商品，不论其进口价格高低，其税后价格保持在一个预定的价格标准上，以稳定进口国国内该种商品的市场价格，尽可能减少国际市场价格波动的影响。

【例题·单选题】根据进出口商品价格的变动而税率相应增减的进出口关税属于（　）。

A. 从价税　　B. 从量税

C. 滑准税　　D. 复合税

【答案】C

【解析】本题考查关税应纳税额的计算方法。滑准税亦称滑动税，是对进出口税则中的同一种商品按其市场价格标准分别制订不同价格档次的税率而征收的一种关税。根据进出口商品价格的变动而税率相应增减的进出口关税。

六、关税税收优惠

关税的税收优惠主要分为法定性减免税、特定性减免税和临时性减免税 3 种类型。

(一)法定性减免税

《海关法》和《进出口关税条例》中规定的减免税，即称为法定性减免税，具体规定如下。

(1)关税税额在人民币50元以下的一票货物，可免征关税。

(2)无商业价值的广告品和货样，免征关税。

(3)外国政府、国际组织无偿赠送的物资，可免征关税。

(4)进出境运输工具装载的途中必需的燃料、物料和饮食用品，可予免税。

(5)因故退还的中国出口货物，经海关审查属实，可予免征进口关税，但已征收的出口关税不予退还。

(6)因故退还的境外进口货物，经海关审查属实，可予免征出口关税，但已征收的进口关税不予退还。

(7)进口货物如有以下情形的，经海关查明属实，可酌情减免进口关税。

①在境外运输中或起卸时遭受损坏或损失的。

②起卸后海关放行前，因不可抗力遭受损坏或者损失的。

③海关查验时已经破漏、损坏或者腐烂，经证明不是保管不慎造成的。

(8)无代价抵偿货物，符合规定的可以免税。

(9)为境外厂商加工、装配成品和为制造外销产品而进口的原材料、辅料、零件、部件、配套件和包装物料，海关按照实际加工出口的成品数量免征进口关税；或对进口料、件先征进口关税，再根据实际加工出口的成品数量予以退税。

(10)中国缔结或参加的国际条约规定减征、免征关税的货物、物品，海关应按规定减免关税。

【2013年真题·判断题】进出境运输工具装载的途中必须的燃料、物料和饮食用品，经海关审查无误后可以免于缴纳关税。( )

【答案】√

【解析】本题考查关税的税收优惠。根据关税的法定性减免税规定，进出境运输工具装载的途中必需的燃料、物料和饮食用品，可予免税。

考场点拨

对于需要熟悉的各种减免税优惠，考生切不可盲目地死记硬背，这样不仅浪费时间，而且效果不一定较好。建议使用“关键字记忆”的方法来理解相关内容，比如“关税税额在人民币50元以下的一票货物，可免征关税”，可直接记忆“50元以下、一票货物免关税”；又如“进出境运输工具装载的途中必需的燃料、物料和饮食用品，可予免税”，可记忆为“必需燃物料、饮食用品，免关税”。

(二)特点性减免税

特定性减免税也称政策性减免税，是在法定减免税之外，国家按照国际通行规则和我国实际情况，制定发布的有关进出口货物减免关税的政策。包括科教用品、残疾人专用品、扶贫、慈善性捐赠物资、加工贸易产品、边境贸易进口物资、保税区进出口货物、出口加工区进出口货物等。

(三)临时性减免税

临时性减免税是指以上法定和特定减免税以外的其他减免税，即由国务院根据《海关法》对某个单位、某类商品、某个项目或某批进出口货物的特殊情况，给予特别照顾，一案一批，专文下达的减免税。一般有单位、品种、期限、金额或数量等限制。

七、关税征收管理

关税的征税管理有以下几点规定。

(1)关税应在货物实际进出境时，即在纳税人按进出口货物通关规定向海关申报后、海关放行前一次性缴纳。

(2)进出口货物的收发货人或其代理人应在海关签发税款缴款凭证之日起15日内，向指定银行缴纳税款。逾期不缴的，除依法追缴外，由海关自到期次日起至缴清税款之日止，按日加收滞纳税款万分之五的滞纳金。

(3)有以下情形之一的，纳税人可以从缴纳税款之日起的1年内，书面声明理由，连同纳税收据向海关申请退税，逾期不予受理。海关应当自受理退税申请之日起30日内作出书面答复，并通知退税申请人。

①对由于海关误征、多缴纳税款的。

②海关核准免验的进口货物在完税后，发现有短卸情况，经海关审查认可的。

③已征出口关税的货物，因故未装运出口申报退关，经海关查验属实的。

(4)进出口货物完税后，如发现少征或漏征税款，海关有权在1年内予以补征。

(5)如因收发货人或其代理人违反规定而造成少征或漏征税款的，海关在3年内可以追缴。

【例题·判断题】纳税人逾期不缴纳关税的，除依法追缴外，还应按日缴纳欠缴税额万分之五的滞纳金。( )

【答案】√

【解析】本题考查关税的税收管理。题目表述的是对未缴纳关税纳税人的管理方法，说法正确。

第二节 房产税法律制度

考情分析：本节内容中的纳税人、应纳税额以及纳税义务发生时间是近几年考试的热点，均是以单选题的形式出现。预计后面的考试中本节内容所占题量为1~2道题，题型以单选题、多选题或判断题的形式出现的几率较高。

学习建议：重点掌握房产税的纳税人、征税范围、税率、计税依据和应纳税额的计算；适当了解并熟悉房产税税收优惠和征收管理的内容。

房产税是以房屋为征税对象，按房屋的计税余值或租金收入为计税依据，向产权所有人征收的一种财产税。

国务院以及财政局、国家税务总局陆续发布了一系列有关房产税的规定和办法，从而构成了我国现行的房产税法律制度。这些规定和办法主要包括《中华人民共和国房产税暂行条例》（以下简称《房产税暂行条例》）、《关于房产税若干具体问题的解释和暂行规定》等。

一、房产税纳税人

房产税纳税人是指在我国城市、县城、建制镇和工矿区内拥有房屋产权的单位和个人。具体包括产权所有人、承典人、房产代管人或者使用人。除此以外，根据产权的不同使用情况，房产税的纳税人也有区别，下面具体介绍。

（一）产权为国家所有

产权属于国家所有的，其经营管理的单位为纳税人；产权属于集体和个人的，集体单位和个人为纳税人。关于单位和个人的解释如下。

（1）单位包括国有企业、集体企业、私营企业、股份制企业、外商投资企业、外国企业以及其他企业和事业单位、社会团体、国家机关、军队以及其他单位。

（2）个人包括个体工商户以及其他个人。

（二）产权出典

产权出典的，承典人为纳税人。其中产权出典是指产权所有人为了某种需要，将自己房屋的产权，在一定期限内转让给他人使用而取得出典价款的一种融资行为。在这种行为下，出典人和承典人分别是产权所有人和支付现金或实物取得房屋支配权的人。

（三）产权所有人、承典人不在房产所在地

产权所有人、承典人均不在房产所在地的，房产代管人或者使用人为纳税人。

（四）产权未确定及租典纠纷未解决

产权未确定以及租典纠纷未解决的，房产代管人或者使用人为纳税人。

专家课堂

租典纠纷是指产权所有人在房产出典和租赁关系上，与承典人、租赁人发生的有关权利和义务的各种争议。

（五）单位和个人无租使用房产

纳税单位和个人无租使用房产管理部门、免税单位及纳税单位的房产，由使用人代为缴纳房产税。

【2012年真题·单选题】关于房产税纳税人的下列表述中，不符合法律制度规定的是（　）。

A. 房屋出租的，承租人为纳税人

B. 房屋产权所有人不在房产所在地的，房产代管人为纳税人

C. 房屋产权属于国家的，其经营管理单位为纳税人

D. 房屋产权未确定的，房产代管人为纳税人

【答案】A

【解析】本题考查房产税的纳税人。利用排除法确定A选项错误。根据房产税税收法律制度的规定，房屋出租的，出租人为房产税的纳税人。

二、房产税征税范围

房产税的征税范围为城市、县城、建制镇和工矿区的房屋。其中关于城市、县城、建制镇和工矿区的界定如图6-3所示。

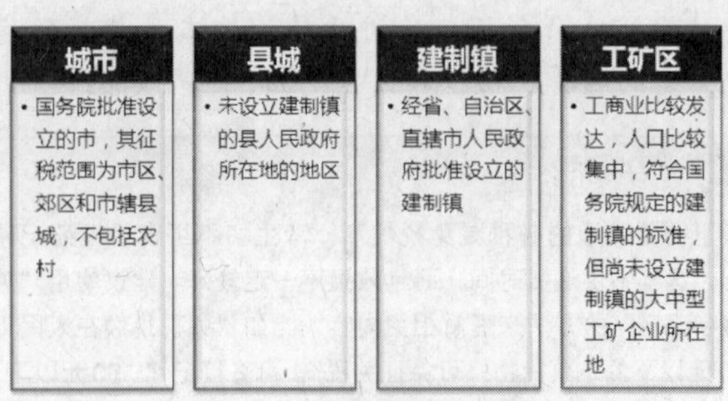

图6-3 房产税征税范围的界定

另外，关于房产税的征税范围还应注意以下两点。

（1）房地产开发企业建造的商品房，在出售前，不征收房产税，但对出售前房地产开发企业已使用或出租、出借的商品房应按规定征收房产税。

（2）独立于房屋之外的建筑物，如室外游泳池、围墙、水塔等不属于房产税的征税范围。

三、房产税税率

我国现行房产税，采用从价计征和从租计征的方法实行不同标准的比例税率，具体如表 6-4 所示。

表 6-4 房产税税率

计征方法	具体税率
从价计征	1.2%
从租计征	12%

专家课堂

自 2001 年 1 月 1 日起，对个人按市场价格出租的居民住房，用于居住的，可暂减按 4% 的税率征收房产税。

【例题·判断题】我国房产税采用从价计征和从租计征的方法实行不同标准的比例税率，其中从租计征的税率为 12%。（ ）

【答案】√

【解析】本题考查房产税的税率。题目的说法完全正确。

考场点拨

虽然税法规定，对个人按市场价格出租的居民住房，用于居住的，可暂减按 4% 的税率征收房产税，但这并不影响题目的正确性。如果题目后半句改为“其中从租计征的税率只能是 12%”，则本题将判定为错误。考生要注意两种说法的区别。

四、房产税计税依据

房产税以房产的计税价值或房产租金收入为计税依据，其中按房产计税价值征税的，为从价计征；按房产租金收入征税的，为从租计征。

（一）从价计征的房产税的计税依据

1. 经营自用房屋的计税依据

对经营自用的房屋，以房产的计税余值为计税依据。所谓计税余值，指的是依照税法规定按房产原值一次减除 10%~30% 的损耗价值以后的余额（即房产余值）。具体解释如下。

（1）房产原值是指纳税人按照会计制度规定，在账簿“固定资产”科目中记载的房屋原价。

（2）房产余值是指房产的原值减除规定比例后的剩余价值。

（3）房产原值应包括与房屋不可分割的各种附属设备或一般不单独计算价值的配套设施。如给水排水管道、暖气、各种管线、电缆导线等。

（4）纳税人对原有房屋进行改建、扩建的，要相应增加房屋的原值。

（5）更换房屋附属设备和配套设施的，在将其价值计入房产原值时，可扣减原来相应的设备和设施的价值。

（6）附属设备和配套设施中易损坏、需要经常更换的零配件，更新后可不再计入房产原值。

（7）自 2006 年 1 月 1 日起，凡在房产税征收范围内的具备房屋功能的地下建筑，也应该征收房产税。

（8）在确定计税余值时，房屋原值的具体减除比例，由省、自治区、直辖市人民政府在税法规定的减除幅度内自行确定。如果纳税人未按会计制度规定记载原值的，在计征房产税时，应按规定调整房产原值；对房产原值明显不合理的，应重新予以评估；对没有房产原值的，应由房屋所在地的税务机关参考同类房屋的价值核定。在原值确定后，再根据当地所适用的扣除比例，计算确定房产余值。对于扣除比例，一定要按照由省、自治区、直辖市人民政府确定的比率执行。

2. 投资联营和融资租赁房产的计税依据

（1）对于以房产投资联营，投资者参与投资利润分红，共担风险的，按房产的余值作为计税依据计征房产税。

（2）对于以房产投资，收取固定利润，不承担联营风险的，按出租房产征税，按租金收入计征房产税。

（3）对融资租赁房屋的情况，在计征房产税时应以房产余值计算征收。融资租赁期内房产税的纳税人，出租人为纳税义务人。

3. 居民住宅区内业主共有的经营性房产的计税依据

对居民住宅区内业主共有的经营性房产，由实际经营（包括自营和出租）的代管人或使用人缴纳房产税。具体规定如下。

（1）自营的，依照房产原值减除 10%~30% 后的余值计征，没有房产原值或不能将业主共有房产与其他房产的原值准确划分开的，由房产所在地地方税务机关参照同类房产核定房产原值。

（2）出租的，依照租金收入计征。

（二）从租计征的房产税的计税依据

对于出租的房屋，以租金收入为计税依据。

（1）房屋的租金收入包括货币收入和实物收入。

（2）如果纳税人对个人出租房屋的租金收入申报不实或申报数与同一地段同类房屋的租金收入相比明显不合理的，税务部门可以按照《中华人民共和国税收征收管理法实施细则》的有关规定，采取科学合理的方法核定其应纳税款。

五、房产税应纳税额的计算

（一）从价计征的房产税应纳税额的计算

从价计征的房产税应纳税额的计算，是按房产的原值减除一定比例后的余值计征，其计算公式如下。

从价计征的房产税应纳税额 = 应税房产原值 ×（1－扣除比例）×1.2%

（二）从租计征的房产税应纳税额的计算

从租计征的房产税应纳税额的计算，是按房产的租金收入计征，其计算公式如下。

从租计征的房产税应纳税额 = 租金收入 ×12%（或 4%）

【案例 6-2】某企业 2013 年度生产经营用房原值 12 000 万元；幼儿园用房原值 400 万元；出租房屋原值 600 万元，年租金 80 万元。已知房产原值减除比例为 30%；房产税税率从价计征的为 1.2%，从租计征的为 12%，分析该企业当年应缴纳的房产税税额是多少。

【案例解析】本题考查房产税应纳税额的计算。解答本题，首先要分析题目中给出的各种金额，哪些需要征税、哪些可以减免税。

根据房产税法律制度的规定，企业办的幼儿园免征房产税；企业经营性房产按照从价计征的方式计算房产税；企业出租的房产按照从租计征的方式计算房产税。因此题目中需要涉及计算的数据只有两项，一是生产经营用房，按题目规定"房产原值减除比例为 30%"，即 12 000×（1-30%）×1.2%；二是出租用房，即 80×12%。

因此，该企业 2013 年度应缴纳的房产税为：房产税应纳税额 =12 000×（1-30%）×1.2%+80×12%=110.4（万元）。

六、房产税税收优惠

房产税税收优惠的规定具体如表 6-5 所示。

表 6-5 房产税税收优惠表

房产	优惠政策
国家机关、人民团体、军队自用的房产	免税
国家机关、人民团体、军队自用的出租房产以及非自身业务使用的生产、营业用房	照章征税
由国家财政部门拨付事业经费（全额或差额）的单位（学校、医疗卫生单位、托儿所、幼儿园、敬老院以及文化、体育、艺术类单位）所有的、本身业务范围内使用的房产	免税
由国家财政部门拨付事业经费的单位，其经费来源实行自收自支的	免税 3 年（从实行自收自支的年度起）
由国家财政部门拨付事业经费的单位所属的附属工厂、商店、招待所等	照章征税
宗教寺庙、公园、名胜古迹自用的房产	免税
宗教寺庙、公园、名胜古迹中附设的营业单位，如影剧院、饮食部、茶社、照相馆等所使用的房产及出租的房产	照章征税
个人所有非营业用的房产（主要指居民住房）	免税
个人拥有的营业用房或者出租的房产	照章征税
毁损不堪居住的房屋和危险房屋	经有关部门鉴定并停用后，免税
纳税人因房屋大修导致连续停用半年以上	房屋大修期间免税
在基建工地为基建工地服务的各种工棚、材料棚、休息棚和办公室、食堂、茶炉房、汽车房等临时性房屋	施工期间免征税（施工结束后次月起照章征税）
房管部门经租的居民住房，在房租调整改革之前收取租金偏低的	暂缓征税
房管部门经租的其他非营业用房	视当地具体情况办理
高校后勤实体房产	免税
非营利性医疗机构、疾病控制机构和妇幼保健机构等卫生机构自用的房产	免税
老年服务机构自用的房产（主要指福利性、非营利性机构）	免税
按政府规定价格出租的公有住房和廉租住房，包括企业和自收自支事业单位向职工出租的单位自有住房，房管部门向居民出租的公有住房，落实私房政策中带户发还产权并以政府规定租金标准向居民出租的私有住房等	暂免征税
向居民供热并向居民收取采暖费的供热企业	暂免征税

【2013 年真题·单选题】根据房产税法律制度的规定，下列各项中，不予免征房产税的是（　）。

A．名胜古迹中附设的经营性茶社

B．公园自用的办公用房

C. 个人所有的唯一普通居住用房

D. 国家机关的职工食堂

【答案】A

【解析】本题考查房产税的税收优惠。B 选项错误，公园自用的房产，免征房产税；C 选项错误，个人所有非营业用的房产，免征房产税；D 选项错误，国家机关自用的房产，免征房产税。

七、房产税征收管理

（一）纳税义务发生时间

房产税的纳税义务发生时间，视房产的不同用途有不同的规定，具体如表 6–6 所示。

表 6-6 房产税纳税义务发生时间表

房产用途	纳税义务发生时间
将原有房产用于生产经营	从生产经营之月起纳税
自行新建房屋用于生产经营	从建成之次月起纳税
委托施工企业建设的房屋	从办理验收手续之次月起纳税
购置新建商品房	自房屋交付使用之次月起纳税
购置存量房	自办理房屋权属转移、变更登记手续，房地产权属登记机关签发房屋权属证书之次月起纳税
出租、出借房产	自交付出租、出借房产之次月起纳税
地产开发企业自用、出租、出借本企业建造的商品房	自房屋使用或交付之次月起纳税

专家课堂

纳税人因房产的实物或权利状态发生变化而依法终止房产税纳税义务的，其应纳税款的计算截止到房产的实物或权利状态发生变化的当月末。

（二）纳税地点

（1）房产税在房产所在地缴纳。

（2）房产不在同一地方的纳税人，应按房产的坐落地点分别向房产所在地的税务机关申报纳税。

（三）纳税期限

房产税实行按年计算、分期缴纳的征收方法。具体纳税期限由省、自治区、直辖市人民政府确定。

【2010 年真题 · 单选题】甲公司委托某施工企业建造一幢办公楼，工程于 2009 年 12 月完工，2010 年 1 月办妥（竣工）验收手续，4 月付清全部价款。甲公司此幢办公楼房产税的纳税义务发生时间是（　）。

A. 2009 年 12 月　　B. 2010 年 1 月

C. 2010 年 2 月　　D. 2010 年 4 月

【答案】C

【解析】本题主要考查房产税纳税义务发生时间。纳税人委托施工企业建设的房屋，从办理验收手续之次月起，缴纳房产税。本题中 2010 年 1 月办妥（竣工）验收手续，所以应从 2010 年 2 月起征收房产税。

第三节 契税法律制度

考情分析：本节内容中的纳税人、征税范围和计税依据是热门考点，特别是计税依据的内容，在近几年考试中都有出现，同时 2011 年和 2012 年都出现过两道考题，因此是考生应重点关注的内容。预计本节内容主要以单选题和多选题的形式出现，题量约为 1~2 道题。

学习建议：重点掌握契税的纳税人、征税范围和计税依据，适当熟悉契税的税率、应纳税额的计算和税收优惠。契税的征收管理只需大致了解即可。

契税是以所有权发生转移变动的不动产为征税对象，向产权承受人征收的一种财产税。即在土地、房屋权属转移时，按照当事人双方签订的合同（契约），以及所确定价格的一定比例，向权属承受人征收的一种税目。

国家为管理契税，同样发布了一系列法律法规文件，主要有《中华人民共和国契税暂行条例》（以下简称《契税暂行条例》）和《中华人民共和国契税暂行条例实施细则》（以下简称《契税暂行条例实施细则》）。

一、契税纳税人

契税的纳税义务人是指在我国境内承受土地、房屋权属转移的单位和个人。关于此定义的进一步解释如下。

（1）承受。以受让、购买、受赠、交换等方式取得土地、房屋权属的行为。

（2）境内。指中华人民共和国实际税收行政管辖范围内。

（3）土地、房屋权属。指土地使用权和房屋所有权。

（4）单位。指企业单位、事业单位、国家机关、军事单位和社会团体以及其他组织。

（5）个人。指个体经营者及其他个人，包括中国公民和外籍人员。

【2013 年真题 · 单选题】根据契税法律制度的规定，下列各项中，不属于契税纳税人的是（　）。

A. 出售房屋的个人

B. 受赠土地使用权的企业

C. 购买房屋的个人

D. 受让土地使用权的企业

【答案】A

【解析】本题考查契税的纳税人。在我国境内"承受"土地、房屋权属转移的单位和个人，为契税的纳税人。其中"承受"包括受赠、受让、购买、交换等方式取得土地、房屋权属。

二、契税征税范围

契税的征税范围是我国境内转移的土地、房屋权属。具体包括以下 5 项内容。

（一）国有土地使用权的出让

国有土地使用权的出让，由承受方缴纳。具体是指土地使用者向国家交付土地使用权出让费用，国家将国有土地使用权在一定年限内让与土地使用者的行为。

（二）土地使用权的转让

土地使用权的转让，除考虑土地增值税外，应由承受方缴纳契税。具体是指土地使用者以出售、赠与、交换或者其他方式将土地使用权转移给其他单位和个人的行为。土地使用权的转让不包括农村集体土地承包经营权的转移。

（三）房屋买卖

房屋买卖，即以货币为媒介，房屋所有者向购买者过渡房产所有权的交易行为。

（四）房屋赠与

房屋赠与是指房屋所有者将其房屋无偿转让给受赠者的行为。赠与方不缴纳土地增值税，但承受方应缴纳契税。

（五）房屋交换

房屋交换是指房屋所有者之间相互交换房屋的行为。

除了上述几种行为外，应重点区别如表 6-7 所示中列举的各种与土地、房屋权属相关的行为。

表 6-7 其他与土地、房屋权属相关行为的判定

具体行为	如何判定
以土地、房屋权属作价投资、入股	视同土地使用权转让缴纳契税
以自有房产作股投入本人经营企业	免纳契税
以土地、房屋权属抵债	视同房屋买卖缴纳契税
以获奖方式承受土地、房屋权属	视同房屋赠与缴纳契税
以预购方式或者预付集资建房款方式承受土地、房屋权属	视同房屋买卖缴纳契税
土地使用权受让人通过完成土地使用权转让方约定的投资额度或投资特定项目，以此获取低价转让或无偿赠与的土地使用权	属于契税征收范围，由征收机构核定计税价格
公司增资扩股，对以土地、房屋权属作价入股或作为出资投入企业的	应征收契税
企业破产清算期间，对非债权人承受破产企业土地、房屋权属的	应征收契税
土地、房屋权属的典当、继承、分拆（分割）、出租、抵押	不属于契税征税范围

三、契税税率

契税采用比例税率，实行 3%~5% 的幅度税率。实行幅度税率是考虑到中国经济发展的不平衡，各地经济差别较大的实际情况。因此，各省、自治区、直辖市人民政府可以在 3%~5% 的幅度税率规定范围内，按照该地区的实际情况确定。

四、契税计税依据

根据《契税暂行条例》和《契税暂行条例实施细则》的相关规定，契税的计税依据分别如下。

（1）国有土地使用权出让、土地使用权出售、房屋买卖，以成交价格为计税依据。

专家课堂

成交价格指的是土地、房屋权属转移合同确定的价格，包括承受者应交付的货币、实物、无形资产或其他经济利益。

（2）土地使用权赠与、房屋赠与，由征收机关参照土地使用权出售、房屋买卖的市场价格核定。

（3）土地使用权交换、房屋交换，计税依据为所交换的土地使用权、房屋的价格的差额。土地使用权和房屋交换，交换价格不相等时，由多交付货币、实物、无形资产或其他经济利益的一方缴纳契税；交换价格相等的，免征契税。

专家课堂

成交价格明显低于市场价格并且无正当理由的，或者所交换土地使用权、房屋的价格的差额明显不合理并且无正当理由的，由征收机关参照市场价格核定。

（4）以划拨方式取得土地使用权的，经批准转让房地产时，应由房地产转让者补缴契税。其计税

依据为补缴的土地使用权出让费用或者土地收益。

【2012年真题·多选题】关于契税计税根据的下列表述中，符合法律制度规定的有（　）。

A. 受让国有土地使用权的，以成交价格为计税依据

B. 受赠房屋的，由征收机关参照房屋买卖的市场价格规定计税依据

C. 购入土地使用权的，以评估价格为计税依据

D. 交换土地使用权的，以交换土地使用权的价格差额为计税依据

【答案】ABD

【解析】本题考查契税的计税依据。C选项错误，契税的计税依据中没有"评估价格"这种说法。

五、契税应纳税额的计算

契税应纳税额依照省、自治区、直辖市人民政府确定的适用税率和税法规定的计税依据计算征收。其计算公式如下。

应纳税额 = 计税依据 × 税率

【案例6-3】甲公司于2013年9月向乙公司购买一处闲置厂房，合同注明的土地使用权价款2 000万元，厂房及地上附着物价款500万元，已知当地规定的契税税率为3%，计算甲公司应缴纳的契税税额为多少。

【案例解析】本题考查契税应纳税额的计算。根据契税法律制度的规定，国有土地使用权出让、土地使用权出售、房屋买卖，以成交价格作为计税依据。明确此点以后，本题就迎刃而解了。

甲公司契税的应纳税额 =（土地使用权价款 + 厂房及地上附着物价款）× 适用税率 =（2 000+500）×3%=75（万元）。

【案例6-4】周某原有两套住房，2013年8月，出售其中一套，成交价为70万元；将另一套以市场价格60万元与谢某的住房进行了等价置换；又以100万元价格购置了一套新住房，已知契税的税率为3%。分析周某应缴纳的契税税额是多少。

【案例解析】本题在【案例6-3】的基础上难度适当提高了一点，要正确解题，需要分析题目中的哪些行为是应税行为，哪些是免税行为。

契税是由承受土地、房屋权属转移的单位和个人缴纳的；对于交换土地使用权或房屋的，交换价格相等的，免征契税。通过这些规定，可以明确本题中只有购买新住房需要缴纳契税。

所以周某需缴纳的契税的应纳税额 = 100×3%=3（万元）。

六、契税税收优惠

有下列情形之一的，减征或者免征契税。

（1）国家机关、事业单位、社会团体、军事单位承受土地、房屋用于办公、教学、医疗、科研和军事设施的，免征契税。

（2）城镇职工按规定第一次购买公有住房的，免征契税。

（3）已购公有住房经补缴土地出让金和其他出让费用成为完全产权住房的，免征土地权属转移的契税。

（4）因不可抗力灭失住房而重新购买住房的，酌情准予减征或者免征契税。

（5）土地、房屋被县级以上人民政府征用、占用后，重新承受土地、房屋权属的，是否减征或者免征契税，由纳税人所在省、自治区、直辖市人民政府确定。

（6）对拆迁居民因拆迁重新购置住房的，对购房成交价格中相当于拆迁补偿款的部分免征契税，成交价格超过拆迁补偿款的，对超过部分征收契税。

（7）纳税人承受荒山、荒沟、荒丘、荒滩土地使用权，用于农、林、牧、渔业生产的，免征契税。

（8）依照我国有关法律规定以及我国缔结或参加的双边和多边条约或协定的规定应当予以免税的外国驻华使馆、领事馆、联合国驻华机构及其外交代表、领事官员和其他外交人员承受土地、房屋权属的，经外交部确认，可以免征契税。

专家课堂

经批准减征、免征契税的纳税人，改变有关土地、房屋的用途的，不再属于减征、免征契税房屋，应补缴已经减征或免征的税款。

七、契税征收管理

（一）纳税义务发生时间

契税的纳税义务发生时间是纳税人签订土地、房屋权属转移合同的当天，或者纳税人取得其他具有土地、房屋权属转移合同性质凭证的当天。

（二）纳税地点

契税实行属地征收管理，即纳税人发生契税纳税义务时，应向土地、房屋所在地的税务征收机关申报纳税。

（三）纳税期限

纳税人应当自纳税义务发生之日起10日内，向土地、房屋所在地的税收征收机关办理纳税申报，并在税收征收机关核定的期限内缴纳税款。

【例题·判断题】纳税人缴纳契税时，应向土地、房屋所在地的税务征收机关申报纳税。（　）

【答案】√

【解析】本题考查契税的纳税地点。契税实行属地征收管理，即纳税人发生契税纳税义务时，应向土地、房屋所在地的税务征收机关申报纳税。

第四节 土地增值税法律制度

考情分析：本节内容是本章的重点内容之一，有可能同时涉及其他税目综合考查考生的业务处理能力，需要引起重视。其中关于土地增值税的征税范围、计税依据、应纳税额的计算以及纳税期算是较为热门的考点，并且有可能以任何一种题型出现在考试中。预计本节内容的题量在1~2道题左右。

学习建议：重点掌握土地增值税的征税范围、计税依据、应纳税额的计算步骤以及征收管理中的纳税清算问题。适当了解并熟悉土地增值税的纳税人、税率和税收优惠政策。

土地增值税是指转让国有土地使用权、地上的建筑物及其附着物并取得收入的单位和个人，以转让所取得的收入（包括货币收入、实物收入和其他收入）为计税依据向国家缴纳的一种税赋。

我国土地增值税的法律法规文件主要有《中华人民共和国土地增值税暂行条例》和《中华人民共和国土地增值税暂行条例实施细则》等。

一、土地增值税纳税人

土地增值税的纳税人为转让国有土地使用权、地上建筑物及其附着物（以下简称转让房地产）并取得收入的单位和个人。其中关于单位和个人的解释分别如下。

（1）单位。包括各类企业单位、事业单位、国家机关和社会团体及其他组织。

（2）个人。包括个体经营者、外商投资企业、外国企业、外国驻华机构及海外华侨、港澳台同胞和外国公民。

二、土地增值税征税范围

土地增值税的征税范围是有偿转让国有土地使用权及地上建筑物和其他附着物产权所取得的增值额。下面分别介绍与该征税范围有关的一般规定和特殊规定。

（一）征税范围的一般规定

1. 土地增值税只对转让国有土地使用权的行为征税，转让非国有土地和出让国有土地的行为均不征税

（1）国有土地使用权

国有土地使用权是指土地使用人根据国家法律、合同等规定，对国家所有的土地享有的使用权利。土地增值税只对企业、单位和个人等经济主体转让国有土地使用权的行为征税。

知识链接

与国有土地对应的是集体土地，企业、单位和个人自行转让集体土地是一种违法行为。转让集体土地，必须先由国家征用后才能转让，未经征用的集体土地不得转让。

（2）国有土地出让

国有土地出让是指国家以土地所有者的身份将土地使用权在一定年限内让与土地使用者，并由土地使用者向国家支付土地出让金的行为。政府出让土地的行为相当于政府凭借所有权在土地一级市场上收取租金，因此该收入不属于土地增值税的征税范围。

2. 土地增值税既对转让土地使用权征税，也对转让地上建筑物和其他附着物的产权征税

按税法规定，纳税人转让地上建筑物和其他附着物的产权所取得的增值性收入，也应计算缴纳土地增值税。即纳入土地增值税征税范围的增值额，是纳税人转让房地产所取得的全部增值额，而非仅仅是土地使用权转让的收入。

（1）地上建筑物

地上建筑物是指建于土地上的一切建筑物，包括地上地下的各种附属设施，如厂房、商店、医院、住宅、地下室、管道等。

(2)附着物

附着物是指附着于土地上、不能移动，一经移动即遭损坏的种植物、养植物及其他物品。

3. 土地增值税只对有偿转让的房地产征税，对以继承、赠与等方式无偿转让的房地产，不予征税

(1)继承行为

继承行为是指房产所有人、土地使用权所有人将房屋产权、土地使用权赠与直系亲属或承担直接赡养义务人的行为。

(2)赠与行为

赠与行为是指房产所有人、土地使用权所有人通过中国境内非营利的社会团体、国家机关将房屋产权、土地使用权赠与教育、民政和其他社会福利、公益事业的行为。

(二)征税范围的特殊规定

土地增值税的征税范围除了前面介绍的几点一般规定外，还随其他特殊行为有不同的规定，具体如表 6-8 所示。

表 6-8 其他与土地、房屋权属相关行为的判定

具体行为	行为解释	是否征税
以房地产进行投资、联营	投资、联营的一方以土地(房地产)作价入股进行投资或作为联营条件	暂免征收土地增值税
	所投资、联营的企业从事房地产开发	征收土地增值税
	房地产开发企业以其建造的商品房进行投资和联营	
	投资、联营企业将其建造的商品房再转让的	
合作建房	一方出地，一方出资金，双方合作建房，建成后分房自用	暂免征收土地增值税
	一方出地，一方出资金，双方合作建房，建成后转让	征收土地增值税
房地产商开发房地产	将开发的部分房地产转为企业自用或用于出租等商业用途，产权未发生转移的	不征土地增值税
企业兼并转让房地产	被兼并企业将房地产转让到兼并企业的	暂免征收土地增值税
交换房地产	一方以房地产与另一方的房地产进行交换(非个人)	征收土地增值税
	个人之间互换自有居住用房地产的	经核实后免征土地增值税
房地产抵押	抵押期间(作为担保而不转移权属)	不征收土地增值税
	抵押期满，房地产产权未转移	不征收土地增值税
	抵押期满，房地产产权发生转移	征收土地增值税
	发生房地产产权转让	征收土地增值税
房地产出租	出租人取得收入，但没有发生房地产产权的转让	不征收土地增值税
房地产评估增值	国有企业在清产核资时对房地产进行重新评估而产生的评估增值，没有发生房地产权属转让的	不征收土地增值税
国家收回、征用土地	国家收回国有土地使用权、征用地上建筑物及附着物，房地产所有人也取得了收入	免征土地增值税
土地使用者转让、抵押或置换土地	无论其是否取得了该土地的使用权属证书，无论其在转让、抵押或置换土地过程中是否与对方当事人办理了土地使用权属证书变更登记手续，只要土地使用者享有占有、使用、收益或处分该土地的权利，且有合同等证据表明其实质转让、抵押或置换了土地并取得了相应的经济利益	土地使用者及其对方当事人均要缴纳土地增值税
房地产代建	房地产开发公司代客户开发房地产，完工后收取代建费用	不征收土地增值税

【2013 年真题·单选题】根据土地增值税法律制度的规定，下列行为中，应缴纳土地增值税的是(　)。

A. 甲企业将自有厂房出租给乙企业

B. 丙企业转让国有土地使用权给戊企业

C. 某市政府出让国有土地使用权给丁房地产开发商

D. 戊软件开发公司将闲置房屋通过民政局捐赠给养老院

【答案】B

【解析】本题考查土地增值税的征税范围。A 选项错误，甲企业将自有厂房出租给乙企业，厂房的所有权没有发生转移，不属于土地增值税的征税范围，不征收土地增值税；C 选项错误，出让国有土地的行为不征收土地增值税；D 选项错误，将房屋通过民政局捐赠给养老院，不属于土地增值税的征税范围，不征收土地增值税。

【例题·多选题】张某于 2012 年以每套 80 万元的价格购入两套高档公寓作为投资。2013 年将其中一套公寓以 100 万元的价格转让给谢某，从中获利 20 万元，根据我国税收法律制度的规定，张某出售公寓的行为应缴纳的税种有(　)。

A. 个人所得税　B. 营业税
C. 契税　　　　D. 土地增值税

【答案】ABD

【解析】本题放在这里主要是对土地增值税征税范围的考查。按照相关规定，土地使用者转让、抵押或置换土地，都需要缴纳土地增值税，因此D选项正确；5年内转让房屋的要按照规定缴纳个人所得税，因此A选项正确；不足5年的普通二手房在转让时按差额方式征收营业税，因此B选项正确。

考场点拨

上题实际上是考查房屋转让环节涉及的税种，这种题型对考生的综合能力要求较高，近几年出现在考试中的概率也越来越高，是考生应该关注的一种命题方式。

三、土地增值税税率

我国土地增值税实行四级超率累进税率，具体税率和速算扣除系数如表6–9所示。

表6-9 土地增值税税率表

级数	增值额与扣除项目金额的比率	税率	速算扣除系数
1	不超过扣除项目金额的50%	30%	0%
2	超过扣除项目金额的50%，未超过扣除项目金额的100%	40%	5%
3	超过扣除项目金额的100%，未超过扣除项目金额的200%	50%	15%
4	超过扣除项目金额的200%	60%	35%

四、土地增值税计税依据

土地增值税的计税依据是纳税人转让房地产所取得的增值额，即纳税人转让房地产的收入减除税法规定的扣除项目金额后的余额。因此，要确定土地增值税的计税依据，就需要确定纳税人转让房地产的应税收入和税法规定的扣除项目及其金额。

【例题·判断题】纳税人转让房地产所取得的收入，为土地增值税的计税依据。

【答案】×

【解析】本题考查土地增值税的计税依据。土地增值税的计税依据是纳税人转让房地产所取得的增值额，即纳税人转让房地产的收入减除税法规定的扣除项目金额后的余额。

（一）应税收入的确定

纳税人转让房地产取得的应税收入，包括转让房地产的全部价款及有关的经济收益，按形式的不同可分为货币收入、实物收入和其他收入。各种形式的收入解释如图6–4所示。

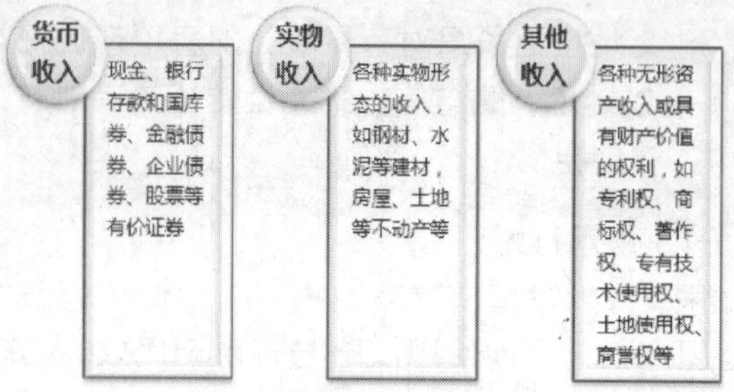

图6-4 各种形式的应税收入

专家课堂

纳税人取得的收入为外国货币的，以取得收入当天或当月1日国家公布的市场汇价折合成人民币计算；当月以分期收款方式取得的外币收入，按实际收款日或收款当月1日国家公布的市场汇价折合成人民币计算。

（二）扣除项目及其金额

准予纳税人从房地产转让收入额减除的扣除项目金额具体包括6项内容，下面依次介绍这些扣除项目及计税依据的特殊规定。

1. 取得土地使用权所支付的金额

取得土地使用权所支付的金额主要包括取得土地使用权所支付的地价款以及国家规定的有关费用和税金。

纳税人为取得土地使用权所支付的地价款的确定有以下3种方式。

（1）以协议、招标、拍卖等出让方式取得土地使用权的，地价款为纳税人所支付的土地出让金。

（2）以行政划拨方式取得土地使用权的，地价款为按照国家有关规定补交的土地出让金。

（3）以转让方式取得土地使用权的，地价款为向原土地使用权人实际支付的地价款。

纳税人在取得土地使用权时按国家统一规定缴纳的有关费用和税金，即纳税人在取得土地使用权过程中为办理有关手续，按国家统一规定缴纳的有关登记、过户手续费和契税。

2. 房地产开发成本

房地产开发成本是指纳税人开发房地产项目实际发生的成本，包括以下几项费用。

（1）土地征用及拆迁补偿费：包括土地征用费、耕地占用税、劳动力安置费及有关地上、地下附着物拆迁补偿的净支出、安置动迁用房支出等。

（2）前期工程费：包括规划、设计、项目可行性研究和水文、地质、勘察、测绘、“三通一平”等支出。

（3）建筑安装工程费：即以出包方式支付给承包单位的建筑安装工程费和以自营方式发生的建筑安装工程费。

（4）基础设施费：包括开发小区内道路、供水、供电、供气、排污、排洪、通讯、照明、环卫、绿化等工程发生的支出。

（5）公共配套设施费：包括不能有偿转让的开发小区内公共配套设施发生的支出。

（6）开发间接费用：即直接组织、管理开发项目发生的费用，包括工资、职工福利费、折旧费、修理费、办公费、水电费、劳动保护费、周转房摊销等。

3. 房地产开发费用

房地产开发费用是指与房地产开发项目有关的销售费用、管理费用和财务费用。在计算土地增值税时，房地产开发费用应分别按照以下两种情况扣除。

（1）能计算分摊的财务费用中的利息支出

财务费用的利息支出若能够按转让房地产项目计算分摊并提供金融机构证明的，允许据实扣除，但最高不能超过按商业银行同类同期贷款利率计算的金额。其他房地产开发费用，按《中华人民共和国土地增值税暂行条例实施细则》规定计算的金额之和的5%以内计算扣除。其计算公式如下。

允许扣除的房地产开发费用＝利息＋（取得土地使用权所支付的金额＋房地产开发成本）×5%

（2）不能计算分摊的财务费用中的利息支出

财务费用中的利息支出，若不能按转让房地产项目计算分摊利息支出或不能提供金融机构证明的，房地产开发费用按《中华人民共和国土地增值税暂行条例实施细则》规定计算的金额之和的10%以内计算扣除。其计算公式如下。

允许扣除的房地产开发费用＝（取得土地使用权所支付的金额＋房地产开发成本）×10%

专家课堂

关于房地产开发费用中的利息规定，还要注意以下两点规定：①利息的上浮幅度按国家的有关规定执行，超过上浮幅度的部分不允许扣除；②对于超过贷款期限的利息部分和加罚的利息不允许扣除。

【案例6-5】某企业开发房地产取得土地使用权所支付金额1 000万元，房地产开发成本6 000万元；向金融机构借入资金利息支出400万元（能提供贷款证明），其中超过国家规定上浮幅度的金额为100万元；该省规定能提供贷款证明的其他房地产开发费用为5%。根据以上条件，分析该企业允许扣除的房地产开发费用的数额。

【案例解析】本题考查的是土地增值税计税依据中的房地产开发费用。解答本题的关键在于题目中给出的利息数据是否属于能计算分摊的财务费用中的利息支出。

按规定，财务费用的利息支出若能够按转让房地产项目计算分摊并提供金融机构证明的，允许据实扣除，但最高不能超过按商业银行同类同期贷款利率计算的金额。计算公式为：允许扣除的房地产开发费用＝利息＋（取得土地使用权所支付的金额＋房地产开发成本）×5%

因此，该企业允许扣除的房地产开发费用＝（400−100）＋（1 000+6 000）×5%=650（万元）。

4. 与转让房地产有关的税金

与转让房地产有关的税金，是指在转让房地产时缴纳的营业税、城市维护建设税、印花税，其中因转让房地产缴纳的教育费附加也可视同与转让房地产有关的税金，享受相同的政策，但需要注意以下两方面的规定。

（1）按规定，外商投资房地产开发企业不缴纳城市维护建设税和教育费附加，因此在计算与转让房地产有关的税金时不含城市维护建设税和教育费附加。

（2）房地产开发企业在转让时缴纳的印花税已列入管理费用中，故不允许单独再扣除，而其他纳税人缴纳的印花税允许在此扣除。

5. 财政部确定的其他扣除项目

财政部确定的一项重要扣除项目是，对从事房地产开发的纳税人允许按取得土地使用权时所支付的金额和房地产开发成本之和，加计20%的扣除。

6. 旧房及建筑物的扣除金额

税法规定，转让旧房及建筑物的，应按房屋及建筑物的评估价格和购房发票金额作为扣除项目计征土地增值税。

（1）按评估价格扣除

旧房及建筑物的评估价格是指在转让已使用过的房屋及建筑物时，由政府批准设立的房地产评估机构评定的重置成本价乘以成新度折扣率后的价格。其中关于重置成本价和成新度折扣率的解释分别如下。

①重置成本价。对旧房及建筑物，按转让时的建材价格及人工费用计算建造同样面积、同样层次、同样结构、同样建设标准的新房及建筑物所需花费

的成本费用。

②成新度折扣率。按旧房的新旧程度作一定比例的折扣。

（2）按购房发票金额计算扣除

纳税人转让旧房及建筑物时，因计算纳税需要对房地产进行评估，其支付的评估费用允许在计算土地增值税时予以扣除。但是，凡不能取得评估价格，但能提供购房发票的，经当地税务部门确认的符合规定扣除项目的金额，可按发票所载金额并从购买年度起至转让年度止每年加计 5% 计算，对于纳税人购房时缴纳的契税，凡能够提供契税完税凭证的，准予作为"与转让房地产有关的税金"予以扣除，但不作加计 5% 的基数。

7. 计税依据的特殊规定

根据《中华人民共和国土地增值税暂行条例》的规定，纳税人有下列情形之一的，按照房地产评估价格计算征收土地增值税。

（1）隐瞒、虚报房地产成交价格的。隐瞒、虚报房地产成交价格是指纳税人不报或故意低报转让土地使用权、地上建筑物及其附着物价款的行为。

（2）提供扣除项目金额不实的。提供扣除项目金额不实是指纳税人在纳税申报时，不据实提供扣除项目金额，虚增被转让房地产扣除项目的内容或金额，达到虚增成本偷税目的的行为。

（3）转让房地产的成交价格低于房地产评估价格，又无正当理由的。转让房地产的成交价格低于房地产评估价格且无正当理由，指的是纳税人申报的转让房地产的成交价低于房地产评估机构通过市场比较法进行房地产评估时所确定的正常市场交易价，且纳税人不能提供有效凭据或无正当理由进行解释的行为。

知识链接

房地产开发企业将开发产品用于职工福利、奖励、对外投资、分配给股东或投资人、抵偿债务、换取其他单位和个人的非货币性资产等，发生所有权转移时应视同销售房地产，其收入按下列方法和顺序确认：①按本企业在同一地区、同一年度销售的同类房地产的平均价格确定；②由主管税务机关参照当地当年、同类房地产的市场价格或评估价值确定。

【例题·多选题】下列项目中，属于土地增值税的扣除项目的是（　）。

A. 房地产开发成本

B. 房地产开发费用

C. 与转让房地产有关的税金

D. 符合税法规定的旧房及建筑物转让

【答案】ABCD

【解析】本题考查土地增值税的扣除项目。准予纳税人从房地产转让收入额减除的扣除项目金额具体包括 6 项内容，除上述 4 项外，还包括取得土地使用权所支付的金额、财政部确定的其他扣除项目。

五、土地增值税应纳税额的计算

（一）应纳税额的计算公式

土地增值税按纳税人转让房地产所取得的增值额和规定的税率计算征收。其计算公式如下。

应纳税额 = ∑（每级距的增值额 × 适用税率）

由于分步计算较为繁琐，因此可采用速算扣除法计算，即：

土地增值税税额 = 增值额 × 适用的税率 − 扣除项目金额 × 速算扣除系数

根据扣除项目金额的大小，具体的计算公式如表 6-10 所示。

表 6-10 土地增值税应纳税额计算公式

增值额与扣除项目金额的关系	应纳税额的计算公式
增值额未超过扣除项目金额的 50%	土地增值税应纳税额 = 增值额 × 30%
增值额超过扣除项目金额的 50%，但未超过 100%	土地增值税应纳税额 = 增值额 × 40% − 扣除项目金额 × 5%
增值额超过扣除项目金额的 100%，但未超过 200%	土地增值税应纳税额 = 增值额 × 50% − 扣除项目金额 × 15%
增值额超过扣除项目金额的 200%	土地增值税应纳税额 = 增值额 × 60% − 扣除项目金额 × 35%

（二）应纳税额的计算步骤

根据上述计算公式，土地增值税应纳税额的计算可分为 4 个步骤，具体如图 6-5 所示。

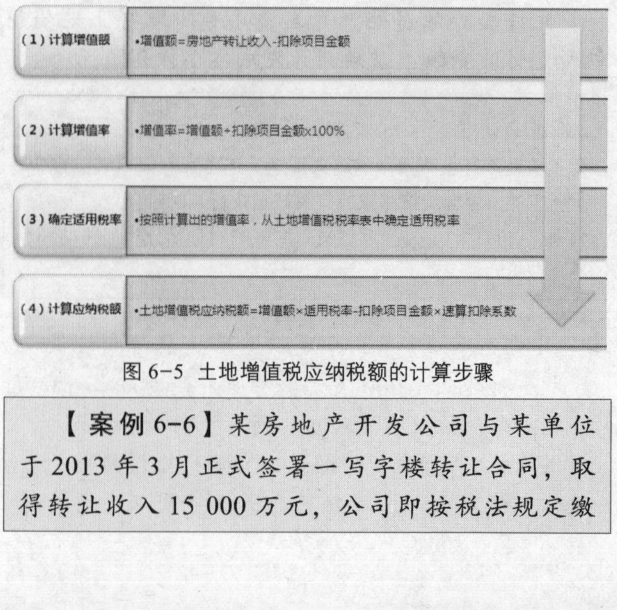

图 6-5 土地增值税应纳税额的计算步骤

【案例 6-6】某房地产开发公司与某单位于 2013 年 3 月正式签署一写字楼转让合同，取得转让收入 15 000 万元，公司即按税法规定缴纳了有关税金（营业税税率5%，城建税税率为7%，教育费附加征收率为3%，印花税税率为0.5‰）。已知该公司为取得土地使用权而支付的地价款和按国家统一规定交纳的有关费用为3 000万元；投入房地产开发成本为4 000万元；房地产开发费用中的利息支出为1 200万元（不能按转让房地产项目计算分摊利息支出，也不能提供金融机构证明）。另知该公司所在省人民政府规定的房地产开发费用的计算扣除比例为10%。请计算该公司转让此楼应纳的土地增值税税额。

【案例解析】本题考查土地增值税应纳税额的计算。解答本题的思路分为以下几步：

1. 确定转让房地产的收入。
2. 确定转让房地产的扣除项目金额。
3. 计算转让房地产的增值额。
4. 计算增值额与扣除项目金额的比率。
5. 计算应纳土地增值税税额。

下面根据这些步骤来计算该公司的土地增值税应纳税额。

（1）转让房地产的收入：15 000（万元）。

（2）转让房地产的扣除项目金额包括：

①取得土地使用权所支付的金额3 000万元

②房地产开发成本4 000万元

③房地产开发费用为（3 000+4 000）×10%=700（万元）

④与转让房地产有关的税金：15 000×5%+15 000×5%×（7%+3%）=825（万元）

⑤从事房地产开发的加计扣除：（3 000+4 000）×20%=1 400（万元）

总　计：3 000+4 000+700+825+1 400=9 925（万元）

（3）转让房地产的增值额：15 000−9 925=5 075（万元）

（4）增值额与扣除项目金额的比率，即增值率：5 075/9 925 ≈ 51%

（5）应纳土地增值税税额：5 075×40%−9 925×5%=1 533.75（万元）。

六、土地增值税税收优惠

土地增值税的税收优惠可参考如表6−11所示的各项规定。

表6-11 土地增值税税收优惠政策

情形	类别	是否缴纳土地增值税
纳税人建造普通标准住宅出售	增值额未超过扣除项目金额20%	免税
	增值额超过扣除项目金额20%	按全部增值额缴税
因国家建设需要依法征用、收回的房地产		免税
因城市实施规划、国家建设的需要而搬迁，由纳税人自行转让原房地产		免税
企事业单位、社会团体以及其他组织转让旧房作为廉租住房、经济适用住房房源，且增值额未超过扣除项目金额的20%		免税
自2008年11月1日起，居民个人转让住房		免税

七、土地增值税征收管理

（一）纳税申报

土地增值税纳税申报的基本规定为：纳税人应在转让房地产合同签订后7日内，到房地产所在地主管税务机关办理纳税申报。具体申报流程为：纳税人向税务机关提交房屋及建筑物产权、土地使用权证书，土地转让、房产买卖合同、房地产评估报告及其他与转让房地产有关的资料，然后在税务机关规定的期限内缴纳土地增值税。

另外，根据纳税人的不同情况，土地增值税的纳税申报也有相应的规定，具体如表6−12所示。

表6-12 土地增值税纳税申报的相关规定

情形	规定
纳税人因经常发生房地产转让而难以在每次转让后申报的	经税务机关审核同意后，可按月或按季定期进行纳税申报
纳税人采取预售方式销售房地产的	对在项目全部竣工结算前转让房地产取得的收入，税务机关可预征土地增值税
纳税人预售房地产取得的收入	凡当地税务机关规定预征土地增值税的，纳税人应到主管税务机关办理纳税申报，并按规定比例预交，清算后多退少补

（二）纳税清算

1. 土地增值税的清算单位

土地增值税清算应该以国家有关部门审批的房地产开发项目为单位进行清算。对于分期开发的项目，以分期项目为清算单位。如果开发项目中同时包含普通住宅和非普通住宅的，应分别计算增值额。

2. 土地增值税的清算条件

（1）纳税人符合下列条件之一的，应进行土地增值税的清算。

①房地产开发项目全部竣工、完成销售的。

②整体转让未竣工决算房地产开发项目的。

③直接转让土地使用权的。

（2）对符合以下条件之一的，主管税务机关可要求纳税人进行土地增值税清算。

①已竣工验收的房地产开发项目，已转让的房地产建筑面积占整个项目可售建筑面积的比例在85%以上，或该比例虽未超过85%，但剩余的可售建筑面积已经出租或自用的。

②取得销售（预售）许可证满3年仍未销售完毕的。

③纳税人申请注销税务登记但未办理土地增值税清算手续的。

专家课堂

上述情形应在办理注销登记前进行土地增值税清算。

④省级税务机关规定的其他情况。

【2010年真题·多选题】根据土地增值税法律制度的规定，下列情形中，纳税人应当进行土地增值税清算的有（ ）。

A. 直接转让土地使用权的

B. 整体转让未完工决算房地产开发项目的

C. 房地产开发项目全部竣工并完成销售的

D. 取得房地产销售（预售）许可证满2年尚未销售完毕的

【答案】ABC

【解析】本题考查土地增值税的清算知识。D选项错误，对于取得房地产销售（预售）许可证满2年尚未销售完毕的，不用进行土地增值税的清算。

3. 土地增值税清算应报送的资料

纳税人办理土地增值税清算时，应按规定报送以下资料。

（1）房地产开发企业清算土地增值税书面申请、土地增值税申报表。

（2）项目竣工决算报表、取得土地使用权所支付的地价款凭证、国有土地使用权出让合同、银行贷款利息结算通知单、项目工程合同结算单、商品房购销合同统计表等各种与房地产转让的收入、成本和费用相关的证明资料。

（3）主管税务机关要求报送的其他与土地增值税清算有关的证明资料等。

专家课堂

若纳税人委托税务中介机构进行清算项目的审核鉴证，则纳税清算时还应报送中介机构出具的《土地增值税清算税款鉴证报告》。

4. 清算后再转让房地产的处理

清算土地增值税时未转让的房地产，待清算后再进行销售或有偿转让的，纳税人应按规定进行土地增值税的纳税申报，扣除项目金额的计算公式如下。

扣除项目金额＝清算时的单位建筑面积成本费用×销售或转让的房地产面积

其中，清算时的单位建筑面积成本费用的计算公式如下。

单位建筑面积成本费用＝清算时的扣除项目总金额÷清算的总建筑面积

5. 土地增值税的核定征收

房地产开发企业有下列情形之一的，税务机关可以参照与其开发规模和收入水平相近的当地企业的土地增值税税负情况，按不低于预征率的征收率核定征收土地增值税。

（1）依照法律、行政法规的规定应当设置但未设置账簿的。

（2）擅自销毁账簿或者拒不提供纳税资料的。

（3）虽设置账簿，但账目混乱或者成本资料、收入凭证、费用凭证残缺不全，难以确定转让收入或扣除项目金额的。

（4）符合土地增值税清算条件，未按照规定的期限办理清算手续，经税务机关责令限期清算，逾期仍不清算的。

（5）申报的计税依据明显偏低，又无正当理由的。

（三）纳税地点

土地增值税纳税人发生应税行为应向房地产所在地（即房地产坐落地）主管税务机关缴纳税款。

纳税人转让的房地产坐落在两个或两个以上地区的，应按房地产所在地分别申报纳税。根据纳税人的性质具体又分为以下两种情况。

（1）纳税人为法人

①当转让的房地产坐落地与其机构所在地或经营所在地一致时，则在办理税务登记的原管辖税务机关申报纳税即可。

②若转让的房地产坐落地与其机构所在地或经营所在地不一致时，则应在房地产坐落地所管辖的税务机关申报纳税。

（2）纳税人为自然人

①当转让的房地产坐落地与其居住所在地一致时，则在居住所在地税务机关申报纳税。

②当转让的房地产坐落地与其居住所在地不一致时，在办理过户手续所在地的税务机关申报纳税。

第五节 城镇土地使用税法律制度

考情分析：本节内容在近几年考试中也出现了相应的考题，其考查的内容主要集中在城镇土地使用税的纳税人、计税依据、纳税义务发生时间和税收减免等知识。题型以单选题和多选题为主，也有可能出现判断题，题量一般为1~2道题，考查的难度不大。

学习建议：重点掌握城镇土地使用税的纳税人、征税范围、税率、计税依据和应纳税额的计算等内容，适当了解并熟悉城镇土地使用税的税收优惠和征收管理。

城镇土地使用税是国家在城市、县城、建制镇和工矿区范围内，对使用土地的单位和个人，以实际占用的土地面积为计税依据，按规定税额对拥有土地使用权的单位和个人征收的一种行为税。

我国城镇土地使用税法律制度主要由《中华人民共和国城镇土地使用税暂行条例》和《国务院关于修改〈中华人民共和国城镇土地使用税暂行条例〉的规定》等文件构成。

一、城镇土地使用税纳税人

（一）城镇土地使用税纳税人的界定

城镇土地使用税的纳税人是指在税法规定的征税范围内使用土地的单位和个人。其中单位和个人的解释分别如下。

（1）单位。包括国有企业、集体企业、私营企业、股份制企业、外商投资企业、外国企业以及其他企业和事业单位、社会团体、国家机关、军队以及其他单位。

（2）个人。主要指个体工商户以及其他个人。

（二）城镇土地使用税纳税人的确定

对城镇土地使用税的纳税人，我国根据用地者的不同情况分别进行确定，具体如表6-13所示。

表6-13 城镇土地使用税纳税人的确定

用地者的情形	纳税人的确定
拥有土地使用权的单位或个人	城镇土地使用税由相关单位和个人纳税
拥有土地使用权的纳税人不在土地所在地	由代管人或实际使用人纳税
土地使用权未确定或权属纠纷未解决	由实际使用人纳税
土地使用权共有	共有各方均为纳税人，以共有各方实际使用土地的面积占总面积的比例，分别计算并纳税

【2012年真题·多选题】关于确定城镇土地使用税纳税人的下列表述中，符合法律制度的有（ ）。

A. 拥有土地使用权的单位或个人为纳税人

B. 拥有土地使用权的单位或个人不在土地所在地的，以代管人或实际使用人为纳税人

C. 土地使用权未确定或权属纠纷未解决的，以实际使用人为纳税人

D. 土地使用权共有的，以共有各方为纳税人

【答案】ABCD

【解析】本题考查城镇土地使用税的纳税人。上题中各选项的表述即城镇土地使用税纳税人确定方法的完整表述。

二、城镇土地使用税征税范围

城镇土地使用税的征税范围是税法规定的纳税区域内的土地。凡是在城市、县城、建制镇、工矿区范围内的土地，不论是属于国家所有的土地，还是集体所有的土地，都属于城镇土地使用税的征税范围。其中对城市、县城、建制镇和工矿区的解释分别如下。

（1）城市。国务院批准设立的市，包括市区和郊区。

（2）县城。县人民政府所在地的城镇。

（3）建制镇。经省级人民政府批准设立的建制镇所在地的地区，但不包括镇政府所在地所辖行政村。

（4）工矿区。工商业比较发达，人口比较集中，符合国务院规定的建制镇标准，但尚未设立建制镇

的大中型工矿企业所在地。

专家课堂

建立在城市、县城、建制镇和工矿区以外的工矿企业则不需缴纳城镇土地使用税。另外，自2009年1月1日起，公园、名胜古迹内的索道公司经营用地，应按规定缴纳城镇土地使用税。

【2013年真题·单选题】根据城镇土地使用税法律制度的规定，下列土地中，不属于城镇土地使用税征税范围的是（ ）。

A. 城市土地　B. 县城土地

C. 农村土地　D. 建制镇土地

【答案】C

【解析】本题考查城镇土地使用税的征税范围。城镇土地使用税的征税范围包括城市、县城、建制镇和工矿区范围内的土地，不包括农村。

三、城镇土地使用税税率

城镇土地使用税采用定额税率，即采用有幅度的差别税额。按大、中、小城市和县城、建制镇、工矿区分别规定每平方米城镇土地使用税年应纳税额。

大、中、小城市的划分，以公安部门登记在册的非农业正式户口人数为依据，人口在50万以上的为大城市；人口在20万~50万之间的为中等城市，人口在20万以下的为小城市。城镇土地使用税每平方米年税额标准根据城市规模的不同以及经济水平的不同来确定，具体如表6-14所示。

表6-14 城镇土地使用税年应纳税额的标准

城市规模	年应纳税额标准（每平方米）
大城市	1.5~30元
中等城市	1.2~24元
小城市	0.9~18元
县城、建制镇、工矿区	0.6~12元

四、城镇土地使用税计税依据

城镇土地使用税的计税依据是纳税人“实际占用”的土地面积（计量单位为“平方米”）。具体按照以下办法确定。

（1）凡由省级人民政府确定的单位组织测定土地面积的，以测定核实的土地面积为准。

（2）尚未组织测定，但纳税人持有政府部门核发的土地使用权证书的，以证书确定的土地面积为准。

（3）尚未核发土地使用权证书的，由纳税人据实申报土地面积，并据以纳税，待核发土地使用权证书后再作调整。

【2012年真题·判断题】城镇土地使用税以纳税人实际占用的土地面积为计税依据。（ ）。

【答案】√

【解析】本题考查城镇土地使用税的计税依据，题目表述正确。

五、城镇土地使用税应纳税额的计算

城镇土地使用税是以纳税人实际占用的土地面积为计税依据，按照规定的适用税额计算征收。其计算公式如下。

年应纳税额＝实际占用应税土地面积（平方米）×适用税额

六、城镇土地使用税税收优惠

（一）城镇土地使用税税收优惠的一般规定

下列土地免征城镇土地使用税。

（1）国家机关、人民团体、军队自用的土地。

（2）由国家财政部门拨付事业经费的单位自用的土地。

（3）宗教寺庙、公园、名胜古迹自用的土地。

（4）市政街道、广场、绿化地带等公共用地。

（5）直接用于农、林、牧、渔业的生产用地。

（6）经批准开山填海整治的土地和改造的废弃土地，从使用的月份起免缴土地使用税5年至10年。

（7）由财政部另行规定免税的能源、交通、水利设施用地和其他用地。

专家课堂

除上述规定外，纳税人缴纳土地使用税确有困难需要定期减免的，由省、自治区、直辖市税务机关审核后，报国家税务局批准。

（二）城镇土地使用税税收优惠的特殊规定

1. 城镇土地使用税与耕地占用税征税范围的衔接

税法规定，征用耕地，凡是缴纳了耕地占用税的，从批准征用之日起满一年后征收土地使用税；征用非耕地，从批准征用的次月起征收土地使用税。

2. 免税单位与纳税单位之间无偿使用的土地

（1）对免税单位无偿使用纳税单位的土地，免征城镇土地使用税。

（2）对纳税单位无偿使用免税单位的土地，纳税单位应照章缴纳城镇土地使用税。

3. 房地产开发公司建造商品房的用地

房地产开发公司建造商品房的用地，除经批准开发建设经济适用房免予征税外，对各类房地产开发用地一律不得减免城镇土地使用税。

4. 开征范围内的土地

凡在开征范围内的土地，除直接用于农、林、牧、渔业的按规定免予征税以外，不论是否缴纳农业税，均应照章征收城镇土地使用税。

5. 基建项目在建期间使用的土地

（1）对基建项目在建期间使用的土地，原则上应征收城镇土地使用税。但对有些基建项目，特别是国家产业政策扶持发展的大型基建项目，占地面积大，建设周期长，在建期间又没有经营收入，为照顾其实际情况，对纳税人纳税确有困难的，可由各省、自治区、直辖市税务局根据具体情况予以免征或减征城镇土地使用税。

（2）对已经完工或已经使用的建设项目，其用地应照章征收城镇土地使用税。

6. 城镇内的集贸市场（农贸市场）用地

城镇内的集贸市场（农贸市场）用地，按规定应征收城镇土地使用税。为了促进集贸市场的发展及照顾各地的不同情况，各省、自治区、直辖市税务局可根据具体情况自行确定对集贸市场用地征收或者免征城镇土地使用税。

7. 防火、防爆、防毒等安全防范用地

（1）对于各类危险品仓库、厂房所需的防火、防爆、防毒等安全防范用地，可由各省、自治区、直辖市税务局确定，暂免征收城镇土地使用税。

（2）对仓库库区、厂房本身用地，应照章征收城镇土地使用税。

8. 关闭、撤销的企业占地

（1）企业关闭、撤销后，其占地未作他用的，经各省、自治区、直辖市税务局批准，可暂免征收城镇土地使用税。

（2）企业关闭、撤销后，如土地转让给其他单位使用或企业重新用于生产经营的，应依照规定征收城镇土地使用税。

9. 搬迁企业的用地

（1）自2004年7月1日起，企业搬迁后，原有场地不使用的、企业范围内荒山等尚未利用的土地，免征城镇土地使用税。

（2）对搬迁后原有场地不使用的和企业范围内荒山等尚未利用的土地，凡企业申报暂免征税城镇土地使用税的，应事先向土地所在地的主管税务机关报送有关部门的批准文件或认定文件等相关证明材料，以备税务机关查验。具体证明材料由各纳税人所在省、自治区、直辖市和计划单列市地方税务局确定。

（3）企业按照相关规定暂免征收城镇土地使用税的土地开始使用时，应从使用的次月起自行计算和申报缴纳城镇土地使用税。

10. 企业的铁路专用线、公路等用地

（1）对企业的铁路专用线、公路等用地，除另有规定者外，在企业厂区（包括生产、办公及生活区）以内的，应照章征收城镇土地使用税。

（2）对企业的铁路专用线、公路等用地，除另有规定者外，在厂区以外、与社会公用地段未加隔离的，暂免征收城镇土地使用税。

11. 企业范围内的荒山、林地、湖泊等占地

对企业范围内的荒山、林地、湖泊等占地，尚未利用的，经各省、自治区、直辖市税务局审批，可暂免征收城镇土地使用税。

12. 企业厂区（包括生产、办公及生活区）的绿化用地

（1）对企业厂区以内的绿化用地，应照章征收城镇土地使用税。

（2）对企业厂区以外的公共绿化用地和向社会开放的公园用地，暂免征收城镇土地使用税。

13. 中国物资储运总公司所属物资储运企业用地

（1）对中国物资储运总公司所属物资储运企业的仓库库房用地，办公、生活区用地，以及其他非直接从事储运业务的生产、经营用地，应按规定征收城镇土地使用税。

（2）对物资储运企业的露天货场、库区道路、铁路专用线等非建筑物用地征免城镇土地使用税问题，可由省、自治区、直辖市税务局按照下述原则处理。

①对经营情况较好、有负税能力的企业，应恢复征收城镇土地使用税。

②对经营情况差、纳税确有困难的企业，可在授权范围内适当减免城镇土地使用税。

14. 中国石油天然气总公司所属单位用地

（1）下列油气生产建设用地暂免征收城镇土地使用税。

①石油地质勘探、钻井、井下作业、油田地面工程等施工临时用地。

②各种采油（气）井、注水（气）井、水源井

用地。

③油田内办公、生活区以外的公路、铁路专用线及输油（气、水）管道用地。

④石油长输管线用地。

⑤通信、输变电线路用地。

（2）在城市、县城、建制镇以外工矿区内的油气生产、生活用地，暂免征收城镇土地使用税。

15. 林业系统用地

（1）对林区的育林地、运材道、防火道、防火设施用地，免征城镇土地使用税。

（2）林业系统的森林公园、自然保护区，可比照公园免征城镇土地使用税。

（3）林业系统的林区贮木场、水运码头用地，暂予免征城镇土地使用税。

（4）除上述列举免税的土地外，对林业系统的其他生产用地及办公、生活区用地，均应征收城镇土地使用税。

16. 盐场、盐矿用地

（1）对盐场、盐矿的生产厂房、办公、生活区用地，应照章征收城镇土地使用税。

（2）盐场的盐滩、盐矿的矿井用地，暂免征收城镇土地使用税。

（3）对盐场、盐矿的其他用地，由省、自治区、直辖市税务局根据实际情况，确定征收城镇土地使用税或给予定期减征、免征的照顾。

17. 矿山企业用地

（1）矿山的采矿场、排土场、尾矿库、炸药库的安全区以及运矿运岩公路、尾矿输送管道及回水系统用地，免征城镇土地使用税。

（2）煤矿企业未利用的塌陷地，且位于城镇土地使用税的征税范围，自2006年9月1日起恢复征收城镇土地使用税。

（3）除上述规定外，对矿山企业的其他生产用地及办公、生活区用地，应征收城镇土地使用税。

18. 电力行业用地

（1）火电厂厂区围墙内的用地，均应征收城镇土地使用税。对厂区围墙外的灰场、输灰管、输油（气）管道、铁路专用线用地，免征城镇土地使用税；厂区围墙外的其他用地，应照章征税。

（2）水电站的发电厂房用地（包括坝内、坝外式厂房），生产、办公生活用地，应征收城镇土地使用税；对其他用地给予免税照顾。

（3）对供电部门的输电线路用地、变电站用地，免征城镇土地使用税。

【案例6-7】某火电厂总共占地面积80平方米，其中围墙内占地40平方米，围墙外灰场占地面积3平方米，厂区及办公楼占地面积37平方米，城镇土地使用税为1.5元/平方米，问该厂应交纳多少城镇土地使用税？

【案例解析】本题主要考查城镇土地使用税应纳税额的计算。题目给出了3种数据，即围墙内占地40平方米、围墙外灰场占地面积3平方米，以及厂区及办公楼占地面积37平方米。按规定，火电厂围墙外灰场用地免征城镇土地使用税。因此该火电厂应缴纳的城镇土地使用税为：

应纳税额 =（80−3）×1.5=115.5（元）

=（40+37）×1.5=115.5（元）

19. 水利设施用地

（1）对水利设施及其管扩用地，免征土地使用税；其他用地，如生产、办公、生活用地，应照章征收城镇土地使用税。

（2）对兼有发电的水利设施用地征免城镇土地使用税，具体办法比照电力行业征免城镇土地使用税的有关规定办理。

20. 核工业总公司所属企业用地

（1）对生产核系列产品的厂矿，为照顾其特殊情况，除生活区、办公区用地应依照规定征收城镇土地使用税外，其他用地暂予免征城镇土地使用税。

（2）对除生产核系列产品的厂矿以外的其他企业，如仪表企业、机械修造企业、建筑安装企业等，应依照规定征收城镇土地使用税。上述企业纳税确有困难，需要给予照顾的，可由企业向所在地的税务机关提出减免税申请，经省、自治区、直辖市税务局审核后，报国家税务总局核批。

21. 中国海洋石油总公司及其所属公司用地

下列用地暂免征收土地使用税。

（1）导管架、平台组块等海上结构物建造用地。

（2）码头用地。

（3）输油气管线用地。

（4）通信天线用地。

（5）办公、生活区以外的公路、铁路专用线、机场用地。

22. 交通部门的港口用地

（1）港口的码头用地，免征城镇土地使用税。

（2）对港口的露天堆货场用地，原则上应征收城镇土地使用税，企业纳税确有困难的，可由省、自治区、直辖市税务局根据其实际情况，给予定期减征或免征土地使用税的照顾。

23. 民航机场用地

（1）机场飞行区用地，场内外通讯导航设施用地和飞行区四周排水防洪设施用地，免征城镇土地使用税。

（2）在机场道路中，场外道路用地免征城镇土地使用税，场内道路用地依照规定征收城镇土地使用税。

（3）机场工作区（包括办公、生产和维修用地及候机楼、停车场）用地、生活区用地、绿化用地，均须依照规定征收城镇土地使用税。

24. 司法部所属的劳改劳教单位用地

（1）对少年犯管教所的用地和由国家财政部门拨付事业经费的劳教单位自用的土地，免征城镇土地使用税。

（2）对劳改、单位及经费实行自收自支的劳教单位的工厂、农场等，凡属于管教或生活用地，免征城镇土地使用税。

（3）对监狱的用地，若主要用于关押犯人，只有极少部分用于生产经营的，可从宽掌握，免征城镇土地使用税。

（4）劳改劳教警戒围墙外的其他生产、经营用地，应征收城镇土地使用税。

25. 老年服务机构自用的土地

老年服务机构是指专门为老年人提供生活照料、文化、护理、健身等多方面服务的福利性、非营利性的机构，主要包括老年社会福利院、敬老院、养老院、老年服务中心、老年公寓等老年服务机构，这类机构自用的土地免征城镇土地使用税。

26. 邮政部门的土地

（1）对邮政部门坐落在城市、县城、建制镇、工矿区范围内的土地，应依法征收城镇土地使用税。

（2）对坐落在城市、县城、建制镇、工矿区范围以外的，尚在县邮政局内核算的土地，在单位财务账中划分清楚的，不征收城镇土地使用税。

27. 供热企业的用地

供热企业是指向居民供热并向居民收取采暖费的企业，包括专业供热企业、兼营供热企业、单位自供热及为小区居民供热的物业公司等，这类企业的用地免征城镇土地使用税。

专家课堂

供热企业不包括从事热力生产，但不直接向居民供热的企业。

七、城镇土地使用税征收管理

（一）纳税义务发生时间

根据土地使用的不同情况，城镇土地使用税的纳税义务发生时间有不同的规定，具体如下。

（1）纳税人购置新建商品房，自房屋交付使用之次月起，缴纳城镇土地使用税。

（2）纳税人购置存量房，自办理房屋权属转移、变更登记手续，房地产权属登记机关签发房屋权属证书之次月起，缴纳城镇土地使用税。

（3）纳税人出租、出借房产，自交付出租、出借房产之次月起，缴纳城镇土地使用税。

（4）以出让或转让方式有偿取得土地使用权的，应由受让方从合同约定交付土地时间的次月起缴纳城镇土地使用税；合同未约定的，由受让方从合同签订的次月起缴纳城镇土地使用税。

（5）纳税人新征用的耕地，自批准征用之日起满 1 年时开始缴纳城镇土地使用税。

（6）纳税人新征用的非耕地，自批准征用次月起缴纳城镇土地使用税。

【2010 年真题·多选题】关于城镇土地使用税纳税义务发生时间的下列表述中，正确的有（　）。

A. 纳税人新征用的耕地，自批准征用之日起缴纳

B. 纳税人新征用的非耕地，自批准征用次月缴纳

C. 纳税人以出让方式有偿取得土地使用权，合同约定交付土地时间的，自合同给定交付土地时间的次月起缴纳

D. 纳税人以出让方式有偿获取土地使用权，合同未约交付土地时间的，自合同签订的次月起缴纳

【答案】BCD

【解析】本题主要考查城镇土地使用税的纳税义务发生时间。A 选项错误，纳税人新征用的耕地，自批准征用之日起满 1 年时开始缴纳土地使用税。

（二）纳税地点

城镇土地使用税在土地所在地缴纳。如果纳税人所用土地不在同一地区，应按以下规定确定纳税地点。

（1）纳税人使用的土地不属于同一省、自治区、直辖市管辖的，由纳税人分别向土地所在地税务机关缴纳城镇土地使用税。

（2）纳税人使用的土地在同一省、自治区、直辖市管辖范围内，但跨地区使用的土地，其纳税地点由各省、自治区、直辖市地方税务局确定。

（三）纳税期限

城镇土地使用税按年计算、分期缴纳，具体纳税期限由省、自治区、直辖市人民政府确定。

【本节小结】到目前为止，本章已经介绍了城镇土地使用税、房产税、土地增值税和契税这四大针对房产或者土地来征收的税种，如何有效地区分它们的异同，可从征税范围上予以把握，具体如下。

（1）土地增值税是针对境内转移土地及其地上的建筑物，并取得增值额的行为征税。

（2）房产税是针对城市、县城、建制镇和工矿区的房屋征税，有两种征税方式，一种是从价计征，一种是从租计征。注意房产税是按年计征、分期缴纳，即纳税人每年都要缴纳房产税。

（3）城镇土地使用税与房产税类似，是按年计征、分期缴纳，并且每年都要缴纳。但其征税对象是纳税人实际占用的土地面积。

（4）契税与上述几个税种相比较，最大的特点就是属于买方税，由承受土地和房屋权属的单位缴纳，也就是由买房人或者买地人来缴纳，其计税依据是土地或者房屋的成交价。另外，契税是在购进环节一次缴纳，以后年度不用缴纳。

第六节 车船税法律制度

考情分析：2013年的考试大纲对本节内容作了重大调整，但对考试而言，考生需要重点注意车船税免征项目的内容，它在近几年考试中都曾出现过。预计本节内容在考试中所占题目数量为1道题左右，以单选题和多选题形式出现的几率更高。

学习建议：重点掌握车船税的纳税人、征收范围、税目、税率、计税依据和应纳税额的计算。对税收优惠中的免征项目要重点复习，并适当了解车船税的征收管理内容。

车船税是指对在我国境内应依法到公安、交通、农业、渔业、军事等管理部门办理登记的车辆、船舶，根据其种类，按照规定的计税依据和年税额标准计算征收的一种财产税。

我国车船税法律制度主要由《车船使用牌照税暂行条例》、《中华人民共和国车船使用税暂行条例》、《中华人民共和国车船税法》（以下简称《车船税法》）和《中华人民共和国车船税法实施条例》等文件组成。

一、车船税纳税人

车船税纳税人是指在中华人民共和国境内，属于税法规定的车辆、船舶（以下简称车船）的所有人或者管理人，包括拥有车船的单位和个人。

车船的所有人或者管理人未缴纳车船税的，使用人应当代为缴纳车船税。其中管理人是指对车船具有管理使用权，不具有所有权的单位。

专家课堂

从事机动车第三者责任强制保险业务的保险机构为机动车车船税的扣缴义务人。

【例题·多选题】下列纳税主体中，属于车船税纳税人的有（　）。

A. 在中国境内拥有并使用船舶的国有企业

B. 在中国境内拥有并使用车辆的外籍个人

C. 在中国境内拥有并使用船舶的内地居民

D. 在中国境内拥有并使用车辆的外国企业

【答案】ABCD

【解析】本题考查车船税的纳税人。根据规定，车船税的纳税人，是指在中国境内拥有或者管理车辆、船舶的单位和个人，包括外商投资企业、外籍个人。

二、车船税征收范围

（一）车船税征收范围的规定

车船税的征税范围是指在中华人民共和国境内属于车船税法所规定的应税车辆和船舶。具体包括以下两个方面。

（1）依法应当在车船登记管理部门登记的机动车辆和船舶。

（2）依法不需要在车船登记管理部门登记的在单位内部场所行驶或者作业的机动车辆和船舶。

（二）车船税征税范围的相关解释

关于征税范围中涉及的车船登记管理部门和单位的解释分别如下。

（1）车船登记管理部门。公安、交通运输、农业、渔业、军队、武装警察部队等依法具有车船登记管理职能的部门和船舶检验机构。

（2）单位。依照中国法律、行政法规规定，在中国境内成立的行政机关、企业、事业单位、社会团体以及其他组织。

三、车船税税目

车船税的税目分为5大类，分别包括乘用车、商用车、其他车辆、摩托车和船舶。具体解释如表6-15所示。

表6-15 车船税相关税目解释

税目	界定	分类	解释
乘用车	乘用车为核定载客人数9人（含9人）以下的车辆		指在设计和技术特性上主要用于载运乘客及随身行李，核定载客人数包括驾驶员在内不超过9人的汽车
商用车	客车		核定载客人数9人（含9人）以上的车辆（包括电车）
	货车：包括半挂牵引车、挂车、客货两用汽车、三轮汽车和低速载货汽车等	半挂牵引车	指装备有特殊装置用于牵引半挂车的商用车
		三轮汽车	指最高设计车速不超过每小时50千米，具有3个车轮的货车
		低速载货汽车	指以柴油机为动力，最高设计车速不超过每小时70千米，具有4个车轮的货车
		挂车	指就其设计和技术特性需由汽车或者拖拉机牵引，才能正常使用的一种无动力的道路车辆
其他车辆	包括专用作业车和轮式专用机械车等（不包括拖拉机）	专用作业车	指在其设计和技术特性上用于特殊工作的车辆
		轮式专用机械车	指有特殊结构和专门功能，装有橡胶车轮可以自行行驶，最高设计车速大于每小时20千米的轮式工程机械车
摩托车			指无论采用何种驱动方式，最高设计车速大于每小时50千米，或者使用内燃机，其排量大于50毫升的两轮或者三轮车辆
船舶	指各类机动、非机动船舶以及其他水上移动装置，但是船舶上装备的救生艇筏和长度小于5米的艇筏除外。包括机动船舶、非机动驳船、拖船和游艇	机动船舶	指用机器推进的船舶
		拖船	指专门用于拖（推）动运输船舶的专业作业船舶
		非机动驳船	指在船舶登记管理部门登记为驳船的非机动船舶
		游艇	指具备内置机械推进动力装置，长度在90米以下，主要用于游览观光、休闲娱乐、水上体育运动等活动，并应当具有船舶检验证书和适航证书的船舶

四、车船税税率

（一）车船税税率规定

车船税采用定额税率，又称固定税额。根据《车船税法》的规定，对应税车船实行有幅度的定额税率，即对各类车船分别规定一个最低到最高限度的年税额。车船的适用税额依照《车船税法》所附《车船税税目税额表》执行，具体如表6-16所示。

表6-16 车船税税目税额表

税目		计税单位	年基准税额（元）	备注
乘用车（按发动机气缸容量排气量分档）	1.0升（含）以下的	每辆	60~360	核定载客人数9人（含）以下
	1.0升以上至1.6升（含）的		300~540	
	1.6升以上至2.0升（含）的		360~660	
	2.0升以上至2.5升（含）的		660~1 200	
	2.5升以上至3.0升（含）的		1 200~2 400	
	3.0升以上至4.0升（含）的		2 400~3 600	
	4.0升以上的		3 600~5 400	
商用车	客车	每辆	480~1 440	核定载客人数9人以上，包括电车
	货车	整备质量每吨	16~120	挂车按照货车税额的50%计算
其他车辆	专用作业车	整备质量每吨	16~120	不包括拖拉机
	轮式专用机械车			
摩托车		每辆	36~180	
船舶	机械船舶	净吨位每吨	3~6	（1）拖船、非机动驳船分别按照机动船舶税额的50%计算 （2）游艇的税额另行规定
	游艇	艇身长度每米	600~2 000	

（二）车船税税率其他规定

车船税税目税额表中不能完全体现出机动船舶和游艇的具体适用税额，因此税法对其作了如下规定。

1. 机动船舶具体适用税额

机动船舶具体适用税额如表 6-17 所示。

表 6-17 机动船舶适用税额表

净吨位	适用税额
不超过 200 吨的	每吨 3 元
超过 200 吨但不超过 2 000 吨的	每吨 4 元
超过 2 000 吨但不超过 10 000 吨的	每吨 5 元
超过 10 000 吨的	每吨 6 元

专家课堂

拖船按照发动机功率每 1 千瓦折合净吨位 0.67 吨计算征收车船税。

2. 游艇具体适用税额

游艇具体适用税额如表 6-18 所示。

表 6-18 游艇适用税额表

艇身长度	适用税额
不超过 10 米的	每米 600 元
超过 10 米但不超过 18 米的	每米 900 元
超过 18 米但不超过 30 米的	每米 1 300 元
超过 30 米的	每米 2 000 元
辅助动力帆艇	每米 600 元

3. 车船等级证书的相关规定

（1）车船的排气量、整备质量、核定载客人数、净吨位、千瓦或艇身长度等具体单位的大小，以车船登记管理部门核发的车船登记证书或者行驶证所载数据为准。

（2）依法不需要办理登记的车船和依法应当登记而未办理登记或者不能提供车船等级证书、行驶证的车船，以车船出厂合格证明或进口凭证标注的技术参数、数据为准。

专家课堂

若不能提供车船出厂合格证明或者进口凭证的，由主管税务机关参照国家相关标准核定，没有国家相关标准的，参照同类车船核定。

【例题·多选题】关于车船税税率的说法，下列选项中不正确的是（　）。

A. 乘用车适用同一种税额

B. 机动船舶适用同一种税额

C. 货车与挂车适用相同税额

D. 游艇适用同一种税额

【答案】ABCD

【解析】本题考查车船税的税率。所有选项都是错误的。其中，A 选项，乘用车应按发动机气缸容量排气量分档；B 选项，机动船舶按净吨位不同，适用不同税额；C 选项，挂车按照货车税额的 50% 计算；D 选项，游艇按艇身长度不同，适用不同税额。

五、车船税计税依据

车船税的计税依据，按车船的种类和性能，分别确定为每辆、整备质量每吨、净吨位每吨和艇身长度每米，具体参考表 6-16 所示中“计税单位”栏目下的内容。

【例题·判断题】车船税的计税依据根据车船的种类分为“每辆”和“每艘”。

【答案】×

【解析】本题考查车船税的计税依据。车船税的计税依据，按车船的种类和性能，分为每辆、整备质量每吨、净吨位每吨和艇身长度等。

六、车船税应纳税额的计算

（一）车船税应纳税额的计算公式

车船税各税目应纳税额的计算公式如下。

（1）乘用车、客车和摩托车的应纳税额 = 计税单位数量 × 适用年基准税额

（2）货车、专用作业车和轮式专用机械车的应纳税额 = 整备质量吨位数 × 适用年基准税额

（3）机动船舶的应纳税额 = 净吨位数 × 适用年基准税额

（4）拖船和非机动驳船的应纳税额 = 净吨位数 × 适用年基准税额 ×50%

（5）游艇的应纳税额 = 艇身长度 × 适用年基准税额

（二）新车船应纳税额的计算公式

购置的新车船，购置当年的应纳税额自纳税义务发生的当月起按月计算。其计算公式如下。

应纳税额 = 适用年基准税额 ÷12× 应纳税月份数

（三）保险机构代收代缴车船税和滞纳金的计算

保险机构代收代缴的车船税和滞纳金，应根据不同的实际情况，按规定计算需缴纳的金额，具体

如表 6–19 所示。

表 6-19 保险机构代收代缴的车船税和滞纳金的计算规定

情形	解释	计算公式	相关解释
购买短期交强险的车辆	境外机动车临时入境、机动车临时上路行驶、机动车距离规定报废期限不足 1 年而购买短期交强险的车辆	当年应缴 = 计税单位 × 年单位税额 × 应纳税月份数 ÷12	应纳税月份数为交强险有效期起始日期的当月至截止日期当月的月份数
已向税务机关缴税的车辆或税务机关已批准减免税的车辆	已向税务机关缴税或税务机关已经批准免税的车辆	当年应缴 =0	
	税务机关已批准减税的机动车	减税车辆应纳税额 = 减税前应纳税额 ×（1- 减税幅度）	
2007 年 1 月 1 日前购置的车辆或者曾经缴纳过车船税的车辆		往年补缴 = 计税单位 × 年单位税额 ×（本次缴税年度 - 前次缴税年度 -1）	2007 年 1 月 1 日前购置的车辆，纳税人从未缴纳车船税的，前次缴税年度设定为 2006 年
2007 年 1 月 1 日以后购置的车辆，纳税人从购置时起一直未缴纳车船税的		往年补缴 = 购置当年欠缴的税款 + 购置年度以后欠缴税款 购置当年欠缴的税款 = 计税单位 × 年单位税额 × 应纳税月份数 ÷12 购置年度以后欠缴税款 = 计税单位年单位税额 ×（本次缴税年度 - 车辆登记年度 -1）	应纳税月份数为车辆登记日期的当月起至该年度终了的月份数；若车辆尚未到车船管理部门登记，则应纳税月份数为购置日期的当月起至该年度终了的月份数
滞纳金计算	纳税人在应购买“交强险”截止日期以后购买“交强险”的，或以前年度没有缴纳车船税的，保险机构在代收代缴税款的同时，还应代收代缴欠缴税款的滞纳金	“滞纳金”项目为各年度欠税应加收滞纳金之和 每一年度欠税应加收的滞纳金 = 欠税金额 × 滞纳天数 ×0.5‰	（1）滞纳天数的计算自应购买“交强险”截止日期的次日起到纳税人购买“交强险”当日止 （2）纳税人连续两年以上欠缴车船税的，应分别计算每一年度欠税应加收的滞纳金

七、车船税税收优惠

根据税法的相关规定，国家有关部门指定的车船可免征车船税或减征车船税，具体可参考如表 6–20 所示的内容。

表 6-20 车船税税收减免规定

种类	解释	优惠政策
捕捞、养殖渔船	指在渔业船舶管理部门登记为捕捞船或者养殖船的渔业船舶	免税
军队、武装警察部队专用的车船	指按照规定在军队、武装警察部队车船登记管理部门登记，并领取军队、武警牌照的车船	免税
警用车船	指公安机关、国家安全机关、监狱、劳动教养管理机关和人民法院、人民检察院领取警用牌照的车辆和执行警务的专用船舶	免税
节约能源、使用新能源的车船		免征或者减半征收车船税
受地震、洪涝等严重自然灾害影响纳税困难以及其他特殊原因确需减免税的车船		在一定期限内减征或者免征车船税
临时入境的外国车船和香港特别行政区、澳门特别行政区、台湾地区的车船		免税
按照规定缴纳船舶吨税的机动船舶		自车船税法实施之日起 5 年内免征车船税
依法不需要在车船登记管理部门登记的机场、港口、铁路站场内部行驶或者作业的车船		自车船税法实施之日起 5 年内免征车船税
公共交通车船，农村居民拥有并主要在农村地区使用的摩托车、三轮汽车和低速载货汽车		省、自治区、直辖市人民政府根据当地实际情况可以定期减征或者免征车船税

【2012 年真题 · 单选题】根据车船税法律制度的规定，下列各项中，免予缴纳车船税的是（　）。

A. 载客汽车　　B. 银行运钞车

C. 机关公务车　　D. 养殖渔船

【答案】D

【解析】本题考查车船税的税收优惠。根据车船税法律制度的规定，捕捞、养殖渔船免征车船税。

八、车船税征收管理

（一）纳税义务发生时间

车船税纳税义务发生时间为取得车船所有权或者管理权的当月，以购买车船的发票或其他证明文件所载日期的当月为准。若纳税人未办理车船登记手续，则按以下规定确定纳税义务时间。

（1）纳税人未按照规定到车船管理部门办理应税车船登记手续的，以车船购置发票所载开具时间的当月作为车船税的纳税义务发生时间。

（2）对未办理车船登记手续且无法提供车船购置发票的，由主管地方税务机关核定纳税义务发生时间。

（二）纳税地点

车船税由地方税务机关负责征收，其纳税地点为车船的登记地或者车船税扣缴义务人所在地。具体的纳税地点按以下规定执行。

（1）扣缴义务人代收代缴车船税的，纳税地点为扣缴义务人所在地。

（2）纳税人自行申报缴纳车船税的，纳税地点为车船登记地的主管税务机关所在地。

（3）依法不需要办理登记的车船，其车船税的纳税地点为车船的所有人或者管理人所在地。

（三）纳税申报

车船税按年申报，分月计算，一次性缴纳。纳税年度为公历1月1日至12月31日。

关于车船税的纳税申报行为，还需要注意以下几方面的规定。

（1）从事机动车第三者责任强制保险业务的保险机构为机动车车船税的扣缴义务人，应在收取保险费时依法代收车船税，并出具代收税款凭证。

专家课堂

机动车车船税扣缴义务人在代收车船税时，应在机动车交通事故责任强制保险的保险单以及保费发票上注明已收税款的信息，作为代收税款凭证。

（2）已完税或者依法减免税的车辆，纳税人应向扣缴义务人提供登记地的主管税务机关出具的完税凭证或者减免税证明。没有按规定缴纳的，扣缴义务人在代收代缴税款时可一并代收代缴欠缴税款的滞纳金。

（3）扣缴义务人已代收代缴车船税的，纳税人不再向车辆登记地的主管税务机关申报缴纳车船税。

（4）没有扣缴义务人的，纳税人应向主管税务机关自行申报缴纳车船税。

（5）纳税人缴纳车船税时，应提供反映排气量、整备质量、核定载客人数、净吨位、千瓦、艇身长度等与纳税相关信息的相应凭证以及税务机关根据实际需要要求提供的其他资料。

（6）已缴纳车船税的车船在同一纳税年度内办理转让过户的，不另纳税，也不退税。

专家课堂

在一个纳税年度内，已完税的车船被盗抢、报废、灭失的，纳税人可凭相关管理机关出具的证明和完税凭证，向纳税所在地的主管税务机关申请退还自被盗抢、报废、灭失月份起至该纳税年度终了期间的税款。已办理退税的被盗抢车船失而复得的，纳税人应从公安机关出具相关证明的当月起计算缴纳车船税。

【例题·判断题】按规定，车船税的纳税申报是按年申报、分月计算、分期缴纳。（ ）

【答案】×

【解析】本题考查车船税的纳税申报。车船税按年申报，分月计算，一次性缴纳。纳税年度为公历1月1日至12月31日。

第七节 印花税法律制度

考情分析：印花税法律制度中的征税范围和计税依据两大知识点，是近几年考试中非常热门的考点，考题以单选题和多选题的形式出现为主，也可能会出现判断题。预计本节内容的题量在1道题左右，题目难度不算太大。

学习建议：重点掌握印花税的纳税人、征税范围、税率、计税依据和应纳税额的计算。对印花税的概念也需要比较熟悉。另外，可以适当了解印花税的税收优惠和征收管理的内容。

印花税是对经济活动和经济交往中书立、领受、使用的具有法律效力的应税经济凭证的行为所征收的一种税。此税种因采用在应税凭证上粘贴印花税票作为完税的标志而得名。

我国印花税法律制度主要由《中华人民共和国

印花税暂行条例》（以下简称《印花税暂行条例》）、《中华人民共和国印花税暂行条例实施细则》和《国家税务局关于印花税若干具体问题的规定》等文件构成。

一、印花税纳税人

（一）印花税纳税人的界定

印花税的纳税人，是指在中国境内书立、领受、使用税法所列举凭证的单位和个人。如果应税凭证或有效合同由两方或多方当事人共同签订，则各方都是印花税的纳税人，应就其所持应税凭证或有效合同的计税金额履行纳税义务。

> **专家课堂**
>
> 印花税纳税人中的单位和个人，主要是指国内各类企业、事业单位、国家机关、社会团体、部队及中外合资经营企业、中外合作经营企业、外资企业、外国企业和其他经济组织及其在华机构等单位和个人。

（二）印花税纳税人的分类

根据书立、领受和使用应税凭证的不同，印花税纳税人可分为立合同人、立账簿人、立据人、领受人、使用人和各类电子应税凭证签订人等类别，具体解释如表 6–21 所示。

表 6-21 印花税纳税人的各种分类

纳税人类别	解释
立合同人	指合同的当事人，即对凭证有直接权利义务关系的单位和个人，但不包括合同的担保人、证人、鉴定人
立账簿人	指开立并使用营业账簿的单位和个人
立据人	指书立产权转移书据的单位和个人
领受人	指领取并持有权利、许可证照的单位和个人
使用人	指在国外书立、领受，但在国内使用应税凭证的单位和个人
电子应税凭证签订人	指以电子形式签订的各类应税凭证的当事人

> **【例题·单选题】**甲向乙购买一批货物，合同约定丙为鉴定人，丁为担保人，关于该合同印花税纳税人的下列表述中，正确的是（　）。
>
> A. 甲和乙为纳税人
>
> B. 甲和丙为纳税人
>
> C. 乙和丁为纳税人
>
> D. 甲和丁为纳税人
>
> **【答案】**A
>
> **【解析】**本题考查的是印花税的纳税人。根据印花税法律制度的规定，签订合同的各方当事人都是印花税的纳税人，但不包括合同的担保人、证人和鉴定人。

二、印花税征税范围

我国只对《印花税暂行条例》列举的凭证征收印花税，这些凭证可分为经济合同，产权转移书据、营业账簿，权利，许可证照和经财政部门确认的其他凭证等几类。下面分别介绍各类凭证的印花税征税范围。

（一）经济合同

以经济业务活动作为内容的合同称为经济合同，经济合同的书面形式即经济合同书。

> **知识链接**
>
> 合同是指当事人之间为实现一定目的，经协商一致，明确当事人各方权利、义务关系的协议。合同应根据《中华人民共和国合同法》的规定订立，包括购销、加工承揽、建筑工程、财产租赁、货物运输、仓储保管、借款、财产保险以及具有合同性质的凭证等。

1. 10 类规范的经济合同

我国印花税只对依法订立的经济合同书征收，具体征收类别分别介绍如下。

（1）购销合同

购销合同主要包括供应、预购、采购、购销结合及协作、调剂、补偿、易货等合同，还包括各出版单位与发行单位（不包括订阅单位和个人）之间订立的图书、报刊、音像征订凭证。

关于特殊的购销合同是否征收印花税，可按如表 6–22 所示归纳的内容执行。

表 6-22 购销合同是否征收印花税的特殊规定

特殊的购销合同	是否征税
工业、商业、物资、外贸等部门经销和调拨商品、物资供应的调拨单，包括其他名称的单、卡、书、表等	属于明确双方供需关系，据以供货和结算，具有合同性质的凭证，应征税
	不具有合同性质的凭证，不征税
以电子形式签订的各类应税凭证	征税
发电厂与电网之间、电网与电网之间（国家电网公司系统、南方电网公司系统内部各级电网互供电量除外）签订的购售电合同	征税
电网与用户之间签订的供用电合同	不征税

（2）加工承揽合同

加工承揽合同主要包括加工、定做、修缮、修理、印刷、广告、测绘、测试等合同。

（3）建设工程勘察设计合同

建设工程勘察设计合同主要包括勘察、设计合同的总包合同、分包合同和转包合同。

（4）建筑安装工程承包合同

建筑安装工程承包合同主要包括建筑、安装工程承包合同的总包合同、分包合同和转包合同。

（5）财产租赁合同

财产租赁合同主要包括租赁房屋、船舶、飞机、机动车辆、机械、器具、设备等合同。另外，还包括企业、个人出租门店、柜台等所签订的合同，但不包括企业与主管部门签订的租赁承包合同。

（6）货物运输合同

货物运输合同主要包括民用航空运输、铁路运输、海上运输、内河运输、公路运输和联运合同。

（7）仓储保管合同

仓储保管合同主要包括仓储、保管合同或作为合同使用的仓单、栈单（也称入库单）。

> **专家课堂**
>
> 对某些使用不规范的凭证不便计税的，可就其结算单据作为计税贴花的凭证。

（8）借款合同

借款合同主要包括银行及其他金融组织和借款人（不包括银行同业拆借）所签订的借款合同。

（9）财产保险合同

财产保险合同主要包括财产、责任、保证、信用等保险合同。

（10）技术合同

技术合同主要包括技术开发、转让、咨询、服务等合同。下面重点对技术转让、咨询和服务合同的界定进行介绍。

①专利申请转让、非专利技术转让所书立的合同，属于“技术转让合同”；专利权转让、专利实施许可所书立的合同，则属于“产权转移书据”合同。

②技术咨询合同是合同当事人就有关项目的分析、论证、评价、预测和调查订立的技术合同，不包括法律、会计、审计等方面的非技术咨询合同。

③技术服务合同的征税范围主要包括技术服务合同、技术培训合同和技术中介合同。

> **【例题·判断题】**以电子形式签订的各类购销合同同样需要缴纳印花税，但可以在纸质购销合同的基础上减半征收。（ ）
>
> **【答案】**×
>
> **【解析】**本题考查的是印花税的征税范围。本题错在后半句，电子形式签订的购销合同并没有减免税优惠。

2. 经济合同的重要注意事项

在确定应税经济合同的范围时，按税法规定，应特别需要注意以下 3 方面的问题。

（1）具有合同性质的凭证应视同合同征税。即印花税除对依法成立的具有规范内容和名称的 10 类合同书征税外，还规定具有合同性质的凭证亦应纳税。

> **专家课堂**
>
> 具有合同性质的凭证，指的是具有合同效力的协议、契约、合约、单据、确认书及其他各种名称的凭证。

（2）不论合同是否兑现或能否按期兑现，都应当缴纳印花税。印花税既是凭证税，又具有行为税性质。纳税人签订应税合同，就发生了应税经济行为，必须依法贴花，履行完税手续。

（3）同时书立合同和开立单据的贴花方法。办理一项业务时，如果既书立合同，又开立单据，只就合同贴花；凡不书立合同，只开立单据，以单据作为合同使用的，其使用的单据应按规定贴花。

（二）产权转移书据

产权转移即财产权利关系的变更行为，表现为产权主体发生变更。产权转移书据是在产权的买卖、交换、继承、赠与、分割等产权主体变更过程中，由产权出让人与受让人之间所订立的民事法律文书。

我国税法规定的印花税税目中的产权转移书据包括财产所有权、版权、商标专用权、专利权、专有技术使用权共 5 项产权的转移书据，其中包括有形资产转移、无形资产转移的书据，还包括按规定征收印花税的其他书据，具体如图 6–6 所示。

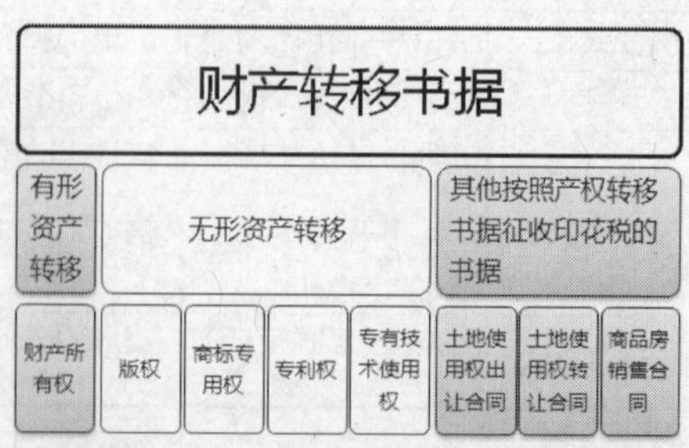

图 6–6 财产转移书据的征收范围

> **专家课堂**
>
> 财产所有权转移书据，指的是经政府管理机关登记注册的不动产、动产的所有权转移所书立的书据，包括股份制企业向社会公开发行的股票，因购买、继承、赠与所书立的产权转移书据。

（三）营业账簿

印花税税目中的营业账簿归属于财务会计账簿，

是按照财务会计制度的要求设置的，反映生产经营活动的账册。

1. 营业账簿的分类

按照营业账簿反映的内容不同，营业账簿可以分为记载资金的账簿（简称资金账簿）和其他营业账簿两类。

（1）资金账簿。反映生产经营单位“实收资本”和“资本公积”金额增减变化的账簿。

（2）其他营业账簿。反映除资金资产以外的其他生产经营活动内容的账簿，即除资金账簿以外的，归属于财务会计体系的其他生产经营用账册，包括日记账簿和各明细分类账簿。

2. “营业账簿”征免范围应明确的相关问题

由于企业营业账簿的范围和种类较多，因此对于其印花税的征免范围也有不同的规定，具体如表 6–23 所示。

表 6-23 营业账簿的征免范围规定

营业账簿的使用情形	征免范围
从事生产经营活动	应纳印花税
不反应生产经营活动	免征印花税
采用一级核算形式的单位	就财会部门设置的账簿贴花
采用分级核算形式的单位	就财会部门以及财会部门设置在其他部门和车间的明细分类账簿贴花
车间、门市部、仓库设置的不属于会计核算范围或虽属会计核算范围，但不记载金额的登记簿、统计簿、台账等	不贴印花
会计核算采用单页表式记载资金活动情况，以表代账的	在未形成账簿（账册）前，暂不贴花
	待装订成册时，按册贴花
有经营收入的事业单位，凡属由国家财政部门拨付事业经费，实行差额预算管理的单位	记载经营业务的账簿，按其他账簿定额贴花
	不记载经营业务的账簿，不贴花
	凡属经费来源实行自收自支的单位，对其营业账簿，应就记载资金的账簿和其他账簿分别按规定贴花
跨地区经营的分支机构使用的营业账簿	由各分支机构在其所在地缴纳印花税
	对上级单位核拨资金的分支机构，其记载资金的账簿按核拨的账面资金数额计税贴花
	对上级单位不核拨资金的分支机构，只就其他账簿按定额贴花
实行公司制改造的企业在改制过程中成立的新企业（重新办理法人登记的），其新启用的资金账簿记载的资金或因企业建立资本纽带关系而增加的资金	凡原已贴花的部分可不再贴花
	未贴花的部分和以后新增加的资金按规定贴花
以合并或分立方式成立的新企业，其新启用的资金账簿记载的资金	凡原已贴花的部分可不再贴花
	未贴花的部分和以后新增加的资金按规定贴花
企业债权转股权新增加的资金	按规定贴花
企业改制中经评估增加的资金	按规定贴花
企业其他会计科目记载的资金转为实收资本或资本公积的资金	按规定贴花

（四）权利、许可证照

权利、许可证照是政府授予单位、个人某种法定权利和准予从事特定经济活动的各种证照的统称。其中包括政府部门发给的房屋产权证、工商营业执照、商标注册证、专利证、土地使用证等。

（五）经财政部门确定征税的其他凭证

在确定凭证的征免税范围时，需注意以下 3 方面的规定。

（1）各类凭证不论以何种形式或名称书立，只要其性质属于条例中列举征税范围内的凭证，均应照章征税。

（2）应税凭证均指在中国境内具有法律效力，受中国法律保护的凭证。

（3）适用于中国境内并在中国境内具备法律效力的应税凭证，无论在中国境内或者境外书立，均应依照印花税的规定贴花。

【2011 年真题 · 单选题】根据印花税法律制度的规定，下列各项中，不征收印花税的是（　）。

A. 工商营业执照

B. 房屋产权证

C. 土地使用证

D. 税务登记证

【答案】D

【解析】本题考查印花税的征税范围。应缴纳印花税的权利许可证照包括政府部门发给的房屋产权证、工商营业执照、商标注册证、专利证、土地使用证。D选项的税务登证不属于印花税的征税范围。

三、印花税税率

印花税的税率采用比例税率和定额税率两种方式。

（一）比例税率

在印花税13个税目中，各类合同以及具有合同性质的凭证（包括电子形式的凭证）、产权转移书据、营业账簿中记载资金的账簿，适用比例税率。

（二）定额税率

对无法计算金额的凭证，或虽载有金额，但作为计税依据不合理的凭证，采用定额税率，以件为单位缴纳一定数额的税款。权利、许可证照、营业账簿中的其他账簿，均为按件贴花，单位税额为每件5元。

表6–24归纳了印花税的整个税目和税率情况，其中整合了比例税率和定额税率的具体数据。

表6-24 印花税税目税率表

税目	具体范围	税率	纳税人	备注
（1）购销合同	包括供应、预购、采购、购销结合及协作、调剂、补偿、易货等合同	按购销金额3‰贴花	立合同人	
（2）加工承揽合同	包括加工、定做、修缮、修理、印刷、广告、测绘、测试等合同	按加工或承揽收入5‰贴花	立合同人	
（3）建设工程勘察设计合同	包括勘察、设计合同	按收取费用5‰贴花	立合同人	
（4）建筑安装工程承包合同	包括建筑、安装工程承包合同	按承包金额3‰贴花	立合同人	
（5）财产租赁合同	包括租赁房屋、船舶、飞机、机动车辆、机械、器具、设备等	按租赁金额1‰贴花	立合同人	
（6）货物运输合同	包括民用航空、铁路运输、海上运输、内河运输、公路运输和联运合同	按运输收取的费用5‰贴花	立合同人	单据作为合同使用的，按合同贴花
（7）仓储保管合同	包括仓储、保管合同	按仓储收取的保管费用1‰贴花	立合同人	仓单或栈单作为合同使用的，按合同贴花
（8）借款合同	银行及其他金融组织和借款人（不包括银行同业拆借）所签订的借款合同	按借款金额0.5‰贴花	立合同人	单据作为合同使用的，按合同贴花
（9）财产保险合同	包括财产、责任、保证、信用等保险合同	按保险费收入1‰贴花	立合同人	单据作为合同使用的，按合同贴花
（10）技术合同	包括技术开发、转让、咨询、服务等合同	按所载金额3‰贴花	立合同人	
（11）产权转移书据	包括财产所有权和版权、商标专用权、专利权、专有技术使用权等转移书据、土地使用权出让、土地使用权转让合同、商品房销售合同	按所载金额5‰贴花	立据人	
（12）营业账簿	生产经营用账册	记载资金的账簿，按实收资本和资本公积合计金额5‰贴花，其他账簿按件贴花5元	立账簿人	
（13）权利、许可证照	包括政府部门发给的房屋产权证、工商营业执照、商标注册证、专利证、土地使用证	按件贴花5元	领受人	

四、印花税计税依据

根据税法规定，不同凭证的计税依据也不相同，具体按以下规定执行。

（1）合同或具有合同性质的凭证，按下列规定确定计税依据。

①以凭证所载金额作为计税依据，全额计税，不得作任何扣除。

②载有两个或两个以上应适用不同税目税率经济事项的同一凭证，分别记载金额的，应分别计算应纳税额，相加后按合计税额贴花。

③未分别记载金额的，按税率高的计算贴花。

（2）营业账簿中记载资金的账簿，以“实收资本”与“资本公积”两项的合计金额为其计税依据。

（3）不记载金额的营业账簿、政府部门发给的房屋产权证、工商营业执照、专利证等权利许可证照，以及日记账簿和各种明细分类账簿等辅助性账簿，以凭证或账簿的件数作为计税依据。

（4）纳税人有以下情形的，地方税务机关可按规定核定纳税人印花税计税依据。具体应当根据纳税人的实际生产经营收入，参考纳税人各期印花税情况及同行业合同签订情况，确定科学合理的数额或比例作为纳税人印花税计税依据。

①未按规定建立印花税应税凭证登记簿，或未如实登记和完整保存应税凭证的。

②拒不提供应税凭证或不如实提供应税凭证致使计税依据明显偏低的。

③采用按期汇总缴纳办法的，未按地方税务机关规定的期限报送汇总缴纳印花税情况报告，经地方税务机关责令限期报告，逾期仍不报告的或者地方税务机关在检查中发现纳税人有未按规定汇总缴纳印花税情况的。

【2012 年真题·多选题】关于印花税计税依据的下列表述中，符合法律制度的有（ ）。

A. 财产租赁合同以租赁金额为计税依据

B. 财产保险合同以保障费为计税依据

C. 工商营业执照以注册资金为计税依据

D. 商标注册证以件数为计税依据

【答案】ABD

【解析】本题考查印花税的计税依据。C 选项错误，根据印花税法律制度的规定，权利许可证照按照件数作为计税依据，包括房屋产权证、土地使用证、工商营业执照、商标注册证和专利证。

五、印花税应纳税额的计算

印花税应纳税额的计算方法，按凭证适用的不同税率采取不同的计算公式，具体如表 6-25 所示。

表 6-25 印花税应纳税额的计算方法

凭证范围	计算公式
实行比例税率的凭证	应纳税额 = 应税凭证计税金额 × 比例税率
实行定额税率的凭证	应纳税额 = 应税凭证件数 × 定额税率
营业账簿中记载资金的账簿	应纳税额 =（实收资本 + 资本公积）× 0.5‰
其他账簿	按件贴花，每件 5 元

【2013 年真题·单选题】甲公司于 2012 年 8 月开业后，领受了工商营业执照、税务登记证、土地使用证、房屋产权证各一件。已知权利、许可证照印花税单位税额为每件 5 元，甲公司应缴纳的印花税额为（ ）元。

A. 5　　B. 10

C. 15　　D. 20

【答案】C

【解析】本题考查印花税应纳税额的计算。工商营业执照、土地使用证、房屋产权证属于印花税的征税范围，税务登记证不属于印花税的征税范围。甲公司应缴纳印花税额 =3×5=15（元）。

六、印花税税收优惠

印花税税收优惠的具体政策规定，可参见如表 6-26 所示的内容。

表 6-26 印花税税收优惠政策

凭证类型	具体内容	税收优惠
副本、抄本	已缴纳印花税的凭证的副本或者抄本	免税
书据	财产所有人将财产赠给政府、社会福利单位、学校所立的书据	免税
其他凭证	经财政部批准免税的其他凭证	免税
收购合同	国家指定的收购部门与村民委员会、农民个人书立的农副产品收购合同	免税
贷款合同	无息、贴息贷款合同	免税
	外国政府或者国际金融组织向我国政府及国家金融机构提供优惠贷款所书立的合同	免税
修理单	商店、门市部的零星加工修理业务开具的修理单	免税
租房合同	房地产管理部门与个人订立的租房合同，用于生活居住的	暂免贴花
	房地产管理部门与个人订立的租房合同，用于生产经营的	按规定贴花
托运单据	铁路、公路、航运、水路承运快件行李、包裹开具的托运单据	暂免贴花
登记簿、统计簿、台账	企业车间、门市部、仓库设置的不属于会计核算范围，或虽属于会计核算范围，但不记载金额的登记簿、统计簿、台账等	不贴印花
账簿	实行差额预算管理的单位，不记载经营业务的账簿	不贴印花
单据	对货物运输、仓储保管、财产保险、银行借款等，办理一项业务，既书立合同，又开立单据的	单据免税，只就合同贴花
企业兼并并入资金	企业兼并的并入资金，已按资金总额贴花的	免税（接收单位）
租赁承包经营合同	企业与主管部门等签订的租赁承包经营合同，不属于财产租赁合同的	免税
特殊合同	纳税人已履行并贴花的合同，实际结算金额与合同记载金额不一致的	一般不再补贴印花
保险合同	农林作物、牧业畜类保险合同	免税

续表

凭证类型	具体内容	税收优惠
书、报、刊合同	书、报、刊发行单位之间，发行单位与订阅单位或个人之间书立的凭证	免税
外国运输企业	外国运输企业运输进口货物持有的结算凭证	免税
特殊货运凭证	军事物资运输结算凭证	免税
	抢险救灾物资运输结算凭证	
	为新建铁路运输施工所属物料，使用工程临管线专用运费结算凭证	
物资调拨单	工业、商业、物资、外贸等部门调拨商品物资，作为内部执行计划使用的调拨单，不作为结算凭证，不属于合同性质的凭证	免税
同业拆借合同	银行、非银行金融机构之间相互融通短期资金，按照规定的同业拆借期限和利率签订的同业拆借合同	免税
借款展期合同	办理借款展期业务使用借款展期合同或其他凭证，按规定仅载明延期还款事项的	暂不贴花
拨改贷合同	财政部门的拨款改贷款签订的借款合同，直接与使用单位签订的	免税
合同、书据	出版合同，不属于印花税列举征税的凭证	免税
国库业务账簿	人民银行各级机构经理国库业务及委托各专业银行各级机构代理国库业务设置的账簿	免税
委托代理合同	代理单位与委托单位之间签订的委托代理合同	免税
日拆性贷款合同	人民银行向各商业银行提供的日拆性贷款（20日以内的贷款）所签订的合同或借据	暂免征税
铁道企业特定凭证	铁道部层层下达的基建计划	不贴花
	企业内部签订的有关铁路生产经营设施基建、更新改造、大修、维修的协议或责任书	
	在铁路内部无偿调拨固定资产的调拨单据	
	由铁道部全额拨付事业费的单位的营业账簿	
电话和联网购货	在供需经济活动中使用电话、计算机联网订货，没有开具书面凭证的	暂不贴花
股权转让	国务院和省级人民政府批准进行政企脱钩、对企业进行改组和改变管理体制、变更企业隶属关系	暂不贴花
	国有企业改制、盘活国有资产而发生的国有股权无偿转让划转行为	
	上市公司国有股权无偿转让	税务总局批准后免税

专家课堂

应纳税额不足1角的，免征印花税。此政策属于印花税税收优惠的“免税额”规定。

七、印花税征收管理

（一）纳税义务发生时间

印花税应当在书立或领受时贴花，即在合同签订时、账簿启用时和证照领受时贴花。

专家课堂

国外签订的合同，且不便在国外贴花的，应在将合同带入境时办理贴花纳税手续。

（二）纳税地点

印花税一般实行就地纳税，对于订货会、展销会等签订的合同，按以下两种规定确定纳税地点。

（1）全国性商品物资订货会、展销会、交易会上签订合同应纳的印花税，纳税人可回其所在地后办理贴花完税手续。

（2）地方主办、不涉及省际关系的订货会、展销会上所签合同的印花税，纳税地点由各省、自治区、直辖市人民政府自行确定。

（三）纳税期限

印花税由纳税人按税法规定，自行计算应纳税额，并自行购买印花税票，完成纳税义务。因此税法规定，印花税应税凭证应在书立、领受时即行贴花完税，不得延至凭证生效日期贴花。

（四）缴纳方法

印花税的缴纳方法可根据不同情况分为自行贴花、汇贴汇缴和委托代征3种。

1. 自行贴花

纳税人在书立、领受应税凭证时，自行计算应纳印花税额，然后向当地纳税机关或印花税票代售点购买印花税票，自行在应税凭证上一次性足额粘贴印花并自行注销，即“三自”纳税规则。

自行贴花这种缴纳方法需注意以下几点。

（1）纳税人购买了印花税票，虽然国家取得了印花税收入，但不代表纳税人完成了纳税手续。是否完成纳税手续的关键，是看纳税人是否按规定将购买的印花税票足额粘贴在应税凭证的适当位置，经盖销或划销后确定。

（2）已贴用的印花税票不得重用。

（3）已贴花的凭证，若金额有所增加的，其增加部分应补足印花。

2. 汇贴汇缴

同一种类应纳印花税凭证需要频繁贴花的，纳税人可向当地税务机关申请按期（最长不超过1个月）汇总缴纳印花税，经税务机关核准发给许可证后，按期限汇总计算纳税。

凡汇总缴纳印花税的凭证，应加注税务机关指定的汇缴戳记，对凭证进行编号并装订成册，然后将已贴印花或缴款书的一联粘附在成册凭证的后面，盖章注销、保存备查。

需要注意的是，单份凭证应纳税额超过500元的，纳税人应向当地税务机关申请填写缴款书或完税证，将其中一联粘贴在凭证上或税务机关在凭证上加注完税标记代替贴花。

3. 委托代征

对通过国家有关部门发放、鉴证、公证或仲裁的应税凭证，税务部门可委托这些部门代征印花税，并发给代征单位代征委托书，明确双方的权利和义务。

【例题·多选题】下列选项中，属于印花税缴纳方法的是（　）。

A. 自行贴花　　B. 重复贴花

C. 汇贴汇缴　　D. 委托代征

【答案】ACD

【解析】本题考查印花税的缴纳方法。印花税的缴纳方法可根据不同情况分为自行贴花、汇贴汇缴和委托代征3种。

第八节　资源税法律制度

考情分析：资源税这一小节的内容中，2013年考试大纲对税率和计税依据部分的知识作了重大调整，包括新增、修改了部分内容等改动。考试中本节内容的热门考点集中在征税范围、税率、计税依据和纳税义务发生时间这些方面，题型以单选题、多选题为主，题量在1道题左右。

学习建议：重点掌握资源税的纳税人、征税范围、税目、税率、计税依据和应纳税额的计算，适当熟悉资源税的税收优惠和征收管理。

资源税是以各种应税自然资源为征税对象、为调节资源级差收入并体现国有资源有偿使用而征收的一种税。具体而言，资源税是对在我国境内从事应税矿产品开采或生产盐的单位和个人征收的税种。

我国资源税法律制度主要由《中华人民共和国盐税条例（草案）》、《中华人民共和国资源税条例（草案）》和《中华人民共和国资源税暂行条例》等文件构成。

一、资源税纳税人

（一）资源税纳税人的界定

在中华人民共和国领域及管辖海域开采《中华人民共和国资源税暂行条例》规定的矿产品或者生产盐（以下称开采或者生产应税产品）的单位和个人，为资源税的纳税人。其中单位和个人的解释分别如下。

（1）单位。包括国有企业、集体企业、私营企业、股份制企业、其他企业和行政单位、事业单位、军事单位、社会团体及其他单位。

（2）个人。包括个体经营者和其他个人。

（二）资源税扣缴义务人

收购未税矿产品的单位（主要指独立矿山、联合企业和其他单位）为资源税的扣缴义务人。

二、资源税征税范围

资源税征税范围限定如下。

（1）原油。专门开采的天然原油，不包括人造石油。

（2）天然气。专门开采或与原油同时开采的天然气，暂不包括煤矿生产的燃气。另外，海上石油、天然气虽属于资源税的征收范围，但暂不征收资源税，而征收矿区使用费。

（3）煤炭。原煤，不包括洗煤、选煤及其他煤炭制品。

（4）其他非金属矿原矿。指上述3种产品和井矿盐以外的非金属矿原矿。如宝石、金刚石、玉石、石英砂、白云石、长石等。

（5）黑色金属矿原矿。纳税人开采后自用、销售的，用于直接入炉冶炼或作为主产品先入选精矿、制造人工矿，再最终入炉冶炼的金属矿石原矿。如铁矿石、锰矿石和铬矿石等。

（6）有色金属矿原矿。纳税人开采后自用、销售的，用于直接入炉冶炼或作为主产品先入选精矿、制造人工矿，再最终入炉冶炼的金属矿石原矿。如铜矿石、锡矿石、铝矿石、黄金矿石等。

（7）盐。包括固体盐和液体盐。固体盐是指海盐原盐、湖盐原盐和井矿盐。液体盐（俗称卤水）是指氯化钠含量达到一定浓度的溶液，是用于生产碱和其他产品的原料。

专家课堂

纳税人开采或生产以上资源税应税产品，若自用于连续生产应税产品的，不缴纳资源税；若自用于其他方面的，将视同销售行为缴纳资源税。

【2013年真题·判断题】纳税人开采或者生产资源税应税产品，自用于连续生产应税产品的，视同销售，应缴纳资源税。（ ）

【答案】×

【解析】本题考查资源税的征税范围。纳税人开采或者生产资源税应税产品，自用于连续生产应税产品的，不视同销售，不征收资源税。

三、资源税税目

资源税税目主要包括7大类及其若干子目，即原油、天然气、煤炭、其他非金属矿原矿、黑色金属矿原矿、有色金属矿原矿和盐。

四、资源税税率

（一）资源税税率表

资源税采用比例税率和定额税率两种形式，各税目的具体税率如表6–27所示。

表6-27 资源税税目税率表

税目		税率
一、原油		销售额的5%
二、天然气		销售额的5%
三、煤炭	焦煤	每吨8元
	其他煤炭	每吨2~4元
四、其他非金属矿原矿	普通非金属矿原矿	每吨或每立方米0.5~20元
	贵重非金属矿原矿	每千克或每克拉0.5~20元
五、黑色金属矿原矿		每吨3~25元
六、有色金属矿原矿	稀土矿	每吨30~60元
	其他有色金属矿原矿	每吨0.4~30元
七、盐	固体盐	每吨12~25元
	液体盐	每吨3元

（二）资源税税率其他规定

关于资源税的税率，还包括以下几方面的规定。

（1）纳税人开采或者生产不同税目应税产品的，应分别核算不同税目应税产品的销售额或者销售数量，分别计算税率。未分别核算或者不能准确提供不同税目应税产品的销售额或者销售数量的，从高适用税率。

（2）纳税人在开采主矿产品的过程中伴采的其他应税矿产品，凡未单独规定税率的，一律按主矿产品或视同主矿产品税目征收资源税。

（3）独立矿山、联合企业收购未税矿产品的单位，按照本单位应税产品税额标准，依据收购的数量代扣代缴资源税。其他收购单位收购的未税矿产品，按税务机关核定的应税产品税额标准，依据收购的数量代扣代缴资源税。

【例题·单选题】下列选项中，关于资源税税目和对应税率的说法，不正确的是（ ）。

A. 原油的税率为销售额的5%~10%

B. 煤炭的税率为每吨8～20元

C. 稀土矿属于有色金属矿原矿

D. 资源税征税范围中的盐分为固体盐和液体盐

【答案】B

【解析】本题考查资源税的税目和税率。B选项错误，资源税征税范围中的煤炭应分为焦炭和其他煤炭，其中焦炭的税率为每吨8～20元；其他煤炭的税率为每吨0.3～5元。

五、资源税计税依据

资源税以纳税人开采或者生产应税矿产品的销售额或者销售数量为计税依据。下面分别介绍销售额和销售数量的确定方法。

（一）销售额

1. 销售额的确定

销售额是指纳税人销售应税矿产品向购买方收取的全部价款和价外费用，但不包括收取的增值税销项税额。

2. 价外费用的界定

资源税销售额的价外费用，主要包括价外向购买方收取的手续费、补贴、基金、集资费、返还利润、奖励费、违约金、滞纳金、延期付款利息、赔偿金、代收款项、代垫款项、包装费、包装物租金、储备费、优质费、运输装卸费以及其他各种性质的价外收费。

需要注意的是，以下两种特别的项目不能包括在价外费用的范围。

（1）代垫运输费用

同时符合以下两个条件的代垫运输费用不属于价外费用。

①承运部门的运输费用发票开具给购买方的。

②纳税人将该项发票转交给购买方的。

（2）政府性基金、行政事业性收费

同时符合以下3个条件代为收取的政府性基金或者行政事业性收费，不属于价外费用。

①由国务院或者财政部批准设立的政府性基金，由国务院或者省级人民政府及其财政、价格主管部门批准设立的行政事业性收费。

②收取时开具省级以上财政部门印制的财政票据。

③所收款项全额上缴财政。

3. 外币销售额的确定

纳税人以人民币以外的货币结算销售额的，应当折合成人民币计算。折合的具体规则如下。

（1）销售额的人民币折合率可选择销售额发生的当天或者当月1日的人民币汇率中间价。

（2）纳税人应事先确定采用何种折合率计算方法，一经确定，一年内不得变更。

4. 销售额偏低的确定

纳税人申报的应税产品销售额明显偏低并且无正当理由的、有视同销售应税产品行为而无销售额的，除财政部、国家税务总局另有规定外，应依次按下列顺序确定销售额。

（1）按纳税人最近时期同类产品的平均销售价格确定。

（2）按其他纳税人最近时期同类产品的平均销售价格确定。

（3）按组成计税价格确定。具体计算公式如下。

组成计税价格＝成本×（1+成本利润率）÷（1－税率）

①成本指应税产品的实际生产成本。

②成本利润率由省、自治区、直辖市税务机关确定。

【2013年真题·多选题】下列各项中，应计入到资源税销售额的有（　）。

A. 收取的价款

B. 收取的包装费

C. 收取的增值税销项税额

D. 收取的运输装卸费

【答案】ABD

【解析】本题考查资源税销售额的确定。C选项错误，资源税的销售额为纳税人销售应税产品（原油、天然气等）向购买方收取的全部价款和价外费用，但不包括收取的增值税销项税额。

（二）销售数量

资源税销售数量的确定，应根据纳税人开采或生产应税产品的不同行为来按规定确定，具体如表6-28所示。

表6-28 资源税应税产品的销售数量的确定

纳税人行为	销售数量确定	备注
开采或者生产应税产品销售的	以实际销售数量为销售数量	
开采或者生产应税产品自用的	以移送时的自用数量为销售数量	自产自用包括生产自用和非生产自用
不能准确提供应税产品销售数量或移送使用数量的	以应税产品的产量或按主管税务机关确定的折算比换算成的数量为销售数量	自产原煤连续加工洗煤、选煤或用于炼焦、发电及生产生活等用煤，均以动用时的原煤量为销售数量
		连续加工原煤前无法准确提供原煤移送数量的，按加工产品综合回收率，将加工产品实际销量和自用量折算成原煤数量，以此作为销售数量
		对于金属和非金属矿产品原矿，纳税人无法提供移送使用原矿数量的，可将其精矿按选矿比折算成原矿数量，以此作为销售数量
以自产的液体盐加工固体盐	按固体盐税额征税，以加工的固体盐数量为销售数量	以外购的液体盐加工成固体盐，加工固体盐所耗用液体盐的已纳税额准予抵扣
原油中的稠油、高凝油与稀油划分不清或不易划分的	按原油的数量确定销售数量	
减税、免税项目	单独核算销售额和销售数量	未单独核算或者不能准确提供销售额和销售数量的，不予减税或者免税

【2011年真题·单选题】某矿业公司开采销售应税矿产品，资源税实行从量计征，则该公司计征资源税的课税数量是（　）。

A. 实际产量　　B. 发货数量

C. 计划产量　　D. 销售数量

【答案】D

【解析】本题考查资源税的计税依据。纳税人开采或者生产应税产品销售的，以销售数量为课税数量；纳税人开采或者生产应税产品自用的，以自用（非生产用）数量为课税数量。

六、资源税应纳税额的计算

资源税的应纳税额分为从价定率、从量定额和代扣代缴3种不同的方式，并选择相应的公式进行计算。下面分别进行介绍。

（一）从价定率

实行从价定率计算方法的应税产品，资源税应纳税额按销售额和比例税率计算，具体计算公式如下。

应纳税额＝应税产品的销售额×适用的比例税率

（二）从量定额

实行从量定额计算方法的应税产品，资源税应纳税额按销售数量和定额税率计算，具体计算公式如下。

应纳税额＝应税产品的销售数量×适用的定额税率

（三）代扣代缴

扣缴义务人代扣代缴资源税应纳税额的计算公式如下。

代扣代缴应纳税额＝收购未税矿产品的数量×适用定额税率

七、资源税税收优惠

资源税税收优惠的相关规定如下。

（1）开采原油过程中用于加热、修井的原油免税。

（2）纳税人开采或者生产应税产品过程中，因意外事故或者自然灾害等原因遭受重大损失的，由省、自治区、直辖市人民政府酌情决定减税或者免税。

（3）对已缴纳资源税的岩金矿原矿，经选矿形成的尾矿进行再利用的，只要纳税人能够在统计、核算上清楚地反映，并在堆放等具体操作上能够同应税原矿明确区隔开的，不再计征资源税。尾矿与原矿不能划分清楚的，应按原矿计征资源税。

（4）地面抽采煤层气暂不征收资源税。

专家课堂

煤层气是指贮存于煤层及其围岩中与煤炭资源伴生的非常规天然气，也称煤矿瓦斯。

（5）我国油气田稠油、高凝油和高含硫天然气资源税减征40%；三次采油资源税减征30%；低丰度油气田资源税暂减征20%；深水油气田减征30%；油田范围内运输稠油过程中用于加热的原油天然气免征资源税。

（6）冶金矿山铁矿石资源税减征80%。

（7）国务院规定的其他减税、免税项目。

八、资源税征收管理

（一）纳税义务发生时间

资源税纳税义务发生时间，按纳税人销售、自产自用应税产品或代扣代缴税款的行为有不同的规定，具体如表6–29所示。

表6–29 资源税纳税义务发生时间

纳税人行为	纳税义务发生时间
销售应税产品采取分期收款结算方式的	销售合同规定的收款日期的当天
销售应税产品采取预收货款结算方式的	发出应税产品的当天
销售应税产品采取其他结算方式的	收讫销售款或者取得索取销售款凭据的当天
自产自用应税产品的	移送使用应税产品的当天
扣缴义务人代扣代缴税款	支付首笔货款或者开具应支付货款凭据的当天

（二）纳税地点

考虑到资源税应税产品的开采地或生产地的实际情况，资源税对纳税地点作了以下几点要求。

（1）凡是缴纳资源税的纳税人，都应向应税产品的开采或者生产所在地主管税务机关缴纳税款。

（2）纳税人在本省、自治区、直辖市范围内开采或生产应税产品，且纳税地点需要调整的，由所在省、自治区、直辖市税务机关决定。

（3）纳税人跨省开采资源税应税产品，且其下属生产单位与核算单位不在同一省、自治区、直辖市的，对其开采的矿产品一律在开采地纳税，应纳税款由独立核算、自负盈亏的单位，按开采地的实际销售量（或自用量）及适用的单位税额计算划拨。

（4）扣缴义务人代扣代缴的资源税，应向收购地主管税务机关缴纳。

（三）纳税期限

资源税的纳税期限具体有以下几方面的规定。

（1）资源税纳税期限可以是1日、3日、5日、

10日、15日或者1个月。

（2）纳税人纳税期限由主管税务机关根据实际情况具体核定。

（3）纳税人不能按固定期限计算纳税的，可以按次计算纳税。

（4）纳税人以1个月为一期纳税的，自期满之日起10日内申报纳税。

（5）纳税人以1日、3日、5日、10日或者15日为一期纳税的，自期满之日起5日内预缴税款，于次月1日起10日内申报纳税并结清上月税款。

第九节 城市维护建设税与教育费附加法律制度

考情分析：本节内容在2013年考纲中对位置进行了调整，但内容变化不大。考试中本节内容不属于热门考点，近几年考试中在2010年出现过1道单选题，预计考题数量约为1道，题型以单选题、多选题为主，难度不大。

学习建议：重点掌握城市维护建设税和教育费附加的征税范围、计税依据和减免规定。了解并熟悉这两个税种的纳税人、税率（城市维护建设税）、征收比率（教育费附加）和应纳税额的计算（城市维护建设税）。

城市维护建设税简称城建税，是我国为了加强城市的维护建设，扩大和稳定城市维护建设资金的来源，对有经营收入的单位和个人征收的一个税种，是以纳税人实际缴纳的增值税、消费税和营业税税额为计税依据所征收的一种税。

教育费附加是对缴纳增值税、消费税、营业税的单位和个人征收的一种附加费。其作用主要是用于发展地方性教育事业，扩大地方教育经费的资金来源。

构成我国城市维护建设税与教育费附加法律制度的主要文件包括《中华人民共和国城市维护建设税暂行条例》、《征收教育费附加的暂行规定》和《国务院关于统一内外资企业和个人城市维护建设税和教育费附加制度的通知》等。

一、城市维护建设税

（一）纳税人

城市维护建设税的纳税人，是指实际缴纳增值税、消费税和营业税的单位和个人，即任何单位或个人，只要缴纳上述“三税（下同）”中的一种，就必须同时缴纳城市维护建设税。具体包括各类企业、行政单位、事业单位、军事单位、社会团体及其他单位，以及个体工商户和其他个人。

专家课堂

自2010年12月1日起，对外商投资企业、外国企业及外籍个人也开始征收城市维护建设税。

（二）征税范围

城市维护建设税的征税范围包括城市、县城、建制镇以及税法规定征税的其他地区。其中，城市、县城、建制镇的范围应根据行政区划作为划分标准，不得随意扩大或缩小各行政区域的管辖范围。

（三）税率

1. 税率的具体规定

城市维护建设税实行差别比例税率，根据纳税人所在地区的不同，设置了3档比例税率，具体如表6-30所示。

表6-30 城市维护建设税的差别比例税率

纳税人所在地区	具体税率
市区	7%
县城、镇	5%
不在市区、县城或者镇	1%

2. 适用税率的确定

对于代扣代缴、代收代缴和无固定纳税地点的单位和个人，应按以下规定确定适用的税率。

（1）代扣代缴、代收代缴。由受托方代扣代缴、代收代缴“三税”的单位和个人，其代扣代缴、代收代缴的城市维护建设税按受托方所在地适用税率执行。

（2）无固定纳税地点。流动经营等无固定纳税地点的单位和个人，在经营地缴纳“三税”的，其城市维护建设税的缴纳按经营地适用税率执行。

（四）计税依据

城市维护建设税的计税依据，是指纳税人实际缴纳的“三税”税额。

需要注意的是，纳税人因违反“三税”有关规定而加收的滞纳金和罚款，不作为城市维护建设税的计税依据。但是，纳税人在被查补“三税”和被处以罚款时，应同时对其城市维护建设税进行补税、征收滞纳金和罚款。

（五）应纳税额的计算

城市维护建设税的应纳税额的计算公式如下。

应纳税额＝实际缴纳的增值税、消费税、营业税税额之和×适用税率

【案例 6-8】某企业 3 月份销售应税货物缴纳增值税 34 万元、消费税 12 万元，出售房产缴纳营业税 10 万元、土地增值税 4 万元。已知该企业所在地使用的城市维护建设税税率为 7%。分析该企业 3 月份应缴纳的城市维护建设税税额是多少。

【案例解析】本题主要考查城市维护建设税应纳税额的计算。题目给出了 4 种相关数据，其中的土地增值税是用来迷惑考生的。根据规定，城市维护建设税的计税依据为纳税人实际缴纳的“三税”之和，因此该企业应缴纳的城市维护建设税＝（34+12+10）×7%=3.92（万元）。

（六）减免规定

现行城市维护建设税的减免规定主要有以下几点。

（1）海关对进口产品代征的增值税、消费税，不征收城市维护建设税。

（2）对由于减免增值税、消费税和营业税而发生退税的，可同时退还已征收的城市维护建设税，但出口产品退“三税”的除外。

（3）对“三税”实行先征后返、先征后退、即征即退的，除另有规定外，对随“三税”附征的城市维护建设税，一律不予退（返）还。

（七）征收管理

1．纳税义务发生时间

由于城市维护建设税以纳税人实际缴纳的“三税”为计税依据，分别与“三税”同时缴纳，因此，城市维护建设税的纳税义务发生时间基本上与“三税”纳税义务发生时间一致。具体而言，可参照“销售货物或者提供应税劳务，为收讫销售款或者取得索取销售款凭据的当天”的原则确定。

2．纳税地点

纳税人缴纳“三税”的地点，即缴纳城市维护建设税的地点。

对于代扣代缴、代收代缴和无固定纳税地点的纳税人，应按以下规定确定纳税地点。

（1）代扣代缴、代收代缴“三税”的单位和个人，同时也是城市维护建设税的代扣代缴、代收代缴义务人，其纳税地点为代扣代收地。

（2）对流动经营等无固定纳税地点的单位和个人，应随同“三税”在经营地纳税。

3．纳税期限

城市维护建设税的纳税期限分别与“三税”的纳税期限一致。即城市维护建设税的纳税期限应比照“三税”的纳税期限，由主管税务机关根据纳税人应纳税额大小分别核定。不能按固定期限纳税的，可申请按次纳税。

【例题·判断题】销售货物或提供应税劳务，其城市维护建设税的纳税义务发生时间为收讫销售款或取得索取销售款凭据的当天。（ ）

【答案】√

【解析】本题考查的是城市维护建设税的纳税义务发生时间。城市维护建设税的纳税义务发生时间基本上与“三税”纳税义务发生时间一致。具体而言，可参照“销售货物或者提供应税劳务，为收讫销售款或者取得索取销售款凭据的当天”的原则确定。

二、教育费附加

（一）征收范围

按税法规定，教育费附加的征收范围包括以下几项。

（1）凡缴纳增值税、消费税、营业税的单位和个人，均是教育费附加的征收范围。

（2）凡代征增值税、消费税、营业税的单位和个人，也是代征教育费附加的义务人。

（3）农业、乡镇企业，由乡镇人民政府征收农村教育事业附加，不再征收教育费附加。

（4）外商投资企业、外国企业和外籍人员适用于现行有效的城市维护建设税和教育费附加政策规定，凡是缴纳增值税、消费税和营业税的外商投资企业、外国企业和外籍人员纳税人均需按规定缴纳城市维护建设税和教育费附加。

（二）计税依据

教育费附加以纳税人实际缴纳的增值税、消费税和营业税税额之和为计征依据。

（三）征收比率

根据《国务院关于教育费附加征收问题的紧急通知》的规定，教育费附加征收比为“三税”税额的3%。

（四）计算与缴纳

1．计算公式

教育费附加的计算公式如下。

应纳教育费附加 = 实际缴纳增值税、消费税、营业税税额之和 × 征收比率

2. 费用缴纳时间

教育费附加缴纳的时间在增值税、消费税和营业税缴纳的同时完成。

（五）减免规定

教育费附加的减免规定如下。

（1）对海关进口的产品征收的增值税、消费税，不征收教育费附加。

（2）对由于减免增值税、消费税、营业税而发生退税的，可以同时退还已征收的教育费附加。出口产品退"三税"的除外。

【案例 6-9】某市甲公司 2013 年 3 月份应缴增值税 90 000 元，实际缴纳增值税 80 000 元；应缴纳消费税 70 000 元，实际缴纳消费税 60 000 元；应缴营业税 50 000 元，实际缴纳营业税 40 000 元。已知该企业所在地使用的教育费附加税率为 3%。分析该公司 3 月份应缴纳的教育费附加是多少。

【案例解析】本题主要考查教育费附加应纳税额的计算。只要把握住应纳教育费附加是实际缴纳"三税"之和乘以征收比例，本题就迎刃而解了。该企业的教育费附加应纳税额 =（80 000+60 000+40 000）×3%=5 400（元）。

第十节 其他相关税收法律制度

考情分析：本节内容中的 4 个税种都属于 2013 年考纲新增的内容。预计考点主要集中在这 4 个税种的纳税人、征收范围、计税依据、应纳税额的计算以及税收优惠等方面。题型主要以客观题为主，题量约为 1~2 道题，难度应该不大。

学习建议：熟悉本节 4 个税种的纳税人、征收范围、计税依据、应纳税额的计算以及税收优惠等内容。适当了解各税种的征收管理知识。

一、船舶吨税

船舶吨税是海关代为对自中华人民共和国境外港口进入境内港口的船舶征收的一种税（以下简称《船舶吨税》），其征收的税款主要用于港口建设维护及海上干线公用航标的建设维护。《中华人民共和国海关船舶吨税暂行条例》是此税种的法律依据。

（一）纳税人

对征收船舶吨税，以应税船舶负责人为纳税人。

【例题·判断题】自中国境外港口进入中国境内港口的船舶征收船舶吨税，以应税船舶负责人为纳税人。

【答案】√

【解析】本题考查船舶吨税的纳税人。题目的说法完全正确。

（二）税率

船舶吨税采用定额税率，按船舶净吨位的大小划分等级设置单位税额，并分为 30 日、90 日和 1 年（按执照期限划分）3 种不同的税率，实行复式税率，具体分为两类：普通税率和优惠税率。具体税率如表 6-31 所示。

表 6-31 船舶吨税税目税率表

税目（按船舶净吨位划分）	税率（元 / 净吨）					
	普通税率（按执照期限划分）			优惠税率（按执照期限划分）		
	1 年	90 日	30 日	1 年	90 日	30 日
不超过 2 000 净吨	12.6	4.2	2.1	9.0	3.0	1.5
超过 2 000 净吨，但不超过 10 000 净吨	24.0	8.0	4.0	17.4	5.8	2.9
超过 10 000 净吨，但不超过 50 000 净吨	27.6	9.2	4.6	19.8	6.6	3.3
超过 50 000 净吨	31.8	10.6	5.3	22.8	7.6	3.8

专家课堂

我国国籍的应税船舶，船籍国（地区）与我国签订含有相互给予船舶税费最惠国待遇条款的条约或协定的应税船舶，适用优惠税率；其他应税船舶，适用普通税率。

（三）计税依据

船舶吨税以船舶净吨位为计税依据，拖船和非机动驳船分别按相同净吨位船舶税率的 50% 计征。

（四）应纳税额的计算

船舶吨税按照船舶净吨位和吨税执照期限征收，其应纳税额的计算公式如下。

应纳税额 = 应税船舶净吨位 × 适用税率

（五）税收优惠

按规定，下列船舶免征船舶吨税。

（1）应纳税额在人民币 50 元以下的船舶。

（2）自境外以购买、受赠、继承等方式取得船舶所有权的初次进口到港的空载船舶。

（3）船舶吨税执照期满后24小时内不上下客货的船舶。

（4）非机动船舶（不包括非机动驳船）。

（5）捕捞、养殖渔船。

（6）避难、防疫隔离、修理、终止运营或者拆解，并不上下客货的船舶。

（7）军队、武装警察部队专用或征用的船舶。

（8）依照法律规定应当予以免税的外国驻华使领馆、国际组织驻华代表机构及其有关人员的船舶。

（9）国务院规定的其他船舶。

【2013年真题·单选题】根据船舶吨税法律制度的规定，下列船舶中，不予免征船舶吨税的是（　）。

A. 捕捞渔船　　B. 非机动驳船

C. 养殖渔船　　D. 军队专用船舶

【答案】B

【解析】本题考查船舶吨税的税收优惠。非机动驳船不予免征船舶吨税。

（六）征收管理

1. 纳税义务发生时间

船舶吨税纳税义务发生时间为应税船舶进入境内港口的当日，应税船舶在吨税执照期满后尚未离开港口的，应当申领新的吨税执照，自上一执照期满的次日起续缴船舶吨税。

2. 纳税期限

关于船舶吨税的纳税期限，有以下规定。

（1）应税船舶负责人应当自海关填发船舶吨税缴款凭证之日起15日内向指定银行缴清税款。

（2）未按上述规定期限缴清税款的，自滞纳税款之日起，按日加收滞纳税款0.5‰的滞纳金。

（3）应税船舶到达港口前，经海关核准先行申报并办结出入境手续的，应税船舶负责人应向海关提供与其依法履行船舶吨税缴纳义务相适应的担保。待应税船舶到达港口后，再按规定向海关申报纳税。

专家课堂

人民币、可自由兑换货币；汇票、本票、支票、债券、存单；银行、非银行金融机构的保函和海关依法认可的其他财产、权利，可以用于担保。

3. 船舶吨税少征或多征的管理

（1）少征或漏征船舶吨税的管理

①发现少征或漏征税款的，海关应当自应税船舶应缴纳税款之日起1年内，补征税款。

②若应税船舶因违反规定造成少征或者漏征税款的，海关可自应缴纳税款之日起3年内追征税款，并可自应缴纳税款之日起按日加征少征或者漏征税款0.5‰的滞纳金。

（2）多征船舶吨税的管理

①发现多征税款的，海关应立即通知应税船舶办理退还手续，并加算银行同期活期存款利息。

②应税船舶发现多缴税款的，可自缴纳税款之日起1年内以书面形式要求海关退还多缴的税款并加算银行同期活期存款利息。

③海关应自受理退税申请之日起30日内查实并通知应税船舶办理退税手续。

【例题·多选题】2013年10月20日，A国某运输公司一艘货轮驶入我国某港口，该货轮净吨位为30 000吨，货轮负责人已向我国该海关领取了船舶吨税执照，在港口停留期为30天，A国已与我国签订有相互给予船舶税最惠国待遇条款。下列选项正确的是（　）。

A. 该货轮应享受优惠税率

B. 应缴纳的船舶吨税99 000元

C. 该货轮适用普通税率

D. 应缴纳的船舶吨税138 000元

【答案】AB

【解析】本题考查船舶吨税的税收优惠和税率，属于综合性较高的命题方式。根据船舶吨税的相关规定，该货轮应享受优惠税率，通过表6-31可知，每净吨位为3.3元。应缴纳的船舶吨税＝30 000×3.3＝99 000（元）。

二、车辆购置税

车辆购置税是对在中国境内购置规定车辆的单位和个人征收的一种税，由车辆购置附加费演变而来。现行车辆购置税法的基本规范，是从2001年1月1日起实施的《中华人民共和国车辆购置税暂行条例》。

（一）纳税人

车辆购置税的纳税人为购置（包括购买、进口、自产、受赠、获奖或以其他方式取得并自用）应税车辆的单位和个人。其中单位和个人的解释分别如下。

（1）单位。包括国有企业、集体企业、私营企业、股份制企业、外商投资企业、外国企业以及其他企业和事业单位、社会团体、国家机关、部队以及其他单位。

（2）个人。包括个体工商户以及其他个人。

（二）征收范围

车辆购置税的征收范围包括汽车、摩托车、电车、挂车和农用运输车几大类，各大类又包括若干子类，具体如表 6-32 所示。

表 6-32 车辆购置税征收范围表

应税车辆类型	具体范围	备注
汽车	各类汽车	
摩托车	轻便摩托车	最高设计时速不大于 50 千米，发动机汽缸总排量不大于 50 毫升的两个或者 3 个车轮的机动车
	二轮摩托车	最高设计时速大于 50 千米，或发动机汽缸总排量大于 50 毫升的两个车轮的机动车
	三轮摩托车	最高设计时速大于 50 千米，或发动机汽缸总排量大于 50 毫升，空车重量不大于 400 千克的 3 个车轮的机动车
电车	无轨电车	以电能为动力，由专用输电电缆线供电的轮式公共车辆
	有轨电车	以电能为动力，在轨道上行驶的公共车辆
挂车	全挂车	无动力设备，独立承载，由牵引车辆牵引行驶的车辆
	半挂车	无动力设备，与牵引车辆共同承载，由牵引车辆牵引行驶的车辆
农用运输车	三轮农用运输车	柴油发动机，功率不大于 7.4 千瓦，载重量不大于 500 千克，最高时速不大于 40 千米的 3 个车轮的机动车
	四轮农用运输车	柴油发动机，功率不大于 28 千瓦，载重量不大于 1 500 千克，最高时速不大于 50 千米的 4 个车轮的机动车

（三）税率

车辆购置税采用 10% 的比例税率。

（四）计税依据

车辆购置税的计税依据为应税车辆的计税价格。其中，计税价格应根据不同情况确定，具体规定如下。

（1）纳税人购买自用的应税车辆的计税价格，为纳税人购买应税车辆而支付给销售者的全部价款和价外费用，不包括增值税税款。

（2）纳税人进口自用的应税车辆的计税价格的计算公式如下。

计税价格 = 关税完税价格 + 关税 + 消费税

专家课堂

纳税人购买自用或者进口自用应税车辆，申报的计税价格低于同类型应税车辆的最低计税价格，又无正当理由的，按最低计税价格征收车辆购置税。

（3）纳税人自产、受赠、获奖或者以其他方式取得并自用的应税车辆的计税价格，由主管税务机关参照应税车辆市场平均交易价格，规定不同类型应税车辆的最低计税价格核定。

（五）应纳税额的计算

车辆购置税实行从价定率的方法计算应纳税额。根据车辆是否进口，其应纳税额的计算公式分别如下。

（1）应纳税额（非进口）= 计税依据 × 税率

（2）进口应税车辆应纳税额 =（关税完税价格 + 关税 + 消费税）× 税率

【案例 6-10】刘某购入新车一辆，向经销商支付车辆含税价款 117 000 元，手续费 11 700 元。分析刘某应缴纳的车辆购置税是多少。

【案例解析】本题考查车辆购置税的计税依据和应纳税额的计算。首先可以明确刘某购买的不是进口应税车辆，则应纳税额 = 计税依据 × 税率 = 计税依据 ×10%。因此本题的关键在于计税依据的确定。按规定，纳税人购买自用的应税车辆的计税价格，为纳税人购买应税车辆而支付给销售者的全部价款和价外费用，不包括增值税税款。因此刘某的计税依据应该是（含税价格 + 手续费）之和，并转换为不含税价格，即（117 000 + 11 700）÷（1 + 17%）=110 000（元）。因此刘某最终应缴纳的车辆购置税为：110 000×10%=11 000（元）。

（六）税收优惠

车辆购置税的税收优惠，遵守以下几条规定。

（1）外国驻华使馆、领事馆和国际组织驻华机构及其外交人员自用的车辆，免税。

（2）中国人民解放军和中国人民武装警察部队列入军队武器装备订货计划的车辆，免税。

（3）设有固定装置的非运输车辆免税。

（4）有国务院规定予以免税或者减税的其他情形的，按照规定免税或者减税。

（七）征收管理

1. 纳税申报

车辆购置税实行一次征收制度，税款应当一次缴清。具体申报规定如下。

（1）纳税人购买自用应税车辆的，应当自购买之日起 60 日内申报纳税。

（2）进口自用应税车辆的，应当自进口之日起60日内申报纳税。

（3）自产、受赠、获奖或者以其他方式取得并自用应税车辆的，应当自取得之日起60日内申报纳税。

专家课堂

购置已征车辆购置税的车辆，不再征收车辆购置税；以外汇结算应税车辆价款的，按申报纳税之日中国人民银行公布的人民币基准汇价，折合成人民币计算应纳税额。

2. 纳税环节

车辆购置税是对应税车辆的购置行为征税，征税环节选择在使用环节（即最终消费环节）。具体而言，纳税人应在向公安机关等车辆管理机构办理车辆登记注册手续前，缴纳车辆购置税。即车辆购置税是在应税车辆上牌登记注册前的使用环节征收。

关于车辆购置税纳税环节的其他规定如下。

（1）纳税人应持主管税务机关出具的完税证明或免税证明，向公安机关车辆管理机构办理车辆登记注册手续。

（2）纳税人没有出具完税证明或免税证明的，公安机关车辆管理机构不得办理车辆登记注册手续。

（3）免税、减税车辆因转让、改变用途等原因，不享受免税、减税待遇的，应在办理车辆过户手续前或办理变更车辆登记注册手续前，缴纳车辆购置税。

（4）税务机关发现纳税人未按规定缴纳车辆购置税的，有权责令其补缴。若纳税人拒绝补缴，税务机关可通知公安机关车辆管理机构暂扣纳税人的车辆牌照。

3. 纳税地点

纳税人购置应税车辆，应向车辆登记注册地的主管税务机关申报纳税；购置不需要办理车辆登记注册手续的应税车辆，应当向纳税人所在地的主管税务机关申报纳税。

三、耕地占用税

耕地占用税是国家对占用耕地建房或者从事其他非农业建设的单位和个人，依据实际占用耕地面积、按照规定税额一次性征收的一种税。耕地占用税属行为税范畴，其目的在于合理利用土地资源、加强土地管理、保护耕地。

目前我国耕地占用税的法律制度主要由《中华人民共和国耕地占用税暂行条例》和《中华人民共和国耕地占用税暂行条例实施细则》构成。

（一）纳税人

耕地占用税的纳税人为在我国境内占用耕地建房或者从事非农业建设的单位或者个人。

专家课堂

关于单位和个人的解释，可参考车辆购置税纳税人中涉及的单位和个人的解释，二者完全相同。

（二）征税范围

耕地占用税的征税范围包括纳税人为建房或从事其他非农业建设而占用的国家所有和集体所有的耕地。

专家课堂

耕地是指用于种植农作物的土地，包括菜地、花圃、苗圃、茶园、果园、桑园、牧草地和其他种植经济林木的土地。

关于占用特殊耕地是否需征收耕地占用税的问题，可参考表6-33归纳的内容。

表6-33 特殊耕地的征税范围

占用的耕地类型	是否征税
鱼塘及其他农用土地	视同占用耕地，必须依法征收耕地占用税
已开发从事种植、养殖的滩涂、草场、水面和林地等	由省、自治区、直辖市自行确定是否征收耕地占用税
林地、牧草地、农田水利用地、养殖水面以及渔业水域滩涂	征收耕地占用税
建设直接为农业生产服务的生产设施占用本表上述规定的农用地	不征收耕地占用税

（三）税率

耕地占用税实行定额税率。其中税率根据不同地区的人均耕地面积和经济发展情况实行不同的标准，具体如表6-34所示。

表6-34 耕地占用税的不同税率

地区分级（以县级行政区域为单位）	税率（每平方米）
人均耕地不超过1亩的地区	10~50元
人均耕地超过1亩但不超过2亩的地区	8~40元
人均耕地超过2亩但不超过3亩的地区	6~30元
人均耕地超过3亩的地区	5~25元

另外，关于耕地占用税税率的规定，还需遵守以下几点规定。

（1）各地适用税率，由省、自治区、直辖市人民政府在规定的税额幅度内，根据本地区情况核定。

（2）各省、自治区、直辖市人民政府核定的适用税率的平均水平不得低于国务院财政、税务主管部门确定的平均税率。

（3）经济特区、经济技术开发区和经济发达且人均耕地特别少的地区，适用税率可以适当提高，但提高部分最高不得超过国务院财政、税务主管部门确定的当地适用税率的50%。

（4）占用基本农田的，适用税率应在国务院财政、税务主管部门规定的当地适用税率的基础上提高50%。

> **【例题·判断题】** 耕地占用税实行定额税率，具体税率为10～50元。（　）
>
> **【答案】** ×
>
> **【解析】** 本题考查耕地占用税的税率。耕地占用税实行定额税率，但税率是根据人均耕地面积和经济发展情况来实行不同的标准。

（四）计税依据

耕地占用税以纳税人实际占用的耕地面积为计税依据，按适用税额标准计算应纳税额，一次性缴纳。

> **专家课堂**
>
> 纳税人实际占用耕地面积的核定以农用地转用审批文件为主要依据，必要时应实地勘测。

（五）应纳税额的计算

耕地占用税应纳税额的计算公式如下。

应纳税额＝实际占用耕地面积（平方米）×适用税率

（六）税收优惠

1. 免征耕地占用税项目

下列项目占用耕地，免征耕地占用税。

（1）军事设施。包括地上、地下的军事指挥、作战工程；军用机场、港口、码头；营区、训练场、试验场；军用洞库、仓库；军用通信、侦察、导航、观测台站和测量、导航、助航标志；军用公路、铁路专用线，军用通信、输电线路，军用输油、输水管道；其他直接用于军事用途的设施。

（2）学校。包括县级以上人民政府教育行政部门批准成立的大学、中学、小学、学历性职业教育学校和特殊教育学校。

（3）幼儿园。包括在县级以上人民政府教育行政部门登记注册或者备案的幼儿园用于幼儿保育、教育的场所。

（4）养老院。包括经批准设立的养老院为老年人提供生活照顾的场所。

（5）医院。包括县级以上人民政府卫生行政单位部门批准设立的医院用于提供医疗服务的场所及其配套设施。

> **专家课堂**
>
> 学校内经营性场所和教职工住房占用耕地的，以及医院内职工住房占用耕地的，应按当地适用税率缴纳耕地占用税。

2. 减征耕地占用税项目

下列项目占用耕地，减按每平方米2元的税额标准征收耕地占用税。

（1）铁路线路。包括铁路路基、桥梁、涵洞、隧道及其按照规定两侧留地。

（2）公路线路。包括经批准建设的国道、省道、县道、乡道和属于农村公路的村道的主体工程以及两侧边沟或截水沟。

> **专家课堂**
>
> 专用铁路和铁路专用线占用耕地的，以及专用公路和城区内机动车道占用耕地的，应按当地适用税率缴纳耕地占用税。

（3）飞机场跑道、停机坪。包括经批准建设的民用机场专门用于民用航空器起降、滑行和停放的场所。

（4）港口。包括经批准建设的港口供船舶进出、停靠和旅客上下、货物装卸的场所。

（5）航道。包括在江、河、湖泊、港湾等水域供船舶安全航行的通道。

3. 减征、免征耕地占用税的特殊项目

以下项目可根据实际情况减征、免征耕地占用税。

（1）农村居民经批准在户口所在地按照规定标准占用耕地，建设自用住宅，按当地适用税额标准减半征收耕地占用税。

（2）农村烈士家属、残疾军人、鳏寡孤独和革命老根据地、少数民族聚居区、边远贫困山区生活困难的农村居民，在规定用地标准以内新建住宅缴纳耕地占用税确有困难的，经所在地乡（镇）人民政府审核，报经县级人民政府批准以后，可以免征、减征耕地占用税。

> **专家课堂**
>
> 按规定免征或者减征耕地占用税后，纳税人改变原占地用途，应补缴耕地占用税。

【例题·单选题】下列各项中，减半征收耕地占用税的是（ ）。

A. 幼儿园占用耕地

B. 军事设施占用耕地

C. 农村居民占用耕地新建住宅

D. 养老院占用耕地

【答案】C

【解析】本题考查耕地占用税的税收优惠。A、B、D 选项均免征耕地占用税。

（七）征收管理

1. 纳税义务发生时间

（1）经批准占用耕地的，耕地占用税纳税义务发生时间为纳税人收到土地管理部门办理占用农用地手续通知的当天（缴纳耕地占用税的期限为收到通知之日起 30 内）。

（2）未经批准占用耕地的，耕地占用税纳税义务发生时间为纳税人实际占用耕地的当天。

2. 纳税地点和征收机构

（1）纳税地点

纳税人占用耕地或其他农用地，应在耕地或其他农用地所在地申报纳税。

（2）征收机构

耕地占用税由地方税务机关负责征收。

专家课堂

纳税人临时占用耕地，应缴纳耕地占用税。纳税人在批准临时占用耕地的期限内恢复所占用耕地原状的，全额退还已经缴纳的耕地占用税。

四、烟叶税

烟叶税是向收购烟叶产品的单位征收的一种税。此税种为烟叶特产农业税的替代税种，其法律依据主要是 2006 年 4 月 28 日国务院公布的《中华人民共和国烟叶税暂行条例》和 2006 年 5 月 18 日财政部、国家税务总局公布的《关于烟叶税若干具体问题的规定》。

（一）纳税人

烟叶税的纳税人为在中华人民共和国境内收购烟叶的单位。就我国而言，由于实行的是烟草专卖制度，因此烟叶税的纳税人一般就是指有权收购烟叶的烟草公司或其委托收购烟叶的单位。

【例题·多选题】某单位的以下（ ）情况会使其成为烟叶税的纳税人。

A. 受烟草公司委托收购烟叶

B. 查处没收违法收购的烟叶

C. 收购罚没烟叶

D. 向烟叶销售者付讫收购烟叶款项

【答案】ACD

【解析】本题考查烟叶税的纳税人。按规定，在中华人民共和国境内收购烟叶的单位为烟叶税的纳税人。A、C、D 选项描述的行为均具备这个条件。

（二）征税范围与税率

1. 征税范围

烟叶税的征税范围包括晾晒烟叶、烤烟叶。

2. 税率

烟叶税实行比例税率，税率为 20%。

（三）计税依据

烟叶税的计税依据是纳税人收购烟叶的收购金额，具体包括纳税人支付给烟叶销售者的烟叶收购价款和价外补贴。其中价外补贴统一暂按烟叶收购价款的 10% 计入收购金额。因此，烟叶税的收购金额按以下计算公式确定。

收购金额 = 收购价款 + 价外补贴 ×10%

= 收购价款 ×（1+10%）

（四）应纳税额的计算

烟叶税应纳税额的计算公式如下。

应纳税额 = 收购金额 × 税率

= 收购价款 ×（1+10%）× 税率

（五）征收管理

1. 纳税义务发生时间

烟叶税的纳税义务发生时间为纳税人收购烟叶的当天，即纳税人向烟叶销售者付讫收购烟叶款项或开具收购烟叶凭证的当天。

2. 纳税申报

烟叶税在烟叶收购环节征收，纳税人收购烟叶就发生纳税义务。纳税人应当自纳税义务发生之日起 30 日内申报纳税，具体纳税期限由主管税务机关核定。

专家课堂

纳税人申报烟叶税时，其应纳税额应以人民币进行计算。

3. 征收机构

烟叶税由地方税务机关征收。纳税人收购烟叶时，应向烟叶收购地的主管税务机关申报纳税。

专家课堂

对按规定查处没收的违法收购的烟叶，由收购罚没烟叶的单位按购买金额计算缴纳烟叶税。

【例题·单选题】纳税人收购烟叶，应当向烟叶收购地的主管税务机关申报纳税。纳税人应当自纳税义务发生之日起（ ）日内申报纳税。

A. 5 日内

B. 10 日内

C. 15 日内

D. 30 日内

【答案】D

【解析】本题考查的是烟叶税的纳税申报。根据《中华人民共和国烟叶税暂行条例》的规定，纳税人应当自纳税义务发生之日起 30 日内申报纳税。

第十一节 同步强化自测练习

（一）单选题

1. 下列各项中，不属于法定减免关税的情形是（ ）。

A. 关税税额在人民币 100 元以下的一票货物，可免征关税

B. 无商业价值的广告品及货样

C. 国际组织、外国政府无偿赠送的物资

D. 进出境运输工具装载的途中必需的燃料、物料和饮食用品

2. 下列关于房产税的说法，表述不正确的是（ ）。

A. 房地产开发企业建造的商品房，在出售前，不征收房产税

B. 纳税单位无租使用免税单位的房产，应由使用人代为缴纳房产税

C. 对居民住宅区内业主共有的经营性房产，由实际经营（包括自营和出租）的代管人或使用人缴纳房产税

D. 融资租赁期内房产税的纳税人，出租人为纳税义务人

3. 甲企业以房产进行投资联营，共担风险，并参与被投资企业的利润分红，则以（ ）为房产税的计税依据。

A. 取得的分红　　B. 房产市值

C. 房产原值　　D. 房产余值

4. 某工业企业 2013 年有用于生产经营的厂房 2 000 平方米，原值为 240 万元；另外还有用于出租的仓库 500 平方米，原值为 60 万元，全年共取得租金 10 万元。该地区规定的扣除比例为 25%。该工业企业全年应纳的房产税为（ ）万元。

A. 3.36　　B. 6.6

C. 8.76　　D. 9.26

5. 某供热企业 2013 年度拥有生产用房原值 3 000 万元，当年取得供热收入 2 000 万元，其中直接向居民供热的收入 500 万元。房产所在地规定计算房产余值的扣除比例为 20%。该企业 2013 年应缴纳的房产税为（ ）万元。

A. 7.2　　B. 21.6

C. 27　　D. 28.8

6. 某公司 2013 年 1 月以 3 500 万元购得一写字楼作为办公用房使用，该写字楼原值 6 000 万元，累计折旧 3 000 万元。如果适用的契税税率为 3%，该公司应缴契税（ ）万元。

A. 120　　B. 105

C. 180　　D. 15

7. 根据契税法律制度的规定，下列各项中，应缴纳契税的是（ ）。

A. 承包者获得农村集体土地承包经营权

B. 企业受让土地使用权

C. 企业将厂房抵押给银行

D. 个人承租居民住宅

8. 下列属于契税纳税义务人的有（ ）。

A. 土地、房屋抵债的抵债方

B. 房屋赠与中的受赠方

C. 房屋赠与中的赠与方

D. 土地、房屋投资的投资方

9. 周某向谢某借款 80 万元，后因谢某急需资金，周某以一套价值 90 万元的房产抵偿所欠谢某债务，谢某取得该房产产权的同时支付周某差价款 10 万元。已知契税税率为 3%。关于此次房屋交易缴纳契税的下列表述中，正确的是（ ）。（2011 年）

A. 周某应缴纳契税 3 万元

B. 周某应缴纳契税 2.4 万元

C. 谢某应缴纳契税 2.7 万元

D. 谢某应缴纳契税 0.3 万元

10. 下列各项中，需要缴纳土地增值税的是( )。

A. 居民个人转让住房

B. 某国家机关转让其国有土地使用权

C. 纳税人建造标准住宅出售的，增值额未超过扣除金额20%的

D. 某房产所有人将房屋产权赠与直系亲属

11. 土地增值税的纳税人隐瞒虚报房地产成交价格的，按照( )计算征收土地增值税。

A. 隐瞒虚报的成交价格加倍

B. 提供的扣除项目金额加倍

C. 重置成本价

D. 房地产评估价格

12. 下列项目中，征收土地增值税确定取得土地使用权所付金额中地价款的方法，正确的是( )。

A. 以出让方式取得土地使用权的，为支付的土地价款

B. 以行政划拨方式取得土地使用权的，为补缴的出让金

C. 以转让方式取得土地使用权的，为补缴的出让金和费用

D. 以其他方式取得土地使用权的，为建房的费用与成本

13. 下列各项中，需要缴纳土地增值税的是( )。

A. 外国驻华机构购买土地使用权

B. 某地方政府转让国有土地使用权

C. 土地使用权的出让

D. 土地使用权所有人将房屋产权赠与直系亲属

14. 李某2013年3月转让其2009年1月购买的一处住房，取得转让收入50万元，缴纳相关税费5万元，购入时价格30万元。本次转让中李某应缴纳土地增值税( )万元。

A. 0　　B. 3

C. 4.5　　D. 5

15. 下列各项中，可以免征土地增值税的是( )。

A. 事业单位转让自用房产

B. 甲工业企业以土地使用权作价对乙房地产公司入股进行投资

C. 某房地产开发公司以不动产作价入股进行投资

D. 某商场因城市实施规划、国家建设的需要而自行转让原房产

16. 根据城镇土地使用税法律制度的规定，下列各项中，不属于城镇土地使用税计税依据的确定方法的是( )。

A. 省级人民政府确定的单位组织测定土地面积为准

B. 尚未组织测定，以政府部门核发的土地使用证书确定的土地面积为准

C. 尚未核发土地使用证书的，可以暂不缴纳土地使用税，待核发土地使用证书后再缴纳

D. 尚未核发土地使用证书的，由纳税人据实申报土地面积，待核发土地使用证书后再作调整

17. 某企业2012年实际占地面积为2 000平方米，2013年4月该企业为扩大生产，根据有关部门的批准，新征用非耕地3 000平方米。该企业所处地段适用年税额5元/平方米。该企业2013年应缴纳城镇土地使用税( )。

A. 1万元　　B. 3万元

C. 2万元　　D. 5万元

18. 根据车船税法律制度的规定，下列各项中，属于载客汽车计税依据的是( )。

A. 排气量　　B. 自重吨位

C. 每辆　　D. 购置价格

19. 下列项目中，属于车船税的扣缴义务人的是( )。

A. 机动车制造厂

B. 车辆船舶的所有人

C. 车辆船舶的管理人

D. 从事机动车交通事故责任强制保险业务的保险机构

20. 2013年某生产企业拥有2辆6座载客汽车和4辆整备质量5吨的货车。当地车船税的年税额为：货车年基准税额每吨60元，乘人汽车每辆360元。2013年该公司的应纳车船税为( )。

A. 960元　　B. 1 020元

C. 1 920元　　D. 2 160元

21. 下列应按"产权转移书据"计征印花税的是( )。

A. 非专利技术转让所书立的合同

B. 专利申请转让所书立的合同

C. 大型机器设备销售合同

D. 专利实施许可所书立的合同

22. 关于印花税纳税人的下列表述中，不正确的有( )。

A. 会计账簿以立账簿人为纳税人

B. 产权转移书据以立据人为纳税人

C. 建筑工程合同以合同当事人为纳税人

D. 订立合同的担保人

23. 甲公司2013年11月开业，领受工商营业

执照、商标注册证、土地使用证、专利证各一件；甲公司与乙公司签订加工承揽合同一份，合同载明由甲公司支付的加工费为50万元。已知加工承揽合同的印花税税率为0.5‰，权利许可证照的定额税率为每件5元，则甲公司应纳印花税额为（　）。

A. 260元　　B. 265元

C. 270元　　D. 2 575元

24. 根据印花税相关法律制度的规定，适用于定额税率的有（　）。

A. 记载资金的账簿

B. 权利、许可证照

C. 产权转移数据

D. 技术合同

25. 下列选项所列证照中，都要缴纳印花税的是（　）。

A. 房屋产权证、工商营业执照、税务登记证、营运许可证

B. 土地使用证、专利证、特殊行业经营许可证、房屋产权证

C. 商标注册证、卫生许可证、土地使用证、营运许可证

D. 房屋产权证、工商营业执照、商标注册证、专利证、土地使用证

26. 根据印花税法律制度的规定，下列各项中，以凭证或账簿件数作为计税依据缴纳印花税的有（　）。

A. 产权转移书据

B. 税务登记证

C. 工商营业执照

D. 记载资金的账簿

27. 某煤矿2013年10月份生产销售原煤10万吨；地面抽采煤层气50万立方米，本月全部销售，取得不含税销售额25万元。已知该煤矿适用的单位税额为1.5元/吨，当地规定的天然气适用税率为6%，该煤矿10月份应纳的资源税税额为（　）万元。

A. 15　　B. 16.5

C. 18　　D. 19.5

28. 某油田2013年3月份生产销售原油5万吨，销售人造石油2万吨，销售与原油同时开采的天然气2 000万立方米。已知该油田适用的单位税额为8元，油田邻近的石油管理局规定天然气的适用税额为5元/千立方米。油田2013年3月份应缴纳的资源税税额为（　）万元。

A. 40　　B. 49

C. 41　　D. 50

29. 某锰矿开采企业2013年6月计划开采锰矿石6 000吨，实际开采6 200吨，计划销售5 500吨，实际销售5 800吨，则当月资源税课税数量为（　）。

A. 5 500吨　　B. 5 800吨

C. 6 000吨　　D. 6 200吨

30. 下列各项中，应征收资源税的是（　）。

A. 人造石油

B. 柴油

C. 中外合作开采石油

D. 天然原油

31. 某油气田2013年12月生产原油5万吨，销售原油4万吨，取得不含增值税销售额6 000万元。另外向购买方收取运输装卸费117万元。已知该油田适用8%的资源税税率。则该油田当月应缴纳的资源税为（　）万元。

A. 418.26　　B. 480

C. 488　　D. 489.36

32. 几个单位共同拥有一块土地使用权，则城镇土地使用税的纳税人为（　）。

A. 其中实际占用土地面积最大的单位

B. 税务机关核定的单位

C. 协商确定纳税人

D. 对这块土地拥有使用权的每一个单位

33. 下列各项中，关于教育费附加的正确表述有（　）。

A. 教育费附加征收比率按照地区差别设定

B. 对海关进口的产品征收增值税、消费税，但不征收教育费附加

C. 出口产品退还增值税、消费税的，同时退还已征收的教育费附加

D. 外商投资企业不缴纳教育费附加

34. 应纳税额在人民币（　）以下的船舶可以免征吨税。

A. 50元　　B. 100元

C. 200元　　D. 500元

35. 下列关于船舶吨税的说法，错误的是（　）。

A. 吨税的纳税义务发生时间为应税船舶进入港口的当日

B. 应纳船舶负责人应当自海关填发吨税缴款凭证之日起15日内向指定银行缴清税款

C. 海关发现少征或者漏征税款的，应当自应税船舶应当缴纳税款之日起1年内，补征税款

D. 拖船和非机动驳船免征船舶吨税

36. 某客车制造厂将自产的一辆19座客车，用于本厂后勤生活服务，该厂在办理车辆上牌落籍前，出具该车的发票注明金额为44 300元，并按此金额向主管税务机关申报纳税。经审核，国家税务总局对该车同类型车辆核定的最低计税价格为47 000元。

该厂对作价问题提不出正当理由。该车应纳的车辆购置税税额为（ ）。

A. 4 600 元　B. 4 700 元

C. 4 860 元　D. 5 400 元

37. 某公司 2013 年 10 月接受捐赠进口小汽车 10 辆自用，无法取得该型号汽车的市场价格，国家税务总局规定的同类型应税车辆的最低计税价格为 200 000 元／辆。则该公司应纳的车辆购置税额为（ ）元。

A. 199 560.52　B. 199 660.52

C. 200 000　D. 216 000

38. 关于车辆购置税的说法，正确的是（ ）。

A. 纳税人购置自用的应税车辆，应自购买之日起 15 日内申报纳税

B. 纳税人进口自用的应税车辆，应自进口之日起 30 日内申报纳税

C. 纳税人购置需办理车辆登记注册手续的应税车辆，向车辆登记注册地的税务机关申报纳税

D. 纳税人购置不需要办理车辆登记注册手续的应税车辆，向车辆销售商所在地的税务机关申报纳税

39. 下列各项中，可以按照当地适用税额减半征收耕地占用税的是（ ）。

A. 供电部门占用耕地新建变电站

B. 农村居民占用耕地新建住宅

C. 市政部门占用耕地新建自来水厂

D. 国家机关占用耕地新建办公楼

40. 下列各项中，免征耕地占用税的是（ ）。

A. 飞机场占用耕地修建跑道

B. 农村居民占用耕地建造新房

C. 养老院占用的耕地

D. 学校附设的小卖部占用的耕地

41. 烟叶税的税率为（ ）。

A. 15%　B. 20%

C. 30%　D. 40%

42. 烟叶税的纳税义务发生时间为纳税人收购烟叶的当天。“收购烟叶的当天”，是指（ ）。

A. 向烟叶销售者付讫收购烟叶运输费用的当天

B. 支付给烟叶销售者的价外补贴的当天

C. 支付给烟叶销售者的烟叶收购价款的当天

D. 向烟叶销售者付讫收购烟叶款项或者开具收购烟叶凭据的当天

43. 下列关于烟叶税的说法，错误的是（ ）。

A. 在中国境内收购的烟叶的单位需要代扣代缴烟叶税

B. 烟叶税的税率为 20%

C. 烟叶的应纳税额等于烟叶收购金额乘以税率

D. 烟叶税的纳税义务发生时间为纳税人收购烟叶的当天

44. 某单位收购烟叶一批，收购价款 50 万元，则该单位应缴纳的烟叶税为（ ）万元。

A. 10　B. 10.5

C. 11　D. 11.5

（二）多选题

1. 以对外支付租金方式进口的租赁货物，在租赁期间不能作为完税价格的是（ ）。

A. 海关审定的租金

B. 海关审定的采购价格

C. 按照一般进口货物估定完税价格

D. 货物成交价格

2. 下列进口货物中，经海关审查属实，可酌情减免进口关税的是（ ）。

A. 在境外运输途中损失的货物

B. 在口岸起卸时遭受损坏的货物

C. 在起卸后海关放行前因不可抗力损失的货物

D. 非因保管不慎造成的在海关查验时已经损坏的货物

3. 根据房产税法律制度的规定，下列有关房产税纳税人的表述中，正确的是（ ）。

A. 产权属于国家所有的房屋，国家为纳税人

B. 产权属于集体所有的房屋，该集体单位为纳税人

C. 产权属于个人所有的营业用房屋，该个人为纳税人

D. 产权出典的房屋，出典人为纳税人

4. 下列各项中，免于征收房产税的有（ ）。

A. 企业内行政管理部门办公用房产

B. 个人所有非营业用的房产

C. 施工期间施工企业在基建工地搭建的临时办公用房屋

D. 因停工大修导致连续停用半年以上的，房屋处于大修期间

5. 甲企业将原值 28 万的房产评估作价 30 万元投资乙企业，乙企业办理产权登记后又将该房产以 40 万元价格售与丙企业，当地契税税率 3%，则下列说法正确的有（ ）。

A. 乙企业缴纳契税 0.84 万元

B. 乙企业缴纳契税 0.9 万元

C. 丙企业缴纳契税 0.9 万元

D. 丙企业缴纳契税 1.2 万元

6. 根据《契税暂行条例》的规定，下列行为中，不需要缴纳契税的有（ ）。

A. 出租房屋

B. 以获奖方式取得房屋所有权

C. 购置房屋取得所有权

D. 法定继承人取得房屋的

7. 下列各项中，可依法减免契税的有（ ）。

A. 某市人民医院购买的医疗大楼

B. 老张承受一片荒山土地使用权，用于开发果园

C. 小李家为改善住房条件而新买的商品房

D. 某大厦刚收购的营业大楼

8. 根据契税的有关规定，下列各项中，征收机关可以参照市场价格核定契税的计税依据的有（ ）。

A. 甲、乙双方交换的房屋价格差额明显不合理且没有正当理由

B. 华侨李某赠与家乡某企业一幢楼房

C. 小张出卖一套房子给小马，因两人私交甚好，所以成交价格明显低于市场价格

D. 某学校以明显低于市场的价格购买一栋教学楼

9. 下列选项中，属于契税的征税对象有（ ）。

A. 国有土地使用权出让

B. 土地使用权转让

C. 房屋买卖

D. 农村集体土地承包经营权的转移

10. 根据契税法律制度的规定，下列各项中，以成交价格作为契税计税依据的有（ ）。（2011 年）

A. 房屋买卖　　B. 土地使用权交换

C. 房屋赠与　　D. 土地使用权转让

11. 下列项目中，属于房地产开发成本的有（ ）。

A. 土地出让金

B. 耕地占用税

C. 公共配套设施费

D. 借款利息费用

12. 外商投资的房地产开发企业，能扣除及不缴纳的与转让房地产有关的税金是（ ）。

A. 营业税　　B. 城建税

C. 印花税　　D. 教育费附加

13. 下列（ ）情形中，主管税务机关可要求纳税人进行土地增值税清算。

A. 整体转让未竣工决算房地产开发项目的

B. 取得销售（预售）许可证满 3 年仍未销售完的

C. 已竣工验收的房地产开发项目，已转让的房地产建筑面积占整个项目可售建筑面积的比例在 85％以上

D. 纳税人申请注销税务登记但未办理土地增值税清算手续的

14. 下列单位中，属于土地增值税纳税人的有（ ）。

A. 建造房屋的施工单位

B. 出售房产的中外合资房地产公司

C. 转让国有土地使用权的事业单位

D. 房地产管理的物业公司

15. 房地产开发企业将开发的商品房用于下列（ ）项目，需要缴纳土地增值税。

A. 用于换取其他单位的房产

B. 销售给个人用于居住

C. 出租给某企业

D. 用于对外投资，共担风险

16. 下列各项中，属于土地增值税征税范围的有（ ）。

A. 出让国有土地使用权

B. 转让国有土地使用权

C. 城市房地产的出租

D. 地上的建筑物及其附着物连同土地使用权一并转让

17. 纳税人办理土地增值税清算时，应按规定报送（ ）资料。

A. 项目竣工决算报表、取得土地使用权所支付的地价款凭证、国有土地使用权出让合同

B. 房地产开发企业清算土地增值税书面申请、土地增值税申报表

C. 银行贷款利息结算通知单、项目工程合同结算单

D. 商品房购销合同统计表等各种与房地产转让的收入、成本和费用相关的证明资料

18. 根据城镇土地使用税法律制度的有关规定，下列各项中，应征收城镇土地使用税的有（ ）。

A. 某公园内的索道公司经营用地

B. 某镇村民居住用地

C. 某市区外资企业生产车间用地

D. 纳税单位无偿使用免税单位的土地

19. 下列各项中，按税法规定可以减免城镇土地使用税的有（ ）。

A. 宗教寺庙、公园自用的土地

B. 国家机关的办公用地

C. 直接用于农业的生产用地

D. 广场、绿化地带等公共用地

20. 下列关于城镇土地使用税的计税依据的说

法中，正确的有（　）。

A. 城镇土地使用税以纳税人实际占用的土地面积（平方米）为计税依据

B. 纳税人实际占用的土地面积，是指由省、自治区、直辖市人民政府确定的单位组织测定的土地面积

C. 尚未组织测量，但纳税人持有政府部门核发的土地使用证书的，以证书确认的土地面积为准

D. 尚未核发土地使用证书的，应由纳税人据实申报土地面积，据以纳税，待核发土地使用证以后再作调整

21. 根据车船税法律制度的规定，下列车船中，免征车船税的有（　）。（2011 年）

A. 警用车船　　B. 养殖渔船

C. 载货汽车　　D. 载客汽车

22. 以下对车船税的理解正确的有（　）。

A. 车船税的纳税义务发生时间，为车船管理部门核发的车船登记证书或者行驶证书所记载日期的次月

B. 车船的所有人或者管理人未缴纳车船税的，使用人应当代为缴纳车船税

C. 从事机动车交通事故责任强制保险业务的保险机构为机动车车船税的扣缴义务人，应当依法代收代缴车船税

D. 税务机关付给扣缴义务人代收代缴手续费的标准由国务院财政部门、税务主管部门制定

23. 下列属于需征收车船税的有（　）。

A. 畜力车　　B. 摩托车

C. 电车　　D. 低速货车

24. 下列属于车船税免税或不征税项目的有（　）。

A. 警用车船

B. 临时入境的外国车船

C. 挂车

D. 军队、武警专用的车船

25. 根据车船税法律制度的规定，下列各项中，符合车船税有关规定的有（　）。

A. 摩托车，以“每辆”为计税依据

B. 载客汽车，以“整备质量”为计税依据

C. 载货汽车，以“整备质量”为计税依据

D. 船舶，以“净吨位”为计税依据

26. 根据印花税法律制度的规定，下列各项中，属于印花税纳税人的是（　）。

A. 应税证照的领受人

B. 合同的双方当事人

C. 合同的证人

D. 合同的担保人

27. 印花税的纳税人，是指在中国境内书立、（　）税法所列举凭证的单位和个人。

A. 领受

B. 使用

C. 担保

D. 转让

28. 下列各项中，符合资源税法律制度规定的表述有（　）。

A. 煤矿生产的天然气暂不征收资源税

B. 中外合作开采石油资源征收资源税

C. 开采原油过程中用于加热、修井的原油，免征资源税

D. 洗煤不需要缴纳资源税

29. 下列关于船舶吨税的说法正确的有（　）。

A. 自中华人民共和国境外港口进入境内港口的船舶，应当缴纳船舶吨税

B. 吨税设置普通税率和优惠税率

C. 吨税按照船舶净吨位和吨税执照期限征收

D. 吨税由海关负责征收

30. 下列选项中，符合车辆购置税计税依据的有（　）。

A. 购买自用应税车辆时，支付的车辆装饰费不并入计税依据中计税

B. 免税、减税条件消失的车辆，超过使用年限的车辆，不再征收车辆购置税

C. 汽车销售公司使用本公司发票的代收款项并入计税价格计征车辆购置税

D. 非贸易渠道进口车辆的最低计税价格，为同类型新车最低计税价格

31. 根据《车辆购置税暂行条例》的规定，下列属于车辆购置税征税范围的有（　）。

A. 购买使用国产应税车辆

B. 购买使用进口应税车辆

C. 直接进口使用应税车辆

D. 受赠使用行为

32. 烟叶税的征税范围包括（　）。

A. 采摘烟叶　　B. 晾晒烟叶

C. 烤烟叶　　D. 烟丝

（三）判断题

1. 对从境外采购进口的原产于中国境内的货物，不征收进口关税。（　）

2. 以房产投资联营，投资者参与投资利润分红、共担风险的，按照房产净值作为计税依据计征房产税。（　）

3. 纳税单位和个人无偿使用免税单位的房产，由使用人代为缴纳房产税。（　）

4. 自2009年1月1日起，对依照房产原值计税的房产，不论是否记载在会计账簿固定资产科目中，均应按照房屋原价计算缴纳房产税。（ ）

5. 向居民供热并向居民收取采暖费的供热企业可以按照4%的税率计算征收房产税。（ ）

6. 目前，外商投资企业缴纳城市房地产税，暂不适用《房产税暂行条例》。（ ）

7. 以房屋为载体、不可随意移动的附属设备和配套设施，如果单独记账，价值没有计入房产原值，可以不计算缴纳房产税。（ ）

8. 更换房屋附属设备和配套设施的，在将其价值计入房产原值时，不能扣减原来相应的设备和设施的价值。（ ）

9. 土地使用权交换中，契税由收取货币或其他经济利益的土地出让方缴纳。（ ）

10. 房屋交换，交换价格不相等的，由收取货币、实物、无形资产或其他经济利益的一方缴纳契税；交换价格相等的，免征契税。（ ）

11. 以划拨方式取得的土地使用权，经批准转让房地产时，免征契税。（ ）

12. 纳税人隐瞒、虚报房地产成交价格的，按照最高一档税率计算征收土地增值税。（ ）

13. 纳税人隐瞒、虚报房地产成交价格的，按照房产的购置原价计算征收土地增值税。（ ）

14. 个人之间互换自有居住用房地产的，经当地税务机关核实，可以免征土地增值税。（ ）

15. 自2008年11月1日起，对居民个人转让住房一律免征土地增值税。（ ）

16. 自2009年1月1日起，公园、名胜古迹内的索道公司经营用地，免征城镇土地使用税。（ ）

17. 土地使用权共有的，共有各方均为城镇土地使用税的纳税人，由共有各方分别纳税。（ ）

18. 城镇土地使用税的计税依据是纳税人实际占用的土地面积。（ ）

19. 城镇土地使用税的税率适用有幅度的差别税额（定额税率），其每个幅度税额的差距为30倍。（ ）

20. 车船税按年申报，分月计算，一次性缴纳。（ ）

21. 从事机动车交通事故责任强制保险业务的保险机构为机动车车船税的扣缴义务人。（ ）

22. 法律、会计、审计等方面的咨询不属于技术咨询，其所立的合同不贴印花。（ ）

23. 在国外书立、领受，但在国内使用的应税凭证，其使用人为纳税人。（ ）

24. 不记载金额的营业账簿，以账簿的件数为计税依据缴纳印花税。（ ）

25. 中外合作开采石油、天然气的企业属于资源税的纳税义务人。（ ）

26. 扣缴义务人代扣代缴的资源税，应当向其机构所在地主管税务机关缴纳。（ ）

27. 原油属于资源税的征税范围，应缴纳资源税的油类产品包括原油、汽油、人造石油。（ ）

28. 某锌铁矿山2013年12月份销售自产锌矿石原矿6万吨，移送原矿入选精矿3万吨，选矿比为40%，适用税额为20元/吨。该锌矿山当月应缴纳的资源税为180万元。（ ）

29. 自中国境外港口进入中国境内港口的船舶征收船舶吨税，以应税船舶负责人为纳税人。（ ）

30. 耕地占用税的纳税人为在我国境内占用耕地建房或者从事非农业建设的单位，不包括个人。（ ）

31. 纳税人占用耕地或其他农用地，应当在纳税人住所所在地申报缴纳耕地占用税。（ ）

32. 纳税人收购烟叶，应当向纳税人机构所在地的主管税务机关申报纳税。（ ）

（四）不定项选择题

【资料一】2013年某房地产开发企业以拍卖方式取得土地进行写字楼的开发，支付土地出让金3 000万元；写字楼开发成本2 800万元，其中含公共配套设施费用500万元；房地产开发费用中的利息支出为300万元（能够按转让房地产项目计算分摊并提供金融机构证明）；当年写字楼全部销售完毕，取得销售收入共计9 000万元；缴纳营业税、城市维护建设税和教育费附加495万元；缴纳印花税4.5万元。

已知：该企业所在省人民政府规定的房地产开发费用的计算扣除比例为5%。

要求：根据以上资料，回答下列小题。

1. 该企业计算土地增值税时准予扣除的房地产开发费用为（ ）万元。

A. 290　　B. 580
C. 582　　D. 590

2. 该企业计算土地增值税时准予扣除的项目金额为（ ）万元。

A. 6 885　　B. 6 889.5
C. 8 045　　D. 8 049.5

3. 该企业销售写字楼应缴纳的土地增值税税额为（ ）万元。

A. 285.15　　B. 286.5
C. 633.15　　D、634.5

4. 根据土地增值税的相关税收法律制度，下列表述正确的有（　）。

A. 取得土地使用权所支付的金额可以据实扣除

B. 房地产开发费用是指与房地产开发项目有关的销售费用、管理费用和财务费用

C. 房地产开发企业在转让房产时缴纳的印花税已列入管理费用中，故不允许单独作为税金扣除

D. 从事房地产开发的纳税人可以加计 10% 扣除

【资料二】某企业 2013 年 1 月份发生下列事项：

（1）与其他企业订立销售合同一份，所载金额 100 万元。

（2）订立借款合同一份，所载金额 200 万元。

（3）订立加工合同一份，列明加工收入 10 万元，受托方提供原材料金额 90 万元。

（4）订立财产保险合同一份，投保金额 200 万元，保险费 5 万元。

（5）签订建筑安装工程总承包合同一份，承包金额 5 000 万元，其中 1 000 万元分包给其他单位，已签订分包合同。

已知：购销合同税率 0.3‰；借款合同税率 0.05‰；加工承揽合同税率 0.5‰；财产保险合同税率 1‰；建筑安装工程承包合同税率 0.3‰。

要求：根据上述资料，分析回答下列小题。

1. 该企业加工合同应缴纳的印花税为（　）元。

A. 270　　B. 500

C. 320　　D. 300

2. 该企业工程承包合同应缴纳的印花税为（　）元。

A. 15 000　　B. 18 000

C. 3 000　　D. 30 000

3. 该企业当月应缴纳的印花税是（　）元。

A. 18 770　　B. 18 650

C. 18 670　　D. 18 470

4. 下列证件中，按每件 5 元贴花的有（　）。

A. 房屋产权证　　B. 工商营业执照

C. 专利证　　D. 土地使用证

【资料三】某生产企业位于城市郊区，公司相关情况如下：

（1）该企业 2013 年初实际占用的 50 000 平方米土地面积中，企业内的职工医院和托儿所共占地 2 000 平方米，经批准改造的废弃土地占地 5 000 平方米（已使用 3 年），厂区内直接用于生猪养殖的用地 6 000 平方米，除上述土地外，其余土地均为该企业生产经营用地。另外，2013 年 8 月 15 日，经批准，此企业新征用非耕地 5 000 平方米的土地使用权。

（2）2013 年企业拥有 8 辆客车；自重为 5 吨的三轮汽车 5 辆；自重 15 吨的载货卡车 10 辆。

已知：当地政府规定，该地每平方米城镇土地使用税年税额为 3 元；载客汽车年单位税额 450 元，载货汽车的车船税税额为 70 元 / 吨。

要求：根据上述资料，分析回答下列小题。

1. 该企业 2013 年应缴纳的城镇土地使用税为（　）元。

A. 111 000　　B. 118 500

C. 126 000　　D. 133 500

2. 该企业 2013 年应缴纳的车船税为（　）元。

A. 5 000　　B. 12 250

C. 14 100　　D. 15 850

3. 该企业 2013 年所占用的土地中，可以享受税收减免的有（　）。

A. 企业内职工医院和托儿所用地

B. 经批准改造的废弃土地

C. 厂区内直接用于生猪养殖的用地

D. 经批准新征用的非耕地

4. 下列关于车船税的相关表述中，正确的有（　）。

A. 车船税由地方税务机关负责征收

B. 车船税的纳税义务发生时间为车管部门核发的车船登记证书或行驶证所记载日期的当月

C. 跨省使用的车船，纳税地点为车船的使用地

D. 车船税按年申报缴纳

第七章 税收征收管理法律制度

税收征收管理法律制度包括税收征收管理法概述、税务管理、税款征收与税务检查、税务行政复议和税收法律责任等5个方面的内容。2013年考试大纲对本章作了较大改动，本书将在各小节讲解时对这些改动作进一步介绍。

近3年考试中，本章出现的考题数量为7道题，分值为10分左右。题型主要以单选题、多选题和判断题为主，但也会在不定项选择题中出现1～2道题。因此，考生不应忽视本章知识，应给予同等的重视。

▼本章考纲知识体系一览表

税收征收管理法律制度	一、税收征收管理法概述	（1）税收征收管理法的概念与适用范围（★） （2）税收征收管理法的法律关系（★）
	二、税务管理	（1）税务管理的概念（★） （2）税务登记管理（★★★） （3）账簿和凭证管理（★★） （4）发票管理（★★） （5）纳税申报（★）
	三、税款征收与税务检查	（1）税款征收（★★★） （2）税务检查（★）
	四、税务行政复议	（1）税务行政复议的概述（★） （2）税务行政复议范围（★★★） （3）税务行政复议管辖（★★★） （4）税务行政复议申请与受理（★） （5）税务行政复议审查和决定（★）
	五、税收法律责任	（1）税收法律责任的概述（★） （2）征纳双方违反税收法律制度的法律责任（★★★）

第一节 税收征收管理法概述

考情分析：近几年考试中均没有出现与本节内容相关的考题，预计以后的考试中出现考题的几率也较小，即使出现，也是以单选题、多选题或判断题的形式进行考查，难度不大。

学习建议：熟悉征纳双方的权利和义务，了解税收征收管理的概念、适用范围以及税收法律关系。

一、税收征收管理法的概念与适用范围

（一）税收征收管理法的概念

税收征收管理法是调整、规范税收征收管理的法律规范的总称，其中主要包括如图7-1所示的3类法律规范。

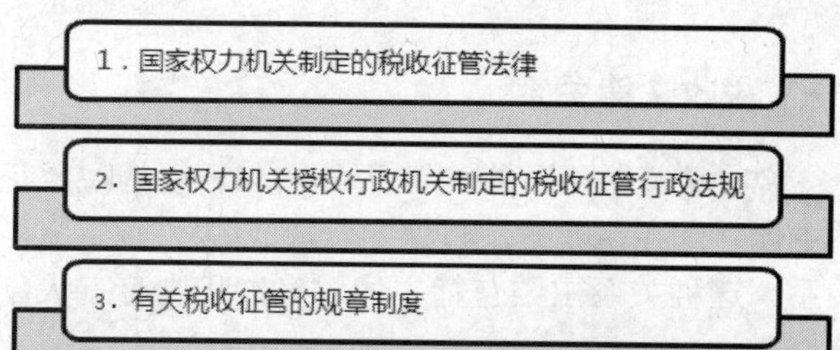

图7-1 税收征收管理法的法律规范

税收征收征管法是税法的重要组成部分，不仅是纳税人全面履行纳税义务必须遵守的法律准则，也是税务机关履行征税职责的法律依据。

《中华人民共和国税收征收管理法》（以下简称《征管法》）是我国现行的税收征收管理的基本法。它于1992年9月4日第七届全国人大常委会第

二十七次会议通过，历经1995年2月28日第八届全国人大常委会第十二次会议和2001年4月28日第九届全国人大常委会第二十一次会议修订后形成。

（二）税收征收管理法的适用范围

税收征收管理法的适用范围主要包括13个税种的征收管理，如图7-2所示。

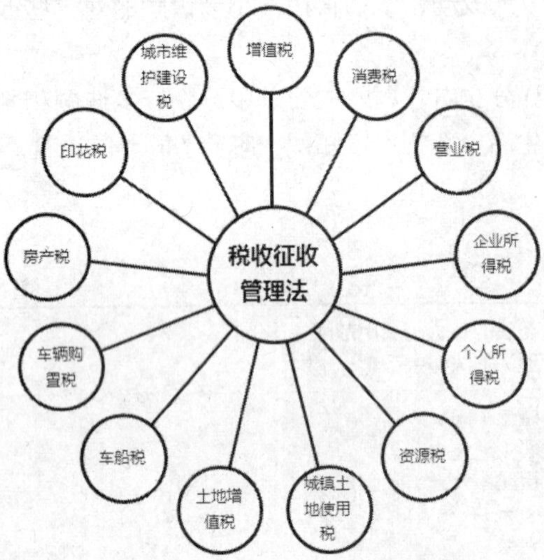

图7-2 适用税收征收管理法的税种

另外，下列所述的内容不适用税收征收管理法。

（1）耕地占用税、契税的征收管理，按照国务院的有关规定执行。

（2）由海关负责征收的关税以及海关代征的进口环节的增值税、消费税，依照法律、行政法规的有关规定执行。

（3）我国同外国缔结的有关税收的条约、协定同本法有不同规定的，按条约、协定的规定办理。

二、税收征收管理法的法律关系

（一）税收法律关系

税收法律关系是指税法所确认和调整的税收征纳主体之间在税收分配过程中所形成的权利和 义务关系，这种关系主要包括主体、客体和内容三大部分。

1. 税收法律关系的主体

税收法律关系的主体是指在税收法律关系中依法享有权利和承担义务的双方当事人。双方当事人虽然是行政管理者和被管理者的关系，但法律地位是平等的。

税收法律关系的主体确切地说即征税主体和纳税主体。

（1）征税主体

在税收法律关系中代表国家享有征税权利的一方当事人为征税主体，主要包括税务主管机关、各级税务机关和海关等机构。

（2）纳税主体

税收法律关系中负有纳税义务的当事人为纳税主体，即纳税人，包括法人、自然人和其他组织。

2. 税收法律关系的内容

税收法律关系的内容是指税收法律关系主体所享受的权利和应承担的义务。

3. 税收法律关系的客体

税收法律关系的客体指的是税收法律关系主体双方的权利和义务所指向的对象。如车辆购置税征纳关系中的车辆、资源税征纳关系中的矿藏等。

【例题·多选题】下列选项中，属于税收法律关系主体的是（ ）。

A. 税务主管机关　　B. 海关

C. 各级税务机关　　D. 纳税人

【答案】ABCD

【解析】本题考查税收法律关系的主体。税收法律关系的主体，是指在税收法律关系中依法享有权利和承担义务的双方当事人，确切地说即征税主体和纳税主体。A、B、C选项属于征税主体；D选项属于纳税主体。

（二）征纳双方的权利和义务

征纳双方在税收征收管理中同时享有各自的权利以及需承担的义务，只有这样，税收征收才能有效地实施和完成。

下面分别从税务机关和纳税人、扣缴义务人两方面来介绍征纳双方的权利和义务。

1. 税务机关的权利和义务

（1）税务机关的权利

作为国家税收征收管理的职能部门，税务机关享有的主要权利如下。

①法规起草拟订权。包括拟订税收法律法规草案，提出税收政策建议，制定、发布关于税收征管的部门规章等。

②税务管理权。包括对纳税人进行税务登记管理、账簿和凭证管理、纳税申报管理等。

③税款征收权。包括依法计征权、核定税款权、税收保全和强制执行权、追征税款权等。

④税务检查权。包括查账权、场地检查权、询问权、责成提供资料权、存款账户核查权等。

⑤行政处罚权。对税收违法行为依照法定标准

予以行政制裁的权利。

⑥其他权力及权利。如税法解释权、委托代征权、估税权、代位权与撤销权、公告权等。

（2）税务机关的义务

税务机关应承担的义务如下。

①宣传税法、辅导纳税人依法纳税的义务。

②为纳税人、扣缴义务人的情况保守秘密，为检举违反税法行为者保密的义务。

③为纳税人办理税务登记、开具完税凭证的义务。

④受理税务行政复议的义务。

⑤核定应纳税额、调整税收定额、税务检查、税务行政处罚、税务行政复议时，与纳税人、扣缴义务人或其法定代表人、直接负责人有利害关系，可能影响执法的其他利害关系，应有回避的义务。

知识链接

上述利害关系主要包括夫妻关系、直系血亲关系、三代以内旁系血亲关系、近姻亲关系。

⑥依法办理税务登记，开具完税凭证的义务；多征税款立即返还的义务；承担举证责任的义务；实施税收保全过程中的义务；受理减、免、退税和延期缴纳税款申请的义务；保护纳税人合法权益的义务；出示税务检查证明的义务等其他义务。

【例题·单选题】下列选项中，不属于税务机关权利的是（　）。

A. 税务检查权　　B. 行政处罚权

C. 税务管理权　　D. 知情权

【答案】D

【解析】本题考查税务机关的权利。D 选项错误，知情权是纳税人、扣缴义务人的权利。

2. 纳税人、扣缴义务人的权利和义务

税收法律关系中，虽然纳税人处于行政管理相对人的地位，但同样享有其应有的权利和承担必须的义务。

（1）纳税人、扣缴义务人的权利

纳税人、扣缴义务人享有的权利如下。

①知情权（也称知悉权）。即有权向税务机关了解国家税收法律、行政法规的规定以及与纳税程序有关的情况。

②要求保密权。即有权要求税务机关为纳税人、扣缴义务人的情况保密，包括生产经营情况、财务状况等。

③税收优惠权。即享受税法规定的减税、免税和出口退税优待。

④多缴税款申请退还权。即自结算缴纳税款之日起 3 年内，纳税人、扣缴义务人发现超过应纳税额缴纳的税款，可以向税务机关要求退还多缴的税款并加算银行同期存款利息。

⑤陈述、申辩权。即对税务机关所作出的决定，享有表达自己意见，对自己的行为作出陈述和辩护的权利。

⑥要求税务机关承担赔偿责任权。即税务机关滥用职权违法采取税收保全措施、强制执行措施，或者采取税收保全措施、强制执行措施不当，使纳税人、扣缴义务人或者纳税担保人的合法权益遭受损失的，应当依法承担赔偿责任。

⑦其他权利。如有权控告和检举税务机关、税务人员的违法违纪行为；检举违反税收法律、行政法规的行为；税务机关派出的人员进行税务检查时，未出示税务检查证和税务检查通知书的，被检查人有权拒绝检查等。

（2）纳税人、扣缴义务人的义务

纳税人、扣缴义务人应承担如下义务。

①按期办理税务登记、按规定使用税务登记证件的义务。

②按规定设置账簿、按规定使用并保管有关凭证的义务。

③按期办理纳税申报的义务。

④按期缴纳或解缴税款的义务。

⑤接受税务检查的义务。

⑥与税务机关发生争执时，须先履行依照税务机关的纳税决定缴纳，或解缴税款及滞纳金，或提供相应的担保义务，然后才申请行政复议和起诉。

⑦如报告处分不动产或者大额资产的义务；安装、使用税控装置的义务；滞纳税款须缴纳滞纳金的义务；向税务机关提供纳税信息、资料及账号的义务；纳税人有解散、撤销、破产情形的，在清算前应向其主管税务机关报告的义务等其他义务。

【例题·判断题】纳税人与税务机关发生争执时，应先申请行政复议和起诉，待复议决定后才按决定的内容纳税。（　）

【答案】×

【解析】本题考查纳税人的义务。与税务机关发生争执时，须先履行依照税务机关的纳税决定缴纳，或解缴税款及滞纳金，或提供相应的担保义务，然后才申请行政复议和起诉。

第二节 税务管理

考情分析：相对于本章其他内容而言，本节的知识是考试的热点内容。其中尤其以税务登记管理、账簿和凭证管理、发票管理以及纳税申报为热门考点。近几年考试中都涉及相应的考题。预计本节相关知识的考题数量在1道题左右，以单选题、多选题和判断题为主的形式出现。

学习建议：掌握税务登记管理、账簿和凭证管理、发票管理以及纳税申报的内容，特别是税务登记的内容、发票的领购与使用等重点知识要掌握。了解税务管理的概念。

一、税务管理的概念

简单来讲，税务管理是指税务机关依据国家税收政策法规所进行的与税款征收的一系列管理活动。具体而言，税务管理是国家及其税务机关，依据客观经济规律和税收分配特点，对税收分配的全过程进行决策、计划、组织、监督和协调，以保证税收职能得以实现的一种管理活动。税务管理是税收征收管理的重要内容，是税款征收的前提和基础，主要包括税务登记管理、账簿和凭证管理、发票管理和纳税申报等内容。

二、税务登记管理

（一）税务登记的概念

税务登记又称纳税登记，是指税务机关根据税法规定，对纳税人的生产、经营活动进行登记管理的一项法定制度，也是纳税人依法履行纳税义务的法定手续。

税务登记是税收征收管理的起点，是税务机关对纳税人实施税收管理的首要环节和基础工作。其作用在于掌握纳税人的基本情况和税源分布情况。

（二）税务登记的范围

1. 税务登记范围

需要办理税务登记的对象主要包括以下几类。

（1）企业。企业在外地设立的分支机构和从事生产、经营的场所，个体工商户和从事生产、经营的事业单位（统称从事生产、经营的纳税人），应当办理税务登记。

（2）上述规定以外的纳税人也应办理税务登记，但国家机关、个人和无固定生产经营场所的流动性农村小商贩除外（统称非从事生产、经营但依照规定负有纳税义务的单位和个人）。

（3）根据税收法律、行政法规的规定，负有扣缴税款义务的扣缴义务人（国家机关除外），应当办理扣缴税款登记。

2. 税务登记证件及使用

（1）税务登记证件的内容

税务登记证件包括税务登记证及其副本、临时税务登记证及其副本。扣缴税款登记证件包括扣缴税款登记证及其副本。如图7–3所示即为税务登记证的实体图片。

图7–3 税务登记证

（2）税务登记证件的使用

申领税务登记证件后，纳税人应当将税务登记证件正本在其生产、经营或者办公场所公开悬挂，接受税务机关检查。

（3）税务登记证件的用途

①纳税人办理开立银行账户和领购发票事项时，必须提供税务登记证件。

②从事生产、经营的纳税人应按照国家有关规定，持税务登记证件，在银行或其他金融机构开立基本存款账户和其他存款账户，并自开立基本存款账户或者其他存款账户之日起15日内，将其全部账号向主管税务机关报告；发生变化的，应当自变化之日起15日内，向主管税务机关书面报告。

> **专家课堂**
>
> 银行和其他金融机构应在从事生产、经营的纳税人的账户中登录税务登记证件号码，并在税务登记证件中登录从事生产、经营的纳税人的账户账号。

③纳税人办理以下税务事项时，应出示税务登记证件，经税务机关核准相关信息后方能办理手续。

A. 申请减税、免税、退税。

B. 申请办理延期申报、延期缴纳税款。

C. 申请开具外出经营活动税收管理证明。

D. 办理停业、歇业。

E. 其他有关税务事项。

④纳税人应按照国务院税务主管部门的规定使用税务登记证件。税务登记证件不得转借、涂改、损毁、买卖或者伪造。

⑤税务机关对税务登记证件实行定期验证和换证制度。纳税人应在规定的期限内持有关证件到主管税务机关办理验证或者换证手续。

【2012 年真题 · 多选题】根据税收征收管理法律制度的规定，纳税人办理的下列事项中，必须提供税务登记证件的有（　）。

A. 纳税申报　　B. 开立银行账户

C. 领购发票　　D. 缴纳税务罚款

【答案】BC

【解析】本题考查税务登记证件的使用。根据税收征收法律制度的规定，纳税人办理下列事项时，必须提供税务登记证件：一是开立银行账户；二是领购发票。

3. 税务登记主管机关

税务登记的主管机关包括县以上（含本级，下同）国家税务局（分局）和地方税务局（分局）。其职责是负责税务登记的设立登记、变更登记、注销登记和税务登记证验证、换证以及非正常户处理、报验登记等有关事项。

除此以外，税务登记主管机关应按以下规定执行相应的职能。

（1）国家税务局（分局）、地方税务局（分局）按照国务院规定的税收征收管理范围，实施属地管理，采取联合登记或者分别登记的方式办理税务登记。

（2）在有条件的城市，国家税务局（分局）、地方税务局（分局）可以按照“各区分散受理、全市集中处理”的原则办理税务登记。

（3）国家税务局（分局）、地方税务局（分局）执行统一的税务登记代码。

专家课堂

税务登记代码由省级国家税务局、地方税务局联合编制、统一下发各地执行。

（4）各级工商行政管理机关应向同级国家税务局和地方税务局定期通报办理开业、变更、注销登记以及吊销营业执照的情况。

（三）税务登记的内容

税务登记的内容主要包括设立（开业）税务登记、变更税务登记、注销税务登记、外出经营报验登记以及停业、复业登记等。

1. 设立税务登记

设立税务登记，是指纳税人依法成立并经工商行政管理登记后，为确认其纳税人的身份、纳入国家税务管理体系而到税务机关进行的登记。

（1）办理设立税务登记的地点

从事生产、经营的纳税人，向生产、经营所在地税务机关办理税务登记。

（2）申报办理税务登记的时限要求

根据不同的纳税人以及纳税人领取工商营业执照的不同情况，纳税人申报办理税务登记的时限有不同的要求，具体如表 7–1 所示。

表 7–1 申报办理税务登记的不同时限要求

不同情形	时限要求
从事生产、经营的纳税人已领取工商营业执照（含临时工商营业执照）的	自领取工商营业执照之日起 30 日内申报办理税务登记
从事生产、经营的纳税人未办理工商营业执照，但经有关部门批准设立的	自有关部门批准设立之日起 30 日内申报办理税务登记
从事生产、经营的纳税人未办理工商营业执照，也未经有关部门批准设立的	自纳税义务发生之日起 30 日内申报办理税务登记
有独立的生产经营权、在财务上独立核算并定期向发包人或者出租人上交承包费或租金的承包承租人	自承包承租合同签订之日起 30 日内向其承包承租业务发生地税务机关申报办理税务登记
从事生产、经营的纳税人外出经营，自其在同一县（市）实际经营或提供劳务之日起，在连续的 12 个月内累计超过 180 日的	自期满之日起 30 日内向生产、经营所在地税务机关申报办理税务登记
境外企业在中国境内承包建筑、安装、装配、勘探工程和提供劳务的	自项目合同（协议）签订之日起 30 日内向项目所在地税务机关申报办理税务登记
非从事生产、经营但依照规定负有纳税义务的单位和个人，除国家机关、个人和无固定生产、经营场所的流动性农村小商贩外	自纳税义务发生之日起 30 日内向纳税义务发生地税务机关申报办理税务登记

专家课堂

以上任意情形下，税务机关一旦核实纳税人申报办理税务登记的行为，就应发放税务登记证及副本。领取临时工商营业执照的纳税人，税务机关应发放临时税务登记证及副本。

（3）申报办理税务登记须提供的资料及税务登记表填写内容

纳税人在申报办理税务登记时，应根据不同情况向税务机关如实提供以下证件和资料（如实填写）。

①工商营业执照或其他核准执业证件。

②有关合同、章程、协议书。

③组织机构统一代码证书。

④法定代表人或负责人、业主的居民身份证、护照或其他合法证件。

⑤省、自治区、直辖市税务机关确定的其他需要提供的有关证件、资料。

（4）税务登记证件的发放

根据纳税人提交证件和资料的不同情况，税务登记证件的发放有不同规定，具体如表 7-2 所示。

表 7-2 税务登记证件的发放

纳税人提交资料的不同情况	税务机关的发放情况
纳税人提交的证件和资料齐全且税务登记表的填写内容符合规定的	及时发放税务登记证件
纳税人提交的证件和资料不齐全或税务登记表的填写内容不符合规定的	当场通知其补正或重新填报
纳税人提交的证件和资料有明显疑点的	实地调查，核实后予以发放税务登记证件

税务登记证件的内容主要包括以下项目。

①纳税人名称。

②税务登记代码。

③法定代表人或负责人。

④生产经营地址。

⑤登记类型。

⑥核算方式。

⑦生产经营范围（主营、兼营）。

⑧发证日期。

⑨证件有效期。

另外，关于扣缴税务登记证件的发放，应遵守以下两条规定。

①已办理税务登记的扣缴义务人应自扣缴义务发生之日起 30 日内，向税务登记地税务机关申报办理扣缴税款登记。税务机关在其税务登记证件上登记扣缴税款事项，不再发给扣缴税款登记证书。

②符合税收法律、行政法规的规定可不办理税务登记的扣缴义务人，应自扣缴义务发生之日起 30 日内，向机构所在地税务机关申报办理扣缴税款登记，税务机关核实后发放扣缴税款登记证书。

【例题·单选题】从事生产、经营的纳税人已领取工商营业执照的，应自领取工商营业执照之日起（　）内申报办理税务登记。

A. 15 日　　B. 30 日

C. 45 日　　D. 60 日

【答案】B

【解析】本题考查申报办理税务登记的时限要求。从事生产、经营的纳税人已领取工商营业执照（含临时工商营业执照）的，自领取工商营业执照之日起 30 日内申报办理税务登记。

考场点拨

尽管不同情形的纳税人申报办理税务登记的时限要求各不相同，但其中的日期时限都是“30 日内”。因此，考题若涉及考核申报办理税务登记的时限时，如果不确定题目所述的情形对应的具体时限要求，可选择“30 日内”这个选项。

2. 变更税务登记

变更税务登记，是指纳税人办理设立税务登记后，因登记内容发生变化须对原有内容进行更改，向主管税务机关申报办理的税务登记。

（1）已变更登记的纳税人

纳税人已在工商行政管理机关办理变更登记的，应自工商行政管理机关变更登记之日起 30 日内，向原税务登记机关如实提供下列证件、资料，申报办理变更税务登记。

①工商登记变更表及工商营业执照。

②纳税人变更登记内容的有关证明文件。

③税务机关发放的原税务登记证件（登记证正、副本和登记表等）。

④其他有关资料。

（2）不需要变更登记的纳税人

纳税人按规定不需要在工商行政管理机关办理变更登记，或其变更登记的内容与工商登记内容无关的，应自税务登记内容实际发生变化之日起 30 日内，或自有关机关批准（宣布）变更之日起 30 日内，持下列证件到原税务登记机关申报办理变更税务登记。

①纳税人变更登记内容的有关证明文件。

②税务机关发放的原税务登记证明证件（登记证正、副本和税务登记表等）。

③其他有关资料。

（3）变更税务登记的受理

①纳税人提交的有关变更登记的证件和资料齐全的，应如实填写变更税务登记表，经税务机关审核符合规定的，税务机关应予以受理；不符合规定

的，税务机关应通知其补正。

②税务机关应自受理之日起30日内，审核办理变更税务登记。

③纳税人税务登记表和税务登记证中的内容都发生变更的，税务机关按变更后的内容重新核发税务登记证件。

④纳税人税务登记表的内容发生变更而税务登记证中的内容未发生变更的，税务机关不重新核发税务登记证件。

【案例 7-1】小张所在的公司办理设立税务登记后，因登记内容发生了变化，领导委派他办理变更税务登记。由于小张已在工商行政管理机关办理了变更登记，请帮小张想想在这种情况下应该怎样到税务机关办理变更税务登记？

【案例解析】本案例考查的是已变更登记的纳税人变更税务登记的知识。由于小张所在的公司已在工商行政管理机关办理了变更登记，因此小张需要在工商行政管理机关变更登记之日起30日内，向原税务登记机关如实提供下列证件、资料，并申报办理变更税务登记：（1）工商登记变更表及工商营业执照；（2）纳税人变更登记内容的有关证明文件；（3）税务机关发放的原税务登记证件（登记证正、副本和登记表等）；（4）原税务机关要求的其他有关资料。

3. 注销税务登记

注销税务登记，是指纳税人出现法定情形终止纳税义务时，向原税务机关申请办理的取消税务登记的手续。

纳税人办理注销税务登记前，应向税务机关提交相关证明文件和资料，结清应纳税款、多退（免）税款、滞纳金和罚款，缴销发票、税务登记证件和其他税务证件，经税务机关核准后，办理注销税务登记手续。

下面介绍不同情形下注销税务登记的规定。

（1）解散、破产、撤销以及其他情形

①纳税人发生解散、破产、撤销以及其他情形，依法终止纳税义务的，应在向工商行政管理机关或者其他机关办理注销登记前，持有关证件和资料向原税务登记机关申报办理注销税务登记。

②按规定不需要在工商行政管理机关或其他机关办理注册登记的，应自有关机关批准或宣告终止之日起15日内，持有关证件和资料向原税务登记机关申报办理注销税务登记。

（2）吊销营业执照或被其他机关撤销登记

纳税人被工商行政管理机关吊销营业执照或被其他机关予以撤销登记的，应自营业执照被吊销或被撤销登记之日起15日内，向原税务登记机关申报办理注销税务登记。

（3）地点变动而改变税务登记机关

纳税人因住所、经营地点变动，涉及改变税务登记机关的，应在向工商行政管理机关或其他机关申请办理变更、注销登记前，或住所、经营地点变动前，持有关证件和资料，向原税务登记机关申报办理注销税务登记，并自注销税务登记之日起30日内向迁达地税务机关申报办理税务登记。

（4）境外企业撤离

境外企业在中国境内承包建筑、安装、装配、勘探工程和提供劳务的，应在项目完工、离开中国前15日内，持有关证件和资料，向原税务登记机关申报办理注销税务登记。

【例题·判断题】境外企业在中国境内承包建筑、安装、装配、勘探工程和提供劳务的，由于是临时性的活动和行为，因此不需要办理设立税务登记。离开中国时也不存在办理注销税务登记的事项。

【答案】×

【解析】本题考查境外企业在中国境内承包建筑、安装、装配、勘探工程和提供劳务的税务登记知识。按规定，境外企业在中国境内承包建筑、安装、装配、勘探工程和提供劳务的，应自项目合同（协议）签订之日起30日内向项目所在地税务机关申报办理税务登记；在项目完工、离开中国前15日内，持有关证件和资料，向原税务登记机关申报办理注销税务登记。

4. 外出经营报验登记

外出经营报验登记，是指从事生产、经营的纳税人到外县（市）进行临时性的生产、经营活动时，按规定申报办理的税务登记手续。

纳税人申报外出经营报验登记的程序如下。

（1）申请开具《外管证》。纳税人到外县（市）临时从事生产、经营活动的，应在外出生产、经营以前，持税务登记证向主管税务机关申请开具《外出经营活动税收管理证明》（简称《外管证》）。

（2）核发《外管证》。税务机关按照一地一证的原则，核发《外管证》，《外管证》的有效期限一般为30日，最长不得超过180日（超过180日的，应在营业地办理税务登记手续）。

（3）报验登记。纳税人应在《外管证》注明地进行生产、经营前向当地税务机关报验登记，并提

交税务登记证副本和《外管证》。

专家课堂

纳税人在《外管证》注明地销售货物的，除提交以上证件、资料外，还应如实填写《外出经营货物报验单》，申报查验货物。

（4）填报《外出经营活动情况申报表》。纳税人外出经营活动结束，应当向经营地税务机关填报《外出经营活动情况申报表》，并结清税款、缴销发票。

（5）办理《外管证》缴销手续。纳税人应在《外管证》有效期满后10日内，持《外管证》回原税务登记地税务机关办理《外管证》缴销手续。

【例题·单选题】《外出经营活动税收管理证明》的有效期限一般为（　）日。

A. 30　　B. 60

C. 90　　D. 180

【答案】A

【解析】本题考查《外管证》的有效期限。《外管证》的有效期限一般为30日，最长不得超过180日（超过180日的，应在营业地办理税务登记手续）。

考场点拨

本题应注意题目的用词，如果题目表述的是"《外管证》的最长期限"，则应该选择D选项；但这里表述的是"一般期限"，因此应选择A选项。考试时一定要注意理解题目的意思，不要忽略任何一个字词。

5. 停业、复业登记

停业、复业登记，是指实行定期定额征收方式的纳税人，因自身经营需要暂停经营（停业期限不得超过1年）或恢复经营，而向主管税务机关申请办理的税务登记手续。

（1）停业登记

实行定期定额征收方式的个体工商户需要停业的，应在停业前向税务机关申报办理停业登记。具体规定如下。

①纳税人在申报办理停业登记时，应如实填写停业申请登记表，说明停业理由、停业期限、停业前的纳税情况和发票的领、用、存情况，并结清应纳税款、滞纳金、罚款。

②税务机关应收存其税务登记证及副本、发票领购簿、未使用完的发票和其他税务证件。

③纳税人在停业期间发生纳税义务的，应按照税收法律、行政法规的规定申报缴纳税款。

（2）复业登记

纳税人应于恢复生产、经营之前，向税务机关申报办理复业登记，如实填写《停、复业报告书》，领回并启用税务登记证件、发票领购簿及其停业前领购的发票。

专家课堂

纳税人停业期满不能及时恢复生产、经营的，应在停业期满前向税务机关提出延长停业登记申请，并如实填写《停、复业报告书》。

【2013年真题·单选题】纳税人因住所、经营地点变动，涉及改变税务登记机关的，应向原税务登记机关申报办理的税务登记是（　）。

A. 变更税务登记

B. 停业、复业登记

C. 注销税务登记

D. 外出经营报验登记

【答案】C

【解析】本题考查税务登记的内容。纳税人因住所、经营地点变动，涉及改变税务登记机关的，应向原税务登记机关申报办理注销税务登记。

（四）税务登记的管理

税务登记的管理主要涉及证照管理和非正常户处理两个方面的内容。

1. 证照管理

税务机关应采取实地调查、上门验证等方法来加强税务登记证件的管理，或结合税务部门和工商部门之间，以及国家税务局（分局）、地方税务局（分局）之间的信息交换比对进行税务登记证件的管理。

纳税人、扣缴义务人遗失税务登记证件的，应自遗失税务登记证件之日起15日内，书面报告主管税务机关，如实填写《税务登记证件遗失报告表》，并将纳税人的名称、税务登记证件名称、税务登记证件号码、税务登记证件有效期、发证机关名称在税务机关认可的报刊上作遗失声明，凭报刊上刊登的遗失声明向主管税务机关申请补办税务登记证件。

2. 非正常户处理

已办理税务登记的纳税人未按照规定的期限申报纳税，且在税务机关责令其限期改正后，逾期不改正的，税务机关应派相关人员实地检查，查无下落且无法强制其履行纳税义务的，由检查人员制作非正常户认定书，存入纳税人档案，税务机关暂停其税务登记证件、发票领购簿和发票的使用。

纳税人被列入非正常户超过3个月的，税务机关可宣布其税务登记证件失效，同时该纳税人应纳税款的追征仍按《征管法》及其实施细则的规定执行。

【例题·单选题】纳税人、扣缴义务人遗失税务登记证件的，应自遗失税务登记证件之日起（　）日内，向主管税务机关申请补办税务登记证件。

A. 60　　B. 45

C. 30　　D. 15

【答案】D

【解析】本题考查税务登记的管理。纳税人、扣缴义务人遗失税务登记证件的，应自遗失税务登记证件之日起15日内，书面报告主管税务机关，如实填写《税务登记证件遗失报告表》，并将纳税人的名称、税务登记证件名称、税务登记证件号码、税务登记证件有效期、发证机关名称在税务机关认可的报刊上作遗失声明，凭报刊上刊登的遗失声明向主管税务机关申请补办税务登记证件。

三、账簿和凭证管理

账簿和凭证是纳税人进行生产经营活动和核算财务收支的重要资料，同时也是税务机关对纳税人进行征税、管理、核查的重要依据。因此账簿和凭证管理是税收管理的基础性工作，加强账簿、凭证管理，目的在于促使纳税人如实反映生产、经营情况，保证国家税收的正确计征，预防和打击偷逃税等违法行为。

知识链接

账簿，是纳税人连续地登记各种经济业务的账册或簿籍，包括总账、明细账、日记账和其他辅助性账簿；凭证，是记录经济业务、明确经济责任的书面证明。

（一）账簿的设置管理

纳税人、扣缴义务人应按照有关法律、行政法规和国务院财政、税务主管部门的规定设置账簿，根据合法、有效凭证记账，进行核算。具体要求是纳税人的不同情形有不同的规定，表7-3归纳了国务院财政、税务主管部门对纳税人设置账簿的相关要求和规定。

表7-3 对纳税人账簿的设置管理的不同要求

纳税人实际情况	账簿设置管理
从事生产、经营的纳税人	应自领取营业执照或发生纳税义务之日起15日内，按国家有关规定设置账簿
生产、经营规模小又确无建账能力的纳税人	可聘请经批准从事会计代理记账业务的专业机构或经税务机关认可的财会人员代为建账和办理账务
生产、经营规模小，无建账能力，且无法聘请专业会计机构或人员代为建账的纳税人	经县以上税务机关批准后，可按照税务机关的规定，建立收支凭证粘贴簿、进货销货登记簿或使用税控装置
扣缴义务人	应自税收法律、行政法规规定的扣缴义务发生之日起10日内，按所代扣、代收的税种，分别设置代扣代缴、代收代缴税款账簿
纳税人、扣缴义务人会计制度健全，能够通过计算机正确、完整计算其收入和所得或代扣代缴、代收代缴税款情况	计算机输出的完整的书面会计记录，视同会计账簿
纳税人、扣缴义务人会计制度不健全，不能通过计算机正确、完整计算其收入和所得或代扣代缴、代收代缴税款情况	建立总账及与纳税或代扣代缴、代收代缴税款有关的其他账簿

（二）对纳税人财务会计制度及其处理办法的管理

纳税人财务会计制度及其处理办法是纳税人进行会计核算的依据，直接关系到计税依据是否真实合理。国务院财政、税务主管部门对纳税人财务会计制度及其处理办法的管理，有以下几点规定。

（1）从事生产、经营的纳税人应自领取税务登记证件之日起15日内，将其财务、会计制度或财务、会计处理办法报送税务机关备案。

（2）纳税人使用计算机记账的，应在使用前将会计电算化系统的会计核算软件、使用说明书及有关资料报送税务机关备案。

（3）纳税人、扣缴义务人的财务、会计制度或财务、会计处理办法与国务院或国务院财政、税务主管部门有关税收的规定抵触的，依照国务院或国务院财政、税务主管部门有关税收的规定计算应纳税款或代扣代缴、代收代缴税款。

（4）关于纳税人、扣缴义务人的账簿、会计凭证和报表的文字使用，其规定如下。

①账簿、会计凭证和报表应使用中文。

②民族自治地方可同时使用当地通用的一种民族文字。

③外商投资企业和外国企业可同时使用一种外

国文字。

【2013年真题·单选题】从事生产、经营的纳税人应当自领取税务登记证件之日起一定期限内，将其财务、会计制度或财务、会计处理方法报送主管税务机关备案。该期限是（　）。

A. 60日　　B. 45日

C. 30日　　D. 15日

【答案】D

【解析】本题考查对纳税人财务会计制度及其处理办法的管理。从事生产、经营的纳税人应当自领取税务登记证件之日起15日内，将其财务、会计制度或者财务、会计处理办法报送主管税务机关备案。

（三）账簿、凭证等涉税资料的保存和管理

纳税人、扣缴义务人应按规定保管账簿、凭证等涉税资料，具体规定有以下两点。

（1）账簿、记账凭证、报表、完税凭证、发票、出口凭证以及其他有关涉税资料应保存10年，法律、行政法规另有规定的除外。

（2）账簿、记账凭证、完税凭证及其他有关资料不得伪造、变造或擅自损毁。

【例题·多选题】下列涉税资料中，应当保存10年的有（　）。

A. 报表　　B. 记账凭证

C. 出口凭证　　D. 账簿

【答案】ABCD

【解析】本题考查账簿、凭证等涉税资料的保存和管理。按规定，账簿、记账凭证、报表、完税凭证、发票、出口凭证以及其他有关涉税资料应保存10年，法律法规另有规定的除外。

四、发票管理

发票是指在购销商品、提供或接受服务以及从事其他经营活动中，开具、收取的收付款凭证，它是确定经济收支行为发生的法定凭证，是会计核算的原始依据。因此发票管理是国家税务总局非常重视的工作。

（一）发票的式样

根据使用范围的不同，发票的式样确定要求如下。

（1）在全国范围内统一式样的发票，由国家税务总局确定。

（2）在省、自治区、直辖市范围内统一式样的发票，由省、自治区、直辖市国家税务局和地方税务局确定。

（二）发票的种类、联次和内容

1. 发票的种类

发票一般有普通发票、增值税专用发票和专业发票3种类别。

（1）普通发票

普通发票适用于各种经济类型的活动和业务，其应用范围最广，营业税纳税人和增值税纳税人均可使用普通发票。

（2）增值税专用发票

增值税专用发票是专供增值税一般纳税人销售货物或提供应税劳务时使用的特殊发票。增值税专用发票除具备普通发票的基本特征外，还具备抵扣增值税税款的功能。

（3）专业发票

专业发票是指由国有金融、邮电、铁路、民用航空、公路和水上运输等单位开具的专业性强的发票。如国有金融、保险企业的汇兑、转账凭证；国有邮政、电信企业的邮票、电报收据；国有铁路、民用航空企业和国有公路、水上运输企业的客票、货票等，均是专业发票。

【2013年真题·单选题】根据税收征收管理法律制度的规定，下列发票中，属于专用发票的是（　）。

A. 机动车销售统一发票

B. 商品房销售发票

C. 商业零售发票

D. 铁路客票

【答案】D

【解析】本题考查发票的种类。专业发票是指由国有金融、邮电、铁路、民用航空、公路和水上运输单位等开具的专业性很强的发票。如国有金融、保险企业的存贷、汇兑、转账凭证、保险凭证；国有邮政、电信企业的邮票、邮单、话务、电报收据；国有铁路、民用航空企业和交通部门国有公路、水上运输企业的客票、货票等。

2. 发票的联次

发票的基本联次包括存根联、发票联和记账联，省以上税务机关可根据发票管理情况以及纳税人经营业务需要，增减除发票联以外的其他联次，并确定其用途。

发票各联次的具体作用如图7-4所示。

发票

- **存根联**：由收款方或开票方留存备查
- **发票联**：由付款方或受票方作为付款原始凭证
- **记账联**：由收款方或开票方作为记账原始凭证

图 7-4 发票各联次的作用

3. 发票的内容

发票的基本内容包括以下项目。

（1）发票的名称。

（2）发票代码和号码、联次及用途。

（3）客户名称。

（4）开户银行及账号。

（5）商品名称或经营项目。

（6）计量单位、数量、单价、大小写金额。

（7）开票人。

（8）开票日期

（9）开票单位（个人）名称（章）。

关于发票的内容，还应注意以下两点。

（1）有固定生产经营场所、财务和发票管理制度健全，发票使用量较大或统一发票式样不能满足经营活动需要的纳税人，可向省以上税务机关申请印有本单位名称的发票。

（2）省以上税务机关可以根据经济活动以及发票管理需要，确定发票的具体内容。

（三）发票的印制

1. 发票的印制机构和规定

发票的印制机构和规定如下。

（1）增值税专用发票由国家税务总局确定的企业印制；其他发票按国家税务总局的规定，由省、自治区、直辖市税务机关确定的企业印制。

（2）禁止私自印制、伪造、变造发票。

（3）印制发票应使用国家税务总局确定的全国统一的发票防伪专用品。

（4）禁止非法制造发票防伪专用品。

（5）发票应套印全国统一发票监制章。

（6）全国统一发票监制章的式样和发票版面印刷的要求，由国家税务总局规定。

（7）发票监制章由省、自治区、直辖市税务机关制作。

（8）禁止伪造发票监制章。

（9）发票实行不定期换版制度。

（10）禁止在境外印制发票。

【例题·多选题】下列关于发票印制的规定中，正确的是（　）。

A. 发票实行定期换版制度

B. 禁止私自印制、伪造、变造发票

C. 禁止非法制造发票防伪专用品

D. 禁止伪造发票监制章

【答案】BCD

【解析】本题考查发票的印制。A 选项错误，发票实行不定期换版制度。其余 3 个选项的表述是正确的。

2. 发票印制机构需具备的条件

印制发票的机构需具备下列条件。

（1）取得印刷经营许可证和营业执照。

（2）设备、技术水平能满足印制发票的需要。

（3）有健全的财务制度和严格的质量监督、安全管理、保密制度。

（四）发票的领购

1. 发票的领购流程

发票的领购主要分为 4 个重要环节，具体流程分别如下。

（1）带齐证件。需领购发票的单位和个人，持税务登记证件、经办人身份证明、按照国家税务总局规定式样制作的财务印章或发票专用章的印模。

（2）办理手续。需要领购发票的单位和个人带齐上述证件后，向主管税务机关办理发票领购手续。

（3）确认发票种类、数量。主管税务机关根据领购单位和个人的经营范围和规模，确认领购发票的种类、数量以及领购方式。

（4）发放发票领购簿。主管税务机关在 5 个工作日内发给发票领购簿。

2. 发票领购的注意事项

发票领购时需注意以下事项。

（1）单位和个人领购发票时，应按照税务机关的规定报告发票使用情况，税务机关应按规定进行查验。

（2）需要临时使用发票的单位和个人，可凭购销商品、提供或接受服务以及从事其他经营活动的书面证明、经办人身份证明，直接向经营地税务机关申请代开发票。

（3）依照税收法律、行政法规规定应缴纳税款的，税务机关应先征收税款，再开具发票。

（4）税务机关根据发票管理的需要，可按照国家税务总局的规定委托其他单位代开发票。

（5）禁止非法代开发票。

（6）税务机关对外省、自治区、直辖市来本辖区从事临时经营活动的单位和个人领购发票的，可要求其提供保证人或根据所领购发票的票面限额及数量交纳不超过1万元的保证金，并限期缴销发票。

（7）上述情况下，按期缴销发票的，解除保证人的担保义务或退还保证金；未按期缴销发票的，由保证人或以保证金承担法律责任。

（8）税务机关收取保证金应开具资金往来结算票据。

【例题·单选题】下列关于发票领购的描述中，正确的是（　）。

A. 单位和个人领购发票时，无须让税务机关查验发票的使用情况。

B. 需要临时使用发票的单位和个人，可直接向经营地税务机关申请代开发票

C. 税务机关应先开具发票，再按发票金额征收税款

D. 税务机关不能委托其他单位代开发票

【答案】B

【解析】本题考查发票的领购。A选项错误，单位和个人领购发票时，应按照税务机关的规定报告发票使用情况，税务机关应按规定进行查验；C选项错误，依照税收法律、行政法规规定应缴纳税款的，税务机关应先征收税款，再开具发票；D选项错误，税务机关根据发票管理的需要，可按照国家税务总局的规定委托其他单位代开发票。

（五）发票的开具和保管

1. 发票的开具与索取

发票的开具与索取相关规定如下。

（1）销售商品、提供服务以及从事其他经营活动的单位和个人，对外发生经营业务收取款项，收款方应当向付款方开具发票。

（2）在下述两种情况下，由付款方向收款方开具发票。

①收购单位和扣缴义务人支付个人款项时。

②国家税务总局认为其他需要由付款方向收款方开具发票的。

（3）所有单位和从事生产、经营活动的个人在购买商品、接受服务以及从事其他经营活动支付款项，应向收款方取得发票。

（4）取得发票时，不得要求变更品名和金额。

（5）不符合规定的发票，不得作为财务报销凭证，任何单位和个人有权拒收。

2. 开具发票的要求

开具发票的要求如下。

（1）开具发票应按规定的时限、顺序、栏目，全部联次一次性如实开具，并加盖发票专用章。

（2）单位和个人在开具发票时，必须做到按照号码顺序填开，填写项目齐全，内容真实，字迹清楚，全部联次一次打印，内容完全一致，并在发票联和抵扣联加盖发票专用章。

（3）任何单位和个人不得有下列虚开发票行为。

①为他人、为自己开具与实际经营业务情况不符的发票。

②让他人为自己开具与实际经营业务情况不符的发票。

③介绍他人开具与实际经营业务情况不符的发票。

3. 税控装置、非税控电子器具与网络发票

（1）安装税控装置的单位和个人，应按照规定使用税控装置开具发票，并按期向主管税务机关报送开具发票的数据。

（2）使用非税控电子器具开具发票的，应将非税控电子器具使用的软件程序说明资料报主管税务机关备案，并按照规定保存、报送开具发票的数据。

（3）国家推广使用网络发票管理系统开具发票，具体管理办法由国务院税务主管部门制定。

4. 使用发票的要求

任何单位和个人应按照发票管理规定使用发票，不得有下列行为。

（1）转借、转让、介绍他人转让发票、发票监制章和发票防伪专用品。

（2）知道或者应当知道是私自印制、伪造、变造、非法取得或者废止的发票而受让、开具、存放、携带、邮寄、运输。

（3）拆本使用发票。

（4）扩大发票使用范围。

（5）以其他凭证代替发票使用。

【2010年真题·判断题】任何单位和个人不得转借、转让、代开发票。（　）

【答案】√

【解析】本题考查发票的使用要求。根据规定，任何单位和个人不得转借、转让、代开发票；未经税务机关批准，不得拆本使用发票。所以题目的表述正确。

5. 发票开具的地点与运输

（1）发票开具地点。除国务院税务主管部门规定的特殊情形外，发票限于领购单位和个人在本省、自治区、直辖市内开具。省、自治区、直辖市税务机关可以规定跨市、县开具发票的办法。

（2）发票运输。除国务院税务主管部门规定的特殊情形外，任何单位和个人不得跨规定的使用区域携带、邮寄、运输空白发票。规定的使用区域是指国家税务总局和省税务机关规定的区域。禁止携

带、邮寄或者运输空白发票出入境。

6. 发票使用管理制度

（1）开具发票的单位和个人应建立发票使用登记制度，设置发票登记簿，并定期向主管税务机关报告发票使用情况。

（2）开具发票的单位和个人应当在办理变更或注销税务登记的同时，办理发票和发票领购簿的变更、缴销手续。

（3）开具发票的单位和个人应按照税务机关的规定存放和保管发票，不得擅自损毁。

（4）已经开具的发票存根联和发票登记簿，应保存5年。

（5）发票保存期满，报经税务机关查验销毁。

（6）使用发票的单位和个人应妥善保管发票。发生发票丢失情形时，应于发现丢失当日书面报告税务机关，并登报声明作废。

【例题·判断题】开具发票的单位和个人应建立发票使用登记制度，设置发票登记簿。（　）

【答案】√

【解析】本题考查发票的使用管理。题目的表述正确，开具发票的单位和个人应建立发票使用登记制度，设置发票登记簿，并定期向主管税务机关报告发票使用情况。

考场点拨

上题关于发票的使用管理，虽然没有完整按照书中所讲进行表述，但表述出的内容是正确的，因此题目应判断为正确。考生切记不要认为该题表述不完整而将其判断为错误。

（六）发票的检查

1. 税务机关的检查权利

根据《中华人民共和国发票管理办法》的相关规定，税务机关在发票管理中有权进行下列检查。

（1）检查印制、领购、开具取得和保管发票情况。

（2）调出发票检查。

（3）查阅、复制与发票有关的凭证、资料。

（4）向当事各方询问与发票有关部门的问题和情况。

（5）在查处发票案件时，对与案件有关的情况与资料，可记录、录音、录像、照相和复制。

（6）对被检查人从境外取得的与纳税有关的发票或凭证有疑义的，可要求其提供境外公证机构或者注册会计师的确认证明。

2. 印制、使用发票的单位和个人的义务

当税务人员出示税务检查证检查时，印制、使用发票的单位和个人，须接受税务机关检查，如实反映情况，提供有关资料，不得拒绝和隐瞒。

知识链接

国家税务总局可根据增值税专用发票管理的特殊需要，制定增值税专用发票的具体管理办法；也可根据有关行业的特殊经营方式和业务需求，会同国务院有关主管部门制定该行业的（专业）发票管理办法。

【例题·多选题】在查处发票案件时，对与案件有关的情况与资料，税务机关有权进行（　）。

A. 录音　　B. 录像

C. 拍照　　D. 复制

【答案】ABCD

【解析】本题考查发票的检查。按规定，在查处发票案件时，对与案件有关的情况与资料，可记录、录音、录像、照相和复制。

五、纳税申报

（一）纳税申报概述

纳税申报是指纳税人按照税法规定定期就计算缴纳税款的有关事项向税务机关提出的书面报告的法定手续，是税收征收管理的一项重要制度。

1. 纳税人的纳税申报义务

纳税人必须依照法律、行政法规规定或税务机关依照法律、行政法规的规定确定的申报期限、申报内容如实办理纳税申报，报送纳税申报表、财务会计报表以及税务机关根据实际需要要求纳税人报送的其他纳税资料。

2. 扣缴义务人的纳税申报义务

扣缴义务人必须依照法律、行政法规的规定或税务机关依照法律、行政法规的规定确定的申报期限、申报内容，如实报送代扣代缴、代收代缴税款报告表及税务机关根据实际需要要求扣缴义务人报送的其他有关资料。

（二）纳税申报的内容

1. 申报内容

纳税人、扣缴义务人的纳税申报或代扣代缴、代收代缴税款报告表的主要内容包括以下项目。

（1）税目。

（2）应纳税项目或应代扣代缴、代收代缴税款项目。

（3）计税依据。

（4）扣除项目及标准。

（5）适用税率或单位税额。

（6）应退税项目及税额。

（7）应减免税项目及税额。

（8）应纳税额或应代扣代缴、代收代缴税额。

（9）税款所属期限。

（10）延期缴纳税款、欠税、滞纳金。

2. **填写内容**

纳税人办理纳税申报时，应如实填写纳税申报表，根据不同情况相应报送下列有关证件、资料。

（1）财务会计报表及其说明材料。

（2）与纳税有关的合同、协议书及凭证。

（3）税控装置的电子报税资料。

（4）外出经营活动税收管理证明和异地完税凭证。

（5）境内、外公证机构出具的有关证明文件。

（6）税务机关规定应报送的其他证件、资料。

【例题·多选题】下列选项中，属于纳税人进行纳税申报需填写的项目的是（ ）。

A. 计税依据　　B. 适用税率

C. 税目　　D. 扣除项目及标准

【答案】ABCD

【解析】本题考查纳税申报的填写内容。除上述4项外，纳税人、扣缴义务人的纳税申报或代扣代缴、代收代缴税款报告表的主要内容还包括应纳税项目或应代扣代缴、代收代缴税款项目；应退税项目及税额；应减免税项目及税额；应纳税额或应代扣代缴、代收代缴税额；税款所属期限；延期缴纳税款、欠税、滞纳金。

（三）纳税申报的方式

纳税申报方式是指纳税人和扣缴义务人在纳税申报期限内，依照规定到指定税务机关进行申报纳税的形式。纳税申报的方式包括以下几种。

1. **自行申报**

自行申报是指在税法规定的纳税期限内，由纳税人、扣缴义务人自行到主管税务机关办理纳税申报手续，向税务机关申报取得的应税所得项目和数额，如实填写个人所得税纳税申报表，并按税法规定计算应纳税额的一种纳税方式。

2. **邮寄申报**

邮寄申报是指经税务机关批准，纳税人、扣缴义务人使用统一的纳税申报专用信封，以邮政部门收据作为申报凭据，通过邮政部门办理交寄手续的申报方式。邮寄申报以寄出的邮戳日期为实际申报日期。

3. **数据电文方式**

数据电文方式是指以税务机关确定的电话语音、电子数据交换和网络传输等电子方式进行的纳税申报。纳税人、扣缴义务人采取数据电文方式办理纳税申报的，其申报日期以税务机关计算机网络系统收到该数据电文的时间为准，与数据电文相对应的纸质申报资料的报送期限由税务机关确定。

4. **其他方式**

实行定期定额缴纳税款的纳税人，还可选择简易申报、简并征期等其他方式申报纳税。

【例题·单选题】以税务机关确定的电话语音、电子数据交换和网络传输等电子方式进行的纳税申报属于（ ）。

A. 自行申报　　B. 邮寄申报

C. 数据电文方式　　D. 简易申报

【答案】C

【解析】本题考查纳税申报的方式。数据电文方式是以税务机关确定的电话语音、电子数据交换和网络传输等电子方式进行的纳税申报。

（四）纳税申报的其他要求

纳税人、扣缴义务人进行纳税申报时，还需注意不同的要求，具体如表7-4所示。

表7-4 纳税申报的其他要求

纳税人实际情况	具体要求	规定
纳税人在纳税期内没有应纳税款的	同样要按照规定办理纳税申报	
纳税人享受减税、免税待遇的	在减税、免税期间应按照规定办理纳税申报	
纳税人、扣缴义务人按规定的期限办理纳税申报或报送代扣代缴、代收代缴税款报告表确有困难，需要延期的	应在规定的期限内向税务机关提出书面延期申请，经税务机关核准，在核准的期限内办理	
纳税人、扣缴义务人因不可抗力，不能按期办理纳税申报或报送代扣代缴、代收代缴税款报告表	可延期办理，但应在不可抗力情形消除后立即向税务机关报告	
经核准延期办理纳税申报、报送事项的纳税人	在纳税期内按照上期实际缴纳的税额或税务机关核定的税额预缴税款，并在核准的延期内办理税款结算	（1）预缴税额大于应纳税额的，税务机关退还多缴的税款，但不支付利息 （2）预缴税额小于应纳税额的，税务机关补征少缴的税款，但不加收滞纳金

【2013年真题·判断题】纳税人享受减税、免税待遇的，在减税、免税期间不需办理纳税申报。( )

【答案】×

【解析】本题考核需进行纳税申报的情况。纳税人享受减税、免税待遇的，在减税、免税期间应当按照规定办理纳税申报。

第三节 税款征收与税务检查

考情分析：本节内容中的税款征收知识是需要重点掌握的内容，考虑到近几年考试中并未出现与该知识相关的考题，但有可能在以后的考试中进行考查。预计本节内容所占考题数量为1～2道题，题型以单选题、多选题和判断题为主。

学习建议：掌握税款征收的内容，特别是几种不同的税款征收方式，可通过对比记忆的方法熟悉这些知识。适当了解和熟悉税务检查的内容即可。

一、税款征收

(一) 税款征收概述

税款征收是税务机关依照税收法律、法规的规定，将纳税人依法应缴纳的税款组织入库的一系列活动的总称。它是税收征收管理工作的中心环节，直接关系到国家税收能否及时、足额入库。

(二) 税款征收的方式

税款征收方式，是指税务机关依照税法规定，根据各税种的不同特点和纳税人的具体情况而确定的计算、征收税款的形式和方法，包括确定（征收）方式和缴纳方式。下面介绍几种常见的税款征收的方式。

1. 查账征收

查账征收，也称"查账计征"或"自报查账"，是指税务机关对财务健全的纳税人，依据其报送的纳税申报表、财务会计报表和其他有关纳税资料，依照适用税率，计算应纳税款的征收方式。这种征收方式较为规范，符合课税法定的基本原则，适用于账簿、凭证、财务核算制度健全，能够据以如实核算，反映生产经营成果，并能正确计算应纳税款和如实履行纳税义务的纳税人。

2. 查定征收

查定征收，是指对账务不全，但能控制其材料、产量或进销货物的纳税单位或个人，由税务机关根据纳税人的从业人员、生产设备、原材料耗用情况等因素，依据正常条件下的生产能力对其生产的应税产品查定产量、销售额并据以征收税款的征收方式。这种征收方式适用生产经营规模较小、产品零星、税源分散、会计账册不健全，但能控制原材料或进销货的小型厂矿和作坊。

3. 查验征收

查验征收，是指税务机关对某些难以进行源泉控制的征收对象，对纳税人的应税商品、产品，通过查验数量，按市场一般销售单价计算其销售收入，并据以计算应纳税款的征收方式。这种征收方式适用于纳税人财务制度不健全，生产经营不固定、零星分散、流动性大的税源。

4. 定期定额征收

定期定额征收，简称"定期定额"，也称为"双定征收"，是指对小型个体工商户在一定经营地点、一定经营时期、一定经营范围内的应纳税经营额（包括经营数量）或所得额进行核定，并以此为计税依据，确定其应纳税额的一种征收方式。这种征收方式适用于经主管税务机关认定和县以上税务机关（含县级）批准的生产、经营规模小，不能达到《个体工商户建账管理暂行办法》规定设置账簿标准，难以查账征收，不能准确计算计税依据的个体工商户（包括个人独资企业）。

【例题·单选题】适用生产经营规模较小、产品零星、税源分散、会计账册不健全，但能控制原材料或进销货的小型厂矿和作坊的税款征收方式是( )。

A. 查账征收　　B. 查定征收

C. 查验征收　　D. 定期定额征收

【答案】B

【解析】本题考查税款征收的方式。查定征收适用生产经营规模较小、产品零星、税源分散、会计账册不健全，但能控制原材料或进销货的小型厂矿和作坊。

(三) 税款征收措施

为保证税款征收顺利进行，税务机关可在税款征收中根据不同情况采取相应的措施来更好地完成税款征收工作。

1. 由税务机关核定、调整应纳税额

(1) 核定应纳税额的情形

纳税人有下列情形之一的，税务机关有权核定其应纳税额。

①依照法律、行政法规的规定可以不设置账簿的。

②依照法律、行政法规的规定应设置但未设置账簿的。

③擅自销毁账簿或拒不提供纳税资料的。

④虽设置账簿，但账目混乱或成本资料、收入凭证、费用凭证残缺不全，难以查账的。

⑤发生纳税义务，未按照规定的期限办理纳税申报，经税务机关责令限期申报，逾期仍不申报的。

⑥纳税人申报的计税依据明显偏低，又无正当理由的。

（2）核定应纳税额的方法

税务机关有权采用下列方法之一对纳税人的应纳税额重新核定。当其中一种方法不足以正确核定应纳税额时，可采用两种以上的方法核定。

①参照当地同类行业或类似行业中经营规模和收入水平相近的纳税人的税负水平核定。

②按照营业收入或成本加合理的费用和利润的方法核定。

③按照耗用的原材料、燃料、动力等推算或测算核定。

④按照其他合理方法核定。

专家课堂

纳税人对税务机关采取上述方法来核定应纳税额有异议的，应提供相关证据，经税务机关认定后，可重新调整应纳税额。

2. 责令缴纳，加收滞纳金

（1）纳税人未按规定期限缴纳税款的，扣缴义务人未按规定期限解缴税款的，税务机关可责令限期缴纳，从滞纳税款之日起，按日加收滞纳税款万分之五的滞纳金。

（2）对未按规定办理税务登记的，且从事生产、经营的纳税人，以及临时从事经营的纳税人，由税务机关核定其应纳税额，并责令其缴纳；不缴纳的，税务机关可扣押与应纳税额等价的商品、货物。扣押后缴纳应纳税款的，税务机关应马上解除扣押，归还商品和货物；扣押后仍不缴纳应纳税款的，税务机关可依法拍卖或变卖所扣押的商品和货物，以拍卖或变卖所得抵扣税款。

（3）加收滞纳金的起止时间，为法律、行政法规规定或税务机关依照法律、行政法规的规定确定的税款缴纳期限届满次日起至纳税人、扣缴义务人实际缴纳或者解缴税款之日止。

【例题·单选题】按规定，扣缴义务人未按规定期限解缴税款的，税务机关可责令限期缴纳，从滞纳税款之日起，按日加收滞纳税款（　）的滞纳金。

A. 千分之三　　B. 千分之五

C. 万分之三　　D. 万分之五

【答案】D

【解析】本题考查税款征收措施中的“责令缴纳，加收滞纳金”知识。纳税人未按规定期限缴纳税款的，扣缴义务人未按规定期限解缴税款的，税务机关可责令限期缴纳，从滞纳税款之日起，按日加收滞纳税款万分之五的滞纳金。

3. 责令提供纳税担保

纳税担保是指经税务机关同意或确认，纳税人或其他自然人、法人、经济组织，以保证、抵押、质押的方式，为纳税人应缴纳的税款及滞纳金提供担保的行为。

（1）适用纳税担保的情形

①税务机关有根据认为从事生产、经营的纳税人有逃避纳税义务行为，在规定的纳税期之前经责令其限期缴纳应纳税款，在限期内发现纳税人有明显的转移、隐匿其应纳税的商品、货物，以及其他财产或应纳税收入的迹象，责成纳税人提供纳税担保的。

②欠缴税款、滞纳金的纳税人或其法定代表人需要出境的。

③纳税人同税务机关在纳税上发生争议而未缴清税款，需要申请行政复议的。

④税收法律、行政法规规定可提供纳税担保的其他情形。

（2）纳税担保的范围

纳税担保范围主要包括税款、滞纳金和实现税款、滞纳金的费用，具体包括抵押、质押登记费用，质押保管费用，以及保管、拍卖、变卖担保财产等相关费用支出。

纳税担保需注意以下 3 点。

①用于纳税担保的财产、权利的价值不得低于应当缴纳的税款、滞纳金，并考虑相关的费用。

②纳税担保的财产价值不足以抵缴税款、滞纳金的，税务机关应向提供担保的纳税人或纳税担保人继续追缴。

③用于纳税担保的财产、权利的价格估算，除法律、行政法规另有规定外，参照同类商品的市场价、出厂价或评估价估算。

【2012 年真题·多选题】根据税收征收管理法律制度的规定，下列各项中，属于纳税担保范围的有（　）。

A. 应纳税额

B. 实现税款的费用

C. 税款滞纳金

D. 实现税款滞纳金的费用

【答案】ABCD

【解析】本题考查纳税担保的范围。根据税收征收法律制度的规定，纳税担保范围包括税款、滞纳金和实现税款、滞纳金的费用。

4. 采取税收保全措施

（1）适用税收保全的情形及措施

税务机关责令具有税法规定情形的纳税人提供纳税担保，而纳税人拒绝提供纳税担保或无力提供纳税担保的，经县以上税务局（分局）局长批准，税务机关可采取下列税收保全措施。

①书面通知纳税人开户银行或其他金融机构冻结纳税人等价于应纳税款的银行存款。

②扣押、查封纳税人的价值相当于应纳税款的商品、货物或者其他财产（如房地产、现金、有价证券等不动产和动产）。

（2）不适用税收保全的财产

①个人及其所扶养家属维持生活必需的住房和用品，不在税收保全措施的范围之内。

专家课堂

个人所扶养家属，是指与纳税人共同居住生活的配偶、直系亲属以及无生活来源并由纳税人扶养的其他亲属。个人及其所扶养家属维持生活必需的住房和用品不包括机动车辆、金银饰品、古玩字画、豪华住宅或者一处以外的住房。

②税务机关对单价5000元以下的其他生活用品，不采取税收保全措施。

【2012年真题·单选题】根据税收征收管理制度，下列个人财产中，不适用税收保全措施的是（　）。

A. 机动车辆

B. 金银首饰

C. 古玩字画

D. 维持生活必需的住房

【答案】D

【解析】本题考查不适用税收保全的财产。个人及其所扶养家属维持生活必需的住房和用品，不在税收保全措施的范围之内。

5. 采取强制执行措施

（1）适用强制执行的情形及措施

从事生产、经营的纳税人、扣缴义务人未按照规定的期限缴纳或解缴税款，纳税担保人未按照规定的期限缴纳所担保的税款，由税务机关责令限期缴纳，逾期仍未缴纳的，经县以上税务局（分局）局长批准，税务机关可采取下列强制执行措施。

①书面通知其开户银行或其他金融机构从其存款中扣缴税款。

②扣押、查封、依法拍卖或变卖其价值相当于应纳税款的商品、货物或其他财产，以拍卖或变卖所得抵缴税款。

（2）强制执行时的注意事项

①税务机关采取强制执行措施时，对上述纳税人、扣缴义务人、纳税担保人未缴纳的滞纳金同时强制执行。

②个人及其所扶养家属维持生活必需的住房和用品，不在强制执行措施的范围之内。

③税务机关对单价5 000元以下的其他生活用品，不采取强制执行措施。

（3）抵税财物的拍卖与变卖

①名词解释。

A. 抵税财物。指的是被税务机关依法实施税收强制执行而扣押、查封或按照规定应强制执行的已设置纳税担保物权的商品、货物、其他财产或财产权利。

B. 拍卖。指的是税务机关将抵税财物依法委托拍卖机构，以公开竞价的形式，将特定财物转让给最高应价者的买卖方式。

C. 变卖。指的是税务机关将抵税财物委托商业企业代为销售、责令纳税人限期处理或由税务机关变价处理的买卖方式。

②适用拍卖、变卖的情形。在以下情形下的抵税财物可以进行拍卖或变卖。

A. 采取税收保全措施后，限期期满仍未缴纳税款的。

B. 设置纳税担保后限期期满仍未缴纳所担保的税款的。

C. 逾期不按规定履行税务处理决定的。

D. 逾期不按规定履行复议决定的。

E. 逾期不按规定履行税务行政处罚决定的。

F. 其他经责令限期缴纳，逾期仍未缴纳税款的。

③拍卖、变卖执行原则与顺序。税务机关按照拍卖优先的原则确定抵税财物拍卖、变卖的顺序依次如下。

A. 委托依法成立的拍卖机构拍卖。

B. 无法委托拍卖或不适于拍卖的，可委托当地商业企业代为销售，或责令被执行人限期处理。

C. 无法委托商业企业销售，被执行人也无法处理的，由税务机关变价处理。

> **专家课堂**
>
> 国家禁止自由买卖的商品、货物、其他财产，应交由有关单位按照国家规定的价格收购。

6. 阻止出境

欠缴税款的纳税人或其法定代表人在出境前未按规定结清应纳税款、滞纳金或提供纳税担保的，税务机关有权通知出境管理机关阻止其出境。

> 【2010年真题·多选题】根据税收征收管理法律制度的规定，税务机关在税款征收中可以根据不同情况采取相应的税款征收措施，下列各项中，属于税款征收措施的有（　）。
>
> A. 罚款
>
> B. 责令缴纳并加收滞纳金
>
> C. 阻止出境
>
> D. 由税务机关核定，调整应纳税额
>
> 【答案】BCD
>
> 【解析】本题考查税款征收措施。税款征收措施主要有核定调整应纳税额、责令缴纳并加收滞纳金、责令提供纳税担保、采取税收保全措施、采取强制执行措施以及阻止出境。

二、税务检查

（一）税务检查

税务检查是税务机关根据国家税法和财务会计制度的规定，对纳税人、扣缴义务人履行纳税义务、扣缴义务及其他有关税务事项进行审查、核实、监督的总称。税务检查是税收征收管理的重要内容，也是税务监督的重要组成部分。搞好税务检查，对于加强依法治税，保证国家财政收入，有着十分重要的意义。

（二）税务检查的职责

1. 税务检查的权利

税务机关有权进行下列税务检查。

（1）检查纳税人的账簿、记账凭证、报表和有关资料；检查扣缴义务人代扣代缴、代收代缴税款账簿、记账凭证和有关资料。

（2）到纳税人的生产、经营场所和货物存放地检查应纳税的商品、货物或其他财产；检查扣缴义务人与代扣代缴、代收代缴税款有关的经营情况。

（3）责成纳税人、扣缴义务人提供与纳税或代扣代缴、代收代缴税款有关的文件、证明材料和有关资料。

（4）询问纳税人、扣缴义务人与纳税或代扣代缴、代收代缴税款有关的问题和情况。

（5）到车站、码头、机场、邮政企业及其分支机构检查纳税人托运、邮寄应纳税商品、货物或其他财产的有关单据、凭证和有关资料。

（6）经县以上税务局（分局）局长批准，凭全国统一格式的检查存款账户许可证明，查询从事生产、经营的纳税人、扣缴义务人在银行或其他金融机构的存款账户。税务机关在调查税收违法案件时，经设区的市、自治州以上税务局（分局）局长批准，可查询案件涉嫌人员的储蓄存款。税务机关查询所获得的资料，不得用于税收以外的用途。

2. 有逃税行为的处理

税务机关对从事生产、经营的纳税人以前纳税期的纳税情况依法进行税务检查时，发现纳税人有逃避纳税义务行为，并有明显的转移、隐匿其应纳税的商品、货物以及其他财产或应纳税收入的迹象的，可按规定采取税收保全措施或强制执行措施。

税务机关采取税收保全措施的期限一般不得超过6个月，重大案件需要延长期限的，应报国家税务总局批准。

3. 税务违法案件的记录

税务机关调查税务违法案件时，对案件有关的情况和资料，可记录、录音、录像、照相和复制。

4. 税务检查需出示证件

税务机关派出的人员进行税务检查时，应出示税务检查证和税务检查通知书，并有责任为被检查人保守秘密；未出示税务检查证和税务检查通知书的，被检查人有权拒绝检查。

> 【例题·判断题】按规定，税务机关采取税收保全措施，可以无固定期限，直至追回税款为止。（　）
>
> 【答案】×
>
> 【解析】本题考查税务检查的职责。税务机关采取税收保全措施的期限一般不得超过6个月，重大案件需延期的，应报国家税务总局批准。

（三）被检查人的义务

税务机关进行税务检查时，被检查人有以下义务配合工作。

（1）纳税人、扣缴义务人必须接受税务机关依法进行的税务检查，如实反映情况，提供有关资料，不得拒绝、隐瞒。

（2）税务机关依法进行税务检查时，有权向有关单位和个人调查纳税人、扣缴义务人和其他当事人与纳税或代扣代缴、代收代缴税款有关的情况，相关单位和个人有义务向税务机关如实提供有关资料及证明材料。

【本节小结】本节主要介绍了税款征收和税务检查的知识，其中税款征收属于重点掌握的内容。考生应掌握并对比记忆4种税款征收的方式，这4种方式依次为查账征收、查定征收、查验征收和定期定额征收。记忆时应重点对比4种方式的特点和适用范围即可。另外，本节的另一难点在于税款征收措施中的税收保全和税收强制执行的区别。为了更好地理解二者的异同，这里将与其有关的重要内容归纳在表7-5中，以供学习时参考。

表7-5 税收保全与税收强制执行的对比

税款征收措施	被执行人范围	执行手段	批准级次	不适用该措施的财产
税收保全	仅涉及从事生产、经营的纳税人	（1）冻结银行存款 （2）查封、扣押商品	县以上税务局（分局）局长批准	（1）个人及其所扶养家属维持生活必需的住房和用品 （2）单价5 000元以下的其他生活用品
税收强制执行	涉及从事生产、经营的纳税人；扣缴义务人；纳税担保人	（1）从银行存款中扣缴税款 （2）拍卖、变卖商品或货物		

第四节 税务行政复议

考情分析：2013年的考试大纲对本节内容作了重大调整，使得本节内容逐渐成为了考查的热门内容。尤其以税务机关作出的行政处罚行为、税务行政复议和税务行政诉讼的选择等内容为重要考点。预计本节内容在考试中会出现1道题，题型以单选题、多选题为主。

学习建议：掌握税务行政复议范围、税务行政复议管辖的内容，税务行政复议申请与受理等知识。适当了解税务行政复议的概述以及税务行政复议审查和决定。

一、税务行政复议概述

税务行政复议是我国行政复议制度的一个重要组成部分，它指的是当事人（纳税人、扣缴义务人、纳税担保人及其他税务当事人）不服税务机关及其工作人员作出的税务具体行政行为，依法向上一级税务机关（复议机关）提出申请，复议机关经审理对原税务机关具体行政行为依法作出维持、变更、撤销等决定的活动。

现行《税务行政复议规则》是税务行政复议的主要参考法规，自2010年4月1日起施行，其前身为国家税务总局于1999年9月23日发布的《税务行政复议规则（试行）》和2004年2月24日发布的《税务行政复议规则（暂行）》文件。

二、税务行政复议范围

纳税人及其他当事人（简称申请人）认为税务机关（简称被申请人）的具体行政行为侵犯其合法权益时，可依法向税务行政复议机关申请行政复议。

（一）行为申请

申请人对下列行政行为不服时，可以向税务行政复议机关提出行政复议申请。

（1）税务机关作出的征税行为，包括确认纳税主体、征税对象、征税范围、减税、免税、退税、抵扣税款、适用税率、计税依据、纳税环节、纳税期限、纳税地点和税款征收方式等具体行政行为，征收税款、加收滞纳金，扣缴义务人、受税务机关委托的单位和个人作出的代扣代缴、代收代缴、代征行为等。

（2）行政许可、行政审批行为。

（3）发票管理行为，包括发售、收缴、代开发票等。

（4）税收保全措施、强制执行措施。

（5）税务机关作出的行政处罚行为，包括以下几种。

①罚款。

②没收财物和违法所得。

③停止出口退税权。

（6）税务机关不依法履行下列职责的行为。

①颁发税务登记证。

②开具、出具完税凭证、外出经营活动税收管理证明。

③行政赔偿。

④行政奖励。

⑤其他不依法履行职责的行为。

（7）资格认定行为。

（8）不依法确认纳税担保行为。

（9）政府公开信息工作中的具体行政行为。

（10）纳税信用等级评定行为。

（11）税务机关通知出入境管理机关阻止出境

行为。

（12）税务机关作出的其他具体行政行为。

【2011年真题·多选题】根据税收征收管理法律制度的规定，税务机关的下列具体行政行为中，属于行政处罚的有（ ）。

A. 确认适用税率

B. 确认纳税期限

C. 没收财物和违法所得

D. 停止出口退税权

【答案】CD

【解析】本题考查税务机关可以作出的行政处罚行为。根据规定，税务机关作出的行政处罚行为包括：罚款；没收财物和违法所得；停止出口退税权等。

（二）规定申请

申请人认为税务机关的具体行政行为所依据的下列规定不合法，对具体行政行为申请行政复议时，可一并向复议机关提出对该规定（不含规章）的审查申请。

（1）国家税务总局和国务院其他部门的规定。

（2）其他各级税务机关的规定。

（3）地方各级人民政府的规定。

（4）地方人民政府工作部门的规定。

三、税务行政复议管辖

（一）复议管辖的一般规定

税务行政复议管辖的一般规定有以下几点。

（1）对各级国家税务局的具体行政行为不服的，向其上一级国家税务局申请行政复议。

（2）对各级地方税务局的具体行政行为不服的，可选择向其上一级地方税务局或该税务局的本级人民政府申请行政复议。

（3）省、自治区、直辖市人民代表大会及其常务委员会、人民政府对地方税务局的行政复议管辖另有规定的，从其规定。

（4）对国家税务总局的具体行政行为不服的，向国家税务总局申请行政复议。对行政复议决定不服，可向人民法院提起行政诉讼，也可向国务院申请裁决。国务院的裁决为最终裁决。

（二）复议管辖的特殊规定

税务行政复议管辖的特殊规定如下。其中符合第（2）~（5）条规定之一的，申请人也可向具体行政行为发生地的县级地方人民政府提交行政复议申请，由接受申请的县级地方人民政府依法转送。

（1）对计划单列市税务局的具体行政行为不服的，向省税务局申请行政复议。

（2）对税务所（分局）、各级税务局的稽查局的具体行政行为不服的，向其所属税务局申请行政复议。

（3）对两个以上税务机关共同作出的具体行政行为不服的，向共同上一级税务机关申请行政复议；对税务机关与其他行政机关共同作出的具体行政行为不服的，向其共同上一级行政机关申请行政复议。

（4）对被撤销的税务机关在撤销以前所作出的具体行政行为不服的，向继续行使其职权的税务机关的上一级税务机关申请行政复议。

（5）对税务机关作出逾期不缴纳罚款加处罚款的决定不服的，向作出行政处罚决定的税务机关申请行政复议。对已处罚款和加处罚款都不服的，一并向作出行政处罚决定的税务机关的上一级税务机关申请行政复议。

【例题·多选题】下列选项中，表述正确的是（ ）。

A. 对各级国家税务局的具体行政行为不服的，向其上一级国家税务局申请行政复议

B. 对被撤销的税务机关在撤销以前所作出的具体行政行为不服的，向继续行使其职权的税务机关的上一级税务机关申请行政复议

C. 对两个以上税务机关共同作出的具体行政行为不服的，向共同上一级税务机关申请行政复议

D. 对国家税务总局的具体行政行为不服的，向上一级税务机关申请行政复议

【答案】ABC

【解析】本题考查行政复议的管辖。D选项错误，国家税务总局为最高级别的税务机关，没有上一级税务机关管辖。按规定，对国家税务总局的具体行政行为不服的，向国家税务总局申请行政复议。对行政复议决定不服，可向人民法院提起行政诉讼，也可向国务院申请裁决。

四、税务行政复议申请与受理

（一）税务行政复议申请

1. 申请期限

申请人可以在知道税务机关作出具体行政行为之日起60日内提出行政复议申请。因不可抗力或被

申请人设置障碍等原因耽误法定申请期限的，申请期限的计算应扣除被耽误时间。

2. 申请方法

（1）不服复议范围中第（1）项规定的申请流程

申请人对前面介绍的复议范围中第（1）项规定的行为（即征税行为）不服的，先向复议机关申请行政复议，对行政复议决定不服的，再向人民法院提起行政诉讼。

申请人按前述规定申请行政复议的，必须依照税务机关根据法律、行政法规确定的税额、期限，先缴纳或解缴税款及滞纳金，或提供相应的担保，才能在实际缴消税款和滞纳金后或所提供的担保得到作出具体行政行为的税务机关确认之日起 60 日内提出行政复议申请。

（2）不服复议范围中第（1）项规定外的申请流程

申请人对前面介绍的复议范围中第（1）项规定以外的其他具体行政行为不服的，可申请行政复议，也可直接向人民法院提起行政诉讼。

【2013 年真题·多选题】根据税收征收管理法律制度的规定，税务机关作出的下列行政行为中，纳税人不服时可以选择申请税务行政复议或者直接提起行政诉讼的有（　）。

A. 加收滞纳金　　B. 罚款

C. 不发税务登记证　　D. 征收税款

【答案】BC

【解析】本题考查行政复议的申请方法。对除了税务机关作出的征税行为以外的具体行政行为不服的，可以申请行政复议，也可以直接向人民法院提起行政诉讼。A、D 选项属于税务机关作出的征税行为，应该先申请行政复议，对复议决定不服的再申请行政诉讼。

3. 涉及罚款的申请流程

申请人对税务机关作出逾期不缴纳罚款加处罚款的决定不服的，应先缴纳罚款和加处罚款，再申请行政复议。

4. 申请方式

申请行政复议可书面申请，也可口头申请。

（1）书面申请

书面申请可采取当面递交、邮寄、传真或电子邮件等方式提出行政复议申请。

（2）口头申请

口头申请时，复议机关应当制作行政复议申请笔录，交申请人核对或向申请人宣读，并由申请人确认。

（二）税务行政复议受理

1. 受理与不受理的规定

受理与不受理税务行政复议的相关规定有以下几点。

（1）复议机关收到行政复议申请后，应在 5 日内进行审查，并决定是否受理。

（2）对符合规定的行政复议申请，自复议机关收到之日起即为受理。受理行政复议申请，应书面告知申请人。

（3）对不符合规定的行政复议申请，决定不予受理并书面告知申请人。

（4）对不属于本机关受理的行政复议申请，应告知申请人向有关行政复议机关提出。

（5）行政复议机关收到行政复议申请后未按照规定期限审查并作出不予受理决定的，视为受理。

2. 行政诉讼的条件

对应先向行政复议机关申请行政复议，对行政复议决定不服再向人民法院提起行政诉讼的具体行政行为，行政复议机关决定不予受理或受理以后超过行政复议期限不作答复的，申请人可以自收到不予受理决定书之日起或行政复议期满之日起 15 日内，依法向人民法院提起行政诉讼。

3. 行政行为停止执行的情形

除有下列情形之一的可停止执行外，行政复议期间具体行政行为不停止执行。

（1）被申请人认为需要停止执行的。

（2）行政复议机关认为需要停止执行的。

（3）申请人申请停止执行，复议机关认为其要求合理，决定停止执行的。

（4）法律规定停止执行的。

【例题·单选题】下列关于行政复议受理的表述中，正确的是（　）。

A. 行政复议机关收到申请人的行政复议申请后，应在 10 日内进行审查，并决定是否受理

B. 行政复议机关决定不予受理或受理以后超过行政复议期限不作答复的，申请人可向上一级税务机关提起行政诉讼

C. 行政复议机关对不符合规定的行政复议申请，决定不予受理，并书面告知申请人

D. 行政复议机关收到行政复议申请后未按规定期限审查并作出不予受理决定的，该行政复议申请作废

【答案】C

【解析】本题考查行政复议的受理。A 选项错

误，行政复议机关收到申请人的行政复议申请后，应在5日内进行审查，并决定是否受理；B选项错误，行政复议机关决定不予受理或受理以后超过行政复议期限不作答复的，申请人可向人民法院提起行政诉讼；D选项错误，行政复议机关收到行政复议申请后未按规定期限审查并作出不予受理决定的，视为受理。

五、税务行政复议审查和决定

（一）税务行政复议审查

1. 行政复议受理后的处理规定

行政复议机构应自受理行政复议申请之日起7日内，将行政复议申请书副本或行政复议申请笔录复印件发送被申请人。被申请人应自收到申请书副本或申请笔录复印件之日起10日内提出书面答复，提交当初作出具体行政行为的证据、依据和其他材料。

2. 不服国家税务总局行政行为的申请规定

对国家税务总局的具体行政行为不服申请行政复议的案件，由原承办具体行政行为的相关机构向行政复议机构提出书面答复，并提交当初作出具体行政行为的证据、依据和其他有关材料。

3. 行政复议的审查办法

（1）行政复议原则上采用书面审查的办法，但是申请人提出要求或者行政复议机构认为有必要时，应当听取申请人、被申请人和第三人的意见，并可以向有关组织和人员调查了解情况。

（2）对重大、复杂的案件，申请人提出要求或者行政复议机构认为必要时，可以采取听证的方式审理。

4. 行政复议审查的宗旨

行政复议机关应当全面审查被申请人的具体行政行为所依据的事实证据、法律程序、法律依据和设定的权利义务内容的合法性、适当性。

5. 行政复议审查的处理期限

（1）申请人在申请行政复议时，依据《税务行政复议规则》规定一并提出对有关规定的审查申请的，行政复议机关对该规定有权处理的，应在30日内依法处理；无权处理的，应在7日内按照法定程序逐级转送有权处理的行政机关依法处理，有权处理的行政机关应在60日内依法处理。处理期间，中止对具体行政行为的审查。

（2）行政复议机关审查被申请人的具体行政行为时，认为其依据不合法，本机关有权处理的，应在30日内依法处理；无权处理的，应在7日内按照法定程序逐级转送有权处理的国家机关依法处理。处理期间，中止对具体行政行为的审查。

【例题·判断题】行政复议可采用书面审查的方式审理，也可采取听证的方式审理。（　）

【答案】√

【解析】本题考查行政复议的审查。行政复议原则上采用书面审查的办法审理。对重大、复杂的案件，申请人提出要求或者行政复议机构认为必要时，可以采取听证的方式审理。

（二）税务行政复议决定

1. 行政复议的决定规则

行政复议机构应对被申请人的具体行政行为提出审查意见，经行政复议机关负责人批准，按照下列规定作出行政复议决定。

（1）具体行政行为认定事实清楚，证据确凿，适用依据正确，程序合法，内容适当的，决定维持。

（2）被申请人不履行法定职责的，决定其在一定期限内履行。

（3）具体行政行为有下列情形之一的，决定撤销、变更或确认该具体行政行为违法。

①主要事实不清、证据不足的。

②适用依据错误的。

③违反法定程序的。

④超越或者滥用职权的。

⑤具体行政行为明显不当的。

2. 撤销行政行为后的处理

决定撤销或确认该具体行政行为违法的，可以责令被申请人在一定期限内重新作出具体行政行为。复议机关责令被申请人重新作出具体行政行为的，被申请人不得以同一事实和理由作出与原具体行政行为相同或基本相同的具体行政行为，但复议机关以原具体行政行为违反法定程序而决定撤销的，被申请人重新作出具体行政行为的，不受前述限制。

3. 无书面证据的处理

被申请人不按照规定提出书面答复，提交当初作出具体行政行为的证据、依据和其他有关材料的，视为该具体行政行为没有证据、依据，决定撤销该具体行政行为。

4. 行政复议的赔偿决定

（1）申请人在申请行政复议时可一并提出行政赔偿请求，复议机关对符合国家赔偿法的有关规定应给予赔偿的，在决定撤销、变更具体行政行为或确认具体行政行为违法时，应同时决定被申请人依法给予赔偿。

（2）申请人没有提出行政赔偿请求的，复议机关在依法决定撤销或变更原具体行政行为确定的税款、滞纳金、罚款以及对财产的扣押、查封等强制措施时，应同时责令被申请人退还税款、滞纳金和罚款，解除对财产的扣押、查封等强制措施，或赔偿相应的价款。

5. 行政复议决定的期限

复议机关应自受理申请之日起60日内作出行政复议决定。情况复杂，不能在规定期限内作出行政复议决定的，经复议机关负责人批准，可适当延长，并告知申请人和被申请人，但延长期限最多不超过30日。

6. 复议决定书的制定

复议机关作出行政复议决定，应制作行政复议决定书，并加盖印章。行政复议书一经送达，即发生法律效力。

【例题·多选题】下列关于行政复议的决定，表述正确的是（　）。

A. 复议机关应自受理申请之日起60日内作出行政复议决定

B. 复议机关作出行政复议决定后，应制作行政复议决定书，并进行签名确认

C. 被申请人不按规定提出书面答复，提交具体行政行为的证据，视为该具体行政行为没有证据，决定撤销该具体行政行为

D. 被申请人不履行法定职责的，决定其应立即履行

【答案】AC

【解析】本题考查行政复议的决定。B选项错误，复议机关作出行政复议决定，应制作行政复议决定书，并加盖印章；D选项错误，被申请人不履行法定职责的，决定其在一定期限内履行。

第五节 税收法律责任

考情分析：本节内容的考点主要集中在纳税人不办理税务登记的处罚以及偷税行为的处罚上。预计题量在1道题左右，题型主要以单选题和多选题的形式出现，难度不大。

学习建议：重点掌握税务登记、纳税申报、偷税和逃税的法律责任。适当了解并熟悉抗税、骗税以及扣缴义务人违法的法律责任。

一、税收法律责任的概述

（一）税收法律责任的定义与分类

税收法律责任，是指税收法律关系的主体因违反税收法律规范所应承担的法律后果。税收法律责任依其性质和形式的不同，可分为行政责任和刑事责任；依承担法律责任主体的不同，可分为纳税人的责任、扣缴义务人的责任、税务机关及其工作人员的责任。

1. 行政责任

行政责任，是指经济法主体违反经济法律、法规，依法应承担的行政法律后果，包括行政处分和行政处罚两种。具体处分或处罚种类如表7-6所示。

表7-6 行政责任的处分和处罚种类

行政处分	行政处罚
（1）警告	（1）警告
（2）记过	（2）罚款
（3）记大过	（3）没收违法所得
（4）降级	（4）没收非法财物
（5）撤职	（5）责令停产停业
（6）开除	（6）暂扣或者吊销许可证
	（7）暂扣或者吊销执照
	（8）行政拘留
	（9）其他

2. 刑事责任

刑事责任，是指行为人实施刑事法律禁止的行为所必须承担的法律后果。

【例题·多选题】下列选项中，属于行政处分的是（　）。

A. 罚款　　B. 开除

C. 撤职　　D. 行政拘留

【答案】BC

【解析】本题考查行政责任的类别。A、D选项属于行政处罚。

（二）行政责任和刑事责任的区别

刑事责任与行政责任的不同之处主要体现在3大方面，具体如表7-7所示。

表 7-7 行政责任和刑事责任的区别

法律责任类型	追究的违法行为	追究责任的机关	承担法律责任的后果
行政责任	一般违法行为	由国家特定的行政机关依照有关法律的规定决定	相比刑事责任，承担的后果较轻
刑事责任	犯罪行为	司法机关依照《刑法》的规定决定	最严厉的制裁，可以判处死刑，比追究行政责任严厉得多

二、征纳双方违反税收法律制度的法律责任

（一）纳税人、扣缴义务人及其他行政相对人违反税收法律制度的法律责任

1. 违反税务管理基本规定的法律责任

（1）纳税人有下列行为之一的，由税务机关责令限期改正，可处 2 000 元以下的罚款。情节严重的，处 2 000 元以上 1 万元以下的罚款。

①未按照规定的期限申报办理税务登记、变更或者注销登记的。

②未按照规定设置、保管账簿或保管记账凭证和有关资料的。

③未按照规定将财务、会计制度或者财务、会计处理办法和会计核算软件报送税务机关备查的。

④未按照规定将其全部银行账号向税务机关报告的。

⑤未按照规定安装、使用税控装置，或者损毁或擅自改动税控装置的。

⑥未按照规定办理税务登记证件验证或换证手续的。

（2）纳税人不办理税务登记的，由税务机关责令限期改正。逾期不改正的，经税务机关提请，由工商行政管理机关吊销其营业执照。

（3）纳税人未按照规定使用税务登记证件，或转借、涂改、损毁、买卖、伪造税务登记证件的，处 2 000 元以上 1 万元以下的罚款。情节严重的，处 1 万元以上 5 万元以下的罚款。

（4）扣缴义务人未按照规定设置、保管代扣代缴、代收代缴税款账簿或保管代扣代缴、代收代缴税款记账凭证及有关资料的，由税务机关责令限期改正，可处 2 000 元以下的罚款。情节严重的，处 2 000 元以上 5 000 元以下的罚款。

（5）纳税人未按照规定的期限办理纳税申报和报送纳税资料的，或扣缴义务人未按照规定的期限向税务机关报送代扣代缴、代收代缴税款报告表和有关资料的，由税务机关责令限期改正，可处 2 000 元以下的罚款。情节严重的，处 2 000 元以上 1 万元以下的罚款。

【2012 年真题·单选题】甲公司 2012 年 5 月 10 日取得营业执照并开业经营，但一直不办理税务登记。税务机关发现后责令限期改正，该公司在限期内仍未改正。税务机关有权对其采取的措施是（ ）。

A. 处以 2 000 元以下的罚款

B. 没收经营所得

C. 提请司法机关查封财产

D. 提请工商行政管理机关吊销营业执照

【答案】D

【解析】本题考查违反税务管理基本规定的法律责任。纳税人不办理税务登记，由税务机关责令限期改正，逾期不改正的，经税务机关提请，由工商行政管理机关吊销营业执照。

2. 逃避税务机关追缴欠税行为的法律责任

（1）纳税人欠缴应纳税款，采取转移或隐匿财产的手段，妨碍税务机关追缴欠缴的税款的，由税务机关追缴欠缴的税款、滞纳金，并处欠缴税款 50% 以上 5 倍以下的罚款。构成犯罪的，依法追究刑事责任。

（2）扣缴义务人应扣未扣、应收未收税款的，由税务机关向纳税人追缴税款。对扣缴义务人处应扣未扣、应收未收税款 50% 以上 3 倍以下的罚款。

3. 偷税行为的法律责任

根据《征管法》的规定，对偷税行为的界定及相关法律责任介绍如下。

（1）偷税行为的界定

①采取伪造、变造、隐匿、擅自销毁账簿、记账凭证。

②在账簿上多列支出或不列、少列收入。

③经税务机关通知申报而拒不申报或进行虚假的纳税申报。

④不缴或少缴应纳税款。

（2）偷税行为应承担的法律责任

①对纳税人偷税的，由税务机关追缴其不缴或者少缴的税款、滞纳金，并处不缴或者少缴的税款 50% 以上 5 倍以下的罚款；构成犯罪的，依法追究刑事责任。

②扣缴义务人采取前述所列偷税手段，不缴或

少缴已扣、已收税款，由税务机关追缴其不缴或少缴的税款、滞纳金，并处不缴或者少缴的税款50%以上5倍以下的罚款；构成犯罪的，依法追究刑事责任。

③纳税人、扣缴义务人编造虚假计税依据的，由税务机关责令限期改正，并处5万元以下的罚款。

④纳税人不进行纳税申报，不缴或少缴应纳税款的，由税务机关追缴其不缴或少缴的税款、滞纳金，并处不缴或者少缴的税款50%以上5倍以下的罚款。

4. 抗税行为的法律责任

（1）抗税行为的界定

抗税指的是纳税人以暴力、威胁方法拒不缴纳税款的行为。

（2）抗税行为应承担的法律责任

纳税人抗税的，除由税务机关追缴其拒缴的税款、滞纳金外，依法追究刑事责任。情节轻微，未构成犯罪的，由税务机关追缴其拒缴的税款、滞纳金，并处拒缴税款1倍以上5倍以下的罚款。

5. 骗税行为的法律责任

（1）骗税行为的界定

骗税指的是纳税人以假报出口或其他欺骗手段，骗取国家出口退税款的行为。

（2）骗税行为应承担的法律责任

①纳税人骗税的，由税务机关追缴其骗取的退税款，并处骗取税款1倍以上5倍以下的罚款。构成犯罪的，依法追究刑事责任。

②对骗取国家退税款的，税务机关可在规定期间内停止为其办理出口退税。

【例题·多选题】下列选项中，属于偷税行为的是（　）。

A. 暴力拒绝纳税

B. 骗取国家出口退税款

C. 擅自销毁账簿

D. 进行虚假的纳税申报

【答案】CD

【解析】本题考查偷税、抗税和骗税的行为界定。A选项属于抗税行为；B选项属于骗税行为。以下行为属于偷税行为：（1）采取伪造、变造、隐匿、擅自销毁账簿、记账凭证；（2）在账簿上多列支出或不列、少列收入；（3）经税务机关通知申报而拒不申报或进行虚假的纳税申报；（4）不缴或少缴应纳税款。

6. 非法印制发票行为的法律责任

非法印制发票的，由税务机关销毁非法印制的发票，没收违法所得和作案工具，并处1万元以上5万元以下的罚款。构成犯罪的，依法追究刑事责任。

7. 纳税人、扣缴义务人不配合税务机关进行税务检查的法律责任

（1）纳税人、扣缴义务人逃避、拒绝或以其他方式阻挠税务机关检查的，由税务机关责令改正，可处1万元以下的罚款。情节严重的，处1万元以上5万元以下的罚款。

（2）纳税人、扣缴义务人有下列情形之一的，以前款规定上述第（1）条进行处罚。

①提供虚假资料，不如实反映情况，或拒绝提供有关资料的。

②拒绝或阻止税务机关记录、录音、录像、照相和复制与案件有关的情况和资料的。

③在检查期间，纳税人、扣缴义务人转移、隐匿、销毁有关资料的。

④有不依法接收税务检查的其他情况的。

（3）税务机关依照《征管法》的规定，到车站、码头、机场、邮政企业及其分支机构检查纳税人有关情况，有关单位拒绝的，由税务机关责令改正，可处1万元以下罚款。情节严重的，处1万元以上5万元以下的罚款。

（二）税务机关和税务人员违反税收法律制度的法律责任

依照《征管法》的规定，税务机关和税务人员违反税收法律制度的法律责任有下列规定。

（1）税务机关违反规定擅自改变税收征收管理范围和税款入库预算级次的，责令限期改正，对直接负责的主管人员和其他直接责任人员依法给予降级或者撤职的行政处分。

（2）税务人员徇私舞弊，对依法应当移交司法机关追究刑事责任的不移交，情节严重的，依法追究刑事责任。

（3）未经税务机关依法委托征收税款的，责令退还收取的财物，依法给予行政处分或者行政处罚；致使他人合法权益受到损失的，依法承担赔偿责任；构成犯罪的，依法追究刑事责任。

（4）税务机关、税务人员查封、扣押纳税人个人及其所扶养家属维持生活必需的住房和用品的，责令退还，依法给予行政处分。构成犯罪的，依法追究刑事责任。

（5）税务人员与纳税人、扣缴义务人勾结，唆使或者协助纳税人、扣缴义务人实施税收违法行为，构成犯罪的，依法追究刑事责任。尚不构成犯罪的，依法给予行政处分。

（6）税务人员利用职务上的便利，收受或者索

取纳税人、扣缴义务人财物或者谋取其他不正当利益，构成犯罪的，依法追究刑事责任；尚不构成犯罪的，依法给予行政处分。

（7）税务人员徇私舞弊或者玩忽职守，不征或者少征应征税款，致使国家税收遭受重大损失，构成犯罪的，依法追究刑事责任；尚不构成犯罪的，依法给予行政处分。

（8）税务人员滥用职权，故意刁难纳税人、扣缴义务人的，调离税收工作岗位，并依法给予行政处分。

（9）税务人员对控告、检举税收违法行为的纳税人、扣缴义务人以及其他检举人进行打击报复的，依法给予行政处分。构成犯罪的，依法追究刑事责任。

（10）违反法律、行政法规的规定提前征收、延缓征收或者摊派税款的，由其上级机关或者行政监察机关责令改正，对直接负责的主管人员和其他直接责任人员依法给予行政处分。

（11）违反法律、行政法规的规定，擅自作出税收的开征、停征或者减税、免税、退税、补税以及其他同税收法律、行政法规相抵触的决定的，除按《征管法》的规定撤销其擅自作出的决定外，补征应征未征税款，退还不应征收而征收的税款，并由上级机关追究直接负责的主管人员和其他直接责任人员的行政责任。构成犯罪的，依法追究刑事责任。

（12）税务人员私分扣押、查封的商品、货物或其他财产，情节严重构成犯罪的，依法追究刑事责任。未构成犯罪的，依法给予行政处分。

（13）税务人员在征收税款或者查处税收违法案件时，未按照《征管法》的规定进行回避的，对直接负责的主管人员和其他直接责任人员，依法给予行政处分。

（14）未按照《征管法》的规定为纳税人、扣缴义务人、检举人保密的，对直接负责的主管人员和其他直接责任人员，由所在单位或者有关单位依法给予行政处分。

【例题·多选题】下列行为中，需追究税务人员行政责任的是（　）。

A. 徇私舞弊，对依法应当移交司法机关追究刑事责任的不移交

B. 与纳税人、扣缴义务人勾结，唆使或协助纳税人、扣缴义务人实施税收违法行为

C. 滥用职权，故意刁难纳税人、扣缴义务人的

D. 擅自作出税收的开征、停征或者减税、免税、退税、补税以及其他同税收法律、行政法规相抵触的决定

【答案】ABCD

【解析】本题考查税务机关和税务人员违法税收法律制度的法律责任。以上所有选项表述的行为在情节严重时，税务人员均要追究行政责任。

第六节　同步强化自测练习

（一）单选题

1. 根据税收征收管理法律制度的规定，从事生产、经营的纳税人应当在一定期限内将其财务、会计制度或者财务、会计处理办法报送主管税务机关备案。这一定期限是（　）。

A. 自领取税务登记证件之日起15日内

B. 自领取税务登记证件之日起30日内

C. 自领取税务登记证件之日起60日内

D. 自领取税务登记证件之日起180日内

2. 根据税收征收管理法律制度的规定，纳税人不办理税务登记的，由税务机关责令限期改正；逾期不改正的，税务机关可以采取的措施是（　）。

A. 处以2000元以上10000元以下罚款

B. 提请工商行政管理机关吊销其营业执照

C. 没收其经营所得

D. 提请公安机关查封其财产

3. 下列各项中，不需要办理税务登记的是（　）。

A. 从事生产经营的事业单位

B. 取得工资、薪金的个人

C. 企业在外地设立的分支机构

D. 个体工商户

4. 根据我国《税收征收管理法》的规定，会计账簿、会计报表、记账凭证、完税凭证及其他纳税资料应当保存一定期限，但是法律、行政法规另有规定的除外。该期限为（　）。

A. 3年

B. 5年

C. 10年

D. 20年

5. 根据《发票管理办法》及其实施细则的规定，纳税人已开具的发票存根联和发票登记簿的保存期限是（　）。

A. 3年

B. 5年

C. 10年

D. 15年

6. 增值税专用发票由（　）印制。

A. 国家税务总局指定的企业

B. 省、自治区、直辖市地方税务机关指定企业

C. 地方人民政府主管部门指定的企业

D. 省、自治区、直辖市国家税务机关指定企业

7. 税务机关对外省、自治区、直辖市来本辖区从事临时经营活动的单位和个人申请领购发票的，可以要求其提供保证人或者缴纳（　）的保证金，并限期缴销发票。

A. 不超过10 000元

B. 10 000～20 000元

C. 不超过20 000元

D. 20 000元

8. 企业、企业在外地设立分支机构和从事生产、经营的场所、个体工商户和从事生产经营的事业单位，其向税务机关申请办理税务登记的时间是（　）。

A. 自领取营业执照之日起15日内

B. 自领取营业执照之日起30日内

C. 自领取营业执照之日起2个月内

D. 自领取营业执照之日起3个月内

9. 根据税收征收管理法律制度的规定，因纳税人计算错误少缴税款，累计数额不足10万元的，税务机关在一定期限内可以追征税款和滞纳金，该一定期限是（　）。

A. 1年

B. 3年

C. 7年

D. 10年

10. 根据税收法律制度的规定，对于经主管税务机关认定批准的生产、经营规模小，达不到设置账簿标准，难以查账征收，不能准确计算计税依据的个体工商户，适用的税款征收方式为（　）。

A. 查账征收

B. 查定征收

C. 查验征收

D. 定期定额征收

11. 根据《税收征收管理法》的规定，税务机关可以采取的税款征收措施不包括（　）。

A. 加收滞纳金

B. 责令提供纳税担保

C. 取消税收优惠

D. 采取税收保全措施

12. 纳税人采取在账簿上多列支出或者不列、少列收入的手段，不缴或少缴应纳税款的行为属于（　）。

A. 偷税

B. 欠税

C. 骗税

D. 抗税

13. 某公司将税务机关确定的应于2013年11月15日缴纳的税款20万元拖至11月25日缴纳，根据税收征收管理法律制度的规定，税务机关依法加收该公司滞纳税款的滞纳金为（　）元。

A. 100

B. 10 00

C. 10 000

D. 1 100

14. 下列情形中，税务机关无权核定该纳税人应纳税额的是（　）。

A. 依照法律、行政法规的规定可以不设置账簿的

B. 依照法律、行政法规的规定应设置但未设置账簿的

C. 依照法律、行政法规的规定设置账簿的

D. 虽设置账簿，但账目混乱或成本资料、收入凭证、费用凭证残缺不全，难以查账的

15. 根据《税收征收管理法》的规定，对于账簿、凭证、财务核算制度健全，能够据以如实核算，反映生产经营成果，并能正确计算应纳税款和如实履行纳税义务的纳税人，应采用（　）征收方式。

A. 查定征收

B. 查验征收

C. 代收代缴

D. 查账征收

16. 根据《税收征收管理法》的规定，下列各项中，不属于税务机关职权的有（　）。

A. 税务管理权

B. 税务代理

C. 核定纳税人应纳税额

D. 代位权

17. 根据税务行政复议法律制度的规定，纳税人对税务机关作出的下列具体行政处罚行为不服时，可以选择申请行政复议的是（　）。

A. 收缴发票

B. 罚款

C. 行政赔偿

D. 加收税收滞纳金

18. 下列（　）情形，纳税人应当先向复议机关申请行政复议，对行政复议决定不服，可以再向人民法院提起行政诉讼。

A. 税收保全措施

B. 税收强制执行措施
C. 停止发售发票
D. 纳税人对纳税期限有异议的

19. 纳税人、扣缴义务人同税务机关在纳税环节上发生争议时，必须首先执行税务机关的决定，然后才可以（　）。
A. 仲裁
B. 行政复议
C. 民事诉讼
D. 行政诉讼

20. 下列税务行政复议受理案件中，必须经复议程序的是（　）。
A. 因税务机关作出行政处罚引起争议的案件
B. 因作出的税收保全措施引起争议的案件
C. 因不依法给予行政奖励引起争议的案件
D. 因征税范围问题引起争议的案件

21. 根据《税收征管法》的规定，复议机关收到行政复议后，应当在（　）内进行审查，决定是否受理。
A. 10 日
B. 5 日
C. 20 日
D. 15 日

22. 根据税收征收管理法律制度的规定，税务机关作出的下列行政行为中，纳税人认为侵犯其合法权益时应当先申请行政复议，不履行行政复议决定再提起行政诉讼的是（　）。（2012 年）
A. 加收税款滞纳金
B. 没收财物和违法所得
C. 罚款
D. 停止发售发票

（二）多选题

1. 下列各项中，不属于税收法律关系客体的是（　）。
A. 征税人
B. 纳税人
C. 征税对象
D. 纳税义务人

2. 根据《税收征收管理法》的规定，下列各项中，属于税务机关职权的有（　）。
A. 税务管理权
B. 税款征收权
C. 行政处罚权
D. 法规起草拟定权

3. 在税款征收的过程中，纳税人依法享有一定权利并承担一定的义务。下列各项中，属于纳税人义务的有（　）。
A. 按期办理税务登记
B. 按规定设置账簿
C. 接受税务检查
D. 保密义务

4. 下列情形中，纳税人应当办理税务登记的有（　）。
A. 纳税人变更住所
B. 纳税人变更经营范围
C. 实行定期定额征收方式的个体工商户停业
D. 纳税人到外县进行临时生产经营活动

5. 下列组织和人员中，应当办理税务登记的有（　）。
A. 国有企业
B. 某企业在外地设立的分支机构
C. 出版社
D. 在集贸市场流动卖菜的农村菜农

6. 根据税收征收管理法律制度的规定，纳税人发生的下列情形中，应办理税务注销登记的有（　）。
A. 纳税人破产
B. 纳税人变更法定代表人
C. 纳税人变更经营场所
D. 纳税人暂停经营活动

7. 根据税收征收管理法律制度的规定，税务机关在对纳税人进行发票检查中有权采取的措施有（　）。
A. 调出发票查验
B. 查阅、复制与发票有关的凭证、资料
C. 向当事人各方询问与发票有关的问题和情况
D. 检查领购、开具和保管发票的情况

8. 下列各项中，属于偷税行为的有（　）。
A. 隐匿账簿、凭证，少缴应纳税款
B. 进行虚假纳税申报，少缴应纳税款
C. 以暴力、威胁方法拒不缴纳税款的行为
D. 以假报出口或者其他欺骗手段，骗取国家出口退税款

9. 纳税担保的范围包括（　）。
A. 税款
B. 滞纳金
C. 罚款
D. 保管担保财产的费用

10. 下列各项中，属于纳税申报方式的有（　）。
A. 自行申报
B. 委托他人代理申报
C. 数据电文方式申报
D. 简并征期方式

11. 根据《税收征收管理法》的规定，下列各

项中，属于税收强制执行措施的有（　）。

A. 暂扣纳税人营业执照

B. 书面通知纳税人开户银行从其存款中扣缴税款

C. 依法拍卖纳税人价值相当于应纳税款的货物，以拍卖所得抵缴税款

D. 书面通知纳税人开户银行冻结纳税人的金额相当于应纳税款的存款

12. 根据税收征收管理法律制度的规定，税务机关在实施税务检查时，可以采取的措施有（　）。

A. 检查纳税人会计资料

B. 检查纳税人货物存放地的应纳税商品

C. 检查纳税人托运、邮寄应纳税商品的单据、凭证

D. 经法定程序批准，查询纳税人在银行的存款账户

13. 纳税人对税务机关的下列（　）行为不服的，可以提出行政复议。

A. 税务机关作出的强制执行措施

B. 税务机关作出加收滞纳金的决定

C. 税务机关责令纳税人提供纳税担保

D. 税务机关关于具体贯彻落实税收法规的规定

14. 纳税人有下列（　）行为之一的，由税务机关责令限期改正，可以处2 000元以下的罚款；情节严重的，处2 000元以上1万元以下的罚款。

A. 未按照规定的期限申报办理税务登记、变更或者注销登记的

B. 未按照规定设置、保管账簿或者保管记账凭证和有关资料的

C. 未按照规定将财务、会计制度或者财务、会计处理办法和会计核算软件报送税务机关备查的

D. 未按照规定使用税务登记证件

15. 根据《税收征收管理法》的规定，对扣缴义务人应扣未扣的税款，下列选项中，不正确的有（　）。

A. 由税务机关向扣缴义务人追缴税款

B. 由税务机关向纳税人追缴税款

C. 对扣缴义务人处以应扣未扣税款50%以上3倍以下的罚款

D. 对纳税人处以未缴税款50%以上3倍以下的罚款

（三）判断题

1. 纳税人在纳税期内没有应税款的，不需办理纳税申报。（　）

2. 税收征收管理法律关系中，税务机关是行政主管部门，只享有征收税款的权利，没有义务。（　）

3. 纳税人享受减税、免税待遇的，在减税、免税期间应当按照规定办理纳税申报。（　）

4. 邮寄申报的实际申报日期为寄出的邮戳日期。（　）

5. 临时到本省、自治区、直辖市以外地区从事经营活动的单位或个人，凭所在地税务机关证明，可向经营地税务机关申请领购经营地的发票。（　）

6. 如果纳税人有特殊需要，经过税务机关的批准，可以借用他人的税务登记证件。（　）

7. 税务机关按照一地一证的原则，核发《外管证》，《外管证》的有效期限一般为30日，最长不得超过60日。（　）

8. 根据《发票管理办法》的规定，填开发票的单位和个人应在发生经营业务确认营业收入时开具发票。未发生经营业务一律不准开具发票。（　）

9. 税务机关采取税收保全措施的期限一般不得超过6个月；重大案件需要延长的，应当报国家税务总局批准。（　）

10. 个人及其所扶养家属维持生活必需的住房和用品，不在税收保全措施的范围之内。（　）

11. 税务行政复议决定，自作出之日起发生法律效力。（　）

12. 纳税人及其他税务当事人对税务机关作出的具体税务行为不服，可以采用书面或口头形式申请行政复议。（　）

13. 对于抗税行为，情节轻微，未构成犯罪的，由税务机关追缴其拒缴的税款、滞纳金，并处拒缴税款1倍以上5倍以下的罚款。（　）

14. 纳税人非法印制发票的，由税务机关销毁非法印制的发票，没收违法所得和作案工具，并处2 000元以上至10 000元以下的罚款；构成犯罪的，依法追究刑事责任。（　）

（四）不定项选择题

【资料】某建材家居城2013年1月1日领取工商营业执照，主要经营范围为提供建材销售、家庭装修装饰、家具销售等项目，公司有关经营情况如下。

（1）2013年1月，申报办理了开业税务登记。

（2）10月，持有关资料办理了发票领购手续。

该家居城2013年土地、房屋、车辆使用情况如下。

（1）该家居城实际占用的土地面积为20 000平方米，另外，商城的停车场占地500平方米。

（2）拥有房产原值2 800万元，该房产现价评估值为4 000万元。2011年12月底为扩大经营规模，经批准扩建2 500平方米（非耕地），扩建投资额预计280万元，于2012年9月办理完工验收手续，从在建工程转入固定资产价值为300万元。

（3）原有运货车10辆，每辆自重吨位5吨，7月份又购入货车3辆，每辆自重吨位2吨，当月投入使用。

已知：当地政府规定该地段城镇土地使用税5元/平方米；房产税扣除比率为20%；载货汽车每吨税额60元，计算结果以万元为单位。

要求：根据上述资料，分析回答下列小题。

1. 该公司申报办理开业税务登记的最后期限是（　）。

A. 2013年1月5日
B. 2013年1月10日
C. 2013年1月15日
D. 2013年1月30日

2. 该企业办理发票领购时，应向税务机关提供的资料有（　）。

A. 税务登记证件
B. 经办人员身份证明
C. 法定代表人身份证明
D. 财务印章或发票专用章印模

3. 该家居城2013年应纳的城镇土地使用税是（　）万元。

A. 11.25
B. 11.5
C. 10
D. 10.25

4. 该家居城2013年应纳的房产税为（　）万元。

A. 29.76
B. 22.5
C. 33.6
D. 27.6

5. 该家居城2013年应纳的车船税为（　）万元。

A. 0.318
B. 0.372
C. 0.3
D. 0.072

附录一 同步强化自测练习参考答案

本附录提供了本书各章节最后自测练习的参考答案。由于篇幅有限，书中省略了各题的答案解析，为了便于考生理解和复习，其详细答案解析可以参见本书配套光盘【书中自测练习答案】板块下面各章节中相对应题目编号的答案解析。

例如，要查看第二章单选题第 4 道题的答案，可以运行光盘，进入【书中自测练习答案】板块，选择【第二章】，再选择【单选题】下面的【第 4 题】，便可练习答题并同时查看其答案解析。

第一章

（一）单选题

题号	答案	题号	答案	题号	答案
1	A	8	C	15	A
2	C	9	C	16	D
3	C	10	B	17	D
4	B	11	D	18	B
5	A	12	D	19	C
6	B	13	D	20	A
7	B	14	C		

（二）多选题

题号	答案	题号	答案	题号	答案
1	ACD	8	BD	15	ABD
2	ABCD	9	ABCD	16	ABCD
3	ABCD	10	ABD	17	ABC
4	ABC	11	BC	18	ABCD
5	AD	12	ABCD	19	ABCD
6	AB	13	ABCD	20	ABCD
7	AD	14	BC		

（三）判断题

题号	答案	题号	答案	题号	答案
1	√	8	×	15	×
2	×	9	×	16	×
3	×	10	√	17	×
4	×	11	×	18	×
5	×	12	√	19	√
6	×	13	√	20	√
7	√	14	√		

（四）不定项选择题

【资料一】

题号	答案	题号	答案	题号	答案
1	C	3	B		
2	AB	4	C		

【资料二】

题号	答案	题号	答案	题号	答案
1	AB	3	BC		
2	D	4	B		

第二章

（一）单选题

题号	答案	题号	答案	题号	答案
1	D	12	D	23	B
2	B	13	C	24	D
3	B	14	D	25	B
4	B	15	B	26	B
5	A	16	A	27	B
6	A	17	C	28	B
7	D	18	C	29	A
8	A	19	B	30	C
9	A	20	D	31	A
10	C	21	B		
11	D	22	B		

（二）多选题

题号	答案	题号	答案	题号	答案
1	ABCD	12	ABCD	23	AB
2	ABCD	13	ABC	24	ACD
3	AC	14	ABCD	25	ABC
4	ABC	15	ABCD	26	ABCD
5	AC	16	ABCD	27	BCD
6	ACD	17	BCD	28	AB
7	ABCD	18	ABCD	29	BD
8	ABCD	19	ACD	30	ABCD
9	AC	20	ABCD	31	AC
10	ABCD	21	BCD	32	ABC
11	ABCD	22	ABCD	33	ABCD

（三）判断题

题号	答案	题号	答案	题号	答案
1	×	9	√	17	√
2	×	10	√	18	×
3	×	11	×	19	×
4	√	12	√	20	×
5	×	13	×	21	√
6	√	14	×	22	√
7	×	15	×		
8	×	16	√		

（四）不定项选择题

【资料一】

题号	答案	题号	答案	题号	答案
1	ACD	3	BD		
2	C	4	BC		

【资料二】

题号	答案	题号	答案	题号	答案
1	C	3	A	5	A
2	BC	4	BC		

【资料三】

题号	答案	题号	答案	题号	答案
1	B	3	CD	5	C
2	B	4	CD		

第三章

（一）单选题

题号	答案	题号	答案	题号	答案
1	C	15	D	29	C
2	C	16	A	30	D
3	D	17	C	31	A
4	B	18	C	32	B
5	A	19	A	33	C
6	A	20	C	34	C
7	A	21	A	35	B
8	D	22	A	36	B
9	A	23	B	37	A
10	D	24	D	38	D
11	C	25	B	39	A
12	C	26	D	40	A
13	D	27	A	41	B
14	D	28	D		

（二）多选题

题号	答案	题号	答案	题号	答案
1	ACD	14	ABC	27	ABCD
2	BC	15	BD	28	ABCD
3	ABCD	16	ACD	29	ACD
4	ABC	17	BD	30	ACD
5	ABCD	18	ABC	31	ACD
6	ABCD	19	ACD	32	ACD
7	CD	20	ACD	33	AC
8	AC	21	ABCD	34	CD
9	BD	22	CD	35	AC
10	ABD	23	ACD	36	ABC
11	BCD	24	BCD	37	BCD
12	BC	25	ABCD	38	BCD
13	AD	26	AC	39	ABCD

（三）判断题

题号	答案	题号	答案	题号	答案
1	×	13	×	25	√
2	√	14	√	26	×
3	√	15	√	27	×
4	×	16	√	28	√
5	×	17	×	29	√
6	√	18	√	30	×
7	×	19	×	31	×
8	√	20	√	32	√
9	×	21	√	33	√
10	×	22	√	34	√
11	×	23	√	35	√
12	√	24	√		

（四）不定项选择题

【资料一】

题号	答案	题号	答案	题号	答案
1	A	3	ABC	5	ABCD
2	B	4	ABD		

【资料二】

题号	答案	题号	答案	题号	答案
1	C	3	ABCD		
2	BCD	4	ABD		

【资料三】

题号	答案	题号	答案	题号	答案
1	AB	3	BCD	5	AC
2	BC	4	AC		

第四章

（一）单选题

题号	答案	题号	答案	题号	答案
1	D	16	D	31	D
2	C	17	D	32	B
3	B	18	A	33	C
4	D	19	D	34	D
5	C	20	A	35	A
6	B	21	D	36	C
7	D	22	A	37	B
8	A	23	C	38	A
9	D	24	D	39	A
10	C	25	A	40	A
11	B	26	C	41	D
12	D	27	D	42	B
13	B	28	B	43	A
14	B	29	D	44	D
15	A	30	D	45	A

（二）多选题

题号	答案	题号	答案	题号	答案
1	BD	16	BC	31	BCD
2	ABC	17	ABCD	32	ACD
3	ABCD	18	BD	33	ABCD
4	BD	19	BCD	34	AD
5	AB	20	ABC	35	ABCD
6	ABD	21	AB	36	BCD
7	ABD	22	AD	37	AD
8	AC	23	ABD	38	ABCD
9	AB	24	CD	39	CD
10	ACD	25	AD	40	ACD
11	BCD	26	AD	41	BD
12	ABD	27	AC	42	AC
13	ACD	28	ABCD	43	BD
14	ABCD	29	ACD	44	ABCD
15	AB	30	BD	45	ABC

（三）判断题

题号	答案	题号	答案	题号	答案
1	√	7	√	13	√
2	×	8	√	14	×
3	×	9	√	15	√
4	√	10	√	16	√
5	×	11	×	17	√
6	×	12	√	18	×

续表

题号	答案	题号	答案	题号	答案
19	×	21	×		
20	×	22	×		

（四）不定项选择题

【资料一】

题号	答案	题号	答案	题号	答案
1	B	3	C		
2	C	4	ABD		

【资料二】

题号	答案	题号	答案	题号	答案
1	BD	3	B		
2	C	4	D		

【资料三】

题号	答案	题号	答案	题号	答案
1	B	3	B		
2	D	4	AD		

第五章

（一）单选题

题号	答案	题号	答案	题号	答案
1	B	13	C	25	C
2	D	14	C	26	A
3	D	15	B	27	C
4	D	16	C	28	B
5	B	17	C	29	B
6	D	18	D	30	C
7	C	19	B	31	B
8	C	20	A	32	C
9	B	21	A	33	C
10	B	22	A	34	A
11	D	23	A	35	D
12	C	24	D	36	B

（二）多选题

题号	答案	题号	答案	题号	答案
1	AD	8	BCD	15	ABD
2	BC	9	AD	16	BD
3	ABD	10	ABC	17	ABC
4	ABD	11	AC	18	BCD
5	BD	12	BD	19	ABD
6	ACD	13	BCD	20	ABD
7	BD	14	BD	21	ABCD

续表

题号	答案	题号	答案	题号	答案
22	ABCD	24	ABC		
23	ABD	25	AD		

（三）判断题

题号	答案	题号	答案	题号	答案
1	×	9	√	17	√
2	√	10	√	18	×
3	√	11	×	19	×
4	√	12	√	20	√
5	×	13	×	21	√
6	×	14	×	22	×
7	√	15	√		
8	√	16	√		

（四）不定项选择题

【资料一】

题号	答案	题号	答案	题号	答案
1	D	2	AB	3	C

【资料二】

题号	答案	题号	答案	题号	答案
1	AC	3	C		
2	D	4	AC		

【资料三】

题号	答案	题号	答案	题号	答案
1	B	3	A		
2	C	4	BD		

第六章

（一）单选题

题号	答案	题号	答案	题号	答案
1	A	13	B	25	D
2	D	14	A	26	C
3	D	15	D	27	A
4	A	16	C	28	D
5	B	17	C	29	B
6	B	18	C	30	D
7	B	19	D	31	C
8	B	20	C	32	D
9	C	21	D	33	B
10	B	22	D	34	A
11	D	23	C	35	D
12	B	24	B	36	B

续表

题号	答案	题号	答案	题号	答案
37	C	40	C	43	A
38	C	41	B	44	C
39	B	42	D		

（二）多选题

题号	答案	题号	答案	题号	答案
1	BCD	12	ABD	23	BCD
2	ABCD	13	BCD	24	ABD
3	BC	14	BC	25	ACD
4	BCD	15	ABD	26	AB
5	BD	16	BD	27	AB
6	AD	17	ABCD	28	ACD
7	AB	18	ACD	29	ABCD
8	ABC	19	ABCD	30	BCD
9	ABC	20	ABCD	31	ABCD
10	AD	21	AB	32	BC
11	BC	22	BCD		

（三）判断题

题号	答案	题号	答案	题号	答案
1	×	12	×	23	√
2	×	13	×	24	√
3	√	14	√	25	×
4	√	15	√	26	×
5	×	16	×	27	×
6	×	17	√	28	×
7	×	18	√	29	√
8	×	19	×	30	×
9	×	20	√	31	×
10	×	21	√	32	×
11	×	22	√		

（四）不定项选择题

【资料一】

题号	答案	题号	答案	题号	答案
1	D	3	B		
2	C	4	ABC		

【资料二】

题号	答案	题号	答案	题号	答案
1	C	3	A		
2	B	4	ABCD		

【资料三】

题号	答案	题号	答案	题号	答案
1	B	3	ABC		
2	D	4	ABD		

第七章

（一）单选题

题号	答案	题号	答案	题号	答案
1	A	9	B	17	B
2	B	10	D	18	D
3	B	11	C	19	B
4	C	12	A	20	D
5	B	13	B	21	B
6	A	14	C	22	A
7	A	15	D		
8	B	16	B		

（二）多选题

题号	答案	题号	答案	题号	答案
1	ABD	6	AC	11	BC
2	ABCD	7	ABCD	12	ABCD
3	ABC	8	AB	13	ABC
4	ABCD	9	ABD	14	ABC
5	ABC	10	ACD	15	AD

（三）判断题

题号	答案	题号	答案	题号	答案
1	×	6	×	11	×
2	×	7	×	12	√
3	√	8	√	13	√
4	√	9	√	14	×
5	√	10	√		

（四）不定项选择题

【资料】

题号	答案	题号	答案	题号	答案
1	D	3	B	5	A
2	ABD	4	D		

附录二 全书参考法律依据汇总

所在章节	法律依据	备注
第一章	《中华人民共和国民法通则》	1986年4月12日第六届全国人民代表大会第四次会议通过，自1987年1月1日起施行
	《中华人民共和国公务员法》	2005年4月27日第十届全国人民代表大会常务委员会第十五次会议通过，自2006年1月1日起施行
	《中华人民共和国仲裁法》	1994年8月31日第八届全国人民代表大会常务委员会第九次会议通过，自1995年9月1日起施行
	《中华人民共和国民事诉讼法》	1991年4月9日第七届全国人民代表大会第四会议通过，2007年10月28日第十届全国人民代表大会常务委员会第三十次会议第一次修正，2012年8月31日第十一届全国人民代表大会常务委员会第二十八次会议第二次修正，自2013年1月1日起施行
	《中华人民共和国行政处罚法》	1996年3月17日第八届全国人民代表大会第四次会议通过，自1996年10月1日起施行
	《中华人民共和国行政复议法》	1999年4月9日第九届全国人民代表大会常务委员会第九次会议通过，自1999年10月1日起施行
	《中华人民共和国行政复议法实施条例》	2007年5月23日国务院第177次常务会议通过，自2007年8月1日起施行
	《中华人民共和国行政诉讼法》	1989年4月4日第七届全国人民代表大会第二次会议通过，自1990年10月1日起施行
第二章	《国务院关于职工工作时间的规定》	1994年2月3日国务院令第146号发布，1995年3月25日国务院修订
	《中华人民共和国社会保险法》	2010年10月28日第十一届全国人民代表大会常务委员会第十七次会议通过，自 2011年7月1日起施行
	《中华人民共和国劳动法》	1994年7月5日第八届全国人民代表大会常务委员会第八次会议通过，自1995年1月1日起施行
	《中华人民共和国劳动合同法实施条例》	2008年9月18日国务院令第535号公布，自公布之日起施行
	《中华人民共和国劳动合同法》	2007年6月29日第十届全国人民代表大会常务委员会第二十八次会议通过，2012年12月28日第十一届全国人民代表大会常务委员会第30次会议修订
	《劳动人事争议仲裁办案规则》	2008年12月17日人力资源和社会保障部第十五次部务会议通过，2009年1月1日人力资源和社会保障部令第2号公布，自公布之日起施行
	《全国年节及纪念日放假办法》	1949年12月23日政务院发布，1999年9月18日国务院第一次修订，2007年12月14日国务院第二次修订，2013年12月11日国务院第三次会议修订
	《劳动和社会保障部关于职工全年月平均工作时间和工资折算问题的通知》	2008年1月3日劳社部发[2008]3号
	《职工带薪年休假条例》	2007年12月7日国务院第198次常务会议通过，自2008年1月1日起施行
	《中华人民共和国劳动争议调解仲裁法》	2007年12月29日中华人民共和国第十届全国人民代表大会常务委员会第三十一次会议通过，自2008年5月1日起施行
	《国务院关于建立城镇职工基本医疗保险制度的决定》	国发[1998]44号
	《国务院关于完善企业职工基本养老保险制度的决定》	国发[2005]38号
	实施《中华人民共和国社会保险法》若干规定	2011年6月29日人力资源和社会保障部令第13 号，自2011年7月1日起施行
	《国务院关于建立统一的企业职工基本养老保险制度的决定》	国发[1997]26号
	《工伤保险条例》	2003年4月27日国务院令第375号公布，2010年12月20日国务院修订
	劳动部关于发布《企业职工患病或非因工负伤医疗期规定》的通知	1994年12月1日，劳部发[1994]479号，自1995年1月1日起实施
	《部分行业企业工伤保险费缴纳办法》	2010年12月31日人力资源和社会保障部令第10号公布，自2011年1月1日起施行
	《失业保险条例》	1999年1月22日国务院令第258号发布，自发布之日起施行
	《企业职工生育保险试行办法》	1994年12月14日，劳部发[1994]504号

续表

所在章节	法律依据	备　注
第二章	《社会保险费征缴暂行条例》	1999年1月22日国务院令第259号发布，自发布之日起施行
	《工伤认定办法》	2010年12月31日人力资源和社会保障部令第8号公布，自2011年1月1日起施行
第三章	《中华人民共和国票据法》	1995年5月10日第八届全国人民代表大会常务委员会第十三次会议通过，自1996年1月1日起实施，并于2004年8月28日第十届全国人民代表大会常务委员会第十一次会议修正
	《票据管理实施办法》	1997年8月21日经国务院批准由中国人民银行发布，自1997年10月1日起施行
	《支付结算办法》	1997年9月19日由中国人民银行发布，自1997年12月1日起施行
	《银行卡业务管理办法》	银发[1997]17号
	《人民币银行结算账户管理办法》	2003年4月10日中国人民银行发布，自2003年9月1日起施行
	《人民币银行结算账户管理办法实施细则》	2005年1月19日由中国人民银行发布，自2005年1月31日起施行
	《异地托收承付结算办法》	于1994年10月9日修订，自1995年1月1日起施行
	《国内信用证结算办法》	由中国人民银行于1997年6月23日发布，自1997年8月1日起施行
	《最高人民法院关于审理票据纠纷案件若干问题的规定》	2000年2月24日由最高人民法院审判委员会第1102次会议通过，自2000年11月21日起施行
	《银行卡业务管理办法》	1999年1月5日由中国人民银行发布，自1999年3月1日起施行
	《非金融机构支付服务管理办法》	中国人民银行令[2010]第2号
	《中国人民银行关于启用2010版银行票据凭证的通知》	银发[2010]299号
	《中国人民银行关于改进个人支付结算服务的通知》	银发[2007]154号
第四章	《中华人民共和国增值税暂行条例》	2008年11月10日国务院令第538号
	《中华人民共和国消费税暂行条例》	2008年11月10日国务院令第539号
	《中华人民共和国营业税暂行条例》	2008年11月10日国务院令第540号
	《中华人民共和国增值税暂行条例实施细则》	2008年12月15日财政部、国家税务总局第50号令
	《中华人民共和国消费税暂行条例实施细则》	2008年12月15日财政部、国家税务总局第51号令
	《中华人民共和国营业税暂行条例实施细则》	2008年12月15日财政部、国家税务总局第52号令
	财政部 国家税务总局关于将铁路运输和邮政业纳入营业税改征增值税试点的通知	2013年12月12日财税[2013]106号
	国家税务总局关于修订《增值税专用发票使用规定》的通知	2006年10月17日国税发[2006]156号

续表

所在章节	法律依据	备　注
第四章	关于部分货物适用增值税低税率和简易办法征收增值税政策的通知	2009年1月19日财税[2009]9号
第五章	国家税务总局关于印发《营业税税目注释》（试行稿）的通知	1993年12月27日国税发[1993]149号
	《中华人民共和国企业所得税法》	2007年3月16日第十届全国人民代表大会第五次会议通过，自2008年1月1日起施行
	《中华人民共和国企业所得税法实施条例》	2007年11月28日国务院第197次常务会议通过，自2008年1月1日起施行
	国家税务总局关于印发《非居民企业所得税源泉扣缴管理暂行办法》的通知	2009年1月9日国税发[2009]3号，自2009年1月1日起施行
	国家税务总局关于印发《特别纳税调整实施办法（试行）》的通知	2009年1月8日国税发[2009]2号，自2008年1月1日起执行
	财政部、国家税务总局关于企业所得税若干优惠政策的通知	2008年2月22日财税[2008]1号，自2008年1月1日起执行
	财政部、国家税务总局关于执行企业所得税优惠政策若干问题的通知	2009年4月22日财税[2009]69号，自2008年1月1日起执行
	《中华人民共和国个人所得税法》	1980年9月10日第五届全国人民代表大会第三次会议通过，2011年6月30日第十一届全国人民代表大会常务委员会第二十一次会议第六次修正
	《中华人民共和国个人所得税法实施条例》	1994年1月28日国务院令第142号发布，2011年7月19日国务院令第600号第三次修订
	《对储蓄存款利息所得征收个人所得税的实施办法》	1999年9月30日国务院令第272号发布
	《国家税务总局关于境外所得征收个人所得税若干问题的通知》	1994年3月8日国税发[1994]044号
	国家税务总局关于印发《征收个人所得税若干问题的规定》的通知	1994年3月31日国税发[1994]089号
	国家税务总局中国人民银行关于个人银行结算账户利息所得征收个人所得税问题的通知	2004年1月12日国税发[2004]6号
	财政部、国家税务总局关于严格执行个人所得税费用扣除标准和不征税项目的通知	2004年2月6日财税[2004]40号
	国家税务总局关于调整个人所得全年一次性奖金等计算征收个人所得税方法问题的通知	2005年1月21日国税发[2005]9号
	国家税务总局关于个人兼职和退休人员再任职取得收入如何计算征收个人所得税问题的批复	2005年4月26日国税函[2005]382号
	财政部、国家税务总局关于个人所得税有关问题的批复	2005年6月2日财税[2005]94号
	财政部、国家税务总局关于股息红利个人所得税有关政策的通知	2005年6月13日财税[2005]102号
	国家税务总局关于个人住房转让所得征收个人所得税有关问题的通知	2006年7月18日国税发[2006]108号
第六章	《中华人民共和国房产税暂行条例》	1986年9月15日国发[1986]90号，自1986年10月1日起施行
	财政部、国家税务总局关于房产税若干具体问题的解释和暂行规定	1986年9月25日财政部、税务总局[1986]财税地字第008号颁布，自1997年10月1日起施行
	财政部、国家税务总局关于房产税、城镇土地使用税有关问题的通知	2008年12月18日财税[2008]152号，自2009年1月1日起执行
	《中华人民共和国契税暂行条例》	1997年7月7日国务院令第224号颁布，自1997年10月1日起实施
	《中华人民共和国契税暂行条例实施细则》	1997年10月28日财政部财法字[1997]52号颁布，自1997年10月1日起施行
	《中华人民共和国土地增值税暂行条例》	1993年12月13日国务院令第138号
	《中华人民共和国土地增值税暂行条例实施细则》	1995年1月27日财政部财法字[1995]6号
	财政部、国家税务总局关于调整房地产市场若干税收政策的通知	1999年7月29日财税字[1999]210号

续表

所在章节	法律依据	备　注
第六章	《中华人民共和国城镇土地使用税暂行条例》	1988年9月27日国务院令第17号颁布，自1988年11月1日起实施；2006年12月30日国务院令第483号修订重新公布，自2007年1月1日起施行
	《中华人民共和国车船税法》	2011年2月25日第十一届全国人大常委会第十九次会议通过，自2012年1月1日起施行
	《中华人民共和国车船税法实施条例》	2011年12月5日国务院令第611号颁布，自2012年1月1日起施行
	《中华人民共和国印花税暂行条例》	1988年8月6日国务院令第11号颁布，2011年1月8日修订，自2011年1月8日起施行
	《中华人民共和国印花税暂行条例实施细则》	1988年9月29日财政部[1988]财税255号颁布，自颁布之日起施行
	国家税务总局关于印花税若干具体问题的规定	1988年12月12日国家税务总局国税地字[1988]25号颁布，自颁布之日起施行
	国家税务总局关于印花税若干具体问题的解释和规定	1991年9月18日国家税务总局国税[1991]155号颁布，自颁布之日起施行
	国务院关于修改《中华人民共和国资源税暂行条例》的决定	2011年9月30日国务院令第605号
	国务院关于修改《中华人民共和国对外合作开采陆上石油资源条例》的决定	2011年9月30日国务院令第606号
	国务院关于修改《中华人民共和国对外合作开采海洋石油资源条例》的决定	2011年9月30日国务院令第607号，自2011年11月1日起施行
	《中华人民共和国资源税暂行条例实施细则》	2011年10月28日财政部、国家税务总局令第66号，自2011年11月1日起施行
	《中华人民共和国海关法》	1987年1月22日第六届全国人大常委会第十九次会议通过，2000年7月8日第九届人大常委会第十六次会议修正
	《中华人民共和国进出口关税条例》	2003年11月23日国务院令第392号，自2004年1月1日起施行
	《中华人民共和国城市维护建设税暂行条例》	1985年2月8日国发[1985]19号
	国务院关于统一内外资企业和个人城市维护建设税和教育费附加制度的通知	2010年10月18日国发[2010]35号
	《中华人民共和国车辆购置税暂行条例》	2000年10月22日国务院令第294号颁布，自2001年1月1日起施行
	《中华人民共和国耕地占用税暂行条例》	2007年12月1日国务院令第511号颁布，自2008年1月1日起施行
	《中华人民共和国烟叶税暂行条例》	2006年4月28日国务院令第464号颁布，自颁布之日起施行
第七章	《中华人民共和国税收征收管理法》	1992年9月4日第七届全国人民代表大会常务委员会第二十七次会议通过，1995年2月28日第八届全国人民代表大会常务委员会第十二次会议修正，2001年4月28日第九届全国人民代表大会常务委员会第二十一次会议修订，自2001年5月1日起施行
	《中华人民共和国税收征收管理法实施细则》	2002年9月7日国务院令［2002］362号
	《税务登记管理办法》	2003年12月17日国家税务总局令第7号，自2004年2月1日起施行
	国务院关于修改《中华人民共和国发票管理办法》的决定	2010年12月20日国务院令第587号，自2011年2月1日起施行
	《中华人民共和国发票管理办法实施细则》	2011年2月14日国家税务总局令第25号，自2011年2月1日起施行
	《税务行政复议规则》	2010年2月10日国家税务总局令第21号，自2010年4月1日起施行